중세국어 교육을 위한

定本
정본 **언해본 삼강행실도** 효자

저자 소개

김유범 고려대학교 국어교육과 교수
이규범 충북대학교 국어교육과 강사
김부연 동덕여자대학교 국어국문학과 교수
김미미 국립한글박물관 학예연구사
오민석 고려대학교 대학원 국어국문학과 박사 수료생
이유원 국립국어원 학예연구사
이철기 현대고등학교 교사
고경재 고려대학교 국어교육과 강사
성우철 한국기술교육대학교 교양학부 강사
최혜빈 고려대학교 대학원 국어교육학과 박사 수료생
정은진 고려대학교 대학원 국어교육학과 박사 수료생
김진우 고려대학교 대학원 국어교육학과 박사 과정생

중세국어 교육을 위한
定本정본 **언해본 삼강행실도** 효자

초판 1쇄 인쇄 2022년 9월 1일
초판 1쇄 발행 2022년 9월 9일

저 자 김유범 외
펴낸이 이대현
편 집 이태곤 권분옥 임애정 강윤경
디자인 안혜진 최선주 이경진
마케팅 박태훈 안현진

펴낸곳 도서출판 역락
주 소 서울시 서초구 동광로 46길 6-6(반포4동 문창빌딩 2F)
전 화 02-3409-2060(편집부), 2058(영업부)
팩 스 02-3409-2059
등 록 1999년 4월 19일 제303-2002-000014호
이메일 youkrack@hanmail.net
역락홈페이지 http://www.youkrackbooks.com

ISBN 979-11-6742-388-7 94710
      979-11-6742-387-0 세트

중세국어 교육을 위한

定本

정본 언해본 **삼강행실도**

효자

김유범 외

역락

책을 펴내며

1

우리에겐 미풍양속美風良俗을 장려해 온 오랜 역사가 있다. 기록에 따르면 이러한 풍습은 삼국시대부터 고려시대를 거쳐 조선시대까지 이어져 왔는데, 이를 보통 '정려旌閭'라고 부른다. 특히 효자, 충신, 열녀 등이 살던 동네에 붉은 칠을 한 정문旌門(홍살문紅箭門, 정려문旌閭門, 작설綽楔, 홍문紅門 등으로도 불림)을 세움으로써 백성들을 감동시켜 교화를 이루고 복호復戶 부역, 조세의 면제 등과 같은 실질적인 포상을 통해 민심을 격려했다.

우리는 조선시대 세종대에 처음 편찬된 『삼강행실도』(1434)를 통해 정려와 관련된 종합적이고 구체적인 모습들을 확인할 수 있다. 역대 중국의 효자, 충신, 열녀들의 이야기가 집대성되었음은 물론이고 우리 역사에서 미풍양속을 실천했던 인물들의 이야기까지도 살펴볼 수 있다. 특히 이러한 이야기들을 당시에 만든 새 문자 훈민정음을 사용해 우리말로 옮긴 언해본 『삼강행실도』로 다시 펴냄으로써 교화의 효력은 보다 커지게 되었다.

2

언해본 『삼강행실도』의 편찬 과정은 그리 간단하지 않다. 비록 구체적인 진행 과정을 상세히 살필 수는 없으나, 세종대에 시작된 언해 작업이 성종대에 가서야 결실을 맺었으니 그 우여곡절이 어느 정도 짐작된다. 언해본 『삼강행실도』는 새 문자 훈민정음과 특별한 관련성이 있으며, 15세기 중엽에서 말엽에 이르기까지의 언어 모습을 담고 있다는 점에서 중세국어를 살피기 위한 중요한 자료라는 점은 의심할 여지가 없다.

이러한 언해본 『삼강행실도』는 그동안 여러 연구자들에 의해 그 연구가 진행되었는데, 아직까지도 확실한 초간본이 없다는 점에서 여러 가지 한계를 안고 있다.

성종대에 처음 간행된 이후 언해본『삼강행실도』는 지속적으로 다양한 이본들을 생산해 냈는데, 이러한 이본들의 기본적인 출발이 어떠했는지를 확인하기 위해서는 확실한 초간본이 필요하다.

현재까지 언해본『삼강행실도』의 초간본 계통으로 여겨지는 세 개의 이본이 존재한다. 이른바 〈김영중본〉, 〈성암본〉, 〈런던본〉이 바로 그것인데, 이들에 대한 비교 연구의 결과는 그 어떤 것도 완전한 초간본의 모습을 지니고 있다고 할 수 없는 상황이다. 이러한 상황에서 활자화된 상태의 〈성암본〉을 제시하고 이에 대한 자료 정리와 연구를 진행한 志部昭平(1990)이 언해본『삼강행실도』에 대한 가장 대표적인 연구라고 할 수 있다.

우리는 志部昭平(1990)에 대해 하나의 문헌을 대상으로 얼마나 상세하게 연구를 진행할 수 있는지를 보여 주는 전형적인 연구라고 평가해 볼 수 있다. 이는 일본학계의 학문적 전통과 분위기를 느껴 볼 수 있게 해 주는데, 이러한 점 때문에 이를 뛰어넘는 연구를 기획하고 진행할 엄두를 내지 못했던 것이 우리 학계의 현실이었음도 인정하지 않을 수 없다.

3

국어사를 연구하는 연구자라면 자신과 특별한 인연이 있는 자료가 있기 마련이다. 내겐『훈민정음』해례본 및 최세진의『노박집람老朴集覽』과 더불어 언해본『삼강행실도』가 바로 그러한 자료라고 말할 수 있다. 2002년부터 본격적으로 시작해 지금까지도 이 자료를 붙들고 씨름하고 있으니 언해본『삼강행실도』와의 인연을 평범한 것이라고 가볍게 생각할 수만은 없을 것 같다.

2002년 중세국어 수업을 시작하며 언해본『삼강행실도』를 중세국어 공부의 가장 기초 자료로 삼았다. 그것은 다른 자료와는 달리 언해본『삼강행실도』가 적당한 분량의 완결성을 갖춘, 한 편의 사람 사는 이야기로 구성되어 있기 때문이다. 동시에 중세국어의 다양한 특징들을 살펴볼 수 있는 기본적인 어휘와 문법 요소들을 갖춘 점도 중요한 이유였다.

전혀 어렵지 않은 것은 아니었지만 재미있었습니다. 결과에 상관없이 시험공부를 하면서도 어떤 문제가 나올지 걱정되는 것도 있었지만 한편으로는 설레기도 했습니다. 공부하는 즐거움을 오랜만에 느껴본 것 같습니다. 이야기를 많이 하는 문학 수업에서만 감동을 받고 계기를 얻게 되는 줄 알았는데, 선생님 수업에서 얻은 것이 많습니다. 마지막 시간에 무역학과 학생 얘기도 오래 기억이 날 것 같습니다. 돈이 최고라고 배웠는데, 국문학과 수업에서 다른 가치도 있다는 것을 알았다는. 제가 국문학과라고 해서 후회한 적은 없지만, 그 말을 들으니까 갑자기 어깨에 힘이 들어가면서 자랑스러워졌습니다.

— 01학번 장윤이

삼강행실도로 공부한다는 교수님의 말씀을 들었을 때 저는 고등학생 때 '동국신속삼강행실도'라는 단원으로 몇 가지 이야기를 공부했던 것이 얼핏 생각이 났습니다. 그때는 고어를 분석한다는 것은 생각도 하지 못했고 교과서에 친절하게 나와 있는 현대어로 내용만 공부했었습니다. 현대어와 비슷하게 생겼으면서도 많이 다른 고어가 그땐 참 어렵고 새롭고 신기하기만 했었습니다. 하지만 이젠 읽는 것조차 어려웠던 고어를 읽을 수도 있고, 부족하지만 나름대로 분석도 할 수 있게 되었습니다. 삼강행실도는 내용들이 길지 않고 짧은 이야기 형식으로 되어 있었습니다. 그래서 지루하지 않았고 내용을 이해하기 쉬웠습니다, 처음 접하는 내용이 아니라 평소에 들어보았던 이야기들도 몇몇 있었기 때문에 재미있게 공부할 수 있었습니다. 이야기 시작 부분을 한 문장 두 문장씩 분석하다 보면 뒷내용이 궁금해져서 빨리 결말을 봐야겠다는 욕구로 더 열심히 분석해 내려갔습니다.

— 05학번 윤선미

처음에 삼강행실도 자료를 받았을 때는 정말 외국어를 접하는 기분이었습니다. 문법 분석을 할 때도 형태소 분석에 대한 기본적인 지식이 없어서 어간 뒤에 조사를 붙이는 등 실수도 많이 했었습니다. 먼저 어간 뒤에는 어미, 명사 뒤에는 조사가 붙는다는 아주 기본적인 것부터 알고 나니 분석하는 것이 한결 쉬워졌습니다. 그리고 어간은 기본형을 먼저 찾고 그 뒤에 오는 형태소들은 쪼갤 수 있을 때까지 쪼개서 그것이 무엇인지 찾아보았습니다. 물론 처음에는 중세국어의 문법적 특징(화합형태, 인칭법 선어말어미 등)에 대해 알지 못해서 형태소를 쪼개어 놓고도 그것이 무엇인지 알 수 없었지만, 공부를 하면서 그것이 무엇인지 알아 가는 과정도 재미있었습니다.

— 05학번 오윤정

전에 재직했던 학교에서 언해본 『삼강행실도』로 중세국어를 공부했던 학생들이 수강 후 보내온 소감이다. 이제는 이러한 소감을 썼던 기억조차 희미해졌겠지만 이 친구들이 느끼고 경험했던 내용은 지금의 학생들과 크게 다르지 않으리라 생각한다. 이처럼 언해본 『삼강행실도』는 중세국어의 세계로 입문하는 학생들에게 비교적 친근하고 재미있는 자료라고 할 수 있다.

4

언해본 『삼강행실도』를 본격적인 연구 대상으로 삼아 이에 대한 역주서 출간을 계획한 것은 2013년 1월의 일이었다. 당시 대학원 지도학생이었던 이규범, 김부연, 김미미, 오민석 선생과 격주로 스터디를 진행하며 언해본 『삼강행실도』 ≪효자도≫의 이야기들을 7편씩 나누어 역주를 시작했다. 역주의 기본 체재는 2011년 국어사학회에서 내가 발표했던 행실도류의 역주 방법론을 바탕으로 했다.

매 스터디 때마다 역주 내용에 대해 많은 논의가 이루어졌다. 특히 〈성암본〉의 영인본을 역주서의 부록으로 싣자는 원대한(?) 계획도 세웠다. 2015년에는 이유원, 이철기, 고경재, 성우철 선생이 합류하며 ≪효자도≫의 역주 내용을 검토하고 보강하는 것은 물론, 다양한 이본들의 ≪효자도≫ 언해문들을 비교하는 작업도 함께 진행했다. 이러한 일련의 작업들은 중세국어 문법 연구의 최신 경향을 참조하고, 초간본 계통만 살펴서는 보이지 않던 새로운 내용들에 대한 통찰력을 갖도록 해 주었다.

스터디에서는 역주 내용은 물론 그 형식을 가지고도 많은 논의가 있었다. 그에 따라 역주 형식도 조금씩 변화를 겪어 왔다. 특히 그림이 중심이 되는 『삼강행실도』의 자료 특성을 어떻게 극대화할 것인가를 두고 많은 고민을 했다. 결국 이야기의 각 장면마다 그림을 입체적으로 잘라 관련 텍스트와 함께 배치하는 방법이 최종적으로 선택되었다. 이제 그림 속 인물들의 이야기가 보다 생생하게 독자들에게 다가갈 수 있기를 기대한다.

그사이 최혜빈, 정은진, 김진우 선생이 새로이 스터디에 참여하게 되었다. 지도

학생들과 10년 가까운 주말 시간들을 함께하며 힘들었지만 귀중한 땀과 노력이 축적된 결과물이 언해본『삼강행실도』의 이번 역주서이다. 스터디를 집중적으로 진행할 수 없는 현실적 한계와 싸우며, 절차탁마의 시간으로 빚어낸 깊이 있는 학문적 논의와 새로운 역주 형식이 보람으로 남았다.

5

일차적으로 만들어진 역주 원고를 책으로 만드는 일은 또 다른 도전이었다. 책의 구성에 대해 꽤 오랜 시간 생각했고 아이디어가 떠오를 때마다 목차를 수정해 왔다. 특히 책의 부록에 〈성암본〉을 싣고자 했던 계획은 자료 소장 상황의 변화로 실현이 어려워졌다. 당시로서는 무척 실망스러운 일이었으나 결과적으로 초간본의 정본定本을 기획하게 된 전화위복의 계기가 되었다.

역주서를 만들기 위해서는 기초 작업들이 필요했다. 언해문을 문법적으로 분석해 태그를 다는 작업, 정본 구성을 위해 XML 문서로 입력한 언해문을 XSLT 문서를 통해 HTML 표 형식으로 변환하는 일련의 작업을 오민석 선생이 맡아 주었다. 또한 이렇게 만들어진 정본의 언해문을 한문본『삼강행실도』의 난상에 옮겨 언해본을 구성하는 그래픽 작업은 김진우 선생이 전담했다.

최종 원고를 출판사에 넘기기까지 필요했던 크고 작은 정리 작업들을 반년이 넘는 시간 동안 정은진, 김진우 두 사람과 함께했다. 정은진 선생은 ≪효자도≫의 등장인물 소개 원고를 작성했고 역주의 일러두기 및 수정 보완이 필요한 주석 내용 정리에 자신의 능력을 발휘했다. 김진우 선생은 기존 논문을 바탕으로 정본 수립의 방법과 과정에 대한 원고를 정리해 주었다.

출판을 준비하며 역주서 구성에 큰 변화가 있었다. 언해문의 주석과 관련해 공통된 주석 내용들이 문제가 되었는데, 이를 해결하기 위해 역주서의 뒷부분에 공통 주석 내용들을 항목화해 정리했다. 이를 포함한 역주서의 분량이 방대해지는 문제 때문에 공통 주석 내용을 별도의 책으로 출판하기로 했다. 이 책은 중세국어에 대한 새로운 개론서로서 역주서와 함께 출판된다.

6

언해본『삼강행실도』의 역주서를 펴내며 감사 인사를 드려야 할 분들을 떠올린다. 먼저 2015년부터 지속적으로 학제간연구지원사업을 통해 우리의 스터디를 든든하게 후원해 준 고려대학교에 깊은 감사를 드린다. 이 후원 덕분에 우린 주말 시간을 보람되고 즐겁게 보낼 수 있었다. 지원사업은 학제 간뿐 아니라 세대 간의 다리가 되어 준다는 점에서도 그 의미가 특별하다.

다음으로 언해문의 방점 표기에 대한 검토를 의뢰받고 중세국어 성조에 대한 특강까지 해 주신 서울대학교 국어국문학과의 김성규 선생님께 이 자리를 빌려 감사를 드린다. 또한 현대어역의 자연스러움을 검토해 준 고려대학교 국어교육과 진리장학금 프로젝트팀 '훈민정음의 길을 가다'의 학생들에게도 고마운 마음을 전한다. 더불어 출판 과정에서 교정 작업을 도와준 석사과정 최하늘, 서영채, 장준희 선생의 수고에도 감사한다.

끝으로 이규범, 오민석, 정은진, 김진우 선생에게 특별한 고마움을 표하고 싶다. 이규범 선생은 매번 학제간연구지원사업을 준비해 주었고 오민석 선생은 솔선수범해 ≪효자도≫ 역주에 필요한 기초 작업들을 해 주었다. 친한 사람들 사이에 '은진우'라 불리는 정은진, 김진우 선생은 역주서 출간에 필요한 거의 모든 작업들을 나와 함께해 주었다. 이들과 무엇인가를 함께할 수 있다는 건 내겐 더없는 기쁨이자 행복이다.

7

특정 악기의 연주에서 뛰어난 실력을 보여 주는 비르투오소^{virtuoso}의 존재는 음악 감상에서 빼놓을 수 없는 즐거움이다. 하지만 스케일이 큰 관현악곡을 제대로 감상하려면 오케스트라의 웅장하면서도 섬세한 연주가 필요하다. 오케스트라는 개별 연주자보다는 지휘자가 누구인가에 따라 그 소리가 달라진다. 작곡가가 만들어 낸 음악의 전체적인 모습을 파악하고 거기에 남다른 개성을 입혀 같지만 다른 연주를 이끌어 내는 것은 전적으로 지휘자의 몫이다.

젊은 시절엔 무언가를 나 혼자의 힘으로 이루어내는 것에 절대적인 가치를 두었다. 하지만 공부를 해 갈수록 내가 알고 있고 할 수 있는 부분이 믿었던 것처럼 그리 대단한 것이 아님을 깨닫는다. 중세국어에 대해서도 내가 천착할 수 있는 주제가 한정되므로 중세국어의 전체적인 모습을 나 혼자만의 힘으로 그리는 것은 과욕이자 불완전한 작업이 될 수밖에 없음을 잘 알고 있다.

국어사 공부에 흥미와 열정을 지닌 지도학생들은 서로 다른 영역에서 폭넓고 깊이 있는 학문적 수련을 쌓아 가고 있다. 이들이 지닌 잠재적 능력을 계발시키고 가장 잘할 수 있는 분야와 주제를 찾아 연구할 수 있도록 돕는 것. 그리고 예리한 분석력이 돋보이는 이들의 능력을, 전체를 종합하고 기획할 수 있는 혜안으로 조합해 내는 것은 지도교수인 나의 몫이다.

언해본 『삼강행실도』 ≪효자도≫의 역주서는 바로 이러한 배경 속에서 완성되었다. 앞으로 ≪충신도≫와 ≪열녀도≫의 역주서 발간이 남아 있지만, 이번 ≪효자도≫의 역주 작업을 통해 얻게 된 노하우는 남은 작업에 대한 자신감을 갖도록 해 주었다. 더불어 이번 역주서에서 부족하거나 잘못이 있었던 부분에 대해서도 지속적인 수정 및 보완 작업을 진행할 생각이다.

그동안 축적한 국어사 연구의 성과와 더불어 언해본 『삼강행실도』에 대한 끈기 있고 깊이 있는 연구의 진행은 이제 志部昭平(1990)의 연구를 극복할 수 있는 새로운 상황을 마련해 주었다. 언해본 『삼강행실도』의 정본화 작업은 바로 이러한 상황을 상징적으로 보여 주는 것이라고 할 수 있다. 무수한 주말이 빚어낸 노작을 어루만지며, 앞으로도 많은 주말들을 함께할 수 있는 행운이 따르기를 기원해 본다.

조르디 사발이 지휘하는 베토벤 교향곡을 들으며
김유범

중세국어의 의의와 중세국어 교육

오늘날 우리가 사용하고 있는 현대국어는 오랜 시간 이 땅에서 살아온 사람들에 의해 사용되고 변화되어 온 말이다. 말이 변화한다는 것을 사람들은 잘 느끼지 못하지만 지금 이 시간에도 우리가 사용하는 말은 계속해서 변화하고 있다. 말이 변화한다는 사실을 깨닫는 것은 현대국어 이전의 국어에 관심을 갖게 되는 중요한 계기이다.

현대국어 이전 우리말의 역사를 고대국어, 중세국어, 근대국어로 나눌 때, '중세국어'라고 일컬어지는 옛말은 훈민정음 창제라는 우리 문자생활의 혁신에 힘입어 특별한 의의를 지닌다. 뜻글자인 한자가 아닌, 소리글자인 훈민정음(한글)으로써 우리말을 적게 된 가장 이른 시기가 바로 이 시기이기 때문이다. 특히 세종대왕이 훈민정음을 창제(1443)한 15세기 중엽의 국어는 명백히 기록으로 확인할 수 있는 우리말의 가장 오랜 모습을 보여 준다.

이처럼 훈민정음으로 기록된 가장 오랜 모습을 지닌 중세국어는 그 이전과 이후의 우리말을 살피는 탐험에서 베이스캠프의 역할을 한다. 우리말의 변화 역사를 17세기 이후 자료를 통해서 살펴볼 때도, 15세기 이전 한자 차자표기 자료를 통해 추정해 볼 때도 그 출발은 항상 15세기를 중심으로 하는 중세국어에서부터이다. 이것이 우리말의 역사에서 중세국어가 중요하게 생각되는 이유이자 다른 시기의 국어와 구별되는 중세국어의 의의라고 할 수 있다.

따라서 우리말의 변화와 관련해 중세국어가 지닌 특징을 살피고 학습하는 일은 가장 기본이 된다. 중세국어를 배우고 가르치는 일은 현대국어 자체만으로는 이해되지 않는 우리말의 다양한 특성을 알아 가는 유익한 방법이다. 더불어 중세국어

교육은 우리의 고전문학 작품들을 제대로 감상하는 준비이기도 하다. 한글로 기록된 고전문학 작품들은 대부분 근대국어로 기록되었는데, 이에 대한 이해 역시 중세국어가 그 바탕이 된다는 사실을 알아 둘 필요가 있다.

한 편의 사람 사는 이야기를 담은 언해본 『삼강행실도』

우리가 소설에 흥미를 느끼는 이유는 소설이 이 세상에 존재할 법한, 사람 사는 이야기를 다채롭게 담아내고 있기 때문이다. 한 사람의 삶에 대한 이야기는 마치 창을 사이에 두고 창 너머에서 진행되고 있는 누군가의 삶에 공감하게도, 때론 경험하지 못했던 세상과 삶을 체험하게도 해 준다. 이것이 이야기의 힘이다.

언해본 『삼강행실도』에는 다양한 시대와 지역을 배경으로 자신의 삶을 살았던 사람들의 이야기가 담겨 있다. 한 사람의 삶의 배경이 무엇인지, 그가 어떠한 상황에 놓였고 직면한 현실에서 어떻게 행동했는지 등 각 이야기의 인물들이 보여 주는 삶의 이야기는 흥미진진하다. 국가와 부모를 위해 자신의 목숨이나 삶을 희생한 사람들, 자신의 신념을 위해 끝까지 외압에 굴하지 않았던 사람들의 이야기를 우리는 언해본 『삼강행실도』를 통해 만날 수 있다.

누군가 겪었던 실제의 사람 사는 이야기라는 점에서, 한 편의 이야기가 지닌 전체 내용을 파악할 수 있다는 점에서, 그리고 이야기의 앞뒤 맥락에 대한 별도의 정보를 꼭 필요로 하지 않는다는 점에서 언해본 『삼강행실도』는 독자 친화적인 텍스트라고 할 수 있다. 한 편의 이야기를 얼마만큼 자세히 그리고 어느 정도의 길이로 풀어낼지는 다양할 수 있는데, 언해본 『삼강행실도』는 한 편의 사람 사는 이야기를 완결성을 갖춰 함축성 있게 담아내고 있다.

언해본 『삼강행실도』는 초보 학습자들에게 적합한 중세국어 자료

15세기 중세국어로 쓰인 자료로 『용비어천가』, 『월인천강지곡』을 비롯해 『훈민정음』 언해본 및 여러 언해 자료들이 있는데, 이들 자료는 내용뿐 아니라 언어적 측면에서도 중세국어의 다양한 모습을 보여 준다. 특히 불교 관련 언해 자료들은 어휘 및 구문과 관련해 중세국어의 보고寶庫라고 말할 수 있을 정도이다.

석가의 일대기와 관련된 『석보상절』, 『월인천강지곡』, 그리고 이 두 자료가 합쳐진 『월인석보』 및 『능엄경언해』를 비롯한 간경도감에서 간행된 여러 불경 언해 자료들은 어휘적 풍성함과 더불어 구문적 다양성을 갖추고 있어 중세국어의 깊이 있는 이해를 위한 중요한 자료가 된다. 그러나 이들 불교 관련 자료들은 난해한 불교 철학 용어와 배경을 전제하고 있어 중세국어를 처음 접하는 학습자에게 지식적으로뿐만 아니라 심리적으로도 부담이 되는 것이 사실이다.

이에 비해 언해본 『삼강행실도』는 다음과 같은 점에서 중세국어를 처음 접하는 초보 학습자들에게 보다 적합한 자료가 된다. 언해본 『삼강행실도』는 먼저 사람 사는 이야기를 바탕으로 상대적으로 짧은 길이의 완결된 내용을 지녔다. 또한 난해하고 추상적인 개념어들이 아닌 일상적이고 구체적인 어휘와 더불어 비교적 복잡하지 않은 구문 특성을 지닌 문장들로 이루어졌다. 이로 인해 언해본 『삼강행실도』는 초보 학습자들에게 적합한 중세국어 자료가 된다.

언해본 『삼강행실도』로부터 종합하는 중세국어의 특징

언해본 『삼강행실도』가 내용적으로뿐만 아니라 언어적으로도 초보 학습자들에게 적합한 자료라는 사실은 이 자료를 통해 중세국어의 특징들을 체계적으로 파악해 보는 일이 가능함을 이야기한다. 중세국어의 특징에 대한 이해는 중세국어 문법서보다는 중세국어를 담고 있는 쉽고 흥미로운 자료로부터 시작하는 것이 효과적이다.

중세국어의 특징은 표기, 음운, 문법, 어휘로 범주화해 살펴볼 수 있다. 중세국어가 기록된 문헌 자료에 사용된 문자와 이를 사용한 표기 특징을 바탕으로 중세국어에서 뜻의 차이를 가져오는 음운들의 목록과 그들 사이에서 관찰되는 음운 현상을 파악해 볼 수 있다. 또한 중세국어의 문장들은 당시에 쓰였던 다양한 어휘 및 형태소들의 모습을 담고 있어 이를 분석해 봄으로써 중세국어가 지닌 어휘 및 문법의 다양한 특징들을 만날 수 있다.

중세국어 자료인 언해본『삼강행실도』에 나타난 중세국어의 특징들을 하나씩 찾아내는 일은 재미있다. 각 이야기에서 관찰되는 표기의 특징으로부터 시작해 음운, 문법, 어휘 차원의 특징들을 개별적으로 모은 후, 이를 토대로 중세국어가 지닌 특징들을 체계적으로 정리하고 종합해 보는 작업. 이러한 작업은 텍스트를 언어학적으로 분석하는 즐거움은 물론, 중세국어의 퍼즐 조각들을 끼워 맞춰 중세국어라는 전체 그림을 완성해 보는 흥미로운 게임이다.

차례

Ⅲ. 정본 언해본 『삼강행실도』 《효자도》

정본 수립의 방법과 과정 • 520

I. 『삼강행실도』 ≪효자도≫ 해제

제1부 개관[*]

김유범

---

[*] 제1부는 김유범(2006), 오민석·김유범·이규범(2020), 김유범·이규범·오민석(2020)을 바탕으로 그 내용을 재구성한 것이다.

01 편찬과 간행

편찬 배경

세종 10년(1428) 9월 27일, 실록은 다음과 같이 기록하고 있다.

형조刑曹에서 계하기를,

"진주晉州 사람 김화金禾는 제 아비를 죽였사오니, 율에 의하여 능지처참凌遲處斬하소서."

하니, 그대로 따랐다. 이윽고 탄식하기를,

"계집이 남편을 죽이고, 종이 주인을 죽이는 것은 혹 있는 일이지만, 이제 아비를 죽이는 자가 있으니, 이는 반드시 내가 덕德이 없는 까닭이로다."

하니, 판부사判府事 허조許稠가 아뢰기를,

"신臣의 나이 이미 6순旬이 넘어 50년 동안의 일을 대강 아옵니다마는 이런 일이 없었사오니, 신은 바라건대 아랫사람으로서 윗사람을 범하는 자는 반드시 그 죄를 엄히 다스리소서."

하였다. 임금이 말하기를,

"경은 매양 상하의 분별을 엄히 하라고 말하니, 내가 들을 때마다 아름답게 여겼거니와, 이제 이런 일이 있고 보니 경의 말이 과연 맞도다. 그러나 율문律文을 가감加減하는 것은 옳지 않다고 생각하노라."

하니, 허조가 대답하기를,

"이러한 일은 마땅히 때를 따라 폐단을 구해야 합니다."

하였다. 일을 아뢰던 사람이 나가니, 임금이 대언代言 등에게 이르기를,

"허조許稠의 말이 매우 맞더니, 오늘 김화金禾가 저지른 변고로 족히 증험하겠노라."

하니, 대언들이 아뢰기를,

"이처럼 윗사람을 범하는 죄는 징계하지 않을 수 없습니다. 그러나 율문律文으로 죄의 등수等數를 더하는 것은 어려울 것입니다."

하였다.

[세종실록 41권, 세종 10년 9월 27일 병자 6번째 기사]

진주 사람 김화가 아비를 살해한 사건은 세종에게 적지 않은 충격을 주었다. 허조의 이야기처럼 조선 건국 이래 이와 같은 사건이 벌어진 것이 이때가 처음이라는 사실은 세종에게 큰 충격이었을 것이다. 충과 효를 나라의 근본으로 삼았던 조선에서 이 사건은 나라의 근간을 뒤흔드는 일대 사건이 아닐 수 없었다. 이에 대한 해결책으로 세종이 생각한 것은 형률을 강화해 백성을 겁박하는 것이 아닌, 충과 효로 상징되는 백성에 대한 윤리 교육을 강화하는 것이었다.

경연에 나아갔다. 임금이 일찍이 진주晉州 사람 김화金禾가 그 아비를 살해하였다는 사실을 듣고, 깜짝 놀라 낯빛을 변하고는 곧 자책自責하고 드디어 여러 신하를 소집하여 효제孝悌를 돈독히 하고, 풍속을 후하게 이끌도록 할 방책을 논의하게 하니, 판부사判府事 변계량卞季良이 아뢰기를,

"청하옵건대 ≪효행록孝行錄≫ 등의 서적을 널리 반포하여 항간의 영세민으로 하여금 이를 항상 읽고 외게 하여 점차漸次로 효제와 예의禮義의 마당으로 들어오도록 하소서."

하였다. 이에 이르러 임금이 직제학直提學 설순偰循에게 이르기를,

"이제 세상 풍속이 박악薄惡하여 심지어는 자식이 자식 노릇을 하지 않는 자도 있으니, ≪효행록≫을 간행하여 이로써 어리석은 백성들을 깨우쳐 주려고 생각한다. 이것은 비록 폐단을 구제하는 급무가 아니지만, 그러나 실로 교화하는 데 가장 먼저 해야 할 것이니, 전에 편찬한 24인의 효행에다가 또 20여 인의 효행을 더 넣고, 전조前朝 및 삼국시대三國時代의 사람으로 효행이 특이特異한 자도 또한 모두 수집하여 한 책을

편찬해 이루도록 하되, 집현전^{集賢殿}에서 이를 주관하라."

하니, 설순이 대답하기를,

"효도는 곧 백행^{百行}의 근원입니다. 이제 이 책을 편찬하여 사람마다 이를 알게 한다면 매우 좋은 일입니다. 그러하오나 ≪고려사^{高麗史}≫로 말씀하오면 춘추관^{春秋館}에 수장되어 있어 관 밖의 사람은 참고하여 살펴볼 수 없사오니, 청컨대 춘추관으로 하여금 이를 초록^{抄錄}해 보내도록 하소서."

하니, 즉시 춘추관에 명하여 이를 초^抄하도록 하였다.

[세종실록 42권, 세종 10년 10월 3일 신사 1번째 기사]

김화 사건을 계기로 세종은 변계량의 건의를 받아들여 『효행록^{孝行錄}』을 집현전에서 주관해 증보할 것을 직제학 설순에게 명했다. 이렇게 시작된 백성에 대한 윤리 교육의 강화는 실제로 『삼강행실도』의 편찬이라는 결과로 나타나게 된다. 조선이라는 새로운 국가를 지탱하는 힘이 기본적으로 삼강^{三綱}, 즉 효^孝, 충^忠, 열^烈이라는 핵심적인 가치에 있음을 고려하면 교육 내용이 효^孝에 머물지 않고 충^忠과 열^烈까지 확장된 것은 당연한 귀결이었다고 생각된다.

한문본의 편찬과 간행

『효행록』의 증보로 시작된 『삼강행실도』의 편찬이 실제 결과물로 나타난 것은 세종 16년(1434)이었다. 처음으로 간행된 이 『삼강행실도』는 이른바 한문본 『삼강행실도』로서 집현전에서 중국과 우리나라의 고금 서적들을 열람하여 효자, 충신, 열녀 각 110명씩을 뽑아 앞에는 그림을 넣고 뒤에는 한문으로 된 인물의 행적과 더불어 시^詩와 찬^贊을 붙여 3권 3책으로 간행한 것이었다.[1] 한문본 『삼강행실도』가

---

1   이때 찬(贊)은 이야기마다 해당 주인공의 효행을 기린 것으로 ≪효자도≫에서만 그 모습을 볼 수 있다. 이는 기본적으로 『효행록』에 실려 있던 찬[실제로 전찬(前贊)과 후찬(後贊)으로 구분됨]을 옮긴 것인데, 이야기에 따라 찬이 없거나 『효행록』에 없는 후찬이 사용된 경우[고어도곡(皐魚道哭) 이야기]도 있다. 이에 대한 보다 자세한 내용은 오민석·김유범·이규범(2020)을 참조할 수 있다.

성립된 경위를 세종실록의 기사를 통해 정리해 보면 다음과 같다.

세종 10년(1428)
- 진주 사람 김화金禾가 그 아비를 살해하는 사건 발생
  [世宗實錄 卷41 世宗 10年 9月 27日(丙子)條]
- 이에 충격을 받은 세종은 『효행록孝行錄』의2 반포를 주장하는 변계량卞季良의 건의에 따라 설순偰循에게 재편집을 지시. 집현전이 주관하여 이전에 편찬한 24명에다 20여 인을 더 넣고 고려와 삼국시대의 효행이 특이한 자도 수집하여 한 책으로 개간케 함
  [世宗實錄 卷42 世宗 10年 10月 3日(辛巳)條]

세종 12년(1430)
- 춘추관春秋館에서 충신으로 뽑아 올린 길재吉再를 비롯해 최영崔瑩, 이색李穡, 정몽주鄭夢周, 이숭인李崇仁에 대해 경연經筵에서 설순, 안숭선安崇善과 함께 의견을 주고받음
  [世宗實錄 卷50 世宗 12年 11月 23日(庚申)條]

세종 13년(1431)
- 경연에서 설순과 ≪충신도忠臣圖≫ 찬수撰修에 대해 논함
  [世宗實錄 卷54 世宗 13年 11月 4日(乙丑)條]
- 설순에게 ≪충신도≫ 안에 정몽주鄭夢周와 길재吉再의 얼굴을 그리고 찬贊을 짓도록 명함
  [世宗實錄 卷54 世宗 13年 11月 11日(壬申)條]

세종 14년(1432)
- 집현전에서 『삼강행실도』를 편찬하여 서문序文과 전문箋文을 더불어 올림
  [世宗實錄 卷56 世宗 14年 6月 9日(丙申)條]

2　고려 충목왕 때 권보(權溥)와 그의 아들 준(準)이 효행에 관한 기록을 모아 엮은 책. 1책. 목판본. 고려 말에 초판이 나왔으며 1428년(세종 10) 설순(偰循) 등이 개정하여 중간하였다. 초간본에는 이제현(李齊賢)의 서(序)가 있고, 후에 권근(權近)이 주해(註解)와 발문(跋文)을 달았다. 권보가 노경에 들게 되자, 아들 준이 화공(畵工)에게 명하여 24효도(二十四孝圖)를 그리게 한 뒤 그것을 이제현에게 주면서 찬(贊)을 지어 달라 부탁하여 아버지를 위안하였다. 이에 권보도 38효행을 골라 이제현으로부터 찬을 지어 받았는데, 전 24찬은 12구(句), 후 38찬은 8구로 되어 있다. 이 책은 효행설화에 대한 최초의 집대성으로, 아이들에게 노래로 불러 외우도록 하여 효도를 고취하는 자료로 삼았다. 규장각도서·장서각도서 등에 있다.(민족문화대백과사전)

- 직제학 권채權採를 불러 서문의 '원매遠邁'란 두 자를 고쳐 올리라고 하자 즉시 '무양無讓'이라고 고침

  [世宗實錄 卷58 世宗 14年 10月 20日(乙巳)條]

세종 15년(1433)

- 대제학 정초鄭招가 명을 받들어 『삼강행실도』에 발미跋尾를 지어 올림

  [世宗實錄 卷59 世宗 15年 2月 24日(戊申)條]

세종 16년(1434)

- 『삼강행실도』를 인쇄하여 반포하고 이를 가르치도록 하고자 중추원사中樞院使 윤회尹淮에게 명하여 그에 대한 교서를 짓게 함

  [世宗實錄 卷64 世宗 16年 4月 27日(甲戌)條]

- 『삼강행실도』를 종친宗親과 신하들에게 내려 주고, 또 여러 도道에 내려줌

  [世宗實錄 卷66 世宗 16年 11月 24日(戊戌)條]

이로부터 우리는 한문본 『삼강행실도』의 편찬이 세종 10년(1428) 10월에 명한 『효행록』의 개간改刊에서 비롯되었으며, 충신 후보자들에 대해 경연에서 의견을 주고받은 세종 12년(1430) 11월 이전에 『삼강행실도』의 편찬에 대한 논의가 이루어졌음을 짐작할 수 있다. 특히 ≪충신도≫에 정몽주와 길재가 들어간 것은 세종의 특별한 지시에 의한 것이었음도 위 실록 기사를 통해 알게 된다. 이처럼 『효행록』을 다시 펴내려던 애초의 계획은 효孝뿐만 아니라 충忠과 열烈까지 그 교육 내용을 확장하며 새로운 책인 『삼강행실도』의 편찬 및 간행으로 변경되었다.[3]

실제로 한문본 『삼강행실도』에는 선덕宣德 9년(세종 16년, 1434) 4월 26일자로 올려진 도승지 안숭선安崇善의 반포 교지敎旨와[4] 더불어 좌의정 맹사성孟思誠의 전문箋

---

3 ≪효자도≫ 중 '고어도곡(皐魚道哭)'에는 한문 원문 다음에 시(詩)는 없고 찬(贊)만 있는데, 이는 이 이야기가 본래 기본적으로 찬을 수록하는 『효행록』 속에 들어가도록 편찬되었던 것을 말해 준다. 설순이 세종의 명을 받아 개간을 시작한 『효행록』이 결국 『삼강행실도』로 그 결실을 맺었음을 ≪효자도≫의 '고어도곡' 이야기가 구체적인 근거를 보여 주고 있는 것이다. 자세한 것은 오민석·김유범·이규범(2020:234-235)를 참조할 수 있다.

4 앞에서 보았듯이 세종실록에는 중추원사(中樞院使) 윤회(尹淮)에게 명하여 그에 대한 교서를 짓게 했다고 되어 있다.

文, 그리고 고려조 『효행록』을 지었던 권보權溥의 현손인 직제학 권채權採의 서문序文
이 선덕 7년(세종 14년, 1432) 6월자로 기록되어 차례로 실려 있다. 또한 말미에는
선덕 7년 9월자로 기록된 대제학 정초鄭招의 발미跋尾가 붙어 있다.

　한문본 『삼강행실도』의 이야기 주인공들은 주로 중국인임을 알 수 있다. 그러나
≪효자도≫에서 22명, ≪충신도≫에서 17명, ≪열녀도≫에서 15명은 삼국이나
고려, 조선의 인물들이 이야기의 주인공이다. 이는 기존과는 달리 우리나라에도
효孝, 충忠, 열烈이라는 유교의 핵심적인 가치를 실천한 인물들이 있음을 보여 주는
것이다. 또한 이야기 내용과 관련해 자신의 넓적다리 살을 베어 부모를 구완하는
중국의 '할고割股' 이야기와는 달리, 자신의 손가락을 끊어 부모의 병을 고치는
우리의 '단지斷指' 이야기가 ≪효자도≫에 등장한다. 이러한 점들은 중국만을 지향
하지 않고 중국을 바탕으로 우리가 새롭게 또 다른 주인공으로 등장한 세종 시대의
주체적인 문화 의식을 보여 주는 구체적인 모습이라고 할 수 있다.

언해본의 편찬과 간행

　언해본 『삼강행실도』는 세종 16년(1434)에 간행된 한문본 『삼강행실도』를
고본稿本으로 해 만들어졌다. 한문본을 바탕으로 난상에 언해문을 붙여 만들어진
언해본 『삼강행실도』의 성립에 대해서는 다음과 같은 실록 기사 내용들을 참조해
볼 수 있다.

　세종 26년(1444)
　• 이전에 정창손鄭昌孫에게 『삼강행실도』를 언문으로 번역할 것을 하교下敎함
　　[世宗實錄 卷103 世宗 26年 2月 20日(庚子)條]

　　… 도승지 안숭선 등이 아뢰기를, "성상의 하교가 지당하시옵니다." 하였다. 이에 중추원사(中樞院使)
　　윤회(尹淮)에게 명하여 교서(敎書)를 짓게 하니, 그 글에 이르기를 … [世宗實錄 卷64 世宗 16年 4月
　　27日(甲戌)條]

단종 1년(1452)

• 세조世祖가 요동遼東에서 강맹경에게 글을 보내어 말하기를, "내가 비록 멀리 있지만 ≪병요兵要≫·병서兵書·≪삼강행실三綱行實≫ 등 선조先朝로부터 맡은 일을 차마 잊을 수 없다. 내가 서울을 떠날 때 이미 상세히 아뢰었다. 또 ≪병요≫는 속히 반포頒布하여서 선왕先王께서 여러 장수를 가르치고자 하던 뜻을 이루고, 병서는 먼저 ≪손자孫子≫를 인쇄하고, 그 나머지는 내가 돌아갈 때를 기다려라. ≪삼강행실≫은 먼저 ≪효자도孝子圖≫를 반포하는 것이 옳겠다." 함

[端宗實錄 卷4 端宗 卽位年 11月 12日(庚午)條]

성종 12년(1481)

• 근자에 사족士族의 부녀 중에도 실행失行하는 자가 있는 것을 염려하며 언문諺文으로 된 ≪삼강행실열녀도三綱行實烈女圖≫의 질帙을 약간 박아서 경중京中의 오부五部와 제도諸道에 반사頒賜하여, 촌항村巷의 부녀가 다 강습講習할 수 있게 하라고 예조禮曹에 전지傳旨함

[成宗實錄 卷127 成宗 12年 3月 24日(戊戌)條]

• ≪삼강행실열녀도三綱行實烈女圖≫를 서울과 외방의 부녀자들에게 두루 강습講習시킬 절목節目을 마련해서 아뢰라는 성종의 전지에 예조에서 경중京中에서는 가장家長으로 하여금, 외방外方에서는 촌로村老 가운데 명망名望이 있는 자로 하여금 가르치게 하고 이로 인해 깨달아서 절행節行이 남보다 뛰어난 자에게는 특별히 정문旌門하는 은전恩典을 더하고, 그 가르치는 일을 맡은 자도 아울러 논상論賞하도록 하는 절목을 마련함

[成宗實錄 卷128 成宗 12年 4月 21日(乙丑)條]

성종 20년(1489)

• 경기 관찰사 박숭질朴崇質이 임지로 향하기 전에 하직 인사를 하며 『삼강행실도』가 한만汗漫하니 그 중 절행節行이 특이한 것을 골라 간략하게 초출抄出하여 반포하되, 도내道內에서의 간인刊印이 어려우므로 주자鑄字로 인쇄해 반포할 것을 청함

[成宗實錄 卷229 成宗 20年 6月 1日(戊子)條]

• 허침許琛과 정석견鄭錫堅에게 『삼강행실도』의 산정刪定을 명함. 각각 35명씩 모두 105명의 행적을 구본舊本을 써서 한 책으로 묶을 것을 청하자 가함을 전교傳敎함[5]

---

5 命侍講院輔德許琛, 吏曹正郎鄭錫堅刪定≪三綱行實≫. 琛等啓曰: "臣等於≪三綱行實≫內, 擇人所易曉可

[成宗實錄 卷229 成宗 20年 6月 18日(乙巳)條]

성종 21년(1490)

- 『三綱行實圖』를 경성의 오부五部와 팔도의 군현郡縣에 반사頒賜하고 우부우부愚夫愚婦로 하여금 두루 알지 못함이 없게 하라고 명함

[成宗實錄 卷239 成宗 21年 4月 1日(癸未)條]

이로부터 우리는 『삼강행실도』의 언해를 세종대에 하교한 바 있으며, 언해된 『삼강행실도』의 존재는 성종대에 가서야 나타남을 볼 수 있다.[6] 특히 성종 12년 (1481)에 언급된 언문으로 된 『삼강행실도』는 《효자도》, 《충신도》, 《열녀도》를 모두 갖춘 현존하는 언해본 『삼강행실도』와는 달리, 언해된 《열녀도》만으로 이루어진 것이었음도 알 수 있다.

실제로 언문으로 된 이 《삼강행실열녀도三綱行實烈女圖》가 어떠한 모습으로 편찬되어 간행되었는지 지금으로서는 정확히 알 수 없다. 다만 성종 20년(1489)에 기존의 『삼강행실도』를 산정刪定해 각각 110명씩이던 효자, 충신, 열녀의 수를 35명씩으로 줄일 것을 청한 사실이 있는데, 이것은 현존하는 언해본 『삼강행실도』의 형식과 일치하는 것이다. 따라서 성종 12년(1481)에 언급된 《삼강행실열녀도》는 35명으로 줄어진 형태가 아닌, 110명 전체 또는 적어도 35명 이상의 열녀 이야기를 다룬 것이었다고 짐작된다.

오늘날 볼 수 있는 것과 같이 35명씩의 효자, 충신, 열녀 이야기가 들어 있는

以觀感者, 各得三十五, 摠一百五人, 其所記事, 實皆簡約, 無可刪之辭. 且祖宗已成之書, 似不宜增損. 校書館所藏《三綱行實》板本, 以一人之事, 各爲一張, 今所抄一百五人, 稟旨取捨, 用舊本印出, 粧爲一冊, 廣布何如?" 傳曰: "可."

6 『三綱行實圖』의 언해와 관련된 내용은 세조(世祖)의 어명으로 시작하여 약 30년 동안 제1차 〈기축년대전〉(1469_예종1), 제2차 〈신묘대전〉(1471_성종2), 제3차 〈갑오대전〉(1474_성종5)을 거쳐 제4차 〈을사대전〉(1485_성종16)으로 완성을 본 『經國大典』에서도 찾아볼 수 있다.
삼강행실(三綱行實)을 언문(諺文)으로 번역하여 서울과 지방의 사족(士族)의 가장(家長)·부로(父老) 혹은 교수(敎授)·훈도(訓導) 등으로 하여금 부녀자·어린이들을 가르쳐 이해하게 하고, 만약 대의(大義)에 능통하고 몸가짐과 행실이 뛰어난 자가 있으면 서울은 한성부(漢城府)가, 지방은 관찰사(觀察使)가 왕에게 보고하여 상(賞)을 준다. [예전(禮典)_장권(獎勸)]

언해본 『삼강행실도』는 성종 21(1490)에 간행된 이른바 산정본刪定本으로서 한문본과는 달리 난상欄上에 언해문이 붙어 있는 것이 특징이다. 이 언해문이 중세국어 자료로서 지니는 가치가 큰데, 특히 세종대에 시작된 것으로 보이는 『삼강행실도』의 언해 작업이 결실을 맺은 것이 성종대에 와서라는 점을 감안할 때, 언해문은 15세기 중후반의 언어 및 표기 특성을 모두 가지고 있을 것으로 생각된다.

최근 김유범·이규범·오민석(2020:146-148)에서는 언해본 『삼강행실도』 이본들 중 최고본最古本의 ≪효자도≫ 부분을 비교해 언해본 『삼강행실도』의 초간본이 15세기 중후반의 언어 및 표기 특성을 모두 담고 있다는 점을 구체적으로 언급했다.[7] 성종 20(1489)의 실록 기사 중 밑줄 친 "각각 35명씩 모두 105명의 행적을 구본舊本을 써서 한 책으로 묶을 것"이라는 내용을 통해서도 우리는 언해본 『삼강행실도』의 초간본이 지닌 이와 같은 성격을 예측해 볼 수 있다. '구본'이 세종대 이래로 언해 작업을 해 온 원고라고 볼 때, 성종대에 나온 초간본은 '구본'이 지닌 특성에 성종 당대의 특성이 곁들여져 편찬이 이루어졌음을 어렵지 않게 짐작해 볼 수 있기 때문이다.

이와 같은 사실을 바탕으로 할 때 지금까지 언해본 『삼강행실도』의 간행 연도를 성종 12(1481)으로 파악한 것은 문제가 있다.[8] 성종 12(1481)은 언해된 ≪열녀도≫만으로 이루어진 ≪삼강행실열녀도三綱行實烈女圖≫가 간행되었을 때이므로 현존하는 언해본 『삼강행실도』의 간행은 산정본 『삼강행실도』가 반사頒賜된 성종 21(1490)으로 보는 것이 옳다. 이때 산정본은 언해된 ≪효자도≫, ≪충신도≫, ≪열녀도≫를 모두 갖춘 3권 1책의 형태로서 오늘날 전해지고 있는 언해본 『삼강행실도』와 일치하는 것임을 알 수 있다.

---

7   그 구체적인 내용은 3장 언해문의 성격에서 언급하기로 한다.

8   대표적으로 안병희(1979), 이현희(1996), 홍윤표(1998) 등의 경우가 그러하다.

02 구성과 체재

성종 21년(1490)에 반사領賜된 언해본 『삼강행실도』는 산정본刪定本으로서 한문본 『삼강행실도』에서 110명씩이던 효자, 충신, 열녀의 수를 각각 35명씩으로 줄이고 난상에 언해를 붙여 각 인물들의 이야기를 보다 쉽게 이해할 수 있도록 하였다. 이 책의 구성과 체재를 살펴보자.

구성

언해본 『삼강행실도』는 효자, 충신, 열녀의 이야기가 각각 한 권씩으로 구성된 3권 1책의 모습을 보여 준다. 오늘날과 달리 옛 책에서는 권卷이 책의 물리적 구성이 아닌 내용적 구성이라는 점을 감안하면 오늘날의 관점에서 언해본 『삼강행실도』는 3부로 구성된 한 권의 책이라고 말할 수 있다. 산정본이라는 특징으로 인해 언해본 『삼강행실도』는 한문본 『삼강행실도』에 비해 상대적으로 그 이야기 수가 적지만, 이것은 『삼강행실도』 속의 많은 이야기들 중 당대에 의미가 있고 더 중요한 이야기들이 어떤 것이었는지를 보여 준다는 점에서 나름대로의 의의를 찾아볼 수 있다.

언해본 『삼강행실도』 3권에 들어 있는 효자, 충신, 열녀의 이야기는 다음과 같이 구성되어 있다.

≪효자도≫

① 閔損單衣(魯)	② 子路負米(魯)	③ 楊香搤虎(魯)	④ 皐魚道哭(楚)
⑤ 陳氏養姑(漢)	⑥ 江革巨孝(漢)	⑦ 薛包洒掃(漢)	⑧ 孝娥抱屍(漢)
⑨ 黃香扇枕(漢)	⑩ 丁蘭刻木(漢)	⑪ 董永貸錢(漢)	⑫ 郭巨埋子(漢)
⑬ 元覺警父(□)	⑭ 孟熙得金(蜀)	⑮ 王裒廢詩(魏)	⑯ 孟宗泣竹(吳)
⑰ 王祥剖氷(晉)	⑱ 許孜埋獸(晉)	⑲ 王延躍魚(晉)	⑳ 潘綜救父(晉)
㉑ 黔婁嘗糞(齊)	㉒ 叔謙訪藥(齊)	㉓ 吉翂代父(梁)	㉔ 不害捧屍(梁)
㉕ 王崇止雹(後魏)	㉖ 孝肅圖像(隋)	㉗ 盧操順母(□)	㉘ 徐積篤行(宋)
㉙ 吳二免禍(宋)	㉚ 王薦益壽(元)	㉛ 劉氏孝姑(國朝)	㉜ 婁伯捕虎(高麗)
㉝ 自强伏塚(本國)	㉞ 石珎斷指(本國)	㉟ 殷保感烏(本國)	

≪충신도≫

① 龍逢諫死(夏)	② 欒成鬪死(晉)	③ 石碏純臣(衛)	④ 王蠋絶脰(齊)
⑤ 紀信誑楚(漢)	⑥ 蘇武杖節(漢)	⑦ 朱雲折檻(漢)	⑧ 龔勝推印(漢)
⑨ 李業授命(漢)	⑩ 嵇紹衛帝(晉)	⑪ 卞門忠孝(晉)	⑫ 桓彝致死(晉)
⑬ 顔袁罵賊(唐)	⑭ 張許死守(唐)	⑮ 張興鋸死(唐)	⑯ 秀實奪笏(唐)
⑰ 演芬快死(唐)	⑱ 若水效死(宋)	⑲ 劉韐捐生(宋)	⑳ 傅察植立(宋)
㉑ 邦乂書襟(宋)	㉒ 岳飛涅背(宋)	㉓ 尹穀赴池(宋)	㉔ 天祥不屈(宋)
㉕ 枋得茹蔬(宋)	㉖ 和尙噀血(金)	㉗ 絳山葬君(金)	㉘ 蝦蟆自焚(金)
㉙ 普顔全忠(元)	㉚ 堤上忠烈(新羅)	㉛ 丕寧突陳(新羅)	㉜ 鄭李上疏(高麗)
㉝ 夢周隕命(高麗)	㉞ 吉再抗節(高麗)	㉟ 原桂陷陳(本國)	

≪열녀도≫[9]

① 伯姬逮火(宋)	② 女宗知禮(宋)	③ 殖妻哭夫(齊)	④ 宋女不改(蔡)
⑤ 節女代死(漢)	⑥ 高行割鼻(漢)	⑦ 穆姜撫子(漢)	⑧ 貞義刎死(漢)
⑨ 禮宗罵卓(漢)	⑩ 媛姜解梏(漢)	⑪ 令女截耳(魏)	⑫ 李氏感燕(宋)

---

9 삼강행실열녀도(三綱行實烈女圖)의 목록에는 '⑧ 貞義刎死(漢)'이 아홉 번째로, '⑨ 禮宗罵卓(漢)'이 여덟
   번째로 제시되어 있는데, 현존하는 언해본 『三綱行實圖』들에는 목록과는 달리 이 둘의 위치가 바뀌어
   있음을 볼 수 있다.

13 崔氏見射(隋)	14 淑英斷髮(唐)	15 魏氏斬指(唐)	16 李氏負骸(五代)
17 趙氏縊輿(宋)	18 徐氏罵死(宋)	19 李氏縊獄(宋)	20 雍氏同死(宋)
21 貞婦淸風(宋)	22 梁氏被殺(宋)	23 明秀具棺(金)	24 義婦臥氷(元)
25 童氏皮面(元)	26 王氏經死(元)	27 朱氏懼辱(元)	28 翠哥就烹(元)
29 崟女貞節(國朝)	30 彌妻啖草(百濟)	31 崔氏奮罵(高麗)	32 烈婦入江(高麗)
33 林氏斷足(本國)	34 金氏撲虎(本國)	35 金氏同窆(本國)	

각 이야기의 주인공들은 멀리 하夏나라로부터 '國朝'라고 표시된 명明나라에 이르기까지 주로 중국의 역대 왕조에서 이름난 효자, 충신, 열녀들이다. 이 중에는 우리에게 익히 잘 알려진 인물들도 많다. ≪효자도≫에는 공자의 제자인 민손閔損과 자로子路를 비롯해 한겨울 물고기를 먹고 싶어하는 계모를 위해 맨몸으로 얼음을 녹인 왕상王祥, 어머니를 위해 아이를 묻으려 한 곽거郭巨 등 이름난 효자들의 이야기가 실려 있다. 또한 ≪충신도≫에는 걸왕에게 목숨을 걸고 간한 용봉龍逢, 고난을 견디며 끝까지 절개를 지킨 소무蘇武, 충성을 다해 나라를 지킨 악비岳飛 등 역사 속 인물들의 이야기가, ≪열녀도≫에는 남편과 절의를 위해 목숨을 다한 이름 모를 여인들의 이야기가 실려 있다.

한편, 『삼강행실도』가 그 이전의 자료들과 다른 점은 우리나라 고대 삼국과 고려, 조선의 효자(4명), 충신(6명), 열녀(6명)들의 이야기가 포함되어 있다는 점이다. 신라의 충신 박제상과 백제의 도미와 그의 처, 고려의 충신 정몽주와 길재, 고려의 대표적인 효자 최루백을 포함해 조선 세종 때까지의 이름난 효자, 충신, 열녀의 이야기가 함께 실려 있음이 눈에 띈다. 중국의 효자, 충신, 열녀가 인구에 회자되고 본받아야 할 대상으로 생각되던 오랜 관습에서 벗어나, 이 땅에서 살다간 우리의 효자, 충신, 열녀의 이야기가 새로운 텍스트가 된 것은 주목할 만한 일이다. 이것은 우리가 삶의 새로운 주체로 등장해 또 다른 세계관으로 세상을 바라보는 중요한 계기를 마련했다는 의미를 지닌다.

부모와 나라, 그리고 정절을 위해 자신의 신체는 물론, 삶과 목숨까지도 아끼지 않았던 이들의 이야기는 현대적 관점으로는 황당하기까지 하다. 더불어 삼강三綱이라는 이데올로기가 얼마나 무서운 것인가를 생각하게 된다. 그러나 어느 시대에나 그 시대를 살아가는 사람들이 가치를 두고 있는 다양한 이데올로기가 있으므로, 어떤 특정 시대의 이데올로기를 기준으로 다른 시대를 재단하거나 폄하하는 것은 정당하다고 할 수 없다. 『삼강행실도』 속의 이야기들은 오늘날과 다른 이전 시대를 살았던 인물들이 자신에게 주어진 삶에 그들의 신념을 쏟아부었던 진지함과 숭고함을 보여 준다는 점에서 오늘날 우리에게도 묵직한 감동을 전해준다.

체재

언해본 『삼강행실도』는 기본적으로 그림과 설명으로 이루어져 있는데, 구체적인 예를 가지고 그 체재를 보이면 다음과 같다.[10]

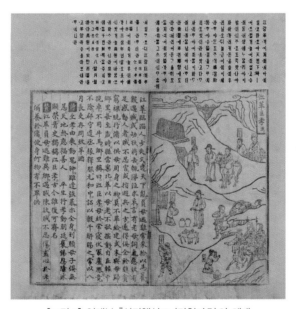

[그림 1] 언해본 『삼강행실도』(강혁거효)의 체재

---

10   [그림 1]의 언해본은 김유범·이규범·오민석(2020:164)에서 제시한 정본 사진의 모습이다. 언해본 『삼강행실도』의 완전한 초간본이 전하고 있지 못한 상황에서 초간본의 정본을 수립하는 일은 반드시 필요한 작업이다.

[그림 1]에서 볼 수 있듯이 주인공의 이야기를 여러 장면으로 나누어 그림을 그리고, 이야기 내용을 한문으로 쓰는 것과 함께 시詩와 찬贊을 붙여 둔 것은 한문본 『삼강행실도』와 동일하다. 언해본은 여기에 난상을 이용해 언해문을 추가했는데 난상에 배열되는 언해문은 짧은 경우 오른쪽(반엽)에만, 긴 경우는 오른쪽과 왼쪽 모두(1엽)에 실려 있음을 볼 수 있다. 반엽을 기준으로 언해문은 16행 10자가 들어가는 것이 기본이지만 실제로 각 이야기마다 실려 있는 언해문의 행자수에는 차이가 있다.

[표 1] ≪효자도≫의 글자 배열 정보(a: 앞면, b: 뒷면)

제목	행자수	행별 부정자수 위치	협주 위치	분량
①민손단의	14행 09자	a13행 10자, a1/a2행 11자	없음	반엽
②자로부미	16행 10자	a10행 9자	a5행 8자~6행 7자	1엽
③양향액호	11행 07자	없음	없음	반엽
④고어도곡	16행 10자	없음	없음	1엽
⑤진씨양고	16행 10자	없음	a3행 9자~4행 3자, b9행 3자~10자	1엽
⑥강혁거효	16행 10자	a16행 11자	b2행 7자~3행 2자, b8행 1자~6자	1엽
⑦설포쇄소	16행 10자	a4/b9행 11자, a2/a3/b8행 12자	없음	1엽
⑧효아포시	12행 07자	없음	없음	반엽
⑨황향선침	15행 09자	a5/a7행 10자	없음	반엽
⑩정란각목	18행 10자	없음	없음	1엽
⑪동영대전	16행 10자	없음	a11행 7자~12행 7자	반엽
⑫곽거매자	15행 07자	a7행 8자	없음	반엽
⑬원각경부	14행 09자	없음	없음	반엽
⑭맹희득금	15행 10자	없음	a14행 7~10자	반엽
⑮왕부폐시	16행 10자	없음	a8행 9자~9행 6자, b1행 4자~3행 3자, b3행 10자~4행 7자	1엽
⑯맹종읍죽	14행 09자	없음	없음	반엽
⑰왕상부빙	17행 10자	a13행 11자	없음	1엽

제목	행자수	행별 부정자수 위치	협주 위치	분량
18 허자매수	16행 10자	없음	a9행 1자~8자, a11행 4자~9자, b8행 9자~9행 7자	1엽
19 왕연약어	16행 10자	없음	b8행 1자~5자	1엽
20 반종구부	16행 10자	없음	b8행 6자~ 9행 3자, b10행 4자~11행 1자	1엽
21 검루상분	16행 10자	a6행 12자, a7행 11자	a16행 5자~7자	1엽
22 숙겸방약	16행 10자	없음	없음	1엽
23 길분대부	16행 10자	b9행 11자	b11행 5자~12행 1자	1엽
24 불해봉시	16행 10자	a4행 12자, a6행 11자	없음	1엽
25 왕숭지박	16행 10자	없음	없음	1엽
26 효숙도상	16행 10자	없음	a6행 5자~a7행 2자	1엽
27 노조순모	18행 10자	a15행 11자	b9행 5자~9자, b17행 4자~18행 3자	1엽
28 서적독행	17행 10자	a6행 11자, b15행 11자	b13행 7자~14행 4자, b15행 9자~16행 2자	1엽
29 오이면화	16행 10자	없음	없음	1엽
30 왕천익수	16행 10자	b2행 11자	없음	1엽
31 유씨효고	16행 10자	b8행 7자(改行)	b11행 9자~12행 3자	1엽
32 누백포호	18행 11자	a15행 12자	b3행 7자~4행 3자, b5행 10자~6행 8자, b8행 4자~10자, b10행 6자~11행 3자, b12행 10자~13행 5자, b14행 8자~15행 5자	1엽
33 자강복총	16행 10자	a12행 11자	a7행 2자~7자	1엽
34 석진단지	16행 07자	a9행 8자, a10행 8자, a11행 9자	없음	반엽
35 은보감오	17행 10자	없음	없음	1엽

 각 이야기마다 앞면(a)에는 이야기의 내용을 보여 주는 판화版畵가 있는데, 이것
은 불교판화의 전통을 계승하여 유교판화의 전형이 된 것으로 평가받고 있다.
판화의 밑그림은 조선 전기의 대표적 화가인 안견安堅의 솜씨로 지그재그에 의한
상의 배치로 공간 운영이 뛰어나고 건물, 산수, 구름 등에 의하여 장면을 구획하거나

배경으로 삼아 여러 설화 장면을 다양한 조형세계 속에서 소화해 나갔다.[11]

뒷면(b)에는 각 인물들의 이야기를 한문으로 기록하고 그 뒤에 시詩와 찬贊, 혹은 둘 중 하나만을 차례로 붙였다. 권채權採가 지은『삼강행실도』서문에 따르면 시詩는 효자도의 경우 명나라 태종太宗이 보내준『효순사실孝順事實』에 실린 시詩를 실었으며, 찬贊은 권채의 고조인 권보權溥가 편찬한『효행록孝行錄』중 이제현李齊賢이 쓴 찬贊을 전록傳錄하였고, 거기에 없는 것과 충신·열녀도의 시詩와 찬贊들은 모두 편찬관編纂官들이 나누어 지었다고 했다. 실제로 언해본『삼강행실도』≪효자도≫에서 살펴볼 수 있는 본문 및 시와 찬의 수록 양상을 정리해 보면 다음과 같다.

[표 2] ≪효자도≫의 본문 및 시와 찬 수록 양상

≪효자도≫	본문 / 시詩 / 찬贊
①민손단의(閔損單衣_魯)	『효순사실』의 본문과 시, 『효행록』의 전찬
②자로부미(子路負米_魯)	『효순사실』의 본문과 시, 『효행록』의 후찬 빠짐
③양향액호(楊香搤虎_魯)	『효순사실』의 본문과 시, 『효행록』의 후찬 빠짐
④고어도곡(皋魚道哭_楚)	『한시외전』의 본문, 『효행록』에 없는 후찬
⑤진씨양고(陳氏養姑_漢)	『효행록』의 본문과 후찬
⑥강혁거효(江革巨孝_漢)	『효순사실』의 본문과 시, 『효행록』의 후찬
⑦설포쇄소(薛包洒掃_漢)	『효순사실』의 본문과 시, 『효행록』의 후찬
⑧효아포시(孝娥抱屍_漢)	『효행록』의 본문과 전찬
⑨황향선침(黃香扇枕_漢)	『효순사실』의 본문과 시, 『효행록』의 후찬 빠짐
⑩정란각목(丁蘭刻木_漢)	『효순사실』의 본문과 시, 『효행록』의 전찬
⑪동영대전(董永貸錢_漢)	『효순사실』의 본문과 시, 『효행록』의 전찬
⑫곽거매자(郭巨埋子_漢)	『효행록』의 본문과 전찬
⑬원각경부(元覺警父_?)	『효행록』의 본문과 전찬
⑭맹희득금(孟熙得金_蜀)	『효순사실』의 본문과 시
⑮왕부폐시(王裒廢詩_魏)	『효순사실』의 본문과 시, 『효행록』의 후찬
⑯맹종읍죽(孟宗泣竹_吳)	『효순사실』의 본문과 시, 『효행록』의 전찬
⑰왕상부빙(王祥剖氷_晉)	『효순사실』의 본문과 시, 『효행록』의 전찬

---

11   『삼강행실도』의 판화에 대해서는 정병모(1998)을 참조할 수 있다.

≪효자도≫	본문 / 시[詩] / 찬[贊]
18 허자매수(許孜埋獸_晉)	『효순사실』의 본문과 시, 『효행록』의 후찬
19 왕연약어(王延躍魚_晉)	『효순사실』의 본문과 시, 『효행록』의 후찬 빠짐
20 반종구부(潘綜救父_晉)	『효순사실』의 본문과 시
21 검루상분(黔婁嘗糞_齊)	『효순사실』의 본문과 시, 『효행록』의 후찬
22 숙겸방약(叔謙訪藥_齊)	『효순사실』의 본문과 시
23 길분대부(吉翂代父_梁)	『효순사실』의 본문과 시
24 불해봉시(不害捧屍_梁)	『효순사실』의 본문과 시
25 왕숭지박(王崇止雹_後魏)	『효순사실』의 본문과 시, 『효행록』의 후찬 빠짐
26 효숙도상(孝肅圖像_隋)	『효순사실』의 본문과 시
27 노조순모(盧操順母_隋)	『효순사실』의 본문과 시
28 서적독행(徐積篤行_宋)	『효순사실』의 본문과 시
29 오이면화(吳二免禍_宋)	『효순사실』의 본문과 시
30 왕천익수(王薦益壽_元)	『효순사실』의 본문과 시
31 유씨효고(劉氏孝姑_國朝)	『효순사실』의 본문과 시
32 누백포호(婁伯捕虎_高麗)	국내문헌의 본문과 창작한 시
33 자강복총(自强伏塚_本國)	국내문헌의 본문과 창작한 시
34 석진단지(石珎斷指_本國)	국내문헌의 본문과 창작한 시
35 은보감오(殷保感烏_本國)	국내문헌의 본문과 창작한 시

이때 본문은 주로 『효순사실[孝順事實]』에서 그 내용을 가져왔고 이 밖에 『효행록』 및 여러 서적들이 본문 작성에 활용되었다. 『효행록』을 개간하려던 본래의 계획이 변경된 것과 더불어 명나라 영락 18년(1420)에 성조[成祖]의 명에 의해 편찬된 권효서[勸孝書] 『효순사실』의 등장은 『삼강행실도』의 편찬 과정에서 중요한 역할을 한 것으로 보인다. 『효순사실』에 수록된 인물 수가 『효행록』보다 더 많고 그 내용도 보다 구체적이며 형식에서도 새로운 모습을 보인 점이 『삼강행실도』의 편찬에서 『효순사실』을 중심에 둔 요인이었다고 생각된다. 시[詩] 역시 『효순사실』의 시가 주로 실렸으며, 찬[贊]은 『효행록』에 실린 이제현의 찬이 그대로 수록되었지만 나름의 이유로 찬이 빠진 경우들도 찾아볼 수 있다.[12]

03 언해의 배경과 언해문의 성격

언해의 배경

한문본 『삼강행실도』가 구체적으로 어떠한 과정을 거쳐 언해되었는지에 대해 현재로서는 정확히 알 수 없다. 다만 남아 있는 기록을 통해 그 대략을 추정해 볼 수 있을 뿐이다. 먼저 우리는 『삼강행실도』의 언해에 대한 사실을 새 문자 훈민정음이 만들어진 직후인 1444년 2월에 집현전 부제학 최만리崔萬理 등이 올린 반대 상소문 관련 실록 기사에서 찾아볼 수 있다.

> 임금이 말하기를,
> "전번에 김문金汶이 아뢰기를, '언문을 제작함에 불가할 것은 없습니다.' 하였는데, 지금은 도리어 불가하다 하고, 또 정창손鄭昌孫은 말하기를, '삼강행실三綱行實을 반포한 후에 충신·효자·열녀의 무리가 나옴을 볼 수 없는 것은, 사람이 행하고 행하지 않는 것이 사람의 자질資質 여하如何에 있기 때문입니다. 어찌 꼭 언문으로 번역한 후에야 사람이 모두 본받을 것입니까.' 하였으니, 이따위 말이 어찌 선비의 이치를 아는 말이겠느냐. 아무짝에도 쓸데없는 용속庸俗한 선비이다." 하였다.
> 먼젓번에 임금이 정창손에게 하교하기를,
> "내가 만일 언문으로 삼강행실三綱行實을 번역하여 민간에 반포하면 어리석은 남녀가 모두 쉽게 깨달아서 충신·효자·열녀가 반드시 무리로 나올 것이다." 하였는데, 창손이

---

12   이에 대한 구체적인 내용은 오민석·김유범·이규범(2020)를 참조할 수 있다.

이 말로 계달한 때문에 이제 이러한 하교가 있은 것이었다.

[세종실록 103권, 세종 26년 2월 20일 경자 1번째 기사]

우리는 이 기사를 통해 세종 16년(1434)에 간행된 한문본 『삼강행실도』를 세종이 언문으로 번역할 것을 계획했었다는 사실을 알 수 있다. 그리고 이 계획이 새 문자 훈민정음으로 『삼강행실도』를 언해하여 민간에 반포하면 더욱 더 큰 교화의 효과가 있으리라는 정창손鄭昌孫의 계달啓達 신하가 글로 임금에게 아룀에서 비롯되었다는 것도 알게 된다.

세종은 새 문자 훈민정음이 글을 모르는 백성들에게 교화의 내용을 전달하는 유용한 수단으로 사용될 수 있겠다고 생각했다. 실제로 그림만으로는 그 정확한 내용의 전달이 어려웠던 『삼강행실도』의 현실적 문제점을 극복하는 방안으로 이에 대한 언해가 계획된 것이었다고 이해된다.

그러나 세종 당대에는 실제로 이 언해 작업이 결실을 거두지 못하였다. 언해된 『삼강행실도』의 존재는 성종대에 가서야 나타남을 볼 수 있는데, 세종의 계획이 실천되기까지는 반세기 가까운 시간이 소요되었으니 그 진행 과정이 순탄치마는 않았으리라는 것을 짐작할 수 있다.

한문본 『삼강행실도』의 언해와 관련해 한 가지 언급되어야 할 것은 언해 작업이 언제 완료되었는가 하는 점이다. 이것은 언해본 『삼강행실도』의 언해문이 어느 시기의 언어 모습을 담고 있는지의 문제와도 연관되므로 중요한 문제가 아닐 수 없다.

지금까지 살펴본 기록들을 바탕으로 할 때, 실제로 한문본 『삼강행실도』 전체가 이미 언해되어 있었고 그 중 언해된 ≪열녀도≫만으로 이루어진 ≪삼강행실열녀도三綱行實烈女圖≫가 성종 12년(1481)에 간행된 것이라는 추정을 해 볼 수 있다. 즉 효자, 충신, 열녀 각 110명의 이야기가 모두 언해된 상황에서 먼저 ≪삼강행실열녀도≫가 간행된 것이며, 이후 성종 20년(1489) 6월에서 21년(1490) 4월 사이에 기존의 『삼강행실도』를 산정해 110명씩이던 효자, 충신, 열녀의 수를 각각 35명씩으로 줄임으로써 현존하는 형태의 언해본 『삼강행실도』가 간행되었다고 생각하는 것이다.

산정 작업의 착수(1489년 6월)와 언해본『삼강행실도』의 반사(1490년 4월) 사이에 시간적인 거리가 비교적 짧다는 점과 더불어 성종 20년(1489) 6월 18일의 실록 기사 내용에서 산정 작업에 '구본舊本'을 사용할 것을 청한 점,[13] 그리고 무엇보다도 언해문에 세종 당시의 언어 및 표기 특성들이 반영되어 있다는 사실이 바로 이러한 추정을 가능하도록 뒷받침해 준다.

언해문의 성격

언해본『삼강행실도』의 초간본이 성종대에 간행되어 나왔으나 언해 작업은 세종 때부터 시작된 것임은 이미 여러 연구들에서 지적된 바 있다. 이에 대한 그동안의 연구 내용들을 요약하여 정리해 보면 다음과 같다.[14]

- '병'자의 사용, 한자음 종성으로 'ㅇ'이 없으며, 현실한자음으로 반영된 주음注音들이 출현한다. 세종대에 언해가 이루어졌다.(남광우 1966)
- '병, ㆅ, ㆆ'까지 나타나는 사실로 보아 원간본의 언어 사실은 초기 한글 문헌과 비슷하다.(안병희 1979)
- 서체·필법, 번역 양식, 'ㅇ'을 쓰지 않는 한자음 표기의 특징, 된소리 표기, 병자 사용, 종성 표기, 긴 연결어미, 모음조화 등을 검토해 본 결과, 번역은 세종조~세조초에 걸쳐 이루어졌다.(志部昭平 1990)
- 1447년의『釋譜詳節』과 조권調卷의 내용이 일치하는 부분 중 1459년의『月印釋譜』에서 변화한 언어 사실을 주로 고유어의 문법소, 어휘 사용면에서 비교해 본 결과 (㉠~㉤), 언해본은 1447년~1459년 사이에 번역되었다.(고영근 1991/1995) ㉠여격표시어(의/의그에〉의/의게), ㉡시간부사(즉자히〉즉재), ㉢보조적 연결어미 (긔〉게), ㉣한자어 표기(한글 표기〉한자 표기 cf.미혹〉迷惑), ㉤'ㅏ'로 끝나는 용언

---

13   산정 작업 시 구본(舊本)을 써서 한 책으로 묶을 것을 청했다는 것은 당시에 이미 언해 작업이 완료되어 있었음을 암시하는 것이라고 볼 수 있다.

14   이에 대해서는 鄭宇永(1999:81)에서 제시된 내용을 토대로 鄭宇永(1999)의 견해 및 그 이후에 나온 연구 성과들을 덧붙여 필자가 재정리하였다.

어간 뒤 연결어미의 쓰임(아〉ø cf.가아〉가)

- 사이시옷의 표기 경향과 어미 {-ㄹ}과 후행어와의 통합 표기 경향, 한자음 표기에서 잘못된 주음注音을 공통적으로 가지며 현실음 중성을 유지하려는 경향, 한자어 선택 및 한자음 표기 경향이 『釋譜詳節』보다는 『月印千江之曲』과 일치하는 점을 들어 1446년 '훈민정음' 반포 이전부터 번역이 계획되어 『月印千江之曲』과 거의 동일한 방침, 거의 동일한 인물 진용에 의해 번역되어 1447년 즈음에는 원고가 완성되었을 것이다.(정우영 1999)

- 언해본 『삼강행실도』 이본들 중 최고본의 ≪효자도≫ 부분을 비교해 보면 언해본 『삼강행실도』의 초간본이 15세기 중후반의 언어 및 표기 특성을 모두 담고 있다는 점을 알 수 있다. '너무'와 '너므'의 표기 차이, [상거평거]와 [상평거거]라는 '됴ᄒᆞ니라'의 두 성조 유형의 차이, 그리고 '힝뎍ᄋᆞ로'와 '남진이'와 같은 분철 표기의 존재가 그 구체적인 예이다.(김유범·이규범·오민석 2020)

이와 같은 내용들을 참고해 볼 때 언해본 『삼강행실도』의 언해문은 세종대의 표기법과 언어 사실을 반영하고 있다고 결론할 수 있겠다. 그것도 훈민정음이 창제된 후 비교적 빠른 시간 내에 언해 작업이 이루어졌음을 알 수 있다. 더불어 언해본 『삼강행실도』의 언해문이 세종대의 표기법과 언어 사실만을 담고 있지 않다는 점도 염두에 두어야 한다. 위에서 정리된 바와 같이 이 문헌이 성종대에 간행되면서 성종 당시의 표기법과 언어 사실에 영향을 받았음을 구체적으로 확인할 수 있다. 이처럼 언해본 『삼강행실도』의 초간본은 단일한 시기가 아닌 서로 다른 시기의 특성을 함께 지닌 중세국어 자료라는 점에서 특별하다.

앞에서 살펴보았듯이 언해본 『삼강행실도』는 한문본과는 달리 인물의 수를 각각 35명씩으로 줄인 산정본刪定本이며, 산정 작업이 구본舊本을 써서 진행된 점을 고려할 때 세종대에 이루어진 언해 작업은 한문본 전체를 대상으로 행해졌을 가능성이 높다. 즉 각각 110명씩의 효자, 충신, 열녀의 이야기가 모두 언해되었던 것으로 추정된다. 성종 12년(1481)에 간행된 ≪삼강행실열녀도三綱行實烈女圖≫는 아마도 이러한 상황이 반영된 언해본이 아니었을까 생각되는데, 이를 포함해 언해된 전체 자료가 오늘날 전하지 않고 있음이 안타까울 뿐이다.

제2부 서지와 그림*

이규범

* 제2부는 이규범(2018), 이규범·오민석·김유범(2021)을 바탕으로 그 내용을 재구성한 것이다.

01 서지

  세종 16년(1434) 3권 3책으로 편찬된『삼강행실도』는 성종 21년(1490) 난상에 언해문을 달아 3권 1책의 형태로 간행되었다. 서명이 동일한 두 문헌을 구분하여 흔히 전자를 한문본『삼강행실도』, 후자를 언해본『삼강행실도』라 일컫는다. 이후 언해본『삼강행실도』는 19세기까지 지속적으로 복각, 개간되면서 수많은 판본으로 오늘날까지 전해지고 있다. 따라서『삼강행실도』연구의 시작은 다양한 판본 간의 관계를 살펴 계통을 정리하는 것이다. 여기에서는 한문본『삼강행실도』를 포함하여 앞선 연구에서 언급되었던 판본들을 소개하고, 언해본『삼강행실도』최고본最古本을 비교하고자 한다.

한문본『삼강행실도』의 현존 판본

  실록 기사를 통해 세종 16년(1434)에 편찬된 한문본『삼강행실도』가 성종 21년(1490) 언해본으로 간행되기 전까지 몇 차례 반사 혹은 인출되었는지 확인할 수 있다. 물론 세종 21년(1439)과 25년(1443)에 함길도로 보내진 것과 세조 1년(1455)에 정종에게 하사된 것이 기존의 간행했던 것을 준 것인지, 아니면 새로 중간하여 반사한 것인지 명확히 확인할 수 없다. 그러나 단종 즉위년(1452)에 수양대군이『삼강행실도』중 《효자도》의 반포를 강맹경에게 명한 것과 성종 2년(1471)에 제도 관찰사로 하여금『삼강행실도』를 간행하도록 한 사실을 통하여 한문본『삼강행실도』가 적어도 한 번 이상 중간되었음을 짐작할 수 있다.

≪효자도≫

　　고려대 만송문고본(貴296B)

　　세종대왕기념사업회 소장본

　　류탁일 소장본(낙장본)

≪충신도≫

　　규장각본(古貴 172.1-Se63s)

≪열녀도≫

　　김원룡 구장본(호암미술관 소장)

　　3권 3책으로 이루어진 한문본『삼강행실도』는 현재 ≪효자도≫ 3종과 ≪충신도≫ 1종, ≪열녀도≫ 1종만이 전해진다. ≪효자도≫는 고려대 만송문고본(貴296B), 세종대왕기념사업회 소장본, 류탁일 소장본(낙장본)이 있는데, 만송문고본과 류탁일 소장본(낙장본)이 원간본에 좀 더 가깝다. ≪충신도≫는 규장각본(古貴 172.1-Se63s)이 있고 ≪열녀도≫는 김원룡 구장본(호암미술관 소장)이 있는데, 둘 다 중간본으로 알려져 있다.

언해본『삼강행실도』의 현존 판본

　　언해본『삼강행실도』는 성종 21년(1490)에 처음 간행된 이후 두 차례 새로 언해되어 선조대과 영조대에 간행되었다. 이들은 언해문의 표기 양상과 한문 원문에 대한 번역 양상 등으로 구분되는데, 각각을 초간본, 선조개역본, 영조개역본으로 부르고자 한다. 여기에서는 계통별 판본을 간단히 소개하고, 이어지는 절에서 이 책에서 다루는 초간본에 대해 자세히 살펴보겠다.

[1] 초간본 계통

　　초간본에 속하는 판본들은 국한문 혼용으로 이루어진 언해문에 방점 표기가 있는 것이 특징이며, 이른 시기에 소실된 문자 'ㅸ, ㅿ, ㆅ' 등이 나타난다. 또한 언해문에 표기된 한자에는 동국정운식 한자음이 제시되어 있으나 한자음 개음절 종성에 ㅇ을 표기하지 않은 것이 특징이다. 초간본 계통은 초간본과 초간본 계통의 중간본이 존재하는데, 志部昭平(1990:416)은 초간본 계통으로 보이는 판본의 계보를 5종으로 구분하였다.

15C말~16C초 (T2이전) 간행

T1　1　한국 성암고서박물관 소장 내사본[2-302]　　　　　3卷 1冊

T1a 2　한국 김영중씨 소장 영남 모향교 구장본(효)　　　　1卷 1冊

16C초(1518년 이전) 간행

T2　1　한국 성암고서박물관 소장 영덕향교 구장본[2-303]　　3卷 1冊

　　2　한국 고려대학교 중앙도서관 소장 만송문고본[B12-/A231G] 3卷 1冊

　　3　한국 김걸씨 소장본(충, 열)　　　　　　　　　　　　2卷 2冊

　　4　한국 「개정정음학」(최현배 1970) 서영본　　　　　　未見

16C중? 간행

T3　1　한국 고려대학교 중앙도서관 소장 만송문고본[296C]　3卷 1冊

　　2　한국 고려대학교 중앙도서관 소장 만송문고본[296F]　3卷 1冊

　　3　한국 고려대학교 중앙도서관 소장 만송문고본[296]　　3卷 1冊

　　4　일본 국립국회도서관 소장 내사본[192-29]　　　　　3卷 1冊

1580년 간행

T4　1　일본 駒澤(고마자와) 대학 중앙도서관 소장본[濯足632]　3卷 3冊 補板

　　2　일본 국립공문서관 내각문고 소장본[林3-299-151]　　3卷 3冊 補板

　　3　일본 東京(도쿄) 대학 법학부 법제사자료실 소장본(충, 열)[乙7-763]

　　　　　　　　　　　　　　　　　　　　　　　　　　2卷 2冊 補板

1608년 간행

T5   1 한국 이숭녕씨 소장 이인영 구장본   3卷 1冊 補板

　　2 한국 고려대학교 중앙도서관 소장본[296H]   3卷 3冊 補板

　　3 한국 국립 서울대학교 중앙도서관 규장각 소장본[一簑貴170.951-Se63s]

　　　　　　　　　　　　　　　　　　　　　　　　　　　　　3卷 1冊 ?

　　4 한국 이겸로씨 소장본(충)   1卷 1冊 補板

　　5 한국 양산 안종석씨 소장본(열)   1卷 1冊 ?

　　6 한국 양산 안종석씨 소장 불완본   1卷 1冊 ?

　　7 한국 거창 모씨 소장 내사본   未見 補板

　　이른 시기의 것으로 추정되는 성암고서박물관 소장본(이하 〈성암본〉)은 변란邊欄이 사주쌍변四周雙邊이며, 광곽 27×17.5cm, 상하대흑구, 상하내향흑어미이고, 한문 본문이 13항 22자이다. '선사지기宣賜之記'의 내사인內賜印이 있다. 志部昭平(1990)에서 언급되지는 않았으나, 런던의 영국도서관 소장본(이하 〈런던본〉) 역시 다른 판본보다 앞선 시기에 간행된 것으로 추정되는 판본이다.

[2] 선조개역본 계통

　　선조개역본에 속하는 판본들은 순한글로만 표기되어 있는 언해문에 방점 표기가 없는 것이 특징이다. 즉 언해문에 한자 표기가 사용되지 않았고, 각 한자의 현실 한자음이 한글로 기록되어 있다. 언해문이 의역체의 성격을 가진다는 점에서는 초간본과 유사하나, 세부적 표기와 언어 사실이 약간 다르고 'ㅸ' 등의 표기가 나타나지 않는다. 선조개역본 계통으로 보이는 판본을 3종으로 구분한 志部昭平(1992:91-96)을 약간 수정하여 제시하면 다음과 같다.

제1종 본 《임진왜란 전(1579)본 계통》

1	서울대학교 중앙도서관 규장각 내사본(古1149-12)	完本
2	서울대학교 중앙도서관 규장각본(상백貴173-Se63s)[弘文閣書影]	完本
3	서울대학교 중앙도서관 규장각본 2종(奎138, 139)	完本
4	고려대학교 중앙도서관 만송문고본(296d)	零本
5	고려대학교 중앙도서관 만송문고본(B12 A231H)	完本
6	일석 이희승씨 소장 내사본(일석貴 170.951 Sa44g)	完本
7	정재홍씨 소장 내사본	完本
8	계명대학교 중앙도서관본((귀) 178.1 권채ㅅ)	完本
9	계명대학교 중앙도서관본((이) 178.1 설순ㅅ)	完本
10	연세대학교 중앙도서관본(923.651)	完本
11	東京^{도쿄} 대학 부속도서관 내사본(A00-5994)	完本
12	東京^{도쿄} 대학 법학부법제사 자료실본(乙7-764)	完本
13	早稻田^{와세다} 대학 중앙도서관본(特別ロ-9 1076)	完本
14	前田^{마에다} 가 존경각 문고본	零本
15	국립공문서관 내각문고본(子248-5)	零本
16	京都^{교토} 부립총합자료관본(貴244)	零本
17	宮城^{미야기} 현 도서관 伊達文庫본(貴子18-3)	零本
18	平塚運一^{히라쓰카 운이치} 씨 소장본	不明

제2종 본 《효종 4년(1653)본 계통》

1	성균관대학교 중앙도서관본[세종대왕기념사업회서영]	完本
2	영남대학교 중앙도서관 동빈문고본(古192)	完本
3	서울대학교 중앙도서관 규장각본(古1149-12b)	完本
4	한국 국립중앙박물관본(위창古155-6)	零本
5	對馬^{쓰시마} 萬松院^{반쇼인} 구장 종가본	完本
6	田中梅吉^{다나카 우메키치} 씨 소장 내사본	不明
7	駒澤^{고마자와} 대학 중앙도서관 金澤莊三郎^{가나자와 소사부로} 씨 구장본(濯足636a) 完本

제3종 본 ≪18~19세기 간본 계통≫

1 성암고서박물관본 4종(1469, 1541, 1470, 1623)   完本

2 서울대학교 규장각본 4종(古複1149-12a, 古複3-1149-12, 古1149-12a, 가람古
   170-951Se63h)   完本

3 고려대학교 중앙도서관본 2종(石州B12-A231, 亞研B12-A13)   完本

4 계명대학교 중앙도서관본((이) 178.1 설순사)   完本

5 계명대학교 중앙도서관본((고) 178.1 설순사)   完本

6 東洋^{도요} 문고 前間恭作^{마에마 교사쿠} 씨 구장본(vii 3-170)   完本

7 東京^{도쿄}대학 문학부 小倉^{오구라} 문고본(L174899-901)   完本

8 駒澤^{고마자와}대학 중앙도서관 金澤莊三郎^{가나자와 소사부로} 씨 구장본(濯足636)
   完本

선조개역본 계통 중간본의 몇 판본을 자세히 살펴보면, 東京大本(제1종 11;
A00-5994)은 권두 서문에 '선사지기^{宣賜之記}'의 내사인^{內賜印}이 있으나, 내사기^{內賜記}
를 볼 수 없다. 다만 함께 전해지는 『속삼강행실도』와 『이륜행실도』의 '萬曆
7(1579)年11月日內賜…'라는 내사기를 통해 간행 연도를 가늠할 수 있다. 또한
早稻田大本(제1종 13; 特別ㅁ-9 1076)의 '己卯(1579~1580)七月日鄉校 上(官
印)'이라는 반사기^{頒賜記}를 통해서도 東京大本의 간행 연도를 짐작해 볼 수 있다.
즉 東京大本이 早稻田大本보다 앞선 것으로 판단할 만한 특징을 보이기 때문에
東京大本 또한 적어도 선조 12년(1579) 이전에 간행되었을 것으로 추정할 수
있다. 선조개역본 계통 중간본 중 가장 앞선 시기의 것으로 판단되는 東京大本은
변란이 사주쌍변이며, 광곽 26.7×17.5, 상하대흑구, 내향삼엽화문어미이지만 간
혹 흑어미가 나타나기도 하고, 한문 본문이 13항 22자이다.

일석문고본(제1종 6; 일석貴 170.951 Sa44g)은 내사기 '萬曆 九年 八月日
內賜司瞻寺奉事林禮傑舊續三綱行實 … 左副承旨臣李??'을 통해 萬曆 九年
(1581)에 간행되었음을 알 수 있다. 일석문고본은 변란이 사주쌍변이며, 광곽
24.8×16.6, 상하대흑구, 내향세화문어미이고, 한문 본문이 13항 22자이다.

선조개역본 계통 중 임진왜란 이전의 판본으로 알려진 東京大本과 早稻田大本,
일석문고본을 중간한 것들 중 하나가 상백문고본(1-2; 상백古貴 173-Se63S),
계명대본((고)178.1 셜슌시)이다. 이 둘은 동일 판본인데, 계명대본에 있는 간기,
'壬午孟夏竹樹校刊'을 통해 이들이 1882년 죽수竹樹향교(전라도 화순군 능주면)에
서 간행되었음을 알 수 있다. 志部昭平(1992)에 제시된 것 외에 1727년에 간행된
전남대본(재고 2H1 삼11ㅅ)이 있다.

[3] 영조개역본 계통

영조개역본에 속하는 판본들은 언해문이 순한글로만 표기되어 있다는 점에서
선조개역본과 동일하나 한문 원문을 충실하게 번역했다는 점에서 차이를 보인다.
이러한 영조개역본 계통의 중간본의 가장 큰 특징은 지방 감영에서 간행했다는
것이다. 이를 반영하기라도 하듯, 현존하는 영조개역본 계통 중간본은 크게 5종으
로 분류된다.

기영판箕營板 혹은 평안도 감영본
　　　성균관대학교 존경각본(B9C-46)
　　　고려대학교 도서관본(貴296A)
해영판海營板 혹은 황해도 감영본
　　　고려대학교 도서관본(貴296G)
　　　경북대학교 취암문고본(183-52)
원영판原營板 혹은 강원도 감영본
　　　서울대학교 규장각본(奎12148)
함영판咸營板 혹은 함경도 감영본
　　　일본 天理덴리 대학 도서관본(天282.2ㅓ33)
　　　이화여자대학교 도서관본(170설67ㅅ)
영영판嶺營板 혹은 경상도 감영본
　　　(추정) 경북대학교 도서관본(古準貴 170.4 셜57ㅅ(2))

여러 감영본 중 가장 먼저 간행된 것은 기영판이다. 영조개역본의 가장 큰 특징은 번역 형식이 의역에서 직역으로 변화했다는 것이나, 개역 작업이 언제, 어디서 이루어졌는지는 알 수 없다. 다만 권말에 '歲丙午春行平安道觀察使兼都巡察使尹憲柱謹跋'이란 기록을 통해 간행 연도가 영조 2년(1726)임을 확인할 수 있다.

해영판은 기영판을 복각한 것이나, 그림의 윤곽선이 약간 굵고 언해문에 테두리선이 있다. '庚戌八月海營開刊'이란 간기를 통해 영조 6년(1730)에 간행되었음을 알 수 있다. 원영판은 당시 강원도 관찰사였던 이형좌의 서문과 간기를 통해 이것이 영조 6년에 간행되었음을 알 수 있다. 서문에는 『삼강행실도』 하송下送의 기록이 있어, 직역으로 먼저 간행된 기영판을 저본으로 판각한 듯하다. 그러나 서체와 그림의 선이 굵고, 변란이 쌍변에서 단변으로 변하고, 일부 언해문이 다르다는[1] 측면에서 완전한 복각으로 볼 수는 없다.

함영판의 권말에 '歲在庚戌夏咸鏡道監營間刊'이란 간기를 통해 영조 6년에 간행된 판본임을 확인할 수 있다. 기영판과 비교하면, 판식의 특징은 거의 일치하나, 천두에 있는 언해문의 행수行數가 서로 다르고, ≪열녀도≫ '원강해곡'에 나타나는 '보비를 싸주어 어린-보비를 빠주어 얼인', '실로써-실로뼈', '되 샤을-되 사를', '엇지-엇디'(이상 기영판-함영판)처럼 표기에서도 약간의 차이를 보인다. 그러나 그 내용을 줄이거나 삭제한 경우는 없다.

영조 6년에 간행한 영영판 『이륜행실도』 발문을 통해 영남 감영에서도 『삼강행

---

1 ≪열녀도≫ '여종지례'에서 기영판과 원영판의 차이를 확인할 수 있다.

녜문의 션비는 두 안해를 두게 ᄒᆞ여시니 내 지아비는 션비라 둘흘 두미 가치 아니ᄒᆞ냐 칠거지악의 새음이 읏씀이라 날로 ᄒᆞ여곰 읏씀 죄롤 범ᄒᆞ라 ᄒᆞ는다 싀어미 셤기를 더옥 삼가ᄒᆞ니 송나라 님금이 듯고 그 집을 졍표ᄒᆞ고 일홈을 녀종이라 ᄒᆞ니라 〈기영판, 烈2b〉

녜예 션비는 두 안해라 내 지아비 션비라 두 안해 두미 올코 칠거의 악의 새음이 읏씀이라 내 어이 읏씀 죄을 범ᄒᆞ리오 ᄒᆞ고 싀부모을 더옥 디극히 셤기니 님금이 듯고 그 집을 졍표ᄒᆞ고 일홈을 녀종이라 ᄒᆞ다 〈원영판, 烈2b〉

실도』를 인출했음을 확인할 수 있으나, 경상도 감영의 기록을 가진 감영본은 아직 발견되지 않았다. 다만 간기가 없는 판본 중 경북대학교 도서관본(古準貴 170.4 설57ㅅ(2))은 기영판과 거의 유사하나, 서체와 그림의 선이 조금 굵고 투박하고 일부 언해문에서 차이를 보인다.[2] 이를 근거로 경북대학교 도서관본을 영영판으로 추정하고 있다. 다만 이 시기 여러 감영에서 간행된 『삼강행실도』와 『이륜행실도』에 나타나지 않은 주격조사 '가'(도적 쳔호가 겁박ᄒ려 ᄒ니 〈경북대본, 열22a〉)의 쓰임을 통해 경북대학교 도서관본이 다른 감영본보다 후대본으로 추정된다.

언해본 『삼강행실도』의 최고본의 비교

언해본 『삼강행실도』 초간본 계통의 계보는 여러 연구에서 다루어졌고, 후쇄본의 전후 관계에 대해서도 어느 정도 구체화되었다. 그러나 초쇄본으로 볼 수 있는 확실한 판본을 정하지 못한 채 가장 오래된 자료, 즉 최고본으로 판단되는 〈김영중본〉과 〈런던본〉, 〈성암본〉에 대해 서로 이견들을 보이고 있다. 따라서 『삼강행실도』 초간본의 정본을 수립하기 위해서는 기존 연구의 문제점을 정리하고 언해본 『삼강행실도』의 최고본에 나타나는 탈자와 보각, 착오 등을 바탕으로 이들의 선후 관계를 밝히는 것이 필요하다.

---

2   ≪열녀도≫ '양씨피살'에서 기영판과 경북대학교 도서관본의 차이를 확인할 수 있다.

송나라 냥삐는 님쳔 사ᄅᆞᆷ이니 왕삐의 쳐 되연 디 두어 ᄃᆞᆯ의 난리ᄅᆞᆯ 만나 부톄 다 살ᄋ 잡히이니 도적 쳔회라 ᄒᄂᆞᆫ 놈이 냥삐ᄅᆞᆯ 핍박ᄒ고겨 ᄒ거ᄂᆞᆯ 냥삐 소겨 골오ᄃᆡ 지아비 이시니 부브의 졍의 즁ᄒ아 지아비 잇ᄂᆞᆫᄃᆡ 너ᄅᆞᆯ 좃디 못ᄒᆞᆯ 쩌시니 지아비ᄅᆞᆯ 도라 보낸 후에야 너ᄅᆞᆯ 좃ᄎᆞ리라 ᄒᆞᆫ대 쳔회 곳이 듯고 금과 비단을 지아비ᄅᆞᆯ 주고 〈기영판, 烈22a〉

송나라 냥삐는 왕가의 쳐 도연 디 두어 ᄃᆞᆯ의 난을 만나 부톄 다 사ᄅᆞ 잡혀 도적 쳔호가 겁박ᄒ려 ᄒ니 냥시 속여 왈 디아비 이시니 도라 보낸 후 너ᄅᆞᆯ 조ᄎᆞ마 쳔회 고디 듯고 금과 비단을 지아비ᄅᆞᆯ 만히 주고 〈경북대학교 도서관본, 烈22a〉

[1] 최고본의 계보

志部昭平(1990)은 언해본『삼강행실도』초간본 계통의 이본 22종을 상대적인 간행 시기에 따라 T1~T5로 분류하고 그들 간의 유사도에 따라 아래와 같이 계보도로 그렸다.

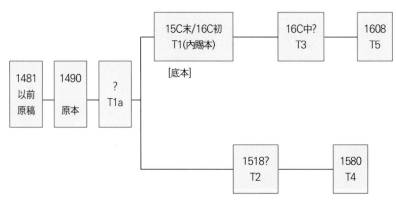

[그림 1] 志部昭平(1990:423)의 계보도

[그림 1]에서는 〈김영중본〉을 T1a, 〈성암본〉을 T1로 보아 두 문헌을 T1로 분류하였다.[3] 다만, T2~T5와 달리 T1만 T1a를 분리하고 있는데, 그 이유는 T1a와 T1이 아주 유사한 특징을 가지고 있음에도 불구하고[4] 일부 예에서 두드러진 차이가 확인되었기 때문이다. 志部昭平(1990:389-392)에서 살펴본 두 판본의 차이점은

---

3 이때의 T는 Text를 가리킨다. 志部昭平(1990:385)에서는 '5종 6류' 내지 '6종'의 판본으로 분류할 수 있다고 하면서 편의상 전자(5종 6류)의 가설에 따라서 T1~T5로 5종을 구분한 것이다. 이때 6류 내지 6종으로 파악하는 데는 T1a를 T1과 분리하려는 의도가 담긴 것이라 할 수 있다. 한편 〈성암본〉을 T1로 설정한 이유는 〈김영중본〉(T1a)이 〈성암본〉보다 시기적으로 앞서지만 ≪효자도≫만 존재하기 때문에, 이를 대신해 T1을 저본으로 삼겠다는 의도도 반영되어 있다.

4 志部昭平(1990:386)에서는 〈T1〉과 〈T1a〉가 정도의 차이는 있지만 공통적으로 다음의 특징이 확인된다고 하였다.
   ① 탈자와 이를 보충하는 보각이 있음.
   ② 그리고 이것은 언해부의 각행 첫 번째 글자에 집중됨.
   ③ 衍文이 있음.
   ④ 방점의 혼란·착오가 있음.
   ⑤ 동국정운식 한자음의 혼란·착오가 있음.

다음과 같다.[5]

(1) **탈자와 보각[T1a는 <김영중본>, T1은 <성암본>]**

　　가. 101a06, 07에서[6] 첫 번째 글자인 {비}와 {툐} 부분, 또 101a12에서 아홉 번째
　　　　글자인 {도} 부분이 매목으로 보수되었으며, 모두 방점이 없다. 더욱 흥미로운
　　　　것은 이 {비}와 {툐}가 엇갈려 끼워져 있고 그 위에 {툐}와 {도}라는 글자는
　　　　좌우가 거꾸로(거울문자)로 되어 있다는 것이다. 그러나 〈T1a〉에서는, 같이
　　　　보수되고는 있지만 엇갈리지도, 거꾸로도 되어 있지 않다. 이 점에 있어서
　　　　〈T1〉과 〈T1a〉는 분명히 다르다. 이 부분에 대해 諸本[7]은 〈T1a〉를 따른다.

　　나. 106a01부터 13까지의 첫 번째 글자가 모두 탈락하였다. 그러나 〈T1a〉에서는
　　　　이 부분을 매목 보수하고 있다. 이 점에서도 〈T1〉과 〈T1a〉는 분명히 차이가
　　　　있다. 그러나 諸本은 〈T1〉을 따른다.[8]

　　다. 131b10에서 14까지의 첫 번째자의 보각처럼 〈T1〉과 〈T5〉에는 존재하지
　　　　않지만 〈T1a〉에는 존재하고 있고, 그것이 다른 諸本에도 답습되고 있는 경우
　　　　도 있다.

(2) **착오[*은 志部昭平(1990)의 교정]**

　　가. *·힔ㄱ·장(盡力 102b01) 〉 ·힔ㄱ·쟝〈T1〉 ‖ ·힔ㄱ장〈T1a〉

　　나. *·열:세·히러·라(十三 104b07) 〉 ·열:새·히러·라〈T1〉 ‖ ·열:세·히러·라〈T1a〉

　　다. *·꾸·러(跪 110a07) 〉 이러〈T1〉 ‖ 【파손】〈T1a〉

　　라. *·눇(眼 110a18) 〉 ·눇〈T1〉 ‖ 【파손】〈T1a〉

5　志部昭平(1990)에는 (1), (2)의 정리 외에 더 많은 예를 소개하고 있으나, 〈T1〉과 〈T1a〉의 어형이 동일하여
　　두 판본 간의 차이점을 확인할 수 없는 예들은 제외하였다. 또한 ≪충신도≫와 ≪열녀도≫에서 확인된
　　〈T1〉의 오류에 대해서도 비교 대상인 〈T1a〉가 없으므로 검토할 수 없어 제외하였다. ≪충신도≫와 ≪열녀
　　도≫에만 확인되는 특징으로는 탈자와 보각, 착오 이외에 衍文(군더더기 글)이 확인된다.

6　이 코드 번호는 志部昭平(1990:15)에서 부여한 번호이다. 제1 자리는 각각 1은 ≪효자도≫, 2는 ≪충신도≫,
　　3은 ≪열녀도≫이다. 제2, 3 자리는 장차이고, 제4 자리의 ab는 장차의 앞뒤를 가리킨다. 제5, 6 자리는
　　행 번호를 가리킨다.

7　여기서 諸本이란 〈T1〉~〈T5〉 전체를 가리킨다.

8　필자의 확인 결과 〈T2〉~〈T5〉는 106a01~13까지의 글자 탈락이 확인되지 않는다. 그러므로 "諸本은
　　〈T1〉을 따른다."라는 문장은 "諸本은 〈T1a〉를 따른다."로 고쳐야 한다. 단순 착오로 보인다.

마. *두외·아지·라(爲 111a05) 〉무외·아지·라〈T1〉 || 두외·아지라〈T1a〉

바. *·ᄧᆞ는(織 111a11) 〉·ᄧᅳ는〈T1〉 || ·ᄧᆞ는〈T1a〉

사. *사·ᄋᆞ·ᄅᆞᆯ(三日 124b08) 〉사·ᄋᆞ롤〈T1〉 || 사·ᄋᆞ롤〈T1a〉

아. *ᄇᆞᄅᆞᆷ·과(風 125a09) 〉·ᄇᆞ:롬·와〈T1〉 || ᄇᆞᄅᆞᆷ·과〈T1a〉

자. *고·티·며(改 126a11) 〉고·디·며〈T1〉 || 고·티·며〈T1a〉

차. *너·흐·러(嚙 13115) 〉녀흐러〈T1〉 || 너·흐러〈T1a〉

　　이러한 차이점으로 인하여 志部昭平(1990:473-4)의 각주26)에서는 광곽 내부의 한문과 그림은 두 판본이 상당히 유사하여 T1이 T1a의 후쇄로 보이지만, 난상의 언해 부분은 분명히 두 판본에 다른 점이 있어 난상 언해부만 별도로 판각을 하여 난상에 인쇄를 하였다고 추정하였다.[9]

　　그러나 한편으로는 (1가)에 대해서 "내사본(즉 〈성암본〉)의 착오는 중쇄重刷 혹은 중각重刻 때 보수 부분이 다시 누락되어 발생한 것으로 생각된다. 매목에 의한 부분이 내사본에서 좌우가 교체되어 있는 것은 매목을 잘못 꽂은 결과인 것 같다."(志部昭平 1990:391)라고 하여 후쇄본(중쇄)과 복각본(중각)의 가능성을 모두 열어 놓았다. 다만 T1a를 분리해 6류로 설정하고, T1a에서 T1과 T2로 분화하는 계보도를 그린 것은 T1이 T1a의 복각본일 가능성에 더 무게를 실었기 때문으로 보인다.

　　이후 석주연(2001)에서 〈런던본〉에 대한 조사가 이루어졌고 〈런던본〉의 성격을 〈김영중본〉과 가까운 자료로 판단하였다. 그 근거를 정리하면 다음과 같다.

　　(3) 가. 〈런던본〉은 (〈성암본〉처럼) 글자의 좌우가 뒤바뀐 경우를 거의 볼 수 없다.
　　　　나. 〈성암본〉에서 보이는 오각이 〈김영중본〉에 정상적으로 되어 있는데 〈런던본〉
　　　　　　역시 정상적으로 되어 있다.
　　　　다. 도판의 그림도 〈김영중본〉과 〈런던본〉이 더 유사한 양상을 보인다.

9　옥영정(2008:45)에도 언해 부분만 탈락되거나 도판의 판형과 분리되어 인쇄된 일부 간본을 통하여 언해본 『삼강행실도』에서 언해 부분만 별도로 각판되어 인쇄되었을 가능성을 언급하였다.

(3)은 앞서 〈김영중본〉과 〈성암본〉의 차이점을 정리한 (1), (2)에 〈런던본〉을 그대로 대입하여 나온 결과로 〈런던본〉의 추가 이외에 志部昭平(1990)의 견해와 다른 입장은 아니다. 이후 志部昭平(1990)의 입장은 비교적 최근까지 수용되어 오다가 澁谷秋(2019)에 의해 계보도의 수정이 가해졌다.[10] 다음은 澁谷秋(2019)가 추정한 계보도이다.

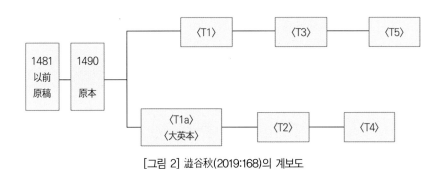

[그림 2] 澁谷秋(2019:168)의 계보도

[그림 2]에서 가장 크게 바뀐 것은 T1과 T1a이다. 志部昭平(1990)에서는 T1a를 원간본과 직접 연결하고 T1a에서 T1과 T2가 분화되었다고 보았으나, 澁谷秋(2019)는 원간본에 T1a를 직접 연결하지 않고 T1a와 T1이 원간본에서 분화되었다고 보았다. 그 이유는 〈런던본〉을 실사 후 T1a는 〈런던본〉과 매우 유사한 데 반해 T1은 그렇지 않기 때문이었다. 특히 T1a 및 〈런던본〉에서도 크기나 배열에서 주변 글자와 차이를 보이는 글자들이 여럿 발견되었기 때문에 계보도에서 T1a를 원간본과 직접적으로 연결하지 않은 것으로 보인다. 澁谷秋(2019)가 이러한 계보도를 상정한 주요 근거들을 정리하면 다음과 같다.[11]

---

10 이상훈(2018:36)에서도 계보도를 제시하였으나 이것은 澁谷秋(2017)의 영향을 받아 그 계보도가 거의 같다. 澁谷秋(2017)은 澁谷秋(2019)의 발표문이다.

11 계보도와 관련은 없지만 〈런던본〉, 〈T1〉, 〈T1a〉 간 난상 언해부 이외의 차이에 대해서 내제와 배열의 차이를 들고 있다(澁谷秋 2019:153). ≪효자도≫의 내제에서 〈T1〉은 '孝子'라는 글자가 기울어져 있는 반면, 〈T1a〉와 〈런던본〉은 기울어져 있지 않다. 다음으로 ≪열녀도≫의 8장과 9장의 배열이 서로 바뀌어 있다. 곧, 〈T1〉은 목록에 제시된 순서대로 「禮宗罵卓」이 여덟 번째, 「貞義刎死」가 아홉 번째에 배치되어 있으나, 〈런던본〉은 잘못 새겨진 판심의 장차순대로 「貞義刎死」(장차 八), 「禮宗罵卓」(장차 九) 순으로

(4) 탈자와 보각

가. 〈T1〉101a06, 07에서 제1자의 {비}와 {툐} 부분, 또 101a12 제9자의 {도} 부분이 매목에 의해 보수되어 방점은 보이지 않는다. 〈T1〉에서는 {비}와 {툐} 의 순서가 바뀌고, 101a06에 {툐}, 101a07에 {비}가 새겨지며, 동시에 {툐}와 {도}는 좌우가 뒤바뀐 문자로 되어 있다. 같은 장소의 〈T1a〉, 〈런던본〉은 보각되어 있지만 올바른 순서로 새겨지며, 뒤바뀐 문자도 아니다. 제본은 〈T1a〉를 따른다.

나. 〈T1〉106a01행에서 13행까지 첫 글자가 모두 탈락하였다. 〈런던본〉과 〈T1a〉 에서는 106a01행에서 106b02행까지의 제1자를 보각하여 방점은 없다. 또한 〈런던본〉은 106a08행 제1자를 오각, {라}여야 할 부분을 {다}로 썼다.[12] 그러나 제본은 〈T1〉을 따른다.

다. 〈T1〉 106b07, 08의 제1자인 {뎨}와 {斜}이 보각되어 있어서 방점이 없다. 〈T1a〉도 이것에 따른다. 제본도 같다. 〈런던본〉도 보각되어 방점이 없다. 〈런던본〉과 〈T1〉에서 106b07행은 {녜}로 오각되었다.[13]

라. 〈T1〉 124a13행에서 124b08행까지 제1자가 보각이고 방점이 없다. 〈T1a〉도 이것에 따른다. 제본도 같다. 〈런던본〉도 보각되어 있지만, 124b01, 02, 06의 제1자째에는 방점이 보인다.

마. 〈런던본〉 123b08행에서 12행까지의 제1자가 보각되어 있다. 123b09행은 {·즈}로 새겨져야 할 부분이지만 방점이 없다. 그 외에는 올바른 어형으로 보각되어 있다. 또한 〈T1〉의 해당 부분이 보각이라고 하는 기술은 없지만 방점이 모두 결여되어 있다.

배치되어 있다. 그런데 필자의 판단으로는 〈T1〉의 '孝子'는 탈획이 심하여 글자의 기울어짐이 판목의 훼손에 의한 것일 가능성이 높아 보이고 ≪열녀도≫의 배열 문제도 편철의 문제로 생각된다. 어쨌든 志部昭平(1990)이 '난상 언해 부가 방식'으로 언해가 별도로 판각되었다고 보고 있고 澁谷秋(2019)도 그 입장에 동조하고 있기 때문에 계보도의 핵심은 언해 부분의 비교가 중심이라고 할 수 있다.

12 '다'의 앞글자인 '셰'가 '셰'의 탈획으로 보이고, '다'가 〈성암본〉에 와서 전체가 탈각된 것까지 고려하면 〈런던본〉의 '다' 역시 오각보다 '라'의 탈각으로 볼 가능성이 높아 보인다.

13 〈김영중본〉의 해당 글자는 '뎨(뎨)'이고, 〈런던본〉은 윗획이 많이 마멸된 '뎨(녜)'임을 확인할 수 있다. 그러므로 〈성암본〉의 '녜'는 오각보다 탈각으로 볼 가능성이 높아 보인다.

(5) **착오(교정과 동일할 경우 음영으로 처리)**[14]

	志部(1990)	<T1>	<T1a>	<大英本>
102b01	*·힔ᄀᆞ·장	·힔ᄀᆞ·쟝	·힔ᄀᆞ·장	·힔ᄀᆞ·장
104b07	*·열:세·히러·라	·열:새히러·라	·열:세히러·라	·열:세히러·라
110a07	*·ᄡᅮ·러	이러	破損	·ᄡᅮ러
110a18	*·ᄂᆞᆾ	·ᄂᆞᆾ	破損	·ᄂᆞᆾ
111a05	*ᄃᆞ외·아지·라	ᄆᆞ외·아지·라	ᄃᆞ외·아지라	ᄃᆞ외·아지·라
111a11	*·ᄆᆞᆽᄂᆞᆫ	·(ㅁ+ㅏ)ᄂᆞᆫ	·ᄆᆞᆽᄂᆞᆫ	·ᄆᆞᆽᄂᆞᆫ
124b08	*사·ᄋᆞ·ᄅᆞᆯ	사·으ᄅᆞᆯ	사·ᄋᆞᄅᆞᆯ	사·ᄋᆞᄅᆞᆯ
125a09	*ᄇᆞᄅᆞᆷ·과	·ᄇᆞ:ᄅᆞᆷ·와	ᄇᆞᄅᆞᆷ·과	ᄇᆞᄅᆞᆷ·과
126a11	*고·티·며	고·디·며	고·티·며	고·티·며
131a15	*너·흐·러	녀흐어	너·흐러	너흐러

(4가-라)는 志部昭平(1990)에 제시되었던 〈T1〉과 〈T1a〉의 차이점을 바탕으로 〈런던본〉과의 차이점을 추가한 것이고(밑줄은 필자), (4마)는 澁谷秋(2019)에서 새롭게 추가한 것이다. (5) 역시 앞서 (2)에서 언급된 志部昭平(1990)의 정리에 〈런던본〉을 추가한 것이다.[15] 특히 〈T1〉, 〈T1a〉, 〈런던본〉이 모두 갖추어진 ≪효자도≫는 3종 모두 보각 부분이 일치하지만, 보각 내용에서 〈T1〉은 잘못된 어형이나 순서로 보각되어 눈에 띄는 반면, 〈런던본〉과 〈T1a〉는 잘못 보각된 부분이 없고 비교적 올바르게 새겨져 두 간본이 매우 가까운 관계에 있다고 하였다(澁谷秋 2019:158-9).

이상으로 두 연구자의 계보도의 변화 및 최고본에 대한 계보도 설정의 근거들을 살펴보았다. 특히 (1가, 나), (3가, 나), (4가, 나)에서 〈T1〉과 〈T1a〉 분화의 주요

14 〈T1〉에서, 111a11은 '·ᄆᆞᆽᄂᆞᆫ'인데 '·(ㅁ+ㅏ)ᄂᆞᆫ'으로 잘못 입력되어 있고, 131a15는 '녀흐러'인데 '녀흐어'로 잘못 입력되어 있다.

15 (1), (2)와 마찬가지로 (4), (5) 역시 澁谷秋(2019:154-8)의 논의에는 탈자와 보각 및 착오의 예들이 더 제시되어 있지만, 〈T1〉과 〈T1a〉의 어형이 동일하여 차이점을 확인할 수 없는 예들은 본서에서 배제하였다. 또한 ≪충신도≫와 ≪열녀도≫에서 확인된 〈T1〉의 오류에 대해서도 비교 대상인 〈T1a〉가 없으므로 본서에서는 배제하였다.

근거로 반복된 내용은 첫 번째 이야기인 '민손단의'와 여섯 번째 이야기인 '강혁거효'에서 〈T1〉이 보각의 오류가 있다는 점이었다. 그런데 〈T1〉에서 발생한 보각의 오류가 계보도상 〈T1a〉와의 분화를 설정할 정도의 근거가 될 수 있는가에 대한 의문이 제기된다. 또한 澁谷秋(2019)에서 연구 대상으로 삼은 〈T1a〉와 〈T1〉은 志部昭平(1990)의 전산 입력본으로, 입력본이 가지는 한계와 그로 인한 잘못된 결론 도출의 가능성을 염두에 두어야 한다. 끝으로 〈T1〉과 〈T1a〉의 관계와는 별도로 원간본과 〈T1a〉의 관계에 대해서도 언급할 필요가 있다. 왜냐하면 澁谷秋(2019)에서 원간본과 〈T1a〉의 관계에 대한 근거를 추가로 내놓지 않고 계보도의 수정을 가하였기 때문이다.

志部昭平(1990:389)은 최고본에서 확인된 탈자와 보각, 착오 등에 더하여 다음의 특징들을 바탕으로 현전하는 최고본이 원간본과 다를 것으로 추정하였다.

(6) 가. 원간본 본래의 착오로 생각되는 것(이 T1에서 발견됨)

　　 나. 성조와 한자음의 혼란

　　 다. 인쇄가 잘 되지 않은 탈자와 탈획

그러나 최고본이 원간본의 후쇄본일 가능성이 여전히 남아 있기 때문에, 원간본으로 보지 못할 결정적인 이유가 발견되기 전까지는 잠정적으로 원간본으로 처리하는 것도 하나의 방법이라고 생각된다. 왜냐하면 최고본과 원간본 간의 관계를 모호하게 기술하여 국내 논의에서 최고본의 성격을 다소 혼란스럽게 처리한 문제도 발생했기 때문이다.[16] 또한 앞에서 제기된 착오는 주로 〈T1〉에서 많이 발생하였고 〈T1a〉에서의 착오는 상대적으로 적으므로 원간본에서도 그 정도의 착오는 있었을

16　국내 논의에서는 별다른 검토 없이 최고본의 성격을 아래와 같이 다양하게 규정하였다. 이러한 혼란은 최고본이라는 용어가 문헌이 가진 상대적인 특징 중 하나일 뿐 문헌을 규정하는 용어로는 적합하지 않기 때문으로 보인다. 또한 志部昭平(1990)의 논의가 다소 와전된 측면도 없지 않아 보인다. 志部昭平(1990)은 최고본을 원간본의 후쇄본인지 복각본인지 고민한 것이 아니라, 최고본 중 〈성암본〉을 〈김영중본〉의 후각본인지 복각본인지를 단정하지 못하고 다소 느슨하게 처리하였다.

수 있다. 탈자나 탈획의 경우도 〈T1a〉가 원간본과 판이 다를 정도의 차원이 아니라 원간본의 후쇄본으로 보더라도 추정에는 큰 무리가 없다고 생각된다.

보각의 경우, 일부는 마멸로 인한 누락을 보수하기 위해서라고 생각할 수 있지만 모든 보각을 그렇게 보기는 어렵다. 고영근(1991/1995)에서 '익/의그에'와 '익/의게'의 사용 비율, '즉자히'의 사용, '긔'와 '게'의 사용 비율 및 표기법적 특징들을 근거로 언해본 『삼강행실도』의 번역 시기를 세종 조로 추정한 바가 있으며,[17] 김유범·이규범·오민석(2020)에서는 '너무~너므'의 혼용, 세종 조의 성조 유형과 이후 변화된 성조 유형의 공존(됴ᄒᆞ니라[상평거거~상거평거]), 분철 표기의 출현(힝뎍으로, 남진이) 등을 이유로 세종 이후의 언어 및 표기 특성이 언해본 『삼강행실도』에 반영되었음을 시사한 바 있다.

그러므로 세종대의 언어 및 표기 특성과 성종대의 언어 및 표기 특성이 혼재되는 과정에서 원간본의 초쇄본에서도 어형의 혼란이나 성조와 한자음의 혼란 역시 충분히 반영될 수 있었을 것이다. 또한 그것이 1490년에 초쇄본으로 간행되기 전에 교정쇄에서 보각을 통해서 드러날 수도 있었다고 생각된다. 결국 더 앞선 판본이 발굴되지 않는 이상 〈T1a〉를 '원간본과 가장 가까운 판본'이라고 모호하게 지시할 것이 아니라, 〈T1a〉를 원간본의 후쇄본으로 파악하는 것이 기술의 편의상 보다 적절하다고 생각한다.

안병희(1992)	원간본(〈T2〉~〈T5〉는 후쇄본),
홍윤표(1998)	원간본 추정(〈성암본〉)
송일기·이태호(2001)	원간본(〈T2〉~〈T5〉는 복각본 계통)
박종국(2003)	원간본(〈T2〉~〈T5〉는 후인본)
김명남(2012)	가장 오래된 자료(〈성암본〉), 원간본(〈런던본〉)
백두현(2015)	원간본 계통(〈T1〉~〈T5〉를 아우름.)
김정수 역(2017)	가장 오래되고도 상태가 좋은 책(〈런던본〉)
홍현보(2017)	중종 5년(1510) 간행본(〈런던본〉)
이상훈(2018)	초간본의 복각본(〈김영중본〉과 〈런던본〉)을 A1, 〈성암본〉을 A2로 구분해 다른 계통의 복각본으로 봄.)
디지털 한글박물관 (2021년 1월 9일 확인)	원간본(〈T2〉~〈T5〉는 복각본 계통)

[17] 이 밖에 홍윤표(1998:145)에서는 이전 학자들의 추정 간행 연도를 정리해 놓았다.

[2] 영인 자료를 통한 언해문 비교

현재 성암고서박물관의 폐관으로 〈성암본〉의 조사는 어렵다. 하지만 志部昭平 (1990)에는 ≪효자도≫ 중 '민손단의'와 '강혁거효(앞면만)'의 〈김영중본〉(T1a) 영인과 〈성암본〉(T1) 영인을 함께 싣고 있어서 이 두 이야기에서만큼은 〈김영중본〉, 〈성암본〉, 〈성암본〉의 전산 입력본, 〈런던본〉을 모두 비교해 볼 수 있다. 3종의 해당 영인 자료를 제시하면 다음과 같다.

(7) '민손단의'의 영인 자료(101a)

(8) '강혁거효'의 영인 자료(106a)

(7)과 (8)에 제시된 3종의 영인 자료를 비교해 보면 글씨체를 비롯하여 글자의 배열까지 같다는 사실을 확인하게 된다. 그러므로 이 3종의 관계에 대해서는 자연스레 후쇄본 내지 복각본의 가능성을 생각할 수 있다.[18] 그런데 앞서 살펴본 기존

---

18   志部昭平(1990)은 〈T1〉이 〈T1a〉의 복각본일 가능성에 무게를 더 두었으나 이미 志部昭平(1990:391)에서 다음처럼 두 가지 가능성을 언급하였다(번역 및 밑줄 필자).

연구에서, 〈성암본〉을 〈김영중본〉의 후쇄본이 아닌 복각본으로 보고 계보도에서 〈성암본〉을 분리한 주요 근거를 두 이야기에서 확인할 수 있다. 해당 부분만 확대하여 아래에 제시한다.

(9) 가. 101a06, 07에서 제1자의 {비}와 {툐} 부분

김영중본	런던본	성암본

나. 101a12 제9자의 {도} 부분

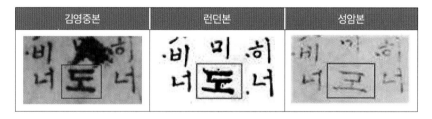

김영중본	런던본	성암본

여기서 참으로 흥미로운 것은 〈T1a〉가 전하는 「효자도」 부분의 조선어 텍스트에서의 〈T1a〉와 〈T1〉(내사본)의 차이점(필자: 본서의 (1)~(4)에 제시된 내용)이다. …… 한번 결여된 판목을 보수하여 인쇄되었거나 그러한 판본을 바탕으로 복각되었을 것으로 추정된다. 즉 그때 그 누락된 부분을 매목 혹은 보각으로 보완하여 처음 표시한 것이 〈T1a〉본이며, 나중에 같은 보수본을 사용하여 인출했거나 이를 판하에 다시 복각한 것이 내사본(필자: 〈T1〉본)일 것으로 추정되는 것이다(志部昭平 1990:391).

다. 106a01행에서 13행까지 첫 글자

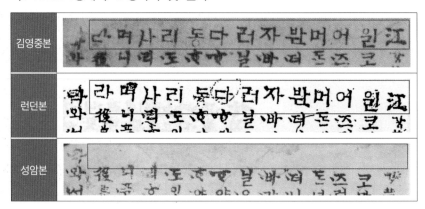

(9)는 모두 〈성암본〉에서 문제가 드러난 부분이다. (9가)는 두 글자의 위치가 바뀌었고, (9나)는 글자의 좌우가 반전되었다. (9다)는 해당 줄의 글자가 탈각되었다. 이러한 특징은 〈성암본〉과 다른 2종의 뚜렷한 차이점이라고 할 수 있다. 그러나 우리는 이러한 차이점이 언어학적으로나 서지학적으로 계보도에서 분화를 상정할 만큼의 큰 차이라고 생각하지 않는다. 달리 말하면 〈성암본〉이 앞선 두 판본의 복각본 내지 전혀 다른 판본이라기보다 후쇄본(보수본)일 가능성에 무게를 두는 것이다.[19]

이를 검토하려면 〈김영중본〉과 〈런던본〉의 특징에도 주목할 필요가 있다. (9)의 〈김영중본〉과 〈런던본〉을 살펴보면 매목이 〈성암본〉에서 처음 일어난 것이 아님을 알 수 있다. (9가)의 〈김영중본〉과 〈런던본〉을 보면 '비'는 아래에 이어지는 '알오 다슴어미'의 글자 위치보다 좌측으로 치우쳐 따로 새겼음을 알 수 있다. '툐'라는 글자 역시 아래의 '려 커늘'의 글자 위치보다 약간 우측으로 치우쳐 있다.

---

19 志部昭平(1990)에서 최고본에 대하여 복각본과 함께 후쇄본의 가능성을 언급하였다. 본서에서는 '수정 방식'에 따른 '보수'와 '복각'의 판별이 최고본 3종의 논의에서 중요하다고 생각했기 때문에 '후쇄본'과 함께 '보수본'이라는 용어를 사용하였다. '보수본'이란 목판이 오래되어 문자에 흠결이 심하게 생겨 판독할 수 없거나 분실된 목판이 생겨 다시 새겨 보충한 경우가 있는 판본을 가리킨다. 물론 여기에는 일부 문자의 흠결을 매목(=상감)한 보수도 포함된다. '보수본'에 대한 보다 자세한 내용은 천혜봉(2006:149), 백두현(2015:93)을 참고할 수 있다.

곧 '비'와 '툐'는 〈김영중본〉과 〈런던본〉의 인출 시기부터 이미 어떠한 이유[20]로 매목에 의한 보각이 이루어졌고 그것이 인쇄를 거듭하여 떨어진 것을 〈성암본〉에 와서 조악하게 다시 새겨 붙였다고 추정할 수 있다. (9나)의 〈김영중본〉과 〈런던본〉 역시 '도'의 글씨체, 크기, 위치 등에서 주변 글자들과 차이를 보여 이미 매목된 글자임을 알 수 있고, (9다)의 〈김영중본〉과 〈런던본〉도 아랫줄의 글자들과 비교해 보면 매목에 의한 보각이 이미 이루어졌음을 확인할 수 있다.

그런데 이와 같이 매목된 부분의 재매목이나 재탈각은 그것이 비록 조악할지라도 후쇄본에서 주로 볼 수 있는 현상이다. 왜냐하면 복각본은 새로운 판목을 사용하기 때문에 이전 판목의 매목 부분이 새로운 판목에서 다시 탈각되기는 어렵기 때문이다. 두 개의 이야기에서 세 군데가 이러한 특징(매목-재탈각-재매목)을 보이고 있으므로 〈성암본〉의 재탈각/재매목을 우연으로 보기는 어렵다. 또한 T1계열과 자형이 비슷한 T2, T3에서 해당 부분의 자형이 보각된 것처럼 보여도 〈성암본〉과 같은 재매목이나 재탈각이 보이지 않는 이유 역시 T2와 T3은 판을 새로 새긴 복각본인 반면, 〈성암본〉은 그렇지 않기 때문이라고 생각된다. 적어도 〈성암본〉이 〈김영중본〉의 후쇄본이 아닌 복각본임을 주장하려면 어떻게 해서 〈김영중본〉과 〈런던본〉의 매목 자리에 〈성암본〉이 한 번 더 보각이 이루어질 수 있었는지 설명이 필요하다.

더욱이 다음과 같은 글자들의 비교는 〈성암본〉이 〈김영중본〉과 〈런던본〉의 후쇄본일 가능성을 암시한다.

---

20   인쇄를 거듭해서 판목의 훼손으로 매목했을 수도 있고 내용 수정이나 교정을 위해 매목이 이루어진 것일 수도 있다.

[표 1] 〈김영중본〉, 〈런던본〉, 〈성암본〉(입력본 포함)의 오류 비교

위치	교정자	김영중본<T1a>	런던본	성암본<T1> 영인본	志部昭平(1990) 입력본	교정사항
101a01_11	:손				:손	자획 'ㄴ'(런던본, T1)
101a04_01	·굴				굴	자획 'ㄱ'(T1)
101a05_01	몰				몰	자획 'ㅁ'(런던본, T1)
101a08_01	·쑤				쑤	방점(T1), 자획 '쑤'(T1)
101a08_04	·붕				붕	방점(모두), 자획 'ㅸ'(T1)
101a09_01	·면				면	방점(모두), 자획 'ㅁ'(T1)
101a09_04	·드				·드	자획 '·'(T1)
101a10_01	·와				·와	방점(T1)
101a14_03	·라				라	자획 '라'(T1), 훼손(T1a)
106a01_02	강				강	자획 'ㅇ'(T1)
106a01_04	·격				·격	자획 'ㄱ'(런던본, T1)
106a01_07	·머				·머	자획 'ㅓ'(T1)
106a05_09	·나				나	방점(모두)
106a07_10	·세				·세	자획 'ㅖ'(모두)
106a08_02	·ᅙ				·ᅙ	자획 'ㆆ'(T1)
106a11_09	바				바	자획 'ㅏ'(T1)
106a13_03	:향				·향	방점(모두)
106a13_06	:본				:본	자획 'ㅗ'(모두)

[표 1]은 종이의 훼손으로 인해 비교가 어려운 부분은 가급적 배제하고 '민손단의'와 '강혁거효'에서 세 판본 중 어느 곳이든 교정이 필요한 글자가 있다면 비교하여 정리한 것이다. 최고본의 오류 비교에 앞서 음영 표시한 부분을 통해 〈성암본〉의

영인 자료와 전산 입력본 간의 차이가 있음을 확인할 수 있다. 志部昭平(1990)에서 상세한 교주와 함께 비교적 정확하게 〈성암본〉을 입력한 것은 사실이지만 입력본이 2차 자료임을 간과해서는 안 된다. 특히 부분적인 탈획으로 어느 정도 유추가 가능한 글자는 별다른 교주 없이 교정자를 본래의 글자인 것처럼 본문에 제시하였는데,[21] 이런 예들을 입력본만 참고해서 나머지 판본들과 비교할 경우 자칫 〈성암본〉이 앞선 두 판본보다 상태가 좋은 것으로 오해할 소지가 있다.[22] 특히 106a07_10(·세 − ·셰), 106a13_06(:븐 − :본)의 경우는 〈김영중본〉과 〈런던본〉에도 탈획된 어형이 출현하여서 전산 입력본만으로 세 판본을 비교할 경우 앞서 살펴본 탈획의 방향성과 반대되는 결과를 보여 〈성암본〉의 계통 파악에 혼선을 주기에 충분하다.

이러한 사항에 유의하여 영인 자료 비교를 통해 알 수 있는 사실을 정리하면 다음과 같다. 우선 교정사항에 (모두)로 제시한 101a08_04(봄 → ·봄), 101a09_01

---

21   志部昭平(1990)의 범례(4.3)에는 저본(필자: 〈성암본〉)의 인쇄 잘못으로 생긴 것처럼 보이는 결획, 탈획 따위는 별다른 설명을 달지 않고 명백한 원본 착오에만 [ ] 안에 '저본'의 형태를 제시한다고 하였다. 그러나 106a15_01의 글자 ⬛는 'ᅘ' 위에 희미하게 글자가 보여 종이의 훼손으로 인한 단순한 인쇄 잘못으로 생각되지만 'ᅘ[돓]'로 입력하여 원본의 착오로 처리하였다. 또한 앞서 언급한 (10다)는 원본의 착오라기보다 단순 탈각인데, 106a08'라[□]'와 같이 탈각임을 밝힌 반면 바로 앞글자인 '이셰라[□]'의 '셰'는 ⬛〈T1a(김영중본)〉와 ⬛〈T1(성암본)〉에 모두 '셰'로 확인되는 단순 탈각임에도 불구하고 [ ] 안에 저본의 형태를 제시하지 않았다. 이처럼 범례(4.3)를 엄격히 적용하지 않은 예들은 자주 확인이 되므로 범례(4.3)에서 밝힌 규정이 다소 느슨하게 적용되었음을 확인할 수 있다. 특히 방점의 경우는 비록 교정한 방점을 저본인 것처럼 입력하였더라도 전산입력본밖에 볼 수 없는 현시점에서는 계보를 파악하는 데 큰 오해를 불러 일으킬 수 있으므로 입력본 검토 시 신중할 필요가 있다. 한편, 志部昭平(1990)의 범례(4.1)에서 "書影을 공개할 수 없는 현 상황을 감안하여 저본을 가능한 한 충실히 제시할 것"이라고 밝히고 있고, 범례(4.5)에서도 "「본문」은 [ ]에서 보충한 부분을 포함하면 거의 「底本」(필자: 〈성암본〉) 상태로 돌아가는 것이 가능하다."고 말하고 있어서 왜 범례(4.3)을 다소 느슨하게 적용하였는지 이해해 볼 수 있다.

22   澁谷秋(2019:156)에도 228a10행에서 16행까지 〈런던본〉은 방점이 보이지 않는데, 〈성암본〉의 해당 부분은 거의 올바르게 방점이 찍혀 있다고 하였다. 그런데 〈성암본〉의 전산 입력본의 방점이 志部昭平(1990)의 교주 없는 교정자가 아니라 저본의 원래 글자라면 澁谷秋(2019)의 계보도는 재검토가 필요하다. 왜냐하면 해당 부분은 〈성암본〉이 〈런던본〉보다 올바른 부분으로 〈성암본〉이 상대적으로 앞선 자료라고 생각할 수 있는 근거가 될 수 있기 때문이다. 결국 일부분은 〈런던본〉이 앞선 자료이고, 일부분(특히 일부 방점 부분)은 〈성암본〉이 앞선 자료라고 하게 되는 다소 복잡한 관계가 성립하게 되는 것인데 이러한 문제는 계보도를 살필 때 반드시 해결되어야 하는 문제라고 생각된다. 澁谷秋(2019:160)에서는 방점을 고려하지 않고 올바른지를 판단하였다는 점에서 한계가 있다.

(면 → ·면) 등을 보면, 세 판본의 오류가 동일한 위치에서 일어났음을 확인할 수 있다. 이처럼 방점의 오류나 글자의 탈획이 세 판본의 동일 위치에서 확인된다는 사실은 세 판본의 관계가 매우 밀접함을 의미한다.

다음으로 탈획의 정도가 〈김영중본〉, 〈런던본〉, 〈성암본〉의 순으로 점진적으로 커지고 있음을 확인할 수 있다. 특히 〈김영중본〉에서 〈런던본〉으로의 탈획은 101a01_11(:손〉소) 등 일부 예에서 원래 자형을 알아볼 수 있는 아주 미묘한 차이만을 보이는 반면, 〈런던본〉에서 〈성암본〉으로의 탈획은 101a05_01(몰〉ㄹ), 101a09_04(두〉ㄷ), 101a14_03(라〉리), 106a11_09(바〉비) 등과 같은 자획의 탈획뿐만 아니라 101a08_01(·쑤〉?)와 같은 방점의 탈획도 확인되어 변화의 폭이 상대적으로 큼을 알 수 있다. 이러한 탈획의 정도성은 기존 논의에서는 언급되지 않은 사실로 〈성암본〉이 〈런던본〉에 비해 시간적 간극이 큰 후쇄본일 가능성이 높음을 암시한다.

02 그림

『삼강행실도』의 특징 중 하나는 그림이 존재한다는 것이다. 이러한 문헌들을 '행실록'이 아니라 '행실도'라 명명한 것은 『삼강행실도』에 나타난 그림이 부수적인 장치가 아님을 보여 준다. 따라서 『삼강행실도』를 제대로 이해하기 위해서는 각 이야기에 실려 있는 그림에 주목해야 한다. 여기에서는 그림의 제작 경위를 살펴보고, 그림의 구성 원리를 분석해 보고자 한다.

그림 제작의 경위

『삼강행실도』는 동일한 이야기를 산문 외에도 그림과 운문으로 제시하는 독특한 체재로 이루어져 있다. 그림과 운문을 제작한 이유에 대해서는 〈삼강행실도 서〉에서 확인할 수 있다.

> 내가 그 특이한 자를 취하여 도圖와 찬贊을 만들어서 중외中外에 반포頒布하고자 하는데, 이렇게 하면 아마 어리석은 지아비나 지어미들도 모두 쉽게 보고 감동하여 분발하게 될 것이니, 그렇게 되면 이 또한 백성을 교화시키고 풍속을 아름답게 하는 한 가지 방법이 될 것이다. [予欲使取其特異者 作爲圖贊 頒諸中外 庶幾愚夫愚婦 皆得 易以觀感而興起 則亦化民成俗之一道也]

그리고 〈삼강행실도 발문〉에서 이를 통해 얻고자 한 효과를 알 수 있다.

하물며 친히 그 형용을 보고 그 사적을 읊고 칭탄^{稱嘆}함에 있어서리까? 감동함은 반드시 깊을 것이며, 그 분발하는 것은 반드시 빠를 것입니다. [何況親見其形容 咏嘆其 事乎 其感之也必深矣 其興起也必速矣]

『삼강행실도』의 그림은 산문으로 구성된 이야기를 보충하기 위해 제작된 것이 아니라, 그림을 통해 한문을 모르는 백성도 쉽게 보고 감동할 수 있도록 제작된 것이다. 나아가 감동이 깊어지고 삼강의 덕목이 빠르게 행해지는 효과를 얻고자 넣은 것이다. 이처럼 그림은 명확한 목적하에 제작된 것으로, 원문의 내용을 보충하는 것이 아니라 원문 그 자체를 표현한 것으로 판단해야 한다.

기록을 통해 『삼강행실도』의 그림의 제작 경위를 확인할 수 있으나, 그림을 그린 사람에 대해서는 명확히 밝혀진 바가 없다. 다만 『삼강행실도』가 왕명에 의해 제작된 책이므로 당시 도화원이 참여했을 것으로 짐작된다. 그림이 선으로만 그려져 있기 때문에 화풍을 정확히 알기는 어려우나, 당시 화원이었던 안견, 최경, 안귀생 등의 그림으로 생각해 볼 수 있다.

장면 선정과 배치

앞에서 언급한 바와 같이 『삼강행실도』의 그림은 책의 핵심적 요소로 작용하였다. 이처럼 그림을 통해 누구나 쉽게 접할 수 있다는 것이 이 문헌이 오랫동안 재간행될 수 있었던 이유일 것이다. 따라서 그림은 산문으로 제시된 이야기와는 별개로 하나의 독립성을 가지기 위해 여러 장면이 일정한 원리에 의해 구성될 수밖에 없다. 여기에서는 우선 『삼강행실도』의 그림이 어떻게 분할되어 있는지를 살펴보고 각 장면을 구성하는 원리를 제시해 보고자 한다.

[1] 그림의 장면 분할

『삼강행실도』의 그림은 이야기의 여러 장면을 하나의 공간에 배치하고 있다. 이러한 구성 방식을 '다원적 구성 방식'(정병모 1998) 또는 '만화적 기법'(오정란 2011)이라 부른다. 그림에 제시된 각 장면들이 서사 구조를 가진다는 점에서 '만화적 기법'이라는 용어가 적합해 보이나, 각 장면이 순서대로 일정하게 배치되어 있지 않다는 점에서 '다원적 구성 방식'이라는 용어가 적절해 보인다.

그림을 그린 사람이 이야기의 서사 구조를 강조하였다면 오늘날의 만화처럼 나름의 순서를 정하여 위에서 아래 혹은 아래에서 위의 방향성을 가지고 그림을 그렸을 것이다. 그런데 『삼강행실도』의 그림은 여러 장면의 순서가 일정하지 않다는 특징을 가진다. 아래에서 위로 볼 수 있는 그림도 있으나, 역으로 위에서 아래로 봐야 하는 그림도 존재한다. 심지어 그 순서가 뒤섞여 있어 그림만으로 이야기를 이해하는 데 어려운 경우도 있다. 따라서 『삼강행실도』의 그림이 각 장면을 방향성이 없이 하나의 공간에 배치하고 있다는 점에서 '다원적 구성 방식'이라는 용어를 사용하고자 한다.

『삼강행실도』의 각 그림은 최소 1장면에서 최대 7장면으로 구성되어 있다. 그러나 각각의 그림이 몇 개의 장면으로 구성되어 있는지는 분석하는 사람에 따라 다르게 나타날 수 있다. 따라서 장면 분할의 근거가 있어야 하는데, 가장 기본이 되는 것이 이야기와의 대조이다. 예를 들어 ≪효자도≫ '노조순모盧操順母'의 이야기는 다음과 같다.

① 노조는 아홉 살 때부터 효경, 논어를 깊이 알았다. ② 세 아들을 둔 그의 계모는 늘 노조에게 밥을 짓는 일을 시켰으나 그는 싫어하는 내색을 하지 않았다. ③ 그리고 계모는 제 아들을 글 읽히러 보내면서 노조에게 나귀를 몰아 뒤따라가게 할 때마다 그는 종처럼 채를 잡아 고삐를 끌었다. ④ 하루는 세 아우가 술주정을 부려 사람들이 문 앞에 찾아왔는데 노조가 절을 하고 울면서 사과하니 찾아온 사람들 역시 "세 도둑에게 이런 어진 형이 있을 줄 몰랐다."하며 절하고 돌아갔다. ⑤ 계모가 죽은 후 노조는

세 아우를 더욱 사랑하였으며 여월 정도로 슬퍼하였는데, 저녁마다 여우와 삵이 좌우에 벌여 있다가 아침이면 떠났다. ⑥ 나중에 지방 수령이 되어 어질게 마을을 다스렸고, 관사에 궤와 돗자리를 놓고 부모를 제사하며 나갈 적에 고하고 돌아올 때에 "왔습니다."하고, 뜰을 지날 적에는 몸을 굽혔다. ⑦ 아침마다 효경을 한 번 읽은 후에야 공무를 보는데, 〈상친장〉을 읽을 때는 목이 메어 견디지 못하였다.

이처럼 '노조순모盧操順母'는 크게 7개의 사건으로 구성되어 있다.[23] 이 중 『삼강행실도』에 그려진 사건은 [그림 3]과 같이 총 6개, 즉 ① 노조가 아홉 살에 효경,

논어를 깊이 공부하고 있는 장면, ② 계모가 기출인 세 아들만 사랑하고 노조에게 집안일을 시키는 장면, ③ 동생들이 글 읽으러 갈 때 노조가 나귀를 모는 장면, ④ 노조가 세 아우의 주정으로 인해 시비가 붙어 집으로 찾아온 사람들에게 사죄하는 장면, ⑤ 계모가 죽은 후 여묘살이하는 장면, ⑥ 지방 수령이 된 노조가 관사에서 나가고 들어올 적마다 부모님 제사상에 절을 하는 장면이다. 각 장면은 원문에 제시되어 있는 사실들을 그림으로 옮긴 것이다.

장면 분할의 근거로 삼을 수 있는 또 다른 요소는 '산, 강, 구름, 건물'

[그림 3] 『삼강행실도』 《효자도》 노조순모

---

23   이 역시 분석하는 관점에 따라 다양하게 나뉠 수 있다. 예를 들어 본서에서 하나로 다룬 사건 ⑤의 경우 노조가 동생들을 사랑했다는 것과 계모의 죽음을 슬퍼했다는 것으로 구분할 수 있다. 그러나 전자는 효보다 형제간의 우애와 관련된 내용으로 판단되기 때문에 본서에서는 이를 별개의 사건으로 구분하지 않았다.

등이다. 한 화면에 여러 개의 장면을 담기 위해 화공은 임의의 공간 분할을 해야 했는데, 이때 활용될 수 있는 것이 산, 강, 구름과 같은 자연물과 건축물이다. 자연물의 경우 실제 공간이 달라진 사실을 나타내는 데 자주 사용되었지만, 같은 공간에서 서로 다른 사건을 구분하기 위해서는 건축물이 활용된 것으로 보인다.

(10) 『삼강행실도』 그림의 장면 분할

건물 구성	산수 구성	구름 구성
효34 석진단지	충17 연분쾌사	열06 고행할비

복합 구성을 이루는 경우도 있는데, [그림 3]의 '노조순모盧操順母'를 다시 살펴보면 장면 ①, ②, ④는 집이라는 같은 공간에서 이루어진 사건인데, 이를 나누기 위해 방과 문이라는 건축물의 일부를 활용하고 있음을 알 수 있다. 장면 ③은 장면 ①, ②, ④와 가까운 공간에서 벌어지는 일이기 때문에 담이라는 건축물로 구분되어 있고, 장면 ⑤와 ⑥은 앞선 공간들과는 완전히 다른 곳이기 때문에 산으로 분할되어 있음을 알 수 있다.

[2] 그림의 구성 원리

『삼강행실도』 그림의 구성 방식은 기본적으로 앞에서 언급한 바와 같이 다원적 구성 방식이다. '반종구부潘綜救父'처럼 1장면으로 구성된 그림도 존재하지만, 대다수의 그림은 이야기에 제시된 여러 사건을 각각의 장면으로 표현하고 있다. 따라서 그림을 통해 이야기의 내용을 올바르게 파악하기 위해서는 여러 장면의 진행 순서를 파악하는 것이 중요하다. 일반적으로 첫 장면을 기준으로 하여 아래에서 위(상향 진행) 또는 위에서 아래(하향 진행)로 장면이 구성되는 것을 생각할 수 있다. 예를 들어 ≪효자도≫ '정난각목丁蘭刻木'의 그림은 상향 진행으로 구성되어 있는데, 그 이야기는 다음과 같다.

① 정난이 어려서 어버이를 여의고 나무로 어버이의 모습을 만들어 살아계실 적과 같이 아침저녁으로 문안 인사를 드렸다. ② 하루는 이웃집 장숙의 아내가 목상을 보고 싶다기에 정난에 아내가 무릎을 꿇어 목상을 주는데 목상이 언짢게 여기므로 주지 않았다. ③ 장숙의 아내가 이 사실을 장숙에게 말하자 장숙이 화가 나서 목상의 머리를 쳤다. ④ 정난이 집에 돌아왔는데 목상이 언짢게 여기고 있기에 아내에게 그 이유를 물었다. ⑤ 화가 난 정난은 장숙의 머리를 때렸다. ⑥ 정난이 관청에 잡혀가는 때 목상에게 하직 인사를 하니 목상이 눈물을 흘렸다. ⑦ 고을에서 나라에 알리자 임금이 정난의 이야기를 그림으로 그리라 명하였다.

'정난각목丁蘭刻木'의 이야기는 크게 7가지 사건으로 나누어 볼 수 있다. 그런데 '정난각목丁蘭刻木'의 그림은 이 내용을 [그림 4]와 같이 세 장면 ① 목상에게 문안 인사를 드리는 정난과 그의 아내를 쳐다보는 장숙, ② 장숙의 머리를 때리는 정난, ③ 정난의 이야기를 그림으로 그리라고 명한 임금으로 표현하고 있다. 그리고 각 장면은 아래에서 위로 올라가는 상향 진행에 따라 배치되어 있다.

[그림 4] 『삼강행실도』 《효자도》 정난각목

이와 반대로 〈열녀도〉 '미처담초彌妻啖草'의 그림은 [그림 5]와 같이 하향 진행으로 구성되어 있다. 그림을 살피기에 앞서 '미처담초彌妻啖草'의 이야기를 간략히 소개하면 다음과 같다.

① 개루왕이 도미의 아내가 곱고 절개가 있다는 소리를 듣고, 도미를 불러 그 아내의 행실을 시험해 보겠다며 도미는 대궐에 두고 한 신하에게 임금의 옷을 입혀 도미의 집에 보냈다. ② 그 신하가 임금 행색을 하며 도미의 아내에게 수청 들 것을 요구하자 도미가 여종을 자신처럼 꾸며 거짓으로 응대하였다. ③ 이 사실을 안 왕이 노하여 도미의 눈을 뽑고 배에 얹어 띄워 버렸다. ④ 그리고 도미의 아내를 데려다가 억지로 동침하려 하자 도미의 아내가 승낙하며 다른 날을 기다려 달라며 부탁하였다. ⑤ 왕의

눈을 피한 도미의 아내가 달아나서 강에 이르러 못 건너니까 하늘을 우러러 몹시 울었다. ⑥ 문득 보니 배가 있었고 그 배를 타고 천성도에 가서 남편을 만나 푸성귀 뿌리를 파 먹이고 둘이 고구려로 갔다.

'미처담초^{彌妻啖草}'의 그림은 이야기 속 6개의 사건 중 ②~⑥을 각각 하나의 장면으로 표현하고 있다. 그리고 각 장면을 위에서 아래로 배치하고 있기 때문에 그림 속에 꽤 많은 장면이 그려져 있음에도 불구하고 독자가 그림으로 이야기의 내용을 파악하는 데에 큰 어려움이 없다.

[그림 5] 『삼강행실도』 《열녀도》 미처담초

본서에서 이야기의 방향성에 주목한 이유는 행실도류의 그림이 가지는 기능과 관련되어 있다. 그림의 기능과 관련하여 〈삼강행실도 반포 교지〉에는 다음과 같은 기술이 있다.

　　유신에게 명하여, 고금의 효자·충신·열녀 중에서 뛰어나게 본받을 만한 자를 가려서 편집하되 일에 따라 그 사실을 기록하고 아울러 시찬을 덧붙이게 하였으나, <u>그래도 어리석은 남녀들이 쉽게 이해하지 못할 것을 염려하여 그림을 그려서 붙이고, 이름을 『삼강행실』이라 하여 이를 인쇄해서 널리 반포하는 바이다. 이것은 아마 거리의 아이와 시골의 아낙네까지도 쉽게 알 수 있을 것이니,</u> 펴 보고 읽는 가운데 감동하여 분발하는 바가 있게 되면 이끌어 가르치며 개도하는 방법에 있어서 작은 도움이나마 없지 않을 것이다.(밑줄은 필자)

『삼강행실도』의 그림을 넣은 이유는 누구나 쉽게 이해할 수 있도록 하기 위함이었다. 즉 그림을 보고 거리의 아이와 시골의 아낙네까지도 쉽게 알 수 있기를 바란 세종의 마음이 담긴 것이었다. 이 부분에 주목하여 기존 연구에서는 독자의 관점에서 이야기의 일관된 방향성을 살피고자 했던 것으로 판단된다. 그러나 〈반포 교지〉에는 다음 내용이 이어져 있다.

　　다만 서민은 문자를 알지 못하니, 책은 비록 나누어 주었더라도 남이 가르쳐 주지 아니하면 또 어떻게 그 뜻을 알아서 분발하는 마음을 일으킬 수 있겠는가? 내가 보건대, 『주례』에, '외사는 책이름을 사방에 알리는 일을 맡아서 사방의 백성들로 하여금 책의 문자를 알아 이를 읽을 수 있게 한다.' 하였으니, 이제 이를 모방하여 서울과 지방으로 하여금 회유하는 방법을 다하게 해야 할 것이다. 서울은 한성부 오부, 지방은 감사·수령이 <u>학식이 있는 자를 널리 구하여 적극적으로 권장하되 귀천을 막론하고 항상 가르치고 익히게 하며, 부녀들까지도 친속으로 하여금 성실하게 가르쳐서 모두 다 환하게 알도록 하여, 입으로 외우고 마음으로 생각하며 아침에 더 배우고 저녁에 더 진행할 것</u> 같으면 누구나 그 천성의 본연을 감발하게 되어, 아들이 된 자는 그 효도를 다할 것을 생각하고, 신하가 된 자는 그 충성을 다할 것을 생각하며, 지아비와 지어미가 된 자도 모두

그 도리를 다하게 될 것이다.(밑줄은 필자)

세종은 글을 알지 못하는 백성에게 『삼강행실도』를 가르치기 위해 학식 있는 사람을 선발하고, 그들로 하여금 『삼강행실도』를 백성들에게 지속적으로 가르치라고 말하고 있다. 결국 『삼강행실도』는 혼자 공부하는 책이 아니라 글을 아는 누군가에게 배우는 책인 것이고, 그림을 통해 아이와 시골 아낙네까지 쉽게 이해한다는 것은 누군가에게 내용을 배운 후에 그 내용을 회상하는 과정에서 쉽게 이해한다는 것으로 보아야 할 것이다. 따라서 행실도류의 그림이 가지는 기능은 글을 알지 못하는 사람이 그림을 보고 내용을 이해하게 만드는 것이 아니라 글의 내용을 아는 사람이 그 내용을 쉽게 떠올리는 데에 도움을 주고자 한 것이다.

글을 알지 못하는 사람이 그림만 보고도 내용을 알 수 있게 하기 위해서는 각 장면이 일관된 방향으로 제시되어야 할 것이다. 그러나 이것이 목적이 아니라면 장면의 방향성보다는 공간 최소화의 경제성을 먼저 생각해야 한다. 같은 공간이 반복될 때마다 그 공간을 새로이 그린다면 한 화면에 여러 장면을 담기에는 무리가 따를 것이다. 따라서 시간적으로 차이가 있는 유사한 공간을 하나의 공간인 것처럼 묶고 문이나 담, 산, 구름 등으로 공을 나눈다면 비슷한 배경을 여러 차례 그릴 필요가 없어지게 된다.

[그림 6]은 《충신도》 '보안전충普顏全忠'의 그림이다. 이 그림은 총 6개의 장면으로 구성되어 있는데, ① 보안불화에게 강남 땅을 다스릴 것을 명하는 장면, ② 명나라 군대가 성을 공격하는 장면, ③ 싸움에서 진 보안불화가 어머니께 하직 인사를 하는 장면, ④ 명나라 장군이 보안불화를 끌고 가는 장면, ⑤ 보안불화의 아내와 아들, 딸, 첩, 손녀가 우물에 빠지는 장면, ⑥ 보안불화의 두 아우의 아내와 종첩이 우물에 빠지는 장면으로 구성되어 있다. 그러나 일정한 이야기의 진행 방향을 알 수 없다. 이를 이해하기 위해서는 이야기 순서와 무관한 장면 구성 원리를 파악해야 한다. 즉 시간과 상관없이 유사한 공간을 가까이 배치하는 것이다.

우선 이 이야기는 크게 3개의 공간으로 나누어진다. 우선 장면 ①의 공간으로서 임금이 머물고 있는 장소이다. 다음은 이야기의 주된 배경이 되는 성으로, 나머지 장면이 이 성과 관련되어 있다. 이들은 다시 성 안의 사건과 성 밖의 사건으로 나누어지는데, 장면 ③, ⑤, ⑥은 보안불화의 집에서 일어난 사건이기 때문에 성 안에서의 일로 보아야 한다. 그리고 장면 ④ 역시 성이 함락된 후의 일이기 때문에 성 안에서 일어난 것으로 판단된다. 그러나 장면 ②는 성을 공격하는 명나라 군대를 그린 것이기 때문에 성 밖에서의 사건이다. 결국 '보안전충普顔全忠'의 그림은 장면 ①에 해당하는 공간을 위쪽에 그리고, 나머지 장면을 아래에 그리되, 성벽을 기준으로 하여 성 밖의 전투인 장면 ②를 가장 아래에 그리고 성 안에서 발생한 나머지 사건들을 그 위에 그리고 있다. 이는 이야기의 진행 순서와 무관하며, 공간 배치의 효율성을 고려한 것이다.

[그림 6] 『삼강행실도』 《충신도》 보안전충

성 안에서의 사건 역시 효율성에 따라 장면이 배치되었는데, 이야기 순서를 따른다면 공간이 집 안에서 집 밖으로, 다시 집 안으로 이동하게 되는데 이를 나타내기 위해 각 공간의 배경을 그리는 것은 비효율적이다. 오히려 [그림 6]처럼 장면 ③을 중심으로 보안불화의 아내가 빠진 북쪽 우물(장면 ⑤)과 아우들의 아내가 빠진 남쪽 우물(장면 ⑥)을 각각 위아래에 그리는 것이 유사한 배경을 반복적으로 그리지 않아도 된다는 점에서 효율적이다.

[그림 7]『삼강행실도』《충신도》숙겸방약

[그림 6]에 불규칙한 진행 방향을 보이는 이야기들은 장면의 개수가 많고 적음을 떠나서 시간의 순서와 무관하게 반복되는 공간을 가까이에 배치하여 그리고 있기 때문에 그 순서의 방향성을 제시하기 어렵다. [그림 7]의 '숙겸방약叔謙訪藥'은

3장면으로 구성된 단순한 그림임에도 불구하고 방향성이 불규칙하게 나타난다. '숙겸방약叔謙訪藥'은 ① 숙겸이 병든 어머니의 병이 낫기 바라며 하늘에 기도하는 장면, ② 한 노인에게서 정공등을 얻는 장면, ③ 숙겸이 정공등으로 술을 빚는 장면으로 구성되어 있다.

'숙겸방약叔謙訪藥'의 사건은 크게 집 안과 밖에서 이루어진다. 즉 장면 ①, ③은 집 안에서 발생한 사건이고, 장면 ②는 집 밖에서 발생한 일이다. 따라서 화공은 화면을 크게 집 안과 밖, 두 곳으로 분할한 다음 집 안에서 발생한 장면 ①과 ③을 집의 대문 위치를 기준으로 다시 위아래 배치하여 그림을 완성하고 있다. '숙겸방약叔謙訪藥'의 경우 '보안전충普顔全忠'에 비해 장면 수가 적기 때문에 화면 구성에 여유가 있음에도 불구하고 불규칙한 순서를 보이는 것은 유사한 공간을 한 곳에 배치하려는 화공의 의도로 볼 수밖에 없다.

제3부 텍스트*

오민석

* 제3부는 오민석·김유범·이규범(2020)을 바탕으로 그 내용을 재구성한 것이다.

01 『삼강행실도』 한문본과 언해본

　　『삼강행실』는 세종 당시에 전해 내려오던 중국과 우리나라의 효자·충신·열녀의 이야기를 백성들을 교화시킬 목적으로 그림과 함께 소개한 책이다. 이 책이 처음 간행된 시기는 1434년으로 이때의 책은 효·충·열 각 110인의 행실에 대해 한문과 그림으로만 소개되었다. 이처럼 언해문이 없이 총 330인의 행실을 담은 3권 3책의 『삼강행실도』를 흔히 한문본 『삼강행실도』라고 한다(이하 '한문본'이라고 부른다).

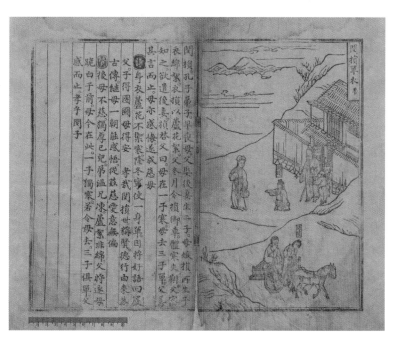

[그림 1] 한문본 『삼강행실도』 ≪효자도≫ 중 민손단의(고려대학교 소장본)

이후 세종은 이 책을 우리말로 번역하는 작업을 진행하였으나 번역서의 간행은 시간이 흘러 성종 시기에서야 완성되었다. 이 번역서는 한문본『삼강행실도』를 모두 번역하지 않고, 효·충·열 각 35인의 인물만을 가려 뽑은 뒤 난상에 우리말, 곧 언해문을 기입하는 방식으로 1490년에 최종적으로 간행되었다. 이처럼 인물의 수가 총 105인으로 줄고 난상에 언해문이 추가된 3권 3책의『삼강행실도』를 흔히 산정본^{刪定本}『삼강행실도』혹은 언해본『삼강행실도』라고 부른다(이하 '언해본'이라고 부른다).

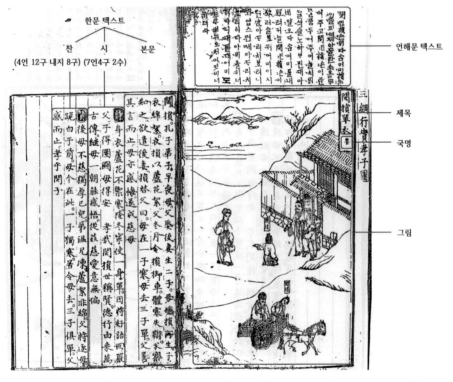

[그림 2] 언해본『삼강행실도』《효자도》 중 '민손단의' 이야기의 구성(영국도서관 소장본)

언해본은 한문본에 비하여 인물의 수가 대폭 줄고 우리말이 실려 있어 보급과 전파가 19세기까지 꾸준히 이루어졌으며, 전파되던 시기와 지역에 맞게 번역의 양상이 조금씩 다른 여러 판본들이 전하고 있다. 우리는 이 중에서도 최고본 중

하나로 알려진 영국도서관 소장본을 텍스트 연구의 대상으로 하며, 특히 텍스트 간의 상관 관계를 상대적으로 용이하게 파악할 수 있는 ≪효자도≫를 중심으로 하여 한문 텍스트와 언해문 텍스트의 모습을 살펴보기로 한다.

02 한문 텍스트

한문 텍스트의 유래

한문 텍스트는 15세기 당시의 언해문 텍스트를 이해하는 데 필요한 1차 자료이다. 『삼강행실도』 속 인물들은 실존했던 인물들이어서 한문 텍스트는 역사적 기록을 바탕으로 수정·편집된 성격을 지닌다. 그러므로 이야기별로 한문 텍스트와 원전의 관련성을 살펴보면 언해문 텍스트가 한문 텍스트만을 번역의 저본으로 삼은 것이 아니라 원전까지 고려하여 세심하게 번역된 것임을 확인할 수 있다.

효자·충신·열녀의 이야기 중에서도 ≪효자도≫는 원전에 대한 정보가 서문과 본문의 주석에 제시되어 있어서 원전문과 한문과 언해문 간의 관계를 살펴보는 데 용이하다.[1]

(1) 가. 孝子則謹錄 太宗文皇帝所賜孝順事實之詩. 兼取臣高祖臣溥所撰孝行錄中. 名儒李齊賢之贊.(『삼강행실도』 서)

효자는 태종 문황제太宗文皇帝 명나라 황제가 하사한 『효순사실孝順事實』의 시를 삼가 기록하고 겸하여 신臣의 고조高祖인 신臣 권보權溥가 편찬한 『효행록孝行錄』

---

1   ≪충신도≫의 경우 중국의 여러 사서가 원전으로 추정되나 ≪효자도≫나 ≪열녀도≫에 비해 한문 텍스트의 과감한 압축과 변개가 눈에 띈다. ≪열녀도≫의 경우는 『고금열녀전(古今列女傳)』과 『고열녀전(古列女傳)』이 주요한 원전으로 알려져 있다. 다만 ≪충신도≫와 ≪열녀도≫의 경우 앞의 책들이 실제 원전인지를 단정할 만한 구체적인 기록이 남아 있지 않아서 원전 파악에 있어서 ≪효자도≫보다 추정의 성격이 짙다.

가운데 명유^{名儒} 이제현^{李齊賢}의 찬^贊을 실었습니다.

나. 二十四孝圖云蘭刻木爲母形.(⑩정란각목)

『이십사효도^{二十四孝圖}』에 이르길, "정난이 나무를 깎아 어머니 형상을 만들었다." 하였다.

(1가)는 권채(『효행록』의 평설을 쓴 권근의 조카)가 쓴 『삼강행실도』의 서문으로 ≪효자도≫의 원전만 구체적으로 소개하고 있다. 이는 ≪충신도≫와 ≪열녀도≫의 텍스트 구성 역시 ≪효자도≫의 텍스트 구성을 기반으로 작성되었기 때문이다. 이처럼 ≪효자도≫의 원전은 『삼강행실도』의 체재를 이해하는 데 많은 도움을 주는데, 한 예로 ≪효자도≫에 인용된 『효순사실』의 시가 ≪충신도≫와 ≪열녀도≫에도 그 시 형식을 그대로 빌려 실은 것을 들 수 있다.[2]

(1나)는 ≪효자도≫의 열 번째 이야기인 '정란각목'의 한문 본문에 있는 주석으로 『이십사효도』의 내용을 인용하고 있다.[3] 위 기록들을 근거로 ≪효자도≫ 한문 텍스트의 작성 과정에서 『효순사실』, 『효행록』, 『이십사효도』를 참고한 사실을 알 수 있다. 원전과 한문 텍스트와의 관계를 파악하기에 앞서 이들 원전이 어떠한 책들인지 간략히 살펴보도록 하자.

[1] 효순사실

『효순사실^{孝順事實}』은 명나라 영락 18년(1420)에 성조^{成祖}의 명에 의해 편찬된 권효서^{勸孝書}이다. 서문에 따르면 성조 자신이 여러 사^史·전^傳에 실린 효행에 관한

---

2 반면 ≪효자도≫에 인용된 『효행록』의 찬은 ≪효자도≫의 일부 이야기에만 실렸을 뿐 ≪충신도≫와 ≪열녀도≫에는 실리지 않았다.

3 언해본에 포함되지 않은 한문본의 曾參養志(魯), 蔡順桑椹(漢), 劉殷夢粟(晉)의 이야기에도 『이십사효도』의 내용이 말미에 인용되어 있다. 다만 이 인용 내용들은 『효행록』의 전찬 24편 이야기와도 동일하기 때문에 이때 언급된 『이십사효도』가 『효행록』의 전찬 24편을 가리킬 가능성도 있다. 또한 한문본의 舜帝大孝(虞)의 이야기에는 중국 당나라 때의 시문선집인 『당문수(唐文粹)』가 인용되어 있다.

기록을 구하고, 그중 효행이 뛰어난 인물 207인의 고사를 가려서 『효순사실』을 만들었다고 한다.[4]

이 책이 조선에 전해진 정확한 시기는 알 수 없으나 1434년 7월에 이 책의 자형을 자본으로 삼아 금속활자인 갑인자甲寅字를 주조鑄造하였다는 『세종실록』의 기록이 있고, 『명실록明實錄』에도 명나라 조정에서 여러 차례 조선에 서책을 전달한 기록이 있어 간행 후 비교적 이른 시기에 조선에 넘어왔을 것으로 보인다.

각 이야기의 구조는 제목, 산문, 운문으로 나뉜다. 먼저 주인공의 이름과 이야기의 주제를 합친 넉 자의 제목이 나온다. 그 다음, 이야기의 줄거리를 기술한 산문 형식의 본문이 나오고 이어서 한 자 내려쓴 산문 형식의 평설문이 나온다. 끝으로 세 자 내려쓴 7언4구의 시가 두 수 나오는데 시와 시 사이에는 '又'를 적어서 나누고 있다(장춘석 2004).

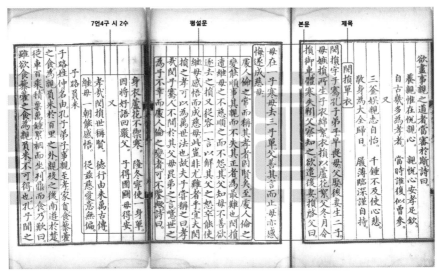

[그림 3] 『효순사실』 중 '민손' 이야기의 구성(중국 국가도서관 소장 초간본)

---

4   "짐이 일찍이 사전(史傳)의 모든 책에서 효행을 실은 것들을 구하고, 탁연(卓然)하여 기술할 만한 자 207인을 찾아서 다시 각각을 효순사실로 만들었다."[朕嘗歷求史傳諸書所載孝行, 卓然可述者得二百七人, 復各爲孝順事實](『효순사실』 서의 일부)

[2] 효행록

『효행록孝行錄』은 중국의 효자 64인에 대한 고사를 수록하고 찬과 평설을 붙인 책이다. 이 책은 24인의 효자를 소개하는 전찬前讃 24편의 글과 40인의 효자를 소개하는 후찬後讃 38편의 글로 구분된다.[5] 이 중 24편은 고려 후기의 세도가인 권준權準이 엮은 뒤, 이제현李齊賢이 4언12구의 찬을 붙이고 화공이 그림을 그려서 아버지 권보權溥에게 올린 것이고, 38편은 권보가 아들의 뜻을 가상히 여겨 추가로 엮은 뒤 역시 사위 이제현이 4언8구의 찬을 붙인 것이다. 권보의 증손인 조선 초기의 학자 권근權近은 여기에다가 평설을 붙였다. 현전하는 판본은 모두 조선시대에 권근의 평설이 붙은 것으로서[6], 고려시대에 간행된 그림이 그려진 판본(1346년, 이제현 序)은 전하지 않는다.

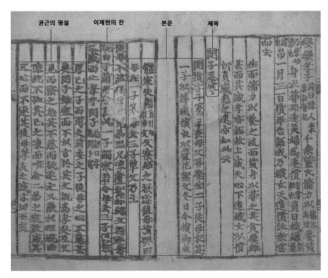

[그림 4] 『효행록』 중 '민손' 이야기의 구성(1433년, 국립중앙도서관본)

---

5   40인 중 효자 2인은 다른 사람의 글에 함께 소개되어 후찬은 38편이 되었다. 이에 대해서는 아래의 『효행록』 서문이 참고된다.
     "이리하여 전후에 내가 찬을 한 것이 64가지인바, 그중에서 우구자(虞丘子)는 자로(子路)에 붙이고, 왕연(王延)은 황향(黃香)에 붙이고 보니 도합 62장이 되었다."[於是前後所贊, 凡有十有四事, 而虞丘子附子路, 王延附黃香, 則爲章六十有二矣](윤호진 옮김 2017)

6   김문경(2009)에 의하면 일본 동경대에 주해문이 없는 필사본(15~16세 추정)도 한 부 전한다고 한다.

『효행록』과 『이십사효도』의 관계에 대해서는 많은 관심이 있어 왔다. 특히 『효행록』의 전찬 24편과 현전하는 『이십사효도』의 인물수는 같으나 일치를 보이지 않는 인물이 일부 있어 간행의 선후 관계에 대한 논란이 있었다.[7] 이에 대해 김문경(2009)에서 송금원대(宋金元代) 중국 북방 분묘(墳墓)에서 출토된 이십사효 벽화와 『효행록』의 인물이 완전히 일치함을 밝히면서 고려시대 원과의 밀접한 관계를 통해 중국 북방에서 유행된 『이십사효도』가 고려에 전파된 것으로 보게 되었다.

다음으로, 세종이 『효행록』의 개간(改刊)을 위하여 설순(偰循)에게 명한 세종 10년 (1428) 10월 3일의 실록 기사를 보자.

> (2) "임금이 직제학(直提學) 설순(偰循)에게 이르기를, '이제 세상 풍속이 박악(薄惡)하여 심지어는 자식이 자식 노릇을 하지 않는 자도 있으니, ≪효행록≫을 간행하여 이로써 어리석은 백성들을 깨우쳐 주려고 생각한다. 이것은 비록 폐단을 구제하는 급무가 아니지만, 그러나 실로 교화하는 데 가장 먼저 해야 할 것이니, 전에 편찬한 24인의 효행에다가 또 20여 인의 효행을 더 넣고, 전조(前朝) 및 삼국시대(三國時代)의 사람으로 효행이 특이(特異)한 자도 또한 모두 수집하여 한 책을 편찬해 이루도록 하되, 집현전(集賢殿)에서 이를 주관하라.'"
>
> [上謂直提學偰循曰: 今俗薄惡, 至有子不子者, 思欲刊行≪孝行錄≫, 以曉愚民。 此雖非救弊之急務, 然實是教化所先, 宜因舊撰二十四孝, 又增二十餘孝。 前朝及 三國時 孝行特異者, 亦皆裒集, 撰成一書, 集賢殿其主之。](세종 10년 10월 3일 신사 1번째 기사, 1428)

이 기사에서 언급된 『효행록』의 개간본은 현전하지 않기 때문에 그 실상을 알 수 없다. 다만 『효행록』 개간에 『삼강행실도』의 편찬자이기도 한 설순이 참여하였고, 우리나라 인물과 『효행록』에 없던 인물을 추가한 것을 바탕으로 이 책이

---

7 곽거경(郭居敬)의 『전상이십사효시선』에 보이지 않는 『효행록』 전찬의 8인은 다음과 같다(김문경 2009:4).
   08. 劉殷天芹, 13. 義婦割股, 14. 孝娥抱屍, 16. 明達賣子, 17. 元覺警父, 19. 魯姑抱長, 21. 鮑山負筐, 22. 伯瑜泣杖

아마도 『삼강행실도』≪효자도≫를 가리킬 것이라고 짐작해 왔다(김원룡 1982, 윤호진 옮김 2017).

이러한 추정은 뒤에서 살펴볼 원전문과 한문 텍스트의 비교를 통해서 뒷받침된다. 『효행록』에 실린 이제현의 찬을 ≪효자도≫에 그대로 가져만 온 것이 아니라 변화된 내용에 맞게 찬을 빼기도 하고 심지어 전에 없던 새로운 찬을 추가하여 『효행록』 개간의 흔적을 ≪효자도≫에서 찾아볼 수 있다. 『효행록』을 위하여 찬을 지었음에도 불구하고 ≪효자도≫에만 실린 찬이 존재한다는 사실은 『효행록』의 개간 작업이 발단이 되어 ≪효자도≫, 나아가 『삼강행실도』가 만들어지게 된 것임을 유추해 볼 수 있다.

[3] 이십사효도

『이십사효도二十四孝圖』는 『이십사효二十四孝』, 『이십사효고사二十四孝故事』라고도 하며 중국의 민간에 널리 알려진 24인의 고사를 집록한 것으로 아동 계몽서이다. 현재 중국에서 전해지는 『이십사효도』는 크게 나누어 원나라 말기의 곽거경이 편찬한 『전상이십사효시선全相二十四孝詩選』과 명나라 시기에 유행한 『일기고사日記故事』계 「이십사효」가 있다.[8]

---

8   이 두 계통 간에도 인물의 차이가 보인다. 이에 대한 자세한 사항은 김문경(2009:7)을 참고할 수 있다. 그 밖에 후대의 다양한 판본들의 차이에 대해서는 임동석(2012)에서 자세히 확인할 수 있다. 『이십사효도』에 대한 연원과 구성에 대해서는 장춘석(2004:47-53)을 참고할 수 있다.

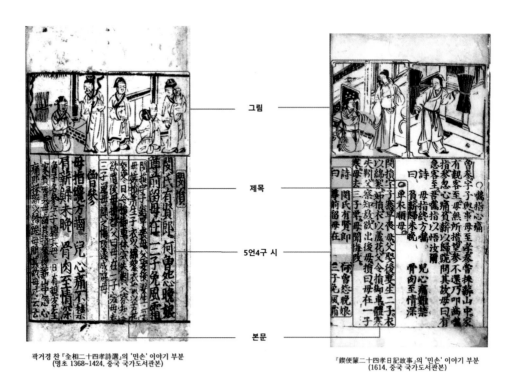

그림

제목

5언4구 시

본문

곽거경 찬 『全相二十四詩選』의 '민손' 이야기 부분
(명초 1368~1424, 중국 국가도서관본)

『鍥便蒙二十四孝日記故事』의 '민손' 이야기 부분
(1614, 중국 국가도서관본)

[그림 5] 『이십사효도』 중 '민손' 이야기의 구성

『이십사효도』는 판본이 다양하여 시기적으로 앞선 위의 두 자료를 ≪효자도≫
와의 비교 대상으로 이용하였다. 그림5는 ≪효자도≫의 '①민손단의'에 해당하는
이야기로 『이십사효도』에서도 판본마다 조금씩 차이가 있음을 확인할 수 있다.
예컨대 제목이 판본마다 다르고(閔損: 單衣順母), 시와 본문의 배치순서가 다르다.
특히 본문에서 구문의 생략, 내용 순서 바뀜, 다른 한자 사용 등 약간씩 차이를
보인다. 위의 두 판본의 본문 간 차이를 밑줄로 표시하면 다음과 같다.9

(3) 가. [곽거경 계] 閔損字子騫 早喪母 父娶後妻 生二子 **母妬損所生子** 衣以棉絮
衣**損**以**芦花絮 冬日**令損牽車 **体**寒失靷 父察知**之** 欲出後母 損**啓父**曰 母在一子
寒 母去三子單 母聞**之**悔改 **遂成慈母**

―――――――――――

9   그 밖에 두 판본에선 보이지 않지만 일부 이야기는 국명이 본문 앞에 배치되기도 한다.

나. [일기고사계] 閔損字子騫。早喪母。父娶後妻。生二子。衣以棉絮。**妬損**。
　　衣以**蘆**花。**父**令損禦車。**體**寒失靷。父察知**故**。欲出後母。損曰。母在一子
　　寒。母去三子單。母聞悔改。

　　이처럼『이십사효도』는『효순사실』이나『효행록』과 달리 청대에까지 이어지
며 시기별로 수록 인물도 다양하게 바뀐 여러 판본들이 전하고 있어서 이 중에서
어떠한 판본이 ≪효자도≫와 직접적인 관련이 있는지를 판단하기가 쉽지 않다.
≪효자도≫와 가장 밀접한 판본은『효행록』의 저본이 된『이십사효도』일 것이나
이것은 인물이 일치하는 무덤의 벽화만 남아 있을 뿐 문자로 기록된 자료가 남아
있지 않아 그 실상을 자세히 알기가 어렵다. 다만『이십사효도』는『효행록』전찬
24편의 저본이 되었던 책이므로 당시의 판본도『효행록』과 크게 다르지는 않았으
리라 추정된다.

　　이상을 고려하면 ≪효자도≫의 중심이 된 저본은『효행록』과『효순사실』이었
다고 할 수 있다. 그런데 이 두 책은 서로 다른 체재를 가지고 있으므로 이 둘을
조화롭게 활용하여 ≪효자도≫를 편찬하는 작업은 결코 쉬운 일이 아니었을 것이
다. 그럼에도 불구하고 이처럼 복합적인 체재를 선택한 이유는 무엇이었을까?
　　앞서 언급한 사실들로 추정해 보면, 이러한 체재를 처음부터 의도한 것은 아니었
던 것으로 보인다. (2)에 제시한 1428년의 실록 기사는『삼강행실도』간행 4년
전에 ≪효자도≫가 아닌『효행록』의 개간 작업이 있었음을 보여 주는데, 작업
도중에『효순사실』이 조선에 전해졌다면 이러한 체재를 갖추게 된 배경을 설명할
수 있다.『효순사실』은 수록된 인물에 대한 내용이『효행록』보다 더 구체적이고
인물수도『효행록』의 3배를 넘는다. 무엇보다 명나라 성조의 칙찬勅撰으로 인해
정통성을 획득한 책이므로『효행록』의 개간 중에『효순사실』을 배제하기란 어려웠
을 것이다. 결국『효행록』의 개간 작업은 대대적인 수정이 불가피해지면서『효행록』
개간 작업에서 고민하였던 체재상의 장점과『효순사실』의 체재상의 장점을 함께

고려하여 ≪효자도≫로 발전시켰을 것으로 짐작된다.

한문 텍스트의 인용 유형

『삼강행실도』의 서문이나 관련 기록에도 시와 찬을 인용하였다는 기술만 있을
뿐 한문 본문의 인용 양상에 대한 언급은 없어 각각의 이야기가 어떠한 문헌의
영향을 받았는지 검토가 필요하다. ≪효자도≫를 바탕으로 인용 유형을 다음과
같이 6가지로 나누어 볼 수 있다.

  (4) 가. 1유형: 『효순사실』의 본문과 시가 인용된 유형(11편)
      나. 2유형: 『효순사실』의 본문과 시, 『효행록』의 찬이 인용된 유형(10편)
      다. 3유형: 『효순사실』의 본문과 시 인용, 『효행록』의 찬이 빠진 유형(5편)
      라. 4유형: 『효행록』의 본문과 찬이 인용된 유형(4편)
      마. 5유형: 『한시외전』의 본문과[10] 『효행록』에 없는 후찬이 인용된 유형(1편)
      바. 6유형: 국내문헌의 본문과 창작한 시(4편)

  (4)를 통해서 ≪효자도≫에 시와 찬이 모든 이야기마다 반드시 함께 실린 것은
아님을 알 수 있다. (4가)는 『효행록』에는 전하지 않는 이야기로 ≪효자도≫에도
자연스레 찬이 없고 한문 본문은 『효순사실』을 바탕으로 구성되었다.
  (4나)는 『효순사실』과 『효행록』에 모두 실린 이야기인데 시와 찬이 ≪효자도≫
에 모두 실려 있고 한문 본문은 『효순사실』을 저본으로 하고 있음이 확인된다.
(4다)는 『효순사실』과 『효행록』에 모두 실려 있지만 몇 가지 이유로 부득이 찬을
뺀 경우이다. (4나, 다)를 통해서 『효순사실』과 『효행록』이 경쟁을 할 때 『효순사실』
을 우선순위에 두고 ≪효자도≫의 한문 본문으로 인용한 사실을 알 수 있다.

---

10   이때 이용된 『한시외전』 속 '고어도곡'의 이야기는 지금까지 알려진 것과는 다른 이본을 저본으로 하고
     있다. 이 이본은 명말에 간행된 『禪林疏語考證』 권3에 인용된 것을 참조하였다.

(4라)는 『효순사실』에 수록되지 않아 자연스레 『효행록』의 이야기를 인용한 경우이다. (4마)는 현재 기록상으로 전하는 자료 이외에도 ≪효자도≫가 다양한 문헌을 참조했음을 보여 준다.

(4바)는 32번째~35번째의 이야기로 고려와 조선의 효자들에 관한 이야기이다. 관련 내용이 『고려사』, 『고려사절요』, 『태종실록』, 『세종실록』 등에 실려 있다. 이 문헌들 중 '㉜누백포호'는 『고려사』(1451), 『고려사절요』(1452) 등에 실려 있고 내용도 ≪효자도≫와 거의 같다. 하지만 한문본 ≪효자도≫(1434)의 간행 시기가 더 앞서기 때문에 ≪효자도≫가 앞의 두 책의 원전일 가능성이 높다.

『고려사』가 이제현의 『사략』(열전), 『고려국사』, 『고려실록』 등을 참조하여 편찬된 것임을 고려하면 이 책들도 ≪효자도≫의 저본이 되었을 가능성이 있으나 현전하지 않는다. '㉝자강복총, ㉞석진단지, ㉟은보감오'는 『태종실록』과 『세종실록』에 실려 있는데 한문을 대조해 보면 대강의 줄거리는 비슷하나 구체적인 내용에서 『효순사실』이나 『효행록』의 대조 양상과 차이가 크기 때문에 직접적인 저본이었는지는 단정하기 어렵다. 이처럼 국내 효자들에 관한 이야기들은 원전과의 관계를 확신할 수는 없으나 이야기의 앞뒤 맥락을 파악하는 데에는 참고가 된다.

위에서 언급한 시와 찬의 인용 양상을 중심으로 ≪효자도≫의 인용 유형과 『이십사효도』와의 관계를 이야기별로 제시하면 다음과 같다.

≪효자도≫	인용 유형	『이십사효도』
①민손단의(閔損單衣_魯)	2유형(전찬 인용)	3閔損
②자로부미(子路負米_魯)	3유형(후찬 빠짐)	仲由
③양향액호(楊香搤虎_魯)	3유형(후찬 빠짐)	19楊香
④고어도곡(皐魚道哭_楚)	5유형	-
⑤진씨양고(陳氏養姑_漢)	4유형(후찬 인용)	-
⑥강혁거효(江革巨孝_漢)	2유형(후찬 인용)	江革
⑦설포쇄소(薛包洒掃_漢)	2유형(후찬 인용)	-
⑧효아포시(孝娥抱屍_漢)	4유형(전찬 인용)	-

《효자도》	인용 유형	『이십사효도』
⑨황향선침(黃香扇枕_漢)	3유형(후찬 빠짐)	9黃香
⑩정란각목(丁蘭刻木_漢)	2유형(전찬 인용)	7丁蘭
⑪동영대전(董永貸錢_漢)	2유형(전찬 인용)	10董永
⑫곽거매자(郭巨埋子_漢)	4유형(전찬 인용)	21郭巨
⑬원각경부(元覺警父_?)	4유형(전찬 인용)	-
⑭맹희득금(孟熙得金_蜀)	1유형	-
⑮왕부폐시(王裒廢詩_魏)	2유형(후찬 인용)	22王裒
⑯맹종읍죽(孟宗泣竹_吳)	2유형(전찬 인용)	8孟宗
⑰왕상부빙(王祥剖氷_晉)	2유형(전찬 인용)	5王祥
⑱허자매수(許孜埋獸_晉)	2유형(후찬 인용)	-
⑲왕연약어(王延躍魚_晉)	3유형(후찬 빠짐)	-
⑳반종구부(潘綜救父_晉)	1유형	-
㉑검루상분(黔婁嘗糞_齊)	2유형(후찬 인용)	16庾黔婁
㉒숙겸방약(叔謙訪藥_齊)	1유형	-
㉓길분대부(吉扮代父_梁)	1유형	-
㉔불해봉시(不害捧屍_梁)	1유형	-
㉕왕숭지박(王崇止雹_後魏)	3유형(후찬 빠짐)	-
㉖효숙도상(孝肅圖像_隋)	1유형	-
㉗노조순모(盧操順母_隋?)	1유형	-
㉘서적독행(徐積篤行_宋)	1유형	-
㉙오이면화(吳二免禍_宋)	1유형	-
㉚왕천익수(王薦益壽_元)	1유형	-
㉛유씨효고(劉氏孝姑_國朝)	1유형	-
㉜누백포호(婁伯捕虎_高麗)	6유형	-
㉝자강복총(自强伏塚_本國)	6유형	-
㉞석진단지(石珎斷指_本國)	6유형	-
㉟은보감오(殷保感烏_本國)	6유형	-

---

11 이 중에서 '仲由'와 '江革'의 이야기는 일기고사계 『이십사효도』에만 보이는 인물이다. 이 두 인물은 곽거경
    계 『이십사효도』에서 실제로는 형제에 관한 이야기인 '17張孝張禮'와 '18田眞'을 빼고 그 대신에 들어간
    것이다(김문경 2009). 이후 판본들은 인물 제시 순서에서 판본마다 차이를 보이므로 번호를 붙이지 않았다.

각 유형별 원전과 한문 텍스트의 관계

[1] 제1유형: 『효순사실』 본문과 시가 인용된 경우

언해본 《효자도》 중 11편의 이야기가 『효순사실』로부터 본문과 시를 인용하고 있다. 이 이야기들은 『효행록』에는 실려 있지 않은데, 이로 인해 《효자도》에 본문과 시詩만 있고 찬贊이 없는 상황이 되었다. 이 중에는 글자의 가감 없이 그대로 인용된 경우도 있지만 『효순사실』에 있던 글자들이 빠진 경우도 확인할 수 있다. 대표적으로 23번째 이야기인 '吉翂代父길분대부'를 살펴보면 다음과 같다.

(5) 가. ²³ 길분대부 본문 인용 양상

吉翂◦字彦霄。馮翊蓮勺人也。家居襄陽。翂幼有孝性。梁天監初父爲吳興原鄉令。爲吏所誣。逮詣廷尉。翂年十五。號泣衢路。祈請公卿。行人見者皆爲隕涕。其父理雖淸白而耻爲吏訊。乃虛自引咎。罪當大辟。翂乃榷登聞鼓乞代父命。武帝嘉異之。問以其童幼◦疑受教於人。勑廷尉蔡法度嚴加脅誘取其欸實。法度乃還寺盛陳徽纆。屬色問曰。爾來代父死。勑已相許。便應伏法。然刀鋸至劇。審能死不◦且爾童孺。志不及此。必爲人所教。姓名是誰。若有悔異。亦相聽許。對曰。囚雖蒙弱。豈不知死可畏憚。顧諸弟劮藐。惟囚爲長。不忍見父極刑。自延視息。所以內斷胸臆。殞身不測。委骨泉壤。此非細故。奈何受人教耶。法度知不可屈撓。乃更和顏。語之曰。主上知尒父無罪。行當釋亮。觀尒神儀明秀。足稱佳兒。今若轉辭。幸父子同濟。奚以此妙年若求湯鑊。翂曰。凡鯤鮞螻蟻。尚惜其命。況在人斯。豈願虀粉。但父挂深劾。必正刑書。故思隕仆。冀延父命。翂初見囚。獄掾依法俻加梏。法度矜之。命脫二械。更今着一小者。翂弗聽曰。翂求代父死。死囚豈可減乎。竟不脫械。法度以聞。帝乃宥其父。丹陽尹王志求其在廷尉故事。并諸鄉居。欲於歲首舉充純孝。翂曰。異哉王尹。何量翂之薄夫父辱子死。斯道固然。若翂有覥面目當其此舉。則是因父買名。一何甚辱。拒之而止。後秣陵鄉人裴儉◦丹陽郡守減盾◦揚州中正張仄。連名薦翂。以爲孝行純至。明通易老。勑太常旌舉。

나. 23 길분대부 시 인용 양상

父爲遭誣陷極刑。誓將身代愬中情。誰知天鑒非玄遠。父子俱全表孝誠□ 又 ゜
堪羡兒童有至情。哀號代父感朝廷。當年孝行蒙旌擧。遂使千秋有令名□ ゜

(5가)에서 볼 수 있듯이 『효순사실』의 본문이 ≪효자도≫에 인용될 때에는
글자와 더불어 구절의 마지막에 찍힌 구점句點, 그리고 성조를 보여 주는 권점圈點이
빠진 것을 볼 수 있다. 또한 본문의 두점讀點이 모두 구점句點으로 바뀐 모습도
볼 수 있다. 글자와 구점이 빠진 것은 내용을 간략하게 하고자 한 편집 방침에
그 이유가 있었던 것으로 생각한다.

또한 시의 경우는 (3나)에서 볼 수 있듯이 『효순사실』에서 '又'로 연결되어
있는 7언시 두 수를, 한 글자를 비워 연결한 형식만 달리했을 뿐 글자가 바뀐
것은 없다. 여기에서도 권점을 삭제하고 시의 마지막 구절에 붙은 구점을 모두
없앤 것은 『삼강행실도』의 편집 방침에 따른 체계적이고 일관된 조치였음을 알
수 있다.

[2] 제2유형: 『효순사실』 본문과 시, 그리고 『효행록』 찬이 인용된 경우

언해본 ≪효자도≫ 중 10편의 이야기가 『효순사실』로부터 본문과 시를, 『효행
록』으로부터 찬을 인용하고 있다. 이 중에는 글자의 가감 없이 그대로 인용된
경우도 있지만 『효순사실』에 있던 글자들이 빠진 경우도 확인할 수 있다. 먼저
1번째 이야기인 '閔損單衣민손단의'를 살펴보면 다음과 같다.

(6) 가. ① 민손단의 본문 인용 양상

閔損 字子騫。孔子弟子。早喪母。父娶後妻生二子。母嫉損。所生子衣綿
絮。衣損以蘆花絮。父冬月令損御車。體寒失靷。父察知之。欲遣後妻。損
啓父曰。母在一子寒。母去三子單。父善其言而止。母亦感悔。遂成慈母□ ゜

나. ① 민손단의 시 인용 양상

身衣蘆花不禦寒。隆冬寧使一身單。因将好語回嚴父。子得團圞母得安。 又
孝哉閔損世稱賢。德行由来萬古傳。繼母一朝能感悟。從兹慈愛意無偏。

다. 찬 인용 양상 추가

앞에서도 보았듯이『효순사실』의 본문이 ≪효자도≫에 인용될 때 글자와 더불어 구절의 마지막에 찍힌 구점, 성조를 보여 주는 권점이 빠지고 본문의 두점이 모두 구점으로 바뀐 모습을 확인할 수 있다. 또한 '又'로 연결된 7언시 두 수는 한 글자를 비워 연결한 형식으로 바뀌었고 권점과 시의 마지막 구절에 붙은 구점이 모두 빠졌다.

이러한 형식적인 변화와 더불어 본문에서 글자가 빠진 것은 (6가)에서 볼 수 있듯이 인물에 대한 상세 정보, 즉 여기에서는 주인공 민손의 자^字가 '子騫^{자건}'이라는 사실이다. 이렇듯 이야기의 전체적인 흐름과 직접적인 관련이 없는 정보를 덜어 냄으로써 텍스트의 분량을 일정하게 조절한 것이『삼강행실도』의 기본적인 편집 방침임을 확인할 수 있다.

한편, 10번째 이야기인 '丁蘭刻木^{정난각목}'도『효순사실』로부터 본문과 시를,『효행록』으로부터 찬을 인용하고 있다. 시와 찬에서는 글자가 빠지거나 달라진 것이 없지만 본문에서는 다음과 같은 변화가 관찰된다.

(7) ⑩ 정난각목 본문 인용 양상

丁蘭。河内人也。少喪考妣。不及供養。乃刻木爲親形像。事之如生。朝夕定省。後鄰人張叔妻從蘭妻借看。蘭妻跪授木像。木像不悅。不以借之。張叔醉罵木像。以杖敲其頭。蘭還。見木像色不懌。問其妻。具以告之。卽奮擊張叔。吏捕蘭。蘭辭木像去。木像見蘭爲之垂淚。郡縣嘉其至孝通於神明。奏之。詔圖其形像。

【二十四孝圖云。蘭刻木爲母形】

특히 본문의 마지막에 협주 형식으로 "二十四孝圖云。蘭刻木爲母形"이라는 내용이 들어간 것이 주목된다. 이것은『효순사실』과 달리『효행록』에서는 이 이야기의 제목이 '丁蘭刻母'로 되어 있고, 내용에서도 "刻木爲親形像"이 아닌 "刻木爲母形"으로 되어 있는 사실과 관련되기 때문이다.[12] 나무를 깎아 부모의 모습을 만든 것이 아니라 어머니의 모습을 만들었다는 점이 『이십사효도』가 『효순사실』과 다르다는 점을 분명히 밝혀 두고자 했음을 알 수 있다.

[3] 제3유형: 『효순사실』 본문과 시, 그러나 『효행록』 찬이 빠진 경우

언해본 ≪효자도≫ 35편의 이야기 중 찬贊이 붙지 않은 것은 모두 20편이다. 이 중 『효행록』에 들어 있지 않았던 15편을 제외하면 5편의 이야기에 찬이 실리지 않았다. '②자로부미, ③양향액호, ⑨황향선침, ⑲왕연약어, ㉕왕숭지박'이 이에 해당하는데, 여기에는 각각 나름대로의 이유가 존재한다.

먼저 언해본 ≪효자도≫의 2번째 이야기인 '子路負米자로부미'는 『효순사실』로부터 본문과 시를 가져왔다. 본문은 구점과 두점이 모두 사용된 『효순사실』과 달리 ≪효자도≫에서는 구점만이 사용된 점을 제외하고는 차이가 없다. 시의 경우 『효순사실』에서 '又'로 연결되어 있는 7언시 두 수를, 한 글자를 비워 연결한 형식만 달리했을 뿐 글자가 바뀐 것은 없다.

≪효자도≫의 '子路負米자로부미'에는 『효행록』에 실려 있던 다음과 같은 찬이 빠져 있다.[13]

(8) 仲由養親　　증유가 부모를 봉양할 제
　　負米百里　　쌀 지고 백 리 길 달려갔다네
　　後食萬鍾　　뒤에 곡식 만 석을 받았지만
　　不以爲喜　　조금도 기뻐하지 않았네

12　실제로 국가도서관본 『전상이십사효시선』에는 "刻木爲父母"라고 되어 있어 ≪효자도≫ 본문의 협주 내용 (二十四孝圖云。蘭刻木爲母形)과는 차이를 보인다.

13　참고로 『효행록』에는 이 이야기의 제목이 '仲由負米(중유부미)'로 되어 있다. 아래 인용된 찬(贊)의 우리말 풀이는 윤호진 옮김(2017:100)에서 가져왔다.

樹兮欲靜	나무가 조용히 있고자 해도
風兮不止	바람이 그치지 않네
哭而自悲	울면서 슬퍼한 사람으로
有虞丘子	우구자가 있었네

(8)에는 '중유', 즉 '자로'의 이야기와 더불어 '우구자虞丘子'의 이야기가 함께 들어 있다. 풍수지탄風樹之歎을 그 내용으로 하는 우구자 이야기는 실제로 ≪효자도≫의 4번째 이야기인 '皐魚道哭고어도곡'으로 나타나 있다.[14] 『효행록』에서 굳이 이 두 인물을 하나의 이야기에서 함께 다룬 것은 두 사람 모두 공자와 관련된 인물이라는 공통점이 있기 때문이다.

따라서 ≪효자도≫에 (8)의 찬贊이 없는 이유는 ≪효자도≫의 '子路負米자로부미'와는 달리 『효행록』의 '仲由負米중유부미'에는 자로(중유)만이 아니라 우구자의 이야기도 함께 들어 있기 때문이다. ≪효자도≫의 편찬자들은 총 8구로 되어 있는 찬을 전반부 4구만 옮겨 오는 것도 적절한 조치라고 파악하지 않은 것이다.

언해본 ≪효자도≫의 9번째 이야기인 '黃香扇枕황향선침' 역시 같은 이유로 찬贊이 실리지 않았다. 『효행록』의 후찬에 실린 '黃香扇枕황향선침'에는 '황향'과 더불어 '왕연王延'의 이야기가 함께 다루어졌는데, 이제현이 지은 찬을 살펴보면 다음과 같다.[15]

(9)	黃香事親	황향이 부모를 섬기는데
	恪勤朝夕	아침과 저녁으로 부지런히 했네
	夏扇其枕	여름에는 베개에 부채질하고
	身溫冬席	겨울에는 몸으로 이부자리를 덥혔네
	亦有王延	또한 왕연이 있었으니

---

14   '皐魚道哭(고어도곡)'에는 이제현이 짓지 않은, 새로운 찬이 실려 있는 매우 특이한 양상이 나타난다. 이에 대해서는 뒤에서 살펴보기로 한다.

15   아래 인용된 찬의 우리말 풀이는 윤호진 옮김(2017:102-103)에서 가져왔다.

其孝同然	그 효성이 똑같았다네
爲人之子	남의 자식이 된 사람들이여
當效二賢	마땅히 두 사람을 본받아야 하리

(9)에는 '황향'의 이야기와 더불어 '왕연'의 이야기가 함께 들어 있다. 왕연의 이야기가 ≪효자도≫에서는 19번째 이야기인 '王延躍魚^{왕연약어}'로 나타나 있는데, 이는 계모를 위해 한겨울에 얼음 속에서 물고기를 구해 온 이야기에 초점이 맞춰져 있다. 『효행록』에서 이 두 인물을 하나의 이야기에서 함께 다룬 것은 두 사람 모두 부모를 위해 여름이면 베개에 부채질을 하고 겨울이면 이부자리를 따뜻하게 한 효행의 내용이 동일했기 때문이다.

≪효자도≫에 (7)의 찬^贊이 없는 이유 역시 ≪효자도≫의 '黃香扇枕^{황향선침}'과는 달리 『효행록』의 '黃香扇枕^{황향선침}'에는 황향만이 아니라 왕연의 이야기도 함께 들어 있기 때문이다. 또한 총 8구로 되어 있는 찬을 전반부 4구만 옮겨 오지 않은 것은 '②子路負米^{자로부미}'에서와 같이 편찬자들이 이러한 조치가 적절하지 않다고 판단했기 때문일 것이다. 같은 맥락에서 '⑲王延躍魚^{왕연약어}'에도 찬이 실리지 않은 배경을 이해할 수 있다.

한편, ≪효자도≫의 3번째 이야기 '楊香搤虎^{양향액호}'에는 『효행록』에 실려 있던 다음과 같은 찬이 빠졌다.[16]

(10) 魯邦有女	노나라에 딸이 있었으니
字曰楊香	그의 자는 양향이라네
父遭虎逐	아버지가 호랑이에게 쫓겨
頓仆山岡	산마루에서 문득 엎어졌네
聞聲赴救	소리를 듣고 쫓아가 구하려

---

16 아래 인용된 찬(贊)의 우리말 풀이는 윤호진 옮김(2017:89)에서 가져왔다. 참고로 윤호진 옮김(2017:89)에서는 제4구의 '頓仆山岡'의 '仆'를 '僕'으로 잘못 활자화해 놓았다.

直前自當	바로 앞으로 대들어 범과 대적했네
騎背挈耳	등에 타서 귀를 당기며
叫呼彼蒼	하늘을 향하여 소리를 질렀네
未遑噬搏	미처 물 겨를도 없이
載以奔忙	업고서 달아나기에 바쁘네
白額俄斃	호랑이가 조금 있다 죽으니
翠蛾無傷	어린 소녀는 다친 곳이 없었네

(10)은 양향이 위기에 처한 아버지를 구하기 위해 호랑이 등에 올라타 귀를 잡고 큰 소리를 지르자, 달아나던 호랑이가 힘이 다해 죽었다는 내용을 담고 있다. 이것은 호랑이의 목을 졸라 아버지를 구한 ≪효자도≫ '楊香搤虎^{양향액호}'의 내용과 차이가 있다.[17] 이 이야기의 제목이 『효행록』에서는 '楊香跨虎^{양향과호}'로 되어 있다는 점도 이 둘의 내용적 차이를 잘 보여 준다.

결국 ≪효자도≫에 (10)의 찬이 없는 이유는 『효행록』과 『효순사실』의 내용이 달라, 『효순사실』을 바탕으로 만든 『삼강행실도』에 『효행록』의 찬을 그대로 실을 수 없었기 때문이라고 생각된다.

끝으로 ≪효자도≫의 25번째 이야기인 '王崇止雹^{왕숭지박}'에도 『효행록』에 실려 있던 다음과 같은 찬이 빠졌다.[18]

(11)	乾邕躬稼	건옹은 몸소 농사지어
	養父母且	부모를 봉양했네
	丁憂過禮	상을 당하여 예에 지나쳐서
	除服居廬	상복을 벗고서도 여막에 살았네
	鳥乳於冬	새가 겨울에 새끼를 낳아 기르고

---

17 ≪효자도≫의 '楊香搤虎(양향액호)'는 『효순사실』로부터 본문과 시를 가져왔다. 이때 ≪효자도≫의 본문에서 지명 '順陽', '平昌'과 같은 구체적인 정보가 생략되어 있음을 볼 수 있다.

18 아래 인용된 찬(贊)의 우리말 풀이는 윤호진 옮김(2017:154)에서 가져왔다.

雹不傷穀	우박이 그의 곡식을 망치지 않네
守令旌門	수령이 정려문을 세워
世仰遺躅	세상에서 그의 행실을 우러러보았네

(11)의 찬이 빠진 이유는 『효순사실』과 ≪효자도≫ '㉕왕숭지박'의 본문에서 살펴볼 수 있는 다음과 같은 변화 양상과 관련해 생각해 볼 수 있겠다.

(12) ㉕ **왕숭지박 본문 인용 양상**

> 王崇 字乾邕。 陽夏雍丘人也。 兄弟並以孝稱。 身勤稼穡以養父母。 仕梁州鎮南 府主簿。 母亡。 居喪哀毀頓瘁。 杖而後起。 鬢髮墮落。 廬於殯所。 晝夜哭泣。 鳩 鴿羣至。 有一小鳥。 素質黑眸。 形大於雀。 栖於崇廬。 朝夕不去。 母服初闋。 復 丁父憂。 悲毀過禮。 是年夏。 風雹所經處。 禽獸暴死。 草木摧折。 至崇田畔 風 雹便止。 禾麥十頃竟無損落。 及過崇地 風雹如初。 咸稱至孝所感。 崇雖除服 仍 居墓側。 室前生草一根 莖葉甚茂。 人莫能識。 至冬復有鳥巢崇屋。 乳養三子。 毛羽長成。 馴而不驚。 守令聞之。 親自臨視。 事聞。 詔旌表其門閭。

(12)를 통해 확인할 수 있는 ≪효자도≫의 생략된 내용은, ① 왕숭의 자와 출신지, ② 형제가 모두 효자로 불렸는데, 직접 농사를 지어 부모를 공양했다는 내용, ③ 양주 진남부의 주부로 벼슬을 했다는 내용, ④ 모두가 지극한 효자라 칭하며 감동받았다는 내용, ⑤ (겨울철 어린 새가) 성장했다는 내용, ⑥ 고을 수령이 왕숭의 효행을 듣고 직접 시찰했다는 내용 등이다.

후술하겠지만, ≪효자도≫의 한문 텍스트는 고유명사가 제시된 구체적인 정보를 생략하는 경향이 강하므로 ①, ③의 생략은 특이하지 않다. 또한 지엽적인 내용이나 잉여적인 표현의 생략도 자주 확인되므로 ④~⑥의 생략도 특별하지 않다.

찬을 뺀 직접적인 이유는 ②와 관련이 깊어 보인다. ②의 내용은 찬의 1~2구에 해당하는 내용인데 당시 조선시대의 신분 정책상 적절하지 않은 내용이다. 조선의 건국 이념 중 하나는 중농주의여서 백성들이 직접 농사를 지어 부모를 공양하는 것은 특별한 효행이 아니었고, ③을 고려한 왕숭의 신분에서나 직접 농사를 하는 것이 특별한 행동일 수 있었다.

하지만 조선시대는 신분에 따른 역할이 엄격히 제한되었다. 왕숭은 조선시대로 치면 벼슬을 할 수 있는 양반 계층의 인물인 셈인데, 양반은 토지와 노비를 소유할 수 있어서 노비가 대신 농사를 지었다. 그런데 일반 백성을 주요 독자로 하는 《효자도》에서 상위층인 양반이 직접 농사를 지어 부모를 봉양하는 행동을 효행이라고 가르치게 되면 신분 체제의 혼란을 줄 수 있으므로 본문의 관련 내용과 함께 찬도 생략한 것으로 보인다.[19]

[4] 제4유형: 『효행록』 본문과 찬이 인용된 경우

《효자도》의 본문과 시는 주로 『효순사실』의 것을 인용하는 것이 일반적인데, 그렇지 않고 『효행록』의 본문과 찬이 인용된 경우가 4편 있다. '⑤진씨양고, ⑧효아포시, ⑫곽거매자, ⑬원각경부'가 그 경우인데, 이 이야기들은 모두 『효순사실』에는 실려 있지 않다. 따라서 이 경우들은 『효순사실』로부터 본문과 시를 인용할 수 없는 상황이므로 『효행록』의 본문과 찬을 인용한 것으로 이해할 수 있다.

(13) 가. ⑤ 진씨양고의 인용 양상
　　　漢陳孝婦 … 故號曰孝婦
　　나. ⑧ 효아포시의 인용 양상
　　　孝女曹娥者 會稽上虞人也 …

『효행록』으로부터 인용된 《효자도》의 본문과 찬에는 큰 변화가 없다. 『효행록』에 들어 있는 협주들을 일률적으로 삭제하고 구점을 첨가한 것 이외에는 (13)에

19　추가로 한문본에만 실려 있는 '수창심모(壽昌尋母)'의 이야기에도 『효행록』의 찬이 빠졌는데, 주인공 주수창이 자신의 피로 불경을 베껴 쓴다는 불교에 관한 내용이 담겨 있었기 때문으로 보인다. 당시는 숭유억불 정책도 건국이념이었기 때문에 불교에 대한 내용을 교화서에 담기는 어려웠으리라 생각된다.

서 볼 수 있는 정도가 달라진 내용이다. 『효행록』의 본문과 찬을 인용함으로써 결과적으로 이들 이야기에는 시는 없고 찬만 있는 특별한 모습을 지니게 되었다.

[5] 제5유형: 『한시외전』의 본문과 『효행록』에 없는 찬이 사용된 경우

언해본 ≪효자도≫의 4번째 이야기인 '皐魚道哭고어도곡'은 다른 이야기들과는 구별되는 특별한 양상을 보여 준다. '皐魚道哭고어도곡' 이야기는 『효행록』에서 자로(중유)와 우구자 이야기가 함께 들어 있는 '仲由負米중유부미'와는 달리 ≪효자도≫에서는 독립된 이야기로 자리했다.

먼저 '皐魚道哭고어도곡'의 본문은 한나라 때의 학자 한영韓嬰이 쓴 『韓詩外傳』의 한 이본 내용과 연결된다.[20] 정확히 어떤 이본인지는 파악하지 못했지만 후대의 서적인 『禪林疏語考證』 권3에 인용되어 있는 『韓詩外傳』의 내용은 ≪효자도≫ '④고어도곡'의 본문과 거의 일치하고 있음을 볼 수 있다.

(14) 孔子出行 聞有哭聲甚悲 至則皐魚也 被褐擁劍 哭於路左 孔子下車而問其故 對曰 吾少好學 周流天下而吾親死 一失也 高尙其志 不事庸君而晚無成 二失也 少失交遊 寡於親友而老無所託 三失也 夫樹欲靜而風不止 子欲養而親不逮 往而不可返者年 也 逝而不可追者親也 吾於是辭矣 立哭而死 於是孔子之門人 歸養親者 一十三人

표시된 부분을 제외하면 ≪효자도≫ '④고어도곡'의 본문과 동일하므로 본문의 원전이 『韓詩外傳』이었음은 거의 확실해 보인다. 다만 이것이 어떤 이본의 내용인

---

20 참고로 쉽게 볼 수 있는 『韓詩外傳』의 일반적인 이본에서는 고어(皐魚) 관련 부분이 다음과 같이 나와 있다.
孔子出, 聞哭聲甚悲. 孔子曰:「驅之驅之! 前有賢者.」至則皐魚也, 被褐擁鐮, 哭於道旁. 孔子辟車與之言, 曰:「子非有喪, 何哭之悲也?」皐魚曰:「吾失之三矣. 少而好學, 周遊諸侯, 以殁吾親, 失之一也. 高尙吾志, 簡吾事, 不事庸君, 而晩事無成. 失之二也. 與友厚而中絶之, 失之三矣. 夫樹欲靜而風不止, 子欲養而親不待, 往而不可追者年也, 去而不可得見者親也. 吾請從此辭矣.」立槁而死. 孔子曰:「弟子識之, 足以誡矣.」於是門人辭歸而養親者十有三人.

지는 아직 정확히 밝히지 못했기 때문에 ≪효자도≫ '④고어도곡'의 본문 인용 양상을 명확히 밝히기는 어려운 상황이다.

다음으로 ≪효자도≫ '④고어도곡'의 찬은 이제현이 지은 것이 아니라는 점에서 ≪효자도≫에 실린 나머지 14편의 찬과 차이가 있다. 이것은 『효행록』의 '仲由負米 중유부미'에 있는 이제현의 찬과는[21] 완전히 다른 것으로서 후대에 누군가에 의해 지어진 것으로밖에 볼 수 없다.[22]

(15) 皋魚嘀怮   고어가 슬픔 품고
     自訟自傷   스스로 상심하네
     親不待養   어버이가 봉양을 기다리지 않으시니
     如何彼蒼   어찌하오? 하늘이여!
     泣盡眼枯   눈물 다해 눈이 말라
     立死路傍   길가에서 죽으니
     嗟嗟卓行   높은 행실
     見重素王   공자에게 칭찬받았네

『효행록』의 '우구자', ≪효자도≫의 '고어'가 같은 인물인지에 대한 고증과 함께,[23] (15)의 찬에 대한 한문학적 고찰도 필요하다고 생각한다. 이제현의 찬과 어떠한 차이점이 있는지 연구가 필요하다.[24]

이처럼 언해본 ≪효자도≫ '④고어도곡'은 본문도 특별한 문헌으로부터 인용되

---

21   이제현이 지었던 『효행록』 '仲由負米(중유부미)'의 찬 중 ≪효자도≫ ④皋魚道哭(고어도곡)과 관련된 것은 전체 8구 중 뒷부분의 다음과 같은 4구이다.
     樹兮欲靜   나무가 조용히 있고자 해도
     風兮不止   바람이 그치지 않네
     哭而自悲   울면서 슬퍼한 사람으로
     有虞丘子   우구자가 있었네

22   인용된 찬(贊)의 우리말 풀이는 김원용·김익현·임창제 역(1982:43)에서 가져왔다.

23   참고로 우구자가 『孔子家語』에는 '丘吾子'로 나타난다.

24   왕명으로 『효행록』의 개간을 맡은 집현전 부제학 설순이 찬을 지었을 가능성도 생각해 볼 수 있다.

었고 찬도 『효행록』에 있는 이제현의 찬이 아닌, 새로 창작된 찬이 쓰였다는 점에서 그 특이성이 주목된다. 본래 공자와 관련해 자로(중유)와 함께 묶여 있던 인물을 굳이 분리해 하나의 이야기로 삼고, 찬까지도 새롭게 지어 '④고어도곡'을 완성한 것은 편찬자들의 의지가 강하게 반영된 결과라고 생각된다.

(2)에서 언급했듯이 세종이 설순에게 개간을 명했던 『효행록』이 실제로는 그 결과가 『삼강행실도』 ≪효자도≫로 나타났음을 우리는 ≪효자도≫ '④고어도곡'을 통해 그 근거를 찾아보게 된다. 『삼강행실도』의 각 이야기들에는 기본적으로 한문 원문과 더불어 시詩가 있는 것이 일반적이다. 그러나 '④고어도곡'에는 한문 원문 다음에 시는 없고 찬贊만 있는데, 이는 이 이야기가 본래 기본적으로 찬을 수록하는 『효행록』 속에 들어가도록 편찬되었던 것임을 알려 준다. 이러한 사실은 ≪효자도≫ '④고어도곡' 이야기가 설순이 세종의 명을 받아 개간한 『효행록』이 결국 『삼강행실도』 ≪효자도≫로 결실을 맺었음을 구체적으로 보여 주는 분명한 근거가 된다는 점을 말해 준다.

[6] 제6유형: 국내문헌의 본문과 창작한 시(4편)

앞의 1~5유형이 원전의 내용을 변개하거나 첨가하는 것 없이 주로 생략만을 사용하여 ≪효자도≫에 인용되었다면, 6유형은 부분적으로 원전의 내용을 변개하거나 첨가하기도 한다는 점에서 앞의 유형들과 큰 차이를 보인다. 이러한 차이의 결정적인 이유는 1~5유형은 주인공의 효행이 꽤나 정제된 『효순사실』, 『효행록』과 같은 교훈서를 참고한 반면, 6유형은 『고려사』, 『고려사절요』, 『태종실록』, 『세종실록』 등 정사의 역사서를 주로 참고하였기 때문으로 보인다.

당시에는 우리나라 효자들의 효행을 정리한 교훈서가 없었기 때문에 국내의 효자들에서만 확인되는 6유형은 역사서의 문체를 효행 중심의 교훈서의 문체로 바꾸기 위한 새로운 시도였던 셈이다. 또한 7언4구의 시 2수를 새로 지어 본문 뒤에 배치한 것은 『효순사실』의 영향을 받았다.[25] 6유형의 이야기는 '㉜누백포호,

③③자강복총, ③④석진단지, ③⑤은보감오'의 4편으로 이 중 32번째 이야기인 '누백포
호'의 본문을 『세종실록』의 기사와 대조하여 살펴보면 다음과 같다.

> (16) 縣吏石珎　　其父得風疾　每日一發　發則氣絶　久而乃蘇　石珎日夜　　呼泣哀禱
> 嶽石珎。高山縣吏也。父天乙得惡疾。　　　　　　　　　　　　人不忍見。　　侍側無懈。
> 廣求藥餌　一日有僧踵門曰 聞 爾父有狂疾 信乎 石珎驚喜 其告病證 僧曰碎生人骨
> 醫藥。　　　　　　　　　　　　　　　　　　　　　　　　大言生人之骨。
> 和血以歓　　則可愈　石珎卽斫其無名指 和血以進 病小間 乃再進遂愈　　小尹徐省適
> 而　　　　　　　　　　斷左手　　　　　依言以進。其病即瘳。
> 在縣見其事, 作傳以記之

　　『세종실록』과 달리 ≪효자도≫에서는 이름과 함께 인물이 관직을 했던 지역으
로 서두를 여는데, 이는 앞서 살펴본 『효순사실』, 『효행록』의 영향을 받은 것으로
보인다. 또한 교훈서답게 조선의 건국이념 중 하나인 숭유억불 정책을 고려하여
승려가 나오는 부분은 과감히 삭제하기도 하였다. 표현을 좀 더 쉽게 바꾼 부분도
보이고, 무명지는 좌수무명지라 하여 구체적인 사실성을 부여하기도 하는 등 역사
서와 많은 부분에서 차이점을 확인할 수 있다.

원전과 ≪효자도≫ 한문 텍스트의 관계

　　전술한 바와 같이 ≪효자도≫는 『효순사실』과 『효행록』, 『이십사효도』 등을
참고하여 작성되었다. 한문 텍스트의 경우 『효순사실』의 내용을 중심으로 기록되
었는데, '①민손단의'를 통해 이러한 사실을 확인할 수 있다.

> (17) 가. 父察知之。欲遣後妻　　　『효순사실』
> 　　　나. 父察知之 欲逐後母　　　『효행록』
> 　　　다. 父察知之。欲遣後妻　　　≪효자도≫

25　　이같이 정사의 내용을 추리고 다듬는 기술 방식을 바탕으로 ≪충신도≫까지 작성된 것으로 보인다.

세 문헌에 모두 수록된 '①민손단의'에서 민손의 새어머니를 나타내는 말의 차이를 살펴보면 『효순사실』은 민손의 새어머니를 '後妻'로 가리킨 데 반해 『효행록』은 '後母'로 표현하였다. 《효자도》는 『효순사실』과 같이 '後妻'를 사용하여 민손의 새어머니를 지칭하였다. 이처럼 『효순사실』과 『효행록』 모두에 수록되어 있으나 『효순사실』의 내용을 요약하는 방식으로 구성된 것은 '①민손단의, ②자로부미, ③양향액호, ⑥강혁거효, ⑦설포쇄소, ⑨황향선침, ⑩정란각목, ⑪동영대전, ⑮왕부폐시, ⑯맹종읍죽, ⑰왕상부빙, ⑱허자매수, ⑲왕연약어, ㉑검루상분, ㉕왕숭지박'의 한문 텍스트(2유형+3유형)이다.

이 절에서는 위의 이야기를 포함하여 『효순사실』에만 수록된 '⑭맹희득금, ⑳반종구부, ㉒숙겸방약, ㉓길분대부, ㉔불해봉시, ㉖효숙도상, ㉗노조순모, ㉘서적독행, ㉙오이면화, ㉚왕천익수, ㉛유씨효고'(1유형)와 《효자도》의 한문 텍스트를 비교하여 생략된 정보의 유형을 파악하고자 한다.[26] 『효순사실』에 포함되지 않아 『효행록』을 바탕으로 작성된 '⑤진씨양고, ⑧효아포시, ⑫곽거매자, ⑬원각경부' 역시 동일한 유형(4유형)으로 설명함으로써 《효자도》 한문 텍스트와 원전 간의 관계를 살펴보고자 한다.

생략의 유형은 크게 구체적인 정보의 생략과 문장 성분의 생략으로 나눌 수 있다. 특히 『효행록』보다 『효순사실』에서 많은 생략이 확인되는데, 그 이유는 『효순사실』의 분량이 『효행록』에 비해 많은 것과 함께, 《효자도》의 지면 제약이 크게 작용한 것으로 보인다. 《효자도》는 효자 한 명당 규칙적으로 1엽의 지면을

---

26 『효순사실』의 일부 한자가 교체되어 《효자도》 한문 텍스트에 나타난 경우도 있으나, 대개 유의 관계에 있는 한자로서 내용의 차이는 없다.
嘗采拾以爲養 - 常采拾以爲養 (⑥강혁거효)
旦入灑掃 - 早入灑掃 (⑦설포쇄소)
母沒 - 母歿 (⑮왕부폐시)
俄而二親沒 - 俄而二親歿 (⑱허자매수)
然刀鋸至劇 - 然刀鉅至劇 (㉓길분대부)
乃疏食布衣 - 蔬食布衣 (㉔불해봉시)
旦夕哀悲更愴神 - 朝夕哀悲更愴神 (㉗노조순모) (이상 『효순사실』-《효자도》)

할애받는데, 이 중 반엽은 그림을 배치하므로 한문 텍스트는 13행 22자의 나머지 반엽의 지면에 배치되었다.

그런데 『효순사실』의 7언 4구 2수의 시가 3행의 분량을 차지하고, 때때로 『효행록』의 찬이 실리면 2행(4언8구) 내지 3행(4언12구)의 분량을 추가적으로 차지했으므로, 실제로 한문 텍스트 본문은 많게는 10행 22자에서, 적게는 7행 22자 안에 작성되어야 했던 것이다. 그러므로 본문의 생략은 어느 정도 패턴을 보이며 전략적으로 이루어졌다고 생각된다.

[1] 구체적인 정보의 생략

≪효자도≫에서 자주 확인되는 구체적인 생략 정보는 인명, 지명, 시대 정보 이다.

(18) 閔損◦**字子騫。**(⓵), 江革◦**字次翁。**(⓺), 黃香◦**字文强。**(⓽),
　　 孟宗◦**字恭武。**(⑯), 王祥◦**字休徵琅邪臨沂人。**(⑰),
　　 許孜◦**字季義。**(⑱), 王延◦**字延元。**(⑲), 庾黔婁◦**字子正。**(㉑),
　　 解叔謙◦**字楚梁。**(㉒), 吉翂◦**字彦霄。**(㉓), 殷不害◦**字長卿。**(㉔),
　　 王崇◦**字乾邕。**(㉕), 盧操◦**字安節。**(㉗), 徐積◦**字仲車。**(㉘)

(19) **少有至性。**(⓻), **性至孝。**(⑰), **孝弟恭讓。**(⑱),
　　 性之孝。未嘗失色於人。(㉑), **㓜幼有孝性。**(㉓), **性至孝。**(㉔),
　　 兄弟並以孝稱。身勤稼穡以養父母。(㉕),
　　 孝行出於天禀三歲父死。(㉘), **性孝而好義**父嘗病甚。(㉚)

(18, 19)는 주인공의 인물 정보이다. 이 중 (18)은 주인공의 '자字'가 생략된 예이고, (19)는 주인공의 성품이 생략된 경우이다. 그러나 이러한 인물 정보가 반드시 생략된 것은 아니다. 예컨대 "王裒。字偉元"(⑮), "孟宗。性至孝。(⑯)"처

럼 주인공의 '자字'나 성품이 생략되지 않은 이야기도 존재한다. 또한 주인공 외의 등장인물의 성품은 "繼母朱氏不慈。(⑰), 繼母卜氏遇之無道。(⑲), 弟不侫亦至孝。(㉔), 三弟嗜酒縱佚。(㉗)"처럼 ≪효자도≫에서 생략되지 않고 직접적으로 언급되는 경향을 보인다.

(20) 가. 『효순사실』

順陽南鄉縣楊豐女也。(③), 齊國臨淄人也。(⑥),
城陽營陵人也。(⑮), 琅邪臨沂人。(⑰), 東陽吳寧人也。(⑱),
吳興烏程人也。(⑳), 馮翊蓮勺人也。(㉓), 陳郡長平人也。(㉔),
陽夏雍丘人也。(㉕), 楚州山陽人。(㉘), 臨川水東小民也。(㉙),
眞定新樂人。(㉛)

나. 『효행록』

孝女曹娥者會稽上虞人也。(⑧)

(21) 太守平昌孟肇之賜資穀。(③), 師事豫章太守會稽孔冲。(⑱),
梁天監初父爲吳興原鄉令。(㉓), 方母死江陵時。(㉔)

(20), (21)은 지명 정보의 생략이다. (20)은 주인공의 출신지를 생략한 것인데 두 단위의 행정 구역 중 하나를 생략하는 방식을 보인다. 이러한 방식은 (20가)의 『효순사실』에서의 생략이나, (20나)의 『효행록』에서의 생략에서 동일하게 나타난다. (21)은 주인공 이외의 인물과 관련된 지명인데 이처럼 생략되는 것이 일반적이다.

한편 출신지가 아닌 사건의 배경지나 주인공이 관직을 부임받은 지역의 경우는, "祅黨攻破村邑。(⑳), 爲屖陵令。(㉑), 魏平江陵。(㉔), 後調臨渙縣尉。(㉗), 太初洪武七年遷和州。(㉛)"처럼 『효순사실』의 내용이 ≪효자도≫에 그대로 인용되었다.

(22) 가. 『효순사실』

> 漢光武建武末。(⑥), 漢安帝聞其名。(⑦),
> 宋文帝元嘉四年。(⑳), 梁天監初父爲吳興原鄉令。(㉓),
> 梁簡文帝以不害善事親賜其母蔡氏錦裙襦。(㉔),
> 詔賜粟帛宋仁宗皇祐初。(㉘),
> 徽宗政和六年賜諡節孝處士。(㉘), 十五年。復旌表其門。(㉛)

나. 『효행록』

> 漢陳孝婦年十六而嫁。(⑤)

(22)는 시대 정보의 생략이다. ≪효자도≫ 한문 본문에는 『효순사실』에 나타나는 국명이 대체로 생략되었다. 이는 도판 우측 상단에 이야기의 제목과 함께 국명을 기록하고 있어 동일한 정보를 본문에 제시하지 않은 것으로 판단된다. 국가명을 생략하는 경향은 (22나)처럼 『효행록』을 원전으로 하는 ≪효자도≫ 이야기에서도 동일하게 나타난다.

(23) 積歲餘父母慚而還之。(⑦), 奴婢引老弱者(⑦),
> 有司奏改其里爲純孝里。(⑳), 卽訪醫及本草註皆無識者。(㉒),
> 行人見者皆爲隕涕。(㉓), 豈不知死可畏懼。(㉓),
> 以爲孝行純至。(㉓), 有弟五人皆幼弱。(㉔), 薦席被褥單複畢偹。(㉔),
> 失母所在。(㉔), 一夕有神來見夢日。(㉙), 劉氏事姑審氏甚謹。(㉛),
> 劉氏刺臂血和湯以進。(㉛), 劉氏種蔬以給食。(㉛),
> 又二年姑患風疾不能起。(㉛), 劉氏晝夜侍姑側。(㉛),
> 醫劉氏指與之訣。(㉛), 劉氏號呼神明。(㉛), 劉氏殯舍側園中。(㉛),
> 太祖皇帝遣中使賜劉氏衣一襲。(㉛), 復旌表其門。(㉛)

(24) 少失父。獨與母居。(⑥),
> 弟子求分財異居。包不能止。乃中分其財。(⑦),
> 漢安帝聞其名。令公車特徵至拜侍中。(⑦),

永謂錢主曰。後若無錢還君。⑪，主甚憫之。永得錢葬父畢。⑪，
於是索絲。一月之內三百匹絹足。⑪，雙鯉躍出持之而歸。⑰，
飛入其幕取以供母。⑰，其篤孝純至如此。⑰，
敏而好學。年二十。師事豫章太守會稽孔冲。⑱，
此兒以死救父。何可殺之。殺孝子不祥。⑳，
法度乃還寺盛陳徽纆⑳，勅已相許。便應伏法。然刀鋸至劇。⑳，
昐弗聽曰。昐求代父死。⑳，死囚豈可減乎。竟不脫械。⑳，
行路皆爲流涕。卽江陵權殯。㉔，道路隔絶。不得奔赴者四載。㉔，
及母喪柩歸葬。㉔，及過崇地風雹如初。咸稱至孝所感。㉕，
幼勤學。九歲通孝經論語。㉗，命操常執勤主炊。爲三弟設席。㉗，
每夕有狐狸羅列左右。將旦乃去。時人以爲孝感。㉗

(23)~(24)는 맥락상 유추 가능한 정보의 생략이다. (23)은 유사한 정보가 반복되어 표현의 일부를 생략하여도 의미가 크게 다르지 않은 예이다. 예를 들어 '⑳반종구부'의 '純孝里'처럼 앞에 언급된 동일 한자 '里'가 생략되는 것은 이야기를 줄이는 과정에서 자연스러운 현상이다. 또한 '㉛유씨효고'에서 '劉氏'의 '氏'를 생략하여도 주인공의 성을 지칭하는 데 혼란이 없으므로 생략되었다. '積歲餘'에서 '歲餘'로, '老弱'에서 '老'로, '本草註'에서 '本草'로, '行人見者'에서 '見者'로, '畏憚'에서 '畏'로, '孝行純至'에서 '孝行'으로, '幼弱'에서 '幼'로, '儃席被褥單複畢偹'에서 '儃席被褥'으로, '失母所在'에서 '失母'로, '一夕有神來見夢曰'에서 '一夕有神見夢曰'로, '風疾'에서 '風'으로, '旌表'에서 '旌'으로 생략된 것들이 모두 이러한 예들이다.

(24)의 예는 앞뒤 문맥에 의해 파악할 수 있는 정보가 생략된 경우이다. 예를 들어 '⑥강혁거효'에서 원인(少失父。:어려서 아버지를 잃어서)을 통해 결과(獨與母居。:홀로 어머니와 살았다)를 유추할 수 있고, '⑦설포쇄소' 역시 원인(弟子求分財異居。包不能止。:아우가 재산을 나누어 따로 살길 원하자 설포는 거절하지 않았다)만으로도 결과(乃中分其財。:이에 그 재산을 반으로 나누었다)를 파악할

수 있다. 반대로 '⑦설포쇄소'처럼 결과(令公車特徵至。拜侍中: 수레를 보내 특별히 불러 이르게 하고, 시중 벼슬을 시켰다)를 통해 원인(聞其名。: 그 이름을 듣고)을 유추할 수 있고, '㉗노조순모' 역시 결과(九歲通孝經論語。:아홉 살에 효경과 논어를 깨쳤다)를 통해 원인(幼勤學。:어려서 부지런히 배우니)을 파악할 수도 있다. 이처럼 『효순사실』의 앞말과 뒷말이 인과적으로 연결될 때 구절 하나가 ≪효자도≫에서 생략되어 전체 이야기의 분량을 축소시켰다.

≪효자도≫에서는 인과 관계가 아니더라도 앞뒤 구절을 통해 파악 가능한 정보를 생략하는 것이 일반적이다. (10)에서 '⑪동영대전'의 '永謂錢主'와 '索絲'는 앞뒤 구절을 통해 그 의미를 생각할 수 있는데, 이어지는 대화 내용을 통해 동영이 돈 주인에게 말을 하고 있음을 알 수 있고, 한 달 내에 일을 비단 삼백 필을 다 짰다는 것을 통해 '於是' 뒤에 '索絲'라는 사건이 있어야 함을 유추할 수 있다. '⑳반종구부'의 '何可殺之。' 역시 이 아이가 죽음으로 아버지를 구하려고 하는데 효자를 죽이는 것은 상서롭지 않다는 도적의 말에서 추론 가능하다. '㉓길분대부'의 '乃還寺' 역시 관청으로 돌아온다는 뜻이므로 생략되어도 문맥 속에서 그 의미가 나타난다. 다시 말해서 채법도가 왕명을 받은 장소와 길분을 심문하는 장소가 다르다는 것을 맥락에서 파악할 수 있기 때문에 분량을 줄이는 과정에서 생략된 것을 보인다.

이야기의 전체 흐름 속에서 파악되는 정보 역시 생략될 가능성이 크다. (24)에서 '⑰왕상부빙'의 '其篤孝純至如此。'와 '㉕왕숭지박'의 '咸稱至孝所感。'은 주인공의 효행의 정도를 보여 주는 것으로 주인공의 실제 행적을 통해 유추할 수 있는 내용이므로 생략되어도 이야기의 전개가 변화되지 않는다.

(25) **盜賊並起革**負母逃難。（⑥），**備經險阻。**嘗采拾以爲養。（⑥），
轉客下邳。貧窮裸跣。（⑥），**至性殆滅。**常寢伏冢廬。（⑥），
請以爲吏。後擧孝廉。仕至諫議大夫。賜告歸。因謝病稱篤。（⑥），
章帝思革至孝。詔以穀千斛賜之。（⑥），

及卒。祠以中牢。復賜穀千斛。(6),

包以死自乞。有詔賜告歸。加禮焉。(7), 少失母。獨養父。(11),

主甚憫之。永得錢葬父畢。(11),

錢主曰。本言一人。今乃有二。永曰。言一得二。理何乖乎。(11),

君事了。不得久停。語訖。(11),

飛入其幕。取以供母。鄉里驚歎以爲孝感所致。(17),

漢末遭亂。扶母携弟覽覽避地廬江。(17),

孜聞問盡哀。負擔奔赴。送喪還會稽。蔬食執役。(18),

孜恨恸不已。乃爲作家埋於隧側。(18),

猛獸卽於孜前自撲而死。孜又埋之。(18),

自後樹木滋茂而無犯者。(18), 積二十餘年。孜乃立宅墓次。(18),

烝烝朝夕。事亡如存。(18), 年八十餘。卒于家。(18),

其姑聞而問之。延知而不言。事母弥謹。(19), 徙居江陵。(21),

家居襄陽。(23), 且爾童孺。志不及此。必爲人所教。姓名是誰。(23),

顧諸弟幼藐。惟囚爲長。(23), 自延視息。所以內斷胷臆。(23),

委骨泉壤。此非細故。奈何受人教耶。法度知不可屈撓。乃更和顔。語之
曰。主上知尔父無罪。行當釋亮。觀尔神儀明秀。足稱佳児。今若轉辭。幸
父子同濟。奚以此妙年若求湯鑊。粉曰。凡鯤鮞螻蟻。尚惜其命。況在人
斯。豈願齏粉。但父挂深劾。必正刑書。故思隕仆。冀延父命。(23), 法度矜
之。命脫二械。(23),

更今着一小者。(23), 揚州中正張仄連名薦粉。(23),

明通易老。勅太常旌舉。(23), 由是知名。家世儉約。居甚貧窶。(24),

士大夫以篤行稱之。(24), 不害行哭求屍。聲不暫輟。(24),

憑屍而哭。(24), 見者莫不哀之。(24),

居處之節如始聞問。若此者又三年。(24), 仕梁州鎮南府主簿。(25),

乳養三子。毛羽長成。(25), 守令聞之親自臨視。(25),

隨義解釋。父老謂之聰明児。(27),

每日其冠帶讀孝經経一遍。然後視事。(27),

不謂三賊有此令兄。某抵忤長者不義也。(27),

子昭有文名。次子雲恭謹有父風。高尚。好學。☐(27),
使讀孝経。輒淚落不能止事母至孝。☐(28),
所居一室寒一衲裘啜粟飲水。☐(28),
或問之積日吾遇之則怵然傷吾心。思吾親。故不忍加足其上爾母亡。(28), 水漿
不入口者七日。☐(28), 卧苫枕塊。衰絰不去體。☐(28),
曰。使鬼神有知亦垂涕也。☐(28),
近臣合言積之賢。宜在所表乃以揚州司戶參軍(28),
居數歲使者又交薦轉和州防禦推官。(28),
改宣德郎。監中嶽廟卒時年七十六徽宗政和六年賜諡節孝處士。☐(28),
自是孝。養其母終身。☐(29), 太初故元時爲知印洪武七年例遷和州。(31)

(25)는 주인공의 행적과 관련된 상세한 내용과 보다 자세한 후일담으로 이러한
내용들은 사건을 구체적으로 보여 주기는 하지만 주인공의 효성을 나타내는 데에
필수적인 정보가 아니다. 이러한 까닭에 지면의 제약으로 인해 본문 내용을 축소한
것으로 보인다.

[2] 문장 성분의 생략

여기에서는 문장 성분을 중심으로 생략된 요소를 살펴보고자 한다. 이 역시
문맥 속에서 관련 내용을 유추할 수 있기 때문에 생략된 것이 대다수이다.

(26) 革輒涕泣求哀言有老母。(6), 曰彼與我共事久若不能使也。(7),
曰吾少時所治意所戀也。(7), 曰吾素所服食身口所安也。(7),
司馬欲委罪於孤邪。(15), 每風雨祥輒拘樹而泣。(17),
忽有一魚長五尺。踊出冰上延取以進。(19), 罪當大辟。(23),
尙以其童幼。疑受教於人。(23), 此受命於天。(29)

(27) 賊以是不忍害之。(6), 由是鄕里稱之。(6), 後若無錢還君。(11),

永得錢葬父軍。(⑪), 爲我織絹三百匹。即放尔。(⑪),
遂放夫婦二人而去。(⑪), 受詩書禮易及孝經論語。(⑱),
取其欵實。(㉓), 自出野田以待其罰。(㉙),
官爲送其姑喪歸葬。(㉛), 復其家徭役。(㉛)

(26)은 주어가 생략된 예이고, (27)은 목적어가 생략된 예이다. 모두 문맥을
통해 생략된 부분을 쉽게 파악할 수 있다.

(28) 於路忽逢一婦人求爲永妻。(⑪), 黯乃槌登聞鼓乞代父命。(㉓),
太初故元時爲知印洪武七年例遷和州。(㉛)

(29) 田廬取其荒頓者。(⑦), 器物取其朽敗者。(⑦), 取其欵實。(㉓),
詔旌表其門閭。(㉕), 復旌表其門。(㉛), 復其家徭役。(㉛)

(28)은 『효순사실』에 나타난 관형어가 ≪효자도≫에서 생략된 예이다. 대체로
앞에 나온 인물을 가리키기 때문에 쉽게 복원할 수 있다. 다만 '㉛유씨효고'의
경우 임기가 만료된 자가 상례에 따라 벼슬자리를 옮기는 '例遷'을 '遷'으로만
표현하고 있어 의미의 차이를 보인다. 심지어 주인공의 남편 '太初'가 원元 때
벼슬을 한 사실마저 삭제함으로써 단순히 '和州'에 벼슬하러 가는 것으로 나타난다.
이는 이야기의 주제가 '太初'의 벼슬과 관련된 것이 아니라 '和州'로 이동 중에
그리고 이동 후에 일어난 '劉氏'의 행위이기 때문에 과감히 삭제, 생략된 것으로
판단된다. (29)는 지시 관형사가 생략된 것이다.

(30) 服竟不忍除。(⑥), 令公車特徵至。拜侍中。(⑦), 遂引出斬之。(⑮),
時有鹿犯所種松。(⑱), 明日忽見鹿爲猛獸所殺。致於所犯松下。(⑱),
兒年少能走。今爲我不去。(⑳), 行人見者皆爲隕涕。(㉓),
尙以其童幼。疑受敎於人。(㉓), 行路皆爲流涕。(㉔), 每輒氣絶。(㉔),
適聞之(㉘), 欲還合葬于舅墓。(㉛), 復旌表其門。(㉛)

(31) **爲我**織絹三百匹◦卽放尒。([11]), **雲霧四岳**騰空而去。([11]),
東關之敗◦昭問**於衆**曰。([15]), **近日之事**誰任其咎。([15]),
冲**在郡喪**亡。([18]), 有一賊**從旁**來語衆曰。([20]),
勑廷尉蔡法度**嚴加**脅誘。([23]),
揚州中正張仄◦連名薦粉。**以爲**孝行純至。([23]),
梁簡文帝**以不害善事親**賜其母蔡氏錦裙襦◦([24]),
見死人**溝中。**([24]), 後**以明経擢弟。**([27]),
使讀孝経◦輒淚落不能止事母**至孝。**([28]), 登**進士**第。([28]),
姑體腐。蛆生**席間。**文爲鬉蛆。([31]), 劉氏殯舍側**園中**。([31])

(32) 賊**以是**不忍害之。([6]), **由是**鄉里稱之。([6]), **於是**隱居教授。([15])

『효순사실』의 부사어 역시 ≪효자도≫에서 생략되는 경우가 많다. (30)은 부사어로 쓰인 한자가 생략된 경우이고, (31)은 부사어로 쓰인 이음절 이상의 한자어가 생략된 경우이다. 이들은 문맥에 의해 생략된 의미를 파악하는 것이 거의 불가능하나, 문장의 의미를 형성하는 데에 부가적인 요소라는 점에서 생략이 가능하다. 이와 달리 (32)는 앞의 내용을 가리키고 있어 유추 가능하다는 점에서 위의 부사어 생략과 차이를 보인다.

(33) 獄掾依法**俻加**桎梏。([23]), 亦以至孝**稱**。([24])

(34) 武帝嘉**異**之。([23])

(35) 明日忽**見**鹿爲猛獸所殺◦致於所犯松下。([18])

(33)~(35)는 서술어가 ≪효자도≫에서 생략된 경우이다. (33)은 『효순사실』에서 명사적 의미로 사용된 한자가 ≪효자도≫에서 동사적으로 쓰이면서 원전의 서술어가 생략된 예이다. 『효순사실』에 나타난 '俻加'은 '채우다'라는 뜻으로 해당

문장의 서술어이다. 그러나 목적어로 사용된 '桎梏'이 각각 '차꼬를 채우다'와 '묶다'라는 동사적 의미로 사용되면서 ≪효자도≫에는 '偸加'를 생략하였다. '至孝' 역시 '至'의 의미를 무엇으로 보느냐에 따라 '지극한 효성' 또는 '효성이 지극하다'를 나타낼 수 있다. 이는 주인공의 동생 불녕의 성품을 나타내는 부분으로,『효순사실』에 사용된 서술어 '稱'이 생략되어도 의미상 차이가 없다. 이는 여러 품사로 쓰일 수 있는 한자의 성격으로 인해 원전의 서술어가 생략된 것이다.

　　서술어의 생략은 (34)처럼 의미의 차이를 가져오기도 한다.『효순사실』은 무제가 길분의 일을 아름답게 여기면서 동시에 기이하게 생각한 것으로 표현하였으나, ≪효자도≫는 '異'를 생략하여 아름답게 여겼다는 사실만을 전달하고 있다. 그러나 길분을 의심하여 그를 취조하는 맥락을 생각하면 '異'의 생략은 조금 어색하다. (34)는『오륜행실도』에 '武帝異之'로 바뀌어 있는데,『오륜행실도』의 편찬자들도 맥락상 '異'의 생략을 어색하게 여겼던 것으로 판단된다.

　　(35)는 허자가 맹수에게 죽임을 당한 사슴이 다친 소나무 아래 놓여진 것을 보았다는 내용이다.『효순사실』에서는 허자가 다친 소나무를 보고 탄식했다는 앞 내용과 허자가 사슴을 묻었다는 뒷말의 주어 허자가 사슴의 주검을 보았다는 것을 언급하였다. 이와 달리 ≪효자도≫에서는 허자의 시선보다는 사슴이 죽었다는 것에 초점을 두어 허자를 주어로 하는 동사 '見'을 생략하였다. 이처럼 이야기의 핵심에 따라 문장의 주어를 다르게 판단한 경우 서술어가 생략되어 ≪효자도≫에 기록되었다.

(36) 가.『효순사실』

　　　　及母終。 (⑥), 及父母亡。 (⑦), 及讀詩至哀哀父母。 (⑮),
　　　　父娶後妻而憎包❽分出之。 (⑦), 乃謂永曰。 (⑪),
　　　　乃廬自引咎。 (㉓), 豾乃槌登聞鼓乞代父命。 (㉓),
　　　　乃疏食布衣。 (㉔)

　　나.『효행록』

　　　　故號曰孝婦 (⑤)

(37) 或指以避兵之方。(⑥), 亦以至孝稱。(㉔), 挈家以行。(㉛),
　　感君之至孝。(⑪), 乃爲作家埋於隧側。(⑱), 欲還合葬于舅墓。(㉛),

(38) 丁蘭。河內人也。(⑩), 以示不臣於晉也。(⑮), 東陽吳寧人也。(⑱),
　　西河人也。(⑲), 鮮叔謙。字楚梁。鴈門人也。(㉒),
　　馮翊蓮勺人也。(㉓), 陳郡長平人也。(㉔), 汲郡人也。(㉖),
　　臨川水東小民也。(㉙), 宜加敬事也。(㉙), 妻曰能織耳。(⑪)

(39) 包日夜號泣不能去。(⑦), 行人見者皆爲隕涕。(㉓),
　　行路皆爲流涕。(㉔), 爲泣下。(㉘)

　　(36)~(39)는 실사에 붙어 말과 말 사이의 관계를 표시해 주는 허사가 생략된
경우이다. (36)은 허사 중 접속사가 생략된 경우로, (36가)는 『효순사실』의 이야기
가 ≪효자도≫에서 쓰이면서 '及, 而, 乃'가 생략된 경우이다. (36나)와 같이 『효행
록』을 원전으로 삼은 '⑤진씨양고'에서도 접속사에 해당하는 '故'가 생략되었다.
(37)은 개사 '以, 之, 於, 于'가, (38)은 어조사 '也, 耳'가 각각 생략된 경우이다.
마지막으로 (39)는 조동사에 해당하는 용법을 보이는 요소가 ≪효자도≫에서 생략
된 경우이다. 『효순사실』에 쓰인 '能'은 "가능"의 의미를, '爲'는 "피동"의 의미를
각각 나타내지만, ≪효자도≫에서는 그러한 의미를 생략한 채 이야기를 전개하고
있다.

03 언해문 텍스트

한문 텍스트와 언해문 텍스트의 관계

≪효자도≫의 언해문을 살펴본 기존 논의들에서는 한문 텍스트와 언해문 텍스트의 관계를 번역의 관점에서만 이해해 왔다. 그리고 한문 텍스트를 많이 생략한 채로 언해문으로 번역한 것을 넓은 관점에서 의역의 일부로 보아왔다.[27] 그러나 2.4절에서 살펴 보았던 것처럼 다양한 생략이 한문과 언해문 텍스트 간의 비교에서만 확인되는 것이 아니라, 원전문과 한문 텍스트 간의 비교에서도 확인된다는 사실은 생략을 번역의 관점으로만 바라보기 어렵게 한다.

우리는 ≪효자도≫의 한문 텍스트가 『효순사실』, 『효행록』 등의 원전들을 참고하고 또한 원전의 많은 부분을 생략하고 있음을 2.4절에서 살펴보았다. 그리고 이러한 생략 유형들은 그대로 ≪효자도≫의 한문 본문과 언해문의 관계 속에서도 나타난다.

---

27 고니시 도시오(1995:15)에서 ≪효자도≫의 한문과 언해문 간 대조 연구가 이루어진 바 있는데, 한문 텍스트의 주어가 언해문 텍스트에서 생략되는 현상에 대하여 志部昭平(1990:384)을 빌려 한문의 의역으로 보았다. 또한 여찬영(2005ㄱ, ㄴ) 등에서는 『오륜행실도』와 함께 비교를 하거나 ≪충신도≫의 개별 이야기를 대상으로 한문 본문과 언해문을 비교하기도 하였다. 그 과정에서 대체로 생략, 변개, 첨가되는 예들을 제시하였고 특히 생략이나 변개가 ≪효자도≫에 많이 언급되었다.

(40) 가. 王裒。**字偉元**。**城陽人**。父儀。爲魏安東將軍司馬昭司馬。

　　　王裒의 아비 王儀 魏라 홀 나랏 安東將軍 司馬昭이그에 그위실ᄒᆞ더니(⑮)

나. 劉氏。**眞定人**。**韓太初妻**。**太初洪武七年遷和州**。**挈家行**。**劉事姑竇氏甚謹**。
　　姑在道遇疾。

　　　劉氏의 싀어미 길헤 나아 病ᄒᆞ야ᄂᆞᆯ(㉛)

다. 至**瓜洲**復病。亦如之。

　　　가다가 ᄯᅩ 病ᄒᆞ야ᄂᆞᆯ ᄯᅩ 그리ᄒᆞ야 됴히오니라(㉛)

라. **是年夏**。風雹所經處。禽獸暴死。草木摧折。

　　　ᄇᆞ룸과 무뤼와 하 티니 즁ᄉᆡᆼ이 주그며 플와 나모왜 것드러니(㉕)

마. **錢主問永妻曰**。**何能**。**妻曰能織**。主曰。織絹三百匹。

　　　돈 님자히 닐오ᄃᆡ 깁 三百 匹을 ᄧᅡᅀᅡ 노호리라(⑪)²⁸

바. 父母亡。弟求分財異居。**包**不能止。

　　　父母ㅣ 업거늘 앗이 生計 ᄂᆞᆫ호아 닫 사로려 커늘 말이돌 몯ᄒᆞ야(⑦)

사. 孔子下車而問**其故**。

　　　술위 브리샤 무르신대(④)

아. 鄕人稱**其孝**。

　　　ᄆᆞᅀᆞᆶ 사ᄅᆞ미 孝道ᄅᆞᆯ 일ᄏᆞᆮ더니(⑨)

자. **方**母死時。道路隔絶者四載。

　　　어미 주긇 저긔 네 ᄒᆡᄅᆞᆯ 길 마갯거든(㉔)

　(40)은 언해문 텍스트로 번역되면서 생략된 부분들을 제시한 예들이다. (40가)는 인물 정보, (40나)는 인물 성품, (40다)는 지명 정보, (40라)는 시대 정보, (40마)는 기타 정보, (40바)는 주어, (40사)는 목적어, (40아)는 지시사, (40자)는 부사 등의 생략을 보여 준다. 위의 예들은 2.4절의 원전과 한문 텍스트의 관계에서도 확인된 생략 유형들로 언해문도 한문 텍스트를 작성했던 방식과 같은 방식으로

28　≪효자도≫에서는 한문 본문에서 동일한 주어가 반복되어 나올 때 언해문에서는 주어를 생략하거나 압축적으로 드러내는 경우가 자주 확인된다. (33마)의 경우 대화 내용상 한문의 "主曰。織絹三百匹。"을 언해한 것은 분명하지만 이때의 ‘主’를 ‘돈 님자히’라고 언해한 것은 앞에서 나온 ‘錢主’까지를 고려한 언해라고 할 수 있다.

작성하려 했음을 보여 준다.

그리고 이러한 사실은 생략이라는 방식이 번역의 관점보다 창작의 관점에서 운용되고 있었다고 생각하게 한다.[29] 즉, 생략을 통해 구성된 ≪효자도≫의 한문 텍스트가 『효순사실』이나 『효행록』의 단순한 이본이 아닌 별개의 작품으로 인식되는 것처럼, 언해문 텍스트 역시 한문 텍스트의 단순한 번역본으로서만 이해하기보다는 생략을 통한 개별 작품으로서의 성격을 드러낸 것이라고 볼 수 있다.

원전과 ≪효자도≫ 언해문 텍스트의 관계

이 절에서는 기존 논의에서는 다루지 못하였던 원전과 ≪효자도≫ 언해문 텍스트의 관계를 살펴보고자 한다. 여기에서 확인되는 예들은 ≪효자도≫의 전체 텍스트를 놓고 볼 때 그 빈도가 매우 낮다. 게다가 문장 내에서도 주로 부차적인 정보로 출현하였기 때문에 중요도가 낮아 놓치기 쉬운 예들이다. 하지만 이러한 사소한 예들 속에서도 원전과의 관계가 확인된다는 사실은 언해자가 여러 문헌들을 찾아보고 문헌 간의 차이들을 세세하게 파악하면서 언해하였음을 보여 주는 것이기도 하다.[30]

[1] 첨가

첨가는 해당 구절이 ≪효자도≫ 한문 본문에서는 삭제되었지만 언해문 텍스트

---

29 이 글에서 생략을 창작의 관점으로 본 이유는 구체적인 정보의 생략이 '한문 → 언해문'의 과정에서만 발견되는 특징이 아니라, '한문(A문헌) → 한문(B문헌)'에서도 발견되는 특징이기 때문이다. 게다가 ≪효자도≫ 언해문에서는 주인공의 부모 이름이 대체로 생략되는데, 이러한 언해 양상이 불경 언해에도 적용되었다면 원전의 '淨飯王'이나 '摩耶夫人'은 언해문에서 생략되거나 '부텻 아바님', '부텻 어마님' 정도로만 언해되었을 것이다. 그러나 이러한 생략은 중복되는 정보가 아닌 이상 불경 언해에서는 잘 나타나지 않고 오히려 주변 인물이나 장소가 중요할 경우 고유명사를 그대로 드러내는 것이 더 일반적이다. 이는 ≪효자도≫의 언해와 불경 언해가 보여 주는 분명한 차이점이라고 할 수 있다.

30 본절에서 예문을 제시할 때 원전과 ≪효자도≫ 한문 본문이 동일할 경우 지면을 고려하여 원전만 제시하였다.

에서 원전을 참고하여 다시 반영된 예들이다. 이 예들은 언해자가 ≪효자도≫의 한문 본문만 보고 우리말로 번역한 것이 아님을 보여 주는 직접적인 근거가 된다.

(41) 가. 氷忽自鮮。雙鯉躍出。**持之而歸。**(『효순사실』 권2:12b)

　　　氷忽自鮮。雙鯉躍出。(≪효자도≫ 한문)

　　　어르미 절로 베여디여 두 鯉魚ㅣ 소사나거늘 **가져 도라오니라**⑰

나. **後**秫陵鄉人裴儉。丹陽郡守减盾。揚州中正張仄。連名薦猕。以爲孝行純至。明通易老。勅太常旌舉(『효순사실』 권4:4b)

　　揚州中正張仄薦猕孝行。勅太常旌舉(≪효자도≫ 한문)

　　後에 孝行으로 쓰시니라㉓

다. 吉猕字彦霄。馮翊蓮勹人也。家居襄陽。猕幼有孝性。梁天監初父爲吳興原鄉令。爲吏所誣。逮詣廷尉。猕年十五。號泣衢路。祈請公卿。行人見者皆爲隕涕。(『효순사실』 권4:3a-b)

　　吉猕。馮翊人。父爲原鄉令。爲吏所誣。逮詣廷尉。猕年十五。號泣衢路。祈請公卿。見者隕涕。(≪효자도≫ 한문)

　　吉猕이 열다ᄉᆞ시러니 긼ᄀᆞ새 울며 어비ᄆᆞᆮ씌 발괄ᄒᆞ거든 본 사ᄅᆞ미 **다** 눈믈 디더니㉓

라. 宋仁宗皇祐初。近臣合言積之賢。宜在所表乃以揚州司戶參軍爲楚州教授。居數歲使者又交薦轉和州防禦推官。改宣德郎。監中嶽廟卒時年七十六。(『효순사실』 권7:12b)

　　皇祐初。爲楚州教授。又轉和州防禦推官。(≪효자도≫ 한문)

　　後에 和州 防禦推官ᄋᆞᆯ ᄒᆞ얫다가 **죽거늘**㉘

마. 宋文帝元嘉四年。有司奏改其里爲純孝里。蠲租布三世。(『효순사실』 권3:5a)

　　里名純孝至今傳(『효순사실』의 시 권3:5b)

　　元嘉四年。有司奏改其里爲純孝(≪효자도≫ 한문)

　　그위예셔 엳ᄌᆞᄫᅡ 그 ᄆᆞᅀᆞᆶ **일후믈** 純孝ㅣ라 ᄒᆞ고⑳

(41)은 『효순사실』이 언해문에 반영된 예이다. (41가)는 ≪효자도≫의 한문 본문에서 빠진 "持之而歸"가 언해문에서 "가져 도라오니라"로 다시 반영되었다.

(41나)는 후에 배검裴儉, 감순減盾, 장측張仄이 길분을 천거하여 효행으로 태상太常에 임명되었다는 내용이다. ≪효자도≫의 한문 본문에서 배검과 감순이 삭제되고 언해문에서는 인명, 관직명 등의 구체적인 정보가 추상적으로 표현되었으나, 한문 본문에서 빠졌던 '後'가 언해문에서 '後에'로 다시 출현함을 볼 수 있다. (41다)는 빠졌던 '皆'가 언해문에서 부사 '다'로 반영된 예이다. (41라)는 주인공 서적이 효행으로 여러 벼슬을 오른 후 시간이 흘러 76세에 죽었다는 내용이다. 한문에서 빠졌던 "卒時年七十六"(죽을 때 일흔여섯이었다)가 언해문에서는 간단히 압축되어 "죽거늘"로 다시 첨가되었음을 확인할 수 있다. (41마)는 『효순사실』이나 ≪효자도≫의 한문 본문에는 없는 '일후믈'이 언해되었는데 『효순사실』의 시까지 고려하여 언해문이 작성되었음을 확인할 수 있다.

(42) 遂投江而死 抱父屍而出(『효행록』 10b)
　　投江抱屍 **經宿**以出(『효행록』의 찬 11a)
　　므레 뛰여 드러 주거 **이틄나래** 아비롤 안고 뜨니라(⑧)

　　(42)는 『효행록』의 내용이 언해에 첨가된 예이다. ≪효자도≫ 중 『효행록』의 본문이 인용된 이야기는 4편에 불과하다. 이 유형은 대체로 『효행록』의 내용을 거의 그대로 ≪효자도≫에 가져오므로 ≪효자도≫의 한문 본문에서 생략된 부분이 언해문에 다시 반영된 예는 확인되지 않는다. 대신 『효행록』의 본문에는 없는 '이틄나래'라는 표현이 언해문에 나타난 것인데, 이것은 한문 본문이 아닌 찬에 있는 '經宿'(하룻밤이 지남)을 언해자가 반영한 것이다.

(43) 가. 豐爲虎所噬。香年甫十四。手無寸刃。乃搤虎頸。豐因獲免。(『효순사실』 권 10:9b)
　　　父爲虎曳去。時香手無寸鐵。惟知有父而不知有身。**蹢躍向前**。扼持虎頸。虎亦靡然而逝。父因得免於害。(일기고사계 『이십사효도』, 4a)
　　　버미 아비룰 므러늘 **두라드러** 버믜 모골 즈르든대 아비 사라 나니라(③)

나. 母嘗欲生魚。時天寒氷凍。祥解衣◦將剖氷求之。(『효순사실』권2:12b)

母嘗欲食生魚 時天寒冰凍 祥解衣臥冰求之(일기고사계『이십사효도』, 5b)

어미 샹녜 산 고기롤 **먹고져** 커늘 옷 밧고 어름 ᄣᅴ려 자보려 터니(⑰)

(43)은 『이십사효도』가 ≪효자도≫의 언해문에 첨가된 예이다. (43가)는 『효순사실』에는 없는 '두라드러'가 『이십사효도』의 '踊躍向前(앞을 향해 뛰어들다)'에 의한 것임을 보여 준다. (43나)는 『효순사실』에 조동사 '欲'만 있을 뿐 동사가 없는 것이 이상한데, 언해문에는 '먹고져'로 언해하고 있다. 이 역시 『이십사효도』의 '食'자를 통해서 '먹고져'로 언해된 이유를 파악할 수 있다.³¹

[2] 변개

변개는 ≪효자도≫의 한문 본문에 해당 한자어가 출현하긴 하지만, 언해문에서 원전을 참고하여 다른 단어로 수정된 경우이다. 이것은 '①민손단의' 이야기에서만 두 예가 확인된다.

(44) 가. 閔損◦字子騫。孔子弟子。早喪母。父娶後妻生二子。母嫉損。所生子衣綿絮。衣損以蘆花絮。(『효순사실』권1:8b)

閔損字子騫 孔子弟子 早喪母 父再娶生二子 **後母**衣其二子以綿疾損衣以蘆花絮 (『효행록』4a)

閔損。孔子弟子。早喪母。父娶後妻生二子。母嫉損。所生子衣綿絮。衣損以蘆花絮。(≪효자도≫ 한문)

閔損이 **다솜어미** 損이룰 믜여 제 아돌란 소옴 두어 주고 閔損이란 골품 두어 주어늘(①)

나. 體寒失靷。父察知之。欲遣後妻。(『효순사실』권1:8b)

---

³¹ 여기서 '嘗(일찍이 상)'이 '常'의 통용자로 쓰였음은 언해문의 '상녜'를 통해 확인할 수 있으며, 만약 '嘗'이 '맛보다'는 뜻의 동사로 쓰였다면 위치가 바뀌어 '嘗欲'이 아닌 '欲嘗'으로 출현하였을 것이다.

體寒失靷。父察知之 欲逐後母(『효행록』)

치뷔 몰 셕슬 노하 브린대 아비 알오 **다솜어미**를 내툐려 커늘(①)

다. 薛包。汝南人。少有至性。父娶後妻。而憎包分出之。(『효순사실』 권2:2a)

薛包。汝南人。父娶後妻。憎包分出之。(≪효자도≫ 한문)

薛包이 아비 **後ㅅ겨집** 어라 包롤 믜여 나가라 ᄒᆞ야ᄂᆞᆯ(⑦)

(44가)는 '母'에 대해 '어미'가 아닌 '다솜어미'로 언해된 예이다. 이에 대해 맥락을 고려하여 '다솜어미'로 언해했다고 볼 수도 있을 것이다. 하지만 '母'를 '다솜어미'로 언해한 것은 이것이 유일하다는 점과 (44나)까지 고려하면 『효순사실』과 『효행록』을 함께 참고하여 언해한 것임을 알게 된다. (44나)는 '後妻'를 '다솜어미'로 언해한 유일례인데, 이 역시 ≪효자도≫ 내에서 (44다)와 같이 '後ㅅ겨집'으로 언해한 예가 확인되므로 어색한 것이다. 이 두 예는 『효행록』에서 해당 부분을 '後母'로 통일하여 제시하고 있음이 확인된다. 이를 통해 '母'와 '後妻'를 '다솜어미'로 변개하여 언해한 근거를 마련할 수 있다.

[3] 생략

≪효자도≫의 언해문은 기본적으로 원전에서 생략된 한문 본문을 한 번 더 생략하는 경향을 띠고 있다. 그런데 이러한 생략들 중에서도 『효순사실』과 『효행록』이 함께 인용된 유형 중에는 『효순사실』에 비해 내용이 소략한 『효행록』을 참고하여 언해 과정에서도 생략을 진행한 예가 확인된다.[32] 그 예는 이러한 유형들 중에서도 '⑯맹종읍죽'에서만 보이는데[33], 아래는 『효순사실』을 바탕으로 『효행록』을

---

[32] 다만 『효순사실』과 『효행록』이 함께 인용된 2유형의 10편을 실제로 확인해 본 결과, 『효행록』의 저본이 『효순사실』이 아니기 때문에 대부분은 이야기도 조금씩 다르고 같은 사건이라도 순서를 다르게 제시하는 등 언해 과정 시 『효행록』을 바탕으로 생략하였다고 보기 어려운 것들이었다.

[33] '⑯맹종읍죽'이 이 유형(『효순사실』과 『효행록』이 함께 인용된 유형)의 다른 이야기들과 다른 점은 『효순사실』의 분량이 상대적으로 적다는 점과 『효행록』이 『효순사실』보다 약간의 생략만 있고 대부분 내용이 같다는 점이다.

참고하면서 언해문에서 생략한 것처럼 보이는 예들이다.

(45) 가. 母年老病篤。冬節將至。思筍食。〈時地凍無筍〉(『효순사실』권2:16a)
　　　　母年老病篤 冬月思筍 〈 〉(『효행록』6a)
　　　　어미 늙고 病ᄒᆞ야 이셔 겨ᅀᅳ리 다ᄃᆞ라 오거늘 竹筍을 먹고져 커늘 〈 〉⑯

　　나. 宗入竹林〈哀〉泣。有頃。〈地上〉出筍數莖。(『효순사실』권2:16a)
　　　　宗往竹中 〈 〉泣而告天 須臾〈 〉出筍數莖(『효행록』6a)
　　　　孟宗이 대수페 가 〈 〉 운대 이슥고 〈 〉 竹筍 두ᅀᅥ 줄기 나거늘⑯

　　다. 持歸作羹供母。〈食畢〉病愈。(『효순사실』권2:16a)
　　　　持歸供母 〈 〉其病即愈(『효행록』6a)
　　　　가져다가 羹 밍ᄀᆞ라 이바ᄃᆞ니 〈 〉 어미 病이 됴커늘⑯

(45)는 이어지는 사건 진행을 3단락으로 나누어 본 것이다. '⑯맹종읍죽'의 경우 한문 본문은 『효순사실』에서 거의 생략 없이 가져오고 있다.[34] (45가)~(45다)는 괄호(〈 〉) 안의 한문이 언해문에 반영되지 않은 것을 보여 주고 있는데, 이들은 『효행록』의 본문에서도 언해문과 마찬가지로 공백인 채로 있음을 확인할 수 있다. 이처럼 이야기 전반에 걸쳐서 언해문에서 생략된 부분과 『효행록』의 누락된 부분이 일치를 보이는 것을 단순한 우연으로 보기는 어려울 것이다.

[4] 그림과 언해문

『이십사효도』의 경우 한문의 차이뿐만이 아니라 그림의 차이도 확인할 수 있다. 한 예가 『이십사효도』와 ≪효자도≫ 그림의 차이를 의미 있게 보여 주며 이로 인하여 ≪효자도≫의 언해문이 그림까지 고려하면서 작성되었음을 알게 해 준다.

34　이야기 시작 시에 주인공의 자를 소개한 '字恭武。'의 생략을 제외하면, ≪효자도≫의 한문은 『효순사실』과 완전히 일치한다.

(46) 가. 〈**父冬月令損御車。**〉體寒失靷。(『효순사실』권1:8b)

〈 〉 치버 **몰셕슬** 노하 브린대(①)

나. 父冬日令損御車 體寒失靷【直引切**引車皮**】(『효행록』4a-b)

다. 父令損**御車**。【**御推車**】體寒失靷【靷**牽車索**損因衣薄體寒忽墜失靷索】(일
기고사계 『이십사효도』2b)

(46가)의 언해문은 한문의 "父冬月令損御車。"(아버지가 겨울에 민손이를 시
켜 수레를 끌게 했다)를 생략하고 '靷'을 '몰셕'으로 언해하였다. 언해문을 보는
대부분의 사람은 비교 대상이 없기 때문에 '靷'을 '몰셕'으로 언해한 것을 이상하게
여기지 않을 것이다. 그런데 언해문에서 생략된 부분은 관점에 따라 '민손이가
직접 수레를 끄는 것'으로 읽힐 수도 있다. 이러한 해석에 따르면 '御車'는 '말이
끄는 수레'가 아니므로 '靷'은 '몰셕'이 아니게 된다. (46나), (46다)의 '靷'에 대한
협주를 보더라도 "引車皮, 牽車索"이라고 하여 단순히 수레를 끄는 가죽으로만
풀이하지 '牽馬'와 같이 말과 직접적으로 관련시켜 풀이하고 있지 않다. 이것은
『이십사효도』의 그림을 통해서 보다 분명히 '人力車'를 생각하였음을 확인하게
된다.

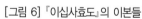

[그림 6] 『이십사효도』의 이본들　　　　　≪효자도≫ ① 민손단의

[그림 6]을 보면 『이십사효도』에서는 민손이 직접 수레를 끄는 장면을 그리고
있다. 반면에 ≪효자도≫에서는 말을 몰고 가는 그림을 보여 주고 있어서 문장의

해석에서 확연한 차이를 보인다. 우리는 이러한 두드러진 그림 차이를 통해서 '몰셨'이 단순히 '鞠'의 의미만이 아니라 ≪효자도≫의 그림까지도 고려하여 언해된 것임을 알게 된다.

Ⅱ. 언해본 『삼강행실도』 ≪효자도≫ 역주

민손閔損

- 국적: 노魯
- 생몰 연도: BC.536년 ~ BC.487년
공자의 제자. 자가 자건子騫이라 민자건閔子騫으로도 불린다. 존칭하여 민자閔子라고도 한다. 공자의 제자 중 안연(안회)과 더불어 덕행德行으로 유명하다. 지극한 효성으로도 이름을 떨쳐 공자도 칭찬한 바 있다. 『24효』에 민손의 이야기가 세 번째에 배치되어 있다. 1074년에 제남 태수 이숙지李肅之가 민손의 무덤 앞에 사당을 세워 제사를 지냈고, 소동파는 비석의 문장을 지었다.

자로子路

- 국적: 노魯
- 생몰 연도: BC.543년 ~ BC.480년
공자의 제자. 자로子路는 자字이며, 이름은 중유仲由이다. 계로季路라고도 불린다. 공자의 제자 중 가장 뛰어난 10인을 뜻하는 '공문십철孔門十哲' 중 1인이다. 당나라 현종 때에 위후衛侯로 추봉되었으며, 송나라 진종 때에는 하내공河內公으로, 송나라 도종 때에는 위공衛公으로 봉해졌다.

양향楊香

- 국적: 노魯
- 생몰 연도: 미상
『24효』에는 진晉나라 사람으로 되어 있고, 『오륜행실도』에는 송宋나라 사람이라 되어 있다. 여성으로, 14세 때에 아버지 양풍楊豊을 따라 밭에서 곡식을 베다가 아버지가 호랑이에게 물리니 죽기를 무릅쓰고 호랑이의 목을 졸라 아버지를 구했다. 높은 기개를 보인 일화와 '액호구친搤虎求親'의 성어로 그 이름이 전해지고 있다.

- 국적: 초楚
- 생몰 연도: 미상

배우기를 좋아하여 천하를 두루 돌아다녔는데, 부모가 돌아가시자 길가에서 몹시 슬프게 울었다. 공자가 까닭을 물으니, "대저 나무는 고요하려 하여도 바람이 그치지 않고, 자식은 봉양하려 하여도 어버이가 기다리지 않는 것입니다. 지나가면 돌이킬 수 없는 것은 세월이고, 돌아가면 따를 수 없는 것은 어버이입니다."라고 말하며 슬피 곡하다 죽었다. 공자가 이 말을 제자들에게 경계의 말로 전하자, 제자 13인이 어버이를 봉양하기 위해 집으로 돌아갔다고 전해진다.

- 국적: 한漢
- 생몰 연도: 미상

16세에 결혼하였고, 남편이 군역 나갔다가 죽었다. 남편이 떠날 때에 시어머니 봉양할 것을 약속하였고 이를 행하여 스물여섯 해 동안 시어머니를 봉양하였다. 후대 사람들이 그 효성을 칭찬하여 진효부陳孝婦라 이름하였다.

- 국적: 한漢
- 생몰 연도: 미상

자는 차옹次翁이다. 어릴 때 아버지를 잃고 난리를 만나 늙은 어머니를 업고 피란을 다녔다. 고초를 겪으면서도 음식을 구해다가 어머니를 정성으로 봉양하였다. 효자로 이름나 사람들이 강거효江巨孝라 불렀다. 명제明帝 초에 효렴孝廉 효행이 있는 사람과 청렴한 사람으로 천거되어 낭郎이 되고 초태복楚太僕이 되었으나 스스로 물러났다. 장제章帝 초에 다시 현량방정賢良方正으로 천거를 받아 사공장사司空長史에 올랐다. 이후 간의대부諫議大夫에 올랐다가 사직하고 귀향했다.

설포薛包

- 국적: 한漢
- 생몰 연도: 미상

한나라 여남汝南 사람이다. 아버지가 후처를 얻은 뒤로 부모에게 미움을 받고 내쳐졌다. 부모의 마음을 얻기 위해 집 앞을 쓸며 정성을 다하자 부모가 부끄러워 도로 데려왔다. 부모가 죽은 후에는 아우에게 좋은 재물을 모두 양보하였고 아우가 탕진한 재산까지 보전해 주었다. 후에 안 황제安帝가 시중侍中의 벼슬을 하사하였다.

조아曹娥

- 국적: 한漢
- 생몰 연도: 130년 ~ 143년

후한 회계會稽 상우上虞 사람으로, 무당인 조우曹盱의 딸이다. 아버지가 영신迎神하다가 강물에 빠져 죽고 시신屍身을 찾지 못하게 되었다. 강을 따라 헤매며 밤낮으로 통곡하다가 17일 뒤 강물에 몸을 던져 죽었고, 이틀 뒤에 아버지의 시신을 안고 떠올랐다. 환제桓帝 원가元嘉 원년에 상우장上虞長 도상度尚이 개장改葬하고 비를 세웠다. 『후한서後漢書』 열전列傳 권84 열녀전列女傳에는 죽은 나이가 14세로 되어 있는데, 『삼강행실도』에서는 24세로 되어 있다. 『오륜행실도』에서는 다시 14세로 바로잡았다.

황향黃香

- 국적: 한漢
- 생몰 연도: 68년(추정) ~ 122년

자는 문강文强/文彊이다. 9세 때 어머니를 잃고 전심전념으로 아버지를 모셨고, 12세부터 경전을 배워 도술과 문장에 능통하였다. 더운 날에는 잠자리 옆에서 부채질을 하고, 추운 겨울철에는 자신의 체온으로 이불을 데워 드렸다는 이야기가 '선침온금扇枕溫衾'이라는 성어로 전해진다. 84년에 상서랑尚書郞에 임명되었고 92년에는 좌승左丞에, 94년에는 상서령尚書令에 임명되었다. 이후 동군東郡태수, 상서령, 위군魏郡태수, 태위太尉 등을 역임했다.

정란丁蘭

- 국적: 한漢
- 생몰 연도: 미상

하남河南 진주陳州 사람으로, 동한東漢의 효자로 이름이 알려져 있다. 어려서 부모가 돌아가셔서 목각으로 부모의 상을 만들어 살아 계신 때처럼 모셨다는 이야기가 전해진다.

동영董永

- 국적: 촉한蜀漢
- 생몰 연도: 미상

어려서 어머니를 여의고 아버지와 살았는데, 아버지마저 돌아가셨다. 매우 가난하여 부친의 장례를 치루지 못할 처지가 되자 자신의 몸을 담보로 돈을 빌려 장례식을 마쳤다. 하늘의 직녀織女가 그 효심에 감동하여 지상에 내려와 결혼을 청하고, 비단을 짜서 빌린 돈을 대신 갚아 준 뒤 다시 승천하였다. 뒤에 아들인 동굉董宏과 손자 동무董武가 제후가 되었다.

곽거郭巨

- 국적: 한漢
- 생몰 연도: 미상

후한 하서河西 융려隆慮 사람이다. 가난하였으나 효성이 지극하여 아내와 품팔이를 하여 어머니를 봉양했다. 어머니가 식사 때마다 손자에게 음식을 덜어주자 아이를 땅에 묻으려 하였다. 아이를 묻기 위해 땅을 석 자 깊이로 파자 금 한 가마가 들어 있었다는 이야기가 전해진다.

원각元覺

- 국적: 미상
- 생몰 연도: 미상

국적과 생몰 연도 모두 미상이다. 이름이 『삼강행실도』와 『효행록』에는 '원각元覺'으로 되어 있으나, 『효자전』에는 '원곡元慤'이라 되어 있다. 아버지 이름은 원오元梧라는 기록이 있다. 늙고 병든 할아버지를 산에 버리려는 아버지를 깨우친 이야기가 기록되어 있으나 같은 내용의 설화 역시 널리 알려져 있어 실존 인물인지는 확실하지 않다.

맹희孟熙

- 국적: 촉蜀
- 생몰 연도: 미상

집이 몹시 가난하였으나 부모님을 지성으로 모셨다. 부친은 가난하지만 증삼曾參같은 아들 하나를 길렀다고 주위에 자랑하였다. 부친이 죽자 먹지 않고 슬피 우니 몸이 말라 거의 죽게 되었다. 거적을 깔고 살며 3년 동안 장과 소금을 입에 대지 않아 주위 사람들이 그 효성에 감복하였다. 어느날 쥐 한 마리가 땅을 파 들어가는 것을 보고 그 땅을 파 보니 황금 수천 냥이 나와 큰 부자가 되었다.

왕부王裒

- 국적: 위魏
- 생몰 연도: 미상 ~ 311년(추정)

자字는 위원偉元이며 양성陽城 사람이다. 부친 왕의王儀의 상관인 사마소司馬昭가 부친을 부당하게 죽이자, 이를 슬퍼하여 아침저녁으로 눈물을 흘렸다. 결국 나라에서 벼슬을 주려는 것을 거절하고 은거하여 후학을 양성하였다. 이후 낙양洛陽이 함락되었음에도 불구하고 부모의 무덤을 지키다가 죽었다.

맹종孟宗

- 국적: 오吳
- 생몰 연도: 미상

자字는 공무恭武이다. 겨울에 모친이 죽순을 먹고 싶어하자 대숲에서 슬피 울어 죽순을 구해다 드렸다. 모친상 소식을 접했을 때는 금령禁令을 어기고 모친에게 달려갔다. 나중에 이를 자수하였더니 손권이 사형을 면해 주었다고 한다. 맹종의 이야기는 겨울철의 죽순이라는 뜻의 '동순冬筍'이 효를 상징하는 고사로 인용되어 전해진다.

왕상王祥

- 국적: 진晉
- 생몰 연도: 184년 ~ 268년

자字는 휴징休徵이며 낭야琅邪 임기臨沂 사람이다. 자신을 괴롭히는 계모를 위해 겨울에 얼음을 깨어 물고기를 잡으려 하니, 얼음이 저절로 풀리고 두 마리의 잉어가 튀어나와 이를 잡아 봉양하였다. 사예교위司隸校尉, 사공司空, 태위太尉, 태보太保를 거쳐 수릉공雎陵公에 봉해졌다. 왕상의 이야기는 '와빙구리臥冰求鯉', '쌍리어출雙鯉魚出', '왕상득리王祥得鯉', '동어冬漁' 등 효를 상징하는 고사로 인용되어 전해진다.

허자許孜

- 국적: 진晉
- 생몰 연도: 미상

동양東陽 사람으로 예장태수豫章太守 공충孔沖을 스승으로 모시다가 공충이 죽자 삼 년 동안 상을 치뤘다. 이후 부모님이 돌아가시자 이를 매우 슬퍼하며 홀로 무덤을 지어 지켰다.

왕연王延

• 국적: 진晉
• 생몰 연도: 미상 ~ 318년

자字는 연원延元이며 서강西江 사람이다. 계모의 괴롭힘에도 불구하고, 한겨울에 생선을 잡아올 만큼 정성껏 어머니를 섬기며 부모에게 효를 다했다. 상서좌승尙書左丞까지 벼슬하였다가 근준靳準의 난에 순절殉節하였다. 이이李珥의 『격몽요결擊蒙要訣』 사친事親에서도 왕연의 효성을 확인할 수 있다.

반종潘綜

• 국적: 진晉
• 생몰 연도: 미상

송宋의 오흥吳興 사람이다. 손은孫恩의 난에 아버지 반표潘驃와 피난을 가다가 아버지가 힘이 부쳐 도적에게 잡혔다. 도적에게 반종은 자신의 아버지를, 반표는 자신의 아들을 살려 달라고 빌었으나 도적이 반표를 살리려는 반종을 기절시켰다. 도적이 반종의 효성에 감동하여 이들 부자를 죽이지 않았다. 이를 기리어 그 마을의 이름을 순효純孝라고 하였다.

검루黔婁

• 국적: 제齊
• 생몰 연도: 미상

자字는 자정子正이며 신야新野 사람이다. 잔릉孱陵의 현령을 지내다가 갑자기 이상한 기운을 느껴 벼슬을 버리고 집에 가 보니 아버지 유이庾易가 병들어 있었다. 아버지 병의 차도를 알기 위해 똥을 맛보고, 자신이 대신 아프게 해 달라고 북두성에 빌었다.

- 국적: 제齊
- 생몰 연도: 미상

자字는 초량楚梁이며 안문鴈門 사람이다. 어머니의 병을 낫게 해 달라고 하늘에 빌었다. 정공등丁公藤으로 술을 만들어 먹이라는 하늘의 목소리를 듣고 어머니께 술을 만들어 드리니 병이 나았다.

- 국적: 양梁
- 생몰 연도: 미상

자字는 언소彦霄이며 풍익馮翊 사람이다. 아버지가 아전에게 억울하게 체포되자, 열다섯의 길분이 길거리에서 통곡을 하고 등문고를 쳐서 아버지 대신 죽기를 청하니 임금이 그 아버지의 죄를 사하여 주었다. 조선의 『추관지秋官志』 상복부詳覆部 심리審理에서, 다른 대상의 행동이 윤리적 행동임을 강조하기 위한 비교 대상으로 언급되었다.

- 국적: 양梁
- 생몰 연도: 미상

자字는 장경長卿이며 진군陳郡 사람이다. 어머니의 시신을 찾으려고 한겨울에 울면서 식음을 전폐하고 돌아다녔다. 이레 만에 어머니의 시신을 찾아서 울다가 기절하였다.

불녕不佞

- 국적: 양梁
- 생몰 연도: 미상

진군陳郡 사람이다. 불해不害의 아우로 어머니의 죽음 이후 그 시신을 찾지 못해 4년 동안 상을 치르는 듯이 울며 지냈다. 시신을 찾은 후 매 제사 때마다 사흘을 먹지 않고 예를 다하였다.

왕숭王崇

- 국적: 후위後魏
- 생몰 연도: 미상

자字는 건옹乾邕이며 옹구雍丘 사람이다. 어머니와 아버지를 차례로 잃고 몹시 슬퍼하여 빈소를 떠나지 않고 여위어 갔다. 그 효성에 감동한 것인지 바람과 우박이 왕숭의 밭을 피해 갔다고 한다.

효숙孝肅

- 국적: 수隋
- 생몰 연도: 미상

급군汲郡 사람이다. 어머니에게 어릴 때 돌아가신 아버지의 형용을 물어 초상을 만들고 사당에 모셨다. 어머니를 지극히 봉양하다가 어머니의 죽음 이후 조부모와 부모의 무덤 곁에서 사십여 년을 여묘살이하였다.

노조盧操

- 국적: 수隋
- 생몰 연도: 미상

자字는 안절安節이며 하동河東 사람이다. 노조의 계모는 자신의 친 아들들만 사랑하였으나 노조는 계모를 극진히 섬겼다. 계모의 죽음 이후 세 아우들을 가르치며 사랑하였다. 어머니를 잃고 몹시 슬퍼하여 여위었다가 궤연几筵에 부모의 제사를 지내며 부모의 죽음을 슬퍼하였다.

서적徐積

- 국적: 송宋
- 생몰 연도: 1028년 ~ 1103년

자字는 중거仲車이며 초주楚州 산음山陰 사람으로 호원胡瑗의 제자이다. 어머니를 모시기 위해 과거를 치르러 서울로 갈 때 어머니를 수레에 태워 모시고 갔다. 어머니의 죽음에 애통하여 3년 동안 여묘살이를 하였다. 치평治平 4년에 진사로 급제하였으나 중년에 청각장애를 갖게 된 후 외부와의 교유를 단절하였다.

오이吳二

- 국적: 송宋
- 생몰 연도: 미상

임천臨川 사람이다. 하루는 꿈에 신령이 나타나 다음날 벼락에 죽을 것이라고 하니, 어머니를 구해 달라고 빌었다. 다음날 어머니가 놀랄 것을 우려하여, 어머니가 자신을 보지 못하게 문을 닫고 벼락을 기다렸으나 벼락이 내리지 않았다. 그날 밤 꿈에 신령이 다시 나타나 오이의 효성에 감동하여 살려 준 것이라고 하였다.

왕천王薦

• 국적: 원元
• 생몰 연도: 미상

자字는 희현希賢이며 복령福寧 사람이다. 아버지의 병이 심하자 하늘에 아버지 대신 자신의 수명을 줄여달라고 빌었다. 그 효성에 아버지는 12년을 더 살았다. 어머니가 갈증渴症을 앓아 오이를 먹고 싶다고 하자, 겨울에도 오이를 찾아 헤맸다. 한참 찾지 못하다가 문득 바위 사이에서 두 개의 오이를 기적적으로 발견하고 어머니께 드렸다.

유씨劉氏

• 국적: 명明
• 생몰 연도: 미상

진정眞定 사람이며 한태초韓太初의 아내이다. 시어머니 영씨寗氏가 병이 나자 자신의 피를 약에 타 드리고, 시어머니의 몸이 썩어 구더기가 생기자 구더기를 입으로 빨아냈다. 병을 낫게 하기 위해 자신의 손가락과 다리살을 베어 죽에 타 드리며 시어머니를 극진히 섬겼다.

최루백崔婁伯

• 국적: 고려高麗
• 생몰 연도: 미상 ~ 1205년

본관은 수원水原이며 최상저崔尙翥의 아들이다. 아버지가 호랑이에게 죽임을 당하자 아버지의 원수를 갚기 위해 도끼로 호랑이를 죽였다. 최루백의 효성에 관한 이야기는 『고려사』, 『고려사절요』, 『신증동국 여지승람』에도 나타난다. 과거 급제하여 기거사인起居舍人에 올랐으며 왕의 국정 자문에 참여하다가 후에 한림학사를 역임하였다. 경기도 화성시에 최루백 효자각이 있다.

김자강金自强

- 국적: 조선朝鮮
- 생몰 연도: 미상

성주星州 사람이다. 어머니가 죽자 삼 년 동안 여묘살이를 하였고, 어머니의 상을 마친 다음 다시 아버지를 위해 삼 년을 여묘살이하려 하니 처가 사람들이 이를 막으려 여막을 불살랐다. 이에 자강이 통곡하며 무덤 옆에서 사흘 동안 엎드려 일어나지 않자 인척들이 다시 여막을 지어 주었다. 자강은 아버지를 위해 삼 년을 다시 여묘살이하였다.

유석진兪石珎

- 국적: 조선朝鮮
- 생몰 연도: 1378년 ~ 1439년

본관은 기계杞溪이며 고산현高山縣(현 전라북도 소재)의 아전이었다. 아버지 유천을兪天乙의 병이 깊어 밤낮으로 아버지를 봉양하였다. 사람들이 산 사람의 뼈를 피에 타서 마시면 병이 낫는다고 말하자 자신의 왼손 약지를 잘라 아버지께 드리자 아버지의 병이 나았다. 전라북도 완주군 읍내리에 유석진 정려각이 있다.

윤은보尹殷保

- 국적: 조선朝鮮
- 생몰 연도: 미상

본관은 파평坡平이며 호는 절효節孝이다. 지례현知禮縣(현 김천 소재) 사람이다. 서즐徐騭과 함께 스승 장지도張志道를 극진히 섬겼다. 장지도가 죽자 윤은보와 서즐이 여묘살이를 하였다. 『세종실록』, 『신증동국여지승람』 등에서도 윤은보의 기록을 찾을 수 있다. 경상북도 김천시에 윤은보와 서즐의 정려각이 있다.

일러두기

- 본서는 언해본『삼강행실도』효자도의 그림과 언해문의 정본 입력본을 제시하고, 언해문을 현대어역한 뒤 주석을 붙인 책이다.
- 본서의 역주편은 총 35개의 이야기에 대하여 각각 4개의 부분으로 구성된다. 4개 부분은 [그림부], [언해문부], [한문부], [텍스트 정보]로 구분된다.

(가) 그림부

1 그림

- 고려대 소장의 한문본『삼강행실도』(만송 296B)를 이용하였다. 런던본『삼강행실도』와 김영중본『삼강행실도』에 비해 한문과 그림이 선명하고 필획도 정밀하기 때문이다.
- 단, 한문본에서 낙장된 35번째 이야기 <은보감오>의 경우, 런던본『삼강행실도』의 그림으로 교체하되 다른 이야기와 바탕색을 맞추었다.
- 그림의 각 장면이 이야기의 순서대로 이해될 수 있도록, 그림의 우측 하단에 번호를 붙여 순서를 제시하였다.

 ⇨

2 현대어역

- 4자의 한자로 된 본래 제목을 인물에 초점을 둔 현대어 제목으로 바꾸고 인물의 국적을 명시하였다. [예] 홑옷 입은 민손_노나라
- 언해문과 한문 원문을 참고하여 한 편의 이야기로 자연스럽게 읽히도록 구성하였다. 언해문과 한문 원문의 내용이 일치하지 않는 경우에는 언해문의 내용을 우선하였다.
- 그림을 장면별로 분절하여 현대어역과 함께 배치하였다.
- 한자어 혹은 낯선 단어는 위 첨자로 한자 혹은 그 의미를 제시하였다.

(나) 언해문부

❸ 영인본

- 런던본 『삼강행실도』를 사용하였다.

❹ 언해문

- 기본적으로 본서 Ⅲ장에 제시한 정본을 기반으로 한다.
- 정본과 런던본의 영인본을 대조하여, 다음의 경우에 언해문의 글자나 방점을 붉은색으로 표시하였다.
  1) 영인본에서 글자나 방점이 명확히 보이지 않는 경우
  2) 영인본에서 글자나 방점이 명백히 오류라고 판단되어 수정한 경우 (성조를 평성으로 교정한 경우에는 방점 위치에 붉은 블록 표시(█)를 하였다.)
- 언해문에서 쌍행雙行의 소자小字로 등장하는 협주는 【 】 안에 제시하였다.
- 언해문의 띄어쓰기는 현대국어의 한글맞춤법에 따르되, 중세국어의 특수성을 고려하여 띄어쓰기하였다.
- 언해문과 관련해 특별히 설명이 필요한 경우에는 각주를 이용하였다.

❺ 대역문

- 대역문은 언해문을 현대적 표기와 언어로 옮긴 것이다.
- 언해문을 현대어 표기로 옮기되 기본적으로 축자역을 지향하였다.
- 대화문에는 큰따옴표를 사용하였다.
- 협주에 대한 대역문은 【 】 안에 제시하였다.
- 필요한 경우 생략된 문장성분을 ( ) 안에 제시하였다.

❻ 주석

- 언해문에서 설명이 필요한 어휘 혹은 구절을 대상으로 하였다.
- 주석 하단의 ⇢ 기호는 공통 주석 항목으로 안내하는 것이다. 공통 주석은 언해본 『삼강행실도』에 반복적으로 나타나는 표기·음운, 문법, 어휘적 특징을 주제별로 자세히 설명한 것이다. 별책인 『언해본 『삼강행실도』로 익히는 중세국어v1.0』에서 해당 항목의 내용을 확인할 수 있다.

- 일반 주석에서 명사, 부사, 관형사는 각각 명, 뿐, 관 기호를 제시하였다.
- 일반 주석에서 활용이나 곡용을 포함한 어절을 주석할 경우 형태소 분석을 제시하였다.
- 형태소 분석에서 사용할 용어는 다음과 같이 통일하였다.

어 미	종결어미, 관형사형어미, 명사형어미, 연결어미, 선어말어미
조 사	주격조사, 목적격조사, 부사격조사, 관형격조사, 호격조사, 보조사, 접속조사
기 타	계사, 의존명사

- 형태소 분석 시 기호는 아래와 같이 통일하였다.

   [ ]   : 어휘 형태소의 의미에 대응하는 한자를 제시할 때

   { }   : 형태소를 형태와 대조하여 표시할 때

   〚 〛   : 형태를 형태소와 대조하여 표시할 때

   ≪ ≫   : 형태소의 의미기능을 표시할 때

   " "   : 형태의 의미를 설명할 때

   ←   : 이형태 관계를 표시할 때

   ⋯   : 이표기 관계를 표시할 때

   !   : 불규칙 활용 어간을 규칙 활용 어간과 대조하여 표시할 때

- 매개모음 'ᄋ/ᄋ'가 개재되거나 양성모음형과 음성모음형의 교체인 경우에는 특별히 이형태 관계(←)를 표시하지 않았다.

(다) 한문부

- 한문 원문, 한문의 현대역, 시·찬, 시·찬의 현대역으로 구성하였다.
- 시·찬은 구句와 연聯을 구별하여 실었다.
- 한문본 및 시·찬의 현대역은 주로 동방미디어(http://www.koreaa2z.com/)에서 제공하는 세종대왕기념사업회(1982)의 번역문을 참조하였다.

(라) 텍스트 정보

- 『효순사실孝順事實』, 『효행록孝行錄』 등 『삼강행실도』의 간행에 저본이 된 것으로 추정되는 문헌에 대한 텍스트 정보를 제시하였다.
- 『삼강행실도』의 원문이 저본의 원문과 달라진 경우에는 교정부호를 사용하여 달라진 내용을 표시하였다.
- 이야기를 이해하는 데에 도움이 되는 배경 정보를 '이야기 속으로'라는 제목으로 제시하기도 하였다.

閔損單衣민손단의 魯노

홑옷 입은 민손_노나라

민손閔損의 계모는 민손을 미워하여 두 친아들의 옷은 솜을 넣어 만들고 민손의 옷은 갈품꽃이 채 피지 않은 갈대의 이삭을 넣어 만들었다.

어느 겨울날 아버지가 민손에게 수레를 몰게 했는데 민손이 추워서 그만 말고삐를 놓치고 말았다. 이로 인해 아버지가 그동안의 사정을 알게 되어 그 계모를 내치려고 했다.

민손이 무릎을 꿇고 아버지에게 말했다.

"어머니가 있으면 한 아들이 춥지만, 없으면 세 아들이 추울 것입니다."

아버지가 민손의 말이 옳다고 여겨 계모를 내치지 않았다. 이에 감동한 계모도 자신의 잘못을 뉘우치고 민손에게 자애로운 어머니가 되었다.

[언해문]

閔:민損:손이 ❶다·솜·어·미 ❷損:손이·룰 ❸믜·여 제 ❹아·돌·란 소옴 ❺·두어
주·고 閔:민損:손이·란 ❻·골·품 ·두어 ·주어·늘 ❼·치·벼 ❽·물·셕·슬 노하 ㅂ
·린·대 아·비 :알·오 다·솜·어·미·를 ❾:내툐·려 커·늘 閔:민損:손·이 ·꾸·러
❿솔·보·디 ·어·미 이시·면 혼 아·두·리 ⓫·치ᄫ·려·니·와 :업스·면 :세 아·두·리
⓬·치ᄫ·리이·다 아·비 ⓭·올·히 너·겨 아·니 :내·틴·대 ·어미·도2 ⓮도·루·혀 ⓯:뉘
으·처 ⓰·어엿·비 너·기더·라 (효자도 1a)

[대역문]

閔損의 계모가 損이를 미워하여 제 아들은 솜 두어 주고 閔損이는 갈품 두어 주거늘 추워 말고삐를 놓아 버리니 아비가 알고 계모를 내치려 하거늘 閔損이 꿇어 사뢰되 "어미가 있으면 한 아들이 추우려니와 없으면 세 아들이 추울 것입니다." 아비가 옳이 여겨 아니 내치니 어미도 돌이켜 뉘우쳐 자애로이 여기더라.

1 　志部昭平(1990:20)의 교주 12)에서는 성암본의 경우 '아비'의 '비'와 '내툐려'의 '툐'가 서로 뒤바뀌어 각각 '아툐'와 '내비려'와 같이 되어 있음을 언급하고 있다. 이것은 난상에 새겨진 언행문의 6행과 7행의 첫 글자가 서로 뒤바뀐 것인데, 런던본에서는 이러한 뒤바뀜이 나타나지 않는다.

2 　志部昭平(1990:21)의 교주 24)에서는 성암본의 경우 '어미도'의 '도' 부분이 판목(版木)에 매목(埋木)하여 새긴 것처럼 보이며 'ꄘ'와 같이 'ㄷ'의 좌우가 바뀌어 있음을 언급하고 있다. 런던본에서는 덧칠한 느낌의 '도'로 보인다.

[주석]

❶ 다슴어미   🅟 계모(繼母). '다슴'은 "다시하다"의 의미를 갖는 동사 '*닷다'로부터 파생된 명사 '다슴'에 '어미'가 결합된 단어로 볼 수 있다. 이때 합성어 '다슴어미'의 성조를 [LHHH]로 파악했는데, '다슴[LH]'와 '어미[HH]'가 각각 음운론적 단어를 형성하므로 '다슴어미'에는 '거성불연삼'의 성조 규칙이 적용되지 않았다. 더불어 6행의 '다슴어미를'에서 '어미를'은 율동규칙에 의해 본래 성조인 [HHH]가 [HLH]로 나타나므로 '다슴어미를' 전체는 [LHHLH]의 성조를 보인다.
    ⇒ [어휘] 09_'다슴어미'

❷ 損이룰   손(損)이를. 損이 + 룰(목적격조사). 이때 '損이'의 '-이'는 인칭접미사로 자음으로 끝나는 사람의 이름 뒤에 붙는다는 특징이 있다. 현대국어에서 '영철이, 갑순이, 종국이' 등에 나타나는 접미사 '-이'는 어조를 고르며 보다 친숙한 느낌을 갖도록 해 준다. 중세국어의 접미사 '-이' 역시 어조를 고르는 기능은 있지만, 친숙한 느낌을 갖도록 해 주는지에 대해서는 알 수 없다.

❸ 믜여   미워하여. 믜-[嫉] + -여(←-어, 연결어미). 동사 '믜다'에서 파생된 형용사 '뮙다'가 오늘날 '밉다'로 변화했다. 이 형용사 어간 '뮙-'에 '-어하다'가 결합한 '미뷔ᄒᆞ다'가 현대국어의 동사 '미워하다'로 남았다. 중세국어에서는 '믜다'와 같이 단독으로 심리 구문을 형성하는 동사가 있었으며, 이와 같은 심리 동사로는 '깄다[喜]', '슳다[悲]', '두리다[怖]' 등이 있다.
    ⇒ [문법] 06_심리 동사와 심리 형용사

❹ 아ᄃᆞ란   아들은. 아ᄃᆞᆯ + 란(보조사). 보조사 '란'은 선행 체언의 형태에 따라 '으란, ᄋᆞ란, 런'과 같은 형태로도 나타났다.
    ⇒ [문법] 16_보조사_중세국어의 보조사 {ᄋᆞ란}

❺ 두어   두어. 넣어. 두-[置] + -어(연결어미). 이때 '두다'는 이부자리나 옷 따위에 솜 따위를 넣는 것을 뜻한다.

❻ 굴품   🅟 갈품. 꽃이 채 피지 않은 갈대의 이삭.

❼ 치버   추워. 칩-[寒] + -어(연결어미). 현대국어의 '춥다'에 대응하는 중세국어 형용사는 '칩다'이다. '칩다'의 'ㅂ'은 15세기 중엽에 반모음 '오/우[w]'로 변하며, '칩다'의 파생명사인 '치븨'가 '치븨 〉 치뷔 〉 치위'를 거쳐 오늘날 '추위'로 남아 있다. '덥다'의 파생명사 '*더븨'도 '*더븨 〉 더뷔 〉 더위'의 유사한 변화를 겪었다.
    ⇒ [표기] 05_'ㅸ' 표기

❽ ᄆᆞᆯ셗을   말혁을. 말고삐를. ᄆᆞᆯ셗[靮] + 을(목적격조사). 'ᄆᆞᆯ셗'은 'ᄆᆞᆯ[馬]'과 '셗[轡]'이 결합된 합성명사이다. 이때 '셗'은 오늘날 '말혁'(말안장 양쪽에 장식으로 늘어드린 고삐)의 '혁'으로 이어진다고 생각된다. 이를 고려할 때 현대국어 사전에서 '말혁'의 '혁'을 한자 '革'으로 파악하는 것은 재고의 여지가 있다.
    ⇒ [표기] 02_겹받침 표기

❾ 내툐려　　내치려. 내티-[遣] + -오려(연결어미). '내티다'는 두 동사 '내다[出]'와 '티다[擊]'의 어간이 직접 결합되어 만들어진 이른바 비통사적 합성동사이다.
➡ [문법] 07_비통사적 합성어

❿ 슬보디　　사뢰되. 슳-[白] + -오디(연결어미). 동사 '슳다'는 "말하다"의 뜻을 갖는다는 점에서 '니르다', '곧다' 등과 기본적인 의미는 같지만, 청자가 웃어른이나 상위자일 때 쓰인다는 점에서 차이가 있다. 오늘날의 '사뢰다'는 '슳다〉슬오다〉슬외다〉사뢰다'와 같이 '슳다'로부터 변화된 어형임을 알 수 있다.
➡ [문법] 19_선어말어미 {-슬-}

⓫ 치브려니와　　추우려니와. 칩-[寒] + -으리-(선어말어미) + -어니와(연결어미). '-어니와'는 '-거니와'에서 '-리-' 뒤의 /ㄱ/이 탈락해 만들어진 형태이다. /ㄱ/이 탈락된 경우 선행 음절과 축약되지 않는 것이 일반적이지만, '치브려니와'에서는 예외적으로 '리'와 '어'가 만나 음절 축약이 일어났다.
➡ [표기] 05_'ㅸ' 표기
➡ [음운] 04_/ㄱ/ 탈락
➡ [문법] 21_선어말어미 {-거-}

⓬ 치브리이다　　추울 것입니다. 칩-[寒] + -으리-(선어말어미) + -이-(선어말어미) + -다(종결어미). '-이-'는 상대 높임의 기능을 하는 선어말어미이다. 여기에서는 화자인 '민손'이 청자인 '아버지'를 높이고 있으므로 '-이-'가 사용되었다.
➡ [문법] 33_높임 표현

⓭ 올히　　⟨부⟩ 옳이. 옳게. 형용사 '옳다[善]'에서 파생된 부사이다.
➡ [문법] 10_부사 파생 접미사

⓮ 도로혀　　돌이켜. 도로혀-[返]+ -어(연결어미). 이때 '도로혀'는 "자신의 잘못을 돌이켜" 정도의 의미로 이해된다. 실제로 '도로혀'는 "도리어"의 의미를 갖는 어간형 부사로도 쓰였는데, 여기에서는 문맥상 동사 '도로혀다'의 활용형으로 보는 것이 좋을 듯하다. 활용형 '도로혀'와 어간형 부사 '도로혀'는 성조가 모두 [LLH]로 동일하다.

⓯ 뉘으쳐　　뉘우쳐. 뉘읓-[悔] + -어(연결어미). '뉘읓다'는 '뉘웇다〉뉘읓다'의 변화를 겪어 16세기에는 '뉘읓다'와 '뉘웇다'가 함께 사용되었다. 어간 '뉘읓-/뉘웇-'에 매개모음을 가진 어미들이 결합되며 재구조화된 어간 형태가 '뉘으츠-/뉘우츠-'이다. 여기에 19세기에 있었던 'ㅊ' 아래 'ㅡ〉ㅣ'의 변화로 인해 오늘날의 '뉘우치다'가 만들어졌다.

⓰ 어엿비 너기더라　　자애로이 여기더라. 어엿비 # 너기- + -더-(선어말어미) + -라(←-다, 종결어미). '어엿비'는 형용사 '어엿브다[憐]'에서 파생된 부사이다. 이 부분이 한문 원문의 '遂成慈母'와 대응되고 있다는 점을 고려할 때, 여기에서의 '어엿비'는 그 의미를 "불쌍히"가 아닌 "자애로이"로 파악하는 것이 적절하다. 참고로 〈신증유합(1576) 下:3a〉에서도 '慈'를 '어엿비 너길 조'로 풀이하였다.
➡ [문법] 10_부사 파생 접미사

閔損。孔子弟子。早喪母。父娶後妻生二子。母嫉損。所生子衣綿絮。衣損以蘆花絮。父
冬月令損御車。體寒失靷。父察知之。欲遣後妻。損啓父曰。母在一子寒。母去三子單。
父善其言而止。母亦感悔。遂成慈母

민손(閔損)은 공자(孔子)의 제자이다. 어머니가 죽고 아버지가 후처를 얻어 두 아들을 낳았는
데, 계모가 민손을 미워하여, 자기가 낳은 아들에게는 솜을 둔 옷을 입히고 민손에게는 갈대꽃
을 둔 옷을 입혔다. 아버지가 겨울철에 민손을 시켜 수레를 몰게 하였더니, 민손이 몸이 추워서
손에 잡은 가슴걸이를 놓쳤으므로 아버지가 살펴서 사실을 알아내고 후처를 내치려 하였다.
민손이 아버지에게 아뢰기를, "어머니가 있으면 한 아들이 춥고, 어머니가 나가면 세 아들이
추울 것입니다." 하니, 아버지가 그 말을 옳게 여겨 그만두었는데, 계모도 감동되어 뉘우쳐서
드디어 인자한 어머니가 되었다.

詩 身衣蘆花不禦寒。隆冬寧使一身單。
因將好語回嚴父。子得團圞母得安
孝哉閔損世稱賢。德行由來萬古傳。
繼母一朝能感悟。從茲慈愛意無偏

갈대꽃 둔 옷으로 추위 막지 못하나, 한겨울에 차라리 내 한 몸만 춥겠네.
좋은 말로 아버지의 마음 돌리니, 아들이 화합하고 어머니도 편안했네.
효성스런 민손을 어질다고 일컬어, 유래한 덕행이 만고에 전하네.
계모가 하루아침에 감동하고 깨달아, 이때부터 인자하여 치우치지 않았네.

贊 後母不慈。獨厚己兒。弟溫兄凍。蘆絮非綿。父將逐母。跪白于前。母今在此。一子獨
寒。若令母去。三子俱單。父感而止。孝乎閔子

계모가 인자하지 않아 제 아들만 후하게 하니, 아우는 따뜻하되 형이 추운 것은 솜이 아닌
갈대꽃을 둔 탓이라. 아버지가 어머니를 쫓아내려 하니, 앞에 나가 아버지께 아뢰었도다.
어머니가 있으면 한 아들 춥고, 어머니가 떠나면 세 아들이 춥습니다. 아버지가 감동하여
쫓아내지 않았으니, 효성스럽도다 민자(閔子)여!

[텍스트 정보]

__『효순사실』의 본문과 시, 『효행록』의 전찬이 실렸다.
__『삼강행실도』의 한문 원문은 『효순사실』의 본문으로부터 다음과 같이 달라졌다.
閔損**字子騫。** 孔子弟子。早喪母。父娶後妻生二子。母嫉損。所生子衣綿絮。衣損以
蘆花絮。父冬月令損御車。體寒失靷。父察知之。欲遣後妻。損啓父曰。母在一子寒。
母去三子單。父善其言而止。母亦感悔。遂成慈母。
__『삼강행실도』의 시는 『효순사실』에서 '又'로 연결되어 있는 두 수의 7언시를 격간(隔間)의

형식을 사용해 옮겨 놓았다.

__ 한문 원문의 '損啓父曰'은 '閔損이 꾸러 슬ᄫᅩ디'로 언해되었는데, 이때 '啓'는 '跪'와 통용되는 글자라는 점(啓 跪也 〈爾雅〉)에서 이것이 '꾸러'로 언해된 것을 이해할 수 있다. 찬(贊)에서 이 부분이 '跪白于前'으로 표현되어 있음도 참고할 수 있다.

__ '母'에 대해 '어미'가 아닌 '다숨어미'로 언해한 것은 『효순사실』과 더불어 『효행록』(後母衣其二子以綿疾損衣以蘆花絮)도 함께 참고해 언해하였기 때문이다.

__ 언해문은 한문 원문 및 원전들은 물론이고 그림까지도 고려하여 만들어진 것임을 알 수 있다.

(가) 〈父冬月令損御車。〉 體寒失靷。(『효순사실』)
　　　〈　　〉 치ᄫᅥ 믈셕슬 노하 ᄇᆞ린대(①민손단의)
(나) 父冬日令損御車 體寒失靷 【直引切引車皮】(『효행록』)
(다) 父令損御車。【御推車】 體寒失靷 【靷牽車索損因衣薄體寒忽墜失靷索】(일기고사계 『이십사효도』)

(가)의 언해문은 한문의 '父冬月令損御車。(아버지가 겨울에 민손이를 시켜 수레를 끌게 했다)'를 생략하고 '靷'을 '믈셕'으로 언해하였다. 언해문을 보는 대부분의 사람은 비교 대상이 없기 때문에 '靷'을 '믈셕'으로 언해한 것을 이상하게 여기지 않을 것이다. 그런데 언해문에서 생략된 부분은 관점에 따라 '민손이가 직접 수레를 끄는 것'으로 읽힐 수도 있다. 이러한 해석에 따르면 '御車'는 '말이 끄는 수레'가 아니므로 '靷'은 '믈셕'이 아니게 된다. (나, 다)의 '靷'에 대한 협주를 보더라도 '引車皮, 牽車索'이라고 하여 단순히 수레를 끄는 가죽으로만 풀이하지 '牽馬'와 같이 말과 직접적으로 관련시켜 풀이하고 있지 않다. 이것은 『이십사효도』의 그림을 통해서 보다 분명히 '人力車'를 생각하였음을 확인하게 된다.

『이십사효도』의 이본들　　　　　　　　≪효자도≫ ①민손단의(런던본)

위의 그림을 보면 『이십사효도』에서는 민손이 직접 수레를 끄는 장면을 그리고 있다. 반면에 ≪효자도≫에서는 말을 몰고 가는 그림을 보여 주고 있어서 문장의 해석에서 확연한 차이를 보인다. 우리는 이러한 두드러진 그림 차이를 통해서 '믈셕'이 단순히 '靷'의 의미만이 아니라 ≪효자도≫의 그림까지도 고려하여 언해된 것임을 알게 된다.

子路負米^{자로부미} 魯^노

쌀을 진 자로_노나라

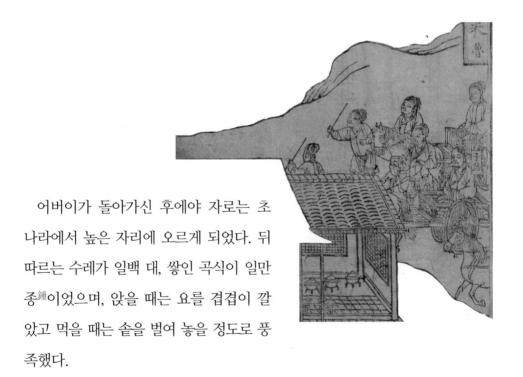

공자의 제자인 자로^{子路}는 매우 가난했다. 자신은 명아주와 팥잎만으로 배를 채우면서도 어버이를 위해서는 백 리 밖에서 쌀을 지고 왔다.

어버이가 돌아가신 후에야 자로는 초나라에서 높은 자리에 오르게 되었다. 뒤따르는 수레가 일백 대, 쌓인 곡식이 일만 종^鍾이었으며, 앉을 때는 요를 겹겹이 깔았고 먹을 때는 솥을 벌여 놓을 정도로 풍족했다.

자로가 한숨지으며 말했다.

"명아주와 팥잎을 먹으며 어버이 위해 쌀을
지려 해도 할 수가 없게 되었구나."

공자가 이 말을 듣고 이르셨다.

"자로는 어버이가 살아 계실 때는 힘껏 효도하고, 돌아가신 후에는 못내
그리워하는구나."

子:ㅈ路·로ㅣ 艱간難난ᄒᆞ·야 ❶·도·티·ᄋᆞ·랏·과 ❷·픗·닙·과3 ❸:쑨 ·ᄒᆞ·야 ·밥
먹·더·니 어버·시 爲·위·ᄒᆞ·야 百·빅 里:리 밧·긔 ·가아 ·ᄡᆞᆯ ·지·여 ·오더·라【三
삼百·빅 步·뽀ㅣ 혼 里:리·니 百·빅 里:리·ᄂᆞᆫ ·온 里·라·라】어버·시 ❹:업·거늘·사 노·피
두외·야 조·ᄎᆞᆫ 술·위 一·힗百·빅·이·며 穀·곡食·씩·을 ❺萬·먼鍾죵·울 싸ᄒᆞ·며
❻쇼·홀 ❼·포 ❽·셜·오 안ᄌᆞ·며 소·톨 ❾:버·려 먹·더·니 ❿·한·숨디·허4 닐·오·ᄃᆡ
·도·티·ᄋᆞ·랏·과 ·픗·닙·과 먹·고 어버·시 爲·위·ᄒᆞ·야 ·ᄡᆞᆯ :쥬·려 ·ᄒᆞ야·도 :몯
·ᄒᆞ·리로·다 孔·콩子:ㅈ ㅣ 드르·시·고 니ᄅᆞ·샤·ᄃᆡ ⓫子:ㅈ路·로 (효자도 2a)

[대역문]

子路(자로)가 艱難(간난)하여 명아주와 팥잎만 하여 밥 먹더니 어버이 爲(위)하여 百里(백리) 밖에 가 쌀 지어 오더라.【三百(삼백)
步(보)가 한 里(리)니 百里(백리)는 일백 里(리)이다】어버이 없고서야 높이 되어 좋은 수레가 一百(일백)이며 穀食(곡식)을 萬鍾(만종)을
쌓으며 요를 거듭하여 깔고 앉으며 솥을 벌여 먹더니 한숨지어 이르되 "명아주와 팥잎 먹고 어버이 爲(위)하여
쌀을 지려 하여도 못 하겠도다." 공자가 들으시고 이르시되 "子路(자로)

---

3   런던본에서 '픗닙과'는 그 성조가 [HHL]으로 나타나 있다. 志部昭平(1990:23)에서 '픗 닙과 쑨'으로
     된 부분은 그 성조가 [H HL R]으로 제시되어 있다. 두 경우 모두 접속조사 '과'의 성조가 평성으로
     되어 있지만, 이는 거성으로 교정하는 것이 올바른 것으로 보인다. 이럴 경우 '픗닙과'의 성조가 [HHH]가
     되는데, '픗닙'이 합성어이므로 여기에는 거성불연삼의 성조 규칙이 적용되지 않는다.

4   志部昭平(1990:24)의 교주 12)에서는 성암본의 경우 이 부분이 '디·혀'로 되어 있음을 언급하고 있다.

[언해문]

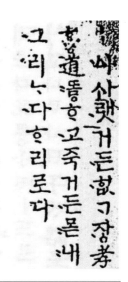

ㅣ·사 ⑬·사·랫거·든 ⑭·힘 ㄱ·장⁵ 孝·흉道:똙ᄒ·고 죽거·든 :몯·내 ·그·리ᄂ·다
⑮ᄒ·리로·다 (효자도 2b)

[대역문]

야말로 (어버이가) ·살아있거든 힘껏 <ruby>孝<rt>효</rt></ruby><ruby>道<rt>도</rt></ruby>하고 (어버이가) 죽었거든 못내 (어버이를) 그리워한다 할 사람이
다.”

[주석]

❶ 도퇴ᄋ·랏과

명아주와. 도퇴ᄋ·랏[藜] + 과(접속조사). '도퇴ᄋ·랏'은 다른
문헌들에 '도투랓(랏), 도트랏' 등으로 나타는데, 단어의 구
성상 '돝[猪] + 이 # ᄋ·랏'으로 파악해 봄직한데, 'ᄋ·랏'의
정체를 규명하기가 쉽지 않다. 참고로 명아주는 우리나라,
일본, 만주 등지에 분포하는 한해살이풀로, 어린순은 나물로
먹고 생즙은 치료제로 쓰인다.

〈표준국어대사전〉

---

5   志部昭平(1990:26)의 교주 19)에서는 성암본의 경우 이 부분이 '·힘 ㄱ·쟝'으로 되어 있음을 언급하고
     있다.

❷ 픗닙과
팟잎만. 픗닙[藿] + 과(접속조사). 이때 '과'는 중세국어의 명사구 접속 형식인 'A와/과 B(와/과)'에서 B 뒤에 사용된 접속조사에 해당한다.
⟶ [문법] 17_접속조사

❸ 쑨
명 뿐. 중세국어의 '쑨'은 현대국어의 '뿐'으로 발달했는데, 현대국어 '뿐'이 의존명사(할 뿐)와 보조사(너뿐이다)의 용법을 모두 지닌 것과 같이 중세국어의 '쑨'도 그와 같은 성격을 지닌 것으로 보인다. 다만 '쑨'의 'ㅅ'이 'ㅼ롬, ㅼ장' 등의 'ㅅ'과 더불어 명사와 명사 사이에서 쓰인 관형격조사에 그 기원을 두고 있는 것으로 생각되며, 관형사형 뒤에서 수식을 받는 것은 물론 대격조사와 통합되는 모습이 나타난다는 점에서 의존명사의 특성이 강했던 것으로 보인다.
⟶ [문법] 02_의존명사

❹ 업거늘사
없고서야. 죽고서야. 업-(← 없-)[歿] + -거늘(연결어미) + 사(보조사). 이때 '없다'는 동사적으로 쓰여 "죽다"의 의미를 지닌 것으로 볼 수 있으며, 보조사 '사'는 ≪계기≫의 의미를 지닌 것으로 파악해 볼 수 있다.
⟶ [표기] 06_'ㅿ' 표기
⟶ [어휘] 31_'없다[死]'
⟶ [문법] 16_보조사_중세국어의 보조사 {사}

❺ 萬鍾올
1만 종(鍾)을. 萬鍾 + 올(목적격조사). 종(鍾)은 용량 단위로 보통 1종(鍾)은 6곡(斛) 4두(斗), 즉 6섬 4말을 말하는데 종(鍾)의 용량에 대해 8곡, 10곡 등 여러 설이 존재한다. 1섬은 180ℓ, 1말은 18ℓ라고 볼 때 1종(鍾)을 6섬 4말로 계산하면 이는 1152ℓ의 양에 해당한다.

❻ 쇼ᅙ올
요를. 쇼ᅙ[褥] + 올(목적격조사). '쇼ᅙ'는 'ᅙ'을 보유한 체언으로 k-입성(入聲)을 지닌 '褥'의 한자음이 변화되어 형성된 것으로 추정된다. 즉 'k〉h' 변화의 결과로 'ᅙ' 보유 한자어 '쇼ᅙ'이 나타나게 되었다고 볼 수 있다.
⟶ [어휘] 41_'ᅙ' 보유 체언

❼ 포
부 거듭[累]. "거듭하다"의 의미를 지닌 동사 '푸-'에 부사 파생 접미사 '-오'가 결합해 만들어진 부사이다.
⟶ [문법] 10_부사 파생 접미사

❽ 실오
깔고. 실-[布] + -오(← -고, 연결어미). 이때 '-오'는 형태소 경계를 사이로 /ㄹ/ 뒤에서 /ㄱ/이 탈락한 형태이다. 15세기 공시적 현상인 /ㄱ/ 탈락은 형태소 경계를 전제로 음운론적 조건(선행 요소가 /ㄹ/이나 활음 /j/) 또는 형태론적 조건(계사 뒤)을 지닌 형태음운 현상으로 파악될 수 있다.
⟶ [표기] 04_특수 분철 표기
⟶ [음운] 04_/ㄱ/ 탈락

❾ 버려
벌여. 버리-[設] + -어(연결어미). 이때 '버리다'는 "늘어서다"의 의미를 지닌 자동사 '벌다'로부터 파생된 타동사로서 어간의 표기 형태가 '벌이-'가 아닌 '버리-'로 나타난 점이 주목된다.

⟶ [문법] 32_사동 표현

⑩ 한숨디허　　한숨지어. 한숨딯-[歎] + -어(연결어미). 이때 ‘한숨’은 “크다, 많다”의 의미를 지닌 형용사 ‘하다’[大, 多]에서 만들어졌다. ‘딯다’는 중세국어의 ‘지ᇫ다, 짛다’와 더불어 그 의미 및 용법이 논의될 수 있다.

⟶ [어휘] 11_‘딯다, 지ᇫ다, 짛다’

⑪ 쥬려　　지려. 지-[負] + -우려(연결어미). 이때 연결어미 ‘-우려’는 중세국어에서 ‘오/우’를 선접하는 어미에 해당한다.

⟶ [문법] 20_선어말어미 {-오-}

⑫ 子路ㅣᅀᅡ　　자로야말로. 子路 + ㅣ-(계사) + -ᅀᅡ(연결어미). 이때 ‘-ᅀᅡ’를 보조사가 아닌 연결어미로 볼 수 있다. 이현희(1995:545-546)에서는 ‘ㅣᅀᅡ’를 주격조사와 보조사의 결합이 아닌 계사와 연결어미의 결합으로 보았다. 그 근거로 구결 ‘-ㅣᅀᅡ’에 대응하는 언해문의 ‘-이라ᅀᅡ’, 고려시대 석독구결 자료 『구역인왕경(舊譯仁王經)』의 ‘リ ニ シ’(이시사)를 들었는데, 이들은 각각 계사에 어말어미와 선어말어미가 결합된 모습을 보여 준다.

⟶ [표기] 06_‘ㅿ’ 표기

⟶ [문법] 16_보조사_중세국어의 보조사 {ᅀᅡ}

⑬ 사랫거든　　살아 있거든. 살아 있을 때에는. 살-[生] + -아(연결어미) # 잇-[有] + -거든(연결어미). 이때 ‘-아 잇-’은 ≪상태지속≫의 의미를, ‘-거든’의 경우는 ≪조건≫의 의미를 나타내는 것으로 이해된다.

⟶ [문법] 30_‘-어 잇-, -엣-, -엇-’의 상적 의미

⟶ [문법] 22_연결어미 {-거든}, {-거늘}

⑭ 히ᇝ ᄀᆞ장　　힘껏. 힘[力] + ㅅ(관형격조사) # ᄀᆞ장(의존명사). 이때 ‘ㅅ’은 ‘ᄭᆞ장’과 같이 다음 음절의 초성에도 표기될 수 있었다.

⟶ [음운] 01_경음화

⟶ [문법] 02_의존명사

⑮ ᄒᆞ리로다　　할 사람이도다. ᄒᆞ-[爲] + -ㄹ(관형사형어미) # 이(의존명사) + ∅(계사) + -로-(← -도-, 선어말어미) + -다(종결어미). 이때 관형사형어미 ‘-ㄹ’은 사람을 뜻하는 의존명사 ‘이’를 수식하고 있는데, 미래시제와는 무관하게 시제 중립적인 특징을 보여 준다.

[한문 원문 및 시찬]

子路。姓仲。名由。孔子弟子。事親至孝。家貧。食藜藿之食。爲親負米於百里之外。親歿之後。南遊於楚。從車百乘。積粟萬鍾。累裀而坐。列鼎而食。乃歎曰。雖欲食藜藿之食。爲親負米。不可得也。孔子聞之曰。由也可謂生事盡力。死事盡思者也

자로(子路)의 성은 중(仲)이고 이름은 유(由)이며 공자(孔子)의 제자인데, 지극한 효성으로

어버이를 섬겼다. 집이 가난하여 나물 음식을 먹으면서 어버이를 위해서는 1백 리 밖에서 쌀을 져 왔다. 어버이가 죽은 뒤에 남으로 초(楚)나라에 가서 있을 때에는 따르는 수레가 1백 승(乘 수레를 세는 단위. 1승은 1대)이고 쌓인 곡식이 1만 종(鍾)이며 자리를 겹쳐 깔고 앉아 많은 음식을 벌여 놓고 먹게 되었는데, 탄식하며 말하기를, "나물 음식을 먹으며 어버이를 위하여 쌀을 지려 하여도 이제는 할 수 없다." 하였는데, 공자가 이 말을 듣고 말하기를, "중유는, 어버이가 살아 있을 때에 힘을 다하고 죽은 뒤에는 극진히 사모하는 사람이라 할 만하다." 하였다.

詩 家貧藜藿僅能充。負米供親困苦中。
當日孔門稱盡孝。仲由千古播高風
一朝列鼎累重裀。富貴終能念賤貧。
生事死思惟盡孝。聖門嘉譽屬賢人

가난하여 나물로 겨우 배를 채우고, 고생하며 쌀을 져다 어버이를 공양하네.
공자의 문하에선 효성 다했다 일컬어, 중유의 높은 풍격 천고에 전하였네.
많은 음식 벌여 놓고 겹친 자리 깔았건만, 이러한 부귀에도 끝내 가난 생각하네.
살았을 때 섬기고 죽은 뒤에 사모하여 오직 효성 다하니, 공자 문하 칭찬하여 어진 이라 하였네.

[텍스트 정보]

__ 『효순사실』의 본문과 시가 실리고 『효행록』의 후찬은 빠졌다.
__ 『삼강행실도』의 한문 원문은 『효순사실』의 본문을 그대로 옮겨 왔으나 구점과 두점이 찍힌 『효순사실』의 원문과는 달리 구점만을 찍었다.
__ 『삼강행실도』의 시는 『효순사실』에서 '又'로 연결되어 있는 두 수의 7언시를 격간(隔間)의 형식을 사용해 옮겨 놓았다.
__ 『효행록』에는 이 이야기가 '仲由負米'라는 제목으로 실려 있다.
__ 『효행록』 속의 '仲由負米'에는 자로의 이야기와 더불어 우구자(虞丘子)의 이야기가 함께 들어 있다. '風樹之歎'을 내용으로 하는 우구자의 이야기는 『삼강행실도』에서 ≪효자도≫ 의 4번째 이야기인 '皐魚道哭'으로 나타나는데, 두 이야기 모두 공자와 관련되어 있다는 공통점을 보인다.
__ 현존하는 『이십사효도』들에는 이 이야기가 '爲親負米', '負米養親' 등의 제목으로 실려 있기도 한데, 자로의 국적이 주(周)로 된 경우도 있다.

楊香搤虎^{양향액호} 魯노

범의 목을 조른 양향_노나라

양풍楊豐의 딸 양향楊香이 열네 살 때 아버지를 따라가 곡식을 거두고 있었는데, 범이 나타나 아버지를 물었다. 이때 양향이 달려들어 범의 목을 조르니 아버지가 목숨을 건졌다.

이 이야기를 들은 고을의 태수太守가 양향에게 곡식과 비단을 내리고
집 앞에 홍문紅門을 세워 주었다.

楊양香향·이·라⑥ ❶·홀 ·ᄯ리 ❷·열:네·힌 저·긔 아·비 조·차 ·가아 ❸조 ❹·뷔다 ·가 :버·미 아·비·를 ❺므·러·늘 ᄃ·라드·러 :버·믜 모·골 ❻즈르든·대 아·비 사 ·라나·니·라 員원·이 穀·곡食·씩·이·며 비·단 주·고 그 집 門몬·에 ❼紅ᄒᆼ門몬 :셰니·라 (효자도 3a)

[대역문]

楊^양香^향이라 하는 딸이 열넷인 적에 아비 좇아 가 조[粟] 베다가 범이 아비를 물거늘 달려들어 범의 목을 조르니 아비 살아나니라. 員^원이 穀^곡食^식이며 비단 주고 그 집 門^문에 紅^홍門^문 세우니라.

---

6   런던본뿐 아니라 성암본 본래의 모습을 보여 주는 志部昭平(1990:26) 및 이에 대한 교정 내용이 제시된 志部昭平(1990:27)에서도 이 부분이 '·이라'로 되어 있다. 그러나 종결어미 '-라'가 거성을 갖는다는 점을 고려하면 '·이·라'의 [HH]의 성조를 갖는 게 일반적이라고 할 수 있다. 『삼강행실도』≪효자도≫에서 보이는 다른 예들, 즉 ' ㅣ ·라·홀'(⑧효아포시), ':겨지·비·라 ·혼'(⑪동영대전), '魏·라·홀'(⑮왕부폐시) 등이 이를 뒷받침해 준다. [참고] 혼 耆껑梨링山산·이·라 ·홀 :뫼·해 일·후·미 ·ᄯ또 耆껑梨링·라 ·홀 ·노·미 사·로·디 〈석보상절(1447) 24:13b〉

[주석]

❶ 홀 하는. ㅎ-[爲] + -오-(선어말어미) + -ㄹ(관형사형어미). '楊香ㅣ라 홀 ᄯᅳ리'는 본래 'ᄡᅳ롤 楊香ㅣ라 ᄒᆞ다' 정도의 문장으로부터 온 것으로 파악할 수 있으므로, 이때 사용된 선어말어미 '-오-'는 피수식 명사가 목적어임을 나타내는 대상법 선어말어미로 볼 수 있다. 또한 뒤에 쓰인 관형사형어미 '-ㄹ'은 미래적 의미와 무관한 시제 중립적인 용법을 보여 준다.

➥ [문법] 20_선어말어미 {-오-}_관형사형에 쓰인 선어말어미 {-오-}
➥ [문법] 34_시간 표현

❷ 열네힌 열넷인. 열네ㅎ[十四] + 이-(계사) + -ㄴ(관형사형어미). 이때 '네ㅎ'은 'ㅎ' 보유 체언으로서, 단독으로 쓰일 때나 관형격조사 'ㅅ' 앞에서는 'ㅎ'이 나타나지 않지만 모음 조사나 자음 조사 앞에서는 보유하고 있던 'ㅎ'을 드러낸다.

➥ [어휘] 41_'ㅎ' 보유 체언

❸ 조 圀조[粟]. 볏과의 한해살이풀로 열매는 노란색의 작은 구형이며 오곡의 하나로 밥을 짓기도 하고 떡, 과자, 엿, 술 따위의 원료로 쓴다. 중세국어의 '조'는 'ㅎ' 보유 체언으로, 자음 조사 앞에서는 '조콰, 조토'로, 모음 조사 앞에서는 '조히, 조ᄒᆞ로' 등으로 나타나지만 여기서는 단독으로 쓰여 'ㅎ'이 드러나지 않는다.

➥ [어휘] 41_'ㅎ' 보유 체언

❹ 뷔다가 베다가. 뷔-[穫] + -다가(연결어미). 동사 '뷔다'의 어간은 '부유듸'에서처럼 반모음 'ㅣ'가 유동성을 지니고 있었음을 알 수 있다. 또한 15세기 당시 같은 의미를 지닌 '버히다, 바히다'가 공존했었는데, 이후 이들의 축약형인 '베다, 배다'도 함께 쓰이다가 오늘날은 '베다'만이 사용되고 있다. 현대국어의 구어나 방언에서 찾아볼 수 있는 '비다'는 이 '뷔다'의 직접적인 후대형일 가능성이 있다.

➥ [어휘] 20_'버히다, 베티다, 베여디다, 뷔다'

❺ 므러늘 물거늘. 믈-[噬] + -어늘(연결어미). 이때 '-어늘'은 타동사와 결합하여 사용된 형태로서 오늘날은 '-거늘' 형태로 통합되었다.

➥ [문법] 22_연결어미 {-거든}, {-거늘}

❻ 즈르든대 조르니. 즈르드-(← 즈르들-)[搤] + -ㄴ대(연결어미). 이곳에만 나오는 단어로서 '즈르잡다, 즈르쥐다'와 같은 예들을 참조할 때 두 동사의 어간 '즈르-[絞]'와 '들-[擧]'이 결합한 비통사적 합성어로 생각된다. '즈르-'는 '조로-'와 모음조화에 따른 관련 형태로 볼 수 있고, '들-'은 어간 성조가 평성임에 착안해 그 의미를 [擧]로 파악해 볼 수 있다. 연결어미 '-ㄴ대'의 의미는 ≪원인≫을 나타내는 "-(으)니" 정도로 파악된다.

❼ 紅門 圀홍문. 충신, 효자, 열녀 등을 표창하기 위하여 그 사는 집 앞이나 마을 입구에 세우던 붉은 문. 작설(綽楔), 정문(旌門)이라고도 한다.

楊香。南鄉縣楊豐女也。隨父田間穫粟。豐爲虎所噬。香年甫十四。手無寸刃。乃搤虎頸。豐因獲免。太守孟肇之。賜資穀。旌其門閭焉

양향(楊香)은 남향현(南鄉縣) 양풍(楊豐)의 딸이다. 아버지를 따라 밭에서 곡식을 거두다가 양풍이 범에게 물렸는데, 양향의 나이 겨우 열네 살이고 손에는 작은 날붙이도 들지 않았으나 곧 달려들어 범의 목을 움켜잡으니, 양풍이 이 때문에 면할 수 있었다. 태수(太守) 맹조지(孟肇之)가 생활할 곡식을 주고 정문(旌門)을 세웠다.

詩 父遭虎噬愴心顏。命在當時頃刻間。
　　　虎頸搤持寧顧死。致令嚴父得生還
　　　幼齡體弱氣軒昂。父命能令虎不傷。
　　　青史尚留名姓在。至今誰不道楊香

아버지가 범에 물려 마음이 창황한데, 그때 아비 목숨은 경각에 달려 있네.
내 목숨 돌볼소냐 범의 목을 움켜잡아, 아버지로 하여금 살아나게 하였네.
어리고 몸 약하나 기백이 드높으니, 아버지의 목숨을 호랑이도 못 해쳤네.[7]
청사에 아직까지 이름이 남았으니, 지금 누가 양향을 일컫지 아니하랴.

[텍스트 정보]

__ 『효순사실』의 본문과 시가 실리고 『효행록』의 후찬은 빠졌다.
__ 『삼강행실도』의 한문 원문은 『효순사실』의 본문으로부터 다음과 같이 달라졌다.
　　楊香**順陽**南鄉縣楊豐女也。隨父田間穫粟。豐爲虎所噬。香年甫十四。手無寸刃。乃搤虎頸。豐因獲免。太守**平昌**孟肇之賜資穀。旌其門閭焉。
__ 『삼강행실도』의 시는 『효순사실』에서 '又'로 연결되어 있는 두 수의 7언시를 격간(隔間)의 형식을 사용해 옮겨 놓았다.
__ 『효행록』에는 이 이야기가 '楊香跨虎(양향과호)'라는 제목으로 실려 있는데, 양향이 호랑이를 만나 위험에 처한 아버지의 목소리를 듣고 달려가서 호랑이의 등에 올라타 귀를 잡고 크게 소리를 지르자 호랑이가 아버지를 해치지 못하고 양향을 업고 달아나다가 힘이 다해 죽었다는 내용이다. 이것은 호랑이의 목을 졸라 아버지를 구한 《효자도》 '楊香搤虎(양향액호)'의 내용과 차이가 있다. 이러한 내용상의 차이로 『삼강행실도』에서는 『효행록』의 후찬을 그대로 가지고 올 수 없었던 것이다.
__ 언해문은 한문 원문만이 아닌 원전 중 하나인 『이십사효도』의 내용도 반영하였음을 알

7　세종대왕기념사업회(1982:41)에서는 이 부분이 "호랑이도 못 다쳤네."라고 번역되어 있는데, 시 원문의 "虎不傷"에 대한 문맥적 이해와 더불어 '다치다'가 타동사로 쓰일 수 없다는 점을 고려하면 "'호랑이도 못 해쳤네."가 보다 정확한 번역이 될 수 있을 것이다.

수 있다.

(가) 乃搤虎頸。(『효순사실』)

　　　두라드러 버믜 모골 즈르든대(③양향액호)

(나) 踊躍向前 扼持虎頸(일기고사계『이십사효도』)

이는 『효순사실』에는 없는 (가)의 '두라드러'가 『이십사효도』에 있는 (나)의 '踊躍向前(앞을 향해 뛰어들다)'에 의한 것임을 보여 준다.

현존하는 『이십사효도』들에는 이 이야기가 '搤虎求親'이라는 제목으로 실려 있기도 한데, 양향의 국적이 진(晉)으로 된 경우도 있다. 또한 시에 '父子俱無恙'이라는 구절이 나오는데, 이로부터 양향을 딸이 아닌 아들로 파악하고 있음을 알 수 있다.

효자도 04

皐魚道哭고어도곡 楚초

길에서 통곡한 고어 _ 초나라

공자孔子께서 길을 가다가 매우 슬픈 울음소리를 들으셨다. 가서 보니 고어皐魚라고 하는 자가 허름한 옷을 입고 가슴에 칼을 안고서 길가에서 울고 있었다. 공자께서 수레에서 내려 그 까닭을 물으셨다.

"제가 젊어서 배우기를 좋아하여 천하를 두루 다니던 중에 어버이가 돌아가셨습니다. 무릇 나무는 고요하려 해도 바람이 그치지 않고, 자식은 봉양하려 해도 어버이가 기다리지 않는 법입니다. 지나가면 돌아오지 않는 것은 나이이고, 돌아가면 따를 수 없는 것이 어버이입니다. 저는 여기서 세상을 하직하겠습니다."

이같이 말하고 서서 고어가 곡哭하다가 생을 마쳤다.

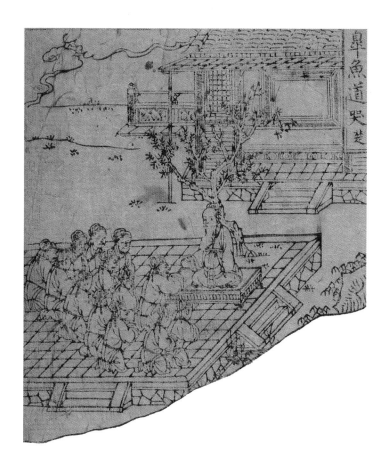

이를 본 공자의 제자들 중 어버이를 봉양하러 즉시 집으로 돌아간 사람이
열셋이었다.

孔:콩子:ᄌᆞ ㅣ ❶·나ᄃᆞ·니·시다·가 슬픈 ❷우·룸쏘·리·를 드르·시·고 ·가시·니 ❸皐곱魚어 ㅣ ·라 ❹·홍 ❺소·니 ❻사·오나·ᄫᆞᆫ ·옷 닙·고 還·똰刀돌 가지·고 ·긼 :ᄀᆞ·새 ·셔어·셔 :울어·늘 술·위 ❼브·리·샤 :무·르신·대 對·되答·답·ᄒᆞ·디 ·내 ·져·믄 ·쁴 ·글 ᄇᆡ·호·몰 ·즐·겨 天텬下:하·애 두루 ❽돋·니다·니 어버·ᅀᅵ 주·그 ·니 ❾즘·게 남·기 ᄀᆞ모·니 이·쇼려 ·ᄒᆞ야·도 ᄇᆞ·ᄅᆞ·미 긋·디 아·니·ᄒᆞ·며 子:ᄌᆞ息·식·이 孝·효道:똥·호려 ·ᄒᆞ야·도 어버·ᅀᅵ 기·드리·디 아·니·ᄒᆞᄂᆞ·니 가·고 도 ·라오·디 ❿아·니·ᄒᆞ·리·논 ⓫·나히 (효자도 4a)

[대역문]

孔子(공자)가 나다니시다가 슬픈 울음소리를 들으시고 가시니 皐魚(고어)라 할 손[客]이 사나운 옷 입고 還刀(환도) 가지고 길가에 서서 울거늘 (공자께서) 수레 부리셔 물으시니 (고어가) 對答(대답)하되 "내가 젊을 때 글 배움을 즐겨 天下(천하)에 두루 다니더니 어버이 죽으니 나무가 가만히 있으려 하여도 바람이 그치지 아니하며 子息(자식)이 孝道(효도)하려 하여도 어버이가 기다리지 아니하니 가고 돌아오지 아니할 것은 나이

[언해문]

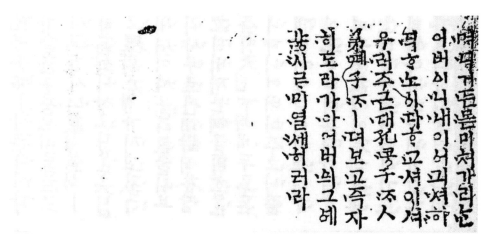

·며 ·니거·든 :몯 미·처 ^⑫가·리·논 어버·싀·니 ·내 ^⑬이어·긔·셔 :하·딕·ㅎ·노이·다 ㅎ·고 ·셔어·셔⁸ 우·러 주·근·대 孔:콩子:조ㅅ 弟:뗴子:조ㅣ⁹ ^⑭·뎌 보·고 ·즉자·히 도·라·가아¹⁰ ^⑮어버·싀그에 ^⑯갊 :사르·미 ^⑰·열:세·히러·라¹¹ (효자도 4b)

---

8 志部昭平(1990:31)의 교주 25)에서는 성암본에서 이 구절이 '·셔어·셔'로 되어 있음을 언급하고, '·셔어·셔'로 보는 이유에 대해 아래와 같이 설명하였다.

　·셔어·셔 (서서, 서 있는 상태로) : T1과 T2에서는 '·셔어셔'로 판독할 수 있으나, T1a, T3, T4에서는 분명히 '·셔어·셔'로 되어 있다. 또한 T5에는 '셔어셔'도 있다. 지금 이것들에 따른다.

9 志部昭平(1990:31)의 교주 26)에서는 성암본에 본래 '弟:뗴子:조ㅣ'로 되어 있던 것을 '弟:뗴子:쯩ㅣ'로 교정했는데, 이러한 교정의 근거로 '弟:뗑子:쯩·이'〈석보상절(1447) 6:10a〉의 예를 들었다. 그러나 『석보상절』의 실제 예는 '弟:뗑子:중·이'로 되어 있음을 볼 수 있다.

10 '도라가아'는 『삼강행실도』의 다른 부분들에서 [LHHH]로 나타나고 있다는 사실을 고려해 교정한 것이다. 이때 '도라가다'는 합성어가 되어 [[LH][HH]]와 같은 내부 구성을 갖는 것으로 파악되므로 거성불연삼의 성조 규칙을 적용받지 않는다.

11 志部昭平(1990:31)의 교주 30)에서는 성암본에서 ':세'가 ':새'로 되어 있으나, 다른 판본에서는 ':세'로 옳게 되어 있음을 언급하고 있다.

[대역문]

며 가거든 못 미쳐 갈 것은 어버이니 내가 여기에서 하직합니다." 하고 서서 울어 죽으니 공자의 제자가 저 보고 즉시 돌아가 어버이에게 갈 사람이 열셋이더라.

[주석]

❶ 나듣니시다가　나다니시다가. 나듣니-[出行] + -시-(←-으시-, 선어말어미) + -다가(연결어미). '나듣니다'는 '나다'의 어간 '나-'와 '듣니다'의 어간 '듣니-'가 비통사적으로 합성된 동사이다. '듣니다'도 본래 '듣다'와 '니다'의 두 어간이 비통사적으로 합성된 동사라는 사실을 고려하면 '나듣니다'는 기본적으로 세 개의 동사 어간이 참여해 만들어진 합성동사라는 사실을 알 수 있다.
➡ [문법] 07_비통사적 합성어

❷ 우룸쏘리롤　울음소리를. 우룸쏘리 + 롤(목적격조사). '우룸쏘리'는 '우룸 + ㅅ # 소리'의 구조로 파악됨으로써 '쏘리'의 표기뿐 아니라 현대국어 단어 '울음소리'[우름쏘리]에서 나타나는 경음화 현상의 원인도 이해할 수 있다.
➡ [음운] 01_경음화

❸ 皐魚ㅣ라　皐魚(고어)이다. 皐魚 + ㅣ-(계사) + -라(←-다, 종결어미). 모음으로 끝나는 '魚' 뒤에 계사의 형태가 'ㅣ'로 나타나고, 계사 뒤에서 종결어미는 '-라'로 나타났다.
➡ [문법] 12_계사

❹ 홀　할. 하는. ᄒᆞ-[爲] + -오-(선어말어미) + -ㅭ(관형사형어미). '皐魚ㅣ라 홀 소니'는 본래 '소늘 皐魚ㅣ라 ᄒᆞ다' 정도의 문장으로부터 온 것으로 파악할 수 있으므로, 이때 사용된 선어말어미 '-오-'는 피수식 명사가 목적어임을 나타내는 대상법 선어말어미로 볼 수 있다. 또한 뒤에 쓰인 관형사형어미 '-ㄹ'은 미래적 의미와 무관한 시제 중립적인 용법을 보여 준다.

❺ 소니　손[客]이. 손[客] + 이(주격조사). '손'은 다른 곳에서 찾아오거나 지나가다가 들른 사람을 말한다. [참고] 客은 소니라 〈월인석보(1459) 13:25b〉.

❻ 사오나ᄫᆞᆫ　사나운. 좋지 못한. 사오날-[惡] + -ᄋᆞᆫ(관형사형어미). 이때 '사오날다'는 '옷'을 주어로 해 거칠고 나쁘다는 뜻을 지닌다.
➡ [어휘] 24_'사오날다'

❼ ᄂᆞ리샤　내려. ᄂᆞ리-[下] + -시-(←-으시-, 선어말어미) + -아(연결어미). 이때 'ᄂᆞ리다'는 문맥상 '(수레에서) 내려'의 의미이므로 자동사의 용법을 보여 준다. 'ᄂᆞ·리·다'[下]와 '·ᄂᆞ·리·다'[使]에서 볼 수 있듯이 중세국어에서 'ᄂᆞ리다'는 어간의 성조에 따라 그 뜻이 구분되었다. [참고] 太祖 高皇帝 中使 ·ᄂᆞ·리·샤 옷 ᄒᆞᆫ 볼와 鈔 스믈 錠과 주시고(太祖皇帝遺中使 劉衣一襲 鈔二十錠) 〈효자:31b〉.

❽ 돋니다니 　다니더니. 돋니-[流] + -더-(선어말어미) + -오-(선어말어미) + -니(연결어미). 이때 선어말어미 '-오-'는 1인칭 주어 '내'와 호응하는 인칭법의 쓰임을 보여 준다. 또한 두 선어말어미 '-더-'와 '-오-'가 합쳐져 '다'로 나타나는데, 이른바 화합 형태의 예가 된다. 이에 대한 음운론적 설명이 현재로서는 어려운 상황이다.

　⟶ [문법] 20_선어말어미 {-오-}_선어말어미 {-오-}의 화합형

❾ 즘게 　圐 나무. 중세국어에서 나무를 나타내는 단어는 '낡~나모' 외에 '즘게'도 있었다. 보통 '즘게'를 "큰 나무"라고 풀이하고 있는데 이에 대한 객관적인 근거는 잘 찾아지지 않는다. '즘게'는 '雙樹는 두 즘게 남기라' ⟨월인석보(1459) 23:101a⟩에서처럼 '낡~나모'와 함께 쓰이기도 하지만, '樹는 즘게라' ⟨법화경언해(1463) 1:85b⟩와 같이 단독으로 쓰이기도 한다.

❿ 아니ᄒ리ᄂᆞᆫ 　아니하는 것은. 아니ᄒ-[不可] + -ㄹ(관형사형어미) # 이(의존명사) + ᄂᆞᆫ(보조사). 이때 의존명사 '이'는 사물이나 상황을 나타낸다는 점에서 사람만을 뜻하는 현대국어의 의존명사 '이'와 차이가 있다.

　⟶ [문법] 02_의존명사

⓫ 나히며 　나이이며. 나ᄒ[年] + 이-(계사) + -며(연결어미). 현대국어의 '나이'는 중세국어 시기에 'ㅎ' 보유 체언인 '나ᄒ'의 형태로 나타나며, '나이'는 '나ᄒ'의 주격조사 결합형 혹은 계사 결합형 '나히'가 하나의 형태로 굳어진 후 /ㅎ/이 탈락한 것이다. '나히를', '나히는'과 같이 다른 조사와의 결합형이 처음 나타나기 시작하는 시기는 19세기 이후이다.

　⟶ [어휘] 41_'ㅎ' 보유 체언

⓬ 가리ᄂᆞᆫ 　갈 것은. 가-[逝] + -ㄹ(관형사형어미) # 이(의존명사) + ᄂᆞᆫ(보조사). 이때 의존명사 '이'는 사물이나 상황을 나타낸다는 점에서 사람만을 뜻하는 현대국어의 의존명사 '이'와 차이가 있다.

　⟶ [문법] 02_의존명사

⓭ 이어긔셔 　여기에서. 이어긔[閬] + 셔(보조사). 또는 이억[閬] + 의(부사격조사) + 셔(보조사). 이때 현대국어의 '여기'에 해당하는 중세국어 단어를 '이어긔'로 볼 것인지 아니면 지시대명사 '이'와 장소의 의미를 가진 '억'이 결합한 '이억'으로 볼 것인지가 분명치 않다. 한편, '이어긔'는 '이어긔 〉 이어긔 〉 여기'의 변화를 겪은 것으로 보인다. 중세국어 '이에'에 대해서는 '이어긔 〉 이에'로 설명하기도 하지만 '이+어+에 〉 이에'의 설명도 가능하다.

⓮ 뎌 　때 저. 이때 '뎌'는 고어(皐魚)와 관련된 상황을 뜻한다.

⓯ 어버ᅀᅴ그에 　어버이에게. 어버ᅀᅵ(← 어버ᅀᅵ) + 의그에(부사격조사). '어버ᅀᅵ(← 어버ᅀᅵ)'에서처럼 'ᅵ' 모음으로 끝나는 유정 명사는 관형격조사(의/ᅵ), 부사격조사(의/ᅵ그에), 호격조사(아)와 결합될 때 'ᅵ'가 떨어진 형태로 나타나는 특징이 있다.

　⟶ [표기] 06_'ㅿ' 표기

⇒ [문법] 01_체언의 특수한 형태 교체

❶❻ 갏
갈. 가-[去] + -ㅭ(관형사형어미). 이때 관형사형어미 '-ㅭ'은 '-ㄹ'과 동일한 가치를 지닌 것으로 '갏 사로미'는 중세국어 문헌에서 '갈 사로미'와 '갈 싸로미'로도 표기될 수 있었다. '-ㅭ'의 경우 관형사형어미 '-ㄹ' 뒤의 경음화 현상을 관형사형어미 표기에 반영한 것으로 이해해 볼 수 있다. 이때의 관형사형어미 '-ㅭ'은 미래적 의미로 해석할 수도 있지만, 시제 중립적으로 해석할 수도 있다.
⇒ [음운] 01_경음화
⇒ [문법] 34_시간 표현

❶❼ 열세히러라
열셋이더라. 열세ㅎ[十三] + 이-(계사) + -러-(←-더-, 선어말어미) + -라(←-다, 종결어미). 'ㅎ'을 보유한 수사 '열세ㅎ'과 결합된 계사는 '-더-'를 '-러-'로, 선어말어미 '-더/러-'는 종결어미 '-다'를 '-라'로 교체시켰다.
⇒ [문법] 12_계사
⇒ [어휘] 41_'ㅎ' 보유 체언

[한문 원문 및 시찬]

孔子出行。聞有哭聲甚悲。至則皋魚也。被褐擁劍。哭於路左。孔子下車而問其故。對曰。吾少好學。周流天下而吾親死。夫樹欲靜而風不止。子欲養而親不待。往而不可返者年也。逝而不可追者親也。吾於是辭矣。立哭而死。於是孔子之門人。歸養親者。一十三人

공자(孔子)가 길을 가다가 매우 슬피 우는 소리를 듣고 가 보니 고어(皋魚)였다. 허름한 옷을 입고 칼을 가슴에 안고서 길가에서 울므로, 공자가 수레에서 내려 까닭을 물으니, "제가 젊어서 배우기를 좋아하여 천하를 두루 다녔는데, 제 어버이가 돌아가셨습니다. 대저 나무는 고요하려 하여도 바람이 그치지 않고, 자식은 봉양하려 하여도 어버이가 기다리지 않는 것입니다. 지나가면 돌이킬 수 없는 것은 세월이고, 돌아가면 따를 수 없는 것은 어버이입니다. 저는 여기서 하직하겠습니다."하고, 서서 곡(哭)하다가 죽었다. 그리고 나서 집에 돌아가 어버이를 봉양하는 공자의 문인이 열세 사람이나 되었다.

贊
皋魚嘶恤。自訟自傷。
親不待養。如何彼蒼。
泣盡眼枯。立死路傍。
嗟嗟皋行。見重素王

고어가 슬픔 품고 스스로 상심하네.
어버이가 봉양을 기다리지 않으시니 어찌하오?
하늘이여! 눈물 다해 눈이 말라 길가에서 죽으니,
높은 행실 공자에게 칭찬받았네.

___ 『韓詩外傳』 한 이본의 본문과 『효행록』에는 없는 새로운 후찬이 실렸다.

___ 『삼강행실도』의 한문 원문은 『한시외전』의 본문으로부터 다음과 같이 달라졌다.

孔子出行 聞有哭聲甚悲 至則皐魚也 被褐擁劒 哭於路左 孔子下車而問其故 對曰 吾少好學 周流天下而吾親死 一失也 高尙其志 不事庸君而晩無成 二失也 少失交遊 寡於親友而老無所託 三失也 夫樹欲靜而風不止 子欲養而親不逮 往而不可返者年也 逝而不可追者親也 吾於是辭矣 立哭而死 於是孔子之門人 歸養親者 一十三人

___ 『효행록』 속의 '仲由負米'에는 자로의 이야기와 더불어 우구자(虞丘子)의 이야기가 함께 들어 있다. '風樹之歎'을 내용으로 하는 우구자 이야기는 『삼강행실도』에서 ≪효자도≫의 4번째 이야기인 '皐魚道哭'으로 나타나는데, 두 이야기 모두 공자와 관련되어 있다는 공통점을 보인다.

___ 『효행록』에는 없는 새로운 후찬은 이제현이 지은 것이 아니라는 점에서 ≪효자도≫에 실린 나머지 14편의 찬과 차이가 있다. 이것은 『효행록』의 '仲由負米(중유부미)'에 있는 이제현의 찬과[12] 완전히 다른 것으로서 후대에 누군가에 의해 지어진 것으로밖에 볼 수 없다. 『효행록』 속 '仲由負米(중유부미)'의 우구자(虞丘子)와 ≪효자도≫의 고어(皐魚)가 같은 인물인지에 대한 고증과 함께,[13] 새로운 후찬에 대한 한문학적 고찰이 필요하다.

---

[12] 이제현이 지었던 『효행록』 '仲由負米(중유부미)'의 찬 중 ≪효자도≫ 4 皐魚道哭(고어도곡)과 관련된 것은 전체 8구 중 뒷부분의 다음과 같은 4구이다.

樹兮欲靜(나무가 조용히 있고자 해도)
風兮不止(바람이 그치지 않네)
哭而自悲(울면서 슬퍼한 사람으로)
有虞丘子(우구자가 있었네)

[13] 참고로 우구자가 『孔子家語』에는 '丘吾子'로 나타난다.

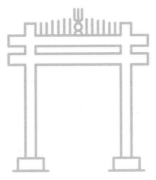

陳氏養姑진씨양고 漢한

시어머니를 봉양한 진씨_한나라

진씨陳氏는 나이 열여섯에 시집갔다. 남편이 군역을 나가며 진씨에게 말했다.

"형제도 없는 나의 생사가 어찌될지 모르니 당신이 늙으신 어머니를 모셔 주겠소?"

이에 진씨가 대답했다.

"그렇게 하겠습니다."

남편은 결국 돌아오지 못했다.

진씨는 시어머니께 지극정성으로 효도하며 다른 곳에 시집갈 뜻이 없었다. 진씨의 부모가 진씨를 다른 남자에게 시집보내려 하자 진씨가 말했다.

"남편이 떠날 때 늙으신 어머니를 제게 맡겼는데, 제가 모시겠다고 했습니다. 그런데 끝까지 모시지 못하고 다른 사람에게 시집간다면 어떻게 세상에 나다닐 수 있겠습니까?"

그리고는 죽으려 하자 부모가 두려워하여 시집보내지 못했다.

그후 스물여덟 해 동안 시어머니에게 효도하였다. 시어머니가 돌아가시자 밭과 집을 모두 팔아 후하게 장사지냈다. 사람들이 진씨를 효부孝婦라고 불렀다.

[언해문]

陳띤[14]氏:씨 ❶·나·히 ·열여·스 세 ❷남진 어·러 그 남지·니 ❸防빵禦:어 갏 저 ·긔 닐·오·딕【防빵禦:어·는 ❹軍군마·가·라】 내 ❺죽사·리·롤 ❻:몯·내 :알·리·니[15] 兄 휭弟:뎨 :업·고 늘·근 ·어미·롤 :네 ❼孝·횽道:똏홇·다 ❽그·리·호·리이·다 果:과 然션 :몯 ❾도·라 오나·놀 ❿·싁·어미·롤 ·나날 ⓫·새 삼두·빙 孝·횽道:똏 ᄒ·야 ⓬乃:내終즁:내[16] 다론 남진 ⓭홇 ᄠ·디 :업더·니 제 父:뿡母:묳ㅣ 다론 남진 ⓮얼·유려 커·늘 닐·오·딕 남진 갏 저·긔 늘·근 ·어미·로 ⓯맛·뎌·늘 ⓰그·리·호·려 ⓱·호·니 누·믜 늘·근 ·어미·롤 ·치다·가 乃:내終즁:내 (효자도 5a)

---

14 志部昭平(1990:33)의 교주 1)에서는 성암본에서 이 글자가 '딘'으로 나타났음을 언급하고 있다.

15 志部昭平(1990:33)의 교주 5)에서는 '내 죽사리롤'에서 '내'의 성조를 거성으로 교정하여 주격으로 파악했다. 그러나 志部昭平(1990:33)에서 볼 수 있듯이 '내'는 성암본에서 평성이었고, 런던본에서도 평성으로 나타난다. 또한 주격이라면 서술어가 '알리니'가 아니라 인칭법의 '-오-'를 포함한 '아로리니'가 되어야 했을 것이다. 따라서 본서에서는 '내'의 성조를 관형격의 평성으로 파악하였다. 한편 ':몯·내'를 ':몯 ·내'로 보고 '·내'가 주격으로 쓰였다고 파악해 볼 수도 있다. 그러나 부정 부사 '몯'이 '내 알리니'의 앞에 놓인 점, 서술어가 '아로리니'가 아니라는 점에서 문제가 있다. 이때 志部昭平(1990:34)의 교주 7)에서는 '몯내'의 성조를 [RR]으로 교정했다. 그러나 志部昭平(1990:33)에서 볼 수 있듯이 '몯내'는 성암본에서 [RH]이고 런던본에서도 [RH]이며, 15세기 중세국어 문헌자료들에서 '몯내'의 성조는 [RR]과 [RH]로 모두 나타난다. 따라서 여기에서는 '몯내'의 성조를 굳이 [RR]으로 교정하지 않았다.

16 志部昭平(1990:33)과 중세국어 문헌자료들을 참조해 [RLR]을 갖는 '乃:내終즁:내'로 파악했다.

[대역문]

陳氏(진씨)가 나이가 열여섯에 남편 얻어 그 남편이 防禦(방어) 갈 적에 이르되【防禦(방어)는 軍(군)막이다】 "나의 죽살이를 못 알리니 兄弟(형제) 없고 늙은 어미를 네가 孝道(효도)하겠는가?" "그리하겠습니다." 果然(과연) 못 돌아오거늘 시어미를 나날이 새롭게 孝道(효도)하여 끝내 다른 남자 할 뜻이 없더니 제 父母(부모)가 다른 남자에게 시집가게 하려 하거늘 (진씨가) 이르되 "남편 갈 적에 늙은 어미로 맡기거늘 (내가) 그리하려 하니 남의 늙은 어미를 봉양하다가 끝내

[언해문]

:몯ᄒᆞ·며17 ⑲·ᄂᆞ·미그에 ⑳:오녀 ᄒᆞ·고 고·티·면 ㉑어·드·리 世·셰間간애 ㉒돈·니라·오 ᄒᆞ·고 ㉓주구·려 커·늘 ㉔두·리·여 :몯 ㉕얼·이·니 ·싀·어미·를 ·스므여·듧 ·히·룰 ㉖孝·효道:똘·ᄒᆞ다·가 죽거·늘 ㉗받·과 집·과 :다 ·ᄑᆞ·라 무·드·니 ㉘일 ·후·믈 孝·효婦:뿔ㅣ·라 ᄒᆞ·니·라【孝·효婦:뿔ᄂᆞᆫ 孝·효道:똘ᄒᆞᄂᆞᆫ :겨지·비·라】 (효자도 5b)

---

17 志部昭平(1990:33)에서는 성암본에서 '□ᄒᆞ·며'로 보이는 것을 '몯ᄒᆞ·며'로 판독했다. 그러나 런던본에 ':몯ᄒᆞ·며'로 되어 있다는 사실과 더불어 중세국어 문헌들에서 부정 부사 '몯'이 상성이라는 점을 고려할 때, '몯'을 평성이 아닌 상성으로 보는 것이 옳다고 할 수 있다.

[대역문]

못하며 남에게 '오냐' 하고 고치면 어찌 世^세間^간에 다니리오?" 하고 죽으려 하거늘 두려워 못 시집가게 하니 시어미를 스물여덟 해를 孝^효道^도하다가 죽거늘 밭과 집과 다 팔아 묻으니 이름을 孝^효婦^부라 하니라.【孝^효婦^부는 孝^효道^도하는 계집이다】

[주석]

❶ 나히　　　나이가. 나ㅎ[年] + 이(주격조사). 현대국어의 '나이'는 중세국어 시기에 'ㅎ' 보유 체언인 '나ㅎ'의 형태로 나타나며, '나이'는 '나ㅎ'의 주격조사 결합형 혹은 계사 결합형 '나히'가 하나의 형태로 굳어진 후 /ㅎ/이 탈락한 것이다. '나히를', '나히는'과 같이 다른 조사와의 결합형이 처음 나타나기 시작하는 시기는 19세기 이후이다.
➡ [어휘] 41_'ㅎ' 보유 체언

❷ 남진 어러　　시집가. 남진 # 얼-(← 얻-)[嫁] + -어(연결어미). '남진'은 "사내, 남편"의 의미를 모두 가지고 있다. '얻다'는 이른바 'ㄷ' 불규칙 용언으로 파악해 볼 수 있다. '남진 얻다'는 동사 '얻다'가 '남진'을 목적어로 취해 "시집가다"의 의미를 지니게 되었다. [참고] 嫁는 겨지비 남진 어를시오 娶는 남진이 겨집 어를시라 〈내훈_초간(1481) 1:64a〉.
➡ [어휘] 06_'남진'
➡ [어휘] 30_{얻다!}

❸ 防禦　　　圄방어. 상대편의 공격을 막음. '방어 가다'는 "군대 가다, 수자리하다(국경을 지키다)" 정도의 의미로 파악된다.

❹ 軍마기라　　군 막이다. 군 방어이다. 軍마기 + ∅(계사) + -라(← -다, 종결어미). '軍마기'는 '軍'과 '마기'가 합쳐진 합성어로 볼 수 있다. 이때 '마기'는 동사 '막다'에 명사 파생 접미사 '-이'가 붙어 만들어진 파생 명사이다.
➡ [문법] 09_명사 파생 접미사

❺ 죽사리룰　　죽살이를. 생사(生死)를. 죽사리 + 룰(목적격조사). '죽사리'는 동사 '죽다'와 '살다'의 어간이 바로 결합된 비통사적 합성동사 '죽살다'의 어간에 명사 파생 접미사 '-이'가 붙어 만들어진 파생 명사이다.
➡ [문법] 09_명사 파생 접미사

❻ 몯내　　　圄못. 못내. 부정 부사 '몯'에 부사 파생 접미사 '-내'가 결합되어 형성된 부사로 파악된다. 현대국어 '못내'는 "자꾸 마음에 두거나 잊지 못하는 모양" 또는 "이루 다 말할 수 없이"라는 의미를 지닌다. 이곳의 '몯내'는 기본적으로는 부정 부사 '몯'의 의미를 지니고 있는데, 접미사 '-내'가 결합해 그 의미가 보다 강조된 것으로 생각된다. 따라서 현대국어 '못내'와 그 의미가 완전히 같다고 할 수 없다.
➡ [어휘] 14_'몯내'

⟹ [문법] 10_부사 파생 접미사

❼ 孝道홇다   효도하겠는가? 孝道ᄒ- + -ᅗ다(종결어미). '-ᅗ다'는 '-ㄴ다'와 더불어 2인칭
주어와 호응해 쓰이는 의문형 종결어미이다.
⟹ [문법] 26_의문형 종결어미

❽ 그리호리이다   그리하겠습니다. 그리ᄒ- + -오-(선어말어미) + -리-(선어말어미) + -이-(선
어말어미) + -다(종결어미). 이때 선어말어미 '-오-'는 1인칭 주어(이 문장에서
는 생략되어 있음)와 호응해 나타난 이른바 인칭법 선어말어미이다.
⟹ [문법] 20_선어말어미 {-오-}
⟹ [문법] 33_높임 표현

❾ 도라오나ᄂᆞᆯ   돌아오거늘. 도라오- + -나ᄂᆞᆯ(←-거늘, 연결어미). '-나ᄂᆞᆯ'에서 '나'는 본래
확인법 선어말어미라고 불리는 '-어-/-거-'의 이형태로서 동사 '오다'와만 결
합되는 특성을 지니고 있었다. 이러한 특성은 이로부터 만들어진 연결어미 '-나
ᄂᆞᆯ'에서도 그대로 나타나고 있음을 볼 수 있다.
⟹ [문법] 22_연결어미 {-거든}, {-거늘}

❿ 싀어미ᄅᆞᆯ   시어미를. 싀어미 + ᄅᆞᆯ(목적격조사). 현대국어 '시어머니'의 '시'가 흔히 한자
'媤'(시집 시)에서 온 것으로 생각하지만, '媤'가 문헌에 나타나는 것은 17세기
이후 조선에서의 일이다. 그러므로 '媤'는 이곳에서 볼 수 있는 '싀'에 맞추어
후대에 우리가 만들어 낸 한자라는 것을 알 수 있다.

⓫ 새삼ᄃᆞᄫᅵ   ㊅ 새삼스럽게. 새롭게. '새삼ᄃᆞᄫᅵ'는 이곳에서만 한 번 나타나는 유일 용례로
어근 '새삼'에 부사 파생 접미사 '-ᄃᆞᄫᅵ'가 붙어 만들어진 파생 부사이다. 현대국
어 '새삼'은 부사로 쓰이지만, 중세국어에서 '새삼'이 독자적인 부사의 쓰임을
보여 주는 예는 아직까지 발견되지 않는다. 부사 파생 접미사 '-ᄃᆞᄫᅵ'의 쓰임은
'吉慶ᄃᆞᄫᅵ, 病ᄃᆞᄫᅵ, 아름ᄃᆞᄫᅵ' 등에서도 찾아볼 수 있다.
⟹ [문법] 10_부사 파생 접미사

⓬ 乃終내   ㊅ 나중에. 끝내. '乃終'은 순서상이나 시간상의 맨 끝을 나타내어 "나중", "끝"
정도의 의미를 갖는다. 주로 부사격조사 '애'나 부사 파생 접미사 '-내'와 결합하
여 "마침내"를 뜻하는 부사로 사용되지만 명사로서 단독으로 쓰이는 경우도
있다. '乃終'은 〈용비어천가(1447)〉에서 '迺終'으로도 나타나고([참고] 嚴威로
처섬 보샤 迺終애 殊恩이시니 뉘 아니 좇ᄌᆞᆸ고져 ᄒᆞ리〈용비어천가(1447)
9:1a〉), 한자의 병기 없이 '내죵'으로도 출현한다([참고] 처섬과 내죵이 서르
ᄀᆞᆮ일며〈능엄경언해(1461) 3:66b〉). '乃終'의 동의어로 'ᄆᆞᄎᆞᆷ'도 출현하는데 '乃
終'과 'ᄆᆞᄎᆞᆷ'이 뒤섞여 출현하는 문헌도 있지만 〈삼강행실도〉처럼 '乃終'만 출현
하는 문헌이 있는가 하면 〈금강경언해(1464)〉처럼 'ᄆᆞᄎᆞᆷ'만 출현하는 문헌도
보인다. '乃終'과 'ᄆᆞᄎᆞᆷ'의 차이는 의미보다는 사회방언이나 문체적 차이에 의한
것으로 보인다. 현대국어에서 '내죵'은 형태가 변화한 후 주로 부사격조사가
결합한 '나중에'로 쓰이며, 그 의미 또한 "이다음에" 정도로 다소 변화하였다.

➡ [문법] 10_부사 파생 접미사

⓭ 홀   할. 얻을. ᄒ-[爲] + -오-(선어말어미) + -ㅭ(관형사형어미). 여기서의 'ᄒ다'는 일반 동사 '爲'가 아닌, 한문 원문 '嫁(언-)'에 대응하는 대동사로 쓰였다. 따라서 이 구절이 포함된 문장은 문맥상으로 보아 "다른 남자에게 시집갈 뜻이 없었다."라는 의미로 해석할 수 있다.

➡ [문법] 개관_[19] 대(代)용언 'ᄒ다'의 사용

⓮ 얼유려   배필로 삼으려. 얼이-[嫁] + -우려(연결어미). 여기서 '얼이다'는 'ㄷ' 불규칙 활용을 하는 주동사 '언-'에 모음으로 시작하는 사동 접미사 '-이-'가 결합해 파생된 사동사로 볼 수 있다. '얼이다'는 피·사동 접사와 관련된 특수 분철 표기를 보여주며, '긷다'가 '길이다'로, '듣다'가 '들이다'로 파생된 예들과 평행하게 이해해 볼 수 있다.

➡ [표기] 04_특수 분철 표기

➡ [문법] 32_사동 표현

➡ [어휘] 30_{언다!}

⓯ 맛뎌늘   맡기거늘. 맛디-[任] + -어늘(← -거늘, 연결어미). 여기서 '맛디다'는 주동사 '맜-'에 사동 접미사 '-이-'가 결합해 만들어졌다. 연결어미의 형태가 '-어늘'인 것은 결합된 동사 어간 '맛디-'가 타동사의 한 유형인 사동사에 해당하기 때문으로 설명된다.

➡ [문법] 32_사동 표현

➡ [문법] 21_선어말어미 {-거-}

⓰ 그리ᄒ오려   그리하려. 그리ᄒ- + -오려(연결어미). '-오려'는 '오/우'를 선접한 어미로서 이때 '오/우'는 공시적으로 독립된 선어말어미로 분석하지 않고 '-오려' 전체를 하나의 어미로 간주한다.

➡ [문법] 20_선어말어미 {-오-}_'오/우'를 선접하는 어말어미

⓱ ᄒ오니   하니. ᄒ-[爲] + -오-(선어말어미) + -니(연결어미). 이때 선어말어미 '-오-'는 생략되어 있는 1인칭 주어(·내)와 호응해 나타난 이른바 인칭법 선어말어미이다.

➡ [문법] 20_선어말어미 {-오-}

⓲ 치다가   봉양하다가. 치-[養] + -다가(연결어미). 중세국어에서 '치다'는 "짐승 따위를 기르다"는 의미뿐 아니라, 사람을 목적어로 취해 "봉양하다"라는 의미를 지닐 수 있었다는 점에서 현대국어 '치다'와 차이를 보여 준다.

⓳ 누믜그에   남에게. 눔[他] + 의그에(부사격조사). '의그에'는 기원적으로 관형격조사 '의'에 체언적 요소(그 형태가 '긍'인지 '그어'인지 확정하기는 어려움)와 부사격조사 '에'가 차례로 결합해 만들어진 것으로 추정된다.

➡ [문법] 13_부사격조사_여격조사 {의그에}

⓴ 오녀   ㉧ 오냐. '오녀'는 중세국어의 감탄사로서 그 용례가 드물다. [참고] 덛덛ᄒ 德을 모로매 구디 자보며 그라 <u>오녀</u> 호몰 모로매 므거이 맛골ᄆ며(常德을 必固持ᄒ며

然諾을 必重應ᄒᆞ며)〈내훈_초간(1481) 1:24b〉.

㉑ 어드리 ⬚ 어찌. 어떻게. '어드리' 외에 중세국어에서는 '엇뎌, 엇뎨, 엇디'와 같은 형태들도 거의 같은 의미를 지닌 부사로 사용된다.

⟹ [어휘] 27_'어드리/엇뎌/엇뎨/엇디'

㉒ 둔니리오 다니리오. 둔니-[遊] + -리오(종결어미). '둔니다'는 '돌다'와 '니다' 두 동사 어간이 결합된 비통사적 합성동사이다. 후에 '둔니다'의 형태를 거쳐 오늘날 '다니다'로 형태 변화를 겪었다.

⟹ [문법] 07_비통사적 합성어

㉓ 주구려 죽으려. 죽-[死] + -우려(연결어미). '-오려'와 마찬가지로 '-우려'는 '오/우'를 선접한 어미로서 이때 '오/우'는 공시적으로 독립된 선어말어미로 분석하지 않고 '-우려' 전체를 하나의 어미로 간주한다.

⟹ [문법] 20_선어말어미 {-오-}_'오/우'를 선접하는 어말어미

㉔ 두리여 두려워하여. 두리-[懼] + -여(←-어, 연결어미). 중세국어의 '두리다'는 '두려워하다'의 뜻을 가진 동사이다. 현대국어 '두렵다'에 대응하는 중세국어의 어형은 '두립다'로 나타나는데, '두립다'는 '두리-'에 형용사 파생 접미사 '-ㅂ-'이 결합한 것으로 분석된다. 현대국어에는 '두리다'는 쓰이지 않고, '두리-'에 '-업-'이 결합해 파생된 형용사 '두럽다'에 다시 '-어하다'가 결합되어 형성된 동사 '두려워하다'가 그 자리를 대신하여 쓰이고 있다.

⟹ [문법] 11_형용사 파생 접미사

㉕ 얼이니 시집보내니. 얼이-[嫁] + -니(연결어미). 동사 '얼이다'는 주동사 '얼다'에 사동 접미사가 붙어 만들어진 사동사이다.

⟹ [표기] 04_특수 분철 표기

⟹ [문법] 32_사동 표현

⟹ [어휘] 30_{얼다!}

㉖ 孝道ᄒᆞ다가 孝道하다가. 孝道ᄒᆞ- + -다가(연결어미). '싀어미를 스므여듧 히를 孝道ᄒᆞ다가'에서 볼 수 있듯이 중세국어에서 '孝道ᄒᆞ다'는 대상과 시간 모두를 목적어로 취할 수 있는 구문적 특성을 지니고 있다. 현대국어에서는 '시어머니에게 스물여덟 해 동안 효도하다가'와 같이 표현된다는 점을 고려하면 흥미롭다.

㉗ 받과 집과 밭과 집. 받(← 밭)[田] + 과(접속조사) # 집[家] + 과(접속조사). 중세국어에서는 접속조사 '와/과'가 접속된 마지막 체언까지 붙게 되는 특성이 있다. 즉, 'A와 B와 C와'처럼 세 개의 체언이 접속될 때 접속조사가 세 개까지 쓰이는 모습을 보인다. 물론 현대국어에서처럼 접속조사가 두 개 쓰인 'A와 B와 C'의 양상으로 나타나기도 한다.

⟹ [문법] 17_접속조사

㉘ 일후믈 이름을. 일훔[名] + 을(목적격조사). '일훔/일홈'은 기원적으로 "~라고 이름하다"를 뜻하는 동사 '*잃-[名]'에 명사형어미 '-움/옴'이 결합된 말로 볼 수 있다.

이 명사형 '일훔'이 후대에 하나의 명사로 굳어져 오늘날의 '이름'이 되었다. '웃음(〈우숨)', '울음(〈우룸)' 등이 이와 같은 변화를 보여 준다. 한편 동사 '*잃-[名]'은 중세국어에 단독으로 쓰이지 않지만 '일콛다[稱]'에서 그 흔적을 찾을 수 있다. '일콛다'는 '*잃-[名]'에 '곧-[曰]'이 결합한 비통사적 합성어로 볼 수 있으며, '곧-'은 "말하다"를 뜻하는 동사이다.

➡ [어휘] 36_'*잃다'

[한문 원문 및 시찬]

陳孝婦。年十六而嫁。其夫當戍。且行。屬曰。我生死未可知。幸有老母。無他兄弟備養。吾不還。汝肯養吾母乎。婦曰諾。夫果死不還。婦養姑不衰。終無嫁意。其父母將取而嫁之。婦曰。夫去時。屬妾以養老母。妾旣許諾。養人老母而不能卒。許人以諾而不能信。將何以立於世。欲自殺。父母懼而不敢嫁。養姑二十八年。姑終。盡賣田宅葬之。號曰孝婦

진 효부(陳孝婦)가 열여섯 살에 시집갔는데, 지아비가 수자리 살게 되어 떠나면서 부탁하기를, "내가 살아 돌아올는지 죽을는지 알 수 없으나 마침 늙은 어머님이 계시는데 받들어 모실 다른 형제가 없으니, 내가 돌아오지 못하더라도 그대가 우리 어머님을 봉양하여 주겠소?" 하니, 아내가 말하기를, "그렇게 하겠습니다." 하였다. 지아비가 과연 죽고 돌아오지 못하였는데, 아내는 시어머니를 변함없이 봉양하고 끝내 시집갈 뜻이 없었다. 그 부모가 데려가서 시집보내려 하였으나 효부가 말하기를, "지아비가 떠날 때에 저에게 늙은 어머님을 봉양하라고 부탁하였는데, 제가 이미 허락하였으니, 남의 늙은 어머니를 봉양하다가 끝마치지 못하고 남의 부탁을 승낙하고 신의를 지키지 못하면, 어떻게 세상에 나서겠습니까?" 하며 자살하고자 하니, 부모가 두려워서 감히 시집보내지 못하였다. 시어머니를 28년 동안 봉양하였는데, 시어머니가 죽자 땅과 집을 다 팔아서 장사지내니, 효부라 일컬었다.

贊 良人遠征。屬我老母。身歿不歸。言在敢負。之死靡他。養專葬厚。萬世稱之。曰陳孝婦

지아비가 떠날 때에 늙은 어미 부탁했네. 죽고 돌아오지 않았으나 그 말을 저버리랴? 죽도록 변치 않고 봉양하며 장사 잘 치르니, 만세에 일컫기를 진 효부라 하더라.

[텍스트 정보]

— 『효행록』의 본문과 후찬이 실렸다.
— 『삼강행실도』의 한문 본문은 『효행록』의 본문으로부터 다음과 같이 달라졌다.

漢陳孝婦年十六而嫁其夫當戍且行屬曰我生死未可知幸有老母無他兄弟備養吾不還汝肯養吾母乎婦曰諾夫果死不還婦養姑不衰終無嫁意其父母將取而嫁之婦曰夫去時屬妾以養老母妾旣許諾養人老母而不能卒許人以諾而不能信將何以立於世欲自殺父母懼而不敢嫁養姑二十八年姑終盡賣田宅葬之故號曰孝婦

江革巨孝강혁거효 漢한

큰 효자 강혁_한나라

강혁江革은 어려서 아버지를 여의었다. 마침 세상이 어지러워 강혁은 어머니를 업고 숨어 다니며 봉양했다.

어머니를 봉양하기 위해 항상 나물을 캐러 다니던 강혁은 자주 도적을 만났다. 도적에게 잡혀가려 할 때 늙은 어머니가 홀로 계시다며 강혁이 슬피 우니 감동하여 숨을 장소를 가르쳐 주는 이도 있었다.

강혁은 헐벗고 굶주리며 더부살이를 하였으나 어머니만은 좋은 옷을 입혀 드리며 잘 봉양하였다. 고향으로 돌아온 뒤, 설에 고을 사람들이 모일 때에 어머니가 힘들어 할 것을 염려해 마소 대신 본인이 직접 수레를 끌었다. 그 모습을 보고 마을 사람들이 '큰 효자 강혁'이라고 불렀다.

어머니가 돌아가시니 무덤에서 삼
년 동안 시묘를 살았는데, 시묘를 마
치고도 상복을 벗지 않으니 고을 원
이 사람을 시켜 상복을 벗게 했다.

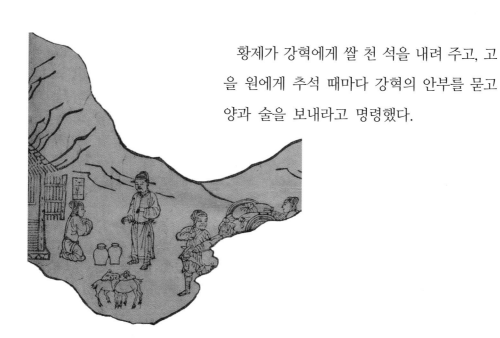

황제가 강혁에게 쌀 천 석을 내려 주고, 고
을 원에게 추석 때마다 강혁의 안부를 묻고
양과 술을 보내라고 명령했다.

[언해문]

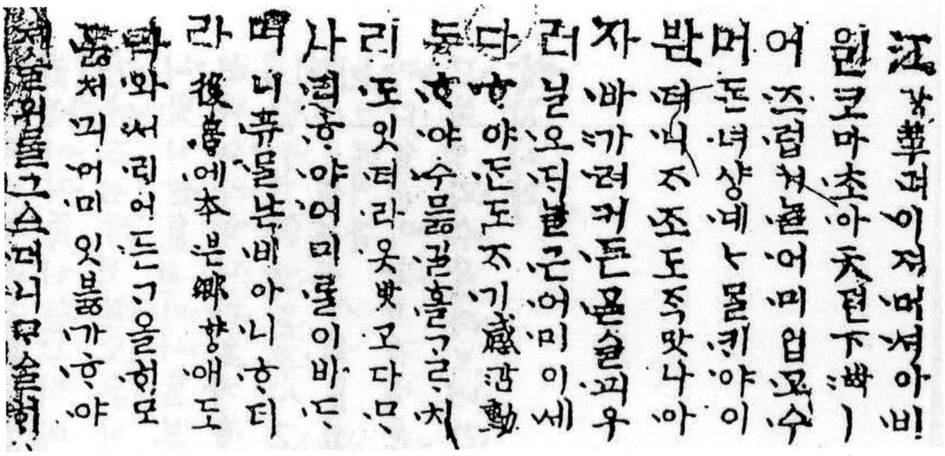

江강革·격·이 ❶져·머·셔 아·비 일·코 ❷마·초·아 天텬下:햐ㅣ ·어·즈·럽거·늘 ·어·미 업·고 ·수·머 ᄃᆞᆫ·녀 ❸샹녜 ᄂᆞ물 ·킈·야 ❹이받·더·니 ᄌᆞ·조 도ᄌᆞᆨ 맛·나·아[18] 자·바 :가·려 커·든 ·곧 슬·피 우·러 닐·오·ᄃᆡ 늘·근 ·어·미 ❺이·셰·라 ·ᄒᆞ야·ᄃᆞᆫ 도ᄌᆞ·기 感:감動:똥·ᄒᆞ·야 ·수믊 ·길·흘 ❻ᄀᆞᄅᆞ·치리·도 잇·더·라 ·옷 ❼밧·고 ❽다·ᄆᆞ사·리 ·ᄒᆞ·야 ·어미·ᄅᆞᆯ 이바·ᄃᆞ·며 ❾니·퓨·믈 ❿낟·비 아·니·ᄒᆞ더·라 後:흫·에 本:본鄕향·애 도·라·와 ⓫:서·리어·든 ⓬ᄀᆞ올·히 ⓭모·ᄃᆞᇙ[19] 저·긔 ·어·미 ⓮잇븛가 ·ᄒᆞ·야 :제 술·위·ᄅᆞᆯ ⓯그ᄉᆞ·더·니 ᄆᆞᅀᆞᆶ·히 (효자도 6a)

[대역문]

江革(강혁)이 젊어서 아비 잃고 마침 天下(천하)가 어지럽거늘 어미 업고 숨어 다녀 항상 나물 캐어 봉양하더니 자주 도적 만나 (강혁을) 잡아 가려 하거든 (강혁이) 곧 슬피 울어 이르되 "늙은 어미가 있다." 하거든 도적이 感動(감동)하여 숨을 길을 가리키는 이도 있더라. 옷 벗고 더부살이 하여 어미를 봉양하며 입힘을 나쁘게 아니하였다. 後(후)에 本鄕(본향)에 돌아와 설이거든 고을에 모일 적에 어미 피곤할까 하여 제가 수레를 끌더니 마을에

18 志部昭平(1990:37)의 교주 5)에서는 성암본에 본래 '맛나·아'로 되어 있던 것을 '만·나·아'로 수정했다. 방점의 교정은 수긍할 수 있으나 런던본의 표기(맛나아)와 더불어 이 단어의 역사적 변화, 즉 '맞나다/맛나다 > 맏나다 > 만나다'를 고려할 때 '맛·나·아'로 보는 것이 타당하다. 교주 5) 내용 마지막에 T1a, T2, T3, T5에 따랐다는 설명을 참조할 때, 志部昭平(1990:37)에서는 사실상 '맛·나·아'로의 교정을 의도했었으나 책에서 '만·나·아'로 오기된 것이 아닌가 한다.

19 志部昭平(1990:36)에서는 '·ᄃᆞᇙ'이 'ㅭ'으로만 나와 있다고 언급되어 있다.

[언해문]

·셔 일ᄏ·로·디 江강巨:꺼孝·효ㅣ·라 ·ᄒ더·라【巨:꺼孝·효ᄂᆞᆫ ·큰 孝·효道·똘ㅣ·라】

·어·미 죽거·늘 무·더·메 ❶가·아 三삼 年년 :살·오 ·옷 아·니 밧거·늘 員원·이

:사ᄅᆞᆷ ·브·려 ❷바ᄉᆞ·라 ᄒ·니·라 皇ᄫᅪᆼ帝·뎨 ·ᄡᆞᆯ 千쳔 斛·훅·을 ·주시·고【斛·훅·은

·열 ·말·드·ᄂᆞᆫ 그·르시·라】八·밣 月·뭟:마·다 員원·이 安안否:불 :묻·고 ❸羊양·과

수울·와 보·내·라 ·ᄒ·시니·라 (효자도 6b)

[대역문]

서 일컫되 江巨孝이라 하였다.【巨孝는 큰 孝道이다】어미 죽거늘 무덤에 가 三 年 살고 옷 아니 벗거늘 員이 사람 부려 벗으라 하니라. 皇帝 쌀 千 斛을 주시고【斛은 열 말 드는 그릇이다】八 月마다 員이 安否 묻고 羊과 술 보내라 하시니라.

[주석]

❶ 져머셔 　　어려서. 졈-[少] + -어셔(연결어미). 현대국어의 '젊다'에 대응되는 중세국어 어형은 '졈다'였다. '졈다'의 의미는 현대국어의 '젊다'보다 넓어, "나이가 한창때에 있다"의 의미뿐만 아니라 "나이가 적다"까지 포괄하였다. 어미 '-어셔'는 '졈-'과 결합하여 ≪계기≫, ≪전제≫, ≪동시≫ 등의 의미를 나타내고 있다. ⇢ [어휘] 28_'어리다, 졈다'

❷ 마초아 　　閩마침. 때마침. '마초다[合]'의 활용형 '마초아'가 부사로 굳어진 것으로 파악된다.

❸ 샹녜

㊫늘. 항상. 한문 원문의 '恒'에 해당하는 단어이다. 일반적으로 중세국어 '샹녜'는 한자 '常', '恒'에 대응하는 단어로 "늘, 항상"의 뜻으로 쓰였다. [참고] 어린 즈식을 샹녜 소기디 말오모로 뵈며(幼子를 常視毋誑ᄒ며)〈소학언해(1588) 1:8a〉 / 져고맛 져제셔 샹녜 ᄠᅩ롤 두토ᄂᆞ니(小市常爭米)〈두시언해_초간(1481) 7:10b〉. '샹녜'는 현대국어의 형용사 '상녜롭다'에 그 어형이 남아 있다. 일반적으로 '예사롭다'라는 단어를 더 많이 사용하지만, '상녜롭다'가 사용된 맥락을 보면 "늘 가지는 태도와 다른 것이 없다.", "흔히 있을 만 하다"라는 의미로 본래 '샹녜'에서 비롯되었음을 알 수 있다.

❹ 이받더니

봉양하더니. 이받-[奉] + -더-(선어말어미) + -니(연결어미). 중세국어의 '이받-'은 "(부모를) 봉양하다", "(부모에게) 음식을 대접하다[供養]"의 의미로 쓰였다. 참고로 현대국어에서 "도움이 되게 함"이나 "결혼을 전후하여 신부 쪽에서 예를 갖추어 신랑 쪽으로 정성 들여 만들어 보내는 음식"을 뜻하는 명사 '이바지'는 '이받다'의 파생명사 '이바디'로부터 비롯한 것이다.
➥ [어휘] 34_'이받다, 이바디ᄒ다'

❺ 이셰라

있어라. 있다. 이시-[有] + -에라(종결어미). '-에라'로 종결된 문장은 감탄문과 평서문의 중간적 성격을 가진다. 여기서는 화자가 도적에게 어머니가 있다는 사실을 감정적으로 호소하면서, 목숨을 살려달라는 의도를 전달하고 있다.
➥ [문법] 28. 감탄형 종결어미

❻ ᄀᆞᄅᆞ치리도

가리킬 사람도. 가리킬 경우도. ᄀᆞᄅᆞ치-[指] + -ㄹ(관형사형어미) # 이(의존명사) + 도(보조사). 'ᄀᆞᄅᆞ치다'는 "가르치다"와 "가리키다"의 의미를 모두 가지고 있었는데, 여기서는 "가리키다"의 뜻으로 쓰였다. 의존명사 '이'는 중세국어에서 사람뿐 아니라 사물이나 상황을 나타낼 수 있었다.
➥ [어휘] 05_'ᄀᆞᄅᆞ치다'

❼ 밧고

벗고. 밧-[裸] + -고(연결어미). 중세국어에서는 유사한 의미를 가진 '밧다'의 어형과 '벗다'의 어형이 모두 나타난다. 15세기 문헌에서는 '밧다'가 '옷, 신' 등의 구체명사와, '벗다'가 '시름' 등의 추상명사와 함께 쓰이는 경향이 있다. '밧다'와 '벗다'는 15세기 문헌에서 모두 발견되지만 비교적 이른 시기에 '벗다' 쪽으로 통일된 것으로 보인다. 16세기부터는 '벗다'의 형태가 보편적으로 나타나며 17세기에 '벋다'의 형태가 잠시 나타날 뿐 큰 변화를 겪지 않고 현대국어의 '벗다'로 이어졌다.
➥ [어휘] 19_'밧다/벗다'

❽ 다ᄆᆞ사리

㊔더부살이. 남의 집에서 먹고 자면서 일을 해 주고 삯을 받는 일. 또는 그런 사람. 부사 '다뭇'[共]과 동사 '살다'가 결합한 '*다뭇살다'에 명사 파생 접미사 '-이'가 붙어 만들어진 단어로 생각되는데, '다뭇'의 'ㅅ'이 떨어진 점이 특이하다.
➥ [문법] 09_명사 파생 접미사

❾ 니퓨믈

입힘을. 니피-[加] + -움(명사형어미) + 울(목적격조사). '니피다'는 '닙다'에 사동 접미사 '-히-'가 붙어 만들어진 사동사이다. 피동사 역시 '니피다'임을 볼 수 있다. [참고] 光明이 萬像애 니펴(光被萬像)〈금강경삼가해(1482) 3:26a〉.
⟹ [문법] 32_사동 표현

❿ 낟비 　　　　㊦ 나삐. 나쁘게. 부족하게. '낟비'는 형용사 '낟브다[不給]'의 어간에 부사 파생 접미사 '-이'가 붙어 만들어진 부사이다.
⟹ [문법] 10_부사 파생 접미사

⓫ 서리어든 　　설이거든. 설[歲] + 이-(계사) + -어든(←-거든, 연결어미). 중세국어 '설'은 "설날"과 "나이"의 의미를 모두 가지고 있었는데, 오늘날 후자의 의미는 의존명사 '살'이 맡게 되었다. '설'의 어원은 입성자였던 '歲'의 한자음이 변한 것으로 추정하기도 한다.
⟹ [음운] 04_/ㄱ/ 탈락
⟹ [어휘] 25_'설[歲/元旦]'
⟹ [문법] 22_연결어미 {-거든}, {-거늘}

⓬ ᄀᆞ올ㅎ | 고을에. ᄀᆞ올ㅎ[郡] + 이(부사격조사). 'ᄀᆞ올ㅎ'은 'ㅎ' 보유 체언으로서, 단독으로 쓰일 때나 관형격조사 'ㅅ' 앞에서는 'ㅎ'이 나타나지 않지만 모음 조사나 자음 조사 앞에서는 보유하고 있던 'ㅎ'을 드러낸다. 'ᄉᆞᄀᆞᄫᆞᆯ[鄕]', '조ᄏᆞᄫᆞᆯ[栗村]'을 참조할 때 '*ᄀᆞᄫᆞᆯㅎ'이 본래의 형태였던 것으로 추정해 볼 수 있다.
⟹ [어휘] 41_'ㅎ' 보유 체언

⓭ 모돓 　　　　모일. 몯-[聚] + -옭(관형사형어미). 중세국어에서 "모이다"를 뜻하는 동사로는 '몯다'가, "모으다"를 뜻하는 동사로는 '모도다, 뫼호다, 모토다'가 사용되었다.
⟹ [어휘] 15_'몯다'와 '모도다, 뫼호다, 모토다'

⓮ 잇ᄇᆞᇙ가 　　피곤할까. 고단할까. 잇ᄇᆞ-[勞] + -ㅭ가(종결어미). 형용사 '잇ᄇᆞ다'는 동사 '잊-'에 형용사 파생 접미사 '-ᄇᆞ'가 붙어 만들어진 단어이다. 동사 '잊다'는 신라의 인명 '猒觸'의 음독 표기인 '異次', '伊處'와 그 관련성을 찾아볼 수 있다.
⟹ [문법] 11_형용사 파생 접미사
⟹ [문법] 26_의문형 종결어미

⓯ 그ᅀᅳ더니 　　끌더니. 그ᅀᅳ-[挽] + -더-(선어말어미) + -니(연결어미). '그ᅀᅳ-'는 모음 어미와 결합할 때 '그ᅀᅥ, 그ᅀᅮ믈'과 같이 분철된 형태로 표기되는 특수한 모습을 보여 준다. 이는 어간이 '그ᇫ-'이 아니라 '그ᅀᅳ-'라는 형태론적인 고려가 표기에 반영된 것이라고 볼 수 있다.
⟹ [표기] 06_'ᅀ' 표기
⟹ [표기] 04_특수 분철 표기
⟹ [문법] 03_용언의 특수한 형태 교체

⓰ 가아 　　　　가. 가-[行] + -아(연결어미). 'X아'형 용언 어간은 연결어미 '-아'와 결합할 때 모음 'ㅏ'가 생략되는 것이 보통이지만, 『삼강행실도』《효자도》에서는 용언 어간의 모음과 연결어미가 모두 유지되는 특수한 표기 양상을 보인다.

➠ [표기] 07_'X아'형 용언 어간의 표기

⓱ 바스라 벗어라. 밧-[釋] + -으라(종결어미). 중세국어에서는 유사한 의미를 가진 '밧다'의 어형과 '벗다'의 어형이 모두 나타난다. 15세기 문헌에서는 '밧다'가 '옷, 신' 등의 구체명사와, '벗다'가 '시름' 등의 추상명사와 함께 쓰이는 경향이 있다. '밧다'와 '벗다'는 15세기 문헌에서 모두 발견되지만 비교적 이른 시기에 '벗다' 쪽으로 통일된 것으로 보인다. 16세기부터는 '벗다'의 형태가 보편적으로 나타나며 17세기에 '벋다'의 형태가 잠시 나타날 뿐 큰 변화를 겪지 않고 현대국어의 '벗다'로 이어졌다. 명령형 종결어미 '-(으/으)라'는 현대국어와는 달리 직접 명령문에서도 사용될 수 있었다. 직접 명령문에 사용되는 현대국어의 '-어라/-아라'는 이른바 확인법 선어말어미 '-어/아-'에 명령형 종결어미 '-(으/으)라'가 결합해 만들어진 어미이다.
➠ [어휘] 19_'밧다/벗다'
➠ [문법] 27_명령형 종결어미

⓲ 羊과 수울와 양과 술. 羊 + 과(접속조사) # 수울[酒] + 와(←-과, 접속조사). 중세국어에서는 접속조사 '와/과'가 접속된 마지막 체언까지 붙게 되는 특성이 있다. 즉, 'A와 B와 C와'처럼 세 개의 체언이 접속될 때 접속조사가 세 개까지 쓰이는 모습을 보인다. 물론 현대국어에서처럼 접속조사가 두 개 쓰인 'A와 B와 C'의 양상으로 나타나기도 한다.
➠ [문법] 17_접속조사

[한문 원문 및 시찬]

江革。臨淄人。少失父。遭天下亂。負母逃難。常采拾以爲養數遇賊。或劫欲將去。輒涕泣求哀。言有老母。詞氣愿款。有足感動人者。賊不忍害。或指避兵之方。遂得俱全於難。貧窮裸跣。行傭以供母。周身之物。莫不畢給。建武末。與母歸鄉里。每至歲時。縣當案比。革以母老。不欲搖動。自在轅中挽車。不用牛馬。鄉里稱曰。江臣孝。母終。常寢伏冢廬服竟不除。郡守遣丞掾釋服。元和中。詔以穀千斛賜之。常以八月長吏存問致羊酒

강혁(江革)은 임치(臨淄) 사람이다. 어려서 아버지를 잃고 천하가 어지러운 때를 당하여 어머니를 업고 피난하며, 늘 나무하고 열매를 주워 봉양하였는데, 자주 도둑을 만났다. 혹 겁탈해 가려 하면, 문득 울면서 늙은 어머니가 있다고 눈물을 흘리며 애걸하였는데, 그 말씨가 공손하고 간절하여 사람을 감동시킬 만하였으므로, 도둑이 차마 해치지 못하고 피난할 곳을 가르쳐 주기도 하여, 드디어 난리 중에 모두 온전할 수 있었다. 가난하여 헐벗고 맨발로 다니며 품을 팔아 어머니를 공양하였으나, 어머니에게 필요한 물건은 다 넉넉하게 대었다. 건무[建武 광무제(光武帝)의 연호. 25~56] 말기에 어머니와 함께 고향으로 돌아왔는데, 세시(歲時)에 고을의 점고를 받을 때가 되면, 강혁은 어머니가 늙었으므로 흔들리지 않게 하려고 스스로 채 안에 들어가 수레를 끌고 마소를 쓰지 않으니, 그 고장에서 강거효(江巨孝)라 일컬었다. 어머니가 죽자, 늘 묘막(墓幕)에 거처하고 상기(喪期)를 마쳐도 상복(喪服)을 벗지 않으니, 군수(郡守)가 승연[丞掾 고을의 부관(副官)]을 보내어 상복을 벗게 하였다. 원화[元和 장제(章帝)의 연호. 84~86] 중에 황제가 명하여, 곡식 1천 곡(斛)을 내리고 8월이면 늘 장리[長吏 우두머리 서리(胥吏)]가 문안하고 양고기와 술을 보내게 하였다.

詩　至孝由來動鬼神。雖逢强暴亦全身。
　　　 到頭母子俱無恙。天地終應福善人
　　　 平生行孝動朝廷。褒錫恩隆沐顯榮。
　　　 青史獨稱江巨孝。古今誰復可齊名

지극한 효성은 귀신도 감동하는 것, 도둑을 만나서도 몸 보전하였네.
끝내 모자 다 함께 탈 없었으니, 천지는 착한 사람 으레 복을 주니라.
평생 행한 효성이 조정을 감동시켜, 포상하는 은혜 커서 영광 입었네.
청사에서 특별히 강거효라 일컬으니, 고금에 그 누가 이 이름을 짝하랴.

贊　江革負母。逃難異鄉。遇賊陳款。賊不忍傷。盡心於孝。備養於傭。便身何物。有不畢供

강혁이 어미 업고 타향에서 피난할 제, 도둑 만나 간청하니 도둑도 차마 못 해쳤고, 효도에 마음 다해 품을 팔아 봉양하나, 필요한 것 무엇이든 안 바친 것 없더라.

[텍스트 정보]

__ 『효순사실』의 본문과 시, 『효행록』의 후찬이 실렸다.
__ 『삼강행실도』의 한문 원문은 『효순사실』의 본문으로부터 다음과 같이 달라졌다.
　　江革─子次翁。齊國臨淄人也。少失父。獨與母居。遭天下亂。盜賊並起革負母逃難。備經險阻。嘗采拾以爲養。數 遇賊。或劫欲將去。革輒涕泣求哀言有老母。詞氣願款有足感動人者。賊以是不忍害之。或指以避兵之方。遂得俱全於難。轉客下邳。貧窮裸跣。行傭以供母。周身之物。莫不畢給。漢光武建武末。與母歸鄉里。每至歲時。縣當案比。革以母老。不欲搖動。自在轅中挽車。不用牛馬。由是鄉里稱之。曰江臣孝。及母終。至性殆滅。常寢伏冢廬。服竟不忍除。郡守遣丞掾釋服。請以爲吏。後舉孝廉。任至諫議大夫。賜告歸。因謝病稱篤。元和中。章帝思革至孝。詔以穀千斛賜之。常以八月長吏存問致羊酒。及卒。祠以中牢。復賜穀千斛。
__ 『삼강행실도』의 시는 『효순사실』에서 '又'로 연결되어 있는 두 수의 7언시를 격간(隔間)의 형식을 사용해 옮겨 놓은 것이다.
__ 『효행록』에는 이 이야기가 '江革自傭'라는 제목으로 실려 있다.
__ 현존하는 『이십사효도』들에는 이 이야기가 '行傭供母'라는 제목으로 실려 있기도 한데, 강혁의 국적이 후한(後漢)으로 된 경우도 있다.

20　이때의 점은 '數'이 입성으로 발음되며 "자주"의 의미로 쓰였음을 표시한 권점(圈點)이다.

薛包洒掃^{설포쇄소} 漢^한

薛包洒掃설포쇄소 漢한

쓰레질을 한 설포 _ 한나라

설포薛包의 아버지가 후처를 들였는데 후처가 설포를 미워했다. 아버지가 설포에게 집에서 나가라고 했으나 설포가 밤낮을 울며 나가지 않았다. 매를 들어 때리자 그제서야 마지못해 나갔다.

설포는 문밖에 오두막을 짓고 아침마다 집에 들어와 마당을 쓸었다. 아버지가 노하여 또 내쫓으니 마을에 오두막을 짓고 아침저녁으로 찾아오기를 한 해 넘게 하였다. 결국 부모가 스스로를 부끄럽게 여겨 설포에게 돌아오라고 했다.

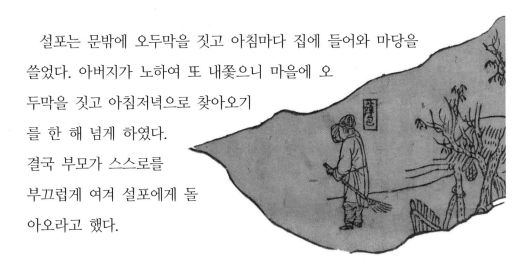

부모가 돌아가신 후 동생들이 살림을 나눠 따로 살겠다고 했다. 설포가 차마 말리지 못하고 재산을 나누어 주었다. 노비는 늙은 노비를 가지며 "나와 함께 일한 지 오래되어 너희들은 부리지 못한다.", 농막은 좋지 않은 것을 가지며 "젊을 때부터 쓰던 것이라 좋구나.", 기구는 해어진 것을 가지며 "전부터 사용하던 것이라 편안하구나."라고 했다.

동생들이 자주 재산을 탕진했으나 그때마다 다시 재산을 나눠 주었다. 후에 안제安帝가 설포에게 시중侍中 벼슬을 시켰다.

[언해문]

薛·셣包·봌·이 아비 ●後:횡ㅅ :겨집 ●어·라 包·봌·룰 믜·여 ·나가·라 ·ᄒ야·놀
·밤·낫 :울·오 아·니 ·나가·거·늘 ·틴·대 ●:모·지마·라 門·몬밧·긔 ●:가·개 :짓·
·고 이·셔 아·ᄎ·미어·든 ·드·러 ●·뜰·에 질 ·ᄒ거·늘 아비 怒:노·ᄒ·야 ·ᄯᅩ :내
조·ᄎ·ᄃᆡ ᄆᆞ술·히 :가·개 :짓·고 이·셔 ●아·ᄎᆞᆷ나조·히 ·오더·니 ·ᄒ ·ᄒᆡ ●남죽·
·고 父:뿡母:뭏ㅣ ●붓·그·려 도·라오·라 ·ᄒ·니·라 父:뿡母:뭏ㅣ ●:업거·늘 ●앗
·이 生성計·계 논·호·아 ●·닫 사·로·려 커·늘 ●말·이·둘 :몯·ᄒ·야 奴노婢:삐
·란 늘·그니·롤 가·지·며 닐·오·ᄃᆡ 나·와 ·ᄒ·야 ᄒ·ᄃᆡ ●:일·ᄒ얀 (효자도 7a)

[대역문]

薛^설包^포의 아비 후처 얻어 包^포를 미워하여 나가라 하거늘 밤낮 울고 아니 나가거늘 치니 마지못해 문밖에 오두막 짓고 있어 아침이거든 들어 쓰레질 하거늘 아비 怒^노하여 또 내쫓으니 마을에 오두막 짓고 있어 아침 저녁에 오더니 한 해 남짓하고 父母^{부모}가 부끄러워하여 돌아오라 하니라. 父母^{부모}가 없거늘 동생이 生計^{생계} 나눠 따로 살려 하거늘 말리지 못하여 奴婢^{노비}는 늙은이를 가지며 이르되 "나와 하여 한데 일한

[언해문]

·디 오·라·니 너:희²¹ :몯 ·브·리·리·라 **⑭** 므·르무·란 **⑮** 사·오나·뷘·니·를 가·지·며
닐·오·디 져·믄 ·제브·터 ·ᄒ던 거·시·라 :됴·히 너·기노·라 器킝具·꾸·란 **⑯** ·ᄒ
·야디·니·를 가·지·며 닐·오·디 **⑰** :아·래브·터 ·쓰·던 거·시·라 내게 **⑱** 便뼌安한
·ᄒ·애·라 ᄒ·고 가지더·라 앗·이 ᄌ·조 生싱計·계 **⑲** 배·야·도 ·곧 ·주더·니 安한
帝·뎨 侍·씨中듕ㅅ 벼·슬 **⑳** :ᄒ·시니·라 (효자도 7b)

[대역문]

지 오래니 너희 못 부리리라." 농막은 사나운 것을 가지며 이르되 "젊을 제부터 하던 것이라 좋이 여기노라."
器具^{기구}는 해어진 것을 가지며 이르되 "예전부터 쓰던 것이라 내게 便安^{편안}하구나." 하고 가지더라. 동생이 자주
生計^{생계} 없애거든 곧 주더니 安帝^{안제}가 侍中^{시중}의 벼슬 시키시니라.

---

21   선조 개혁판인 일석문고본까지는 '너희'로 되어 있으나 영조 개혁판인 고려대본부터는 '너'로 되어 있다.

[주석]

❶ 後ㅅ 겨집
후처(後妻). 後 + ㅅ(관형격조사) # 겨집[妻]. 한자어 '後'와 고유어 '겨집'이
관형격조사 'ㅅ'을 매개로 결합된 점이 눈에 띈다.
➠ [문법] 14_관형격조사
➠ [어휘] 01_'갓, 각시, 겨집'

❷ 어라
얻어. 교합하여. 얼-(← 얻-)[娶] + -아(연결어미). 'ㄷ' 불규칙 동사 '얻다'는
"교합하다, 성교하다"의 기본 의미로부터 "아내를 얻다, 장가들다"의 의미로도
쓰이게 되었다. 연결어미 '-아'가 쓰인 것은 모음조화에 어긋나는 것으로 보이지
만 이와 같은 결합 양상을 중세국어 문헌들에서 종종 찾아볼 수 있다. [참고]
처섬 펴아 나ᄂᆞᆫ 소리 ㄱᆞ트니라〈훈민정음 언해본(1447) 정음:4a〉.
➠ [어휘] 30_{얻다!}

❸ 모지마라
𝕡 마지못해. 한문 원문의 '不得已'를 언해한 것으로 어형의 정확한 구성을 설명
하기는 쉽지 않다. 뒷부분 '마라'는 동사 '말다[勿]'의 활용형으로 이해할 수 있겠
으나 앞부분 '모지'의 정체는 알 수 없다. 다른 문헌에서도 그 쓰임을 찾아볼
수 있다. [참고] 츠기 너겨 모지마라 졿더라도〈석보상절(1447) 9:12a, 월인석보
(1459) 9:29a〉. 쏘 ᄒᆞ다가 모지마라 俚人의 食을 머그린 生甘草 ᄒᆞᆫ 寸을 누로니
시버 ᄉᆞᆷ셔〈구급방언해(1466) 하:51b〉.

❹ 가개
𝕟 오두막[廬]. [참고] 棚 가개 붕 如本國遮檐又山臺曰鼇棚〈훈몽자회_초간
(1527) 중:3〉.

❺ ᄡᅳᆯ에질
𝕟 쓰레질. 비로 쓸어서 집 안을 깨끗이 하는 일. 'ᄡᅳᆯ에질'은 동사 'ᄡᅳᆯ-[掃]'에
명사 파생 접미사 '-게'가 결합해 명사 '*ᄡᅳᆯ에(← *ᄡᅳᆯ게)가 되고, 여기에 다시
명사 파생 접미사 '-질'이 결합한 것으로 이해된다. 현대국어의 '쓰레기', '쓰레
받기' 등의 '쓰레-'도 이 '*ᄡᅳᆯ에'와 관련된 것으로 생각된다.
➠ [문법] 09_명사 파생 접미사

❻ 아ᄎᆞᆷ나조ᄒᆡ
아침저녁에. 아ᄎᆞᆷ나조ᄒᆞ[晨昏] + 의(부사격조사). '아ᄎᆞᆷ'의 성조는 [LH]이지만,
'아ᄎᆞᆷ나조ᄒᆞ'에서는 항상 [LL]으로 나타난다. 15세기에는 두 어근이 만나 합성
어를 이룰 때 성조가 변하지 않는 것이 일반적이므로, '아ᄎᆞᆷ나조ᄒᆞ'는 15세기
이전에 이미 합성법을 거친 단어로 해석해 볼 수 있다. '나죄'는 '우희〉위'와
같은 경우처럼 '나조ᄒᆡ'에서 'ㅎ'가 탈락해 만들어진 형태로 생각된다.
➠ [어휘] 41_'ㅎ' 보유 체언

❼ 남죽고
남짓하고. 남죽-(← 남죽ᄒᆞ-) + -고(연결어미). '거북지, 섭섭지, 깨끗지'의 경
우처럼 현행 한글맞춤법 제40항의 [붙임 2]에는 어간의 끝음절 '하'가 줄어들
때 준 대로 적는 규정이 있다. 이것은 파생 접미사 '-하-'가 결합된 어근의 종성
이 /ㄱ, ㅂ, ㅅ/과 같은 무성 자음일 경우로 '남죽고'는 이러한 현상이 중세국어에
서부터 있었음을 알게 해 준다.
➠ [음운] 08_'ㅎ-' 탈락

❽ 붓그려	부끄러워하여. 부끄럽게 여겨. 붓그리-[慚] + -어(연결어미). 동사 '붓그리다'에서 파생된 형용사 '붓그럽다'가 오늘날 '부끄럽다'가 되었다. 이 형용사 '부끄럽-'에 '-어하다'가 결합해 현대국어의 동사 '부끄러워하다'가 만들어졌다. 중세국어에서는 '붓그리다'처럼 단독으로 심리 구문을 형성하는 동사가 있었으며, 이와 같은 심리동사로는 '깄다[喜]', '슳다[悲]', '두리다[怖]' 등이 있다.
	⇒ [문법] 06_심리 동사와 심리 형용사
❾ 업거늘	없거늘. 업-(← 없-)[亡] + -거늘(연결어미). 이때 '父母ㅣ 업거늘'은 문맥상 부모의 부재, 즉 부모가 돌아가시고 세상에 계시지 않은 상황을 이야기한 것이다.
	⇒ [어휘] 31_'없다[死]'
❿ 앗이	아우가. 앗(← 아ᅀᆞ)[弟] + 이(주격조사). '아ᅀᆞ'는 모음으로 시작하는 조사와 결합하면 그 형태가 '앗'으로 바뀌는데, 이것은 'ᄀᆞᄅᆞ~ᄀᆞᆯ/ᄀᆞᆯ라, ᄒᆞᄅᆞ~ᄒᆞᆯ라, ᄆᆞᄅᆞ~ᄆᆞᆯ라, 노ᄅᆞ~놀라, 여ᅀᆞ~엿' 등 2음절에 'ㆍ'를 가졌던 중세국어 체언들의 특징이기도 하다.
	⇒ [문법] 01_체언의 특수한 형태 교체
⓫ 닫	閉 따로[異]. '닫'과 더불어 중세국어에는 유사한 의미의 'ᄠᆞ로'도 나타난다. [참고] 特은 누믜 므리예 ᄠᆞ로 다ᄅᆞᆯ씨라 〈석보상절(1447) 6:7a〉.
⓬ 말이돌	말리지. 말이-[止] + -돌(연결어미). '말이다'는 '말다'의 어간에 사동 접미사가 결합해 만들어진 사동사이다. 이때 사동사의 어간 형태가 '말이-'와 같이 표기된 것은 통시적으로 사동 접미사(아마도 '*-기-')에서 일어난 /ㄱ/ 탈락의 흔적을 분철의 형태로 표기에 반영했기 때문이라고 생각해 볼 수 있다. ':말·다'의 어간은 상성임에 비해, '말·이·다'의 '말'은 평성이라는 사실이 확인된다. 이를 통해 이른바 '평/상 교체 어간'인 '말-'에 결합한 사동 접미사 '-이-'는 /ㄱ/이 약화된 유성 마찰음이 아닌, 순수 모음으로 이루어진 요소라는 점을 알 수 있다. 따라서 파생 과정과 관련된 '말이다'에서의 분철 표기는 공시적 음운 현상의 반영이 아닌, 통시적 변화의 흔적을 보여 주는 것이라고 하겠다.
	⇒ [음운] 04_/ㄱ/ 탈락
	⇒ [음운] 10_성조 변동
	⇒ [문법] 32_사동 표현
⓭ 일ᄒᆞ얀 디	일한지. 일ᄒᆞ- + -야-(← -거-, 선어말어미) + -ㄴ(관형사형어미) # 디(의존명사). '야'는 선어말어미 {-거-}의 형태론적 이형태로 동사 'ᄒᆞ-' 뒤에서만 출현한다. '디'는 현대국어의 '지'에 해당하는 의존명사이다. [참고] 妻眷 두외얀 디 三 年이 몯 차 이셔 〈석보상절(1447) 6:4a〉.
	⇒ [문법] 21_선어말어미 {-거-}_선어말어미 {-거-}의 이형태 교체
⓮ ᄆᆞᄅᆞᄆᆞ란	농막(農幕)은. ᄆᆞᄅᆞᆷ[田廬] + ᄋᆞ란(보조사). 한문 원문의 '田廬'는 농막, 즉 농사짓는 데 편리하도록 논밭 근처에 간단하게 지은 집을 가리킨다. [참고] 莊은 ᄆᆞᄅᆞ미라 〈월인석보(1459) 21:92a〉. 한편, 보조사 'ᄋᆞ란'은 '은'과 달리 주어 자리에

쓰이지 못하고 주로 목적어나 부사어 자리에 쓰인다. 이는 현대국어의 '일랑'으로 이어진다.

➠ [문법] 16_보조사_중세국어의 보조사 {ᄋᆞ란}

❶❺ 사오나ᄫᆞ니　사나운 것. 나쁜 것. 사오날-[荒頓] + -ᄋᆞᆫ(관형사형어미) # 이(의존명사). 현대국어에서와 달리 중세국어에서 의존명사 '이'는 사물을 가리킬 수 있었다. '사오날다(〉사납다)'는 상황이나 사정 따위가 순탄하지 못하고 나쁘다는 의미로 쓰였다.

➠ [어휘] 24_'사오날다'

❶❻ ᄒᆞ야디니ᄅᆞᆯ　해어진 것을. ᄒᆞ야디-[朽敗] + -ㄴ(관형사형어미) # 이(의존명사) + ᄅᆞᆯ(목적격조사). 'ᄒᆞ야디다'는 기원적으로 'ᄒᆡ다'와 '디다'의 통사적 합성어로 생각되는데, 이때 'ᄒᆡ다'의 의미는 정확히 알기 어렵다. 중세국어의 형용사 'ᄒᆡ다[白]'는 'ᄒᆞ야디다'와 첫 음절의 성조가 일치하는데, 옷감이나 물건이 상할 때 색깔이 희어지는 점을 고려하면 'ᄒᆞ야디다'의 'ᄒᆡ다'를 형용사 'ᄒᆡ다[白]'로 볼 가능성이 있다. 참고로, "망가뜨리다, 훼손하다, 없애다"의 의미를 가진 동사 'ᄒᆞ야ᄇᆞ리다'와의 관계도 고려할 필요가 있다.

➠ [어휘] 39_'ᄒᆞ야디다, ᄒᆞ야ᄇᆞ리다'

❶❼ 아래브터　예전부터. 아래(下) + 브터. 이때 ':아·래'는 상성-거성의 성조를 지니고 있어 예전이라는 시간의 뜻을 갖는다. 아래[下]라는 공간의 뜻을 갖는 경우는 '아래'와 같이 평성-거성의 성조를 지닌다는 점에서 차이가 있다.

➠ [음운] 11_성조에 의한 의미 변별

❶❽ 便安ᄒᆞ얘라　편안하구나. 便安ᄒᆞ- + -얘라(←-에라, 종결어미). 감탄형 종결어미 '-에라'는 'ᄒᆞ-' 뒤에서 '-얘라'로 실현된다. '-에라'는 다른 감탄형 종결어미와 달리 감탄문과 평서문의 중간적 성격을 갖는다.

➠ [문법] 28_감탄형 종결어미

❶❾ 배야ᄃᆞᆫ　없애거든. 배-[破] + -야ᄃᆞᆫ(←아ᄃᆞᆫ, 연결어미). '배다'의 어간은 본래 상성을 갖는데, '배야ᄃᆞᆫ'에서 '배'의 성조가 평성인 것은 모음으로 시작하는 어미 '-야ᄃᆞᆫ' 앞에서 상성이 평성으로 실현되었기 때문이다. '배다'는 이른바 '평/상 교체 어간'에 해당한다.

➠ [음운] 10_성조 변동
➠ [문법] 21_선어말어미 {-거-}_선어말어미 {-거-}의 이형태 교체

❷⓿ ᄒᆡ시니라　시키시니라. ᄒᆡ-[令] + -시-(←-ᄋᆞ시-, 선어말어미) + -니-(선어말어미) + -라(←-다, 종결어미). ':ᄒᆡ·다'의 어간은 '·ᄒᆞ다'의 어간에 사동 접미사 '-·이-'가 결합해 만들어진 것으로 이해되는데, 어간의 성조가 거성이 아닌 상성으로 나타나는 점이 흥미롭다. 'ᄒᆞ-'는 사동 접미사 '-이-' 앞에서 평성으로 바뀌고, 사동 접미사 '-이-'는 거성을 가지므로 둘이 축약되어 'ᄒᆡ'로 나타날 때 '평성+거성=상성'의 규칙에 따라 'ᄒᆡ'는 상성으로 실현된다.

➠ [음운] 10_성조 변동

[한문 원문 및 시찬]

薛包。 汝南人。 父娶後妻。 憎包分出之。 包日夜號泣不去。 至被毆朴。 不得已。 廬于外。
早入灑掃。 父怒又逐之。 乃[22]廬于里門。 晨昏不廢。 歲餘。 父母慚而還之。 父母亡。 弟求
分財異居。 包不能止。 奴婢引老者。 曰與我共事久。 若不能使也。 田廬取荒頓者。 曰少時
所治意所戀也。 器物取朽敗者。 曰素所服食。 身口所安也。 弟數破其産。 輒復賑給。 安帝
徵拜。 侍中

설포(薛包)는 여남(汝南) 사람이다. 아버지가 후처를 얻고서 설포를 미워하여 따로 나가 살게
하였으나, 설포가 밤낮으로 울부짖으며 떠나지 않더니, 매를 맞기에 이르러서는 마지못해
문밖에 막을 짓고 자면서 아침에는 일찍 들어와서 쓰레질을 하였다. 아버지가 노하여 또
쫓아내었으나, 이문(里門) 밖에 막을 짓고 아침저녁으로 계속하였는데, 한 해가 지나자 부모가
부끄럽게 여기고 돌아오게 하였다. 부모가 죽자 아우가 재산을 나누어 따로 살기를 바랐는데,
설포가 말릴 수 없으므로, 노비(奴婢)는 늙은 것을 차지하며 말하기를, "나와 함께 일해 온
지 오래므로 너는 잘 부리지 못할 것이다." 하고, 땅과 집은 황폐한 것을 가지며 말하기를,
"젊어서부터 다루어 온 것이므로 정이 가는 것이다." 하고, 기물(器物)은 낡고 깨어진 것을
가지며 말하기를, "본디부터 입고 먹는 데에 쓰던 것이므로 몸과 입에 편안하다." 하였다.
아우가 자주 파산(破産)하였는데, 그때마다 다시 대어 주었다. 안제(安帝)가 불러서 시중(侍
中) 벼슬을 시켰다.

詩 不得親心涕泗濡。 晨昏灑掃守門閭。
積誠感得親顏悅。 父子和諧遂厥初
中分財産讓田廬。 孝義能全世罕如。
自是佳名聞闕下。 侍中有命召公車

부모 마음에 들지 못하니 눈물 흘리며, 아침저녁 청소하고 문을 지켰네.
정성 쌓아 부모 기쁨 얻어내더니, 부자의 화합함이 처음처럼 되었네.
재산을 나눌 때에 좋은 전택 사양하니, 효와 의가 온전하기 세상에서 드무네.
이로부터 착한 이름 대궐까지 알려져, 임금이 불러 들여 시중 벼슬 시켰네.

贊 父兮憎兒。 多因繼室。 兒若至誠。 將悔其失。 包也被毆。 未忍遠出。 慚而還之。 終始如
一

자식 미워하는 것은 흔히 후처 때문이나, 효성이 지극하면 잘못을 뉘우치리. 설포는 매 맞아도
차마 멀리 안 떠나니, 부끄러워 도로 불러 처음처럼 살더라.

---

22   志部昭平(1990:45)에서는 '乃'가 빠져있다.

[텍스트 정보]

__ 『효순사실』의 본문과 시, 『효행록』의 후찬이 실렸다.

__ 『삼강행실도』의 한문 원문은 『효순사실』의 본문으로부터 다음과 같이 달라졌다.

薛包。汝南人。少有至性。父娶後妻而憎包○分出之。包日夜號泣不能去。至被毆朴不得已○廬于外。旦入灑掃。父怒又逐之。乃廬于里門晨昏不廢。積歲餘○父母慚而還之。及父母亡。弟子求分財異居。包不能止。乃中分其財。奴婢引老羸者曰彼與我共事久○若不能使也。田廬取其荒頓者。曰吾少時所治意所戀也。器物取其朽敗者。曰吾素所服食○身口所安也。弟子數破其産○輒復賑給。漢安帝聞其名。令公車特徵至○拜侍中。包以死自乞。有詔賜告歸。加禮焉。

__ 『삼강행실도』의 시는 『효순사실』에서 '又'로 연결되어 있는 두 수의 7언시를 격간(隔間)의 형식을 사용해 옮겨 놓았다.

__ 『孝行錄』에는 이 이야기가 '薛包被毆'라는 제목으로 실려 있다.

---

23   이때의 점은 '數'이 입성으로 발음되며 "자주"의 의미로 쓰였음을 표시한 권점(圈點)이다.

孝娥抱屍효아포시 漢한

2
3
1

주검을 안은 효녀 조아_한나라

조아曹娥가 스물네 살 때, 무당인 아버지가 굿을 하던 중에
불어난 강물에 빠져 죽었다.

조아가 물가를 따라 다니며 열이레 동안 밤
낮으로 울다가 물에 몸을 던져 죽었다.

이튿날 아버지의 주검을
안은 조아의 시신이 물 위로 떠올랐다.

후에 관아에서 다시 장사 지내고 조아의 효행을 기리는 비석을 세웠다.

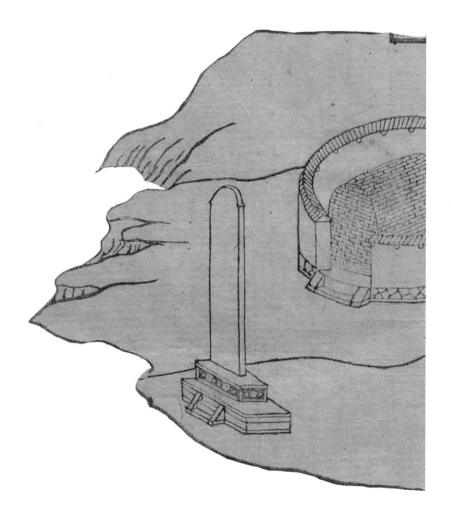

曹쫑娥아ㅣ·라 ❶·홀 ·ᄯ·리 ❷·나·히 ❸·스·믈:네·히러·니 아·비 ·ᄆ·레 죽거·늘
❹·믌:ᄀ·술 조·차 ·밤·낫 ·열닐·웨·롤 소·리·롤 그·치·디 아니·ᄒ·야 ❺·우다·가
·ᄆ·레 ❻·ᄲ*·여·ᄃ·러 주·거 ❼이·틄나·래 아·비·롤 :안·고 ·ᄠ니·라 後:휗에 ❽그
위·예·셔 ❾고·텨 묻·고 碑비 :셰니·라 (효자도 8a)

[대역문]

曹_조娥_아라 하는 딸이 나이가 스물넷이더니 아비 물에 죽거늘 물가를 쫓아 밤낮 열이레를 소리를 그치지 아니하
여 울다가 물에 뛰어들어 죽어 이튿날에 아비를 안고 뜨니라. 後_후에 관아에서 다시 묻고 碑_비을 세우니라.

[주석]

❶ 홀 　　하는. ᄒ-[爲] + -오-(선어말어미) + -ㄹ(관형사형어미). '曹娥ㅣ라 홀 ᄯ리'는
　　본래 'ᄯ롤 曹娥ㅣ라 ᄒ다' 정도의 문장으로부터 온 것으로 파악할 수 있으므로,
　　이때 사용된 선어말어미 '-오-'는 피수식 명사가 목적어임을 나타내는 대상법
　　선어말어미로 볼 수 있다. 또한 뒤에 쓰인 관형사형어미 '-ㄹ'은 미래적 의미와
　　무관한 시제 중립적인 용법을 보여 준다.
　　➡ [문법] 20_선어말어미 {-오-}_관형사형에 쓰인 선어말어미 {-오-}

❷ 나히 　나이가. 나ㅎ[年] + 이(주격조사). 현대국어의 '나이'는 중세국어 시기에 'ㅎ'
　　보유 체언인 '나ㅎ'의 형태로 나타나며, '나이'는 '나ㅎ'의 주격조사 결합형 혹은
　　계사 결합형 '나히'가 하나의 형태로 굳어진 후 /ㅎ/이 탈락한 것이다. '나히를',

'나히는'과 같이 다른 조사와의 결합형이 처음 나타나기 시작하는 시기는 19세기 이후이다.

⟶ [어휘] 41_'ㅎ' 보유 체언

❸ 스믈네히러니 스물넷이더니. 스믈네ㅎ[二十四] + 이-(계사) + -러-(← -더-, 선어말어미) + -니(연결어미). '스믈네ㅎ'은 'ㅎ' 보유 체언으로서, 계사 '이-'와 결합하여 'ㅎ'의 모습을 드러냈다. '-러-'는 선어말어미 '-더-'의 이형태로서 계사와 결합하거나 선어말어미 '-리-' 뒤에서 '-러-'로 교체된다.

⟶ [어휘] 41_'ㅎ' 보유 체언

⟶ [문법] 12_계사_계사 뒤 어미의 이형태 교체 양상

❹ 믌ᄀᆞ솔 물가를. 믌ᄀᆞᇫ[涯] + 올(목적격조사). '믌ᄀᆞᇫ'은 명사 '믈[水]'과 'ᄀᆞᇫ[邊]' 사이에 관형격조사 'ㅅ'이 결합해 형성된 합성어이다. 단독형으로 출현할 경우 '믌ᄀᆞᆺ'으로 나타나며, 모음으로 시작하는 조사와 결합하면 '믌ᄀᆞᅀᅢ', '믌ᄀᆞᅀᅵ라'에서처럼 'ㅿ'의 형태가 드러난다.

⟶ [문법] 14_관형격조사_{ㅅ}을 내포한 합성어와 명사구의 구분

❺ 우다가 울다가. 우-(← 울-)[哭] + -다가(연결어미). 현대국어에서와 달리 15세기 국어에서는 /ㄹ/이 /ㄴ, ㄷ, ㅅ, ㅿ, ㅈ, ㅌ/ 등의 치경 자음 앞에서 탈락하므로 '우다가'의 형태로 나타난다.

⟶ [음운] 05_/ㄹ/ 탈락

❻ 뛰여드러 뛰어들어. 뛰여들-[投]+-어(연결어미). 중세국어 '뛰여들다'는 '뛰다[躍]'와 '들다[入]'의 통사적 합성어이다. '뛰다'는 형태상 현대국어 '튀다'에 소급되지만 의미 변화를 겪은 것으로 보인다. '튀다'는 '탄력 있는 물체가 솟아오르다, 작은 물체나 액체 방울이 위나 옆으로 세게 흩어지다' 등을 의미하나 중세국어 '뛰다'가 쓰인 9개의 용례는 전부 현대국어 '뛰다'의 의미, 즉 '있던 자리로부터 몸을 높이 솟구쳐 오르다'를 의미한다.

❼ 이틄나래 이튿날에. 이틄날[明日] + 애(부사격조사). '이틄날'은 '이틀+ㅅ(관형격조사)+날'로 분석할 수 있다. 중세국어 시기에 '이틄날' 외에 '이틋날'과 '이튿날'도 나타나는데, '이틋날'은 치경 자음 앞에서 선행 체언 말음의 /ㄹ/이 탈락한 것이고, '이튿날'은 제2음절 말음이 불파음화된 후 후행하는 음절 초성의 /ㄴ/에 의해 비음화된 것이다. 현행 한글맞춤법 제29항에서는 '이튿날'과 같이 역사적으로 /ㅅ/에 의해 /ㄹ/이 탈락하면서 /ㄷ/ 소리로 불파음화된 단어의 경우에 받침을 'ㄷ'으로 적도록 규정하고 있는데, 이에 해당하는 단어로는 '반짇고리', '섣달' 등이 있다.

❽ 그위예셔 관아에서. 그위[官衙] + 예셔(← 에셔, 부사격조사). 중세국어 '그위'는 '구위, 구의'의 형태로도 나타나며, 주로 "관청"의 의미로 사용되나 드물게 '즉자히 그위를 더디고 도라온대(卽日棄官歸家) 〈효자:21a〉'에서처럼 "관직"을 나타내기도 하고, '百官ᄋᆞᆫ 온 그위니 한 臣下를 니ᄅᆞ니라 〈석보상절(1447) 3:7a〉'에서처

럼 "관원"을 의미하기도 한다. 여기에서는 "관아, 관청"의 의미로 사용되었다.

➥ [어휘] 04_'그위, 그위실'
➥ [음운] 09_활음 첨가

❾ 고텨 다시. 고쳐. 고티-[改] + -어(연결어미). 중세국어 '고티다'는 '곧-[直]'에 사동 접미사 '-히-'가 결합한 것이다. '고티다'가 "제대로 되게 하다, 병을 낫게 하다, 바로잡다, 바꾸다" 등을 의미하는 경우 현대국어 '고치다'의 용법과 크게 다르지 않으나, '일즉 여러 번 고텨 넑고 눈믈 흘리디 아니티 아니ᄒᆞ니 〈소학언해(1588) 6:24b〉'에서처럼 "거듭하다"의 의미로 쓰이는 경우도 있다. 한문 원문에서 '改葬'이 "다시 장사 지냄"을 의미하는 사실을 고려하면 여기서의 '고텨' 역시 "거듭하여", "다시"의 의미로 해석할 수 있다.

[한문 원문 및 시찬]

孝女曹娥者。會稽人。父盱爲巫祝。漢安二年五月五日。於縣江。泝濤迎婆娑神。值江水大發而遂溺死。不得其屍。娥年二十四。乃沿江號哭。晝夜不絶聲。旬有七日。遂投江而死。抱父屍而出。後吏民改葬樹碑焉

효녀 조아(曹娥)는 회계(會稽) 사람이다. 아버지 조우(曹盱)가 무당이 되어, 한안(漢安 순제(順帝)의 연호) 2년(143) 5월 5일에 고을의 강가에서 물결을 향하여 파사신(婆娑神)을 맞이하다가 강물이 크게 불어서 드디어 빠져 죽었는데, 그 주검을 찾지 못하였다. 그때에 조아는 스물네 살인데, 강을 따라 다니면서 울부짖어 밤낮으로 그 소리가 끊이지 않더니, 열이레 만에 결국²⁴ 강물에 몸을 던져 죽었는데, 아버지의 주검을 안고 떠올랐다. 뒤에 관리와 백성이 다시 장사하고 비(碑)를 세웠다.

贊 孝娥姓曹。父溺驚濤。娥年卄四。晝夜哀號。聲不暫停。旬又七日。投江抱屍。經宿以出。誠貫穹壤。淚溢滄浪。黃絹妙筆。萬世流芳

효녀 조아의 아버지가 거센 물에 빠졌을 제, 나이 스물넷으로 밤낮없이 슬피 불러, 소리 잠시 안 멈추더니, 열이레 만에 강에 빠져 주검 안고 한 밤 지내 떠올랐네. 정성은 천지를 관통했고, 눈물은 강에 넘쳐, 절묘한 글솜씨로 좋은 이름 전하네.

[텍스트 정보]

__『효행록』의 본문과 전찬이 실렸다.
__『삼강행실도』의 한문 원문은 『효행록』의 본문으로부터 다음과 같이 달라졌다.

---

24 세종대왕기념사업회의 현대어역에서는 '遂'를 '드디어'로 번역하였으나, 여기에서는 자연스러운 현대어역을 위해 '결국'으로 번역하였다.

孝女曹娥者會稽上虞人也父盱爲巫祝漢安二年五月五日於縣江泝濤迎婆娑神値江水大發
而逐溺死不得其屍娥年二十四乃沿江號哭晝夜不絶聲旬有七日遂投江而死抱父屍而出後
吏民改葬樹碑焉

__『삼강행실도』의 찬은 『효행록』의 전찬을 옮겨 놓은 것이다.

孝娥姓曹父溺驚濤娥年卄四晝夜哀號聲不暫停旬又七日投江抱屍經宿以出誠貫穹壤【天
地也】淚溢滄浪黃絹妙筆萬世流芳【曹娥碑陰云黃絹幼婦外孫韲臼黃絹色絲絶字也幼婦
少女妙字也外孫女子好字也韲臼受辛辭字也盖言絶妙好辭也】

__일기고사계『이십사효도』에는 '孝娥抱屍'가 실려 있지 않다.

__『후한서』열전(列傳) 권84 열녀전(列女傳)에 '孝女曹娥'의 이야기가 실려 있다. 죽은 나이
가 14세로 되어 있는데, 『효행록』과 『삼강행실도』에는 24세로 되어 있고 『오륜행실도』에
서 다시 14세로 바로잡았다.

孝女曹娥者, 會稽上虞人也。父盱, 能絃歌, 爲巫祝。漢安二年五月五日, 於縣江泝濤迎婆
娑神, 溺死, 不得屍骸。娥年十四, 乃沿江號哭, 晝夜不絶聲, 旬有七日, 遂投江而死。至元
嘉元年, 縣長度尚改葬娥於江南道傍, 爲立碑焉。

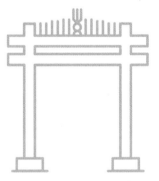

黄香扇枕^{황향선침} 漢^한

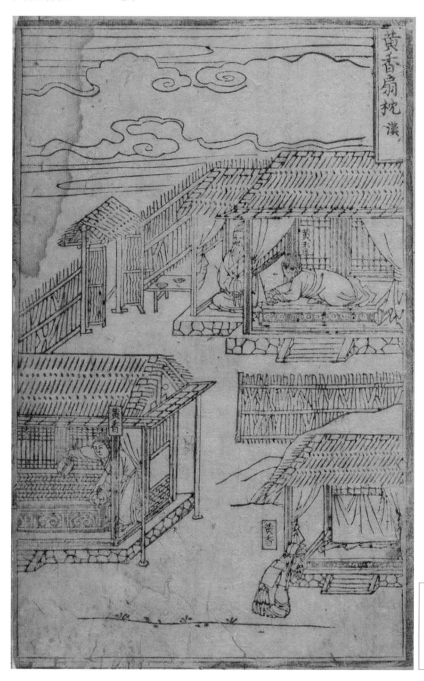

3
2 1

베갯머리에서 부채질한 황향 _ 한나라

황향黃香이 아홉 살 때 어머니를 잃고 몹시 슬퍼하여 몸이 여위고 거의 죽을
지경이 되었다. 그 모습을 본 마을 사람들이 황향의 효성을 칭찬했다.

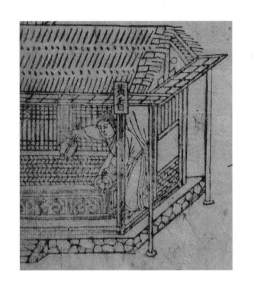

황향은 혼자서 아버지에게 효도하였는데, 여름이면 베개와 돗자리를 부채로 부쳐 잠자리를 시원하게 해드렸다.

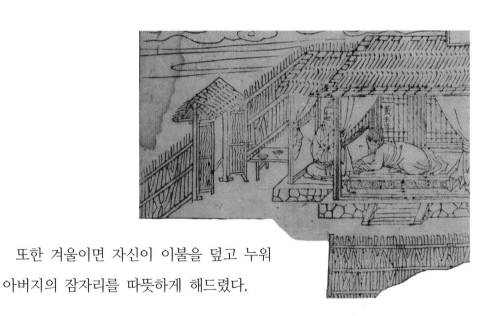

또한 겨울이면 자신이 이불을 덮고 누워 아버지의 잠자리를 따뜻하게 해드렸다.

강하 태수 유호가 황제께 아뢰어 표창하니 황향의 이름이 세간에 널리 알려졌다. 후에 벼슬이 상서령尙書令에 이르고 자손이 다 귀하게 되었다.

黃黆25香향·이 아·호·빈 저·긔 ·어·미 일·코 ❶슬·허 주·굶 ·ᄃ·시 ❷ᄃ외어·늘 ᄆ윬 :사ᄅ·미 孝·효道·뚤·룰 ❸일ᄏᆞᆫ·더·니 ❹ᄒ오·ᅀᅡ 아·비·룰 孝·효道·뚤ᄒ·야 ❺녀·르·미·면 ❻·벼개·와 돗·과·룰 ❼부·체 붓·고 ❽겨·ᅀᅳ·리·면 제 ·모ᄆᆞ·로 니·브·를 ❾두·시 ·ᄒ더·니 員원·이 나·라·히 ❿:엳·ᄌᆞᄫᆞ·니 일·후·미 世·셰間간·애 ⓫들·이 더·니 後:훃·에 벼·스·를 尙쌍書셔令령 ⓬니·르·리 ·ᄒᆞ·야 子·ᄌᆞ孫손·이 :다 노·피 ᄃ외·니·라 (효자도 9a)

[대역문]

黃香^{황 향}이 아홉인 적에 어미 잃고 슬퍼하여 죽을 듯이 되거늘 마을의 사람이 孝道^{효 도}를 일컫더니 혼자 아비를 孝道^{효도}하여 여름이면 베개와 돗자리를 부채 부치고 겨울이면 제 몸으로 이불을 따뜻하게 하더니 員^원이 나라에 여쭈니 이름이 世間^{세 간}에 들리더니 後^후에 벼슬을 尙書令^{상 서 령} 이르게 하여 子孫^{자 손}이 다 높이 되니라.

---

25   志部昭平(1990:48)에서는 성암본의 경우 이 부분이 '황'으로 되어 있음을 언급하고 있다. 런던본에서도 '황'으로 나타나는데, 이는 '黆'의 잘못이다.

❶ 슬허   슬퍼하여. 슳-[悲] + -어(연결어미). 중세국어의 동사 '슳다'는 현대국어 '슬프
다'에 그 흔적을 남기고 있으며, "슬퍼하다", "슬프게 여기다"의 의미로 쓰였다.
'슳다'에 '-어 ᄒᆞ다'가 결합된 '슬허ᄒᆞ다'도 존재하였는데, '슳다'와 의미적 차이
는 거의 없다. 형용사 '슬프다'는 동사 '슳-'에 형용사 파생 접미사 '-브-'가
결합된 것이고, '슬퍼하다'는 형용사 '슬프-'에 다시 '-어하다'가 결합되어 동사
로 만들어진 것이다. 중세국어에서는 '슳다'처럼 단독으로도 심리 구문을 형성하
는 동사가 있었으며, 이와 같은 심리동사로는 '깄다[喜]', '두리다[怖]' 등이 있다.
  ➠ [문법] 06_심리 동사와 심리 형용사

❷ 두외어늘   되거늘. 두외-[化] + -어늘(← -거늘, 연결어미). 중세국어 '두외다'는 '두ᄫᅵ다
〉두외다〉도외다〉되다'와 같은 역사적 변화를 겪었음을 볼 수 있다. 연결어미
'-어늘'은 '-거늘'에서 /ㄱ/가 탈락한 것이다. 15세기 공시적 현상인 /ㄱ/ 탈락
은 형태소 경계를 전제로 음운론적 조건(선행 요소가 /ㄹ/이나 활음 /j/) 또는
형태론적 조건(계사 뒤)을 지닌 형태음운 현상으로 파악될 수 있다.
  ➠ [음운] 04_/ㄱ/ 탈락
  ➠ [문법] 22_연결어미 {-거든}, {-거늘}

❸ 일ᄏᆞ더니   일컫더니. 일ᄏᆞ-[稱] + -더-(선어말어미) + -니(연결어미). 중세국어 '일ᄏᆞ다'
는 어원적으로 두 동사의 어간 '*잃-[名]'과 '곧-[曰]'이 결합된 비통사적 합성
어이다. "~라고 이름하다"를 의미하는 동사 '*잃다'는 중세국어 문헌에서 활용
형이 문증되지 않으나 '일홈(〉이름)'에 그 흔적을 남기고 있다. '일홈'은 본래
'*잃-'에 명사형어미 '-옴'이 결합된 것인데 중세국어 당시 이미 명사로 쓰임이
굳어졌음을 볼 수 있다. [참고] 鹿野苑은 짯 일후미라 〈월인석보(1459) 4:63a〉.
  ➠ [어휘] 36_'*잃다'

❹ ᄒᆞ오ᅀᅡ   명 혼자. 'ᄒᆞ오ᅀᅡ'는 'ᄒᆞ올[獨]'에 뜻을 강조해 주는 접미사 'ᅀᅡ'가 결합한 것으로,
'ᅀᅡ'의 /ᅀ/에 의해 'ᄒᆞ올'의 /ㄹ/이 탈락하였다. 15세기 문헌에서는 'ᄒᆞ오ᅀᅡ'와
함께 'ᄒᆞᄫᆞᅀᅡ'가 나타나므로 기원적으로는 [獨]의 뜻을 나타내는 명사 '*ᄒᆞᄫᆞᆯ'이
존재하였고, 여기에 앞말의 뜻을 강조해 주는 보조사 '-ᅀᅡ'가 결합한 구성이
'*ᄒᆞᄫᆞᆯᅀᅡ'였음을 추정할 수 있다. '*ᄒᆞᄫᆞᆯ'은 현대국어의 '홀아비', '홀어미' 등에
도 흔적을 남기고 있다. 'ᄒᆞᄫᆞᅀᅡ'는 'ᄫ'과 'ᅀ'의 소멸, 파찰음 앞 /ㄴ/ 첨가
등을 거쳐 'ᄒᆞ오ᅀᅡ', 'ᄒᆞ온자', '호자' 등의 어형으로 나타나다가 오늘날 '혼자'의
어형으로 정착하였다.
  ➠ [표기] 06_'ᅀ' 표기
  ➠ [어휘] 40_'ᄒᆞ오ᅀᅡ'

❺ 녀르미면   여름이면. 녀름[夏] + 이-(계사) + -면(연결어미). '녀름'은 근대국어 시기 이후
에 어두의 /ㄴ/가 탈락하면서 '열다[結實]'의 파생 명사 '여름[實]'과 동음이의
관계를 형성하게 되었다. '여름[夏]'의 어원을 '(열매가) 열다'와 관련짓는 견해

가 있으나 중세국어 시기에 두 단어는 '녀름[夏]'과 '여름[實]'의 어형으로 구별되었으므로 어원적으로 무관하다는 것을 알 수 있다.

❻ 벼개와 돗과롤　베개와 돗자리를. 벼개 + 와(접속조사) # 돗(← 돍)[席] + 과(접속조사) + 롤(목적격조사). '벼개'는 동사 어간 '*벼-'에 도구를 나타내는 명사 파생 접미사 '-개'가 결합하여 형성된 파생 명사이다. 15세기 문헌에서 "베개로 머리 아래를 받치다"를 뜻하는 동사로 '*벼다'는 나타나지 않고 '볘다'만이 나타나지만, '겨시다~계시다, 겨집~계집, 어엿비~어옛비~에옛비' 등 중세국어에 나타나는 'ㅕ~ㅖ'의 혼용 현상을 고려하면 '벼~볘'가 쌍형 어간으로 존재했을 가능성을 생각해 볼 수 있다. '돍'은 단독형 또는 자음으로 시작하는 조사와 결합할 경우 '돗'으로 출현하는데, 그 자체로도 현대국어의 '돗자리'를 의미했다. 그러나 19세기에 '돍'과 '자리/ㅈ리'가 결합하여 '돗자리/돗ㅈ리'가 형성되면서 오늘날에는 '돍'이 단독으로 쓰이지 못한다. '과'는 접속조사로서 중세국어 명사구 접속 형식인 'A와/과 B(와/과)'에서 B 뒤에 사용된 경우이다.

➡ [문법] 17_접속조사
➡ [어휘] 21_'베개[枕]'와 '볘다'

❼ 부체　명 부채. '부체[扇]'는 현대국어 '부치다'에 해당하는 중세국어 '붗다[扇]'에 명사 파생 접미사 '-에'가 결합하여 형성되었다. '붗다'는 이어지는 단어 '붗고'에서 확인할 수 있는데, 8종성법에 의해 '붗다'가 '붓다'로 표기되었다.

➡ [어휘] 22_'부체, 붗다[扇]'

❽ 겨스리면　겨울이면. 겨슬[冬] + 이-(계사) + -면(연결어미). '겨슬'은 조사와 결합할 때 '겨슬헤'처럼 /ㅎ/가 나타나기도 하나 이는 극히 일부이며, 대다수는 '겨스리면'처럼 /ㅎ/이 출현하지 않는다. [참고] 겨슬헤 업고 보미 퍼듀믈 보며 (觀冬索而春敷)〈선종영가집언해(1464) 하:44b〉. '겨슬'은 '겨을 〉 겨울/겨울'로 그 형태가 변하지만 /ㅡ/가 /ㅗ/나 /ㅜ/로 바뀌는 이유는 분명하지 않다.

➡ [표기] 06_'ㅿ' 표기

❾ 두시　부 따뜻하게. '두시'는 '둣ㅎ다[溫]'의 어근 '둣'에 부사 파생 접미사 '-이'가 결합된 파생 부사이다. 형용사 '둣ㅎ다'와 관련된 중세국어 단어로는 '두ㅅ다, 둣두시, *듯듯ㅎ다, 덥듯ㅎ다' 등이 있으며, 현대국어 '따뜻하다'의 선대형 '똣똣ㅎ다, 따솟ㅎ다, 땃닷ㅎ다, 땃짯ㅎ다' 등은 18세기 이후부터 나타나기 시작한다.

➡ [어휘] 13_'두시'
➡ [문법] 10_부사 파생 접미사

❿ 엳ㅈ부니　여쭈니. 엳-(← 엳-)[啓, 奏] + -줍-(선어말어미) + -ㅇ니(연결어미). 동사 '엳다[啓, 奏]'는 '그 연논 공소롤 올타 ㅎ시니[可其奏]〈번역소학(1518) 9:42a〉'와 '啓 엳툴 계〈훈몽자회_초간(1527) 상:18b〉'에서 일부 용례를 확인할 수 있으나 대개는 객체 높임 선어말어미 '-줍-'과 결합한 '엳줍다'로 출현한다. 현대국어에서 객체 높임의 특수 어휘 '여쭙다'와 '여쭈다'는 모두 중세국어의 '엳줍다'에서 온 것인데, '여쭈다'는 '여쭤 보다' 등 모음 어미 결합형에서 어간이 재구조화되어

형성된 것으로 볼 수 있다.

⇢ [어휘] 32_'엳즙다'

⇢ [문법] 19_선어말어미 {-습-}

⓫ 들이더니 들리더니. 들이-[被聽, 聞] + -더-(선어말어미) + -니(연결어미). '들이다'는 'ㄷ' 불규칙 용언 '듣다[聽]'에 피동 접미사 '-이-'가 결합한 형태로 현대국어 '들리다'의 소급형이다. '들이다'는 피·사동 접사와 관련된 특수 분철 표기를 보여 준다.

⇢ [표기] 04_특수 분철 표기

⇢ [문법] 31_피동 표현

⓬ 니르리 이르게. 이르도록. 니를-[至] + -이(연결어미). '-이'가 부사 파생 접미사인지 연결어미인지 구분하기 위해서는 결합한 형태가 새로운 의미를 가지는가와 논항을 요구하는가를 살펴야 한다. 이 문장의 '니르리'는 "길이", "내내"를 의미하는 부사 '니르리'와 달리 "이르도록"을 의미하며, '尙書令'을 논항으로 취한다. 따라서 이때 '-이'는 연결어미로 처리한다.

⇢ [어휘] 08_'니르리'

[한문 원문 및 시찬]

黃香。年九歲失母。思慕憔悴。殆不免喪。鄕人稱其孝。獨養其父。躬執勤苦。夏則扇枕席。冬則以身溫被。太守劉護表而異之。自是名聞於世。後官累遷至尙書令。至子瓊及孫皆貴顯

황향(黃香)은 아홉 살에 어머니를 잃고 사모하는 마음이 간절하여 몸이 여위어 거의 죽게 되니, 그 고장 사람들이 그 효성을 일컬었다. 그 아버지만을 봉양하였는데, 몸소 근로(勤勞)하면서 여름에는 베개와 잠자리에 부채질하여 서늘하게 하고 겨울에는 몸으로 이불을 따뜻하게 하였다. 태수(太守) 유호(劉護)가 아뢰어 표창하니, 이로부터 이름이 세상에 알려졌다. 뒤에 벼슬을 여러 번 옮겨서 상서령(尙書令)에 이르렀고, 아들 황경(黃瓊)과 손자가 모두 귀하게 되었다.

詩 黃香行孝自髫年。扇枕溫衾世共傳。
寒暑不令親體受。誠心一念出天然
江夏黃童志異常。當時已道世無雙。
累官直至尙書令。孝感能令後嗣昌

황향의 효행은 어렸을 때 비롯하여, 베개에 부채질 이부자리 데운 것이 세상에 전하네.
어버이 몸 추위 더위 받지 않게 하였으니, 한결같은 성심은 하늘에서 타고났네.
강하(江夏)의 황향은 어려서도 뜻이 남달라서, 당시에 이미 세상에는 둘도 없는 것으로 알려져.[26]
벼슬을 거듭하여 상서령에 이르고, 효성이 감통하여 자손이 잘되었네.

[텍스트 정보]

__ 『효순사실』의 본문과 시가 실리고 『효행록』의 후찬은 빠졌다.

__ 『삼강행실도』의 한문 원문은 『효순사실』의 본문으로부터 다음과 같이 달라졌다.

黃香◦字文强。年九歲失母。思慕憔悴。殆不免喪。鄕人稱其孝。獨養其父。躬執勤苦。
夏則扇枕席。冬則以身溫被。太守劉護表而異之。自是名聞於世。後官累遷至尙書令。
至子瓊及孫皆貴顯。

__ 『삼강행실도』의 시는 『효순사실』에서 '又'로 연결되어 있는 두 수의 7언시를 격간(隔間)의
형식을 사용해 옮겨 놓은 것이다.

__ 『효행록』에는 같은 제목의 이야기가 실려 있으나 동일한 효행을 보인 왕연의 이야기가
함께 제시되어 있다. 『삼강행실도』에는 효의 대상이 아버지이지만 『효행록』에는 어머니로
나타난다.

東漢黃香 事母至孝 暑月扇枕 冬則以身溫枕席 又王延晉人 事親色養 夏則扇枕席 冬則以
身溫被

__ 『효행록』의 찬 역시 왕연에 대한 언급이 나타나므로 『삼강행실도』에서 생략한 것으로
판단된다.

黃香事親 恪勤朝夕 夏扇其枕 身溫冬席 亦有王延 其孝同然 爲人之子 當効二賢

__ 일기고사계 『이십사효도』는 『삼강행실도』와 동일하게 아홉 살에 어머니를 여의고 아버지
께 효도한 것으로 되어 있다.

---

26 세종대왕기념사업회에서는 해당 구절을 "강하의 황씨 아이 뜻이 남달라, 그때 벌써 짝할 사람 없다 하였다."
로 번역하였다. 그러나 이는 어색한 느낌이 있어 동일 원문을 다르게 번역한 세종대왕기념사업회의 오륜행
실도 번역을 참고하여 수정하였다.

丁蘭刻木^{정란각목} 漢^한

어버이 목상을 만든 정란 _한나라

정란丁蘭이 어려서 어버이를 여의고, 나무로 어버이의 모습을 만들어 아침저녁으로 한결같이 문안 인사를 드렸다.

어느 날 이웃집 장숙張叔의 아내가 찾아와 정란의 아내에게 말했다.

"목상을 보고 싶습니다."

이에 정란의 아내가 무릎을 꿇고 목상을 건네주려는데 목상이 슬퍼하는 표정을 지어 결국 보여 주지 않았다. 장숙의 아내가 돌아가 그 일을 남편에게 이야기했다. 그러자 장숙이 노하여 매로 목상의 머리를 쳤다.

정란이 나갔다 들어와 목상을
보니 언짢은 표정을 짓고 있었다.
아내에게 있었던 일을 들은 정란은
장숙을 때렸다.

관아에서 정란을 잡아갈 때에
정란이 목상에게 하직 인사를 드렸다.
그러자 목상이 눈물을 흘렸다.
　고을에서 이 일을 황제께 말씀 올리니 황제께서 정란이 목상을 만들어 놓은
모습을 그리라고 하셨다.

丁뎡蘭란·이 ❶져·머·셔 어버·싀·롤 일·코 ❷남·ㄱ·로 어버·싀27 樣·양子·주·롤
밍·ㄱ·라 :사·니 혼가·지·로 아츰나죄 :뵈더·니 ❸이·우집 張댱叔·슉·의 ❹가시
丁뎡蘭란·이 :겨집두·려 ❺보·아지·라 ·호야·놀 ·꾸·러28 ❻木·목像·샹·올 ❼심
·기거·늘 ❽즈·기 너·겨 홀·씨 아니 ·주어·늘 그 :겨지·비 ·가·아 ❾張댱叔·슉·이
더·브·러 닐·어·늘 怒:노·ᄒᆞ·야 ·매·로 머·리·롤 ·텨·늘29 丁뎡蘭란·이 ·나 ❿녀
·러·와 ⓫ᄒᆞ·니 木·목像·샹·이 즈·기 ⓬너·곗거·늘 :겨집두·려 무·러 ⓭:알·오 張
댱叔·슉·이·룰 ·티·니 ⓮그위·예·셔 자·바 값 저·긔 丁뎡蘭란·이 :하딕·ᄒᆞ거·늘
木·목像·샹·이 ·눈30 (효자도 10a)

27　志部昭平(1990:50)의 교주 3)에서는 성암본의 경우 이 부분이 '어버싀'로 되어 있음을 언급하고 있다.

28　志部昭平(1990:52)의 교주 12)에서는 성암본의 경우 이 부분이 '이러'로 되어 있음을 언급하고 있다.
　　런던본에서는 '·꾸러'임을 알 수 있고 志部昭平(1990)의 성조 교정을 반영하여 '·꾸·러'로 입력하였다.

29　志部昭平(1990:50)의 언해문 입력 110a12에서는 성암본의 경우 이 부분이 '·텨·놀'로 되어 있음을 언급하고
　　있다.

30　志部昭平(1990:52)의 교주 24)에서는 성암본의 경우 이 부분이 '·눖'로 되어 있음을 언급하고 있다.

[대역문]

丁蘭^{정란}이 어려서 어버이를 잃고 나무로 어버이의 樣子^{양자}를 만들어 산 이와 한가지로 아침저녁 뵈더니 이웃집 張叔^{장숙}의 아내가 丁蘭^{정란}의 아내에게 보고 싶다 하거늘 (정란의 아내가) 꿇어 木像^{목상}을 전하거늘 (목상이) 슬피 여겨 하므로 아니 주거늘 그 (장숙의) 계집이 가 張叔^{장숙}이더러 말하거늘 (장숙이) 怒^노하여 매로 (목상의) 머리를 치거늘 丁蘭^{정란}이 나가 다녀와 하니 木像^{목상}이 슬피 여기어 있거늘 아내에게 물어 알고 張叔^{장숙}이를 치니 관아에서 잡아갈 적에 丁蘭^{정란}이 하직하거늘 木像^{목상}이 눈

[언해문]

·믈·를 흘·리더·라 ᄀ·올·희·셔 ❶:엳·ᄌᆞ·바·놀31 皇뽕帝·뎨 木·목像·쌍 ❶밍·ᄀ·랏·논 樣·양·ᄋᆞᆯ ·그리·라 ·ᄒᆞ·시니·라 (효자도 10b)

[대역문]

물을 흘리더라. 고을에서 여쭙거늘 皇帝^{황제}가 木像^{목상} 만들어 놓은 樣^양을 그리라 하시니라.

---

31   志部昭平(1990:50)에서는 성암본의 경우 이 부분이 ':엳·ᄌᆞ라·놀'로 되어 있음을 언급하고 있다.

[주석]

❶ 져머서
어려서. 졈-[少] + -어셔(연결어미). 현대국어의 '젊다'에 대응되는 중세국어 어형은 '졈다'였다. '졈다'의 의미는 현대국어의 '젊다'보다 넓어, "나이가 한창때에 있다"의 의미뿐만 아니라 "나이가 적다"까지 포괄하였다. 즉 오늘날에는 '어리다-젊다-늙다'의 삼분 체계로서 나이의 많고 적음을 나타내지만, 15세기 국어에서는 '졈다-늙다'의 이분 체계에서 '졈다'가 [幼]와 [少]의 의미를 포괄하였다. 어미 '-어셔'는 '졈-'과 결합하여 《계기》, 《전제》, 《동시》 등의 의미를 나타내고 있다.
➡ [어휘] 28_'어리다, 졈다'

❷ 남ᄀ로
나무로. 낡(←나모)[木] + ᄋ로(부사격조사). 중세국어 [木]을 의미하는 단어의 독립형은 '나모'인데, 곡용할 때 비자동적 교체를 보인다. 즉 '나모', '나못', '나모와'처럼 휴지(休止)나 자음(반모음 포함) 앞에서는 '나모'로, '남기', '남ᄀ'처럼 모음으로 시작되는 격조사 앞에서는 '낡'으로 교체된다. 이러한 교체를 보이는 체언에는 '구무~굵[穴], 녀느~녀[他], 불무~붊[冶]' 등이 있다.
➡ [문법] 01_체언의 특수한 형태 교체

❸ 이우집
이웃집. 이우[隣] + 집. '이웃[隣]'을 의미하는 어휘의 형태는 '이웃, 이웆, 이우지, 이운, 이옷, 이붓' 등 다양하다. 기본 형태는 '이웆'으로 판단되나, 16세기 '이붓'과 경상 방언 '이붓'을 참고하였을 때 기원적으로 'ㅸ'을 가진 형태로 추정할 수 있다. '이우'형은 이 이야기와 '이우지블 화ᄒ면 환라니 서로 구ᄒ디 아니ᄒ며 〈경민편언해(1579) 9a〉'에만 나타나는데, 'ㅈ'이 탈락한 이유는 정확히 파악되지 않는다.

❹ 가시
아내가. 갓[妻] + 이(주격조사). '아내[妻]'를 의미하는 '갓'은 15세기에 제법 많은 용례를 보이고 있으나, 16세기 이후로는 그 쓰임이 보이지 않는다. 바로 이어지는 'ᄃ뎡蘭란이 겨집ᄃ려'로 보아, 이 시기에 '갓'이 '겨집'과의 경쟁 관계에서 점차 그 쓰임이 사라진 것으로 보인다. 현재 경상도나 전남 방언에서 쓰이는 '가시나, 가시내'는 이 '갓'에서 기원한 것이다.
➡ [어휘] 01_'갓, 각시, 겨집'

❺ 보아지라
보고 싶다. 보-[看] + -아지라(종결어미). '-아지라'는 소망표현의 종결형 '-어지라'에 선어말어미 '-오-'가 결합한 형태이다. 여기서 '-어지라'는 타동사와 결합하는 형태로 자동사가 올 경우에는 '-거지라'로 나타나는데, 이를 볼 때 '-거지라/-어지라'의 첫 요소가 확인법 선어말어미 {-거-}의 교체 양상과 동일한 것을 알 수 있다. 또한 '-오-'에 따른 '-거지라/-어지라'의 '거(어)~가(아)'의 규칙적인 교체 양상은 수의적으로 나타난다.
➡ [문법] 21_선어말어미 {-거-}_선어말어미 {-거-}의 이형태 교체
➡ [문법] 29_소망 표현 종결어미

❻ 木像올
목상을. 木像 + 올(목적격조사). 이 이야기에 총 4회 출현하는 '木像'은 성조가

성암본에서 'LH, HH, HL, HR', 런던대본에서 'HH, HR, HR, HR'로 다양하게 나타난다. 志部昭平(1990)은 이본 등을 참조하여 '木像'의 성조를 'HH'로 교주하였는데, 권인한(2009:206)에 따르면 '像'의 현실 한자음은 거성이기 때문에 志部昭平(1990)의 교주가 타당한 면이 있다. 그러나 『동국정운』에서 '像'은 '·쌍'의 상성으로 되어 있으며, 런던대본에서는 상성으로 출현하는 빈도가 높다는 점에서 '木像'의 타당한 성조를 재고할 필요가 있다.

❼ 심기거늘   전하거늘. 주거늘. 심기-[授] + -거늘(연결어미). "주다"를 뜻하는 중세국어 '심기다[授]'는 15세기 문헌에서부터 나타난 동사이다. [참고] 教授는 ᄀᆞᄅᆞ쳐 심길 씨라 〈석보상절(1447) 6:46b〉. 그러나 점차 '주다' 또는 '전하다'에게 밀려나 사라지게 되었다. '심-[植]'의 피동형 '심기다'와 동음이의 관계를 이루어 유의 경쟁력이 약화된 것으로 판단된다.

❽ 즈기   晊 슬피. '즈기'는 동사 '즉ᄒᆞ-[恨]'에 부사 파생 접미사 '-이'가 결합하는 과정에서 'ᄒᆞ' 전체가 탈락하여 형성되었다. 『삼강행실도』《충신도》의 '13 안원매적'의 두 용례 '즈기 ᄒᆞ관ᄃᆡ'와 '즈기 ᄒᆞ시관ᄃᆡ'를 제외하면 항상 '너기다[惟]'와 연어 구성을 이룬 '즈기 너기다'로 출현한다. 중간본 『두시언해』(1632) 이후 문헌에는 출현하지 않는다.
⟹ [문법] 10_부사 파생 접미사

❾ 張叔이더브러   장숙이에게. 張叔이 + 더브러(부사격조사). '더브러'는 '더블다[與]'의 활용형 '더브러'가 조사로 문법화한 경우이다. 활용형 '더브러'의 경우 '-을/를' 등의 논항을 요구하지만([참고] 아비를 도로 더브러 오니라 〈효자:13a〉), 조사 '더브러'는 목적어를 요구하지 않는다. 장요한(2010:16)에 따르면 조사 '더브러'는 주로 '말하다'류 동사의 처격어에 통합한다.
⟹ [문법] 13_부사격조사_여격조사 {ᄃᆞ려}, {더브러}

❿ 녀러와   다녀와. 녀러오- + -아(연결어미). 현대국어 '가다'의 의미에 해당하는 중세국어 동사로는 '가다, 니다, 녀다'가 있었다. '녀다[行]'는 '오다[來]'와 합성어를 이룰 때 항상 '녀러오다'와 같이 '녈다'형으로 출현한다. '녈다'는 단독으로는 '져재 녀러신고요〈악학궤범(16c) 5:10a〉' 외에 출현하지 않기 때문에 '녀다'와 쌍형 어간으로 보기는 쉽지 않다.

⓫ ᄒᆞ니   하니. 뵈니. ᄒᆞ-[爲] + -니(연결어미). 여기서의 'ᄒᆞ다'는 일반 동사 '爲'가 아닌, 한문 원문 '見'에 대응하는 대동사로 쓰였다. 따라서 문맥상으로 보아 "정난이 나가 다녀와 (목상을) 뵈니"라는 의미로 해석할 수 있다.
⟹ [문법] 개관_[19] 대(代)용언 'ᄒᆞ다'의 사용

⓬ 너곗거늘   여겨 있거늘. 너기-[惟] + -어(연결어미) # 잇-[有] + -거늘(연결어미). 여기서 '-어 잇-'은 《상태 지속》의 의미를 나타내는 것으로 판단된다.
⟹ [문법] 30_'-어 잇-, -엣-, -엇-'의 상적 의미

⓭ 알오   알고. 알-[知] + -오(← -고, 연결어미). 연결어미 '-오'는 '-고'에서 /ㄱ/가 탈

락한 것이다. 15세기 공시적 현상인 /ㄱ/ 탈락은 형태소 경계를 전제로 음운론적 조건(선행 요소가 /ㄹ/이나 활음 /j/) 또는 형태론적 조건(계사 뒤)을 지닌 형태음운 현상으로 파악될 수 있다.

⟶ [음운] 04_/ㄱ/ 탈락

❶ 그위예셔   관아에서. 그위[官衙] + 예셔(← 에셔, 부사격조사). 중세국어 '그위'는 '구위, 구의'의 형태로도 나타나며, 주로 "관청"의 의미로 사용되나 드물게 '즉자히 그위룰 더디고 도라온대(即日棄官歸家)〈효자:21a〉'에서처럼 "관직"을 나타내기도 하고, '百官은 온 그위니 한 臣下룰 니르니라〈석보상절(1447) 3:7a〉'에서처럼 "관원"을 의미하기도 한다. 여기서 '그위'에 대응하는 한문 원문이 '吏'이므로 '그위'가 "관원"을 의미한다고 생각할 수 있으나, 결합한 조사의 기능을 고려하면 "관청"으로 풀이하는 것이 타당하다. '그위'가 단독으로 쓰이는 예는 19세기 이후 살펴보기 어려우며, '그위'와 관련된 '그위실'이 오늘날 '구실'로 남아 있다.

⟶ [어휘] 04_'그위, 그위실'
⟶ [음운] 09_활음 첨가

❶ 엳ㅈ바ᄂᆞᆯ   여쭙거늘. 엳-(← 엳-)[啓, 奏] + -ᄌᆞᆸ-(선어말어미) + -아ᄂᆞᆯ(연결어미). 동사 '엳다[啓, 奏]'는 16세기 문헌에서 단독으로 쓰이는 예를 일부 확인할 수 있으나 ([참고] 그 연는 공ᄉᆞ룰 올타 ᄒᆞ시니(可其奏)〈번역소학(1518) 9:42a〉 / 啓 엳톨 계〈훈몽자회_초간(1527) 상:18b〉) 대개는 객체 높임 선어말어미 '-ᄌᆞᆸ-'과 결합한 '엳ᄌᆞᆸ다'로 출현한다. 현대국어에서 객체 높임의 특수 어휘 '여쭙다'와 '여쭈다'는 모두 중세국어의 '엳ᄌᆞᆸ다'에서 온 것인데, '여쭈다'는 '여쭤 보다' 등 모음 어미 결합형에서 어간이 재구조화되어 형성된 것으로 볼 수 있다.

⟶ [어휘] 32_'엳ᄌᆞᆸ다'
⟶ [문법] 19_선어말어미 {-ᄉᆞᆸ-}

❶ 밍ᄀᆞ랏논   만들어 놓은. 밍ᄀᆞᆯ-[造] + -아(연결어미) # ㅅ-(← 잇-)[有] + -ᄂᆞ-(선어말어미) + -오-(선어말어미) + -ㄴ(관형사형어미). '만들다'의 중세국어 형태는 일반적으로 '밍ᄀᆞᆯ다'이지만 후대의 중세국어에서는 '밍글다, 밍돌다, 민들다' 등의 형태도 나타난다. 여기에 쓰인 '-어 잇-'은 과거의 상을 지시하는 의미에 가깝게 이해되며, 축약되어 '앗'의 형태로 나타난다. 피수식명사인 '樣'이 목적어로 기능하여 대상법 선어말어미 {-오-}가 쓰였다.

⟶ [어휘] 18_'밍ᄀᆞᆯ다/ᄆᆞᆫ돌다'
⟶ [문법] 30_'-어 잇-, -엣-, -엇-'의 상적 의미
⟶ [문법] 20_선어말어미 {-오-}_관형사형에 쓰인 선어말어미 {-오-}

[한문 원문 및 시찬]

丁蘭。河內人。少喪考妣。不及供養。乃刻木爲親形像事之如生。朝夕定省。後鄰人張叔
妻從蘭妻借看。蘭妻跪授木像。木像不悦。不以借之。張叔醉罵木像。以杖敲其頭。蘭

還。見木像色不懌。問其妻。具以告之。卽奮擊張叔。吏捕蘭。蘭辭木像去。木像見蘭爲
之垂淚。郡縣嘉其至孝通於神明。奏之。詔圖其形像【二十四孝圖云。蘭刻木爲母形】
정란은 하내(河內) 사람이다. 어려서 부모를 잃어 미처 봉양하지 못하였으므로, 나무를 깎아
어버이의 형상을 만들어서 생시처럼 섬기며 아침저녁으로 문안하고 자리를 보살폈다. 어느
날, 이웃에 사는 장숙(張叔)의 아내가 정란의 아내에게 빌려 보기를 청하므로 정란의 아내가
꿇어앉아 목상(木像)을 주었는데, 목상이 기뻐하지 아니하므로 빌려주지 아니하였더니, 장숙
이 술에 취하여 목상을 꾸짖고 지팡이로 머리를 때렸다. 정란이 돌아와서 목상이 기뻐하지
아니하는 기색을 보고 그 아내에게 물었는데, 아내가 사실을 갖추어 고하니, 즉시 흥분하여
장숙을 쳤다. 관리가 정란을 잡아갈 때에 정란이 목상에 작별하고 떠나는데, 목상이 정란을
보고 눈물을 흘렸다. 고을에서 그 지극한 효성이 신명(神明)에게 통한 것을 아름답게 여겨서
나라에 아뢰니, 황제가 명하여 그 형상을 그리게 하였다. ≪이십사효도(二十四孝圖)≫에,
"정란이 나무를 깎아 어머니의 형상을 만들었다." 하였다.

刻木爲親出至情。晨昏定省似平生。
恍然容色能相接。感應由來在一誠
孝思精徹杳冥間。木像能爲戚戚顏。
當代圖形旌至行。誰人不道漢丁蘭
나무 깎아 어버이 만듦 지성에서 나온 것, 아침저녁 문안하여 생시처럼 받들었네.
완연하게 얼굴빛이 서로 통하니, 감응은 본디부터 한 정성에 달렸네.
아스라한 가운데에 효성이 정통하여, 목상이 슬픈 표정 지어 보였네.
당대에 형상 그려 좋은 행실 표창했으니, 누구인들 정란을 일컫지 아니하랴.

哀哀丁蘭。早喪慈顏。衆人皆有。我獨無母。刻木肖形。事之猶生。晨昏定省。以盡誠
敬。意彼世人。不有其親。生不能養。能不洫顙
애처로운 정란은 어머니를 일찍 잃어, 뭇 사람은 다 있건만 나만 홀로 어미 없네. 나무로
초상 새겨 생시처럼 섬기며, 아침저녁 문안하여 성심 공경 다했네. 어버이를 업신여기는 세상
사람들아! 생시에도 봉양 못함 부끄럽지 않으냐?

[텍스트 정보]

__ 『효순사실』의 본문과 시, 『효행록』의 전찬이 실렸다.
__ 『삼강행실도』의 한문 원문은 『효순사실』의 본문으로부터 아래와 같이 달라졌다. 『삼강행
실도』 마지막 부분에 협주 "二十四孝圖云。蘭刻木爲母形"이 추가된 이유는 『효행록』의
찬을 인용하는 과정에서 내용의 불일치를 완화하기 위함으로 판단된다. 『효행록』 전찬이
『이십사효도』를 저본으로 삼았다는 점에서 『삼강행실도』 협주에서 언급한 '二十四孝圖
云'은 『효행록』을 가리키는 것으로 판단할 수 있다.
丁蘭。河內人也。少喪考妣。不及供養。乃刻木爲親形像。事之如生。朝夕定省。後鄰

人張叔妻從蘭妻借看。蘭妻跪授木像。木像不悅◦不以借之。張叔醉罵木像◦以杖敲其
頭。蘭還。見木像色不懌。問其妻◦具以告之。卽奮擊張叔。吏捕蘭蘭辭木像去。木像見
蘭爲之垂淚。郡縣嘉其至孝通於神明。奏之。詔圖其形像◦

【二十四孝圖云。蘭刻木爲母形】

— 『삼강행실도』의 시는 『효순사실』에서 '又'로 연결되어 있는 두 수의 7언시를 격간(隔間)의
  형식을 사용해 옮겨 놓은 것이다.

— 『효행록』에는 이 이야기가 '丁蘭刻母'라는 제목으로 실려 있다. 『삼강행실도』에서와 달리
  정란이 어머니의 형상만을 나무로 깎은 것으로 되어 있으며, 목상을 괴롭히는 사람이 아내
  로 나타난다.

  丁蘭事母大孝 母因病亡 哀通罔極 刻木爲母形 事之如生 蘭出外 其妻不敬 以針刺目 血出
  泣下 蘭歸 察知之 卽逐其妻 其孝如此

— 찬 역시 『효행록』의 원문에 의해 이 이야기가 '丁蘭刻母'라는 제목으로 실려 있다.

  哀哀丁蘭 早喪慈顏 衆人皆有 我獨無母 刻木肖形 事之猶生 晨昏定省 以盡誠敬 噫彼世人
  不有其親 生不能養 能不泚顙 【泚 千禮切 汗出貌 顙 蘇朗切 額也 孟子曰 其顙有泚】

— 일기고사계 『이십사효도』에는 '刻木事親'이라는 제목으로 실려 있다. 『삼강행실도』와 동
  일하게 나무를 깎아 아버지와 어머니의 형상을 만든 것으로 되어 있고, 『삼강행실도』와
  달리 아내가 목상의 손가락을 바늘로 찌르는 것으로 되어 있다. 『효행록』에서는 아내가
  목상의 눈을 바늘로 찌른다고 되어 있으므로 『효행록』이 저본으로 삼은 『이십사효도』는
  일기고사계가 아니라고 판단된다.

董永貸錢^{동영대전} 漢^한

董永貸錢동영대전 漢한

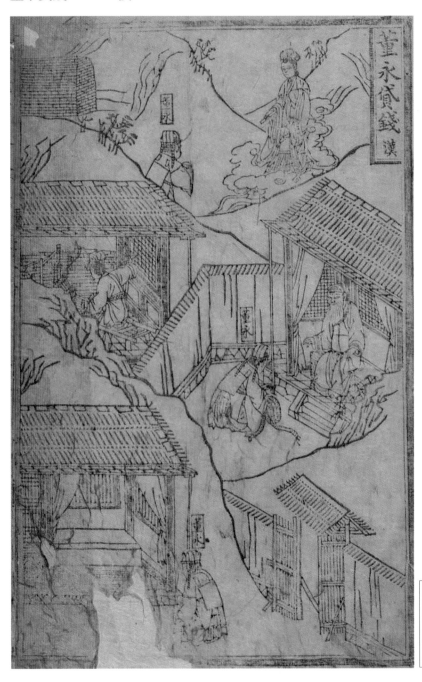

돈을 빌린 동영_한나라

아버지가 돌아가신 후, 동영董永이 아버지 장사를
지낼 돈이 없어

남에게 돈을 꾸어서 장례를 치렀다.

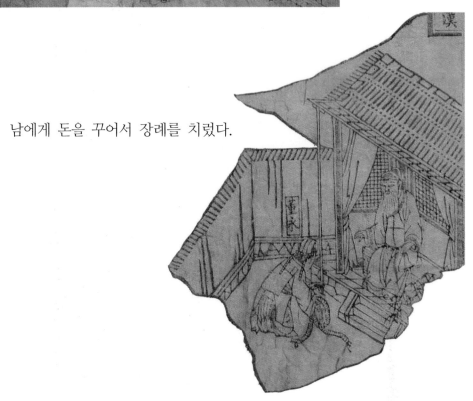

그러나 동영은 돈을 갚을 길이 없자 종이 되어야겠다고
생각했다. 돈을 빌려준 사람에게 가는 길에 한
여자를 만났는데, 그녀가 말하였다.
"당신의 아내가 되고 싶어요."

결국 동영은 그 여자를 아내로 맞이
하고 함께 돈 임자에게 가니 그가 말하였
다. "비단 삼백 필을 짜야만 놓아주겠다." 그
러자 동영의 아내가 한 달 내에 비단을 다 짰다.

마침내 동영과 아내가 풀려
나 두 사람이 처음 만난 곳에
도착하자 아내가 말하였다.

"나는 하늘의 직녀인데, 그대의 효도가 지극하여 하늘이 나를 시켜 빚을
갚게 하였다."
직녀는 말을 마치고는 하늘로 올라가 버렸다.

[언해문]

董:동永:영·이 아·비 죽거·늘 ❶무·둟 거·시 :업·서 ᄂᆞ·미그에 :도·놀 ❷·ᄭᅮ·어 문·고 :죵 ❸두외·요█라·라 ·ᄒᆞ·야 ·가·는 길·헤 혼 :겨지·비 ❹갓 ❺두외·아지·라32 커·늘 ❻더·브·러33 가·니 :돈 ❼:님자·히 닐·오·ᄃᆡ :❽깁 三삼百·빅 匹·픠·ᄅᆞᆯ ❾·ᄧᅡ·사 ❿노·호리·라 혼 ·ᄃᆞᆯ 內:뇌·예 :다 ᄧᆞ·고 노·혀 ·처섬 ⓫마·조본 ᄯᅡ·해 ·와 닐·오·ᄃᆡ 하ᄂᆞᆳ ⓬織·직女:녀ㅣ라·니【織·직女:녀·ᄂᆞᆫ ·뵈 ᄧᆞ·ᄂᆞᆫ34 :겨지·비·라 혼 :마리·니 :볗 일·후미·라】그딋 孝·효道:똘ㅣ 至·지極·끅홀·씨 하ᄂᆞᆯ·히 :나·ᄅᆞᆯ ·브·려 ⓭빋 갑·게 ·ᄒᆞ·시니·라 ·ᄒᆞ·고 虛허空콩·ᄋᆞ·로 ⓮올·아가·니·라 (효자도 11a)

[대역문]

董永이 아비 죽거늘 묻을 것이 없어 남에게 돈을 꾸어 묻고 종 되리라 하여 가는 길에 한 계집이 각시 되고 싶다 하거늘 더불어 가니 돈 임자가 말하되 "깁 三百 匹을 짜야 놓으리라." 한 달 內에 다 짜고 놓여 처음 마주본 땅에 와 말하되 "(나는) 하늘의 織女였으니【織女는 베 짜는 계집이라 하는 말이니 별의 이름이다】그대의 孝道가 至極하므로 하늘이 나를 부려 빚 갚게 하시니라." 하고 虛空으로 올라가니라.

---

32 志部昭平(1990:55)의 교주 11)에서는 성암본의 경우 이 부분이 '무외·아지·라'로 되어 있음을 언급하고 있다.

33 志部昭平(1990:54)의 언해문 입력 111a06에서는 성암본의 경우 이 부분이 '리·브·러'로 되어 있음을 언급하고 있다.

34 志部昭平(1990:55)의 교주 18)에서는 성암본의 경우 이 부분이 '·ᄧᅡᄂᆞᆫ'로 되어 있음을 언급하고 있다.

[주석]

❶ 무둛 묻을. 묻-[埋] + -우-(선어말어미) + -ㅭ(관형사형어미). 피한정명사가 관형사형에 대하여 목적어의 기능을 가지기 때문에 선어말어미 '-우-'가 나타났다.
➡ [문법] 20_선어말어미 {-오-}_관형사형에 쓰인 선어말어미 {-오-}

❷ 쑤어 꾸어. 쑤-[貸] + -어(연결어미). 현대국어 '꾸다[貸]'는 '꾸다[夢]'와 동음이의어이지만 15세기에는 '쑤-[貸]'와 '쑤-[夢]'로 달리 출현하여 동음이의어 관계가 아니었다. 그러나 16세기부터 'ㅂ'이 탈락한 '꾸-[貸]'가 나타나면서 동음이의어 관계를 형성하였다.

❸ 두외요리라 되겠다. 두외-[爲] + -요-(←-오-, 선어말어미) + -리-(선어말어미) + -라(← -다, 종결어미). 종결어미 {-다}는 계사, 그리고 기원적으로 계사를 포함한 {-리-}의 뒤에서 〖-라〗로 교체된다. 이 밖에도 계사 뒤에서 이형태 교체를 보이는 어미로 {-더-}, {-돗-} 등이 있다. 이들은 계사와 {-리-} 뒤에서 〖-러-〗, 〖-로-〗, 〖-롯-〗 등으로 교체된다.
➡ [문법] 12_계사_계사 뒤 어미의 이형태 교체 양상

❹ 갓 몡갓[妻]. 15세기 자료에서 '갓, 안해, 겨집'은 '아내[妻]'를 가리키는 데 사용되었다. 그중 '갓'은 16세기 이후 자료에서부터 보이지 않는다. 그러나 '가시나, 가시내'와 같이 일부 방언에 그 흔적을 보이고 있으며, '가시버시, 가시아비, 가시집' 등 단어에서도 '아내' 또는 '아내의 친정'이라는 뜻을 더하는 접두사로 쓰이고 있다.
➡ [어휘] 01_'갓, 각시, 겨집'

❺ 두외아지라 되고 싶다. 두외-[爲] + -아지라(종결어미). '-아지라'는 소망표현의 종결형 '-거지라'에 선어말어미 '-오-'가 결합한 '-가지라'에서 반모음 '이(j)' 뒤의 'ㄱ'이 탈락한 형태이다. '-거지라/-어지라'에서 인칭법 선어말어미 '-오-'의 통합 여부에 따른 '거(어)~가(아)' 교체 양상은 수의적으로 나타난다. 이에 대해서는 김유범(2005ㄱ) 참조.
➡ [문법] 29_소망 표현 종결어미
➡ [문법] 21_선어말어미 {-거-}_선어말어미 {-거-}의 이형태 교체

❻ 더브러 더불어. 더블-[與] + -어(연결어미). '더불어'로만 활용하는 현대국어의 '더불다'와는 달리 중세국어의 '더블다'는 '더브러, 더브르샤, 더블오' 등과 같이 보다 다양한 활용형을 보여 준다.

❼ 님자히 임자가. 님자ㅎ[主] + 이(주격조사). 현대국어 '임자'에 해당하는 중세국어는 'ㅎ'을 보유한 '님자ㅎ'이었다. 『삼강행실도』 이후의 문헌 자료에서 '님ᄌ, 님쟈, 임ᄌ, 임쟈' 등의 다양한 표기가 나타난다.
➡ [어휘] 41_'ㅎ' 보유 체언

❽ 깁 몡깁. '깁'은 현대국어에서 "명주실로 바탕을 조금 거칠게 짠 비단"을 의미한다.

『훈민정음』〈합자해〉에 '깁爲繒'으로 처음 출현한 이후 현재까지 어형이 변화하지 않았다.

❾ 짜아
짜야만. 뿐-[織] + -아(연결어미) + 아(보조사). 보조사 '아'는 ≪필요 조건≫의 의미를 지닌 것으로 파악해 볼 수 있다.
⟹ [표기] 06_'ㅿ' 표기
⟹ [문법] 16_보조사_중세국어의 보조사 {아}

❿ 노호리라
놓을 것이다. 놓-[放] + -오-(선어말어미) + -리-(선어말어미) + -라(←-다, 종결어미). 종결어미 {-다}는 계사, 그리고 기원적으로 계사를 포함한 {-리-}의 뒤에서 [-라]로 교체된다. 이 밖에도 계사 뒤에서 이형태 교체를 보이는 어미로 {-더-}, {-돗-} 등이 있다. 이들은 계사와 '-리-' 뒤에서 [-러-], [-로-], [-롯-] 등으로 교체된다.
⟹ [문법] 12_계사_계사 뒤 어미의 이형태 교체 양상

⓫ 마조본
마주본. 서로 만난. 마조보- + -ㄴ(관형사형어미). 어간 '마조보-'는 부사 '마조'에 동사 어간 '보-'가 결합하여 형성된 합성어이다. '마조'는 동사 '맞다[逢]'에서 파생된 부사로, 부사 파생 접미사 '-오'는 '도로, 비로소, 모도' 등에서도 확인되는 생산적인 접미사이다. '마조보다'는 원문의 '相逢'에 해당하며, 현대국어와 달리 "서로 만나다" 정도의 의미로 쓰였다.
⟹ [문법] 10_부사 파생 접미사

⓬ 織女 ㅣ라니
직녀였으니. 織女 + ㅣ- (계사) + -러-(←-더-, 선어말어미) + -오-(선어말어미) + -니(연결어미). 선어말어미 '-러-'는 '-더-'의 이형태로서, 계사 뒤에서 항상 '-러-'로 나타나며, '-더-'와 '-오-'는 결합하여 화합형 '-다-'가 된다. 따라서 '織女ㅣ라니'의 '-라-'는 선어말어미 '-더-'가 계사 뒤에서 '-러-'로 실현되고, 이것이 '-오-'와 결합하여 '-라-'가 된 것으로 설명할 수 있다. 여기서는 주어가 실현되어 있지 않으나, 맥락상 직녀가 자신의 이야기를 하고 있으므로 1인칭 주어를 상정할 수 있다.
⟹ [문법] 20_선어말어미 {-오-}_선어말어미 {-오-}의 화합형
⟹ [문법] 34_시간 표현

⓭ 빋
冏 빛. 현대어 '빛'은 17세기 초까지 '빋'으로만 나타나다가 18세기부터 '빗, 빗ㅅ, 빗ㅈ' 등으로 출현하였다. '빗'은 근대 국어 시기 특징 중 하나인 7종성법에 의한 표기이며, '빗ㅅ', '빗ㅈ'은 중철 표기된 경우이다. 이것이 현대국어에서 '빛'으로 된 것은 '빋'이 주격조사 '이'와 결합하여 구개음화된 [비지]의 영향으로 보인다.

⓮ 올아가니라
올라가다. 올아가-[騰] + -니-(선어말어미) + -라(←-다, 종결어미). '올아가-'는 '오루-'와 '가-'가 연결어미 '-아'로 연결된 통사적 합성어이다. 15세기 문헌에서 제2음절이 '루/르'인 '오루-'는 모음으로 시작하는 어미와 결합할 때 항상 분철 표기된다. 이러한 분철 표기는 형태 정보의 왜곡 방지를 위한 '특수 분철 표기'로 설명될 수 있다.
⟹ [표기] 04_특수 분철 표기

[한문 원문 및 시찬]

董永。千乘人。父亡無以葬。乃從人貸錢一萬曰。後若無錢還。當以身作奴。葬畢。將往爲奴。於路忽逢一婦人求爲妻。永曰。今貧若是。身復爲奴。何敢屈夫人爲妻。婦人曰。願爲君婦。不恥貧賤。永遂將婦人至。錢主問永妻曰。何能。妻曰能織。主曰。織絹三百匹。卽放。於是一月之內。三百匹絹足。主驚。遂放二人而去。行至舊相逢處。謂永曰。我。天之織女。感君至孝。天使我爲君償債。語訖。騰空而去

동영(董永)은 천승(千乘) 사람이다. 아버지가 죽어 장사지낼 수가 없어서 남에게 1만 냥 돈을 빌며 말하기를, "뒤에 만약 돌려줄 돈이 없으면 내가 종이 되겠다." 하였다. 장사를 마치고 종이 되려고 가다가 길에서 갑자기 한 부인을 만났는데, 아내가 되기를 원하므로, 동영이 말하기를, "현재 이처럼 가난하고 나는 또 종이 되었는데, 어찌 감히 부인을 욕되게 하여 아내로 삼겠습니까?" 하니, 부인이 말하기를, "그대의 아내가 되면 빈천한 것을 부끄러워하지 않겠습니다." 하므로, 동영이 드디어 부인을 데리고 갔다. 전주(錢主)가 동영의 아내에게 묻기를, "무엇을 잘 하는가?" 하므로, 아내가 말하기를, "베를 잘 짭니다." 하니, 전주가 말하기를, "비단 3백 필을 짜면 곧 놓아 보내겠다." 하였다. 그래서 한 달 안에 3백 필 비단을 채우니, 주인이 놀라고 드디어 두 사람을 놓아 보냈다. 가다가 옛날에 만났던 곳에 이르러, 동영에게 이르기를, "나는 하늘의 직녀(織女)인데, 그대의 지극한 정성에 감동하여 하늘이 나를 시켜 그대의 빚을 갚게 한 것입니다." 하고, 말을 마치자 공중으로 올라갔다.

詩 得錢一萬葬其親。身擬爲傭報主人。
豈料孝心終感格。天敎職女助身貧
孝念終能感上天。爲敎織女助還錢。
一月足縑三百匹。飄然分手上雲煙

일만 냥 돈 빌어서 어버이를 장사하고, 제몸이 종이 되어 갚으려고 하였네.
생각이나 하였으랴 효성에 감동하여, 하늘이 직녀 시켜 가난 도와줄 줄을.
효심이 마침내 하늘을 감동시켜, 직녀 시켜 도와서 빚 갚게 하였네.
한 달 만에 삼백 필 비단 채우고, 표연히 작별하며 구름 타고 떠났네.

贊 欒欒孝子。千乘董氏。傭力以養。賃身以葬。路逢美婦。爲妻償負。日織縑帛。一月三百。償畢告語。我乃織女。天遣償汝。乘雲而去

파리한 저 효자는 천승 사는 동씨로다. 품을 팔아 봉양하고 몸을 잡혀 장사했네. 길에서 미인 만나 아내 삼아 빚 갚을 제, 날마다 비단 짜서 한 달 만에 3백 필, 갚고 나서 고하기를 나는 직녀성, 하늘에서 빚 갚으러 보냈다며 구름 타고 떠났네.

__ 『효순사실』의 본문과 시, 『효행록』의 전찬이 실렸다.

__ 『삼강행실도』의 한문 원문은 『효순사실』의 본문으로부터 다음과 같이 달라졌다.

董永。千乘人。少失母。獨養父。父亡無以葬。乃從人貸錢一萬。永謂錢主曰。後若無錢還君。當以身作奴。主甚憫之。永得錢葬父畢。將往爲奴。於路忽逢一婦人求爲永妻。永曰。今貧若是。身復爲奴。何敢屈夫人爲妻。婦人曰。願爲君婦。不恥貧賤。永遂將婦人至。錢主曰。本言一人。今乃有二。永曰。言一得二。理何乖乎。主問永妻曰何能。妻曰能織耳。主曰。爲我織絹三百匹。卽放尒。於是索絲。一月之內。三百匹絹足。主驚。遂放夫婦二人而去。行至舊相逢處。乃謂永曰。我天之織女。感君之至孝。天使我爲君償債。君事了。不得久停。語訖。雲霧四岳騰空而去。

__ 『삼강행실도』의 시는 『효순사실』에서 '又'로 연결되어 있는 두 수의 7언시를 격간(隔間)의 형식을 사용해 옮겨 놓은 것이다.

__ 『효행록』에는 이 이야기가 '董永賃身'이라는 제목으로 실려 있다. 『삼강행실도』와 달리 동영이 애초에 품팔이를 해서 아버지를 봉양하는 것으로 되어 있고, 『삼강행실도』의 하늘[天]이 『효행록』에는 천제(天帝)로 제시되어 있다.

董永 千乘人也 傭力養父 父死 就主人 貸錢一萬以葬 還遇一婦於路 求爲永妻 俱詣主人 主人曰 織縑三百 放汝夫婦 婦織之一月而畢 輒辭永曰 我天之織女 天帝令助君償債耳

__ 『삼강행실도』의 찬은 『효행록』의 전찬을 옮겨 놓은 것이다.

__ 일기고사계 『이십사효도』에는 '賣身葬父'라는 제목으로 실려 있다. 부인이 직녀라는 사실을 밝히지 않고 이별하는 점을 제외하면 『삼강행실도』와 내용이 동일하다.

郭巨埋子^{곽거매자} 漢^한

2
1

아들을 묻은 곽거 _한나라

곽거郭巨의 어머니는 항상 밥을 덜어 세 살 난 손자
에게 먹이셨다. 이를 본 곽거가 아내에게 말하였다.

"가난해서 어머니께 드릴 음식도 부족한데,
아이가 그 밥마저 뺏어 먹으니 아이를 땅에
묻읍시다."

　아이를 묻기 위해 땅을 석 자 정도 팠을 때, '하늘이 효자 곽거에게 준다.'라
는 글과 함께 금이 한 솥 가득 나왔다.

郭·곽巨:꺼·의 ·어·미 샹·녜 ·바·볼 더·러 :세 ❶:설 머·근 孫손子·ᄌᆞ·ᄅᆞᆯ 머·기
더·니 郭·곽巨:꺼ㅣ ❷제 :겨집 ᄃᆞ·려 닐·오·ᄃᆡ ❸艱간難난혼 ❹거·긔 ❺내 아·ᄃᆞ
·리 ·어·믜 ·바·ᄇᆞᆯ ❻:앗ᄂᆞ·니 무·더 ❼ᄇᆞ·리·져·라 ᄒᆞ·고 ·ᄯᅡ·홀 :셕 ·자·홀 ·ᄑᆞ·니
金금 ᄒᆞᆫ ❽가·매 나·니 ❾그·를 ·써 이·쇼·ᄃᆡ 하ᄂᆞᆯ·히 孝·횰子·ᄌᆞ 郭·곽巨:꺼
·ᄅᆞᆯ ·주·시ᄂᆞ·다 ᄒᆞ·야 잇·더·라 (효자도 12a)

[대역문]

郭巨의 어미가 항상 밥을 덜어 세 살 먹은 손자를 먹이더니 郭巨가 제 계집더러 말하되 "艱難한 중에 내 아들이 어미의 밥을 빼앗으니 묻어 버리자." 하고 땅을 석 자를 파니 金 한 가마가 나니 글을 써 있으되 하늘이 孝子 郭巨를 주신다 하여 있더라.

[주석]

❶ 설 〔명〕살[歲]. 중세국어 '설'은 "설날, 새해"의 뜻 외에 나이를 세는 단위로도 사용되었다. 16세기에 '살'이 나이를 세는 단위로 사용되기 시작했으나, '설' 역시 20세기 초까지 나이를 세는 단위로 쓰였다. 현대국어에서는 '설'이 "설날, 새해"의 의미만 담당하고, 나이를 세는 단위로는 '살'만이 쓰이게 되었다.
→ [어휘] 25_'설[歲/元旦]'

❷ 제 저의. 저 + ㅣ (← 의, 관형격조사). 재귀대명사 '저'의 주격형과 관형격형은 성조

로 구별되는데, 상성이 주격형이고 평성이 관형격형이다. 여기에 쓰인 평성의 '제'는 '곽거'의 관형격형을 가리킨다.

➡ [음운] 11_성조에 의한 의미 변별

❸ 艱難ᄒᆞᆫ   가난한. 艱難ᄒᆞ- + -ㄴ(관형사형어미). 현대국어 '가난'은 한자어 '간난(艱難)'에서 비롯한 말이다. 'ㄴ'이 겹침에 따라 동음 생략 현상에 의해 첫 음절 '간'의 'ㄴ'이 탈락하여 '가난'의 어형으로 변화하였다.

❹ 거긔   중에. '거긔'는 '그어긔'의 'ㅇ'이 탈락하면서 축약된 형태이다. '그어긔'는 주로 "거기"를 의미하는 지시대명사로 사용되지만, 축약형 '거긔'는 지시대명사로 쓰이기보다는 오히려 문법화를 겪어 다양한 쓰임을 보여 준다. 관형격조사와 결합하여서는 여격의 기능을 담당하는 부사격 조사로 발달하였고, 체언 뒤에 붙어 "-에게"나 "중에서"의 의미를 나타내기도 하였다. 또한 용언의 수식을 받는 경우 "것에, 이에게, 곳에, 중에서, 중에" 등의 의미로 쓰였다. 여기에서는 용언 '艱難ᄒᆞᆫ'의 수식을 받아 그 의미가 "가난한 중에" 정도로 이해된다. 자세한 논의는 이동석(2014) 참조.

❺ 내   나의. 나 + ㅣ(← 의, 관형격조사). 1인칭 대명사 '나'의 주격형과 관형격형은 성조로 구별되는데, 거성이 주격형이고 평성이 관형격형이다.

➡ [음운] 11_성조에 의한 의미 변별

❻ 앗ᄂᆞ니   빼앗으니. 앗-[奪] + -ᄂᆞ-(선어말어미) + -니(연결어미). 현대국어에서는 "빼앗거나 가로채다"의 의미로 '앗다'도 사용되지만 '빼앗다'가 더 보편적으로 쓰인다. 그러나 중세국어에서는 '앗다' 자체가 "빼앗다"의 의미로 사용되었고, '쌔-[拔]'와 '앗-'이 결합된 합성동사 '쌔앗다'는 19세기 이후부터에야 나타난다.

❼ ᄇᆞ리져라   버리자. ᄇᆞ리-[棄] + -져라(종결어미). 중세국어 청유형어미의 대표적인 예는 '-져'로서, 현대국어 '-자'의 직접적 소급형이다. 이 외에 '-져라'가 드물게 사용되었으나 상대 높임 등급에서 '-져'와 차이가 없다.

❽ 가매   가마가. 가마[釜] + ㅣ(← 이, 주격조사). 중세국어에서는 '가마' 자체만으로 무쇠로 만든 큰 솥을 의미하였다. 현대국어에서 자주 사용되는 '가마솥'은 17세기에 '솥[鼎]'과 결합하여 형성되었다. [참고] 祭器ᄅᆞᆯ 시가ᄉᆞᆨ며 가마소틀 조케 ᄒᆞ고 〈가례언해(1632) 10:31a〉.

❾ 그를 써 이쇼ᄃᆡ   글이 쓰여 있는데. 글[書] + 을(목적격조사) # 쓰-[書] + -어(연결어미) # 이시-[有] + -오ᄃᆡ(연결어미). '그를 써 이쇼ᄃᆡ'는 찬의 '上有刻書'에 대응하며, 중세국어의 구문적 관점에서 살펴 볼 필요가 있다. 이 구절은 맥락상 피동의 의미로 이해되는데, '-어 잇-' 구문이 피동의 의미를 나타낼 때에는 타동사의 목적어 논항이 보조동사 '잇-'의 주어 논항으로 합류되는 것이 일반적이다(박진호 1994 참조). [참고] 우리 祖上애셔 쏘더신 화리 ᄀᆞ초아 이쇼ᄃᆡ 〈석보상절(1447) 3:13b〉. 그런데 여기에서는 타동사 '쓰다'의 목적어 논항이 주어 논항으로 합류되지 않았다는 점에서 전형적인 피동적 '-어 잇-' 구문과 차이가 있다.

⟶ [문법] 30_'-어 잇-, -엣-, -엇-'의 상적 의미_중세국어 '-어 잇-, -엣-, -엇-'의 피동적 의미

[한문 원문 및 시찬]

郭巨。家貧養母。有子三歲。母常減食與之。臣謂妻曰。貧之不能供給。子奪母膳。可共埋之。妻從之。掘地三尺。見黃金一釜。上有書云。天賜孝子郭巨。官不得奪。人不得取

곽거는 가난하게 살면서 어머니를 봉양하는데, 세 살 먹은 아들이 있어 어머니가 항상 음식을 남겨서 주므로, 곽거가 아내에게 이르기를, "가난하여 먹을 것을 공급하지 못하는데 아이가 어머님의 음식을 빼앗아 먹으니 함께 가서 묻어야 되겠소." 하니, 아내가 그대로 따랐다. 땅 석자를 파자 황금이 가득한 가마 하나가 나타나고 그 위에 글이 있는데, "하늘이 효자 곽거에게 주는 것이니 관가에서도 빼앗을 수 없고 다른 사람도 가져가지 못한다." 하였다.

贊 郭巨家貧。養親竭力。母憐幼孫。每分其食。謂兒若在。恐母或飢。呼妻掘地。舉將埋之。得金滿釜。上有刻書。天賜孝子。人勿奪諸

곽거는 가난하나 어미 봉양 다하는데, 어머니가 손자에게 음식을 나눠주니, 아이가 있으면 어머니가 주릴세라, 아내 불러 땅을 파고 묻으려고 하는데, 가마에는 황금 가득 그 위에 글을 새겨, 하늘이 효자 준 것 남은 뺏지 말라 했네.

[텍스트 정보]

__ 『삼강행실도』의 한문 원문은 『효행록』의 본문과 동일하다.
__ 『삼강행실도』의 찬은 『효행록』의 전찬을 옮겨 놓은 것이다.
__ 일기고사계 『이십사효도』에는 '爲母埋兒'라는 제목으로 실려 있는데 내용 차이는 없다.

元覺警父원각경부

2
3
1

아버지를 깨우친 원각 _ 나라 미상

　원각元覺의 할아버지가 늙고 병들자, 원각의 아버지 원오元悟가 원각에게 할
아버지를 산에다 버리라고 했다.

　마지못해 원각은 할아버
지를 들것에 실어 산에 두고
내려왔다. 들것을 가지고 돌아온
원각을 보고 아버지 원오가 물었다.

"그 흉측스러운 것을 어디에 쓰려고 다시 가져왔느냐?"
이에 원각이 대답했다.

"잘 보관해 두었다가 다음에 아버지를 산에 버릴 때 쓰려고 합니다."

　　　　　　그 말에 원오는 잘못을 깨닫고 할아버지를
　　　　　　다시 집으로 모시고 왔다.

元원覺·각·이 ❶·한아비 늙고 ❷病·뼝·ᄒ더·니 元원覺·각·이 아비 元원覺·각·일
·ᄒ·야 ❸:담사·니 ·지·여 ❹·뫼·ᄒ에다·가³⁵ ❺더·디·라 ·ᄒ야·놀 元원覺·각·이
❻:마·디·몯·ᄒ·야 더·디·고 옳 저·긔 元원覺·각·이 그 :담사·놀 가·져·오거·늘
아·비 닐·오·ᄃᆡ ❼머·즌 그·르·슬 ❽므·스·게 ❾·ᄡᅳᆶ다 ᄒᆞᆫ·대 對·ᄃᆡ答·답·호·ᄃᆡ
❿·뒷다·가 나·도 아·비 ⓫다·ᄆᆞ리·라 ·ᄒ야·놀 ⓬붓·그·려 ⓭제 아·비·를 도·로
⓮더·브·러 오·니·라 (효자도 13a)

[대역문]

元^원覺^각의 할아비가 늙고 病^병들더니 元^원覺^각의 아비가 元^원覺^각일 하여 (할아비를) 들것에 지어 산에다가 던지라 하거늘 元^원覺^각이 마지못하여 던지고 올 적에 元^원覺^각이 그 들것을 가져오거늘 아비가 이르되 "궂은 그릇을 무엇에 쓰겠느냐?" 한즉 (원각이) 對^대答^답하되 "두었다가 나도 아비 담으리라." 하거늘 (아비가) 부끄러워하여 제 아비를 도로 더불어 오니라.

---

35 志部昭平(1990:59)의 언해문 입력(113a04-05)에서는 성암본의 경우 이 부분이 ':뫼·ᄒ해다가'로 되어 있음을 언급하고, 교주 5)에서 이를 ':뫼·ᄒ해다·가'로 교정했다.

[주석]

❶ 한아비 　　[명]할아비. 할아버지. '한아비'는 "크다, 많다"를 의미하는 '하다[大]'의 관형사형 '한'과 '아비[父]'가 결합한 단어이다. 17세기에 '할아비'가 처음 출현한 후 20세 기까지 '한'형과 '할'형이 공존하다가 현대국어에서는 '할아비'로만 쓰이고 있다. '한아비〉할아비'의 변화는 반의어인 '할미, 할마님'의 존재에 유추된 결과로 생각할 수 있다. 15세기에 "祖母"를 의미하는 단어는 '할미, 할마님'으로 나타나 는데, 이는 '*한미, *한마님'에서 변화한 결과로 생각된다. '한미〉할미'의 변화 와 관련하여 이기문(1983:6)에서는 'ㅁ' 앞에서의 'ㄴ〉ㄹ' 변화, 즉 '현마〉혈 마〉셜마〉설마, 어느마〉언마〉얼마'의 변화와 유사한 것으로 보고 있다. 이는 음운 변화(ㄴ〉ㄹ/__ㅁ)의 결과로 나타난 '할미' 형태가 '한아비〉할아비'와 같 은 유추적인 형태 변화(한〉할)의 원인이 되었다는 점에서 흥미롭다.

❷ 病ᄒᆞ더니 　　병들더니. 病ᄒᆞ- + -더-(선어말어미) + -니(연결어미). 명사 '病'에 파생 접미 사 '-ᄒᆞ-'가 붙어 만들어진 동사 '病ᄒᆞ다'는 중세국어에서 "병들다"의 의미로 쓰였다. '病ᄒᆞ다'의 용례는 19세기까지도 발견되며, 16세기부터는 '病ᄒᆞ다'를 대신해 '병들다'가 사용되는 경우도 보인다.

❸ 담사니 　　들것에. 담산[簀] + 이(부사격조사). '담산'은 이곳에만 나오는 희귀어이다. '담 산'은 대부분 "들것"으로 풀이되는 경우가 많으나, 『교학 고어사전』에서는 "갈 대로 결어 만든 그릇"으로 풀이하였다. 아마도 이 단어의 뜻풀이에 『삼강행실 도』의 그림이 결정적인 역할을 한 것으로 생각된다. "들것"을 의미하는 한자어 '담가(擔架)'의 존재를 고려할 때, '담산'은 "메다"를 의미하는 '擔'과 "대그릇"을 의미하는 '筭/笇/筭' 등이 결합한 한자어로 추정해 볼 가능성이 있다. 한편, 한문 원문의 '簀'은 국어사 문헌에서 '삿, 삿자리, 갈ㅅ대발, 발'(中朝大辭典 8:402) 등에 대응한다.

❹ 뫼해다가 　　산에다가. 뫼ㅎ[山] + 애(부사격조사) + 다가(보조사). 중세국어 보조사 '다가'는 "가지다" 정도의 의미를 지녔던 타동사 '다ᄀᆞ/다그-[將, 把]'에 연결어미 '-아' 가 결합한 활용형에서 문법화된 것이다. '다가'는 목적격조사, 부사, 부사격조사, 연결어미 '-아/어' 뒤 등 다양한 환경에서 나타날 수 있는데, 여기서는 부사격조 사 뒤에서 보조사로 기능한 경우이다.
　　⟶ [어휘] 01_'ㅎ' 보유 체언

❺ 더디라 　　던져라. 더디-[棄/投] + -라(종결어미). 중세국어의 '더디다'는 그 어원을 알 수 없으나, 구개음화를 겪은 형태인 '더지다'가 중간본 『두시언해』(1632) 등 17세기 문헌에서부터 출현했고, 여기에 'ㄴ'이 첨가된 '던지다'가 『한불자전』 (1880) 등 19세기 후기 문헌에서부터 나타나기 시작했다. '더지다'는 20세기 초반까지 쓰이는데, 『조선어사전』(1938)에서 '더지다'를 '던지다'의 옛말로 풀 이하고 있음을 참조할 때 이 시기에는 이미 '던지다'가 '더지다'에 비해 쓰임이 우세했음을 알 수 있다.

⇒ [어휘] 10_'더디다[投]'

⇒ [문법] 27_명령형 종결어미

❻ 마디몯ᄒᆞ야　마지못하여. 마-(← 말-)[止/勿] + -디(연결어미) # 몯[不能] + ᄒᆞ-[爲] + -야(← -아, 연결어미). 중세국어에서 선행 음절의 말음 'ㄹ'이 조음 위치가 비슷한 치경음 'ㄴ, ㄷ, ㅅ, ㅈ' 앞에서 규칙적으로 탈락하는데, 현대국어에서 이러한 현상은 용언의 활용형에 공시적으로 남아 있다. 즉 '날-+-니→나니, 알-+-시-+-는→아시는'과 같이 조음 위치가 비슷한 자음 'ㄴ, ㅅ'로 시작하는 어미 앞에서 용언 어간의 말음 'ㄹ'이 탈락한다. 그런데 '마지못하다'의 경우 '-디'가 구개음화되어 '-지'로 변하면서 'ㄹ'과 조음 위치가 달라졌음에도 '말-'의 말음 'ㄹ'이 나타나지 않았다는 점에서 구개음화가 발생한 17세기 이전에 '마디몯ᄒᆞ다'가 하나의 단어로 인식되었음을 짐작할 수 있다.

⇒ [음운] 05_/ㄹ/ 탈락

❼ 머즌　궂은. 멎-[凶] + -은(관형사형어미). "궂다, 흉하다"를 의미하는 '멎다[惡, 凶]'는 15세기 문헌에서만 출현하다 소멸되었다. [참고] 災禍는 머즌 이리라 〈석보상절(1447) 11:14b〉. 15세기에 쓰인 '멎다'의 유의어로는 '궂다, 모딜다' 등이 있다.

❽ 므스게　무엇에. 므슥[何] + 에(부사격조사). 현대국어의 의문대명사 '무엇'은 15세기에 '므스, 므슥, 므슴'으로 출현한다. '므스'와 '므슴'은 후행하는 음이 자음일 때 나타나는데, 전자는 '고' 앞에서, 후자는 '만', '과', 'ᄒᆞ-' 앞에서 자주 쓰인다. 이와 달리 '므슥'은 후행하는 음이 모음일 때 출현한다(이광호 2008). '므스'와 '므슥' 중 어느 것이 선대형인지는 정확히 알기 어렵다. 한편, 16세기부터는 '므스, 므슥, 므슴'의 출현 빈도가 급격히 줄어들고 '므섯, 므엇/무엇'이 의문대명사의 기능을 수행하게 된다. 관련된 논의는 장요한(2013)을 참고할 수 있다.

⇒ [어휘] 16_'므스, 므슥, 므슴'

❾ ᄡᅳᆶ다　쓰겠느냐. 쓰-[用] + -ㅭ다(종결어미). '-ㅭ다, -ㄹ다'는 '-ㄴ다'와 더불어 2인칭 주어와 호응해 사용되는 의문형 종결어미이다.

⇒ [문법] 26_의문형 종결어미

❿ 뒷다가　두었다가. 두-[留/置] + -우(연결어미) # 잇-[有] + -다가(연결어미). '둣다가' 형태로도 나타난다. 중세국어에서 일반적으로 볼 수 있는 '-어 잇-' 구문과 동궤에서 해석했을 때, 이때의 '잇-'은 《결과 상태 지속》을 나타내는 보조동사로 파악할 수 있다. 용언 '두-'에 후행하는 연결어미가 '-우'로 나타나는 것이 특이하다. [참고] 다ᄉᆞᆷ어미 세 아ᄃᆞᆯ룰 뒷더니 盧操룰 ᄒᆞ야 밥 지스라 ᄒᆞ야든 슬히 아니 너기며 〈효자:27a〉. 한편, 연결어미 '-다가'는 계사 또는 선어말어미 '-리-' 뒤에서 '-라가'로 교체된다는 점에서 '다ᄀᆞ/다그-[將, 把]'의 활용형 '다가'와 직접적인 관련성이 없다.

⇒ [문법] 30_'-어 잇-, -엣-, -엇-'의 상적 의미

⓫ 다모리라　담으리라. 담-[昇/盛] + -오-(선어말어미) + -리-(선어말어미) + -라(← -다,

종결어미). 이때 선어말어미 '-오-'는 1인칭 주어 '나도'와 호응하는 인칭법 선어말어미로 사용되었다.

⇒ [문법] 20_선어말어미 {-오-}

❶❷ 붓그려　　부끄러워하여. 붓그리-[慚] + -어(연결어미). 중세국어 '붓그리다[慚, 恥]'는 "부끄러워하다"의 의미를 갖는 동사이나 근대국어 이후 소멸되었고, 현대국어에는 여기에 형용사 파생 접미사 '-업-'이 결합한 '부끄럽다'가 남아 있다. 오늘날에는 파생 형용사 '부끄럽다'에 다시 '-어하다'를 결합한 '부끄러워하다'가 동사적 의미를 나타낸다. 중세국어에서는 '붓그리다'와 같은 심리동사 부류가 존재했는데 '깃다[喜]', '슳다[悲]', '두리다[怖]' 등이 그 예이다.

⇒ [문법] 06_심리 동사와 심리 형용사

❶❸ 제　　제. 저[自] + ㅣ(← 의, 관형격조사). 재귀대명사 '저'의 주격형과 관형격형은 '제'로 형태가 동일하나 성조로써 구분된다. 상성일 경우 '저'에 주격조사가 결합한 형태이고, 평성일 경우 '저'에 관형격조사가 결합한 형태이다.

⇒ [음운] 11_성조에 의한 의미 변별

❶❹ 더브러　　더불어. 더블-[與] + -어(연결어미). 현대국어의 '더불다'가 '더불어'로만 활용하는 것과 달리 중세국어의 '더블다'는 '더브러, 더브르샤, 더블오' 등과 같이 다양한 활용형을 보인다. 또한 '아비를 더브러'에서와 같이 목적어를 취하는 경우도 있었다.

[한문 원문 및 시찬]

元覺之父悟。性行不肖。覺祖年老且病。悟猒之。乃命覺輿簀而棄於山中。覺不能止。從至山中。收簀而歸。悟曰。凶器何用。對曰留以舁父。悟慚。遂迎祖歸

원각(元覺)의 아버지 원오(元悟)는 성품과 행실이 착하지 못하였다. 원각의 할아버지가 늙고 병드니 원오가 싫어하여, 원각을 시켜 갈대 자리에 얹어 산 속에 버리게 하였다. 원각이 말리지 못하고 산 속에 갔다가 자리를 거두어 가지고 돌아오니, 원오가 묻기를, "흉한 기구를 네가 무엇에 쓰려느냐?" 하므로, 대답하기를, "두었다가 아버님을 져다 버릴 때에 쓰겠습니다." 하니, 원오가 부끄럽게 여기고 드디어 할아버지를 도로 맞아 왔다.

贊　元悟悖戾。棄父窮山。有子名覺。收簀而還。曰此凶器。汝何用爲。親老舁送。世世所資。良心不亡。自反知改。迎父歸家。奉養無怠

원오가 패려(悖戾)하여 아비를 산에 버렸는데, 아들 원각이 자리를 거두어 오므로, 이 흉한 물건을 어디 쓰려느냐? 물었더니, 늙은 부모 대대로 져다 버리겠다네. 양심은 남아 있어 스스로 반성하여 아버지를 맞이해다 성실하게 봉양했네.

[텍스트 정보]

__ 『효행록』의 본문과 전찬이 실렸다.

__ 『삼강행실도』의 한문 원문은 『효행록』의 본문으로부터 다음과 같이 달라졌다.

元覺之父悟性行不肖覺祖年老且病悟獸之乃命覺輿賫而棄於山中覺不能止從至山中收賫〔音責床賫〕而歸悟曰凶器何用對曰留以昇父悟慚遂迎祖歸

__ 『삼강행실도』의 찬은 『효행록』의 전찬을 옮겨 놓은 것이다.

元悟悖戾棄父窮山有子名覺收賫而還曰此凶器汝何用爲親老昇送〔昇音余對擧也〕世世所資良心不亡自反知改迎父歸家奉養無怠

__ 일기고사계 『이십사효도』에는 '元覺警父'가 실려 있지 않다.

__ 동일한 플롯의 이야기가 한국의 설화 중 '기로설화(耆老說話)'로 전해진다. 기로설화의 직접적인 모태는 『효자전』에 있다고 생각되는데, 『효자전』에서는 다음과 같이 원각의 이름이 '원곡(原穀)'으로 되어 있다.

原穀子 不知何許人 組年老 父母厭患之 意欲棄之 穀年十五 泣涕苦諫 父母不從 乃作輿昇棄之 穀乃隨 收輿歸 父謂之 曰 爾焉用此凶具 穀曰 乃後父老 不能更作得 是以收之耳 父感悟愧懼 乃載祖歸 侍養 更成純孝 (손진태 1947:177)

__ 기로설화가 조선 고유의 설화인지 혹은 인도나 외민족 설화에서 발원한 것인지는 확실하지 않다. 인도의 〈잡보장경(雜寶藏經)〉(高麗版大藏經) 권1 기로국록(棄老國緣)의 조(條)에 기로의 풍습과 관련된 이야기가 실려 있고, 일본에도 유사한 설화가 있다.

__ 송나라 때 축목(祝穆)이 찬(撰)한 『古今事文類聚(고금사문류취)』後集 권3, 명나라 진요문(陳耀文)이 찬(撰)한 『天中記(천중기)』 권16 등에서 『효자전』을 인용하여 유사한 텍스트를 수록하였다. 여기서는 원곡의 아버지가 초인(楚人) 혹은 북적(北狄)에 가까운 유주인(幽州人)이라고 되어 있다. 일본의 『賦役令抄(부역령초)』에도 이 이야기가 『효자전』을 인용하여 실려 있는데, 원각을 원곡(原谷) 또는 원곡(原穀)이라 하였고 초인(楚人)이라고 하였다. 기로설화와 관련된 자세한 내용은 손진태(1947) 참조.

孟熙得金맹희득금 蜀촉

321

금을 얻은 맹희 _ 촉나라

맹희孟熙는 과일을 팔아 부모님을 모시면서 부모님의 뜻을 한번도 거스른 적이 없었다.

그래서 맹희의 아버지는 항상 말씀하셨다.

"내가 비록 가난하지만 아들만큼은 증삼曾參 공자의 제자로, 효를 강조했고 증자로 존칭됨처럼 키웠구나."

　아버지가 돌아가시자 맹희는 물
한 모금 마시지 않고 죽을 만큼 심하게 울었다.
섬거적을 깔고 삼 년 동안 소금을 먹지 않았는데,
먼 곳에 사는 사람들까지도 그의 효행에 감동했다.

　하루는 쥐가 구멍을 팠는데 그 속에서 금 수천 냥이 나와 맹희는 큰 부자가
되었다.

孟·밍熙희 果:과實·씷 ·푸·라 어버·시 ❶이바·두·며 뜨·데 ❷거·슬쁜 :이·리 :업
더·니 그 아·비 샹·녜 ❸닐·오·디 ·내 비·록 ❹艱간難난·코·도 호 曾증參숨·을
❺길·어 :내요·라 ·ᄒ더·라 그 아·비 죽거·늘 ❻·믈 머·굼·도 아·니 먹·고 ·하 우·러
❼ᄒ·마 죽·게 드외·야 ❽셤거적 ❾·실·오 이·셔 三삼 年년·을 ❿소·곰·믈 먹·디
아·니혼·대 :먼 ·듸 :사ᄅᆞᆷ ⓫니·르·리 ⓬降행服·뽁·ᄒ·야 ·ᄒ더·라 ⓭·쥐구무 ·푸
다·가 金금 數·수千쳔 兩:량·올 :어·더 【數·수·논 :두·서히·라】 ᄀ·장 ⓮가ᅀᆞ멸·의
ᄃ외·니·라 (효자도 14a)

孟^맹熙^희가 果^과實^실 팔아 어버이를 봉양하며 (부모의) 뜻에 거스른 일이 없더니 그 아비가 항상 이르되 "내 비록
가난하고도 한 曾^증參^삼을 길러 내었다" 하더라. 그 아비 죽거늘 물 먹음도 아니 먹고 많이 울어 곧 죽게 되어
섬거적 깔고 있어 三^삼 年^년을 소금을 먹지 않으니 먼 데 사람에 이르도록 탄복하더라. 쥐구멍을 파다가 金^금
數^수千^천 兩^량을 얻어 【數^수는 두엇이다】 매우 부유하게 되니라.

[주석]

❶ 이바두며 　　　봉양하며. 이받-[養] + -ᄋᆞ며(연결어미). '이받다'는 동사 '이다[戴]'와 '받다
　　　　　　　　　[獻]'가 결합된 합성동사이다. 본래 "아랫사람이 윗사람에게 음식을 드리다"의

의미이나 중세국어에서는 그 의미가 확대되어 대체로 "봉양하다"의 의미로 사용
되었다. '이받다'에서 명사 '이바디'가 파생되고, '이바디'에서 다시 동사 '이바디
하다'가 파생되었다. 이들은 각각 구개음화를 겪어 현대국어에 '이바지'와 '이바
지하다'로 남아 있다. 현대국어에서 '이바지하다'는 "도움이 되게 하다", "물건을
갖추어 바라지하다"를 의미하는데, 이는 "봉양하다"의 의미에서 더 나아가 "공
헌하다"라는 의미까지 확대되었음을 보여 준다.

⟹ [어휘] 34_'이받다, 이바디ᄒ다'

❷ 거슬뜬   거슬린. 거슬쯔-[憚] + -ㄴ(관형사형어미). '거슬쯔-'는 동사 어근 '거슬-'에 강세
접미사 '-쯔-'가 결합된 파생동사이며, '거슬다'는 현대국어 '거스르다'에 소급된다.

⟹ [문법] 08_강세 접미사

❸ 닐오디   이르되. 닐-(← 니르-)[云] + -오디(연결어미). 동사어간 '니르-/니르-'는 모음
으로 시작하는 어미 앞에서 /ㆍ/, /ㅡ/가 탈락한 '닐-'의 형태로 나타나며 후행
어미와 분철되어 표기된다. 이러한 표기를 특수 분철이라 부르며, 형태 정보의
왜곡 방지를 위한 형태론적 고려로 해석된다.

⟹ [표기] 04_특수 분철 표기

❹ 艱難코도   가난하고도. 艱難ᄒ- + -고(연결어미) + 도(보조사). 'ᄒ-'의 /ㆍ/만 탈락된
모습을 보인다. 'ᄒ-'의 선행 요소가 공명음일 경우 /ㆍ/만 탈락하여 후행하는
평음과 축약되는 경우가 있다. 여기서 '艱難(간난)'의 '난'은 공명 자음인 /ㄴ/으
로 끝났으므로 'ᄒ'에서 /ㆍ/만 탈락하고 /ㅎ/는 뒤의 연결어미 '-고'와 음운
축약이 일어나 '코'로 실현된다.

⟹ [음운] 07_/ㆍ/ 탈락

❺ 길어   길러. 길-(← 기르-)[養] + -어(연결어미). 동사어간 '기르-/기르-'는 모음으로
시작하는 어미 앞에서 /ㆍ/, /ㅡ/가 탈락한 '길-'의 형태로 나타나며 후행 어미와
분철되어 표기된다.

⟹ [표기] 04_특수 분철 표기

❻ 믓 머굼도 아니 먹고   물 먹음도 아니 먹고. 조금의 마실 것도 아니 먹고. 므(← 믈)[漿] + ㅅ(관형격조
사) # 먹-[飮] + -움(명사형어미) + 도(보조사) # 아니(부사) # 먹-[飮] +
-고(연결어미). 치경음 'ㅅ' 앞에서 'ㄹ'이 탈락하여 '믓'으로 나타났다. '머굼'을
'먹-'의 동명사형으로 본다면 '믈'은 동명사 '머굼'의 목적어가 되므로, 여기에
사용된 'ㅅ'를 이른바 목적어적 속격의 예로 이해해 볼 수 있다. 혹은 '믓머굼'을
"조금의 마실 것[水漿]"의 의미를 가진 명사로 보고 이 구절을 "조금의 마실
것도 아니 먹고(무엇도 먹지 않고)"로 해석할 수도 있다.

⟹ [문법] 14_관형격조사_이른바 목적어적 속격에 대한 논의

❼ ᄒ마   ⊞ 거의[幾]. 여기에서 'ᄒ마'는 맥락상 "거의"의 의미로 해석된다. 중세국어에
서 'ᄒ마'의 의미는 "이미", "장차", "거의" 등으로 매우 다양하다. 'ᄒ마'의 상이
한 의미에 대해서는 각 단어를 동음이의 파생 관계로 처리하는 견해(민현식

1991)도 있고, '호마'의 공통된 의미를 ≪완료≫로 설정하고 "과거/현재/미래를 기준으로 한 완료"의 의미를 포괄한다고 보는 견해(이병기 2006)도 있다.

➡ [어휘] 38_'호마'

❽ 셞거적 　명 섬거적[苫]. '셞거적'은 명사 '셤'과 '거적' 사이에 관형격조사 'ㅅ'이 결합되어 형성된 합성어이다. 섬 은 곡식 따위를 담기 위하여 짚으로 엮어 만든 그릇 이며, 거적은 짚을 두툼하게 엮거나, 새끼로 날을 하 여 짚으로 쳐서 자리처럼 만든 물건을 뜻한다. 여기 서 '셞거적'은 이미 만들어진 섬을 뜯어 앉을 수 있도 록 한 거적을 뜻하는 것으로 보인다.

거적

〈민족생활어사전〉

➡ [문법] 14_관형격조사_{ㅅ}을 내포한 합성어와 명사구의 구분

❾ 쓸오 　깔고. 쓸-[布] + -오(←-고, 연결어미). 연결어미 '-오'는 형태소 경계를 사이로 /ㄹ/ 뒤에서 '-고'의 /ㄱ/이 탈락한 형태이다. 15세기 공시적 현상인 /ㄱ/ 탈락은 형태소 경계를 전제로 음운론적 조건(선행 요소가 /ㄹ/이나 활음 /j/) 또는 형태 론적 조건(계사 뒤)을 지닌 형태음운 현상으로 파악된다.

➡ [음운] 04_/ㄱ/ 탈락

❿ 소고물 　소금을. 소곰[塩] + 올(목적격조사). 15세기부터 '소곰'과 '소금'이 공존하였으나 '소금'은 한두 예에 불과하고 대부분은 '소곰'의 형태로 나타난다. '소곰〉소금' 의 변화는 동일한 음이 반복될 때 단조로움을 깨뜨리기 위해 동일한 소리를 다른 소리로 바꾸는 이화현상과 관련되어 있다. '소곰'은 20세기 초까지 쓰이다 가 오늘날은 '소금'의 형태로만 나타난다.

⓫ 니르리 　이르도록. 니를-[至] + -이(연결어미). 한문 원문의 '遠近嘆服(먼 곳과 가까운 곳의 사람이 탄복하였다.)'을 참고하면 언해문의 '니르리'는 "길이", "내내"를 의미하는 부사 '니르리'와 달리 "이르도록"을 의미하므로, 이때 '-이'는 연결어 미로 처리할 수 있다.

➡ [어휘] 08_'니르리'

⓬ 降服ᄒ야 　탄복하여. 감복하여. 降服ᄒ- + -야(←-아, 연결어미). 현대국어 '항복(降伏/降 服)하다'는 "적이나 상대편의 힘에 눌리어 굴복하다"를 의미하지만 중세국어 시 기에는 외재적 힘에 의한 굴복 외에도 내재적 감화에 의한 복종의 의미를 포함한 다. 예를 들어 '그 쁴 모댓ᄂᆞᆫ 사르미 다 降服ᄒ야 깃거ᄒ더니 〈석보상절(1447) 6:35a〉'에서는 사람들이 사리불(舍利弗)의 모습을 보고 항복하여 기뻐했다는 것으로, 힘에 굴복했다기보다는 감동하여 충심으로 그를 따랐다고 해석된다.

⓭ 쥐구무 　명 쥐구멍. 현대국어의 "구멍"을 의미하는 중세국어 단어는 자음으로 시작하는 조사와 결합하거나 단독으로 쓰일 경우 '구무'의 형태로 나타나나 모음으로 시작 하는 조사와 결합할 경우 '굼기, 굼글, 굼긔'처럼 '굵'의 형태로 출현한다. 이러한 '구무~굵'의 교체는 19세기까지 이어진다.

⟶ [문법] 01_체언의 특수한 형태 교체

⓮ 가ᄉ며ᄅ의　　부유하게. 가ᄉ멸-[富] + -의(←-긔, 연결어미). 중세국어 '가ᄉ멸다'는 '가ᅀᆞᆷ
　　　　　　　　　열다〉가음열다'의 변화를 거쳐 현대국어 '가멸다'에 소급되지만 '가멸다' 역시
　　　　　　　　　오늘날 거의 쓰이지 않고 '부유하다, 풍성하다' 등의 한자어로 대체되고 있다.
　　　　　　　　　연결어미 '-의'는 형태소 경계를 사이로 /ㄹ/ 뒤에서 '-긔'의 /ㄱ/이 탈락한
　　　　　　　　　형태이다.
　　　　　　　　　⟶ [음운] 04_/ㄱ/ 탈락

[한문 원문 및 시찬]

孟熙。販果實養親。承顔順志。不憚苦辛。其父常云。我雖貧。養得一曾參。及父亡。絶
漿哀號。幾至滅性。布苫于地。寢處其上。三年不食塩酪。遠近嘆服。因見鼠掘地得黃金
數千兩。因巨富焉

맹희(孟熙)가 과일을 팔아 어버이를 봉양하되 얼굴 표정을 살피며 뜻을 받들어 순종하면서
괴로움을 꺼리지 않으니, 그 아버지가 항상 말하기를, "나는 비록 가난할지라도 한 증삼(曾參
증자의 이름)의 봉양을 받는다." 하였다. 아버지가 죽자, 음식을 끊고 슬피 울부짖어 거의
죽게 되었으며, 땅에 거적자리를 펴고 그 위에서 거처하며 3년 동안 염락(鹽酪 소금과 유장(乳
漿))을 먹지 않으니, 원근 사람들이 탄복하였다. 쥐가 땅을 팜으로 말미암아 황금 수천 냥을
얻어서 큰 부자가 되었다.

詩　家貧負販養嚴親。承順何嘗憚苦辛。
　　殁後居喪能盡禮。行同曾子異常人
　　掘鼠何由遽得金。孝親於此感天心。
　　一時不但家能富。贏得香名說到今

가난하여 행상하며 아버지를 봉양하되, 뜻 받들고 순종하여 괴로움을 안 꺼렸네.
죽은 뒤에 상중에도 예절 다하였으니, 그 행실 증자같이 뛰어난 사람일세.
어찌하여 쥐구멍에서 금을 얻었나, 효성에 하늘이 감동함일세.
한때에 집만이 가멸할 뿐 아니라. 꽃다운 이름이 지금까지 전하네.

[텍스트 정보]

__『효순사실』의 본문과 시가 실렸다.
__『삼강행실도』의 한문 원문은 『효순사실』의 본문을 그대로 옮겨 왔으나 구점과 두점이
　　찍힌 『효순사실』의 원문과는 달리 구점만을 찍었다.
__『삼강행실도』의 시는 『효순사실』에서 '又'로 연결되어 있는 두 수의 7언시를 격간(隔間)의
　　형식을 사용해 옮겨 놓은 것이다.

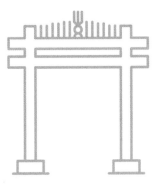

王裒廢詩왕부폐시 魏위

시를 차마 읽을 수 없었던 왕부 _위나라

왕부王裒의 아버지 왕의王儀는 위나라 안동 장군 사마소司馬昭의 신하로 벼슬살이를 하고 있었다. 싸움에서 패하고 돌아온 사마소가 왕의에게 물었다.

"내가 싸움에서 진 것이 누구의 책임이라고 생각하느냐?"

왕의가 대답했다.

"모든 것이 장군님의
책임이옵니다."

이 말을 듣자 몹시 화가 난 사마소는 왕의를 끌어내어 목을 베어 버렸다.

이에 왕부는 아버지의 죽음을 애통해하며 벼슬길에 나아가지 않고 후학들에게 글을 가르치면서 살았다. 사마소의 아들이 서쪽에 가 임금이 되자 왕부는 죽을 때까지 서쪽을 향해 앉지 않았다. 임금이 왕부를 세 번 부르고, 재상이 일곱 번이나 불러 벼슬을 주고자 하였으나 왕부는 끝내 응하지 않았다.

왕부는 아버지의 묘 옆에 움막을 짓고 살면서, 아침저녁으로 묘소에 가 절하고 꿇어앉아 잣나무를 끌어안고 슬피 울었다. 그 눈물이 나무를 적셔 잣나무가 점점 시들어 말라 죽었다.

왕부의 어머니는 살아 계실 때 우레를 무척 무서워하였다. 어머니가 돌아가신 후에도, 왕부는 우레가 칠 때면 어머니 묘소로 달려가 말했다.

"어머니, 제가 여기에 있습니다."

왕부는 제자들과 함께 시경詩經을 읽다가 "애달프다! 우리 부모가 나를 힘들여 낳아 기르셨네."라는 대목이 나오면 울지 않은 적이 없었다.
그 모습을 본 제자들은 모두 그 시편을 차마 읽을 수가 없었다.

[언해문]

王왕裒뿔·의 아비 王왕儀의[36] 魏·위·라 ·홀 나·랏 安한東동將쟝軍군 司ᄉ
馬:마昭쑐·이그에 ❶그위·실ᄒᆞ·더니 司ᄉ馬:마昭쑐ㅣ 싸·홈 ❷계·우고 ❸:뉘
닷고 호·ᄃᆡ 王왕儀의[37] 對·되答·답호·ᄃᆡ ❹元원帥쉬ㅅ 다·시이·다 호·ᄃᆡ
【元원帥쉬·ᄂᆞᆫ ❺爲위頭뜰호 將·쟝帥·쉬·라】 怒:노·ᄒᆞ·야 자·바 :내·야 ❻:베·티니·라
王왕裒뿔ㅣ ❼슬·허 그위·실 아니ᄒᆞ·고 ·ᄂᆞᆷ ·글 ᄀᆞᄅᆞ·치·고 이·셔 :님·그·미
:세 번 브르·시·며 宰:ᄌᆡ相·샹이 닐·굽 번 블·러·도 :다 아니 오·고 죽·두·록
西셰ㅅ녁 向·향·ᄒᆞ·야 앉·디 아니 (효자도 15a)

[대역문]

王왕裒부의 아비 王왕儀위가 魏라 하는 나라의 安東將軍안동장군 司馬昭사마소에게 벼슬하더니 司馬昭사마소가 싸움 지고 "누구의
탓인가?" 하니 王儀왕의가 대답하되 "元帥원수의 탓입니다." 하니【元帥원수는 爲頭위두한 將帥장수이다】怒노하여 잡아내어 베어
버리니라. 王裒왕부가 슬퍼하여 벼슬 아니하고 남 글 가르치고 있어 임금이 세 번 부르시며 宰相재상이 일곱 번
불러도 다 아니 오고 죽도록 西녘서 向향하여 앉지 아니

---

36 志部昭平(1990:65)에서는 성암본의 경우 이 부분이 '외'로 되어 있음을 언급하고 있다.

37 志部昭平(1990:65)에서는 성암본의 경우 이 부분이 '위'로 되어 있음을 언급하고 있다.

[언해문]

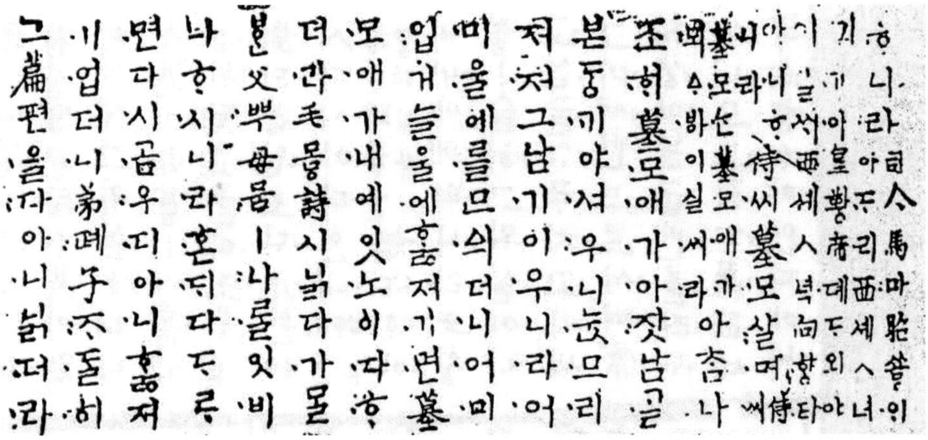

ᄒᆞ·니·라 【司ᄉᆞ馬:마昭쑣·ᄋᆡ 아·ᄃᆞ·리 西셰ㅅ녀·긔 ⑧·가·아 皇ᅘᅪᇰ帝·뎨 ᄃᆞ외·야 이실·씨 西셰ㅅ녁 向·향·티 아니ᄒᆞ·니·라】 侍·씨墓·모:살·며 【侍·씨墓·모·ᄂᆞᆫ 墓·모·애 ·가 ⑨:뫼ᅀᆞ·ᄫᅡ 이실 ·씨·라】 아ᄎᆞᆷ나조·ᄒᆡ 墓·모·애 ·가·아 ⑩:잣남·ᄀᆞᆯ ⑪ᄇᆞᆫ도ᇰ·기야·셔 :우·니 ⑫·눉·므·리 저·저 그 남·기 ⑬이·우니·라 ·어·미 ⑭·울에·를 ⑮므·싀더·니 ·어·미 :업거·늘 ·울·에 ᄒᆞᇙ 저·기·면 墓·모·애 ·가 ⑯·내 예 잇·노이·다 ·ᄒᆞ더·라 ⑰毛몰詩시 닑다·가 ⑱몰ᄇᆞᆫ 父:뿌母:뭏ㅣ :나·ᄅᆞᆯ ⑲잇·비 나ᄒᆞ·시니·라 ·ᄒᆞᆫ ·ᄃᆡ 다ᄃᆞᄅᆞ·면 다·시·곰 :우·디 아·니ᄒᆞᇙ 저·기 :업더·니 弟:뗴子:ᄌᆞ·ᄃᆞᆯ·히 그 篇편·을 :다 아·니 닑·더·라 (효자도 15b)

[대역문]

하니라.【司馬昭(사마소)의 아들이 西(서)녘에 가 皇帝(황제)가 되어 있으므로 西(서)쪽 向(향)하지 아니하니라】侍墓(시묘)살며【侍墓(시묘)는 墓(묘)에 가 모셔 있는 것이다】아침저녁에 墓(묘)에 가 잣나무를 붙당겨서 우니 눈물이 젖어 그 나무가 시드니라. 어미가 우레를 무서워하더니 어미가 돌아가시거늘 우레 칠 적이면 墓(묘)에 가 "제가 여기에 있습니다." 하더라. 毛詩(모시) 읽다가 애달픈 父母(부모)가 나를 수고로이 낳으시니라 하는 데 다다르면 다시금 울지 아니한 적이 없더니 弟子(제자)들이 그 篇(편)을 다 아니 읽더라.

[주석]

❶ 그위실ᄒᆞ더니
벼슬하더니. 그위실ᄒᆞ-[任] + -더-(선어말어미) + -니(연결어미). 명사 '그위실[任]'에 파생 접미사 '-ᄒᆞ-'가 붙어 만들어진 동사 '그위실ᄒᆞ다'는 『고어사전』(南廣祐 1997)에서 "벼슬하다"의 의미로 풀이하고 있다. '그위실 〉 그우실 〉 구우실 〉 구실'로 변화였는데 현대국어에서 '구실'이 "역할"의 뜻으로 중세국어 시기와는 의미가 달리 사용된다. '그위'가 "관청"을 뜻하는 말이므로 '그위실'은 '그위+-실'로 분석할 수 있다. '실'이 일정한 어근일 가능성이 있으나 확인하기 어려우므로 김무림(2020:162)에 따라 이를 접미사로 처리해 둔다.
➡ [어휘] 04_그위, 그위실

❷ 계우고
지고, 이기지 못하고. 계우-[敗] + -고(연결어미). 중세국어의 타동사 '계오다/계우다'는 "이기지 못하다"라는 의미를 가지며 현대국어의 형용사 '겹다'로 변화하였다. 이동석(2005ㄱ)에서는 '계오/계우-'가 '겹-'으로 바뀐 이유를 언중이 '겨우-'를 'ㅂ' 불규칙 활용 어간으로 오인했기 때문이라 보았다. 중세국어의 '계오다/계우다'는 타동사로 기능하며 유정물만을 주어로 취했지만, 현대국어의 '겹다'는 형용사로 기능하고 유정물과 무정물을 모두 주어로 취할 수 있다는 차이가 있다. [참고] 사람들이 흥에 겨워 어깨를 들썩들썩하였다. 그 일이 힘에 겨워 포기할 수밖에 없었다.

❸ 뉘 닷고
누구의 탓인가. 누[誰] + ㅣ(←의, 관형격조사) # 닷[任] + 고(보조사). 중세국어에서 의문사 '누'의 주격형과 관형격형은 둘 다 '뉘'이다. 그러나 성조의 차이에 따라 주격은 거성(한 점)으로, 관형격은 상성(두 점)으로 나타난다. '닷'은 유기음화되어 오늘날 '탓'으로 변화하였다. 이때 '닷'에 결합한 의문 보조사는 의문사 '누'로 인해 그 형태가 '가'가 아닌 '고' 형태로 나타난 것이다.
➡ [음운] 11_성조에 의한 의미 변별
➡ [문법] 16_보조사_중세국어의 의문보조사 {고/가}

❹ 元帥ㅅ
원수의. 元帥 + ㅅ(관형격조사). 관형격조사 'ㅅ'은 존칭의 유정 체언에 결합한다. 'ㅅ'계 관형격조사의 사용에 의해 중세국어 시기 해당 체언에 대한 높임 기능을 표시하는 방법을 알 수 있다.
➡ [문법] 14_관형격조사

❺ 爲頭ᄒᆞᆫ
으뜸이 되는. 으뜸가는. 위두(爲頭)ᄒᆞ- + -ㄴ(관형사형어미). 중세국어에서 한자어 '위두(爲頭)'는 그 자체로 "우두머리, 으뜸"의 뜻으로 사용되었다. 여기에서 파생된 '위두ᄒᆞ다'는 "으뜸가다, 가장 위가 되다"의 뜻이 된다. 대부분 명사 '위두'보다 동사 '위두ᄒᆞ다'가 사용된 예들이 훨씬 많다. 김무림(2020:695)과 홍윤표(2009:375)에서는 현대국어 '우두머리'에 대하여 '우두'를 한자어 '위두(爲頭)'에서 온 것으로 보고 고유어 '머리[頭]'가 결합된 형태로 파악하고 있다.

❻ 베티니라
베어 버리니라. 베티-[斬] + -니-(선어말어미) + -라(←-다, 종결어미). 南廣祐(1997)에서는 '-티-'를 어떠한 행동의 힘줌을 나타내는 접미사로 보고 '베티

다'를 '베어 버리다'로 풀이하고 있다. 접미사 '-티-'는 '티-[打]'에서 왔을 것으로 짐작되나, '열티다[開]'와 같이 파생 접미사화하면서 '打'의 의미를 가지지 않는 경우가 많이 발견되므로 15세기 국어에서 생산성을 가지는 접미사로 설정할 수 있다. 이 접미사가 결합된 단어로는 '들티다', '뗼티다', '데티다', '니르티다', '빼티다' 등이 있다.

➡ [문법] 08_강세 접미사
➡ [문법] 25_평서형 종결어미
➡ [문법] 33_높임 표현

❼ 슬허   슬퍼하여. 슳-[悲] + -어(연결어미). 중세국어의 동사 '슳다'는 "슬퍼하다", "슬프게 여기다"의 의미로, 현대국어 '슬프다'에 그 흔적을 남기고 있다. '슳다'에 '-어 ᄒ다'가 결합된 '슬허ᄒ다'도 존재하였는데, '슳다'와 의미 차이는 크지 않은 것으로 보인다. 형용사 '슬프다'는 동사 '슳-'에 형용사 파생 접미사 '-브-'가 결합된 것이고, '슬퍼하다'는 형용사 '슬프-'에 다시 '-어하다'가 결합되어 동사로 만들어진 것이다. 중세국어에서는 '슳다'처럼 단독으로 심리 구문을 형성하는 동사가 있었는데, '깄다[喜]', '두리다[怖]' 등이 그 예이다.

➡ [문법] 06_심리 동사와 심리 형용사

❽ 가아   가/가서. 가-[行] + -아(연결어미). 어미와 동일한 모음형을 가진 용언 어간이 참여하는 활용에서 동음 생략의 영향을 받지 않고 어미의 형태가 계속 유지되는 양상을 보인다. 뒤에 이어지는 협주와 언해문에는 현대국어와 같이 동일 모음이 생략된 '가'의 형태도 나타난다.

➡ [표기] 07_'Xㅏ'형 용언 어간의 표기

❾ 뫼ᅀᆞᄫᅡ   모셔. 뫼ᅀᆞᆸ-[侍] + -아(연결어미). '뫼ᅀᆞᆸ-'에서 객체 높임 선어말미 '-ᅀᆞᆸ-'을 분리할 수 있어 보이지만 이 경우 '뫼-'가 파악되지 않는다. 중세국어의 객체 높임법은 대개 선어말미 '-ᅀᆞᆸ/ᅀᆞᆸ/ᄌᆞᆸ-'에 의해 실현되는데 '뫼ᅀᆞᆸ다'의 경우는 선어말미가 어휘 속에서 굳어진 경우라고 할 수 있다.

➡ [표기] 06_'ᅀ' 표기
➡ [문법] 19_선어말미 {-ᅀᆞᆸ-}

❿ 잣남골   잣나무를. 잣낢(← 잣나모) + 올(목적격조사). '낢'은 명사 '나모'에 '와'를 제외한 모음 조사가 결합하면 끝음절 /ㅗ/가 탈락하고 /ㄱ/이 덧생기는 특수 곡용체언이다.

➡ [문법] 01_체언의 특수한 형태 교체

⓫ 븥둥기야셔   붙당기어서. 븥둥기-(← 븥둥기-)[攀] + -야셔(← -아셔, 연결어미). 현대국어 '붙당기다'는 "붙당겨서 당기다"의 뜻으로 사용된다. '붙당기다'는 동사 어근 '븥-[附]'과 '둥기-[引]'가 결합된 합성동사이다. 류창돈(1975:113)에서는 '븥-'을 강세형 접두사로 보고 있으나 '붙당기다'는 그 뜻이 "붙잡아서 당기다"인 것을 고려하면 '븥-[附]'과의 관련성이 인정되므로 이는 두 개의 어근이 결합된 비통사적 합성어로 볼 수 있다.

➠ [문법] 07_비통사적 합성어

➠ [음운] 09_활음 첨가

⓬ 눉므리 눈물이. 눉믈 + 이(주격조사). '눉믈'은 앞의 명사 어근 '눈'이 뒤의 명사 어근 '믈'을 수식·한정하는 방식으로 결합된 종속적 합성어이다. 종속적 합성어에서는 앞 명사의 끝소리가 유성음이고 뒤에 오는 명사의 첫 자음이 무성 파열음 /ㄱ, ㄷ, ㅂ/일 때 관형격조사 'ㅅ'이 나타나는 것이 일반적인데 '눉믈'과 같이 유성 자음 /ㅁ/ 앞에서도 쓰였다.

➠ [문법] 14_관형격조사_{ㅅ}을 내포한 합성어와 명사구의 구분

⓭ 이우니라 시드니라. 이우-(←이울-)[枯] + -니-(선어말어미) + -라(←-다, 종결어미). 현대국어 "시들다"의 뜻을 가진 중세국어 형태는 '이블다'였는데 여기서의 '이울-'은 중세국어 시기 /ㅸ/가 /w/로 변한 모습을 보여 준다. '이우-'는 '이울-' 뒤에 /ㄴ/으로 시작하는 어미가 결합되어 어간의 /ㄹ/이 탈락한 형태이다.

➠ [표기] 05_/ㄹ/ 탈락

➠ [문법] 25_평서형 종결어미

⓮ 울에 ⓜ우레. 현대국어 '우레'의 중세국어 형태는 '울에'로 동사 어간 '울/우르-[吼]'에 명사 파생 접미사 '-에'가 결합하여 파생된 명사이다. 중세국어에서 '*울게'의 어형을 발견할 수는 없지만, 역사적으로 '-게'의 형태를 지녔던 접미사에서 /ㄹ/ 뒤 /ㄱ/ 탈락이 일어났으며, 이후 훈민정음으로 표기될 때 분철 표기로 그 흔적을 나타낸 것으로 이해할 수 있다.

➠ [문법] 09_명사 파생 접미사

⓯ 므싀더니 무서워하더니. 므싀-[畏] + -더-(선어말어미)+ -니(연결어미). '므싀다'는 "무서워하다"를 의미하는 중세국어 동사이며, '므싀-'에 형용사 파생 접미사 '-업-'이 결합하여 파생된 '므싀엽-'은 "무섭다"를 의미하는 형용사이다. 중세국어에서는 '므싀다'처럼 단독으로 심리 구문을 형성하는 동사가 있었으며, 이와 같은 심리동사로는 '깄다[喜]', '슳다[悲]', '두리다[怖]' 등이 있다.

➠ [문법] 06_심리 동사와 심리 형용사

⓰ 내 제가. 나[我] + ㅣ(←이, 주격조사). 중세국어에는 1인칭 겸양 표현이 없으므로 현대국어의 '저, 저희, 제'가 쓰이는 문맥에서 '나, 우리, 내'가 나타난다. 한편 중세국어에서 '나, 너, 누, 저'와 같은 인칭 대명사나 재귀 대명사는 주격조사 결합형과 관형격조사 결합형의 형태가 동일하므로 성조로써 그 격형을 알 수 있다. 여기서는 '내'가 거성으로 나타나므로 주격형으로 파악된다.

➠ [음운] 11_성조에 의한 의미 변별

⓱ 毛詩 ⓜ모시. 시경(詩經). ≪시경(詩經)≫을 달리 이르는 말. ≪시경≫의 주석 가운데 한나라의 모형(毛亨)의 것이 가장 유명하여 이러한 이름이 붙었다.

⓲ 믈븐 애달픈, 슬픈. 믋-[哀] + -은(관형사형어미). 중세국어 용언 '믋다'는 "애달프다, 슬프다" 등의 의미를 갖는데 자주 쓰이지는 않는다. 당시 형용사 '슬프다'의

형태가 존재했으며, '애달프다'에 해당하는 '애돌다/애듧다'의 형태가 공존했다. 이러한 점을 미루어 보아 의미 기능이 분화됨으로써 넓은 의미의 '哀'를 뜻했던 '뭃다'의 사용 빈도가 상대적으로 줄어든 것으로 보인다.

⑲ 잇비 　　　　㊈ 수고로이, 고단히. 동사 '잇브다[劬]'의 어근 '잇브-'에 부사 파생 접미사 '-이'가 결합하여 파생된 부사이다.
　　　　　　㊀ [문법] 10_부사 파생 접미사

[한문 원문 및 시찬]

王裒。字偉元。城陽人。父儀爲魏安東將軍司馬昭司馬。東關之敗。昭問曰。誰任其咎。儀對曰。責在元帥。昭怒曰。欲委罪於孤邪。引出斬之。裒痛父非命。隱居敎授。三徵七辟皆不就。終身未嘗西向而坐。以示不臣於晉。廬於墓側。旦夕常至。墓所拜跪。攀柏悲號。涕淚著樹。樹爲之枯。母性畏雷。母歿。每雷輒到墓曰裒在此。讀詩至哀哀父母。生我劬勞。未嘗不三復流涕。門人受業者。並廢蓼莪篇

왕부(王裒)의 자(字)는 위원(偉元)이며 양성(陽城) 사람이다. 아버지 왕의(王儀)가 위(魏)나라 안동 장군(安東將軍) 사마소(司馬昭)의 사마(司馬)가 되었는데, 동관(東關)에서 패전하자 사마소가 묻기를 "누가 그 허물을 책임지겠는가?" 하므로, 왕의가 대답하기를 "책임은 원수(元帥)에게 있습니다." 하니, 사마소가 노하여 말하기를 "허물을 나에게 돌리려 하느냐?" 하고는 끌어내어 참(斬)하였다. 왕부가 아버지의 비명에 죽은 것을 애통해 하여 숨어살면서 후배를 가르쳤다. 나라에서 자주 불러서 벼슬을 주고자 하였으나 나아가지 않고 종신토록 서쪽을 향하여 앉지 아니하여, 진(晉)나라의 신하 노릇을 하지 않는 뜻을 보였다. 무덤 곁에 움막을 짓고 아침저녁으로 묘소에 가서 절하고 꿇어앉아 잣나무를 붙들고 슬피 울부짖으니 눈물이 나무에 젖어서 나무가 말라죽었다. 어머니의 성품이 천둥소리를 두려워하였는데 어머니가 죽자 천둥할 때마다 곧 무덤에 가서 "부가 여기 있습니다." 하였다. ≪시경(詩經)≫을 읽다가 "슬프다, 우리 부모! 나를 낳아 기르심에 수고가 많으셨네[哀哀父母 生我劬勞]"라는 대목에 이르면 세 번 되풀이하여 눈물을 흘리지 아니할 때가 없으므로 문하에서 배우는 자가 모두 육아편(蓼莪篇 ≪시경≫의 편명)을 읽지 않았다.

詩　王裒爲孝自來無。淚灑泉臺柏盡枯。
　　父死獨傷非正命。終身不仕只閒居
　　怕聽雷聲母性然。每因雷動繞墳前。
　　蓼莪未誦先流涕。遂使門人廢此篇

왕부 같은 효도는 본디부터 없던 일, 무덤에 눈물 뿌려 잣나무가 말랐네.
비명에 죽은 아버지를 슬퍼하여서, 종신토록 벼슬 않고 한적하게 살았네.
천둥소리 두려워하는 어머니의 성품이라, 천둥치면 번번이 무덤 앞을 돌았네.
육아편 읽기 전에 눈물 먼저 흘리어, 문인들이 그 시를 차마 읽지 못하게 되었네.

贊　偉元喪父。不應徵辟。旦夕悲號。淚灑攀栢。每讀蓼莪。三復涕洟。門人不忍。遂廢此詩

위원은 아비 잃고 주는 벼슬도 받지 않고서, 아침저녁 슬피 외쳐 잣나무에 눈물 뿌렸네. 육아편 욀 때마다 세 번 눈물 흘리니, 문인들이 차마 못 봐 이 시편을 안 읽었네.

[텍스트 정보]

__ 『효순사실』의 본문과 시, 『효행록』의 후찬이 실렸다.

__ 『삼강행실도』의 한문 원문은 『효순사실』의 본문으로부터 다음과 같이 달라졌다.

王裒⦁字偉元。城陽營陵人也。父儀爲魏安東将軍司馬昭司馬。東關之敗⦁昭問於衆曰。近日之事誰任其咎。儀對曰。責在元帥。昭怒曰。司馬欲委罪於孤邪。遂引出斬之。裒痛父非命。於是隱居教授。三徵七辟皆不就。終身未嘗西向而坐。以示不臣於晉也。廬於墓側。旦夕常至墓所拜跪。攀栢悲號⦁涕淚著[38]樹⦁樹爲之枯。母性畏雷。母沒⦁每雷輒到墓曰裒在此。及讀詩至哀哀父母。生我劬勞。未嘗不三[39]復流涕。門人受業者⦁並廢蓼莪之篇⦁

__ 『삼강행실도』의 시는 『효순사실』에서 '又'로 연결되어 있는 두 수의 7언시를 격간(隔間)의 형식을 사용해 옮겨 놓았다.

__ 『효행록』에는 이 이야기가 '王裒泣栢'이라는 제목으로 실려 있다.

__ 현존하는 『이십사효』에는 이 이야기가 '王裒'라는 제목으로 실려 있다.

38　이때의 점은 '著'이 입성으로 발음되며 "붙다"의 의미로 쓰였음을 표시한 권점(圈點)이다.

39　이때의 점은 '三'이 거성으로 발음되며 "자주, 거듭, 여러 번"의 의미로 쓰였음을 표시한 권점(圈點)이다.

孟宗泣竹^{맹종읍죽} 吳^오

대숲에서 운 맹종 _ 오나라

맹종孟宗은 효성이 대단히 지극했다. 겨울이 다가올 무렵 늙고 병든 어머니가 죽순을 먹고 싶어하였다. 그러나 이미 땅이 얼어 죽순이 있을 리 없었다.

맹종은 속상한 마음에 대밭으로 가 흐느꼈다. 그러자 얼마 뒤 맹종의 눈물이 떨어진 자리에 죽순 두어 줄기가 땅에서 돋아났다.

맹종이 기뻐하며 죽순을 따서 어머니께 국을 끓여 드리자 어머니의 병이
나았다. 사람들은 한목소리로 맹종의 효도가 지극하여 그렇게 된 것이라고
말하였다.

[언해문]

孟·밍宗종·이 므슨·미 ❶至·지極·끅 ❷孝·횸道:똥룹·더·니⁴⁰ ·어·미 늙·고 ❸病
·뼝·ᄒᆞ·야 이·셔 ❹겨·스·리 다드·라 ·오거·늘 竹·듁筍순·을 먹·고 ·져 커·늘 孟
·밍宗종·이 ·대수·페 ·가 ❺:운·대 ❻이슥·고 竹·듁筍순 :두:서 줄·기 ·나거·늘
❼가·져다·가 羹깅 ❽밍·ᄀᆞ·라 ❾이바·두·니 ❿·어·믜 病·뼝·이 ⓫:됴커·늘 :사·ᄅᆞ
·미 :다 ⓬일ᄏᆞ·로·디 孝·횸道:똥ㅣ 至·지極·끅 ᄒᆞ·야 그·러ᄒᆞ·니·라 ·ᄒᆞ더·라

(효자도 16a)

[대역문]

孟宗의 마음이 지극히 효성스럽더니 어미 늙고 病들어 있어 겨울이 다다라 오거늘 竹筍을 먹고자 하거늘
孟宗이 대숲에 가 우니 이윽고 竹筍 두어 줄기 나거늘 가져다가 羹 만들어 이바지하니 어미의 病이 좋아지
거늘 사람이 다 일컫되 "孝道가 至極하여 그러하니라." 하였다.

---

40   志部昭平(1990:68)에 따르면 성암본에서 이 부분의 '더'는 평성으로 되어 있으며 志部昭平(1990:69)에서
는 이를 교정하지 않았다. 그러나 '-더-'는 거성의 성조를 가지며 '-룹-'이 평성을 지니므로 거성불연삼
현상이 적용될 환경도 아니다. 따라서 여기에서는 '孝道룹더니'를 [HRLHH]로 파악한다.

[주석]

❶ 至極   ⊞ 지극히. 중세국어에서는 다른 접미사와의 결합 없이 '지극(至極)'만으로도 부사로 사용될 수 있었다. 현대국어에서는 '지극(至極)'이 단독으로 쓰이는 경우는 거의 없으며, '지극정성(至極精誠)'과 같이 합성명사를 이루거나, 부사 파생 접미사가 결합한 '지극히'의 형태로 사용되는 경우가 대부분이다.

❷ 孝道롭더니   효성스럽더니. 孝道롭-[孝] + -더-(선어말어미) + -니(연결어미). '孝道롭-'은 명사 어근 '孝道'에 형용사 파생 접미사 '-롭-'이 결합한 것이다. '-롭-'은 모음이나 /ㄹ/로 끝나는 어기와 결합하며 '-ᄅ뷔-, -롭-'으로 나타나기도 한다.
  ⟹ [문법] 11_형용사 파생 접미사

❸ 病ᄒ야 이셔   병들어 있어. 病ᄒ- + -야(←-아, 연결어미) # 이시-[有] + -어(연결어미). 이는 중세국어의 '-어 잇-' 구문으로 여기서는 상태 지속을 나타낸다. 명사 '病'에 파생 접미사 '-ᄒ-'가 붙어 만들어진 동사 '病ᄒ다'는 중세국어에서만 그 쓰임이 보이고 근대국어에서는 이를 대신해 '병들다'가 사용됨을 볼 수 있다.
  ⟹ [문법] 30_'-어 잇-, -엣-, -엇-'의 상적 의미

❹ 겨스리   겨울이. 겨슬[冬] + 이(주격조사). '겨울'의 중세국어 형태는 '겨슬/겨ᅀᅳᆯ, 겨슬ㅎ/겨ᅀᅳᆯㅎ'인데, 문헌에 따라 'ㅎ'의 출현 여부가 엇갈린다. 조사와 결합할 때 '겨슬헤'처럼 /ㅎ/가 나타나기도 하나 이는 극히 일부이며, 대다수는 '겨스리'처럼 /ㅎ/이 출현하지 않는다. [참고] 겨슬헤 업고 보미 펴듀믈 보며 (觀冬索而春敷) 〈선종영가집언해(1464) 하:44b〉. '겨슬'은 '겨ᅀᅳᆯ 〉 겨울/겨ᄋᆞᆯ'로 그 형태가 변하지만 /ᅳ/가 /ㅗ/나 /ㅜ/로 바뀌는 이유는 분명하지 않다.
  ⟹ [표기] 06_'ᅀ' 표기

❺ 운대   우니. 우-(←울-)[泣] + -ㄴ대(연결어미). 중세국어의 연결어미 '-ㄴ대'는 이유나 원인 등의 의미를 나타낸다. 중세국어에서 /ㄹ/은 형태소 경계를 사이에 두고 /ㄴ, ㄷ, ㅅ, ㅿ, ㅈ, ㅌ/ 등의 치경 자음 앞에서 탈락하였으므로, 동사 어간 '울-'이 연결어미 '-ㄴ대' 앞에서 '우-'로 나타났다.
  ⟹ [음운] 05_/ㄹ/ 탈락

❻ 이슥고   ⊞ 이윽고. 이 말은 어간 '이슥ᄒ-[頃]'에 연결어미 '-고'가 결합한 어형이 부사로 굳어진 것이다. 파생 접미사 '-ᄒ-'가 결합된 용언에서 '-ᄒ-'는 선행 음운이 장애음(/ㄱ, ㄷ, ㅂ, ㅅ/ 등)이면 통째로 탈락할 수 있다. '이슥ᄒ고'의 'ᄒ'는 /ㄱ/ 뒤에서 탈락되고 '이슥고'로 실현되었다. 한편 중세국어 '이슥ᄒ다'는 "시간이 조금 지나다"의 의미를 나타내었으며, 중세국어에서는 '이슥고'와 '이슥ᄒ야'의 활용형으로만 나타난다. '이슥ᄒ다'에서 비롯된 현대국어 '이슥하다'는 그 뜻이 변화하여 "밤이 꽤 깊다"의 의미까지 나타내게 되었다. 현대국어 부사 '이윽고'에는 중세국어 '이슥ᄒ다'의 의미가 어느 정도 유지되고 있다.
  ⟹ [표기] 06_'ᅀ' 표기
  ⟹ [음운] 08_'ᄒ-' 탈락

➠ [어휘] 35_'이슥ᄒ다'

❼ 가져다가　　가져다가. 가지-[持] + -어다가(연결어미). 중세국어 '-어다가'의 '다가'는 기원
적으로 "가지다" 정도의 의미를 지니던 동사 어간 '*다ᄀ/다그-'와 어미 '-아'로
부터 비롯된 구성이다. 중세국어 '-어다가'는 후행절의 행위가 선행절의 행위에
이어 순차적으로 일어나고 선행절의 행위가 후행절의 행위에 대해 수단 또는
방법이 될 때 흔히 사용된다. 이때 후행절의 논항은 선행절의 논항과 일치하여
생략되는 것이 일반적이다.

❽ 밍ᄀ라　　만들어. 밍글-[作] + -아(연결어미). 현대국어의 '만들다'는 중세국어에서 주로
'밍글다'로 나타나나, 16세기 문헌에서는 '문돌다, 민돌다, 밍돌다' 등의 형태도
보인다. 현대국어 '만들다'는 '문돌다'의 후대형이며, 일부 방언에 '밍글다'의
후대형이 남아 있기도 하다.
➠ [어휘] 18_'밍글다/문돌다'

❾ 이바ᄃ니　　이바지하니, 음식을 올리니. 이받-[供] + -ᄋ니(연결어미). '이받다'는 동사 '이
다[戴]'와 '받다[獻]'의 어근이 결합된 합성동사이다. 따라서 이는 본래 "아랫사
람이 윗사람에게 음식을 드리다"라는 기본적인 의미를 갖는다. 여기에서도 '맹
종'이 어머니에게 음식을 만들어 드리는 장면이므로, "(음식을) 올리다"의 의미
를 나타낸다. 그러나 중세국어에서는 그 의미가 확대되어 "봉양하다"의 의미로
도 사용되었다 [참고] 孟熙 果實 ᄑ라 어버ᅀ 이바ᄃ며 〈효자:14a〉.
➠ [어휘] 34_'이받다, 이바디ᄒ다'

❿ 어미　　어미의. 엄-(← 어미) + 의(관형격조사). 중세국어에서는 'ㅣ'로 끝나는 유정 체
언 가운데 일부가 관형격조사나 호격조사와 결합할 때 말음 'ㅣ'가 탈락하는
일이 있었다. 이러한 현상은 '아비, 아기, 가히' 등 주로 유정 체언에서 일어났으
며, 'ㅣ'가 탈락하지 않은 '아비의'의 예도 드물게 확인된다 [참고] 窮子ㅣ 아비의
큰 力勢 이슈믈 보고 〈법화경언해(1463) 2:194b〉.
➠ [문법] 01_체언의 특수한 형태 교체

⓫ 됴커늘　　좋아지거늘. 낫거늘. 둏-[愈] + -거늘(연결어미). 형용사 '둏다'가 동사 "좋아지
다"의 의미로 사용되었다. 이는 하나의 용언이 형용사와 동사의 쓰임을 모두
가지고 있었던 중세국어 용언의 특징을 잘 보여 준다.
➠ [문법] 05_형용사의 동사적 용법

⓬ 일크로ᄃ　　일컫되. 일쿨-(← 일쿨-)[稱] + -오ᄃ(연결어미). 중세국어 '일쿨다'는 어원적
으로 두 동사의 어간 '*잃-[名]'과 '굳-[曰]'이 결합된 비통사적 합성어이다.
"~라고 이름하다"를 의미하는 동사 '*잃다'는 중세국어 문헌에서 활용형이 문증
되지 않으나 '일훔(〉이름)'에 그 흔적을 남기고 있다. 동사 '*잃-'에 명사형어미
'-움'이 결합된 '일훔'은 중세국어 당시 이미 명사로 쓰임이 굳어져 있었다. [참
고] 鹿野苑은 ᄯ 일후미라 〈월인석보(1459) 4:63a〉.
➠ [어휘] 36_'*잃다'

[한문 원문 및 시찬]

孟宗。性至孝。母年老病篤。冬節將至。思筍食。時地凍無筍。宗入竹林哀泣。有頃。地
上出筍數莖。持歸作羹供母。食畢病愈。人皆以爲至孝所感

맹종(孟宗)은 성품이 지극히 효성스러웠다. 어머니가 늙고 병이 위독한데 겨울철이 되어 갈
때에 죽순을 먹기를 원하였다. 이때는 땅이 얼어서 죽순이 없으므로 맹종이 대숲에 들어가서
슬피 우니 이윽고 땅 위로 죽순 두어 줄기가 나왔다. 가지고 돌아가서 국을 끓여 어머니에게
드렸는데 다 먹고 나서 병이 나으니 사람들이 모두 지극한 효성에 감동된 것이라 하였다.

詩 孝行當年說孟宗。慈親思筍逼寒冬。
竹林灑淚哀號處。數筍頃史出地中
母因食筍病全蘇。天理昭昭信不誣。
惟以此心存孝念。幽冥自有鬼神扶

당시의 효성은 맹종을 일컫더니, 어머니가 한겨울에 죽순 먹기 원했네.
대숲에서 눈물 뿌려 슬피 외치던 곳에, 두어 줄기 죽순이 땅속에서 나왔네.
어머니가 죽순 먹고 병 완전히 나았으니, 하늘 이치 밝고 밝음 거짓이 아니네.
오직 이 마음을 효도에만 두었기에, 땅속에서 귀신의 도움 절로 있더라.

贊 昔有賢士。孟姓宗名。冬寒母病。思啜筍羹。號天繞竹。泣涕縱橫。龍雛包籜。雪裏羅
生。採歸供膳。疾乃凍平。精誠旣切。感應孔明

예전에 맹종이란 어진 선비 있었도다. 한겨울에 어미 앓아 죽순 먹기 원하므로, 하늘에 울부짖
으며 대숲 돌면서 눈물 흘리니, 두어 줄기 죽순이 눈 속에서 함께 솟아나, 캐어 가서 올리자
병이 나았네. 정성이 간절하면 감응 매우 밝도다.

[텍스트 정보]

__ 『효순사실』의 본문과 시, 『효행록』의 전찬이 실렸다.
__ 『삼강행실도』의 한문 원문은 『효순사실』의 본문으로부터 다음과 같이 달라졌다.
　　孟宗。字恭武。性至孝。母年老病篤。冬節將至。思筍食。時地凍無筍。宗入竹林哀泣。
　　有頃。地上出筍數莖。持歸作羹供母。食畢病愈。人皆以爲至孝所感
__ 『삼강행실도』의 시는 『효순사실』에서 '又'로 연결되어 있는 두 수의 7언시를 격간(隔間)의
　　형식을 사용해 옮겨 놓은 것이다.
__ 『효행록』에는 이 이야기가 '孟宗冬筍'라는 제목으로 실려 있다.
__ 현존하는 『이십사효』에는 이 이야기가 '孟宗'이라는 제목으로 실려 있다.

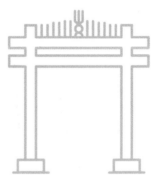

王祥剖氷왕상부빙 晉진

얼음을 갈라지게 한 왕상 _ 진나라

왕상王祥은 어머니를 일찍 여의고 계모 주씨朱氏 밑에서 자랐다. 계모는 걸핏하면 왕상을 헐뜯어 아버지의 사랑조차 잃게 만들었다.

아버지는 왕상에게 날마다 외양간을 청소하게 했지만, 그는 원망하지 않고 더욱 공손한 마음으로 부지런히 일했다.

어느 추운 겨울날, 계모는 왕상에게 신선한 물고기를 먹고 싶다고 말했다. 그러자 왕상은 강으로 가 옷을 벗고 얼음을 깨뜨려 물고기를 잡으려고 했다. 그런데 홀연 얼음이 저절로 갈라지면서 잉어 두 마리가 튀어 올랐다.

또한 계모는 왕상에게 참새구이가 먹고
싶다며 구해 오라고 했다. 그러자 참새
수십 마리가 집에 날아 들어왔다.

멎붉은 능금나무이 열리자 계모는 왕상에게 그것을
잘 지키라고 당부했다. 비바람이 칠 때면 왕상은
나무를 지키기 위해 그 나무를 안고 울었다.

계모가 죽자 왕상은
막대를 짚어야 겨우 일
어날 수 있을 정도로 몹
시 슬퍼하였다.

훗날 왕상은 관직에 나아가 벼슬이 삼정승
三政丞에 이르렀다.

[언해문]

王왕祥썅·이 ❶져·머·셔 ·어·미 일·코 ❷다·숨·어·미 朱쥬氏:씨 ❸아·비그에 ❹하·라 每:미常썅 :쇠똥 ❻츠·이거·늘 王왕祥썅·이 더·욱 :조심·ㅎ·야 ㅎ·며 父·뿌母:물ㅣ ❼病·뼝·ㅎ·야 잇거·늘 ❽·씌 그르·디 아·니·ㅎ·며 藥·약·올 ❾:제 ❿모·로·매 ·맛보더·라 ·어·미 ⓫샹·녜 :산 고·기·롤 먹·고·져 커·늘 ·옷 밧·고 어·름 ⓬·쩌·려 자·보·려 터·니 어·르·미 절·로 ⓭베·여·디·여 :두 鯉:리魚어ㅣ 소·사나거·늘 가·져 도·라오·니·라 ·어·미 ·쏘 ·춤:새 ·져·글 먹·고·져 커·늘 ·춤 :새 數·수十·씹·이 지·븨 ㄴ·라 ·드니·라 ⓮머·지 ⓯여·렛거·늘 ·어·미 ⓰디·킈·라 흔·대 (효자도 17a)

[대역문]

王^왕祥^샹이 어려서 어미 잃고 계모 朱^주氏^씨가 아비에게 (왕상을) 헐뜯어 每^매常^샹 소똥 치우게 하거늘 王^왕祥^샹이 더욱 조심해서 하며 父^부母^모가 病^병들어 있거늘 띠 끄르지 아니하며 藥^약을 제가 모름지기 맛보더라. 어미가 늘 산 고기를 먹고자 하거늘 옷 벗고 얼음 부서뜨려 잡으려 하더니 얼음이 저절로 베어져 두 鯉^리魚^어가 솟아나거늘 가지고 돌아오니라. 어미가 또 참새 적[炙]을 먹고자 하거늘 참새 數^수十^십 마리가 집에 날아 드니라. 멎이 열렸거늘 어미가 지키라 하니까

[언해문]

┌───┐
│ ᄇᆞ롬·비 ·딀 저·기·면 남·글 :안·고 :우더·라 ·어·미 죽거·늘 슬·허 막:대 ❶딥   │
│ ·고·ᅀᅡ :니더·니 後:ᅙᅳ·에 ❸그위·실·ᄒᆞ·야 ❹三삼公공人 벼·슬 ❺니·르·리 ᄒᆞ   │
│ ·니·라 (효자도 17b)   │
└───┘

[대역문]

비바람이 칠 때면 나무를 안고 울더라. 어미가 죽거늘 슬퍼 막대 짚고서야 일어나더니 後^후에 벼슬하여 三公^{삼 공}
의 벼슬에 이르게 하니라.

[주석]

❶ 져머셔   어려서. 졈-[少] + -어셔(연결어미). 현대국어의 '젊다'에 대응되는 중세국어
                 어형은 '졈다'였다. '졈다'의 의미는 현대국어의 '젊다'보다 넓어, "나이가 한창때
                 에 있다"의 의미뿐만 아니라 "나이가 적다"까지 포괄하였다. 어미 '-어셔'는
                 '졈-'과 결합하여 ≪계기≫, ≪전제≫, ≪동시≫ 등의 의미를 나타내고 있다.
                 ⟹ [어휘] 28_'어리다, 졈다'

❷ 다ᅀᆞᆷ어미   몡 계모(繼母). '다ᅀᆞᆷ'은 "다시하다"의 의미를 갖는 동사 '*닷다'로부터 파생된
                 '다ᅀᆞᆷ'에 '어미'가 결합된 단어로 볼 수 있다.
                 ⟹ [어휘] 09_'다ᅀᆞᆷ어미'

❸ 아비그에   아비에게. 남편에게. 압(←아비)[父] + 이그에(부사격조사). 여격의 부사격조사
                 '이그에' 앞에서 '아비'의 'ㅣ'가 탈락되었다. '에게'의 중세국어 형태는 '의그에/

이그에'였음을 알 수 있는데 이는 기원적으로 관형격조사 '의/이'에 체언적 요소('궁' 혹은 '그어')와 부사격조사 '에'가 차례로 결합해 만들어진 것으로 추정된다. 이 경우 어원적 의미는 '(무엇/누구)의 그곳에/거기에'에 해당한다(김무림 2020:672 참조). 한편, 존칭 체언에는 여격의 부사격조사 '끠'가 결합하는데, 여기서는 '이그에'가 결합된 것으로 보아 '아비'가 평칭 체언임을 알 수 있다.

⟶ [문법] 01_체언의 특수한 형태 교체

⟶ [문법] 13_부사격조사_여격조사 {의그에}

❹ 하라   참소(譖訴)하여. 할-[譖] +-아(연결어미). '할다'는 "참소(譖訴)하다, 헐뜯다, 비방하다" 등의 뜻으로 여기서는 문맥상 "계모 주씨는 남편에게 고자질하여"라는 뜻으로 해석된다.

❺ 쇠똥   명 소똥. 쇼 + ㅣ(←의, 관형격조사) + 똥. 이는 앞의 명사 어근이 뒤의 명사 어근을 수식 한정하는 방식으로 결합된 종속적 합성어이다. 이처럼 중세국어의 종속적 합성어에는 관형격조사 '의'가 결합하여 통사적 합성법을 보여 준다.

❻ 츠이거늘   치우게 하거늘. 츠이-[使掃除] + -거늘(연결어미). '츠이다'는 동사 '츠-[掃除]'에 사동 접미사 '-이-'가 결합하여 형성된 파생어이다.

⟶ [문법] 32_사동 표현

❼ 病ᄒᆞ야   병들어. 病ᄒᆞ- + -야(←-아, 연결어미). 명사 '病'에 파생 접미사 '-ᄒᆞ-'가 붙어 만들어진 동사 '病ᄒᆞ다'는 중세국어에서 "병들다"의 의미로 쓰였다. '病ᄒᆞ다'의 용례는 19세기까지도 발견되며, 16세기부터는 '病ᄒᆞ다'를 대신해 '병들다'가 사용되는 경우도 보인다.

❽ 끠   명 띠. 허리를 둘러매는 끈. 김무림(2020:340)에서는 '끠'가 '帶'의 한어음(漢語音)을 차용하여 고대국어의 어느 시기에 고유어화한 것으로 추정하였다. 물론 한어(漢語)에서 '帶'의 상고음은 [tat], 중고음은 [tɑi], 근대음은 [tai]이므로 '帶'의 한자음과 중세국어의 '끠'의 차용 과정을 음운론적으로 해명하기가 쉽지 않다. 그러나 '帶'의 중세국어 한자음이 '딩'였음을 고려해 보면 '帶 : 끠'의 연결은 불가능하지는 않다.

❾ 제   제가. 저 + ㅣ(←이, 주격조사). 이때 '제'는 재귀대명사 '저'의 주격형으로 상성을 취하여 주격임을 나타낸다.

⟶ [음운] 11_성조에 의한 의미 변별

❿ 모로매   부 모름지기. 반드시. 여기서는 원문의 '必'에 대응하며, 맥락상 '약을 반드시 맛보았다'의 의미에서 '모로매'가 쓰였다.

⓫ 샹녜   부 일찍이. 늘. 항상. 여기서의 '샹녜'는 한문 원문에서 '甞'에 해당한다. 효자도 19번째 이야기 '왕연약어'의 "다ᄉᆞᆷ어미 샹녜 서근 사ᄆᆞ로 오새 두어 주거든"에서 '샹녜'는 원문 '恒'에 해당하는 단어로 '늘, 항상'으로 해석된다. 중세국어의 '샹녜'는 대체로 한자 '恒', '常'에 대응하는 단어이다. 여기서는 일반적인 쓰임과 같이 '늘, 항상'으로 풀이할 수 있지만, 원문의 '甞'에 대응하여 '일찍이'로도

해석 가능하다.

⓬ 뿌려
부서뜨려. 깨뜨려. 뿌리-[剖] +-어(연결어미). '뿌리다'는 "깨뜨리다", "부서뜨리다"를 뜻하는 동사이다. [참고] 돌기 알 혼 나출 뿌려 섯거 골오 프러 〈구급방언해(1466) 상:27a〉.

⓭ 베여디여
베어져. 베-(← 버히-)[割] + -여(←-어, 연결어미) # 디-(보조용언) + -여(←-어, 연결어미). '-어 디다'에 의한 피동문의 형태이다. '-어 디다'는 현대국어의 '-어지다'의 직접적 소급형태이다. 현대국어의 '-어지다'는 타동사는 물론, 자동사와 형용사에 두루 결합될 수 있으나, 중세국어의 '-어 디다'는 타동사의 보조적 연결형에 결합되어 그 쓰임이 극히 제한되어 있다.
⟹ [표기] 09_활음 첨가
⟹ [문법] 31_피동 표현
⟹ [어휘] 20_'버히다, 베타다, 베여디다, 뷔다'

⓮ 머지
멎이. 능금이. 멎[丹㮈] + 이(주격조사). 이 부분은 한문 원문의 '舟㮈(주내)'에 대응한다. '舟㮈'는 능금의 일종으로, 본래 '丹㮈(단내)'에 기원한다. 『한한대사전』에서는 '왕상부빙'의 '丹㮈'를 "㮈的一種. 又稱朱㮈.(사과의 일종, 또 朱㮈라고도 불린다)"라고 풀이하고 있으며, 『효행록』에서는 이 단어가 '㮈樹(능금나무)'로 되어 있다. 일반적으로 '멎'을 '버찌'의 옛말이라고 보지만, '舟㮈'의 의미를 고려하면 여기서의 '멎'은 '능금'을 일컫는 말로 보아야 한다.

⓯ 여럿거늘
열었거늘. 열렸거늘. 열-[實] + -어(연결어미) # 잇-[有] + -거늘(연결어미). 이는 기본적으로 중세국어의 '-어 잇-' 구문에 해당된다. 현대국어에서는 '열다[實]'와 '열리다'가 모두 "열매가 맺히다"라는 뜻의 자동사로 쓰인다. 그러나 중세국어에서는 '열리다'가 존재하지 않았고 '열다'만이 존재했다는 점에서 차이가 있다. '열다'로부터 파생된 '열리다'가 처음 나타나는 시기는 18세기 초로 보인다. '열다'가 이미 자동사로 쓰였음에도 불구하고 또 다른 자동사 '열리다'가 나타난 것은 동음이의어인 '열다[開]'의 피동사 '열리다' 및 '(열매가) 달리다', '(열매가) 맺히다' 등의 유의어에 의한 유추의 결과로 생각해 볼 수 있다.
⟹ [문법] 30_'-어 잇-, -엣-, -엇-'의 상적 의미

⓰ 디킈라
지키라. 디킈-(← 딕ᄒᆞ-)[守] + -라(종결어미). 이때 '-라'는 하라체의 명령형 종결어미이다.
⟹ [문법] 27_명령형 종결어미
⟹ [어휘] 12_'딕ᄒᆞ다/딕희다'

⓱ 딥고ᅀᅡ
짚고서야. 딥-(← 딮-)[杖] + -고(연결어미) + ᅀᅡ(보조사). 'ᅀᅡ'는 "-고서야"의 의미로 해석되며, 중세국어의 연결어미에 강세보조사가 결합된 형태이다. 한편 고영근(2020)에서는 'ᅀᅡ'를 현대국어의 '야'와 마찬가지로 ≪단독≫과 ≪특수≫의 보조사라 하였다.
⟹ [표기] 06_'ᅀ' 표기

⇢ [문법] 16_보조사_중세국어의 보조사 {사}

⓲ 그위실ᄒ야   벼슬하여. 그위실ᄒ-[仕] + -야(←-아, 연결어미). 명사 '그위실[任]'에 파생
접미사 '-ᄒ-'가 붙어 만들어진 동사 '그위실ᄒ다'는 중세국어 및 근대국어에서
"벼슬하다", "소임을 하다"의 의미로 쓰인다. 명사 '그위실'은 현대국어에서 "역
할"을 의미하는 '구실'으로 남아 있다.

⇢ [어휘] 04_'그위, 그위실'

⓳ 三公ㅅ   삼정승의. 三公 + ㅅ(관형격조사). '삼공(三公)'은 존칭의 유정 체언으로 관형격
조사 'ㅅ'이 결합하였다. 'ㅅ'계 관형격조사의 사용에 의해 중세국어 시기 해당
체언에 대한 높임의 기능을 표시하는 방법을 알 수 있다.

⇢ [문법] 14_관형격조사_선행 체언의 의미와 관형격조사의 관계

⓴ 니르리   이르도록. 이르게. 니를-[至] + -이(연결어미). 이때 '니르리'는 동사 '니르-'가
앞의 '벼슬'을 논항으로 취하여 "이르도록"의 부사적 의미로 사용된 것으로 볼
수 있다. 따라서 여기서의 '-이'는 연결어미로 처리한다.

⇢ [문법] 10_부사 파생 접미사
⇢ [어휘] 08_'니르리'

[한문 원문 및 시찬]

王祥。琅邪人。蚤喪母。繼母朱氏不慈。數譖之。由是失愛於父。每使掃除牛下。祥愈恭
謹。父母有疾。衣不鮮帶。湯藥必親嘗。母嘗欲生魚。時天寒氷凍。祥鮮衣。將剖氷求
之。氷忽自鮮。雙鯉躍出。母又思黃雀炙。復有黃雀數十飛入其幕有舟柰結實。母命守
之。每風雨。輒抱樹而泣。母歿居喪毀瘁。杖而後起。後仕於朝。官至三公

왕상(王祥)은 낭야(琅邪) 사람이다. 일찍 어머니를 잃었고, 계모 주씨(朱氏)가 사랑하지 아니
하여 자주 참소(譖訴)하였다. 이로 말미암아 아버지에게도 사랑을 잃어서 매양 외양간을 청소
하게 하였으나 왕상이 더욱 공근(恭謹)하였다. 부모가 앓을 때에는 옷끈을 풀지 않고 약을
달여서 반드시 직접 맛을 보았다. 어머니가 일찍이 생선을 먹고자 하나 이때는 추운 겨울이어
서 얼음이 얼었는데, 왕상이 옷을 벗고 얼음을 깨고 물고기를 잡으려 하니 얼음이 갑자기
저절로 갈라지며 쌍잉어가 튀어나왔다. 또 어머니가 참새 구운 것을 원하니 또한 참새 수십
마리가 그 장막에 날아 들어왔다. 단내(丹柰 능금의 일종)의 열매가 맺자 어머니가 지키게
하니 바람이 불고 비가 올 때마다 나무를 안고 울었다. 어머니가 죽어 상주로 있을 때에
슬퍼하여 여위어서 지팡이를 짚어야 일어났다. 뒤에 조정에 벼슬하여 벼슬이 삼공(三公)에
이르렀다.

詩   王祥誠孝眞堪羨。承順親顏志不回。
不獨剖氷雙鯉出。還看黃雀自飛來
鄉里驚嗟孝感深。皇天報應表純心。
白頭重作三公貴。行誼尤爲世所欽

왕상의 효성 참으로 부러울 만하도다. 어버이 뜻 순종하고 어기지 않았네.
얼음 가르고 쌍잉어가 나왔을 뿐 아니라, 참새도 저절로 날아들었네.
효성의 감응 깊음 향리에서 경탄했는데, 순수한 그 마음을 하늘이 보답했네.
노년에 귀한 삼공 거듭되었으니, 높은 행실 세상에서 더욱 공경하였네.

贊 晉有王祥。生魚母嗜。天寒川凍。綱釣難致。鮮衣臥氷。自躍雙鯉。懇懇孝誠。奚止此耳。抱柰夜號。羅雀朝饋。後拜三公。名標靑史

진나라의 왕상 어미 생선을 즐기는데, 날씨 춥고 물이 얼어 그물 낚시 할 수 없네. 옷을 벗고 얼음에 눕자 잉어 절로 나왔네. 간절한 그 효성 어찌 이것뿐이랴? 능금 안고 밤에 울고 참새 잡아 드리더니, 뒤에는 정승 되어 청사에 이름 높더라

[텍스트 정보]

__ 『효순사실』의 본문과 시, 『효행록』의 전찬이 실렸다.

__ 『삼강행실도』의 한문 원문은 『효순사실』의 본문으로부터 다음과 같이 달라졌다.

王祥。字休徵。琅邪臨沂人。性至孝。蚤喪母。繼母朱氏不慈。數譖之。由是失愛於父。每使掃除牛下。祥愈恭謹。父母有疾。衣不鮮帶。湯藥必親嘗。母嘗欲生魚。時天寒氷凍。祥鮮衣。將剖氷求之。氷忽自鮮。雙鯉躍出。持之而歸。母又思黃雀炙。復有黃雀數十飛入其幕。取以供母。鄕里驚歎。以爲孝感所致。有丹柰結實。母命守之。每風雨。祥輒抱樹而泣。其篤孝純至如此。漢末遭亂。扶母携弟覽避地廬江。母歿居喪毀瘁。杖而後起。後仕於朝。官至三公。

__ 『삼강행실도』의 시는 『효순사실』에서 '又'로 연결되어 있는 두 수의 7언시를 격간(隔間)의 형식을 사용해 옮겨 놓은 것이다.

__ 『효행록』에는 이 이야기가 '王祥冰魚'라는 제목으로 실려 있다.

__ 현존하는 『이십사효』에는 이 이야기가 '王祥'이라는 제목으로 실려 있다.

許孜埋獸허자매수 晉진

짐승을 묻은 허자 _ 진나라

허자許攻가 스무 살 때 스승에게 가르침을 받았다.

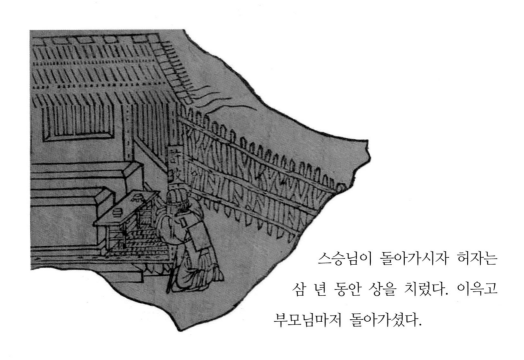

스승님이 돌아가시자 허자는
삼 년 동안 상을 치렀다. 이윽고
부모님마저 돌아가셨다.

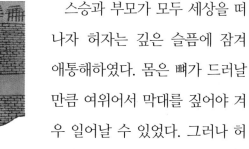

　스승과 부모가 모두 세상을 떠나자 허자는 깊은 슬픔에 잠겨 애통해하였다. 몸은 뼈가 드러날 만큼 여위어서 막대를 짚어야 겨우 일어날 수 있었다. 그러나 허자는 다른 사람의 도움 없이 흙을 지고 날라 손수 묘를 지었다. 그가 슬피 울 때마다 새와 짐승이 모여 들었다.

　허자는 홀로 묘를 지키면서 5~6리에 걸쳐 소나무와 잣나무를 심었다. 그러던 어느 날 사슴이 와서 소나무를 모두 망가뜨렸다. 허자가 슬퍼하며 말하였다.

　"사슴아, 너는 홀로된 내가 딱하지도 않느냐? 어찌 이리도 매정한 것이냐?"

　이튿날 범이 그 사슴을 물어 죽이고 나무 밑에 던져두고 가 버렸다.

　허자는 죽은 사슴을 무덤 곁에 묻어 주었는데, 그 뒤로 소나무가 점점 더 무성하게 자랐다.

　허자가 무덤 곁에 집을 짓고 살면서 살아계신 부모님을 섬기듯이 묘를 지키니, 마을 사람들은 그가 사는 곳을 효순리孝順里라고 불렀다.

許:허孜즈ㅣ ·글 비·호던 스스·이 죽거·늘 三삼 年년 居거喪상ᄒ·고 이슥고 :두 어버·싀 죽거·늘 슬·허 여·위·여 막:대 ❶딥·고·ᅀᅡ ❷:니더·니 ❸·손ᅀᅩ41 홁 ·지·여 ᄂᆞ·미 도·ᄫᆞᆯ·몯 받·디 아니ᄒᆞ·고 ▌슬피 ❹·운다:마다 鳥:됴獸:슙ㅣ ❺모·다 ·오더·라【鳥:됴ᄂᆞᆫ :새·오 獸:슙ᄂᆞᆫ :네·발 ❻·튼 즁ᇰᄉᆡᆼ·이·라】許:허孜즈ㅣ ❼ᄒᆞ오·ᅀᅡ 守·슈墓·모·ᄒᆞ야·셔【守·슈墓·모·ᄂᆞᆫ 墓·모·ᄅᆞᆯ 디·킐·씨·라】❽·솔·와 :잣과·ᄅᆞᆯ 五:오六·륙 里:리·ᄅᆞᆯ ❾심·겟더·니 ᄒᆞᆫ 사ᄉᆞ·미 ·와 ❿·소·ᄅᆞᆯ ⓫·ᄒᆞ야ᄇᆞ·리거·늘 許:허孜즈ㅣ 슬·허 ⓬·ᄀᆞ·로·디 사ᄉᆞ·ᄆᆞᆫ ⓭:엇·뎨 미·야커·뇨 ⓮이·틄나·래 (효자도 18a)

[대역문]

許허孜자가 글 배우던 스승이 죽거늘 三 年 居喪하고 이윽고 두 어버이 죽거늘 슬퍼하여 여위어 막대 짚고서야 일어나더니 손수 흙 지어 남의 도움을 받지 아니하고 슬피 울 때마다 鳥獸가 모여 오더라.【鳥는 새이고 獸는 네 발 가진 짐승이다.】許허孜자가 혼자 守墓해서【守墓는 墓를 지키는 것이다.】소나무와 잣나무를 5~6리 에 심었더니 한 사슴이 와 소나무를 망가뜨리거늘 許허孜자가 슬퍼하여 말하기를 "사슴은 어찌 매정한가?" 이튿날에

---

41 志部昭平(1990:74)에서는 '손ᅀᅩ'의 성조를 [HH]로 교정하였지만 여기서는 따르지 않았다. 志部昭平 (1990)의 교정은 〈충신 6a〉를 따른 것이나, 이를 제외한 〈효자 24b, 26a, 35a〉, 〈열녀 23b〉에 출현하는 '손ᅀᅩ'의 [HL]은 교정을 하지 않고 있어 일관되지 못하다. 중세국어의 다른 문헌에서 '손ᅀᅩ'의 성조가 대체로 [HL]으로 많이 나타나는 것을 참조하여 교정 없이 원래의 성조인 [HL]을 그대로 둔다.

[언해문]

:버·미 그 사·ᄉ·몰 ⑮ㅁ·러다가 그 나모 마·틔 ⑯더·뎌·늘 무·덦 겨·틔 무·드·니 그
後:휴·에 ⑰남·기 더 :됴ᄒ·니·라⁴² 許:허孜ᄌ ㅣ 墓·모ᄉ 겨·틔 집 :짓·고 :산
어버·싀 ⑱ᄀ·티 셤·기더·니 ᄀ옰 :사르·미 :사는 ·ᄯᅡ·홀 孝·흉順·쓘里·리·라
·ᄒ더·라【順·쓘·은 ⑲거·슬ᄧᆞᆫ :일 :업·슬 ·씨·오 里:리·는 ᄆ·술·히·라】(효자도 18b)

[대역문]

범이 그 사슴을 물어다가 그 나무 밑에 던지거늘 무덤 곁에 묻으니 그 後에 나무가 더 좋아지니라. 許孜가
墓 곁에 집 짓고 산 어버이같이 섬기더니 고을 사람들이 사는 땅을 孝順里라 하더라.【順은 거스른 일
없다는 것이고, 里는 마을이다】

42 언해본『삼강행실도』초간본의 ≪효자도≫에서 '됴ᄒ니랴'는 두 개의 성조 유형으로 출현한다. 4회 출현하
는 [RLHH](18b, 22b, 30b, 34a) 유형과 1회 출현하는 [RHLH](31a) 유형이 그것이다. 志部昭平(1990)에
서는 이 두 유형의 성조를 하나로 통일하지 않고 그대로 두었다. 율동규칙을 고려할 때 둘 중 더 적합한
성조 유형은 [RHLH]이라고 할 수 있다. 김성규(2007)에서는 이와 같은 경우를 '다중 기저형'으로 설명했
다. '둏-[R]'의 또 다른 기저형으로 '됴ᄒ-[RL]'을 설정하면 '됴ᄒ니랴'가 [RLHH]로 출현한 것을 설명할
수 있다. 『석보상절』(1447)과 『월인석보』(1459)에서는 '됴ᄒ니라'의 성조가 [RHLH]로,『구급방언해』
(1466)에서는 [RLHH]로 출현하는 것으로 보아, 성조 패턴이 [RHLH]에서 [RLHH]로 변화했음을 알
수 있다. 이를 고려하면 언해본『삼강행실도』초간본의 ≪효자도≫에는 세종 당시의 성조 유형과 이후
변화된 성조 유형이 함께 나타난다고 할 수 있다.

[주석]

❶ 딥고사   짚고서야. 딥-(← 딮-)[杖] + -고(연결어미) + 사(보조사). '고사'는 "-고서야"의 의미로 해석되며, 중세국어의 연결어미에 강세보조사가 결합된 형태이다. 한편 고영근(2020)에서는 '사'를 현대국어의 '야'와 마찬가지로 ≪단독≫과 ≪특수≫의 보조사라 하였다.

⟹ [표기] 06_'△' 표기
⟹ [문법] 16_보조사_중세국어의 보조사 {사}

❷ 니더니   일어나더니. 니-(← 닐-)[起] + -더-(선어말어미) + -니(연결어미). 중세국어의 '닐다'는 '일다, 일어나다'의 의미로 이해된다. '닐-'의 어간말 /ㄹ/이 동일한 조음위치를 갖는 /ㄷ/ 앞에서 탈락하였다.

⟹ [음운] 05_/ㄹ/ 탈락

❸ 손소   🔁손수. '손소'는 명사 '손[手]'에 부사 파생 접미사 '-소'가 결합하여 부사로 파생된 것이다. 접미사 '-소'는 '몸소'에서도 나타나며, '손소'와 '몸소'는 각각 현대국어에 '손수'와 '몸소'의 형태로 남아 있다.

⟹ [표기] 06_'△' 표기
⟹ [문법] 10_부사 파생 접미사

❹ 운다마다   울 때마다. 우-(← 울-)[泣] + -ㄴ다마다(연결어미). 志部昭平(1990:74)에서는 '-ㄴ다마다'를 '~할 때마다 바로'(~スルタビニスグ)의 의미를 갖는 접속형어미로 파악하였다. '-ㄴ다마다'가 현대국어의 '-자마자'의 직접적 소급 형태로 선행절의 동작이 완료될 때 쓰인다는 것(고영근 2020:298)이 종래의 해석이나, 이러한 해석에 대한 객관적 근거를 찾기 어렵다는 점에서 문제가 있다. 15~17세기 문헌 자료에 근거하면 '-ㄴ다마다'는 '~할 때마다'라는 '상황의 반복적 직면'의 의미를 갖는 시간 관련 표현으로 이해하는 것이 타당하다. 이에 대한 자세한 내용은 김유범(2003) 참조.

⟹ [문법] 23_연결어미 {-ㄴ다마다}

❺ 모다 오더라   모여 오더라. 와서 모이더라. 몯-[集] + -아(연결어미) # 오- + -더-(선어말어미) + -라(← -다, 종결어미). '몯다'는 "모이다[集]"를 뜻하는 자동사로 어간 '몯-'에 연결어미 '-아'가 결합한 '모다'는 활용형으로뿐만 아니라 "모두"의 의미를 지닌 부사로 어휘화된 모습도 보여 준다. [참고] 모다 아로몬 그 德이 나톤 젼치라 〈법화경언해(1463) 1:32b〉. 한문 원문의 '鳥獸翔集'을 언해한 '鳥獸ㅣ 모다 오더라'에서 동사로 쓰인 '集'(모이다)을 고려할 때 이곳의 '모다'는 "모두"라는 의미의 부사보다는 자동사 '몯다'의 활용형으로 보는 것이 적절하다고 생각된다.

⟹ [어휘] 15_'몯다'와 '모도다, 뫼호다, 모토다'

❻ 톤   타고난. 투-[受] + -ㄴ(관형사형어미). '투-'는 기본적으로 "타다, 받다"의 의미인데, 여기서는 "타고나다"의 의미에 가깝게 이해된다. 이때의 '투다'는 '타나다

'(← 투- + -아 # 나-)' 및 현대국어의 '타고나다'와도 관련이 있다. [참고] 妄心이 다 이에 性을 투ᄂᆞ니라(妄心皆受性於此)〈능엄경언해(1461) 1:89a〉. 群生도 類니 타나미 ᄒᆞᆫ 性이며(群生亦類也 所賦一性)〈월인석보(1459) 13:47b〉.

❼ ᄒᆞ오ᅀᅡ   명혼자. 'ᄒᆞ오ᅀᅡ'는 현대국어 '혼자'의 직접 소급형이다. 부사 'ᄒᆞ올로(〉홀로)'나 접두사 'ᄒᆞ올-(〉홀-)'과 기원적으로 관련이 있다.
⟹ [표기] 06_'ᅀ' 표기
⟹ [어휘] 40_'ᄒᆞ오ᅀᅡ'

❽ 솔와 잣과를   솔과 잣을. 솔[松] + 와(← 과, 접속조사) # 잣[柏] + 과(접속조사) + 를(목적격조사). 중세국어에서는 접속조사 '와/과'가 접속된 마지막 체언까지 붙게 되는 특성이 있다. 즉, 'A와 B와 C와'처럼 세 개의 체언이 접속될 때 접속조사가 세 개까지 쓰이는 모습을 보인다. 물론 현대국어에서처럼 접속조사가 두 개 쓰인 'A와 B와 C'의 양상으로 나타나기도 한다.
⟹ [문법] 17_접속조사

❾ 심겟더니   심었더니. 심-(← 시므-)[植] + -어(연결어미) # 잇-[有] + -더-(선어말어미) + -니(연결어미). 중세국어의 동사 '심다/시므다'는 후행하는 어미에 따라 형태가 교체된다. 후행하는 어미가 모음으로 시작하는 어미라면 '심-'으로 출현하고([참고] 심거, 심군, 심교물), 자음이나 매개모음으로 시작하는 어미라면 '시므-'로 출현하였다([참고] 시므고, 시므며, 시므니). 오늘날에는 '심-/시므-'가 '심-'으로 단일화되어 '심다'는 규칙활용을 하는 동사가 되었고, '심-' 형은 방언에서 '심구다'의 형으로 변화하여 그 흔적을 남기고 있다. 여기서 '-어 잇-'은 과거의 상황을 지시하는 의미로 파악된다. 중세국어의 '-어 잇-'은 ≪결과 상태 지속≫을 나타내거나 현대국어 '-고 있-'과 같이 ≪진행≫의 의미를 나타내기도 하는 등 맥락에 따라 해석될 수 있는 가능성이 다양하다.
⟹ [문법] 03_용언의 특수한 형태 교체
⟹ [문법] 30_'-어 잇-, -엣-, -엇-'의 상적 의미

❿ 소를   소나무를. 솔[松] + 을(목적격조사). '소나무'의 중세국어 형태는 '소나모'인데 '솔[松] + 나모[木]'로 치경음 /ㄴ/ 앞에서 /ㄹ/이 탈락한 형태이다. 중세국어에서는 '소나모'보다 '솔'의 형태가 주로 사용되었다(김무림 2020:566 참조).
⟹ [음운] 05_/ㄹ/ 탈락

⓫ ᄒᆞ야ᄇᆞ려늘   망가뜨리거늘. ᄒᆞ야ᄇᆞ리-[傷] + -어늘(연결어미). 'ᄒᆞ야ᄇᆞ리-'는 "망가뜨리다, 훼손하다, 없애다"의 의미를 갖는 동사이다. 기원적으로는 'ᄒᆡ- + -아(연결어미) # ᄇᆞ리-'의 구성으로 분석될 가능성이 있으나, "훼손"의 의미를 갖는 'ᄒᆡ-'가 단독으로 나타나지 않아 분석하기 쉽지 않다. 참고로, "손상되다, 상처나다" 혹은 "사라지다, 없어지다"의 의미를 갖는 'ᄒᆞ야디다'와의 관련성을 고려할 필요가 있다.
⟹ [어휘] 39_'ᄒᆞ야디다, ᄒᆞ야ᄇᆞ리다'

⓬ ᄀᆞ로ᄃᆡ   가로되. 말하기를. ᄀᆞᆯ-(←곧-)[曰]+-오ᄃᆡ(연결어미). 중세국어에서 "말하다"를 뜻하는 '곧-'은 대체로 'ᄀᆞ로ᄃᆡ', 'ᄀᆞᄅᆞ샤ᄃᆡ' 등의 활용형으로 굳어져 쓰이는데, 자음 어미 앞에서 어간이 '곧-'으로 나타나므로 'ㄷ' 불규칙 활용 용언임을 알 수 있다. [참고] 엇던 因緣으로 觀世音 일훔을 이리 곧ᄂᆞ니잇가 〈월인석보(1459) 19:1a〉. 다만 이현희(2002)에서는 천자문류의 '曰 ᄀᆞᆯ 왈'의 예를 참고하여 '곧-'과 'ᄀᆞᆯ-' 모두를 쌍형어간으로 볼 가능성을 제시하였다. 한편 '곧-'은 "이름 붙이다"를 뜻하는 용언 '*잃-[名]'과 결합하여 비통사적 합성어 '일ᄏᆞᆮ다'를 이룬다.

    ➠ [어휘] 36_'*잃다'

⓭ 엇뎨   🈓 어찌. 15세기 문헌에서 '어찌, 어째서, 어떻게' 의미로 쓰이는 부사로는 '엇뎨' 외에도 '엇디, 엇뎌' 등이 나타나며, '어드리'의 형태도 발견된다.

    ➠ [어휘] 27_'어드리/엇뎌/엇뎨/엇디'

⓮ 이틄나래   이튿날에. 이틄날[明日] + 애(부사격조사). '이틄날'은 '이틀+ㅅ(관형격조사)+날'로 분석할 수 있다. 중세국어 시기에 '이틄날' 외에 '이틋날'과 '이튼날'도 나타나는데, '이틋날'은 치경 자음 앞에서 선행 체언 말음의 /ㄹ/이 탈락한 것이고, '이튼날'은 제2음절 말음이 불파음화된 후 후행하는 음절 초성의 /ㄴ/에 의해 비음화된 것이다. 현행 한글맞춤법 제29항에서는 '이튿날'과 같이 역사적으로 /ㅅ/에 의해 /ㄹ/이 탈락하면서 /ㄷ/ 소리로 불파음화된 단어의 경우에 받침을 'ㄷ'으로 적도록 규정하고 있는데, 이에 해당하는 단어로는 '반짇고리', '섣달' 등이 있다.

⓯ 므러다가   물어다가. 믈- + -어다가(연결어미). '-어다가'의 '다가'는 기원적으로 보조동사의 활용형으로 볼 수 있으며, 부사격조사 '에'에 결합하는 보조사 '다가'와는 구별된다. '-어다가'는 "가지다" 정도의 의미를 지녔던 '다ᄀᆞ/다그-'의 활용형이 굳어진 것으로, 연결어미 {-어}가 갖는 "수단"이나 "방법"의 의미를 보다 강조하는 것으로 보인다.

⓰ 더뎌늘   던지거늘. 더디-[投]+-어늘(연결어미). 현대국어의 '던지다'에 대응하는 중세국어 어형은 '더디다'로 나타난다. 17세기부터 구개음화가 일어난 '더지다'의 어형이 나타나며, 19세기에 '더지다'의 첫음절 말음에 'ㄴ'이 첨가된 '던지다'가 나타나면서 오늘날까지 이른다.

    ➠ [문법] 22_연결어미 {-거든}, {-거늘}
    ➠ [어휘] 10_'더디다[投]'

⓱ 남기   나무가. 낡(←나모)[木] + 이(주격조사). 중세국어 [木]을 의미하는 단어의 독립형은 '나모'인데, 곡용할 때 비자동적 교체를 보인다. 즉 '나모', '나못', '나모와'처럼 휴지(休止)나 자음(반모음 포함) 앞에서는 '나모'로, '남기', '남ᄀᆞᆯ'처럼 모음으로 시작되는 조사 앞에서는 '낡'으로 교체된다. 이러한 교체를 보이는 체언에는 '구무~굼[穴], 녀느~녇[他], 불무~붊[冶]' 등이 있다.

    ➠ [문법] 01_체언의 특수한 형태 교체

❶⑧ 골티

같이. 처럼. 골호- + -이(연결어미). 여기서 '골티'는 체언 '어버싀' 뒤에서 비교의 기능으로 쓰이며, 현대국어의 부사격조사 {처럼}으로 대치하여 해석해도 큰 무리가 없다. '골티'가 조사를 동반하여 '-와 골티', '-올 골티' 등으로 쓰이기도 하였으나, 여기서와 같이 '골티'가 조사 없이 명사 뒤에서 나타나는 경우가 많아지면서 점차 보조사로 문법화되었다. '골티'의 문법화 과정에 대해서는 김유범 (2005ㄴ)을 참조할 수 있다.

❶⑨ 거슬쁜

거스른. 거슬쁘-[闕] + -ㄴ(관형사형어미). 현대국어의 '거스르다'는 중세국어에서 '거슬다' 혹은 '거스리다'로 나타났다. '거스리-'는 '거슬-'에 접미사 '-이-'가 붙은 것으로 분석되나 의미와 용법은 '거슬-'과 큰 차이가 없다. '거슬쁘-'는 '거슬-'에 강세 접미사 '-쁘-'가 붙은 것으로 분석된다. '-쁘-'가 결합해 파생된 중세국어 어형으로는 이 밖에 '견조쁘다', '골히쁘다', '마초쁘다', '버리쁘다' 등이 있다.

⟹ [문법] 08_강세 접미사

[한문 원문 및 시찬]

許孜。東陽人。年二十。師事豫章太守孔沖。受學。還鄉里。沖亡。孜制服三年。俄而二親歿。柴毀骨立。杖而能起。建墓於縣之東山。躬自負土。不受鄉人之助。每一悲號。鳥獸翔集孜獨守墓所。列植松柏亘五六里。有鹿犯所種松。孜悲歎曰。鹿獨不念我乎。明日鹿爲猛獸所殺。致於所犯松下。孜埋隧側。自後樹木滋茂。孜乃立宅墓次。事亡如存。邑人號其居爲孝順里

허자(許孜)는 동양(東陽) 사람이다. 스무 살에 예장 태수(豫章太守) 공충(孔沖)을 스승으로 섬기며 수학(受學)하고 고향으로 돌아왔는데, 공충이 죽자 허자가 3년 복(服)을 입었다. 이윽고 양친이 죽자 슬퍼하여 여위어 뼈만 남아 지팡이를 짚어야 일어날 수 있었다. 무덤을 고을 동산(東山)에 썼는데, 스스로 흙을 져다 나르고 고을 사람의 도움을 받지 않았다. 한 번 울부짖을 때마다 새·짐승이 모였다. 허자가 홀로 무덤을 지키면서 소나무와 잣나무를 벌려 심어서 5, 6리에 뻗쳤는데, 사슴이 그 심은 소나무를 다치므로, 허자가 슬피 탄식하며 말하기를, "사슴만이 나를 생각하지 않는구나." 하였더니, 이튿날 사슴이 사나운 짐승에게 죽어 다친 소나무 밑에 있었다. 허자가 무덤 앞길 곁에 묻었는데, 그 뒤로는 나무가 점점 무성하였다. 허자가 무덤 곁에 집을 짓고 죽은 이를 생시처럼 섬기니, 고을 사람들이 그 사는 곳을 효순리 (孝順里)라고 불렀다.

詩 孝事雙親義事師。此心應知有天知。
辛勤營墓頻哀慟。鳥獸佪翔亦愴悲
墓前松柏已蒼蒼。鹿本無知遂觸傷。
一旦戕生依樹下。鬼神應使孝心彰

부모는 효로 섬기고 스승은 의로, 하늘은 그 마음을 알아준다네.

애써 무덤 만들고 애끓게 자주 우니, 새·짐승도 날아와서 함께 슬퍼하누나.

무덤 앞의 소나무 울창하게 자랐는데, 무지한 사슴이 받아서 다쳐놨네.

어느 날 사슴 죽어 나무 밑에 있었으니, 귀신이 그 효성을 드러나게 한 것일세.

贊 許孜孝恭。好學有立。及喪其親。柴毀而泣。負土東山。鳥獸翔集。人之見之。能不烏邑

허자는 효도하고 공손하며 학문을 좋아하며 뜻을 세웠네. 어버이를 잃었을 때 여위도록 슬피 울며 동산에서 흙을 지자 새·짐승이 날아드니, 이것을 본 사람은 누가 아니 슬퍼하랴.

[텍스트 정보]

__ 『효순사실』의 본문과 시, 『효행록』의 후찬이 실렸다.

__ 『삼강행실도』의 한문 원문은 『효순사실』의 본문으로부터 다음과 같이 달라졌다.

許孜。字季義。東陽吳寧人也。孝弟恭讓。敏而好學。年二十。師事豫章太守會稽孔冲。受詩書禮易及孝經論語。學竟還鄉里。冲在郡喪亡。孜聞問盡哀。負擔奔赴。送喪還會稽。蔬食執役。制服三年。俄而二親沒。柴毀骨立。杖而能起。建墓於縣之東山。躬自負土。不受鄉人之助。每一悲號。鳥獸翔集。孜獨守墓所。列植松柏亘五六里。時有鹿犯所種松。孜悲歎曰。鹿獨不念我乎。明日忽見鹿爲猛獸所殺。致於所犯松下。孜悵惋不已。乃爲作冢埋於隧側。猛獸卽於孜前自撲而死。孜又埋之。自後樹木滋茂而無犯者。積二十餘年。孜乃立宅墓次。烝烝朝夕。事亡如存。年八十餘。卒于家。邑人號其居爲孝順里。

__ 『삼강행실도』의 시는 『효순사실』에서 '又'로 연결되어 있는 두 수의 7언시를 격간(隔間)의 형식을 사용해 옮겨 놓았다.

__ 『효행록』에는 이 이야기가 '許孜負土'라는 제목으로 실려 있다.

효자도 19

王延躍魚왕연약어 晉진

4	6
5	3
2	1

물고기도 뛰어나오게 한 왕연 _ 진나라

왕연王延이 아홉 살 때 어머니께서 돌아가셨다. 3년 동안 피눈물이 날 만큼 울어 거의 죽을 지경이 되었다.

어머니의 제사가 있는 달이 되면 왕연은 그달 내내 울었다.

계모는 항상 솜 대신 썩은 삼을 왕연의 옷에 넣어 입혔으나 왕연은 알면서도 불평하지 않았다.

어느 추운 겨울날, 계모는 왕연에게 살아있는 물고기를 잡아 오라고 하였다. 왕연이 물고기를 구하지 못하고 빈손으로 돌아오자 계모는 왕연을 피가 나도록 때렸다.

매를 흠씬 맞은 왕연은 물고기를 구하기 위해 다시 집을 나섰다. 강가에 나가 얼음을 두드리며 울었는데, 갑자기 다섯 자 길이의 물고기가 얼음을 깨고 뛰어올랐다.

왕연이 그 물고기를 가져다가 계모에게 드리니 계모가 여러 날을 먹어도 다 먹지 못하였다. 계모는 그제야 자신의 잘못을 깨닫고 왕연을 친자식과 같이 대하였다.

왕연은 밝은 표정으로 부모를 섬겼다. 여름이면 부모의 베개와 돗자리를 부채질하여 시원하게 하였고, 겨울이면 자신의 몸으로 이부자리를 따뜻하게 하였다.

추운 겨울에 자신은 변변한 옷 한 벌 없어도 부모님께는 맛있는 음식으로 극진히 대접해 드렸다.

그리고 부모가 세상을 떠나자 무덤 곁에서 시묘살이를 하였다.

王왕延연·이 아·호·빈 저·긔 ·어·미 죽거·늘 三삼 年년·을 ·피 나·긔 우·러 ❶거·싀 죽·게 ❷두외·얫더·니 ❸돌 ·씨어·든 그 ·도·룰 :내:내 :우더·라 ❹다·솜·어·미 ❺샹·녜 서·근 ·사무·로 오·새 ❻두·어 ·주거·든 아·로·딕 아·니 니르·더·라 ·어·미 겨·스·레 王왕延연·이 ❼·ᄒ·야 :산 고·기 자·바오·라 ᄒ·니 :몯 자·본·대 ·피 흐르·긔 ❽·텨·늘 王왕延연·이 어·름 두·드리·며 :우·니 믄·득 ❾대 ·잣 :기·릿 고·기 어·름 ❿우·희 소·사·나거·늘 가·져·다·가 ⓫이·바·두·니 여·러 ·날 :몯 :다 머·거 ⓬그·저·긔·ᅀᅡ 제 아·돌 ·ᄀᆞ·티 ⓭·ᄒ더 (효자도 19a)

王延(왕 연)이 아홉인 적에 어미 죽거늘 三 年(삼 년)을 피나게 울어 거의 죽게 되었더니 돌이거든 그 달을 내내 울더라. 계모 항상 썩은 삼으로 옷에 두어 주거든 알되 아니 이르더라. 어미 겨울에 王延(왕 연)이 하여 산 고기 잡아오라 하니 못 잡으니 피 흐르게 치거늘 王延(왕 연)이 얼음 두드리며 우니 문득 다섯 자의 길이의 고기가 얼음 위에 솟아나거늘 가져다가 대접하니 여러 날 못 다 먹어 그제야 제 아들같이 하더

[언해문]

·라 王왕延연·이 어버·싀·롤 셤·교·디 ᄂᆞ·츨 ⑬·이·대 ᄒᆞ·며 녀·ᄅᆞ·미·면 ⑮·벼·개
⑯돗·글 ⑰붓·고 ⑱겨·ᄉᆞ·리·면 ·모ᄆᆞ·로 니·브·를 ⑲두·시 ·ᄒᆞ·더·니 ⑳·치·븐 겨·ᄉᆞ·레
㉑오·ᄋᆞᆫ ·오·시 :업소·디 ㉒어버·싀·ᄂᆞᆫ 滋ᄌᆞ味·미·를 ᄀᆞ·장·ᄒᆞ더·라【㉓滋ᄌᆞ味·미
·ᄂᆞᆫ 이·돈 ·마시·라】父:뿌母:물ㅣ :업거·늘 侍·씨墓·모 :사니·라 (효자도 19b)

[대역문]

라. 王王延연이 어버이를 섬기되 낯을 좋게 하며 여름이면 베개 돗자리를 부치고 겨울이면 몸으로 이불을 따뜻
이 하더니 추운 겨울에 온전한 옷이 없으되 어버이는 滋味자미를 다하더라.【滋味는 좋은 맛이다】父母부모가 없거
늘 侍墓시묘 사니라.

[주석]

❶ 거싀   ㈘ 거의. '거의'의 중세국어 형태는 '거싀'이다. 중세국어에는 "거의 되다"라는
                의미의 동사 '거싀다'가 있었다. 부사 '거싀'는 동사 '거싀다'의 어간 '거싀-'가
                그대로 부사가 된 경우이다.
                ⇒ [표기] 06_'ㅿ' 표기
                ⇒ [문법] 10_부사 파생 접미사_중세국어의 어간형 부사

❷ 두외얫더니   되었더니. 두외-[爲] + -야(←-아, 연결어미) # 잇-[有] + -더-(선어말어미)
                + -니(연결어미). 오늘날 '되다'는 '두뵈다 〉 두외다 〉 도외다 〉 되다' 등의 역사
                적 변화를 겪은 형태이다. 여기서 '-어 잇-'은 과거의 상황을 지시하는 의미로

파악된다. 중세국어의 '-어 잇-'은 ≪결과 상태 지속≫을 나타내거나 현대국어 '-고 있-'과 같이 ≪진행≫의 의미를 나타내기도 하는 등 맥락에 따라 해석될 수 있는 가능성이 다양하다.

➠ [문법] 30_'-어 잇-, -엣-, -엇-'의 상적 의미

❸ 돌씨어든　돌이거든. 돌 때이거든. 돓[周忌] + 이-(계사) + -어든(← -거든, 연결어미). '돓'은 "해마다 돌아오는 날의 횟수(回數)"를 뜻하며, 여기서는 왕연 어미의 주기(周忌)를 의미한다. 『소학언해』(5:44a)에 '돌째'가 나타나 '돓' 자체가 단독형·기본형일 가능성을 생각해 볼 수 있으나 '돓'의 표기가 'ㄹ' 뒤 경음화 현상과 관련되어 있을 가능성도 염두에 둘 필요가 있다. 20세기까지도 '돓'의 어형이 쓰였으나 표준어규정에 의해 표기가 '돌'로 통일되었다.

➠ [표기] 02_겹받침 표기
➠ [문법] 22_연결어미 {-거든}, {-거늘}

❹ 다숨어미　뎽 계모(繼母). '다숨'은 "다시하다"의 의미를 갖는 동사 '*닷다'로부터 파생된 '다숨'에 '어미'가 결합된 단어로 볼 수 있다.

➠ [어휘] 09_'다숨어미'

❺ 샹녜　뮝 늘. 항상. 한문 원문의 '恒'에 대응한다. 중세국어 '샹녜'는 한자 '常', '恒'에 대응하여 "늘, 항상"의 뜻으로 쓰였다. [참고] 조히 梵行을 닷가 샹녜 諸佛ㅅ 일큿라 讚歎호미 두외며(淨修梵行ᄒ야 恒爲諸佛之所稱歎ᄒ며)〈법화경언해(1463) 2:37b〉/ 져고맛 져제셔 샹녜 ᄡᆞ롤 ᄃᆞ토ᄂᆞ니(小市常爭米)〈두시언해_초간(1481) 7:10b〉. '샹녜'는 "늘 가지는 태도와 다른 것이 없다", "흔히 있을만 하다"를 뜻하는 현대국어의 형용사 '상례롭다'에 그 어형이 남아 있다.

❻ 두어　두어. 두-[置] + -어(연결어미). 이때 '두다'는 이부자리나 옷 등에 솜 따위를 넣는 것을 뜻한다.

❼ ᄒᆞ야　시켜. ᄒᆞ이-[使] + -아(연결어미). 'ᄒᆞ이다'는 'ᄒᆞ다'의 어간에 사동 접미사 '-이-'가 결합된 것으로 축약되어 '히다'의 형태로도 사용되었다. 'ᄒᆞ야/히야'에 강조의 보조사 '곰'이 결합된 'ᄒᆞ야곰'은 오늘날 "하게 하여, 시키어"를 의미하는 부사 '하여금'으로 남았다.

➠ [문법] 32_사동 표현

❽ 텨늘　치거늘. 티-[杖] + -어늘(연결어미). '텨늘'은 어간 '티-'의 단모음 'ㅣ'가 반모음 /j/로 바뀌고 타동사와 결합하는 연결어미 '-어늘'과 결합해 음절이 축약된 형태이다.

➠ [문법] 22_연결어미 {-거든}, {-거늘}

❾ 대 잣 기릿 고기　다섯 자 길이의 고기. 대[五](수관형사) # 자[尺] + ㅅ(관형격조사) # 기리[長] + ㅅ(관형격조사) # 고기. 중세국어의 관형격조사 'ㅅ'은 무정 체언 또는 존칭의 유정 체언 뒤에 결합하였다. 여기서는 무정 체언인 의존명사 '자'와 명사 '기리' 뒤에서 'ㅅ'가 사용되었다. '기리'는 형용사 '길-[長]'에서 파생된 명사인데, 15세

기의 명사 파생 접미사는 '-이/의'이므로 '기릐'의 형태가 일반적이지만 여기서와 같이 '기리'의 형태도 일부 발견된다. [참고] 몸 기리 七百 由旬이오(身長七百由旬)〈월인석보(1459) 11:29a〉

➠ [문법] 09_명사 파생 접미사
➠ [문법] 14_관형격조사

❿ 우희　위에. 우ㅎ[上] + 의(부사격조사). 중세국어의 명사 '우ㅎ[上]'은 'ㅎ' 보유 체언으로서, 단독으로 쓰일 때나 관형격조사 'ㅅ' 앞에서는 'ㅎ'이 나타나지 않지만 모음 조사나 자음 조사 앞에서는 보유하고 있던 'ㅎ'을 드러낸다. [참고] 上輩는 웃 무리라〈월인석보(1459) 8:55a〉/하놀 우콰 하놀 아래 나쁜 尊호라(天上天下唯我爲尊)〈월인석보(1459) 2:38b〉. 한편, 중세국어에는 관형격조사 '이/의'와 형태가 동일한 부사격조사가 존재하였는데, 특이처격조사로 불리는 이 '이/의'는 '우ㅎ, 집, 앒[前], 城' 등 일부 특이처격어와만 결합하는 경향이 있다.

➠ [문법] 13_부사격조사_일반처격조사와 특이처격조사
➠ [문법] 41_'ㅎ' 보유 체언

⓫ 이바드니　대접하니. 이받-[奉] + -ᄋᆞ니(연결어미). 중세국어의 '이받-'은 "(부모를) 봉양하다", "(부모에게) 음식을 대접하다[供養]"의 의미로 쓰였다. 참고로 현대국어에서 "도움이 되게 함"이나 "결혼을 전후하여 신부 쪽에서 예를 갖추어 신랑 쪽으로 정성 들여 만들어 보내는 음식"을 뜻하는 명사 '이바지'는 '이받다'의 파생명사 '이바디'로부터 비롯한 것이다.

➠ [어휘] 34_'이받다, 이바디ᄒᆞ다'

⓬ 그저긔사　그제야. 그때서야. 그적[於是] + 의(부사격조사) + 사(보조사). 중세국어의 '그저긔/그적긔'는 "그때에"라는 의미였으나, 근대국어 시기에 '그적긔/그젓긔/그적의'로 변화하면서 오늘날의 '그저께'와 같은 "어제의 전날에"의 의미를 지니게 되었다. 현대국어 부사 '그제(서)야'의 '그제' 역시 '그저긔'에서 기원하는데, '그저께'와 달리 "그때"의 어원적 의미를 유지하고 있다. 한편, 보조사 '사'는 ≪계기≫의 의미로 해석되며 명사나 목적격조사, 부사격조사의 뒤에도 결합한다.

➠ [표기] 06_'ㅿ' 표기
➠ [문법] 16_보조사_중세국어의 보조사 {사}

⓭ ᄒᆞ더라　하더라. 대하더라. ᄒᆞ-[撫] + -더-(선어말어미) + -라(←-다, 종결어미). 여기서의 'ᄒᆞ다'는 일반 동사 '爲'가 아닌, 한문 원문 '撫'에 대응하는 대동사로 쓰였다. 따라서 문맥상으로 보아 "계모가 자신이 낳은 아들과 같이 대하다."라는 의미로 해석할 수 있다.

➠ [문법] 개관_[19] 대(代)용언 'ᄒᆞ다'의 사용

⓮ 이대　囲 좋게. 어근 '읻-'[善]에 부사 파생 접미사 '-애'가 결합하였다. 중세국어 '읻다'는 "좋다, 잘하다"를 의미한다. 한문 원문에서 '色養'이란 "웃는 얼굴로 부모에게 효도를 다하다"의 뜻인데, 여기서의 '이대'는 '養'에 대한 언해이다.

➠ [문법] 10_부사 파생 접미사

⑮ 벼개

⟨명⟩ 베개. '벼개'는 동사 어간 '*벼-'에 도구를 나타내는 명사 파생 접미사 '-개'가 결합하여 형성된 파생 명사이다. 15세기 문헌에서 "베개로 머리 아래를 받치다"를 뜻하는 동사로 '*벼다'는 나타나지 않고 '볘다'만이 나타나지만, '겨시다~계시다, 겨집~계집, 어엿비~어옛비~에옛비' 등 중세국어에 나타나는 'ㅕ~ㅖ'의 혼용 현상을 고려하면 '벼~볘'가 쌍형 어간으로 존재했을 가능성을 생각해 볼 수 있다.

➡ [어휘] 21_'베개[枕]'와 '볘다'

⑯ 돗글

돗자리를. 돍[席] + 올(목적격조사). '돗자리'의 중세국어 형태는 '돍'으로 자음 앞에서나 단독으로 쓰일 때는 'ㄱ'이 탈락한 '돗'의 형태로 쓰였다. 19세기에 '돍'과 '자리/ᄌ리'가 결합하여 '돗자리'의 형태로 굳어지자 '돍'은 더 이상 단독 어형으로 쓰이지 않는다.

➡ [표기] 02_겹받침 표기

⑰ 붓고

부치고. 부채질하고. 붓-(←붗-)[扇] + -고(연결어미). 동사 '붗다'가 8종성법에 의해 '붓다'로 표기되었다. '붗다'는 오늘날 "부채를 부치다"의 '부치다'에 남아 있다. '부채'는 어간 '붗-'에 도구를 나타내는 명사 파생 접미사 '-애'가 결합된 것이다.

➡ [표기] 01_8종성 표기
➡ [어휘] 22_'부체, 붗다[扇]'

⑱ 겨스리면

겨울이면. 겨슬[冬] + 이-(계사) + -면(연결어미). '겨울'의 중세국어 형태는 '겨슬/겨ᅀᆞᆯ, 겨슳/겨ᅀᆞᆶ'인데, 문헌에 따라 'ㅎ'의 출현 여부가 엇갈린다. 조사와 결합할 때 '겨슬헤'처럼 /ㅎ/가 나타나기도 하나 이는 극히 일부이며, 대다수는 '겨스리면'처럼 /ㅎ/이 출현하지 않는다. [참고] 겨슬헤 업고 보미 퍼듀믈 보며(觀冬索而春敷) 〈선종영가집언해(1464) 하:44b〉. '겨슬'은 '겨을〉겨올/겨울'로 그 형태가 변하지만 /ㅡ/가 /ㄱㄴ/나 /ㅜ/로 바뀌는 이유는 분명하지 않다.

➡ [표기] 06_'ᅀ' 표기

⑲ ᄃᆞ시

⟨부⟩ 따뜻이. 따뜻하게. 'ᄃᆞ시'는 'ᄃᆞᆺᄒᆞ다[溫]'의 어근 'ᄃᆞᆺ'에 부사 파생 접미사 '-이'가 결합된 파생 부사이다. 형용사 'ᄃᆞᆺᄒᆞ다'와 관련된 중세국어 단어로는 'ᄃᆞᄉ다, ᄃᆞᆺᄃᆞ시, *듯듯ᄒᆞ다, 덥듯ᄒᆞ다' 등이 있으며, 현대국어 '따뜻하다'의 선대형 'ᄯᆺᄯᆺᄒᆞ다, ᄯᅡᄯᆺᄒᆞ다, ᄯᅡᆺᄃᆞᆺᄒᆞ다, ᄯᅡᆺᄯᅡᆺᄒᆞ다' 등은 18세기 이후부터 나타나기 시작한다.

➡ [문법] 10_부사 파생 접미사
➡ [어휘] 13_'ᄃᆞ시'

⑳ 치븐

추운. 칩-[寒] + -은(관형사형어미). 현대국어의 '춥다'에 대응하는 중세국어 형용사는 '칩다'이다. '칩다'의 'ㅂ'은 15세기 중엽에 반모음 '오/우[w]'로 변하며, '칩다'의 파생명사인 '치뷔'가 '치븨〉치뷔〉치위'를 거쳐 오늘날 '추위'로 남아 있다. '덥다'의 파생명사 '*더뷔'도 '*더븨〉더뷔〉더위'의 유사한 변화를 겪었다.

➡ [표기] 05_'ㅸ' 표기

㉑ 오ᄋᆞᆫ   온전한. 오ᄋᆞ-(← 오올-)[全] + -ㄴ(관형사형어미). 관형사형어미 '-ㄴ' 앞에서 어간의 말음 'ㄹ'이 탈락한 형태이다. 중세국어 '오올다'는 현대국어의 형용사 '온전하다'에 해당한다. '오올다' 외에 '오올다, 올다' 등의 형태도 나타났다. '오ᄋᆞᆫ'은 오늘날 '온 동네', '온 집안' 등에서 "전부의, 모두의"를 의미하는 관형사 '온'으로 남았다.
        ➠ [어휘] 33_'오ᄋᆞᆫ'

㉒ 어버ᅀᅵ는 滋味ᄅᆞᆯ ᄀᆞ장ᄒᆞ더라
     어버이는 좋은 음식을 매우 즐기더라. 어버이에게는 좋은 음식을 지극히 대접하더라. 어버ᅀᅵ + 는(보조사) # 滋味 + ᄅᆞᆯ(목적격조사) # ᄀᆞ장ᄒᆞ-[極] + -더-(선어말어미) + -라(←-다, 종결어미). 이 문장은 한문 원문의 '親極滋味'에 대응하며, 두 가지의 해석 가능성이 있다. 하나는 주어를 어버이로 보는 것이다. 이 경우 'ᄀᆞ장ᄒᆞ다'는 "마음껏 하다"의 의미로 해석되어, 어버이가 좋은 음식을 마음껏 즐겼다는 의미로 이해된다. 다른 하나는 앞 문장인 "王延이 어버ᅀᅵᄅᆞᆯ 셤교ᄃᆡ"에서 왕연이 행동의 주체임을 고려하여, 이 문장에서도 의미상의 주어가 왕연인 것으로 보는 것이다. 이 경우 '어버ᅀᅵ'는 부사어가 되고 'ᄀᆞ장ᄒᆞ다'는 "극진히 대하다"의 의미로 파악된다. 이때 원문 '親極滋味'에서 '親'은 동사 '極' 앞으로 도치되었다고 볼 수 있다. 참고로, 현대국어의 '가장'은 부사로만 쓰이지만 중세국어에서 'ᄀᆞ장'은 "(정성을) 다하다, 마음껏 하다"를 뜻하는 'ᄀᆞ장ᄒᆞ다', "완전하다, 만족스럽다"를 뜻하는 'ᄀᆞ장ᄃᆞ외다' 등 파생 동사로도 사용되어 용법이 다양하였다.

㉓ 滋味는 이든 마시라   滋味는 좋은 음식이다. 滋味 + 는(보조사) # 읻-[滋] + -은(관형사형어미) # 맛 + 이-(계사) + -라(← -다, 종결어미). 한자어 '자미(滋味)'는 "자양분이 많고 맛도 좋음. 또는 그런 음식"을 뜻한다. '자미'가 'ㅣ' 모음 역행동화를 겪어 오늘날 "아기자기하게 즐거운 맛이나 기분"을 뜻하는 '재미'로 변화하였다. '이든'은 "좋다, 잘하다"를 의미하는 형용사 '읻-[善]'의 관형사형으로, 여기서는 "좋은 [滋]"의 의미로 해석된다. '맛'은 오늘날 "음식 따위를 혀에 댈 때 느끼는 감각"을 의미하지만, 중세국어 시기에는 "(좋은) 음식"의 의미로도 사용되었다. [참고] 모매 오ᄉᆞᆯ 니부ᄃᆡ 죵긔 ᄢᆞ리ᄃᆞᆺ ᄒᆞ며 이베 마ᄉᆞᆯ 머구ᄃᆡ 病에 藥 먹ᄃᆞᆺ ᄒᆞ야 (身著衣服호ᄃᆡ 如裹□瘡ᄒᆞ며 口湌滋味호ᄃᆡ 如病服藥ᄒᆞ야) 〈선종영가집언해(1464) 上:42b〉.

[한문 원문 및 시찬]

     王延。西河人。九歲喪母。泣血三年。幾至滅性。每至忌月則悲啼三旬。繼母卜氏遇之無道。恒以蒲穰及敗蔴頭與延貯衣。延知而不言。卜氏嘗盛冬思生魚。使延求而不獲。杖之流血。延尋汾水叩凌而哭。忽有一魚長五尺。踊出冰上取以進。母食之積日不盡。於是心悟。撫延如己生。延事親色養。夏則扇枕席。冬則以身溫被。隆冬盛寒。身無全衣。而親

極滋味。父母終盧於墓側

왕연(王延)은 서하(西河) 사람이다. 아홉 살에 어머니를 잃고 3년 동안 피눈물을 흘리며 거의 죽을 지경이 되었었다. 번번이 제삿달[忌月]이 되면 한 달 동안 슬피 울었다. 계모 복씨(卜氏)가 무도하게 대하여 항상 부들풀과 썩은 삼 끄트러기로 왕연의 옷에 솜 대신 놓아주었는데 왕연은 알면서도 말하지 아니하였다. 복씨가 일찍이 한겨울에 생선 생각이 나서 왕연으로 하여금 구해오게 하였는데 구하지 못하니 매를 쳐서 피가 흘렀다. 왕연이 분수(汾水)를 찾아가서 얼음을 두드리며 우니 갑자기 길이 다섯 자 되는 한 마리의 물고기가 얼음 위로 뛰어나왔다. 이것을 가져가서 어머니께 드렸는데 어머니가 여러 날 먹어도 다 먹지 못하니, 그제야 잘못을 깨닫고 왕연을 자기가 낳은 자식처럼 사랑하였다. 왕연이 어버이를 섬기되 뜻을 받들어 봉양하였다. 여름에는 베개와 자리에 부채질하고, 겨울에는 몸으로 이불을 따뜻하게 하였으며, 한겨울 심한 추위에 제 몸에는 온전한 옷이 없어도 어버이에게는 맛좋은 음식을 극진히 바쳤다. 그리고 부모가 죽자 무덤 곁에서 여묘살이하였다.

詩 孝道能敦在稚年。良心一點出天然。
三年泣血應堪憫。忌月悲啼更可憐
繼母相看性不慈。心存孝敬未曾衰。
汾濱哀哭魚隨躍。此意皇天后土知

나이 어릴 때부터 효도가 도타우니, 한 점의 그 양심은 천연에서 나왔네.
삼 년의 피눈물도 애처로운데, 제사 달에 슬피 우니 더욱 가엾네.
인자하지 아니한 계모 성품 알건만, 마음에 지닌 효성 줄어 본 일 없었네.
물가에서 슬피 울자 고기 뛰어나오니, 이 뜻을 하늘땅이 알아준 것이로다.

[텍스트 정보]

__ 『효순사실』의 본문과 시가 실렸다.
__ 『삼강행실도』의 한문 원문은 『효순사실』의 본문으로부터 다음과 같이 달라졌다.
王延 字延元。 西河人 也 。九歲喪母。泣血三年。幾至滅性。每至忌月則悲啼三旬。繼母卜氏遇之無道。恒以蒲穰及敗麻頭與延貯衣。 其姑聞而問之。 延知而不言。 事母彌謹。 卜氏嘗盛冬思生魚。使延求而不獲。杖之流血。延尋汾水叩凌而哭。忽有一魚長五尺踊出冰上 延 取以進。母食之積日不盡。於是心悟 撫延如己生。延事親色養。夏則扇枕席。冬則以身溫被。隆冬盛寒。身無全衣。而親極滋味。父母終盧於墓側
__ 『삼강행실도』의 시는 『효순사실』에서 '又'로 연결되어 있는 두 수의 7언시를 격간(隔間)의 형식을 사용해 옮겨 놓았다.
__ 『효행록』에는 이 이야기의 일부가 '黃香扇枕'의 후찬에 포함되어 있다("朝夕夏扇其枕身溫冬席亦有王延其孝同").

潘綜救父^{반종구부} 晉진

1

2

아버지를 구한 반종 _ 진나라

반종潘綜은 아버지와 더불어 도적을 피해 도망을 가고 있었다. 아버지가 반종에게 말했다.

"나는 늙어서 빨리 갈 수가 없구나. 너만이라도 빨리 도망쳐서 살도록 하여라."

아버지는 이내 그 자리에 주저앉고 말았다.

그 사이 도적 떼가 몰려와 이들을 에워쌌다. 반종은 도적에게 가까이 가 머리를 조아리며 사정했다.

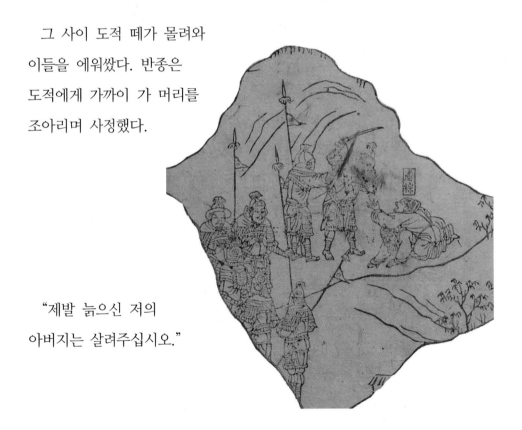

"제발 늙으신 저의 아버지는 살려주십시오."

그러자 주저앉아 있던 아버지가 도적들에게 나아가 간청했다.

"내 아들은 이 늙은 아비를 위해 도망가지 않았소. 나는 죽는 것이 아깝지 않으나 아들만은 살려 주시오."

아버지가 애걸하였으나 도적은 들은 체도 하지 않았다.

도적의 무리 중 하나가 아버지를 베려고 하자, 반종이 아버지를 품에 감싸 안고 엎드렸다. 도적이 반종의 머리를 인정사정없이 네 번을 내리치자 반종은 이내 기절하고 말았다.

이를 지켜보던 도적 하나가 와서 말했다.

"아들이 자신의 몸을 던져 아버지를 구하였다. 우리가 효자를 죽이는 것은 상서롭지 못하다."

이 말을 듣고 도적들은 이들 부자父子를 살려 주었다.

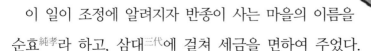

이 일이 조정에 알려지자 반종이 사는 마을의 이름을 순효純孝라 하고, 삼대三代에 걸쳐 세금을 면하여 주었다.

[언해문]

潘판綜·종이 아비 더·블·오 도죽 ❶또·쳐 ·가더·니 아비 닐·오·딕 ❷·내 늘·거
썰·리 :몯 ❸가·리·로소·니 ❹:네·나 :살아·라 ᄒ·고 ᄯᅡ·해 앉거·늘 潘판綜·종이
❺도조·기그에 ❻마조 ·가 머·리 조·솨 닐·오·딕 아·비 늘·그·니 ❼사ᄅᆞ·쇼·셔
도조·기 ❽다ᄃᆞᆮ거·늘 그 아·비 ·ᄯᅩ 請:쳥·호·딕 내 아ᄃᆞ·리 :날 爲·위·ᄒᆞ·야
잇ᄂᆞ·니 ❾·내·ᅀᅡ 주·거·도 ❿므던커·니·와 ·이 아ᄃᆞ·ᄅᆞᆯ ⓫사ᄅᆞ·고·라 도조·기
그 아·비·ᄅᆞᆯ ⓬버·히거·늘 潘판綜·종이 아비·ᄅᆞᆯ :안·고 ⓭업:데어·늘 도조·기
머·리·ᄅᆞᆯ :네 버·늘 ·티·니 潘판綜·종·이 (효자도 20a)

[대역문]

潘綜이 아비 더불어 도적에게 쫓겨 가더니 아비가 이르되 "내가 늙어 빨리 못 가겠으니 너나 살아라." 하고
땅에 앉거늘 潘綜이 도적에게 마주 가 머리 조아리어 이르되, "아비가 늙었으니 살리소서." 도적이 다다르거
늘 그 아비 또 請하되 "내 아들이 날 爲하여 있으니 나야 죽어도 무던하거니와 이 아들을 살리구려." 도적이
그 아비를 베거늘 潘綜이 아비를 안고 엎드리거늘 도적이 머리를 네 번을 치니 潘綜이

❶ᄒᆞ·마 ❶주·겟거·늘 ᄒᆞᆫ 도ᄌᆞ기 ·와 닐·오·디 ·이 아ᄃᆞ·리 주·구므·로 아비·를 救·굴·ᄒᆞᄂᆞ·니 孝·흉子·ᄌᆞ ❶주·규·미 ❶:몯ᄒᆞ·리·라 ᄒᆞᆫ·대 아비 아ᄃᆞ·리 :다 사·라나·니·라 ❶그위·예·셔 ❶:엳ᄌᆞ·바 그 ᄆᆞ슳 ❷일·후·믈 純쓘孝·흉ㅣ·라 ᄒᆞ·고【純쓘孝·흉ᄂᆞᆫ 섯·근 것 :업·슨 孝·흉道·똠ㅣ·라】❷낛·술43 三삼世·셰·를 :더니·라 【三삼世·셰·ᄂᆞᆫ ❷저·와 아ᄃᆞᆯ·와 孫손子·ᄌᆞ·왜·라】(효자도 20b)

[대역문]

이미 죽어 있거늘 한 도적이 와 이르되 "이 아들이 죽음으로 아비를 救하였으니 孝子 죽임이 못 할 일이다." 하니 아비, 아들이 다 살아났다. 관아에서 여쭈어 그 마을의 이름을 純孝라 하고【純孝는 섞은 것 없는 孝道이다.】 세금을 三世를 덜었다. 【三世는 자신과 아들과 孫子이다.】

---

43 志部昭平(1990:80)은 여기서의 '낛술'에 대하여 "어간은 '낛'이다. 따라서 그 대격은 '낙술'이 되어야 한다. 하지만 모든 판이 성암본을 따랐고 김영중 소장본도 마찬가지다. 원본 자체의 착오일 가능성이 높다. 선조판에서는 '낙술'로 교정되었다."라고 주석을 달고 해당 용례를 '낙술'로 교정했다. 그러나 여기서 는 초간본 계통의 판본들에서 모두 '낛술'로 표기된 점을 존중해 그대로 따르기로 한다.

[주석]

❶ 뽀쳐   쫓겨. 뽛이-[逐]+ -어(연결어미). '뽀쳐'는 동사 '뽛-'에 피동 접미사 '-이-'가 결합된 피동사 '뽀치-'에 어미 '-어'가 결합되어 모음 축약된 형태이다. 志部昭平 (1990:79)에서는 어간 '뽀치-'를 '뽛-'에 피동 접미사 '-히-'가 결합한 것으로 분석 하였는데, '뽀츨, 뽀츤' 등의 어형을 고려하면 '뽛-+-이-'로 분석하는 것이 옳다.
➡ [문법] 31_피동 표현

❷ 내   내가. 나 + ㅣ(←이, 주격조사). 중세국어에서 일인칭 대명사 '나'의 주격과 관형 격은 둘 다 '내'의 형태로 나타난다. 그러나 주격은 거성(한 점), 관형격은 평성 (무점)으로 서로 구별된다.
➡ [음운] 11_성조에 의한 의미 변별

❸ 가리로소니   가겠으니. 가-[去] + -리-(선어말어미) + -롯-(← -돗-, 선어말어미) + -오니 (←-ᄋ니, 연결어미). 이른바 감동법 선어말어미 '-돗-'은 '-리-' 뒤에서 '-롯 -'으로 교체된다. '-오니'는 연결어미 '-ᄋ니'가 선어말어미 '-롯-'의 원순성에 의해 동화된 것이다. 주어가 1인칭임에도 불구하고 '가리로소니'에 인칭법의 선어말어미 '-오-'가 개재되지 않았다고 보는 근거는 다음과 같다. 먼저 선어말 어미 '-오-'는 '-리-' 앞에 결합되므로([참고] 나도 아비 다모리라 〈효자 13a〉) '로소니'의 '소'에 선어말어미 '-오-'가 포함되었다고 보기 어렵다. 또한 '가'에 '-오-'가 포함되었다고도 보기 어려운데, '-오-'가 모음이 'ㅏ, ㅕ, ㅗ, ㅜ' 등인 어간에 결합되면 어간의 성조가 상성[R]으로 변하지만 여기서 '가'의 성조는 평성[L]이기 때문이다. 참고로 가와사키 케이고(2015)에서는 선어말어미 '-오 -'가 선어말어미 '-돗-'과 공기하는 일이 없음을 주장한 바 있다.
➡ [문법] 20_선어말어미 {-오-}
➡ [음운] 02_원순모음화
➡ [문법] 34_시간 표현

❹ 네나   너나. 너 + ㅣ(←이, 주격조사) + 나(보조사). 중세국어에서 이인칭 대명사 '너'의 주격과 관형격은 둘 다 '네'의 형태로 나타난다. 그러나 성조의 차이에 따라 주격은 상성(두 점), 관형격은 평성(무점)으로 나타내었다.
➡ [음운] 11_성조에 의한 의미 변별

❺ 도ᄌ기그에   도적에게. 도ᄌ[賊] + 이그에(부사격조사). 중세국어의 부사격조사 '이그에/의 그에'는 평칭의 유정 체언과 결합하는 관형격조사 '이/의'와 '그에'가 결합하여 문법화한 것으로 현대국어 부사격조사 '에게'로 발전하였다.
➡ [문법] 13_부사격조사_여격조사 {의그에}

❻ 마조   ㊌ 마주. '마조'는 '맞다[迎]'의 어근 '맞-'에 부사 파생 접미사 '-오'가 결합되어 파생된 부사이다.
➡ [문법] 10_부사 파생 접미사

❼ 사ᄅ쇼셔   살려주소서. 사ᄅ-[賜生命] + -쇼셔(←-ᄋ쇼셔, 종결어미). '사ᄅ다'는 동사

'살-[生]'에 사동 접미사 '-ᄋᆞ-'가 결합된 사동사이다. '-ᄋᆞ쇼셔'는 ᄒᆞ쇼셔체의 명령형 종결어미이다. 중세국어에서는 '살다'의 사동사로 '사ᄅᆞ다'와 '살이다' 두 가지 형태가 있었는데 전자는 "목숨을 살려주다"의 의미로, 후자는 "생계를 도와 살게 하다"의 의미로 사용되었다. 후대로 오면서 후자의 의미는 사라졌고, '살이다'에서 변화한 '살리다'의 형태만 남게 되었다.

➡ [문법] 27_명령형 종결어미
➡ [문법] 32_사동 표현
➡ [문법] 33_높임 표현

❽ 다ᄃᆞ거늘   다다르거늘. 다ᄃᆞ-[至] + -거늘(연결어미). 자동사인 '다ᄃᆞ-'에 연결어미 '-거늘'이 결합하였다. '다ᄃᆞ-'은 본래 'ㄷ' 불규칙 활용 용언으로 모음·매개모음 어미와 결합하면 '다ᄃᆞ르니', '다ᄃᆞ라'와 같이 나타난다. 현대국어로 오면서 '다ᄃᆞᆮ다'는 모음·매개모음 어미 결합형을 중심으로 어간이 '다다르-'로 재분석되어, 자음 어미 앞에서도 '다다르고', '다다르지만' 등으로 활용하게 되었다. 이러한 변화는 비교적 최근의 일로 보이는데, 20세기 초까지도 자음 어미 앞에서 '다ᄃᆞᆮ-'이 나타나기 때문이다. [참고] 션두에 다ᄃᆞᆺ거놀 ᄌᆞ셔이 보니 〈김희경전(1922) 215〉.
➡ [문법] 22_연결어미 {-거든}, {-거늘}

❾ 내ᅀᅡ   나야. 나 + ㅣ-(계사) + -ᅀᅡ(연결어미). 이때 '-ᅀᅡ'를 보조사가 아닌 연결어미로 볼 수 있다. 이현희(1995:545-546)에서는 'ㅣᅀᅡ'를 주격조사와 보조사의 결합이 아닌 계사와 연결어미의 결합으로 보았다. 그 근거로 구결 '-ㅣᅀᅡ'에 대응하는 언해문의 '-이라ᅀᅡ', 고려시대 석독구결 자료 『구역인왕경(舊譯仁王經)』의 'ㅐㄹᄼ'(이시사)를 들었는데, 이들은 각각 계사에 어말어미와 선어말어미가 결합된 모습을 보여 준다.
➡ [표기] 06_'ㅿ' 표기
➡ [음운] 11_성조에 의한 의미 변별
➡ [문법] 16_보조사_중세국어의 보조사 {ᅀᅡ}

❿ 므던커니와   무던하거니와. 무관하거니와. 므던ᄒᆞ-[無妨] + -거니와(연결어미). 이때 '커니와'는 'ᄒᆞ'에서 'ᆞ'가 탈락한 후 '거니와'와 축약된 것이다.
➡ [음운] 07_'ᆞ' 탈락

⓫ 사ᄅᆞ고라   살려 달라. 사ᄅᆞ-[活] + -고라(종결어미). '사ᄅᆞ-'는 '살-[生]'에 사동 접미사 '-ᄋᆞ-'가 결합하여 파생된 사동사이다. 중세국어의 '-고라/-고려'는 ᄒᆞ라체의 명령형 종결어미이다. '-고라/-고려'는 이후에 감탄의 의미를 추가로 갖게 되었으며, 오늘날에는 '-구려/-구료'로 남아 있다.
➡ [문법] 27_명령형 종결어미

⓬ 버히거늘   베거늘. 버히-[斫] + -거늘(연결어미). '버히-'는 '볗다'의 어근 '볗-'에 사동 접미사 '-이'가 결합된 것이다. 현대국어의 '베다'는 중세국어 '버히다'에서 'ㅎ'이 탈락하여 '버이다'가 되고, 이것이 음절 축약되었다. 한편 '버히다'는 타동사이므로 '-어-'가 포함된 어미가 결합되는 것이 일반적이다. [참고] 여르미 나니 버혀

든 〈월인석보(1459) 1:43a〉. 그러나 여기에서는 보통 자동사와 어울리는 '-거늘'이 결합되었다. 이는 '-거X'형 어미들이 확대되는 양상과 관련이 있다. 17세기에 들어와서는 몇 개의 예를 제외하고는 타동사에도 문법적 특징과 상관없이 '-거X'형이 결합되어 나타나며 현대국어에 와서는 모두 '-거X'로 통합되었다.

➡ [어휘] 20_'버히다, 베티다, 베어디다, 뷔다'

➡ [문법] 22_연결어미 {-거든}, {-거늘}

⑬ 업데어늘   엎디거늘. 업데-(← 엎데-)[腹] + -어늘(← -거늘, 연결어미). 자동사 '업데다'에 연결어미 '-거늘'이 결합된 것인데 어간 '업데-'의 반모음 /j/에 의해 /ㄱ/이 탈락되었다. '업데다'는 '업더이다'가 음절 축약된 형태로 현대국어에서 '엎디다('엎드리다'의 준말)'가 되었다.

➡ [음운] 04_/ㄱ/ 탈락

➡ [문법] 22_연결어미 {-거든}, {-거늘}

⑭ ㅎ마   📖 이미[旣]. 'ㅎ마'의 의미는 "이미"로 해석되는 완료상의 의미 외에도 "장차"로 해석되는 미래([참고] 衆生이 다 늘거 ㅎ마 주그니니 〈석보상절(1447) 19:3b〉)나, "거의"([참고] 어미 죽거늘 우러 ㅎ마 눈이 멀리러라 〈번역소학(1518) 9:36a〉)의 의미도 지니고 있어서 이들을 동음이의어(동음이의 파생 관계)로 처리하기도 한다(민현식 1991). 그러나 이들 의미에 대해 "과거/현재/미래(발화시 이외의 시점이 기준시로 상정될 때 포함) 기준 완료"라는 세 가지 의미를 상정하고 공통적으로 《완료》로 묶을 수 있음도 제안된 바 있다(이병기 2006).

➡ [어휘] 38_'ㅎ마'

⑮ 주겟거늘   죽어 있거늘. 기절해 있거늘. 죽-[死] + -어(연결어미) # 잇-[有] + -거늘(연결어미). 이때 '죽다'는 한문 원문의 '悶絶'에 대응되는 것으로 보아 "생명이 끊어지다"의 의미가 아니라 "기절하다, 까무러치다"의 의미를 나타낸다고 볼 수 있다. 즉 '반종'이 아예 죽은 것이 아니라 잠시 기절한 것을 뜻하며 '주겟거늘'은 "기절해 있거늘, 까무러쳐 있거늘" 등으로 해석할 수 있다. 한편 '-엣-'은 연결어미 '-어'와 동사 '잇-[有]'이 축약된 형태이다. 중세국어에서 '-어 잇-(-엣-)'은 대체로 《지속(상태의 지속, 결과 상황의 지속)》 또는 《연속》의 의미로 사용되었는데, 여기서는 기절해 있는 상태가 지속된 것이므로 전자의 의미로 사용되었다.

➡ [어휘] 37_'죽다'

➡ [문법] 30_'-어 잇-', '-엣-', '-엇-'의 시상적 의미

⑯ 주규미   죽임이. 주기-[死] + -움(명사형어미) + 이(주격조사). '죽이-'는 자동사 '죽-'에 사동 접미사 '-이-'가 결합한 것이다. '주굼'으로 나타난 것은 '주기-'의 어간 말 모음 'ㅣ'가 반모음화되고 '움'과 결합하였기 때문이다. 한편, 중세국어에서 명사형어미는 '-옴/움', 명사 파생 접미사는 '-(ᄋ/으)ㅁ'으로 서로 구별되었다.

➡ [음운] 09_활음 첨가

⑰ 몯ᄒ리라   못 할 일이다. 몯ᄒ- + -ㄹ(관형사형어미) # 이(의존명사) + ∅(계사) + -라(←

-다, 종결어미). 이때 의존명사 '이'는 사물이나 상황을 나타낸다는 점에서 사람만을 뜻하는 현대국어의 의존명사 '이'와 차이가 있다.

⓲ 그위예셔 관아에서. 그위[官衙] + 예셔(← 에셔, 부사격조사). 중세국어 '그위'는 '구위, 구의'의 형태로도 나타나며, 주로 "관청"의 의미로 사용되나 드물게 '즉자히 그위룰 더디고 도라온대(即日棄官歸家)〈효자:21a〉'에서처럼 "관직"을 나타내기도 하고, '百官은 온 그위니 한 臣下룰 니르니라〈석보상절(1447) 3:7a〉'에서처럼 "관원"을 의미하기도 한다. 이 이야기에서 '그위'에 대응하는 한문 원문은 '司'로, 여기에 사용된 '그위'도 "관원"을 의미한다고 생각할 수 있으나 결합한 조사의 기능을 고려하여 "관청"으로 풀이하였다.

⟶ [어휘] 04_'그위, 그위실'

⓳ 엳ᄌᆞ바 여쭈어. 아뢰어. 동사 '엳다[啓, 奏]'는 '그 연논 공ᄉᆞ룰 올타 ᄒᆞ시니[可其奏]〈번역소학(1518) 9:42a〉'와 '啓 엳톨 계〈훈몽자회_초간(1527) 상:18b〉'에서 일부 용례를 확인할 수 있으나 대개는 객체 높임 선어말어미 '-ᄌᆞᆸ-'과 결합한 '엳ᄌᆞᆸ다'로 출현한다. 현대국어에서 객체 높임의 특수 어휘 '여쭙다'와 '여쭈다'는 모두 중세국어의 '엳ᄌᆞᆸ다'에서 온 것인데, '여쭈다'는 '여쭤 보다' 등 모음 어미 결합형에서 어간이 재구조화되어 형성된 것으로 볼 수 있다.

⟶ [어휘] 32_'엳ᄌᆞᆸ다'
⟶ [문법] 19_선어말어미 {-ᄉᆞᆸ-}
⟶ [문법] 33_높임 표현

⓴ 일후믈 이름을. 일훔/일홈 + 을(목적격조사). '일훔/일홈'은 기원적으로 "~라고 이름하다"를 뜻하는 동사 '*잃-[名]'에 명사형어미 '-움/옴'이 결합된 말로 볼 수 있다. 이 명사형 '일훔'이 후대에 하나의 명사로 굳어져 오늘날의 '이름'이 되었다. '웃음(〈우숨', '울음(〈우룸'' 등이 이와 같은 변화를 보여 준다. 한편 동사 '*잃-[名]'은 중세국어에 단독으로 쓰이지 않지만 '일ᄏᆞᆮ다[稱]'에서 그 흔적을 찾을 수 있다. '일ᄏᆞᆮ다'는 '*잃-[名]'에 'ᄀᆞᆮ-[曰]'이 결합한 비통사적 합성어로 볼 수 있으며, 'ᄀᆞᆮ-'은 "말하다"를 뜻하는 동사이다.

⟶ [어휘] 36_'*잃다'

㉑ 낛술 세금을. 낛ㅅ[租] + 올(목적격조사). '낛ㅅ'은 "세금"을 뜻하며, 단독으로 쓰일 때는 '낛'으로 나타난다. [참고] 그제ᅀᅡ 낛 바도몰 ᄒᆞ니〈월인석보(1459) 1:46a〉. '낛술'의 표기는 'ㅅ'이 중철된 것으로 볼 수도 있으나, 같은 문헌에서 중철 표기의 다른 예가 보이지 않는다는 점에서 부담이 있다. 그러나 기저형을 '낛ㅅ'으로 보는 경우에도 말음에 같은 소리가 겹자음으로 연속되는 경우를 찾아보기 어렵다는 점에서 상황을 온전히 설명해 주지는 못한다. 참고로 "낚시"를 뜻하는 명사 '낛[釣]'은 거성이며 여기서의 '낛ㅅ'은 평성이라는 점에서 서로 구별된다.

⟶ [표기] 02_겹받침 표기

㉒ 져와 아ᄃᆞᆯ와손ᄌᆞ와라 자신과 아들과 손자이다. 져 + 와(접속조사) # 아ᄃᆞᆯ + 와(←과, 접속조사) #

손ᄌᆞ + 와(접속조사) + ㅣ-(계사) + -라(←-다, 종결어미). 중세국어에서는 여러 개의 체언이 접속조사로 연결될 때 마지막 체언에도 '와/과'가 결합하였다.
⟶ [문법] 17_접속조사

[한문 원문 및 시찬]

潘綜。吳興人。孫恩之亂。祅黨攻破村邑。綜與父驃共走避賊。驃年老行遲。賊轉逼驃。驃語綜曰。我不能去。汝走可脫。幸勿俱死。驃困乏坐地。綜迎賊叩頭曰。父年老。乞賜生命。賊至。驃亦請曰。兒年少能走。爲我不去。我不惜死。乞活此兒。賊因斫驃。綜抱父於腹下。賊斫綜頭面。凡四創。綜已悶絕。有一賊來語衆曰。此兒以死救父。殺孝子不祥。賊乃止。父子並得免。元嘉四年。有司奏改其里爲純孝。蠲租布三世

반종(潘綜)은 오흥(吳興) 사람이다. 손은(孫恩)의 난리에 나쁜 무리가 고을을 쳐부수므로 반종이 아버지 반표(潘驃)와 함께 도둑을 피해 달아났다. 그런데 반표가 늙어서 걸음이 더디니 도적이 쫓아와 반표를 핍박하였다. 반표가 반종에게 말하기를 "나는 가지 못하겠으나 너는 달아나서 벗어날 수 있으니 행여 함께 죽지 말자."하며 반표는 지쳐서 땅에 주저앉았다. 반종이 도둑을 맞이하여 머리를 조아리며 말하기를 "아버지는 늙으셨으니 목숨을 살려 주오." 하였다. 도적이 이르니 반표가 또 청하기를 "아이는 나이 젊어서 달아날 수 있으나 나를 위하여 가지 않았는데, 나는 죽는 것이 아깝지 않으나 이 아이를 살려 주오." 하였다. 도둑이 반표를 찍는데 반종이 아버지를 배 밑에 안자 도둑이 반종의 머리와 얼굴을 찍어 네 곳이 다쳐 반종이 기절하였다. 한 도적이 와서 여럿에게 말하기를 "이 아이가 죽음으로써 아버지를 구호하는데, 효자를 죽이는 것은 상서롭지 못하다." 하니 도적이 중지하여 부자가 함께 죽음을 면하였다. 원가(元嘉) 4년(154)에 유사(有司)가 조정에 아뢰어 그 마을 이름을 순효(純孝)라고 고치고, 3세(世)까지 조포(租布, 해마다 세금으로 바치는 베)를 면제하였다.

詩 避難何堪喪亂餘。干戈擾擾遍村墟。
不逢旁寇能開釋。父子當時死盜區
亂離重遇太平年。三世公租已盡蠲。
聞道吳興存舊業。里名純孝至今傳

난리 중의 피난 고생 어찌 견디랴. 창과 칼이 어지럽게 온 마을에 퍼졌네.
곁에 있던 도둑이 놓아주라 안 했던들, 부자가 그때에 도둑에게 죽었으리.
난리를 거듭 만난 태평 연간에, 삼세까지 조세를 모두 면했네.
오흥에선 옛일을 그대로 지켜, 순효라는 마을 이름 이제까지 전한다네.

[텍스트 정보]

__『효순사실』의 본문과 시가 실렸다.
__『삼강행실노』의 한문 원문은 『효순사실』의 본문으로부터 다음과 같이 달라졌다.

潘綜。吳興烏程人也。孫恩之亂。祅黨攻破村邑。綜與父驃共走避賊。驃年老行遲。賊轉逼驃。驃語綜曰。我不能去。汝走可脫。幸勿俱死。驃困乏坐地。綜迎賊叩頭曰。父年老。乞賜生命。賊至。驃亦請曰。兒年少自能走。今爲我不去。我不惜死。乞活此兒。賊因斫驃。綜抱父於腹下。賊斫綜頭面。凡四創[44]。綜已悶絶。有一賊從旁來語其衆曰。此兒以死救父。何可殺之。殺孝子不祥。賊乃止。父子並得免。宋文帝元嘉四年。有司奏改其里爲純孝里。蠲租布三世。

　　『삼강행실도』의 시는 『효순사실』에서 '又'로 연결되어 있는 두 수의 7언시를 격간(隔間)의 형식을 사용해 옮겨 놓았다.

44　이때의 점은 '創'이 평성으로 발음되며 "다치다"의 의미로 쓰였음을 표시한 권점(圈點)이다.

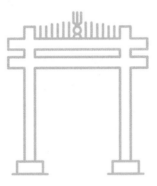

黔婁嘗糞검루상분 齊제

아버지의 똥을 맛본 검루 _제나라

유검루庾黔婁가 벼슬길에 올라 잔릉령孱陵令으로 부임한 지 열흘이 안 되어 아버지가 병이 들었다. 부임지에 가 있던 검루는 느닷없이 가슴이 두근거리고 온몸에 식은땀이 흘렀다. 그날로 관직을 그만두고 집으로 달려갔다. 집안 식구들은 기별도 주지 않았는데 갑자기 집으로 달려온 검루를 보고 모두 놀랐다.

아버지의 병을 살피던 의원이 이렇게 말했다.

"병이 어느 정도인지 알려면 대변 맛을 보아야 합니다. 맛이 달착지근하면 병이 무거운 것이고, 쓰면 차도가 있다는 증거입니다."

이후 검루는 아버지가 대변을 볼 때마다 맛을 보았는데, 그 맛이 점점 달아지고 변이 미끌거렸다.

시름이 더욱 깊어져 괴로웠던 검루는
매일 저녁마다 북극성에 머리를 조아
리며 기도했다.

"아버지 대신 제가 죽게
해 주십시오."

그러던 어느 날, 하늘에서 소리가 들려왔다.

"네 아비는 하늘이 정해 준 목숨이 이미 다하였도다. 하지만 네 효성이 지극
하여 하늘에 닿았으니 이달 그믐까지 살도록 해 주겠노라."

하늘에서 들려온 말대로 아버지는 그달 그믐에 세상을 떠났다.

검루는 몹시 슬퍼하며 정성
을 다해 시묘살이를 하였다.

庾:유黔껌婁룽ㅣ 屛짠陵룽슈·령·이 ❶두외·야 ❷·갯더·니 아·비 ❸지·븨·셔 病·뼝 ❹:어더·늘 믄득 모슨·미 ❺:놀·라아 ❻오·온 모·매 ·쏜미45 흐르거·늘 ·즉자·히 그위·룰 ❼더·디·고 도·라온·대 집:사루·미 :다 ❽:놀라·빙 너·겨 ·ᄒᆞ더·니 醫희員원·이 닐·오·디 病·뼝·을 아·로·려 커·든 ❾쏭·이 둘·며 ·쁘·믈 ·맛보·라 제 아·비 쏭 ❿즈·츼더·니 ⓫눈·다:마·다 머·거 보·니 漸:쪔漸·쪔 ⓬둘·오 믯믯 ·ᄒᆞ·야 ·가거·늘 더·욱 시·름·ᄒᆞ·야 ⓭나죄:마·다 北·븍辰씬·쯰 머·리 조·사 ⓮갑·새 ⓯죽·가 지이·다 :비더·니 【辰씬·은 :벼리·라】 虛허空 (효자도 21a)

[대역문]

庾_유黔_검婁_루가 屛_잔陵_릉슈_령이 되어 가 있더니 아비가 집에서 病_병 얻거늘 문득 (검루가) 마음이 놀라 온몸에 땀이 흐르거늘 즉시 관직을 던지고 돌아오니 집 사람이 다 놀랍게 여겨 하더니 醫_의員_원이 이르되 "病_병을 알려 하거든 똥의 달며 씀을 맛보아라." 제 아비 똥 지치더니 눌 때마다 먹어 보니 漸_점漸_점 달고 미끈미끈하여 가거늘 (검루가) 더욱 시름하며 저녁마다 北_북辰_신께 머리 조아려 "대신에 죽고 싶습니다." 빌더니 【辰_신은 별이다】 虛_허

45　런던본과 志部昭平(1990:81)에 옮겨진 성암본의 경우 이 부분의 성조가 [LH]로 되어 있음을 볼 수 있다. 志部昭平(1990)에서는 이 부분을 수정하지 않고 그대로 두었는데 '똠'의 성조가 거성이라는 점, 그리고 15세기 자료에서 '쏜미'는 [HL]으로 출현한다는 점을 참조해 성조를 [HL]으로 수정하였다.

[언해문]

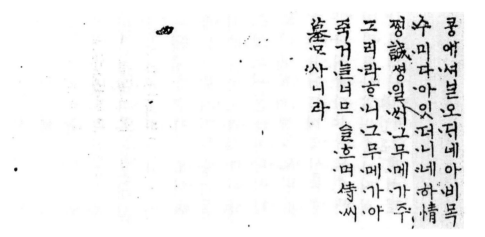

콩·애·셔 닐·오·디 네 아·비 목:수·미 ❶다·아 잇·더·니 :네 ❶·하 情쩡誠쎵·일
·씨 ❶·그무·메 ·가 주·그리·라 ᄒ·니 ·그무·메 ·가·아 죽거·늘 너므⁴⁶ ❶슬·흐·며
侍·씨墓·모 :사니·라 (효자도 21b)

[대역문]

空에서 이르되 "네 아비 목숨이 다하여 있더니 네가 몹시 정성이므로 그믐에 가 죽을 것이라." 하니 그믐에
가 죽거늘 너무 슬퍼하며 侍墓 사니라.

[주석]

❶ 두외야   되어. 두외-[爲] + -야(← -아, 연결어미). 현대국어의 '되다'는 역사적으로 '두
                        뵈다 〉 두외다 〉 도외다 〉 되다'의 형태 변화를 겪었다.
                        ⟶ [표기] 09_활음 첨가

---

46   志部昭平(1990:82)에 따르면 성암본의 경우 이 부분이 '너무'로 되어 있으며, 志部昭平은 이를 수정하지
     않았다. 그러나 런던본에서는 '너므'로 나타나며 김영중본에서도 '너므'가 확인된다. 런던본의 경우 『삼강행
     실도』 전체에서 '너무'가 3회(효자 24·25, 충신 35) 출현하는 데 비해, '너므'는 2회(효자 21, 열녀 26)
     출현한다. 15세기 자료들에서 나타나는 일반적인 부사 형태가 '너무'이고, '너므'는 주로 16세기 자료에서
     나타난다는 사실을 감안하면 『삼강행실도』 초간본에서는 이 두 형태가 공존했던 것으로 보인다. 따라서
     런던본과 김영중본에 보이는 2회의 '너므'는 산정본(1490)이 만들어진 성종 당대의 언어 상태가 반영된
     결과로 추정해 볼 수 있을 듯하다.

❷ 갯더니   가 있더니. 가-[行] + -아(연결어미) # 잇-[有] + -더-(선어말어미) + -니(연결어미). 이는 기본적으로 중세국어의 '-어 잇-' 구문에 해당한다. 여기에서 '앳'은 연결어미 '-아'와 동사 '잇-[有]'이 결합한 '-아 잇-'이 축약된 형태이다. '-아 잇-'이나 '-앳-'은 대체로 ≪(상태 또는 결과 상황의) 지속≫ 또는 ≪진행≫ 의 의미로 사용되었다. 여기에서는 검루가 잔릉령이 되어 가 있는 상황이 지속된 것이므로 이때의 '-앳-'을 ≪지속≫의 의미로 해석할 수 있다.
     ➡ [문법] 30_'-어 잇-, -앳-, -엇-'의 상적 의미

❸ 집의셔   집에서. 집 + 의셔(부사격조사). 부사격조사 '의셔'는 '-의 이셔'에서 축약되어 조사로 문법화되었다고 볼 수 있으며, 현대국어의 '에서'와 같이 ≪처소≫나 ≪기준점≫의 의미를 나타낸다. 한편, 중세국어에는 관형격조사 '이/의'와 형태가 동일한 부사격조사가 존재하였는데, 특이처격조사로 불리는 이 '이/의'는 '우ㅎ, 집, 앞[前], 城' 등 일부 특이처격어와만 결합하는 경향이 있다.
     ➡ [문법] 13_부사격조사_일반처격조사와 특이처격조사

❹ 어더늘   얻거늘. 얻-[得] + -어늘(연결어미). 연결어미 {-거늘}은 타동사 뒤에서 이형태 '-어늘'로 나타난다. 반면 목적어를 취하지 않는 자동사나 형용사 뒤에서는 '-거늘'로 나타난다. 오늘날에는 '-어늘'과 '-거늘'이 '-거늘'의 형태로 통합되었다.
     ➡ [문법] 22_연결어미 {-거든}, {-거늘}

❺ 놀라아   놀라. 놀라-[驚] + -아(연결어미). 중세국어에서 /ㅏ/로 끝나는 어간이 동일한 형태의 모음을 가진 어미 '-아'와 결합하는 경우, 현대국어와 마찬가지로 탈락되는 것이 일반적이다. 그러나 『삼강행실도』에서는 어간 말음 /ㅏ/가 탈락된 표기와 탈락되지 않은 표기가 공존하는 특수한 양상이 발견된다. 여기에서도 '놀라-'에 '-아'가 결합하였는데, 어간 말음 /ㅏ/가 탈락되지 않아 '놀라아'로 표기되었다.
     ➡ [표기] 07_'X아'형 용언 어간의 표기

❻ 오온   온. 오오-(← 오올-)[全] + -ㄴ(관형사형어미). 중세국어의 형용사 '오올다'는 "온전하다"를 의미하며, '오올다' 외에 '오올다, 올다'로도 쓰였다. '오올-'의 말음 'ㄹ'이 관형사형어미 '-ㄴ' 앞에서 탈락하여 '오온'으로 나타났으며, '오온'은 오늘날 '온 동네', '온 집안' 등에서 "전부의, 모두의"를 의미하는 관형사 '온'으로 남았다.
     ➡ [어휘] 33_'오온'

❼ 더디고   던지고. 더디-[投] +-고(연결어미). '더디다'는 '던지다'의 옛말이다. 17세기부터는 구개음화로 인해 '더지다'로 형태가 변화하였고, 19세기에 '더지다'의 제1음절 종성에 /ㄴ/이 첨가된 '던지다'가 나타나 오늘날까지 이어졌다. 이는 파찰음 앞에서 /ㄴ/이 삽입되는 현상과 관련이 있다.
     ➡ [어휘] 10_'더디다[投]'

❽ 놀라비   🈁 놀랍게. 형용사 어간 '놀랍-[驚]'에 부사 파생 접미사 '-이'가 결합하여 파생

된 부사이다. 15세기에 '놀라빙'와 '놀라이'가 모두 나타나며, 16세기 이후에는 항상 '놀라이'로만 나타난다. 여기에서 '빙'가 '이'로 변화한 것이 주목된다. 이는 '빙'의 음가 변화와 관련이 있다. '빙'는 /w/로 변화하는 것이 일반적인 양상인데, '놀라빙〉놀라이'는 '빙〉∅'와 같은 특별한 변화를 보여 준다. 이에 대해서는 중세국어에서 /wi/와 같은 이중모음이 존재하지 않았다고 봄으로써 이를 설명하려 하거나(이동석 2010), 부사 파생 접미사 '이'가 /ji/와 같은 구성을 지녔다고 봄으로써 활음 'j' 앞에서 '빙'이 탈락한 것으로 설명하려는 입장(김완진 1972)이 있다.

⟹ [표기] 05_'빙' 표기
⟹ [문법] 10_부사 파생 접미사

❾ 쏭이 돌며 뿌물   똥의 달여 씀을. 쏭[糞] + 이(관형격조사) # 돌-[旄] + -며(연결어미) # 쓰-[苦] + -움(명사형어미) + 을(목적격조사). 여기서 '쏭이'는 의미상 명사절의 주어로 볼 수 있다. 앞말이 주어로 해석되는 관형격을 이른바 주어적 속격이라 부른다. 관형격조사 '이/의/ㅅ'는 무정명사 뒤에서 'ㅅ'으로, 유정명사 뒤에서 '이/의'로 나타나는 것이 일반적이지만, 이른바 주어적 속격으로 쓰이는 경우 여기서와 같이 무정명사 뒤에서 '이/의'가 결합되기도 한다.

⟹ [문법] 14_관형격조사_이른바 주어적 속격

❿ 즈츼더니   설사하더니. 즈츼-[泄痢] + -더-(선어말어미) + -니(연결어미). 중세국어의 동사 '즈츼다'는 "설사하다"를 의미한다. 초간본 『훈몽자회』(1527)에서도 '疷'과 '瀉'가 각각 '즈츨 셜', '즈츨 샤'로 풀이되어 있어 한자어 '설사(泄瀉)'의 의미를 확인할 수 있다. '즈츼다'는 오늘날 '지치다'로 형태가 변화하였으며, 의미 또한 "마소 따위가 기운이 빠져 묽은 똥을 싸다"로 축소되었다. 한편 "기운이 빠지다"를 의미하는 동사 '지치다'가 "설사하다"의 의미를 가진 '즈츼다'에서 변화한 것으로 보는 견해가 많은데, 이 경우 설사하는 행위의 결과로 신체에 나타나는 상태를 표현하다가 결과 의미를 흡수하게 된 것으로 설명한다. 그러나 "몸이 지치다"를 의미하는 동사가 18세기에 '디치다'로 나타난다는 점에서 "기운이 빠지다"를 의미하는 '지치다(〈디치다)'는 "설사하다"의 의미를 가진 '지치다(〈즈츼다)'와는 다른 어원에서 왔다고 보아야 할 것이다. [참고] 요쥬에셔 몸이 디쳐 능히 나아가디 못ᄒ더니 (困姚州不能進)〈오륜행실도(1797) 5:10a〉/ 근력 과히 써 디치다 〈한청문감(18c) 07:39a〉.

⓫ 눈다마다   눌 때마다. 누-[泄痢] + -ㄴ다마다(연결어미). 志部昭平(1990:74)에서는 이에 대한 교주(校註)에서 "~할 때마다 바로"(~スルタビニスグ)의 의미를 갖는 접속 형어미로 파악하였다. 그런데 '-ㄴ다마다'의 구성에 대한 일반적 견해는 현대국어의 '-자마자'의 직접적 소급 형태로 선행절의 동작이 완료될 때 쓰인다고 보고 있다(고영근 2020:298). 그러나 이에 대한 객관적 근거를 찾을 수 없다는 문제점을 지적한 김유범(2003)에서는 15~17세기 문헌 자료를 바탕으로 '~할 때마다'라는 '상황의 반복적 직면'의 의미를 갖는 시간성 관련 표현임을 확인한 바 있다.

‘-ㄴ다마다’는 공시적으로는 하나의 어미로 처리되지만 통시적 관점에서는 ‘-ㄴ(관형사형어미) # 다(시간성 의존명사) + 마다(보조사)’의 형태론적 구성을 갖는 것으로 보았다.

➠ [문법] 23_연결어미 {-ㄴ다마다}

⓬ 둘오 달고. 둘-[掛] ㅣ 오(· -고, 연결어미). 중세국어에서는 /ㄱ/이 /ㄹ/이나 /j/ 뒤에서 탈락되는 규칙이 있었다. 이는 형태소 내부가 아니라 형태소 경계에서 적용되는 규칙인데, 여기에서도 연결어미 ‘-고’는 어간 말음 /ㄹ/ 뒤에서 /ㄱ/이 탈락되어 ‘-오’로 실현되었다.

➠ [음운] 04_/ㄱ/ 탈락

⓭ 나죄마다 저녁마다. 나죄[夕]+ 마다(보조사). ‘나죄’는 “저녁”을 뜻하는 명사 ‘나조ㅎ’[暮, 夕]에 부사격조사 ‘이’가 결합한 ‘나조ᄒᆡ’가 축약되어 명사로 굳어진 것으로 볼 수 있다. 심재기(2000:72)에서는 ‘나조ㅎ’가 ‘나죄’라는 형태를 가지게 되면서 ‘낮[晝]’의 처격형인 ‘나지’와 혼동이 생기게 되었고, 그로 인해 18세기 이후 ‘나죄’가 소멸하면서 같은 자리를 ‘저녁’이 대체하게 되었다고 추정한 바 있다.

⓮ 갑새 대신에. 값[代] + 애(부사격조사). 중세국어 ‘갑새’는 현대국어 ‘값에’와 달리 “대신에” 또는 “대가로” 정도의 의미를 나타내었다. ‘갑새’가 부사로 굳어져 새로운 의미를 얻게 된 것으로 보는 방안도 있겠지만, 관형어의 수식을 받는 경우가 발견되므로 하나의 부사로 완전히 굳어졌다고 보기는 어렵다. [참고] 아비 갑새 주기라 ᄒᆞ시니〈효자:23a〉.

➠ [어휘] 02_‘갑새’

⓯ 죽가지이다 죽고 싶습니다. 죽-[死] + -가지… -이-(선어말어미) …다(← -거지라, 종결어미). ‘-거지라’는 “~하고 싶다”라는 ≪소망≫의 의미를 가지는 종결어미이다. 자동사와 결합할 때에는 ‘-거지라’, 타동사와 결합할 때에는 ‘-어지라’로 나타난다. 그러나 ≪소망≫의 의미를 나타내는 특성으로 인해 항상 주어가 1인칭으로 등장하고, 이 때문에 인칭법 선어말어미 ‘-오-’가 통합되면 ‘-가지라’, ‘-아지라’로 나타나기도 한다. 그리고 ‘-거지라’는 특정 선어말어미가 결합될 때 내부가 분리되는 불연속 형태소인데, 상대 높임 선어말어미 ‘-이-’가 개재되면 ‘-거지이다’로 나타난다. 이 이야기에서는 ‘-거지라’가 ‘죽다’라는 자동사 뒤에 왔으며, ‘-오-’가 통합되어 ‘-가지라’로 나타나야 하는데, 상대 높임 선어말어미 ‘-이-’도 개재되어 최종적으로 ‘-가지이다’로 나타난다.

➠ [문법] 29_소망 표현 종결어미
➠ [문법] 33_높임 표현

⓰ 다아 다하여, 다되어. 다ᄋᆞ-[盡] + -아(연결어미). 오늘날 “모조리, 전부, 남김없이”를 의미하는 부사 ‘다’는 “다하다”를 의미하는 동사 ‘다ᄋᆞ-’의 활용형 ‘다아’가 축약되어 부사화한 것이다.

⓱ 하 閉 하도. 몹시. 매우. ‘하’는 “많다, 크다, 높다” 등을 의미하는 형용사 ‘하다’의

어간이 영형태의 부사파생접미사에 의해 부사로 파생된 것이다. 중세국어에서는 '하'와 같이 용언의 어간이 부사로 사용된 경우가 있는데, 이러한 부사를 어간형 부사라고 부른다. 어간형 부사의 예로는 '비릇다'에서 파생된 '비릇', '빙브르다'에서 파생된 '빙브르', '바르다'에서 파생된 '바르' 등이 있다.
⟶ [문법] 10_부사 파생 접미사_중세국어의 어간형 부사

⓲ 그무메   그뭄에. 그뭄[月末] + 에(부사격조사). "(음력으로) 그달의 마지막 날"을 뜻하는 '그뭄'은 15세기에 '그뭄' 또는 '그몸'으로 나타나며, '그믐'의 예는 16세기부터 나타난다. [참고] 그믐날와 보롬날 밤 ⟨간이벽온방(1525) 12a⟩. '그몸/그뭄'은 동사 '그몰/그물-'에 명사 파생 접미사 '-ㅁ'이 결합한 말로 분석될 수 있으나, 파생 과정에서 어간 말음 'ㄹ'이 탈락한 이유는 알기 어렵다. "(해나 달이) 저물다, 사그러지다"를 뜻하는 '그몰다/그물다'는 17세기 이후 '그믈다'로도 나타나며, /ㄷ/ 앞에서 어간 말음의 /ㄹ/이 탈락하여 '그모다/그무다/그므다'로 나타나기도 한다. [참고] 그 히 그모도록 ⟨분문온역이해방(1542) 4a⟩, 두리 다 그므러 가되 ⟨현풍곽씨언간(17c)⟩. 명사보다 동사의 출현 시기가 늦은 점을 고려하면 본래 동사가 '*그모다/그무다'였으나 유의어인 '겨믈다/졈글다'의 형태에 유추되어 'ㄹ'이 덧붙었을 가능성도 생각해 볼 수 있다.

⓳ 슬흐며   슬퍼하며. 슳-[悲] + -으며(연결어미). 중세국어의 동사 '슳다'는 현대국어 '슬프다'에 그 흔적을 남기고 있으며, "슬퍼하다", "슬프게 여기다"의 의미로 쓰였다. '슳다'에 '-어 ㅎ다'가 결합된 '슬허ㅎ다'도 존재하였는데, '슳다'와 의미적 차이는 거의 없다. 형용사 '슬프다'는 동사 '슳-'에 형용사 파생 접미사 '-브-'가 결합된 것이고, '슬퍼하다'는 형용사 '슬프-'에 다시 '-어하다'가 결합되어 동사로 만들어진 것이다. 중세국어에서는 '슳다'처럼 단독으로 심리 구문을 형성하는 동사가 있었으며, 이와 같은 심리동사로는 '깄다[喜]', '두리다[怖]' 등이 있다.
⟶ [문법] 06_심리 동사와 심리 형용사

[한문 원문 및 시찬]

庾黔婁。新野人。爲屖陵令。到縣未旬。父易在家疾。黔婁忽心驚。擧身流汗。卽日棄官歸家。家人悉驚其忽至。時易疾始二日。醫云。欲知差劇。但嘗糞甛苦。易泄痢。黔婁輒取嘗之。味轉甛滑。心愈憂苦。至夕。每稽顙北辰。求以身代。俄聞空中聲曰。聘君壽命盡。不復可延。汝誠禱旣至。故得至月末。晦而易亡。黔婁居喪過禮。廬於墓側

유검루(庾黔婁)는 신야(新野) 사람이다. 잔릉령(屖陵令)이 되어 고을에 이른지 열흘이 못되어서 아버지 유이(庾易)가 집에서 병이 들었다. 유검루가 갑자기 마음이 놀라고 온 몸에 땀이 흐르므로 그날로 벼슬을 버리고 집에 돌아가니, 집사람들이 모두 그가 갑자기 이른 것에 놀랐는데, 이때 유이가 병든 지가 겨우 이틀째였다. 의원이 말하기를, "병이 나을 것을 알려면 똥이 단지 쓴지를 맛보아야 한다." 하였으므로, 유이가 설사하면 유검루가 곧 가져다 맛보았다. 맛이 달고 미끄러우므로 마음에 더욱 근심되어, 저녁이 되면 번번이 북두성(北斗星)에

머리를 조아리면서 자기 몸이 대신하기를 빌었는데, 얼마 뒤에 공중에서 소리가 들리기를, "그대 아버지의 수명(壽命)이 다하였으므로 다시 연장시킬 수 없으나, 그대의 정성으로 비는 것이 지극하기 때문에 이달 그믐까지 갈 수 있다." 하더니, 그믐날에 유이가 죽었다. 유검루가 상중에서 예절에 지나치도록 슬퍼하고 무덤 곁에서 여묘살이를 하였다.

詩 孱陵作令忽心驚。棄職還家父疾嬰。
消息何曾來遠道。感通應是在純誠
願將身殉代嚴親。稽顙中天禱北辰。
便覺有聲傳報應。從來孝念感神人

잔릉에서 고을살 때 마음 놀라서, 사직하고 돌아오니 아버지가 병들었네.
소식 어찌 먼 길을 왔으랴마는, 순수한 효성으로 감통됐으리.
아버지를 대신하여 죽기를 바라, 머리를 조아리어 북두성에 빌었네.
갑자기 소리 있어 보응 전하였으니, 본디부터 효성에는 신인이 감동하네.

贊 在家父病。庾令驚汗。棄官忽歸。人怪且嘆。嘗糞而甛。不暇自愛。稽顙北辰。乞身以代

집의 아비 병들자 유수령이 놀라서, 사직하고 돌아가니 사람들이 감탄했네. 똥 맛보아 맛이 다니 제몸 돌보지 않고, 북두성에 머리 숙여 대신하기 빌었네.

[텍스트 정보]

__ 『효순사실』의 본문과 시, 『효행록』의 후찬이 실렸다.
__ 『삼강행실도』의 한문 원문은 『효순사실』의 본문으로부터 다음과 같이 달라졌다.
庾黔婁 字子正。 新野人。 徙居江陵。性之孝。未嘗失色於人。 爲孱陵令。到縣未旬。父易在家遘疾。黔婁忽心驚。擧身流汗。即日棄官歸家。家人悉驚其忽至。時易疾始二日。醫云。欲知差[47]劇。但嘗糞甜苦。易泄痢。黔婁輒取嘗之。味轉甜滑。心愈憂苦。至夕。每稽顙北辰。求以身代。俄聞空中聲曰。聘君壽命盡。不復[48]可延。汝誠禱旣至。故得至月末。晦而易亡。黔婁居喪過禮。廬於墓側。
__ 『삼강행실도』의 시는 『효순사실』에서 '又'로 연결되어 있는 두 수의 7언시를 격간(隔間)의 형식을 사용해 옮겨 놓았다.
__ 『효순사실』에는 이 이야기가 '黔婁誠禱'라는 제목으로 실려 있다.
__ 현존하는 『이십사효』에는 이 이야기가 '庾黔婁'라는 제목으로 실려 있다.

---

47 이때의 점은 '差'이 거성으로 발음되며 "(병이)낫다"의 의미로 쓰였음을 표시한 권점(圈點)이다.

48 이때의 점은 '復'가 거성으로 발음되며 "다시"의 의미로 쓰였음을 표시한 권점(圈點)이다.

叔謙訪藥숙겸방약 齊제

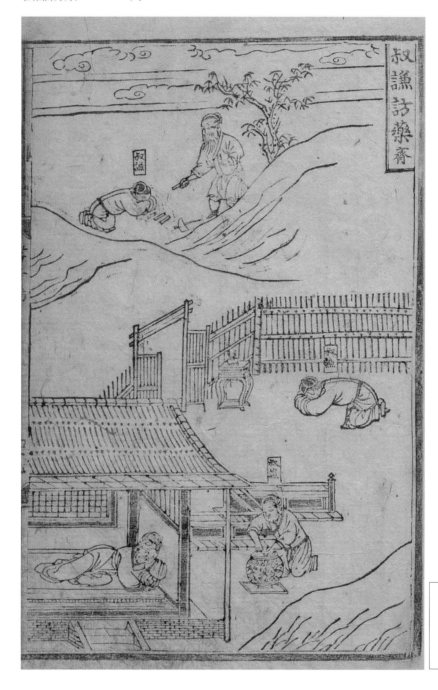

2
1
3

약을 찾은 숙겸 _ 제나라

해숙겸解叔謙의 어머니가 병들어서 숙겸이 밤에 뜰 가운데서 머리를 조아리며 빌었다.

그때 허공에서 소리가 들렸다.

"정공등丁公藤 장미과의 나무로, 나무껍질과 열매가 약재로 쓰임으로 술을 빚어 먹으면 나을 것이다."

숙겸이 여러 의원을 찾아가 묻기도 하고 책도 보았으나, 어디에서도 정공등에 대해 알 수 없었다.

정공등을 찾아 먼 고을까지 다니던 중 산속에서 나무를 베고 있는 한 노인을 만났다.

"무엇에 쓰는 나무입니까?"
"정공등이라는 나무인데 풍병風病에 효과가 있다네."

이 말을 들은 숙겸은 노인에게 절하고 울며 정공등을 찾아다닌 연유를 말했다. 그러자 노인이 숙겸을 불쌍히 여겨 정공등 네 조각을 주며 술 빚는 법을 가르쳐 주고는 사라졌다.

노인이 알려준 대로 술을 빚어 어머니께 드리니 병이 즉시 나았다.

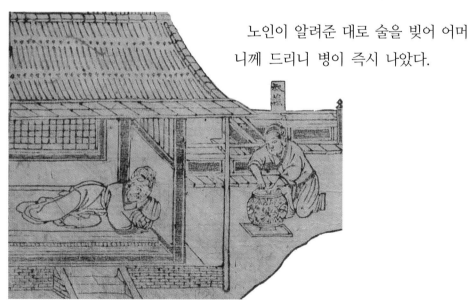

解:햬叔·슉謙:겸·의 ·어·미 ❶病:뼝·ᄒᆞ·얫거·늘 바·믜 ·ᄠᅳᆯ 가·온·ᄃᆡ 머·리 조·ᅀᅡ :비더·니 虛허空콩·애 ·셔 닐·오·ᄃᆡ ❷丁뎡公공藤뜽·으·로 수·을49 비·저 머·그·면 ❸:됴ᄒᆞ·리·라 ·ᄒᆞ야·놀 醫의員원두·려 무·르·니 :다 모·ᄅᆞ거·늘 두루 ·가 ❹:얻·니더·니 ᄒᆞᆫ ·한아·비 나모 ❺버·히거·늘 므·스·게 ❻·ᄡᅮ·다 무·른·대 對·되答·답ᄒᆞ·ᄃᆡ 丁뎡公공藤뜽·이·라 ·ᄒᆞ야·놀 ·졀ᄒᆞ·고 :울·며 :얻·니·논 ·ᄠᅳ·들 니·른·대 :어엿·비 너·겨 :네 조가·ᄀᆞᆯ 주·고 수·울 빗·논 法·법·을 ᄀᆞᄅᆞ·치·고 믄·득 :업거·늘 ❼法·법 다·히 수 (효자도 22a)

[대역문]

解叔謙의 어미가 病들어있거늘 밤에 뜰 가운데 머리 조아려 빌더니 虛空에서 이르되 丁公藤으로 술 빚어 먹으면 좋아지리라 하거늘 醫院더러 물으니 다 모르거늘 두루 가 얻으러 다니더니 한 할아비가 나무 베거늘 "(나무를) 무엇에 쓸 것이오?" 물으니 對答하되 丁公藤이라 하거늘 절하고 울며 얻으러 다니는 뜻을 이르니 불쌍히 여겨 네 조각을 주고 술 빚는 法을 가르치고 문득 없어지거늘 法대로

---

49 런던본에서는 '수을'로 보이나 성암본(志部昭平 1990:83)과 김영중본에서는 모두 '수울'로 되어 있다. 런던본의 경우 『삼강행실도』 전체에서 '수울'이 7회(효자 6·22, 충신 6(2회)·19, 열녀 26(2회)), '수을'이 2회(효자 22, 열녀 2) 출현하는 것으로 확인된다. 런던본에서 효자 22에는 '수을'(22a)과 '수울'(22a-22b)이 각각 한 번씩 출현하는데, '수울'과 '수을'이 15세기 자료에서 모두 나타나는 사실, 그리고 한 이야기 안에 서로 다른 두 형태가 나타나기도 한다는 사실을 고려해 이곳의 '수을'을 그대로 두기로 한다.

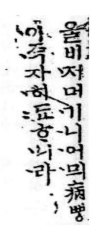

> 술 비·저 머·기·니 ·어·믜 病·뼝·이 ·즉자·히 :됴ㅎ·니·라⁵⁰ (효자도 22b)

[대역문]

술 빚어 먹이니 어미의 病^병이 즉시 좋아지니라.

[주석]

❶ 病ㅎ얫거늘   병들어 있거늘. 病ㅎ-[疾] + -야(← -아, 연결어미) # 잇-[有] + -거늘(연결어미). 명사 '病'에 파생 접미사 '-ㅎ-'가 붙어 만들어진 동사 '病ㅎ다'는 중세국어에서 "병들다"의 의미로 쓰였다. '病ㅎ다'의 용례는 19세기까지도 발견되며, 16세기부터는 '病ㅎ다'를 대신해 '병들다'가 사용되는 경우도 보인다. 여기서는 '-어 잇-'이 결합하여 병든 상태가 지속되고 있음을 나타낸다.
⟶ [문법] 30_'-어 잇-, -엣-, -엇-'의 상적 의미

❷ 丁公藤ᄋ로   정공등(丁公藤)으로. 정공등(丁公藤) + ᄋ로(부사격조사). 정공등은 마가목이라

---

50   『석보상절』(1447)과 『월인석보』(1459)에서는 '됴ㅎ니라'의 성조가 [RHLH]로, 『구급방언해』(1466)에서는 [RLHH]로 출현하는 것으로 보아, 성조 패턴이 [RHLH]에서 [RLHH]로 변화했음을 알 수 있다. 언해본 『삼강행실도』 초간본의 ≪효자도≫에는 '됴ㅎ니라'가 모두 5회 출현한다. 4회는 [RLHH](18b, 22b, 30b, 34a)로, 1회는 [RHLH](31a)로 출현하여 세종 당시의 성조 유형과 이후 변화된 성조 유형이 함께 나타나고 있다. 이곳의 '됴ㅎ니라'는 변화 이후의 성조 유형인 [RLHH]를 보인다. 앞의 '됴ㅎ리라'그 성조를 동일하게 설명할 수 있다.

고도 불린다. [참고] 丁公藤 마가목 〈동의보감(1613) 탕액편 42b〉. 맛이 맵고, 약성이 따뜻하며, 독(毒)을 가지고 있다. 뿌리와 줄기로 겉으로 드러나는 병의 증상(오한, 발열, 두통 등)을 풀고, 몸에 땀이 나게 하며, 바람이나 습기가 원인인 병을 없애며, 부기를 가라앉히고 통증을 완화시키는 효능이 있는 약재로 알려져 있다.

❸ 됴ᄒᆞ리라   좋아지리라. 나으리라. 둏-[差] + -ᄋᆞ리-(선어말어미) + -라(←-다, 종결어미). 현대국어의 '좋다'는 형용사로서의 쓰임만 가지며 자동사적 쓰임은 '좋아지다, 좋아하다'와 같은 복합 구성을 통해 실현된다. 반면 중세국어의 '둏다'는 자동사로서의 쓰임도 가지고 있어 그 자체만으로 "좋아지다"의 의미를 나타낼 수 있었다.

⟹ [음운] 10_성조 변동

❹ 얻니더니   얻으러 다니더니. 얻니-[求] + -더-(선어말어미) + -니(연결어미). 중세국어의 '얻니다'는 동사 '얻다[求]'와 '니다[行]'의 어간이 비통사적으로 합성된 동사이다. 현대국어의 '얻다'는 어떤 대상을 구해서 가지게 된[得] 결과 상태에 초점이 맞춰져 있으나, 중세국어의 '얻다'는 구하는[求] 과정에 초점이 맞춰져 있어 차이가 있다.

⟹ [문법] 07_비통사적 합성어
⟹ [어휘] 29_'얻다[求]'

❺ 버히거늘   베거늘. 버히-[伐] + -거늘(연결어미). 중세국어의 '버히다'는 동사 '볗다[伐]'에 사동 접미사 '-이-'가 결합된 파생어로 오늘날 '베다'의 형태로 변화하였다.

⟹ [어휘] 20_'버히다, 베티다, 베여디다, 뷔다'

❻ ᄡᅳᇙ다   쓸 것이오? ᄡᅳ-[用] + -ᇙ다(종결어미). '-ᇙ다, -ㄹ다'는 주어가 2인칭인 의문문에서 사용되는 ᄒᆞ라체의 의문형 종결어미이다. 여기에서 '므스게 ᄡᅳᇙ다'의 주어는 생략되어 있지만 맥락상 2인칭임을 알 수 있다.

⟹ [문법] 26_의문형 종결어미

❼ 法 다히   법대로. 법과 같이. 法 # 다히(의존명사). 중세국어의 '다히'는 "같다[如]"를 의미하는 '다ᄒᆞ-'에 부사 파생 접미사 '-이'가 결합하여 형성된 것으로, "~대로, ~와 같이"의 의미를 나타낸다. 15세기에 '다히'는 체언 뒤에서 나타나는 경우가 많으나 간혹 관형사형어미 뒤에 출현하기도 한다. [참고] 四無礙롤 得ᄒᆞ야 淸淨히 說法호믄 如혼 다히 닐어 名相애 거디 아니ᄒᆞ니라 〈월인석보(1459) 15:7b〉. 이를 고려하면 15세기의 '다히'는 부사성 의존명사로 기능하되 보조사로 문법화가 진행되는 단계였다고 볼 수 있다. 이처럼 용언에서 기원하여 보조사로 문법화되는 요소로 'ᄀᆞ티', '다비' 등도 있다.

解叔謙。鴈門人。母有疾。叔謙夜於庭中稽顙祈福。聞空中語云。此病得丁公藤爲酒。便差。即訪醫及本草。皆無識者。乃求訪至宜都郡。遙見山中一老公伐木。問其所用。答曰。此丁公藤。療風尤驗。叔謙便拜伏流涕。具言來意。此公愴然。以四段與之。并示以漬酒法。叔謙受之。顧視此人。已忽不見。依法爲酒。母病卽差

해숙겸(解叔謙)은 안문(鴈門) 사람이다. 어머니가 병이 들자 해숙겸이 밤에 뜰 가운데에서 머리를 조아리며 기도하니, 공중에서 말이 들리는데, "이 병은 정공등(丁公藤 마가목)을 구하여 술을 만들어 먹으면 곧 낫는다." 하였다. 곧 의원에게 찾아가고 ≪본초(本草)≫에서 찾아보았으나, 어디에서도 알 수 없었다. 그래서 의도군(宜都郡)까지 구하러 찾아갔을 때에 멀리 산중에서 한 늙은이가 나무를 베는 것을 보고 그것이 쓰이는 데를 물으니, 대답하기를, "이것은 정공등인데 풍병(風病)을 고치는 데에 더욱 효험이 있다." 하므로, 해숙겸이 문득 절하고 엎드려서 눈물을 흘리며 온 뜻을 갖추어 말하니, 이 사람이 슬퍼하면서 네 조각을 주고 아울러 술을 담그는 법까지 가르쳐 주었다. 해숙겸이 받고서 이 사람을 돌아보니 벌써 보이지 아니하였다. 그 방법대로 술을 만들어 드렸더니, 어머니 병이 곧 나았다.

詩 母疾求醫日夜憂。仰天稽顙苦祈求。
神明特感誠心切。說與良方治病由
叔謙孝感豈徒然。應有精誠達上天。
忽得丁公藤漬酒。卽令母病頓安痊

어미 병에 약을 찾아 밤낮으로 근심하며, 하늘에 머리 숙여 마음 다해 기구했네.
간절한 정성에 신명이 감동하여, 병 고칠 좋은 방문 일러주었네.
효성이 감통한 것 우연일소냐. 정성이 저 하늘에 사무침일세.
정공등 문득 얻어 술을 담가서, 어머니 병을 아주 낫게 하였네.

[텍스트 정보]

__ 『효순사실』의 본문과 시가 실려 있다.
__ 『삼강행실도』의 한문 원문은 『효순사실』의 본문으로부터 다음과 같이 달라졌다.
解叔謙 子楚粱 鴈門人也 。母有疾。叔謙夜於庭中稽顙祈福。聞空中語云。此病得丁公藤爲酒。便差 。即訪醫及本草 皆無識者。乃求訪至宜都郡。遙見山中一老公伐木。問其所用。答曰。此丁公藤。療風尤驗。叔謙便拜伏流涕。具言來意。此公愴然。以四段與之。并 示以漬酒法。叔謙受之。顧視此人。已忽不見。依法爲酒。母病卽差
__ 『삼강행실도』의 시는 『효순사실』에서 '又'로 연결되어 있는 두 수의 7언시를 격간(隔間)의 형식을 사용해 옮겨 놓았다.
母疾求醫日夜憂。仰天稽顙苦祈求。神明特感誠心切。說與良方治病由 又 叔謙孝感豈徒然。應有精誠達上天。忽得丁公藤漬酒。卽令母病頓安痊

吉玢代父길분대부 梁양

2
3
1

아버지의 목숨을 대신하려 한 길분_양나라

길분이 열다섯 살일 때, 아버지가 모함을 받아 옥에 갇혔다.
길분이 길가에서 울며 고관^{高官 높은 벼슬아치}에게 아버지의
억울함을 호소하니 이를 본 사람들이
모두 눈물을 흘렸다.

이후 길분의 아버지는 죄 없이
신문당하는 것을 수치스럽게 여겨,
없는 죄를 인정하고 사형을 선고 받았다.

길분이 등문고^{登聞鼓 임금이 백성의 억울한 사정을}
^{듣기 위해 매달아놓은 북}를 치며 울부짖었다.

"제가 아버지를 대신해 죽겠습니다."

황제는 길분의 효성을 기특하게 여기면서도, 길분이
아직 어리므로 남이 시켜 한 것이 아닌가 의심했다. 이에 황제가
정위^{廷尉} 채법도^{蔡法度}에게 길분을 겁주고 달래서 자백을 받으라고 했다.

이에 법도가 길분을 겁주며 물었다.

"황제께서 아비 대신 너를 죽이라고 하시
는데 두렵지 않느냐? 거짓을 자백하
고 뉘우치면 죽이지 않을 것이다."

길분이 대답했다.

"어리다고 해서 죽음이
두렵지 않겠습니까? 하지만
아버지가 억울하게 돌아가시는 것을
차마 보고만 있을 수 없습니다."

진심을 알게 된 법도가 길분의 목에 씌운 칼을 벗기라고 하자 길분이 말하
였다.

"죽을 죄인의 칼을 어찌 벗기십니까?"

법도가 황제께 아뢰니 길분의 아버지를 용서하고 길분에게 벼슬을 내리셨다.

吉·긿趽푼·의 아비 :셜·븐 罪·죄·로 ❶가·톗거·늘 吉·긿趽푼·이 ·열다·ᄉ·시러
·니 ·긿ㄱ·새 :울며 ❷어·비믄·씌 ❸발괄·ᄒ거·든 본 :사ᄅ·미 :다 ·눉·믈 ❹:디
더·니 吉·긿吉趽푼·이 擊·격鼓:고·ᄒ·야 ❺갑·새 ❻죽·가지이·다 ·ᄒ야·놀 皇황
帝·뎨 ❼과·ᄒ·야 ·ᄒ샤·ᄃᆡ ❽져·믈·씨 ·누·미 ❾ㄱ로·친·가 ·ᄒ·샤 廷뗭尉·위⁵¹
蔡·채法·법度·또 ·ᄒ·야 ❿저·리·며 ⓫달·애·야 ⓬:말바·ᄃ·라 ·ᄒ·야시·놀 法·법
度·또ㅣ 저·려 무·루·ᄃᆡ 아비 갑·새 주·기·라 ·ᄒ시·니 正·졍·히 ⓭주·긇·다 :뉘
으·처 ᄒ·면 ·ᄯᅩ 도로 아니 주·그리·라 對 (효자도 23a)

[대역문]

吉趽의 아비가 서러운 罪로 갇혀있거늘 吉趽이 열다섯이더니 길가에 울며 고관께 발괄하거든 본 사람이 다 눈물 떨어뜨리더니 吉趽이 擊鼓하여 "대신 죽고 싶습니다." 하거늘 皇帝 칭찬하여 하시되 '어리니 남이 가르쳤나?' 하셔 廷尉 蔡法度로 하여 위협하며 달래어 자복 받으라 하시거늘 法度가 위협하여 묻되 "아비의 대신 죽이라 하시니 正히 죽겠느냐? 뉘우치면 또 도로 아니 죽으리라." (길분이) 對

---

51   志部昭平(1990:85)에서는 성암본의 경우 이 부분이 '·위'으로 되어 있음을 언급하고 있다.

·되答·답·호·디 ·현·마 ❶어·린·둘 ❶주·구·미 저픈 ·고·둘 모·롫 것 아니어·니
·와 아·비 주·구·믈 :몯 ·ᄎ·마 ·ᄒᆞ·노이·다 法·법度·또ㅣ ❶:두 ·갈 벗·기·라 ·ᄒᆞ
야·놀 吉·긿刕ᄑᆞᆫ·이 닐·오·디 주·긇 罪:죄囚쓩·ᄅᆞᆯ :엇·뎨 벗·기·시ᄂᆞ·니잇·고
法·법度·또ㅣ :엳ᄌᆞᄫᆞᆫ·대 아·비·ᄅᆞᆯ 赦·샤·ᄒᆞ·시니·라 後:ᅘᅳᆯ·에 孝·ᅘᅭ行·ᅘᅵᆼ·ᄋᆞ
·로 ❶·ᄡᅳ·시니·라【孝·ᅘᅭ行·ᅘᅵᆼ·ᄋᆞᆫ 孝·ᅘᅭ道·ᄠᅩᆺ :ᅙᅵᆼ·뎌·기·라】(효자도 23b)

[대역문]

答답하되 "아무리 어린들 죽음이 두려운 것을 모를 것 아니거니와 아비 죽음을 못 참아 합니다." 法法度度가
두 칼 벗기라 하거늘 吉긿刕ᄑᆞᆫ이 이르되 "죽을 罪죄囚수를 어찌 벗기십니까?" 法法度度가 (황제께) 여쭈니 아비를 赦사하
시니라. 後후에 孝ᅘᅭ行ᅘᅵᆼ으로 쓰시니라.【孝ᅘᅭ行ᅘᅵᆼ은 孝ᅘᅭ道도의 행적이다】

[주석]

❶ 가뎻거늘   갇혀있거늘. 가티-[被囚] + -어(연결어미) # 잇-[有] + -거늘(연결어미). '가티
-[被囚]'는 어근 '*갇-[囚]'에 피동 접미사 '-히-'가 결합한 것이다. '*갇-'은
문증되지 않으나 '가도다, 가두다' 등의 형태를 통해 재구가 가능하다. 한편,
'가도-'에 피동 접미사 '-이-'가 결합한 '가되-'도 15세기에 보이며, '가티-'와
의미가 유사하다. [참고] 梁애 가되유니 쏘 門ㅅ 부체 굳도다(囚梁亦固扃)〈두시
언해_초간(1481) 24:6a〉.

❷ 어비몯ᄭᅴ   고관께. 어비몯[高官] + ᄭᅴ(부사격조사). '어비몯'은 중세국어에 용례가 많지

않아 정확한 뜻을 알기 어려우나, 대체로는 "고관"의 의미로 쓰였다. '어비아둘'의 용례가 있음을 고려할 때 '어비믇'의 '어비'는 '아비[父]'의 음성형으로 보이며, '믇'은 "맏이, 형"의 의미를 지녔다. 따라서 '어비믇'은 직역하면 "부형(父兄)" 정도의 의미로 해석된다. "부형(父兄)"의 의미가 "고관(高官)"의 의미와 연결되는 과정에 대해서는 더 고찰이 필요하다. 한편 '끠'는 높임의 유정 명사 뒤에 결합되는 관형격조사 'ㅅ'과 '그어긔'가 줄어든 '긔'가 결합한 것이다. 반면 평칭의 유정 명사 뒤에는 관형격조사로 '의/이'가 결합되므로 여격조사가 '의그에, 의게' 등으로 나타나는데, '끠'와 '의그에/의게'는 각각 현대국어의 '께'와 '에게'로 이어진다.

➠ [음운] 01_경음화
➠ [문법] 13_부사격조사_여격조사 {의그에}

❸ 발괄ᄒ거든 발괄하거든. 하소연하거든. 발괄ᄒ-[祈請] + -거든(연결어미). '발괄'은 "자기 편을 들어 달라고 남에게 부탁하거나 하소연함"을 뜻하는 말이다. 본래 '발괄'은 소지(所志)의 일종으로, 고려·조선시대에 사서(士庶)·하례(下隷)·천민들이 관서에 올리는 일종의 청원서 혹은 진정서였다. 이두식 표기로는 '백활(白活)'로 표기된다. 백성들이 생활 중에 발생한 억울한 일에 대하여 청원을 올린 데에서 비롯하여 '발괄'의 의미가 "억울함을 하소연함"으로 일반화되었다.

❹ 디더니 떨어뜨리더니. 흘리더니. 디-[使落] + -더-(선어말어미) + -니(연결어미). 중세국어의 '디다[落]'는 "떨어지다"를 의미하는 자동사이다. [참고] 구루미 ᄂᆞ리며 甘露ㅣ 디고 곳비 오며 〈월인석보(1459) 4:43a〉. 그러나 여기에서 '디더니'의 '디다'는 "떨어뜨리다, 흘리다" 의미의 타동사로 기능하므로 사동 접미사 '-이-'가 결합하였음을 알 수 있다. '디다'는 사동사일 때 주동사와 표기가 구별되지 않는다. 그러나 사동 접미사가 결합한 경우 후행하는 어미의 첫소리 /ㄱ/가 탈락하므로, '디'의 모음이 단모음이 아니라 하향이중모음 [ij]임을 알 수 있다. [참고] 太子ㅣ 듣고 눉믈 디오 〈월인석보(1459) 22:27a〉. 한편 '디다'는 오늘날 '지다'로 변화하였으며, 현대국어의 '눈물지다'에서 "떨어지다"의 의미를 확인할 수 있다.

❺ 갑새 대신에. 값[代] + 애(부사격조사). 중세국어 '갑새'는 현대국어 '값에'와 달리 "대신에" 또는 "대가로" 정도의 의미를 나타내었다. '갑새'가 부사로 굳어져 새로운 의미를 얻게 된 것으로 보는 방안도 있겠지만, 관형어의 수식을 받는 경우가 발견되므로 하나의 부사로 완전히 굳어졌다고 보기는 어렵다. [참고] 아비 갑새 주기라 ᄒᆞ시니 〈효자:23a〉.

➠ [어휘] 02_갑새

❻ 죽가지이다 죽고 싶습니다. 죽-[死] + -가지… -이-(선어말어미) …다(←-거지라, 종결어미). {-거지라}는 "~하고 싶다"라는 '소망'의 의미를 가지는 종결어미이다. 자동사와 결합할 때에는 '-거지라', '-가지라', 타동사와 결합할 때에는 '-어지라', '-아지라' 등으로 나타난다. 한편 {-거지라}는 특정 선어말어미가 결합될 때 내부가 분리되는 불연속 형태소인데, 상대 높임 선어말어미 {-이-}가 개재되면

'-거지이다', '-가지이다', '-어지이다', '-아지이다' 등으로 나타난다. 이 이야기에서는 {-거지라}가 '죽다'라는 자동사 뒤에 왔으며, 선어말어미 {-이-}가 개재되어 최종적으로 '-가지이다'로 나타났다.

➡ [문법] 29_소망 표현 종결어미
➡ [문법] 33_높임 표현

❼ 과ᄒᆞ야   칭찬하다. 과ᄒᆞ-[讚] + -야(← -아, 연결어미). 중세국어의 '과ᄒᆞ다'는 "칭찬하다, 부러워하다"를 의미하는 동사이다. '과ᄒᆞ다'에서 파생된 부사 '과호이'는 "칭찬할 만하게"의 의미로 쓰인다.

❽ 져믈ᄊᆡ   어리니. 졈-[少] + -을ᄊᆡ(연결어미). 현대국어의 '젊다'의 원형은 중세국어의 '졈다'이다. 그러나 현대국어와 달리 중세국어의 '졈다'는 "나이가 한창때에 있다"뿐만 아니라 "나이가 적다"까지 포괄하였다. 한편 어형은 '졈다 〉 졂다 〉 젊다'로 변화하였다. '졂다'는 16세기 문헌에서부터 출현하는데, /ㄹ/이 더해진 원인은 정확히 알기 어려우나 반의어인 '늙다'의 어간 말음에 유추되어 /ㄹ/이 덧붙은 것으로 추정해 볼 수 있다.

➡ [어휘] 28_'어리다, 졈다'

❾ ᄀᆞᄅ친가   가르쳤나. 가르친 것인가. ᄀᆞᄅ치-[敎] + -ㄴ가(종결어미). '-ㄴ가'는 주어의 인칭에 관계없이 사용되는 간접의문문의 종결어미이다. 주로 구체적인 청자를 전제하지 않으며, 자문이나 의혹의 의미로 파악된다. 여기에서도 황제가 스스로 의문을 품는 장면이므로 '-ㄴ가'가 사용되었다. 한편, 여기서는 시제 표시 없이 과거 시제를 나타낸다.

➡ [문법] 26_의문형 종결어미

❿ 저리며   위협하며. 저리-[脅] + -며(연결어미). '저리다'는 "위협하다"를 의미한다. [참고] 허튈 모기 연저 가히 저리고 (以脚加頸ᄒᆞ야 怖狗ᄒᆞ고) 〈법화경언해(1463) 2:118a〉.

⓫ 달애야   달래어. 달애-[誘] + -야(← -아, 연결어미). '달애다'는 "달래다"를 뜻하는 옛말이다. '다래다'로 연철표기되지 않은 것을 통해 '달애-'의 제2음절에서 /ㄱ/이 탈락되었음을 추정할 수 있다. 17세기에 /ㄱ/이 탈락된 자리에 /ㄹ/이 추가되면서 현대국어와 같은 '달래다'의 어형이 등장하였다. 강원·함경 지역 방언인 '달개다', 전남 지역 방언인 '달게다'의 존재 또한 참고할 수 있다.

➡ [음운] 04_/ㄱ/ 탈락

⓬ 말바ᄃᆞ라   자복(自服) 받으라. 말받- + -ᄋᆞ라(종결어미). '말받다'는 명사 '말[言]'과 동사 '받다'의 결합으로 분석되는 합성어로서, "자복(저지른 죄를 자백하고 복종함)을 받다" 정도의 의미를 나타낸다. 언해문의 '말받다'에 대응하는 한문 원문의 '取款'에서 '款'에는 "복종하다, 자복하다"의 의미가 있다. 『오륜행실도』(1797)에서는 같은 이야기의 동일한 원문 '取款'이 '듕경을 시험ᄒᆞ라'로 언해되어 있어 참고가 된다.

❸ 주글따 죽을 것인가. 죽-[死] + -읈다(종결어미). {-ㄹ다}는 주어가 2인칭일 경우 사용
되는 미래 사태에 대한 의문형 종결어미이다. 15세기에서 {-ㄹ다}의 표기는
'-ㄹ다, -을다, -ㄹ따, -을따, -올따, -ㅭ다, -읈다' 등으로 다양하게 나타난다.
여기에서는 '-읈다'로 표기되었다.
➠ [문법] 26_의문형 종결어미

❹ 어린돌 어린들. 어리석은들. 어리-[蒙弱] + -ㄴ돌(연결어미). 오늘날 "나이가 적다"를
의미하는 '어리다'는 15세기에 "어리석다[愚]"의 의미를 가졌다. [참고] 어린
百姓이 니르고져 홒 배 이셔도 〈훈민정음 언해본(1447) 정음:2a〉. 여기서의
'어리다' 역시 한문 원문의 '蒙弱'에 해당하므로 "어리석다"의 의미에 가깝지만,
앞에서 황제가 길분의 어린 나이를 지적하여 신문하는 상황이므로 "나이가 적
다"의 의미로 이해될 여지도 있다. '어리다'가 "나이가 적다"의 의미를 분명하게
보여 주는 시기는 16세기 이후로 볼 수 있으나 ([참고] 어린 ᄌᆞ식을 샹녜 소기디
말오모로(幼子를 常視毋誑ᄒᆞ며)〈소학언해(1588) 1:8a〉) 여기서의 '어리다'는
"어리석다"의 의미와 "나이가 적다"의 의미로 모두 이해될 수 있으므로 의미
변화의 중간 단계를 보여 준다고 할 수 있다.
➠ [어휘] 28_'어리다, 졈다'

❺ 주구미 저픈 고돌 죽음이 두려운 것을. 죽-[死] + -움(명사형어미) + 이(관형격조사) # 저프-[畏]
+ -ㄴ(관형사형어미) # 곧 + 올(목적격조사). 여기서 '주구미'는 의미상 관형절
의 주어로 볼 수 있다. 앞말이 주어로 해석되는 관형격을 이른바 주어적 속격이
라 부른다. 관형격조사 '이/의/ㅅ'는 무정 명사 뒤에서 'ㅅ'으로, 유정 명사 뒤에
서 '이/의'로 나타나는 것이 일반적이지만, 이른바 주어적 속격으로 쓰이는 경우
여기서와 같이 무정 명사 뒤에서 '이/의'가 결합되기도 한다. 한편, 이때의 '저프
다'는 "두려워하다"를 뜻하는 동사 '졓다'에 형용사 파생 접미사 '-브-'가 결합
되어 파생된 형용사로, "두렵다"의 의미를 지닌다. [참고] ᄆᆞ슴몰 내면 월가
저코 情을 조ᄎᆞ면 일흘가 혜여 (生心ᄒᆞ면 恐非코 隨情ᄒᆞ면 慮失ᄒᆞ야)〈원각경언
해(1465) 下3:104b〉.
➠ [문법] 11_형용사 파생 접미사
➠ [문법] 14_관형격조사_이른바 주어적 속격

❻ 두 갈 두 칼[二械]. 두 # 갈(←갈ㅎ). 칼은 죄인에게 씌우던 형틀로서, 맞댄 나무판
사이로 사람 목이 들어갈 정도의 구멍을 뚫어 목에 채우는 구조로 되어 있다.
'칼'은 중세국어 시기에 'ㅎ' 보유 체언인 '갈ㅎ'로 나타나는데([참고] 枷ᄂᆞᆫ 갈히
오 鏁ᄂᆞᆫ 솨주리라 〈석보상절(1447) 21:5a〉), "물건을 베거나 썰거나 깎는 데
쓰는 도구"를 뜻하는 '갈ㅎ[刀]'과 성조가 같다. 한문 원문의 '獄椽依法桎梏 法度
命脫二械'를 고려하면 '二械'는 앞의 '질곡(桎梏)'을 의미한다. '질곡'은 발에 채
우는 형구인 '질(桎)', 즉 '차꼬(着錮)'와 손에 채우는 형구인 '곡(梏)', 즉 '수갑'을
아울러 이르는 말이므로 목에 채우는 형구인 '칼'과는 차이가 있다. 따라서 '二
械'를 '두 갈'로 언해한 것은 언해자의 주관적 판단이 작용한 것으로 생각된다.

➠ [어휘] 41_'ㅎ' 보유 체언

❶ 쓰시니라 쓰시니라. 등용하시니라. 쓰-[旌擧] + -시-(← -으시-, 선어말어미) + -니-(선어말어미) + -라(← -다, 종결어미). 이때의 '쓰다'는 "(관직에) 임명하다", "사람에게 어떤 일을 하게 하다"를 의미한다. 오늘날 '쓰다'는 각각 "사용하다[用]", "글자를 적다[書]", "머리에 얹다" 등의 의미를 가진 동음이의어이지만, 중세국어에서는 "사용하다"를 의미하는 동사는 '쓰다'로, "글자를 적다", "머리에 얹다"를 의미하는 동사는 '스다/쓰다'로 그 형태가 구분되었다. [참고] 발 아래 千字룰 스고 〈구급방언해(1466) 하:84b〉, 붇 자부샤 글 쓰시며 〈석보상절(1447) 3:8b〉. 머리예 져근 거믄 頭巾을 스고 〈두시언해_초간(1481) 15:6b〉, 冠은 쓰는 거시니 〈석보상절(1447) 3:5b〉. 한편 맛을 나타내는 형용사 '쓰다[HH]'는 "사용하다"를 의미하는 동사 '쓰다[用]'와 형태 및 성조가 같다.

[한문 원문 및 시찬]

吉翂。馮翊人。父爲原鄉令。爲吏所誣。逮詣廷尉。翂年十五。號泣衢路。祈請公鄉。見者隕涕。其父理雖清白而耻爲吏訊。虛自引咎。當大辟。翂橃登聞鼓乞代命。武帝嘉之。以其幼。疑受敎於人。勑廷尉蔡法度脅誘取款。法度盛陳徽纏。厲色問曰。爾來代父死。勑已相許。然刀鉅至劇。審能死不。若有悔異。亦相聽許。對曰。囚雖蒙弱。豈不知死可畏。不忍見父極刑。所以殉身不測。翂初見囚。獄橡依法桎梏。法度命脫二械。翂弗聽曰。死囚豈可減乎。法度以聞。帝乃宥其父。揚州中正。張仄薦翂孝行。勑太常旌擧

길분(吉翂)은 풍익(馮翊) 사람이다. 아버지가 원향령(原鄉令)으로 있을 때에 아전[吏]에게 무고(誣告)당하여 체포되어서 정위(廷尉 법을 맡은 관부)에 나아갔었다. 이때 길분은 나이가 열다섯 살인데, 길거리에서 울부짖으면서 공경(公卿)들에게 빌며 청하니, 보는 사람들이 눈물을 흘렸다. 그 아버지가 사실은 결백하였으나 아전에게 신문당하는 것을 부끄럽게 여겨 거짓으로 자기가 죄를 인정하고 대벽(大辟 사형)을 받게 되었다. 길분이 등문고(登聞鼓 신문고와 같음)를 쳐서 아버지의 목숨을 대신하기를 비니, 무제(武帝)가 가상하게 여겼으나, 그 나이가 어리므로 남의 교시를 받은 것으로 의심하여, 정위(廷尉) 채법도(蔡法度)에게 명하여 위협하고 달래어 자복받게 하였다. 채법도가 휘전(徽纏 형구(刑具))을 성대하게 설치하고 낯빛을 거칠게 하여 묻기를, "네가 와서 네 아비의 죽음을 대신하려고 하기에 이미 칙명으로 허락하셨으나, 도거(刀鉅 칼과 톱. 사형에 쓰는 기구)가 지극히 무서운데 참으로 죽을 수 있겠는가? 만약 후회한다면 또한 들어주겠다." 하니, 대답하기를, "죄수가 어릴지라도 어찌 죽는 것이 두려운 것을 알지 못하겠습니까? 아버지의 극형(極刑)을 차마 볼 수 없어서 대신하여 형벌을 받으려고 하는 것입니다."하였다. 길분이 처음 갇히자 옥연(獄橡 옥리(獄吏))이 법에 의하여 질곡(桎梏 차꼬와 수갑)을 채웠는데, 채법도가 두 형구를 벗기게 하였으나, 길분이 듣지 않고 말하기를, "사형받을 죄수에게 어찌 감할 수 있겠습니까?" 하였다. 채법도가 아뢰니, 임금이 곧 그 아버지를 용서하였다. 양주 중정(楊州中正) 장측(張仄)이 길분의 효행을 추천하니, 태상(太常)에 명하여 정거(旌擧 표창해 들어씀)하게 하였다.

詩	父爲遭誣陷極刑。誓將身代懇中情。

父爲遭誣陷極刑。誓將身代懇中情。
誰知天鑒非玄遠。父子俱全表孝誠
堪羨兒童有至情。哀號代父感朝廷。
當年孝行蒙旌擧。遂使千秋有令名

아버지가 무고로 극형을 받게 되니, 맹세코 대신하려 진정하였네.
하늘 이치 밝은 것을 누가 아랴만, 부자 함께 보전하고 효성을 드러냈네.
부럽도다 어린아이 지극한 뜻 있어서, 대신한다 슬피 외쳐 조정을 감동시켰네.
당시에는 효행으로 정거되었고, 천추에 좋은 이름 남게 하였네.

[텍스트 정보]

__『효순사실』의 본문과 시가 실려 있다.

__『삼강행실도』의 한문 원문은 『효순사실』의 본문으로부터 다음과 같이 달라졌다.

吉翂•字彥霄。馮翊蓮勺人也。家居襄陽。翂幼有孝性。梁天監初父爲吳興原鄉令。爲吏所誣。逮詣廷尉。翂年十五。號泣衢路。祈請公卿。行人見者皆爲隕涕。其父理雖清白而耻爲吏訊。乃虛自引咎。罪當大辟。翂乃槌登聞鼓乞代父命。武帝嘉異之。尙以其童幼。疑受敎於人。勅廷尉蔡法度嚴加脅誘。取其款實。法度乃還寺盛陳徽纆。厲色問曰。爾來代父死。勅已相許。便應伏法。然刀鋸至劇。審能死不。且爾童孺。志不及此。必爲人所敎。姓名是誰。若有悔異。亦相聽許。對曰。囚雖蒙弱。豈不知死可畏憚。顧諸弟幼藐。惟囚爲長。不忍見父極刑。自延視息。所以內斷胸臆。殉身不測。委骨泉壤。此非細故。奈何受人敎耶。法度知不可屈撓。乃更和顏。語之曰。主上知尔父無罪。行當釋亮。觀尔神儀明秀。足稱佳兒。今若轉辭。幸父子同濟。奚以此妙年若求湯鑊。翂曰。凡鯤鮞螻蟻。尙惜其命。況在人斯。豈願虀粉。但父挂深劾。必正刑書。故思隕仆。冀延父命。翂初見囚。獄掾依法俗加桎梏。法度矜之。命脫二械。更令著一小者。翂弗聽曰。翂求代父死。死囚豈可減乎。竟不脫械。法度以聞。帝乃宥其父。丹陽尹王志求其在廷尉故事。幷諸鄉居。欲於歲首擧充純孝。翂曰。異哉王尹。何量翂之薄夫父辱子死。斯道固然。若翂有靦面目當其此擧。則是因父買名。一何甚辱。拒之而止。後秣陵鄉人裴儉•丹陽郡守減盾•揚州中正張仄。連名薦翂。以爲孝行純至。明通易老。勅太常旌擧。

__『삼강행실도』의 시는 『효순사실』에서 '又'로 연결되어 있는 두 수의 7언시를 격간(隔間)의 형식을 사용해 옮겨 놓았다.

父爲遭誣陷極刑。誓將身代懇中情。誰知天鑒非玄遠。父子俱全表孝誠 又 堪羨兒童有至情。哀號代父感朝廷。當年孝行蒙旌擧。遂使千秋有令名

효자도 24

不害捧屍불해봉시 梁양

5	
4	
3	
1	2

주검을 들춘 불해 _ 양나라

은불해殷不害가 아버지의 상喪을 당하여 매우 슬퍼하였다.

그러면서도 불해는 늙은 어머니를 모시고 어린 다섯 아우를 돌보는 일을 소홀히 하지 않았다.

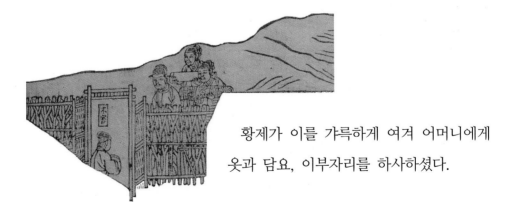

황제가 이를 갸륵하게 여겨 어머니에게 옷과 담요, 이부자리를 하사하셨다.

후에 전쟁이 나서위(魏)나라가 강릉(江陵)을 평정함 불해가 어머니를 잃게 되었다. 불해는 울면서 눈 속에 파묻힌 주검들을 헤치며 어머니의 주검을 찾아다녔다. 몸이 다 얼고 물조차 마시지 않더니 일주일만에야 어머니의 주검을 찾았다. 불해가 울다가 기절하니 길을 지나 사람들이 이를 보고 눈물을 흘렸다. 이후 불해는 고기를 먹지 않고 베옷을 입었으며 여위어 뼈만 남게 되었다.

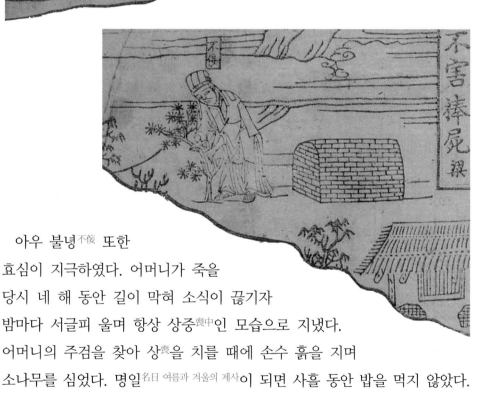

아우 불녕不佞 또한 효심이 지극하였다. 어머니가 죽을 당시 네 해 동안 길이 막혀 소식이 끊기자 밤마다 서글피 울며 항상 상중喪中인 모습으로 지냈다. 어머니의 주검을 찾아 상喪을 치를 때에 손수 흙을 지며 소나무를 심었다. 명일名日 여름과 겨울의 제사이 되면 사흘 동안 밥을 먹지 않았다.

殷은不·붏害·해 아·비 居거喪상·애 너무 슬·허·ᄒ더·니 늘·근 ·어·미 셤·기·며
❶ 져·믄 다·숫 아ᅀᆞ ❷이바·도·몰 ❸낟·븐 :일 :업·더·니 皇薲帝·뎨 ·어·믹그에
❹ ·옷과 자·리·와 ·주시·니·라 時씨節·졀이 ·어·즈러·벼 ·어·미·롤 일·코 :눈 우·희
❺ :우·녀 주·검 ❻ ·서·리·예 ·어·미 ❼·언·녀 ·모·미 :다 어·러 ❽ ·믈 머·굼·도 아·니
머·거 닐·웨 짜·히·ᅀᅡ ·어·믜 주·거·믈 :어·드니·라 :옳 저·기·면 ·곧 ❾氣·킝韻
·운이 :업·거·든 ·길 넗 :사ᄅᆞ·미 :눖·믈⁵² 흘·리더·니 ❿:소·ᄒ고 ·뵈·옷 닙·고
여·위·여 ·ᄡᅧ :ᄲᅧᆫ 잇·더·라 아ᅀᆞ 不·붏佞·녕이 ·ᄯᅩ 至 (효자도 24a)

殷不害가 아비의 居喪에 너무 슬퍼하더니 늙은 어미 섬기며 어린 다섯 아우 기름에 부족한 일 없더니 皇帝가 어미에게 옷과 자리를 주시니라. 時節이 어지러워 어미를 잃고 눈 위에 울고 다니며 주검 가운데에서 어미 얻으러 다니며 몸이 다 얼어 물 먹음도 아니 먹어 이레째야 어미의 주검을 얻으니라. 울 적이면 곧 氣韻이 없거든 길 지나는 사람이 눈물 흘리더니 소하고 베옷 입고 여위어 뼈만 있더라. 아우 不佞이 또 至

---

52 志部昭平(1990:90)에서는 성암본의 '눈믈'을 '눖믈'로 수정하였다. 이후의 판본들도 '눈믈' 또는 '눈물'로
되어 있으나 志部昭平(1990)은 이를 오류로 보았다. 중세국어의 '淚'가 언제나 '눖믈'로만 나타나고 성암본
의 다른 부분들에서도 '눖믈'로만 나타남을 그 근거로 들었다. 이와 더불어 런던본과 김영중본의 자형도
'눈'보다는 '눖'으로 볼 수 있다고 판단해 본서에서는 '눖'으로 판독하였다.

[언해문]

·지極·끅 孝·흉道:똏53·ᄒ더·니 ·어·미 주·굼 저·긔 :네 ·ᄒᆡ·ᄅᆞᆯ ·길 ⓬마54·갯거
·든 바·믹 ⓭블·러 :울·며 샹55·녜 居거喪상 樣·양子:ᄌᆞ·로 ·ᄒ더·니 ·어·믜 居거
喪상·이 ·오나·ᄂᆞᆯ ·손■소56 훍 지·며 ·솔 시므·고 ⓮名명日·싏·이어·든 사 ᄋᆞ57·ᄅᆞᆯ
·밥 아·니 먹·더·라 (효자도 24b)

[대역문]

極^극 孝道^{효도} 하더니 어미 죽을 적에 네 해를 길 막혀있거든 밤에 불러 울며 항상 居喪^{거상} 樣子^{양자}로 하더니 어미의
居喪^{거상}이 오거늘 손수 흙을 지며 솔 심고 名日^{명일}이거든 사흘을 밥 아니 먹더라.

---

53 志部昭平(1990:89)에서는 성암본의 경우 이 부분이 ':돓'으로 되어 있음을 언급하고 있다.

54 志部昭平(1990:89)에서는 성암본의 경우 이 부분이 '미'로 되어 있음을 언급하고 있다.

55 志部昭平(1990:89)에서는 성암본의 경우 이 부분이 '샹'으로 되어 있음을 언급하고 있다.

56 志部昭平(1990:89)에 따르면 성암본에서 이 부분은 [HL]으로 나와 있다. 뿐만 아니라 김영중본에서도 [HL]으로 되어 있음을 볼 수 있다. 16세기 중엽에 간행된 것으로 추정되는 고려대 만송문고 소장본(貴296F)과 같은 초간본 계통의 후대본에서도 그 성조가 [HL]으로 되어 있다. 志部昭平(1990)에서는 이를 수정하지 않고 그대로 [HL]으로 두었는데, 이러한 여러 상황들을 참조해 본서에서는 이곳의 성조를 [HH]에서 [HL]으로 수정하였다.

57 志部昭平(1990:89)에서는 성암본의 경우 이 부분이 '·으'로 되어 있음을 언급하고 志部昭平(1990:91)에서 이를 '·ᄋᆞ'로 수정하였다. 김영중본의 경우 복사본으로는 정확히 판독하기는 어렵지만 런던본에서처럼 '·ᄋᆞ'일 가능성이 높은 것으로 보인다.

[주석]

❶ 져믄
어린. 졈-[小] + -은(관형사형어미). 현대국어의 '젊다'의 원형은 중세국어의 '졈다'이다. 그러나 현대국어와 달리 중세국어의 '졈다'는 "나이가 한창때에 있다"뿐만 아니라 "나이가 적다"까지 포괄하였다. 한편 어형은 '졈다 > 졂다 > 젊다'로 변화하였다. '졂다'는 16세기 문헌에서부터 출현하는데, /ㄹ/이 더해진 원인은 정확히 알기 어려우나, 반의어인 '늙다'의 어간 말음에 유추되어 /ㄹ/이 덧붙은 것으로 추정해 볼 수 있다.
→ [어휘] 28_'어리다, 졈다'

❷ 이바도믈
기름을. 양육함을. 이받-[養] + -옴(명사형어미) + 을(목적격조사). 중세국어의 '이받다'는 "(대상에게) 음식을 주어 먹이다"의 의미를 포괄하며, 결합하는 대상에 따라 다양한 의미를 나타냈다. 대체로는 부모 등 윗사람에 대하여 "음식을 대접하다[供養]", "봉양하다"의 의미로 쓰이는 경우가 많지만, 여기서는 "양육하다", "(아우에게) 음식을 주며 돌보다"의 의미로 쓰이고 있다.
→ [어휘] 34_'이받다, 이바디ᄒᆞ다'

❸ 낟븐 일 업더니
부족한 일 없도록 하더니. 낟부-[不至] + -ㄴ(관형사형어미) # 일 # 업-(←없-) + -더-(선어말어미) +-니(연결어미). 중세국어의 '낟부다'는 "부족하다", "미치지 못하다"를 뜻하는 형용사이다. '낟부다'는 근대국어 시기에 종성의 /ㄷ/ 소리를 'ㅅ'으로 표기하게 되면서 17세기 이후 '낫브다'로 나타나며, 오늘날 '나쁘다'로 형태가 변화하였다. "부족하다" 의미의 '나쁘다'가 20세기 초까지도 보이므로([참고] 믄도가 ᄯᅩ흔 능히 긔도ᄒᆞ나 구쥬의 긔도를 듯고 스스로 낫분 줄을 ᄭᆡ두른지라 그런 고로 긔도 ᄀᆞᄅᆞ쳐 주심을 쳥ᄒᆞ니 구쥬ᄭᅴ셔 그 믄도가 긔도 비ᄒᆞ고져 홈을 보시고 깃버ᄒᆞ셧스니 〈신학월보(1908) 317〉) '나쁘다'가 "좋지 않다", "옳지 않다"의 의미로 변화한 것은 20세기 이후의 일로 파악된다. 한편, 여기서의 '없다'는 '아ᅀᆞ 이바도믈'을 고려할 때 "(부족한 일) 없도록 하다"의 동사적 쓰임을 보여 준다고 생각된다.
→ [문법] 05_형용사의 동사적 용법

❹ 옷과 자리와
옷과 자리를. 옷[被] + 과(접속조사) # 자리[褥] + 와(접속조사). 중세국어에서는 접속조사 '와/과'가 접속된 마지막 체언까지 붙게 되는 특성이 있다. 즉, 'A와 B와 C와'처럼 세 개의 체언이 접속될 때 접속조사가 세 개까지 쓰이는 모습을 보인다. 물론 현대국어에서처럼 접속조사가 두 개 쓰인 'A와 B와 C'의 양상으로 나타나기도 한다. 여기서는 '자리와' 뒤에 목적격조사가 생략되었음을 알 수 있다. 또한 '옷과 자리'는 한문 원문의 '氈席被褥'에 대응하는 것으로, "담요와 이부자리"를 의미한다.
→ [문법] 17_접속조사

❺ 우녀
울고 다니며. 우니-[行哭] + -어(연결어미). 중세국어 '우니다'는 동사 '울다[哭]'와 '니다[行]'의 어간이 비통사적으로 합성된 동사이다. /ㄹ/은 치경 자음인

/ㄴ/ 앞에서 탈락하는 규칙이 있었으므로, 어간 '울-'의 종성 /ㄹ/은 '니-'의 초성 /ㄴ/ 앞에서 탈락되었다.

➠ [음운] 05_/ㄹ/ 탈락

➠ [문법] 07_비통사적 합성어

❻ 서리 · 	｜명｜가운데. 중세국어의 명사 '서리'는 "무엇이 많이 모여 있는 무더기의 가운데" 를 뜻한다. [참고] 狄人ㅅ 서리예 가샤 狄人이 외어늘〈용비어천가(1447) 1:6b〉.

❼ 얻녀 · 	얻으러 다니며. 얻니-[求] + -어(연결어미). 중세국어의 '얻니다'는 동사 '얻다[求]'와 '니다[行]'의 어간이 비통사적으로 합성된 동사이다. 현대국어의 '얻다'는 어떤 대상을 구해서 가지게 된[得] 결과 상태에 초점이 맞춰져 있으나, 중세국어의 '얻다'는 구하는[求] 과정에 초점이 맞춰져 있어 차이가 있다.

➠ [어휘] 29_'얻다[求]'

➠ [문법] 07_비통사적 합성어

❽ 믓 머굼도 아니 머거 · 	물 먹음도 아니 먹어. 조금의 마실 것도 아니 먹어. 므(←믈)[水] + ㅅ(관형격조사) # 먹-[飮] + -움(명사형어미) + 도(보조사) # 아니(부사) # 먹-[飮] + -어(연결어미). 치경음 /ㅅ/ 앞에서 /ㄹ/이 탈락하여 '믓'으로 나타났다. '머굼'을 '먹-'의 동명사형으로 본다면 '믈'은 동명사 '머굼'의 목적어가 되므로, 여기에 사용된 'ㅅ'를 이른바 목적어적 속격의 예로 이해해 볼 수 있다. 혹은 '믓머굼'을 "조금의 마실 것[水漿]"의 의미를 가진 명사로 보고 이 구절을 "조금의 마실 것도 아니 먹어(무엇도 먹지 않아)"로 해석할 수도 있다.

➠ [문법] 14_관형격조사_이른바 목적어적 속격에 대한 논의

❾ 氣韻 · 	｜명｜기운. 현대 국어사전류에서는 "생물이 살아 움직이는 힘"의 뜻을 가진 '기운'을 고유어로 등재하고, 한자어 '기운(氣韻)'은 "글이나 글씨, 그림 따위에서 표현된 풍격(風格)과 정취(情趣)"의 의미로만 한정하고 있다. 그러나 15세기부터 한자어 '기운(氣韻)'이 "생물이 살아 움직이는 힘"을 의미하는 경우가 발견되므로, 오늘날 고유어로 인식되고 있는 '기운'은 본래 한자어에서 기원하였다고 보아야 할 것이다.

❿ 소ᄒᆞ고 · 	소(素)하고. 소ᄒᆞ-[蔬] + -고(연결어미). '소(素)ᄒᆞ다'는 "상중에 고기나 생선 따위의 비린 음식을 먹지 않다"를 뜻하는 동사이다. 현대국어의 '소하다' 또한 의미가 크게 달라지지 않았다.

⓫ ᄲᅮᆫ · 	｜명｜뿐. 중세국어의 'ᄲᅮᆫ'은 현대국어의 '뿐'으로 발달했는데, 현대국어 '뿐'이 의존명사(할 뿐)와 보조사(너뿐이다)의 용법을 모두 지닌 것과 같이 중세국어의 'ᄲᅮᆫ'도 그와 같은 성격을 지닌 것으로 보인다. 다만 'ᄲᅮᆫ'의 'ㅅ'이 'ᄠᆞᆷ, ᄭᅵ장' 등의 'ㅅ'과 더불어 명사와 명사 사이에서 쓰인 관형격조사에 그 기원을 두고 있는 것으로 생각되며, 관형사형 뒤에서 수식을 받는 것은 물론 대격조사와 통합되는 모습이 나타난다는 점에서 의존명사의 특성이 강했던 것으로 보인다.

➠ [문법] 02_의존명사

⓬ 마갯거든 　막혔거든. 막- + -아(연결어미) # 잇- + -거든(연결어미). 여기서 '-어 잇-'은
　　　　　　　타동사와 결합하여 피동적 의미를 나타낸다. [참고] 우리 祖上애셔 쏘더신 화리
　　　　　　　ㄱ초아 이쇼디〈석보상절(1447) 3:13b〉.
　　　　⟶ [문법] 30_'-어 잇-, -엣-, -엇-'의 상적 의미_중세국어 '-어 잇-, -엣-,
　　　　-엇-'의 피동적 의미

⓭ 블러 울며 　크게 울며. 큰소리로 울며. 브르-[號] + -어(연결어미) # 울-[泣] + -며(연결어
　　　　　　　미). 여기서 '블러 울다'는 원문의 '호읍(號泣)'에 대응하며, "(누군가를) 부르며
　　　　　　　울다"로 파악되기보다 "큰소리로 울다"의 뜻으로 파악된다. 중세국어의 동사
　　　　　　　'브르다'가 일반적으로 목적어를 취하는 것과 달리, '블러 울다'는 목적어를 취하
　　　　　　　지 않는 경우도 많이 보인다. 15세기 자료에서 '블러 울다'는 한문 원문의 '號泣,
　　　　　　　號哭, 呼號, 號呼, 啼號' 등에 대응하며, 공통되는 '號'가 '블러'의 대역어라고
　　　　　　　생각된다.
　　　　⟶ [어휘] 23_'블러 울다'

⓮ 名日 　　　명 명일(命日). 제삿날. 여기서 '名日'은 한문 원문의 '歲時伏臘'에 대응하므로,
　　　　　　　'세시(歲時, 매년 돌아오는 한 해의 특정한 때)'와 '복랍(伏臘, 여름 제사와 겨울
　　　　　　　제사)'을 아우르는 말로 사용되었음을 알 수 있다. 현대국어에서 '명일(名日)'은
　　　　　　　"명절과 국경일을 통틀어 이르는 말"로 사용되며, 여기서와 같이 "해마다 돌아오
　　　　　　　는 제삿날"은 '命日'이므로 한자가 다르다. 『삼강행실도』≪효자도≫에서 '名日'
　　　　　　　은 [효자도 35] '은보감오'의 "됴흔 차반 어드면 이바두며 名日이면 모로매 이바
　　　　　　　디ᄒ더니"에도 나오는데, 이때의 '名日'은 한문 원문의 '良辰'에 대응하여 "좋은
　　　　　　　계절", "명절"을 의미하므로 여기서의 의미와 차이가 있다.

[한문 원문 및 시찬]

　　　殷不害。陳郡人。居父憂過禮。有弟五人皆幼。不害事老母。養小弟。勤劇無所不至。簡
　　　文帝賜其母蔡氏錦裙襦。氈席被褥。魏平江陵。失母。時甚寒雪凍。死者塡滿溝壑。不害
　　　行哭求屍。見死人。卽投身捧視。舉體凍僵。水漿不入口者七日。始得母屍。哭輒氣絶。
　　　行路流涕。蔬食布衣。枯槁骨立。弟不佞。亦至孝。方母死時。道路隔絶者四載。中夜號
　　　泣。居處飲食常爲居喪之禮。及母喪柩歸。身自負土。手植松栢。每歲時伏臘。必三日不
　　　食
　　　은불해(殷不害)는 진군(陳郡) 사람이다. 아버지의 상(喪)을 당하여 슬퍼함이 예(禮)에 지나쳤
　　　으며, 아우 다섯 사람이 모두 어렸으므로 은불해가 늙은 어머니를 섬기며 어린 아우들을
　　　기르되 다하지 않는 것이 없이 부지런히 힘쓰니, 간문제(簡文帝)가 그 어머니 채씨(蔡氏)에게
　　　비단 치마저고리와 담요와 이부자리를 내렸다. 위(魏)나라가 강릉(江陵)을 평정할 때에 어머
　　　니를 잃었는데, 이때 몹시 춥고 눈이 내려서 얼어 죽은 자가 구덩이에 가득 찼다. 은불해가
　　　돌아다니며 울면서 시체를 찾으려고 죽은 사람을 보면 곧 달려들어 들추어보았다. 온 몸이
　　　얼고 음식을 입에 넣지 않은 지 이레 만에야 비로소 어머니의 시체를 찾아서 울다가 문득

기절하니, 길가는 사람들이 눈물을 흘렸다. 나물밥을 먹고 베옷을 입으므로 여위어서 뼈만 남았다. 아우 은불령(殷不佞)도 효성이 지극하여, 어머니가 바야흐로 죽을 때에 길이 막혀서 소식이 끊어진 것이 4년인데, 밤에 울부짖으며 거처와 음식을 항상 상중(喪中)에 하는 예(禮)와 같이 하였고, 어머니가 죽어 구(柩)가 돌아오니, 몸소 흙을 지고 손으로 소나무·잣나무를 심었으며, 세시(歲時)와 복랍(伏臘 여름 제사와 겨울 제사) 때마다 반드시 사흘 동안 먹지 않았다.

詩 百行由來孝最先。人心盡孝理當然。
慈親不幸塡溝壑。七日哀求重可憐
父母劬勞竟莫酬。昊天罔極思悠悠。
殷家兄弟能行孝。萬古揚名永不休
온갖 행실 중에서 효도가 첫째이니, 사람으로 효 다함은 당연한 도리이지.
어머니가 불행히도 난리 중에 죽으니, 이레 동안 찾은 것이 매우 가엾어라.
어버이의 은혜는 끝내 보답 못하는 것, 하늘처럼 무궁하여 사모함이 무한하네.
은씨 형제 효도를 능히 행하여, 만고에 이름 날려 길이 남겼네.

[텍스트 정보]

__ 『효순사실』의 본문과 시가 실려 있다.
__ 『삼강행실도』의 한문 원문은 『효순사실』의 본문으로부터 다음과 같이 달라졌다.
殷不害 字長卿 。陳郡 長平 人也 。性至孝 。居父憂過禮 。由是知名 。家世儉約 。居甚貧 窶 。有弟五人皆幼 羽。不害事老母 。養小弟 。勤劇無所不至 。士大夫以篤行稱之 。梁簡 文帝 以不害善事親 賜其母蔡氏錦裙襦 。遺席被褥 單複畢 備。魏平江陵 。失母 所在 。時甚寒 雪凍 。死者塡滿溝壑 。不害行哭求屍 。聲不暫輟 。見死人 溝中 。卽投身捧視 。擧體凍 僵 。水漿不入口者七日 。始得母屍 。憑屍而哭 。每輒氣絶 。行路 皆爲流涕 。卽江陵權 殯 。乃疏食布衣 。枯槁骨立 。見者莫不哀之 。弟不佞 。亦 以至孝 稱 。方母死 江陵 時 。道 路隔絶 。不得奔赴 者四載 。中夜號泣 。居處飮食常爲居喪之禮 。及母喪柩歸 葬。居遠之 節如始聞問 。若此者又三年 。身自負土 。手植松栢 。每歲時伏臘 。必三日不食 。
__ 『삼강행실도』의 시는 『효순사실』에서 '又'로 연결되어 있는 두 수의 7언시를 격간(隔間)의 형식을 사용해 옮겨 놓았다.
百行由來孝最先。人心盡孝理當然。慈親不幸塡溝壑。七日哀求重可憐 又父母劬勞竟 莫酬。昊天罔極思悠悠。殷家兄弟能行孝。萬古揚名永不休 。

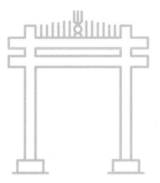

王崇止雹왕숭지박 後魏후위

우박을 그치게 한 왕숭 _ 후 위나라

왕숭王崇은 어머니가 돌아가시자 매우 슬퍼하여 머리가 다 빠지고 막대를 짚고서야 걸을 수 있었다. 왕숭이 빈소 곁에 오두막을 짓고 밤낮으로 울었는데, 그 주변에 비둘기가 떼를 지어 모여들고 오두막에는 진귀하고 기이한 새 한 마리가 날아와 머물렀다.

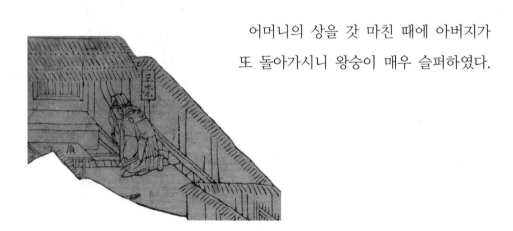

어머니의 상을 갓 마친 때에 아버지가 또 돌아가시니 왕숭이 매우 슬퍼하였다.

그러던 어느날 바람과 우박이 크게 쳐서 짐승들이 죽고 풀과 나무가 꺾여 떨어졌다. 그러나 왕숭의 밭에 이르러서는 갑자기 바람과 우박이 그쳐 벼와 보리가 상하지 않았다.

왕숭은 아버지의 상을 마친 뒤에도 부모님의 묘를 떠나지 않았다. 오두막 앞에 이름 모를 풀 한 포기가 무성하게 자랐고, 겨울이 되자 진기한 새가 지붕에 새끼 세 마리를 치고 살았다. 이 일을 나라에 알리니 홍문을 세우라고 하셨다.

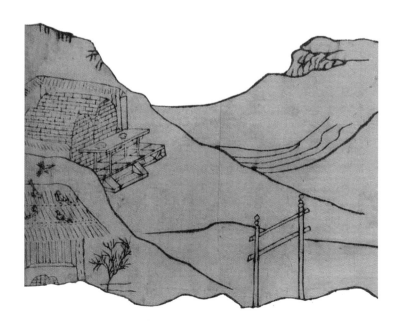

王왕崇쓩·의58 ·어·미 죽거·늘 슬·허 머·리 :다 뼈·러디·고 막:대 딥·고·ㅿ :니
더·니 殯·빈所:소ㅅ 겨·틔 廬려 :짓·고 ·밤·낮 :우더·라 ❶비두·리 모·다 ·오거
·든 혼 ❷황당혼 :새 廬려·에 ·와 :ㅿ더·라 居거喪상 곳 밧·고 ·또 아·비 죽거
·늘 너무 슬·허·ㅎ더·라 ㅂ롬·과59 ·무뤼·와 ·하 ·티·니 즁싱·이 주·그·며 ·플·와
나·모·왜 ❸█것·들더·니 王왕崇쓩·의 바·톤 ·곧 아·니 ❹·ㅎ·야·ㅂ·리니·라 居거喪
상 밧·고 墓:모ㅅ 겨·틔 ❺손·지 :ㅿ더·니 알·피 ❻:몰·롤 ·프·리 나·며 겨·ㅿ·레
·가 :새 삿·기 ·쳐 ❼·질·드·렛더·니 (효자도 25a)

王^왕崇^쑹의 어미가 죽거늘 슬퍼하여 머리 다 떨어지고 막대 짚고야 다니더니 殯所^{빈 소}의 곁에 盧^려 짓고 밤낮 울더라. 비둘기 모여 오거든 한 황당한 새가 盧^려에 와서 살더라. 居喪^{거 상} 갓 벗고 또 아비가 죽거늘 너무 슬퍼하더라. 바람과 우박이 크게 치니 짐승이 죽으며 풀과 나무가 꺾여 떨어지더니 (바람과 우박이) 王^왕崇^쑹의 밭은 곧 아니 헐어버리니라. 居喪^{거 상} 벗고 墓^묘의 곁에 계속 살더니 앞에 모를 풀이 나며 겨울에 가 새가 새끼 쳐 길들어 있더니

58　志部昭平(1990:92)에서는 성암본의 경우 이 부분이 '·외'로 되어 있음을 언급하고 있다. 김영중본에도 '·의'로 되어 있다.

59　志部昭平(1990:92)에서는 성암본의 경우 이 부분이 '·와'로 되어 있음을 언급하고 있다. 김영중본에도 '·과'로 되어 있다.

[언해문]

:연·ㅈ밧·눌 ⑧門몬·의 紅뽕門몬 :셰·라 ·ᄒ·시니·라 (효자도 25b)

[대역문]

여쭙거늘 門^문에 紅門^{홍문} 세우라 하시니라

[주석]

❶ 비두리　　　囲 비둘기. 15세기 문헌에서 비둘기의 선대형은 '비두리'로 나타난다. '비둘기'의
　　　　　　　어형은 16세기부터 나타나며, 이후 '비돌기, 비두로기, 비둘기, 비들기' 등 다양
　　　　　　　한 어형이 비둘기를 나타내는 말로 사용되었다.

❷ 황당ᄒᆞᆫ 새　황당한 새. 기이한 새. 황당ᄒᆞ-[荒唐/異常] + -ㄴ(관형사형어미) # 새[鳥]. 현대
　　　　　　　국어의 '황당하다'는 주로 '말, 이야기, 소리, 일, 상황, 경우' 등과 같이 상대적으
　　　　　　　로 추상적인 명사와 결합하는 데 비해서, 여기서의 '황당ᄒᆞ다'는 구체적인 명사
　　　　　　　인 '새'와 결합하였다는 점에서 특이하다. 『삼강행실도』≪효자도≫에서 '황당
　　　　　　　ᄒᆞ다'는 [효자도 35] '은보감오'의 '황당ᄒᆞᆫ 꿈 꾸고(感異夢)'에서도 나타나는데,
　　　　　　　여기서도 그 의미를 "기이하다" 정도로 파악해 볼 수 있다.

❸ 것듣더니　　꺾여 떨어지더니. 것듣-[摧折] + -더-(선어말어미) + -니(연결어미). 중세국어
　　　　　　　'것듣다'는 "꺾다" 또는 "꺾이다"를 뜻하는 '겄다'와 "떨어지다"를 뜻하는 '듣다'
　　　　　　　의 어간이 결합한 합성어이다. 현대국어 '듣다'는 눈물, 빗물 따위의 액체에 대해
　　　　　　　서만 쓰이지만, 중세국어에서는 구체적인 사물에도 쓰일 수 있어 차이가 있다.
　　　　　　　[참고] 虛空애셔 비 오디 고론 種種 보ᄇᆡ 듣고 〈석보상절(1447) 6:32a〉.
　　　　　　　⮕ [문법] 07_비통사적 합성어

❹ ᄒᆞ야ᄇᆞ리니라　헐어버리니라. ᄒᆞ야ᄇᆞ리-[毀] + -니-(선어말어미) + -라(←-다, 종결어미).

60　런던본 25b에는 본래 언해문이 있어야 할 난상에 아무것도 적혀 있지 않다. 석주연(2001:120)에서는
　　런던본(대영도서관본)『삼강행실도』≪효자도≫의 25엽 b면은 판심제와 계선까지 보사되어 있다고 하였는
　　데, 아마도 언해문은 보사되지 않은 것으로 보인다. 김영중본에는 25b의 언해문이 아주 희미하게만 보여
　　자세한 내용을 알기 어렵다. 그러나 志部昭平(1990)에 따르면 성암본에는 이 부분이 두 줄로 명확히
　　남아 있다. 여기서는 志部昭平(1990:92)에 따라 성암본의 텍스트를 옮겨 둔다.

'ᄒᆞ야ᄇᆞ리-'는 "망가뜨리다, 훼손하다, 없애다"의 의미를 갖는 동사이다. 기원적으로는 '히- + -아(연결어미) # ᄇᆞ리-'의 구성으로 분석될 가능성이 있으나, "훼손"의 의미를 갖는 '히-'가 단독으로 나타나지 않아 분석하기 쉽지 않다. 참고로 "손상되다, 상처나다" 혹은 "사라지다, 없어지다"의 의미를 갖는 'ᄒᆞ야디다'와의 관련성을 고려할 필요가 있다.

➠ [어휘] 39_'ᄒᆞ야디다, ᄒᆞ야ᄇᆞ리다'

❺ 순지 　　　　㊌ 여전히. 중세국어 부사 '순지'는 흔히 한자 '猶, 尙, 仍' 등에 대응되어 맥락에 따라 "오히려", "계속", "여전히" 등의 다양한 의미로 사용되었다.

➠ [어휘] 26_'순지'

❻ 몰롤 　　　　모를. 몰ᄅᆞ-(← 모ᄅᆞ-)[莫能識] + -오-(선어말어미) + -ㄹ(관형사형어미). 중세국어 '모ᄅᆞ다'는 자음 어미나 매개모음 어미와 결합할 때는 '모ᄅᆞᄂᆞᆫ', '모ᄅᆞ샬'과 같이 어간이 '모ᄅᆞ-'의 형태를 취하였으나 모음 어미와 어울릴 때는 '몰ᄅᆞ-'의 형태를 취하는 불규칙한 활용을 보인다.

➠ [문법] 03_용언의 특수한 형태 교체
➠ [문법] 20_선어말어미 {-오-}_관형사형에 쓰인 선어말어미 {-오-}

❼ 질드렛더니 　길들어 있더니. 질들-[馴] + -어(연결어미) # 잇-[有] + -더-(선어말어미) + -니(연결어미). '길들다'의 선대형인 중세국어 '질들다'는 그 어원이 분명치 않다. '길[路]'과의 관련성을 생각해 볼 수 있으나, '길[路]'은 15세기 문헌에서부터 '길'로 나타나는 데 반해 'ㄱ' 구개음화에 의한 '질들다'의 과도교정형 '길들다'는 18세기부터 나타나며, 중세국어 '길[路]'의 성조는 상성인 데 반해 '질(들다)'의 성조는 거성이라는 문제점이 있다.

➠ [문법] 30_'-어 잇-, -엣-, -엇-'의 상적 의미

❽ 門의 紅門 셰라 　문에 홍문 세우라. 門 + 의(부사격조사) # 紅門 # 셰-[立] + -라(명령형어미). 홍문(紅門) 또는 정문(旌門)이란 충신·효자·열녀 등 모범이 되는 사람을 표창하기 위해 그 사람이 사는 마을 입구나 집 문 앞에 세우던 붉은 문을 말한다. 중세국어 '문'은 주로 특이처격조사 '의/이'를 취하는 경향이 있는데, 같은 유형의 명사로 '우ㅎ, 밧, 집, ᄀᆞ올ㅎ, 낮, 밤' 등을 들 수 있다.

➠ [문법] 13_부사격조사_일반처격조사와 특이처격조사
➠ [문법] 32_사동 표현

[한문 원문 및 시찬]

王崇。雍丘人。母亡。居喪哀毀頓瘠。杖而後起。鬢髮墮落。廬於殯所。晝夜哭泣。鳩鴿群至。有一小鳥。素質黑睛。形大於雀。栖於崇廬。朝夕不去。母服初闋。復丁父憂。悲毀過禮。是年夏。風雹所經處。禽獸暴死。草木摧折。至崇田畔。風雹便止。禾麥十頃。竟無損落。及過崇地。風雹如初。崇雖除服。仍居墓側。室前生草一根。莖葉甚茂。人莫能識。至冬復有鳥巢崇屋。乳養三子。馴而不驚。事聞。詔旌表門閭

왕숭(王崇)은 옹구(雍丘) 사람이다. 어머니가 죽자 상중(喪中)에 슬퍼함이 지나쳐서 여위고 파리하여, 지팡이를 짚어야 일어났고 머리털이 빠졌다. 빈소(殯所)에 움막을 짓고 밤낮으로 우니, 비둘기가 떼를 지어 이르렀고, 작은 새 한 마리가 흰 바탕에 검은 눈이며, 참새보다 큰 것이 움막 지붕에 와 앉아서 밤낮으로 떠나지 않았다. 어머니 복(服)을 마치자 다시 아버지의 상을 당하여 슬퍼하기를 예(禮)에 지나치게 하였다. 이해 여름에 바람과 우박이 지나간 곳에서는 새와 짐승이 모두 죽고 초목이 부러졌는데, 왕숭의 밭가에 이르러서는 바람과 우박이 문득 그쳐서 벼와 보리 10경(頃)이 마침내 손해가 없었고, 왕숭의 땅을 지나서는 바람과 우박이 처음과 같았다. 왕숭이 복(服)을 벗은 뒤에도 무덤 곁에서 그대로 살았는데, 방 앞에 풀 한 포기가 나서 줄기와 잎이 매우 무성했으나 사람들이 무슨 풀인지 알지 못하였다. 겨울이 되니 다시 새가 지붕에서 세 마리의 새끼를 길렀는데 길들어서 놀라지 않았다. 사실이 나라에 알려지니, 임금이 명하여 정문(旌門)하였다.

詩 孝道由來動鬼神。王崇至行出天眞。
珍禽繞屋能馴擾。異草當堦別有春
風雹摧殘物盡僵。崇家禾麥豈曾傷。
自緣孝行通天地。賴有靈祇爲顯彰

효도에는 본디부터 귀신 감동하는 것, 왕숭의 바른 행실 천성에서 나왔네.
진기한 새 집을 맴돌며 길이 들었고, 기이한 풀 뜰에 나서 봄빛 있어라.
바람 우박 되게 쳐서 물건 모두 엎었건만, 왕숭 집의 곡식은 조금도 안 다쳤네.
효행이 하늘 땅에 감통됨에 따라서, 신령에게 힘입어 드러나게 된 것일세.

[텍스트 정보]

__ 『효순사실』의 본문과 시가 실려 있다.

__ 『삼강행실도』의 한문 원문은 『효순사실』의 본문으로부터 다음과 같이 달라졌다.

王崇 字乾邕。 陽夏雍丘人也。 兄弟並以孝稱。 身勤稼穡以養父母。 仕梁州鎭南府主簿。
母亡。 居喪哀毁頴瘠 杖而後起。 鬚髮墮落。 廬於殯所。 晝夜哭泣。 鳩鴿羣至。 有一小
鳥。 素質黑睛。 形大於雀。 栖於崇廬。 朝夕不去。 母服初闋。 復丁父憂。 悲毁過禮是年
夏。 風雹所經處禽獸暴死草木摧折。 至崇田畔風雹便止。 禾麥十頃竟無損落。 及過崇地
風雹如初。 咸稱至孝所感。 崇雖除服 仍居墓側。 室前生草一根 莖葉甚茂。 人莫能識。
至冬 復有鳥巢崇屋。 乳養三子。 毛羽長成。 馴而不驚。 守令聞之親自臨視。 事聞。 詔旌
表其門閭

__ 『삼강행실도』의 시는 『효순사실』에서 '又'로 연결되어 있는 두 수의 7언시를 격간(隔間)의 형식을 사용해 옮겨 놓았다.

孝道由來動鬼神。王崇至行出天眞。珍禽繞屋能馴擾。異草當堦別有春 又 風雹摧殘物盡僵。崇家禾麥豈曾傷。自緣孝行通天地。賴有靈祇爲顯彰

__ 『효행록』에는 이 이야기가 '乾邕過哀'라는 제목으로 실려 있다.

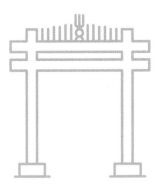

孝肅圖像^{효숙도상} 隋^수

孝肅圖像효숙도상 隋수

4
3
2
1

아버지의 모습을 그린 효숙 _ 수나라

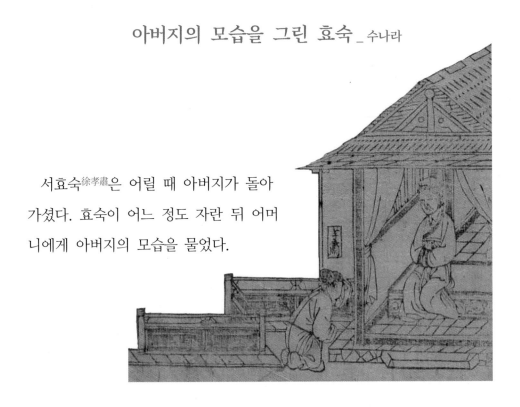

서효숙徐孝肅은 어릴 때 아버지가 돌아
가셨다. 효숙이 어느 정도 자란 뒤 어머
니에게 아버지의 모습을 물었다.

효숙은 어머니의 말씀을 듣고 아버
지의 모습을 그려 사당에 걸어 두었다.
아침저녁으로 아버지의 초상화에 인사
드리고, 음력 초하룻날과 보름날에는
제사도 지냈다.

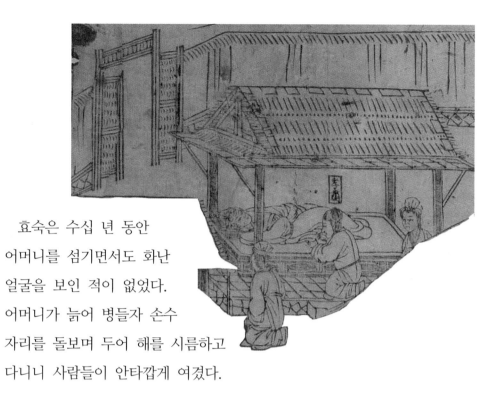

효숙은 수십 년 동안
어머니를 섬기면서도 화난
얼굴을 보인 적이 없었다.
어머니가 늙어 병들자 손수
자리를 돌보며 두어 해를 시름하고
다니니 사람들이 안타깝게 여겼다.

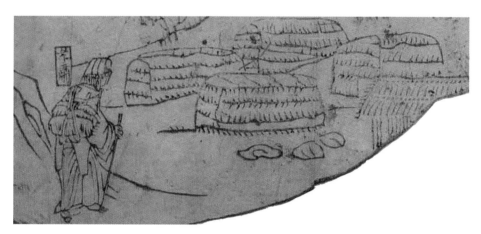

어머니가 돌아가신 뒤에는 채소와
물만 먹고 한겨울에도 얇은 상복만 입어 몸이 몹시 야위고 상했다.

효숙은 할아버지와 어버이의 묘를 모두 손수 흙을 지어다 만들었다. 또한 사
십 년이 넘도록 시묘를 살았으며, 죽을 때까지 머리를 풀고 발을 벗고 다녔다.

[언해문]

徐쎠孝횹肅·슉이 ❶·져·머·셔 아·비 죽거·늘 ❷·ᄌᆞ·라·아 아·비 樣·양子:ᄌᆞ·ᄅᆞᆯ
·어·미ᄃᆞ·려 무·러 ·그·려 廟·묳·애 두·고 ❸아·ᄎᆞᆷ나죄 :뵈·며 朔·솩望·망·애 祭
·졔·ᄒᆞ더·라【朔·솩·은 初초홀·리·오 望·망·은 보·로미·라】數·수十·씹 年년·을 ·어·미
셤·교·ᄃᆡ 怒:노ᄒᆞᆫ ❹ᄂᆞᆺ·고·ᄌᆞᆯ 집:사ᄅᆞ·미 :몯 ·보더·니 ·어·미 늘·거 ❺病·뼝·ᄒᆞ
·얫거·늘 ·손소 자·리 고·티·며 :두:서61 ·ᄒᆡ·ᄅᆞᆯ 시·름·ᄒᆞ·야 돋·니거·든 아·니
슬·피 너·기·리 :업더·니 ·어·미 죽거·늘 ❻菜·치蔬소·와 ·믈·와 ❼:ᄲᅮᆫ 먹·고 겨
·ᅀᅳ·레 居거喪상·옷 :ᄲᅮᆫ 닙·고 ·ᄲᅧ :ᄲᅮᆫ 잇·더·니 ·한아 (효자도 26a)

[대역문]

徐孝肅이 어려서 아비 죽거늘 자라 아비의 樣子를 어미더러 물어 그려 廟에 두고 아침저녁에 뵈며 朔望에
祭하더라【朔은 初하루이고 望은 보름이라】數十 年을 어미 섬기되 怒한 얼굴을 집안사람이 못 보더니
어미가 늙어 病들었거늘 손수 자리 고치며 두어 해를 시름하여 다니거든 아니 슬피 여길 이 없더니 어미가
죽거늘 菜蔬와 물만 먹고 겨울에 居喪 옷만 입고 뼈만 있더니 할아

___

61　志部昭平(1990:94)에서는 성암본에서 이 글자가 '서'로 나타남을 언급했다.

[언해문]

·비·와 어버·의 墓·모·룰 :다 훍 ·지·여 ❽밍·골·오 마·슨 ❾나·몬 ·히·룰 侍·씨墓
·모 사·라 죽·ᄃ·록 머·리 ❿·퍼디·고 ·발 ⓫바·사 ⓬돋·니더·라 (효자도 26b)

[대역문]

비와 어버이의 墓^묘를 다 흙 지어 만들고 마흔 넘은 해를 侍墓^{시 묘} 살아 죽도록 머리 퍼지고 발 벗어 다니더라

[주석]

❶ 져머셔   어려서. 졈-[少] + -어셔(연결어미). 현대국어의 '젊다'에 대응되는 중세국어
어형은 '졈다'였다. '졈다'의 의미는 현대국어의 '젊다'보다 넓어, "나이가 한창때
에 있다"의 의미뿐만 아니라 "나이가 적다"까지 포괄하였다. 어미 '-어셔'는
'졈-'과 결합하여 ≪계기≫, ≪전제≫, ≪동시≫ 등의 의미를 나타내고 있다.
➡ [어휘] 28_'어리다, 졈다'

❷ ᄌ·라·아   자라. ᄌ라-[長] + -아(연결어미). 'X아'형 용언 어간은 연결어미 '-아'와 결합
할 때 모음 'ㅏ'가 생략되는 것이 보통이지만, 『삼강행실도』≪효자도≫에서는
용언 어간의 모음과 연결어미가 모두 유지되는 특수한 표기 양상을 보인다.
➡ [표기] 07_'X아'형 용언 어간의 표기

❸ 아ᄎᆞ나죄   阌 아침저녁[朝夕]. '아ᄎᆞ나죄'는 '아ᄎᆞᆷ'과 '나죄'가 결합한 합성어이다. '나죄'는
"저녁"을 뜻하는 명사 '나조ㅎ'[暮, 夕]에 부사격조사 '의'가 결합한 '나조히'가
축약되어 명사로 굳어진 것으로 볼 수 있다. 심재기(2000:72)에서는 '나조ㅎ'가
'나죄'라는 형태를 가지게 되면서 '낮[晝]'의 처격형인 '나지'와 혼동이 생기게

되었고, 그로 인해 '나죄'가 소멸하면서 같은 자리를 '저녁'이 대체하게 되었다고 추정한 바 있다. '저녁'은 17세기 문헌에서 '져녁, 뎌녁, 저녁'의 형태로 나타나는데, 19세기 이후 '나조, 나죄'는 거의 발견되지 않고 대부분 '저녁'만 나타난다. '저녁'의 어원은 정확히 알 수 없으나 '져믈다, 졈글다' 등의 어간 형태와의 관련성을 추측해 볼 수 있다.

❹ 눗고즐   낯빛을. 낯꽃을. 표정을. 눗곶[色] + -을(목적격조사). '눗곶'은 중세국어에서 "낯, 얼굴"을 뜻하는 '눗, 눈'과 '곶[花]'이 합쳐진 말로 분석된다. 16세기 이후 받침이 'ㅊ'으로 변화한 '눗곷'의 예가 나타나며, 현대국어에 '낯꽃'으로 남아 있다.

❺ 病ᄒᆞ얫거늘   병들어있거늘. 病ᄒᆞ- + -야(←-아, 연결어미) # 잇-[有] + -거늘. 명사 '病'에 파생 접미사 '-ᄒᆞ-'가 붙어 만들어진 동사 '病ᄒᆞ다'는 중세국어에서 "병들다"의 의미로 쓰였다. '病ᄒᆞ다'의 용례는 19세기까지도 발견되며, 16세기부터는 '病ᄒᆞ다'를 대신해 '병들다'가 사용되는 경우도 보인다. 여기서는 '-어 잇-'이 결합하여 병든 상태가 지속되고 있음을 나타낸다.
    ➡ [문법] 30_'-어 잇-, -엣-, -엇-'의 상적 의미

❻ 菜蔬와 믈와   채소와 물. 菜蔬 + 와(접속조사) # 믈 + 와(←과, 접속조사). 중세국어에서는 접속조사 '와/과'가 접속된 마지막 체언까지 붙게 되는 특성이 있다. 즉, 'A와 B와 C와'처럼 세 개의 체언이 접속될 때 접속조사가 세 개까지 쓰이는 모습을 보인다. 물론 현대국어에서처럼 접속조사가 두 개 쓰인 'A와 B와 C'의 양상으로 나타나기도 한다.
    ➡ [문법] 17_접속조사

❼ ᄲᅮᆫ   명 뿐. 만. 중세국어에서 'ᄲᅮᆫ'은 단일 명사 뒤에 오기도 하고, 나열의 접속 명사구 뒤에 오기도 한다. 의미상 《한정》을 나타내는 현대국어의 보조사 {만}과 유사한데, 중세국어의 'ᄲᅮᆫ'은 분포가 관형사형어미 뒤에 오거나 관형격조사 'ㅅ' 뒤에 오는 등 분포가 넓어 보조사로만 처리하기에는 어려움이 있다.
    ➡ [문법] 02_의존명사

❽ ᄆᆡᇰ고오   만들어. ᄆᆡᇰ골- + -오(←-고, 연결어미). 현대국어의 '만들다'는 중세국어에서 주로 'ᄆᆡᇰ골다'로 나타나나, 16세기 문헌에서는 'ᄆᆞᆫ돌다, 민돌다, 밍돌다' 등의 형태도 보인다. 현대국어 '만들다'는 'ᄆᆞᆫ돌다'의 후대형이며, 일부 방언에 'ᄆᆡᇰ골다'의 후대형이 남아 있기도 하다.
    ➡ [음운] 04_/ㄱ/ 탈락
    ➡ [어휘] 18_'ᄆᆡᇰ골다/ᄆᆞᆫ돌다'

❾ 나ᄆᆞᆫ   넘은. 남-[過, 越] + -ᄋᆞᆫ(관형사형어미). 중세국어의 '남다[過, 越]'는 현대국어의 '넘다'의 의미와 통하였다. 평성 또는 상성으로 쓰인 '남다[過, 越]'가 '넘다'의 형태로 바뀌면서 '남다[餘]'와는 의미적으로 구분되게 되었다. 이와 같이 의미적으로 유사한 두 단어가 모음을 달리하여 분화된 예로는 '늙다/늑다', '밝다/븕다',

‘금다/검다’ 등이 있다.

❿ 퍼디고   퍼지고. 풀어지고. 퍼디-[被] + -고(연결어미). 중세국어의 ‘퍼디다’는 ‘퍼지다’
       를 뜻하며 ‘프다[發, 申]’와 ‘디다[落]’의 통사적 합성어이다. “(꽃이) 피다”의
       의미를 갖는 ‘프다’는 19세기부터 ‘피다’로 형태가 변하였으나, ‘퍼디다’는 2음절
       자음이 구개음화를 겪은 형태로 현대국어까지 유지되어 왔다.

⓫ 바사   벗어. 밧-[徒] + -아(연결어미). 중세국어에서는 유사한 의미를 가진 ‘밧다’의
       어형과 ‘벗다’의 어형이 모두 나타난다. 15세기 문헌에서는 ‘밧다’가 ‘옷, 신’
       등의 구체명사와, ‘벗다’가 ‘시름’ 등의 추상명사와 함께 쓰이는 경향이 있다.
       ‘밧다’와 ‘벗다’는 15세기 문헌에서 모두 발견되지만 비교적 이른 시기에 ‘벗다’
       쪽으로 통일된 것으로 보인다. 16세기부터는 ‘벗다’의 형태가 보편적으로 나타
       나며 17세기에 ‘벋다’의 형태가 잠시 나타날 뿐 큰 변화를 겪지 않고 현대국어의
       ‘벗다’로 이어졌다.
       ➡ [어휘] 19_‘밧다/벗다’

⓬ 돈니더라 다니더라. 돈니-[行] + -더-(선어말어미) + -라(종결어미). ‘돈니다’는 ‘돋다’와
       ‘니다’ 두 동사 어간이 결합된 비통사적 합성동사이다. 후에 ‘돈니다’의 형태를
       거쳐 오늘날 ‘다니다’로 형태 변화를 겪었다.
       ➡ [문법] 07_비통사적 합성어
       ➡ [문법] 34_시간 표현

[한문 원문 및 시찬]

徐孝肅。汲郡人。早孤不識父。及長。問父形貌於其母。因求畫工圖之。置之廟而定省
焉。朔望則享之。事母數十年。家人未見其有忿恚之色。及母老疫。孝肅親易燥濕。憂悴
數年。見者無不悲悼。母終。茹蔬飲水。盛冬單衰。毁瘠骨立。祖父母父母墓皆負土成
之。廬墓者四十餘年。被髮徒跣[62]。至於終身

서효숙(徐孝肅)은 급군(汲郡) 사람이다. 어려서 고아가 되어 아버지를 몰랐는데, 장성한 후
어머니에게 아버지의 모습을 묻고 화공(畫工)을 구하여 그려서 사당에 모셔, 아침저녁으로
문안하고 초하루·보름마다 제사하였다. 어머니를 수십 년 섬겼는데, 집 사람들은 그가 성내는
빛을 보지 못하였다. 어머니가 늙고 병들자 서효숙이 친히 마른 자리와 진 자리를 갈아 뉘며
근심하고 초췌함이 수년에 이르니, 보는 사람이 모두 슬퍼하였다. 어머니가 죽자 나물을 먹고
물을 마시며 한겨울에도 홑 최복(衰服)을 입었으므로, 몸이 여위어 뼈만 남았다. 조부모와
부모의 무덤은 다 몸소 흙을 져다가 만들었고, 40여 년 동안 여묘살이하며 머리를 풀고 발을
벗고서 종신토록 지냈다.

---

62 ‘跌’로 입력되어 있는 것을 ‘跣’으로 수정하였다.

詩　早孤不識父容儀。圖像依依問母慈。
　　　構廟晨昏能定省。殷勤祭享似存時
　　　母存愛敬歿悲辛。廬墓曾經四十春。
　　　兩世墳塋躬負土。跣行被髮竟終身

어려서 고아 되어 아비 모습 모르는데, 어미에게 물어서 초상을 그렸네.

사당 지어 아침저녁 문안드리고, 정성으로 제사하여 생시처럼 모셨네.

살았을 땐 공경하고 죽어서는 슬퍼하며, 묘막에서 산 것이 사십 년이 넘었네.

양대 무덤 만들 때 몸소 흙 지고, 발 벗고 머리 흩여 종신토록 지냈네.

[텍스트 정보]

__ 『효순사실』의 본문과 시가 실려 있다.

__ 『삼강행실도』의 한문 원문은 『효순사실』의 본문으로부터 다음과 같이 달라졌다.

徐孝肅。汲郡人也。早孤不識父。及長。問父形貌於其母。因求畫工圖之。置之廟而定
省焉。朔望則享之。事母數十年。家人未見其有忿恚之色。及母老疾。孝肅親易燥濕。
憂悴數年。見者無不悲悼。母終。茹蔬飲水。盛冬單衰。毀瘠骨立。祖父母父母墓皆負
土成之。廬墓者四十餘年。被髮徒跣。至於終身。

__ 『삼강행실도』의 시는 『효순사실』에서 '又'로 연결되어 있는 두 수의 7언시를 격간(隔間)의
형식을 사용해 옮겨 놓았다.

早孤不識父容儀。圖像依依問母慈。構廟晨昏能定省。殷勤祭享似存時。又母存愛敬歿
悲辛。廬墓曾經四十春。兩世墳塋躬負土。跣行被髮竟終身。

盧操順母^{노조순모} 隋^수

어머니에게 순종한 노조 _ 수나라

노조^{盧操}는 매우 똑똑하여 아홉 살에 효경과 논어를 통달했다.

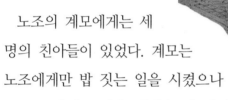

노조의 계모에게는 세 명의 친아들이 있었다. 계모는 노조에게만 밥 짓는 일을 시켰으나 노조는 한번도 싫은 내색을 한 적이 없었다.

계모는 친아들이 글 읽으러 갈 때 노조에게 나귀를 몰고 따라가도록 하였다. 노조는 하인처럼 채를 잡고 나귀를 몰았다.

　노조의 세 아우가 술에 취해 불량배들과 시비가
붙었다. 불량배들이 집에 찾아와 계모를 욕하였다.
노조가 머리를 조아리고 울며 말리자 불량배들이
"세 도둑놈들에게 이렇게 어진 형이 있을 줄은 몰
랐다." 하며 인사하고 돌아갔다.

　계모가 죽자 노조는 세 아우를 가르치
고 돌보는 일을 평소보다 더 정성껏 하였다.
계모의 죽음을 슬퍼하느라 노조는 뼈만 남도
록 야위었다. 밤마다 여우와 살쾡이가 무덤 곁에
죽 늘어서 있다가 아침이 되면 사라졌다.

　노조는 후에 백성을 잘
돌보는 원이 되었다. 관
사에 궤几 죽은 사람의 혼백이 깃드는
자리와 연筵 궤의 밑에 깔고 죽은 사람의 혼백을
모셔 두는 자리을 놓고 돌아가신 부모를 모셨다.
밖으로 나갈 때와 집에 돌아올 때면 늘 부모의 자리에 인사를
올렸고, 뜰을 지날 때에는 몸을 굽히고 다녔다. 아침마다 효경을 한 번
읽고서야 일을 시작했는데, 상친장喪親章에 이르면 늘 목이 메었다.

[언해문]

廬로操·홀ㅣ 아홉 ❶:서·레 孝·횽經경 論론語:어·롤 ❷·ᄉᆞᆷ·ᄉᆞᆺ :아더·니 ❸다·솝
·어·미 :세 아·ᄃᆞ·롤 ❹·뒷더·니 ❺廬로操·홀·롤 ·ᄒᆞ·야 ·밥 지·ᄉᆞ·라 ·ᄒᆞ야든
❻슬·히 아·니 너·기·며 제 아·ᄃᆞ·롤 ·글 닐·기·라 보·내·오63 廬로操·홀·롤 ❼라
·귀 모·라 ❽미조·차가·라 ·ᄒᆡ▌야든 :죵·이 樣·양子:ᄌᆞ·로 牽·견馬:마·ᄒᆞ·고 ·채
자·바 ᄃᆞ·니더·라 :세 앗·이 ᄂᆞ·미그에 ❾·가·아 ❿酒:쥬情쪙64·ᄒᆞ야·놀 ·ᄂᆞ·미
門몬·이 ·와 ·어·미·롤 ⓫구·짓거·늘 廬로操·홀ㅣ ·절·ᄒᆞ·고 우65·러 말·인·대 :모
딘 少·숗年년·ᄃᆞᆯ·히 닐·오·디 :세 도ᄌᆞ·기 ·이런 ·어딘 兄휑 ⓬:두·믈 아·니
⓭너·교·라 ᄒᆞ·고 ·절·ᄒᆞ·고 도·라가 (효자도 27a)

[대역문]

盧操가 아홉 살에 孝經 論語를 사뭇 알더니 계모가 세 아들을 두었더니 盧操를 하여 밥 지으라 하거든 싫게 아니 여기며 제 아들을 글 읽히러 보내고 盧操를 나귀 몰아 뒤쫓아 가라 하거든 종의 樣子로 牽馬하고 채 잡아 다니더라. 세 아우가 남에게 가 酒情하거늘 남이 門에 와 어미를 꾸짖거늘 盧操가 절하고 울어 말리는데 모진 少年들이 말하되 "세 도적이 이런 어진 兄 둠을 아니 생각하였다." 하고 절하고 돌아가

---

63 志部昭平(1990:97)의 교주 4)에서는 T1a, T2를 따라 이 어절을 '보·내·여'로 교정했으나, 런던본과 김영중 본 모두에서 '보·내·오'로 되어 있다는 점을 중시해 본서에서는 교정하지 않았다.

64 志部昭平(1990:96)에 따르면 성암본에서는 이 글자가 '졍'으로 되어 있다.

65 志部昭平(1990:96)에 따르면 성암본에서는 이 글자가 '우'로 되어 있다.

[언해문]

·니·라 다 솜·어·미 죽거·늘 :세 앗·올 ㄱᄅ·쳐 :어엿·비 너·교·물 샹·녜예·셔
더ᄒ·며 슬허 ·쎠 ⑭:썬 잇·더·니 나죄:마·다 여ᇫ 솛·기 겨·틔 ⑮느러니 :버·렛
다가 아·ᄎ·미어·든 ·가더·라 後:훌·에 員원·이 두외·야 百·빅姓·셩 :어엿·비
너·기·며 官관舍·샤·애【官관舍·샤·ᄂᆞᆫ 그윗지·비·라】:궤·와 돗·과 노·코 父:뿌
母:물·를 ⑯이바·두·며 ·나갏 저·긔 告·골ᄒᆞ·고 도·라·와 ·왯·노이·다 ᄒᆞ·며 ᄠᅳᆯ·
헤 :디낧 저·긔 ·모·믈 구·피더·라 아첨:마·다 孝·ᄒᆢ經경 ᄒᆞᆫ ⑰·볼 넑·고·ᅀᅡ 公
公事·쓰·ᄒᆞ·더·니 喪상親친章쟝·애 다ᄃᆞ·라【喪상親친章쟝·ᄋᆞᆫ 居거喪상ㅅ :일 닐·온
章쟝·이·라】모·골 ⑱메·여 ·ᄒᆞ더·라 (효자도 27b)

[대역문]

니라. 계모 죽거늘 세 아우를 가르쳐 자애로이 여김을 평소에서 더하며 슬퍼 뼈만 있더니 밤마다 여우 삵이 곁에 느런히 벌어 있다가 아침이면 가더라. 後에 員이 되어 百姓 자애로이 여기며 官舍에【官舍는 관청의 집이다】궤와 자리 놓고 父母를 보살피며 나갈 적에 告하고 돌아와 "왔습니다." 하며 뜰에 지날 적에 몸을 굽히더라. 아침마다 孝經 한 번 읽고서야 公事하더니 喪親章에 다다라【喪親章은 居喪의 일 이른 章이다】목을 메어 하더라.

[주석]

❶ 서레   살에. 설[年] + 에(부사격조사). 중세국어 '설'은 "설날"과 "나이"의 의미를 모두 가지고 있었는데, 오늘날 후자의 의미는 의존명사 '살'이 맡게 되었다. '설'의 어원은 입성자였던 '歲'의 한자음이 변한 것으로 추정하기도 한다.

➥ [어휘] 25_'설[歲/元旦]'

❷ 스뭇   ☞ 사뭇. 꿰뚫게. '스뭇'은 "통하다"를 뜻하는 중세국어의 동사 '스뭇다/스뭇다 [通, 徹]'의 어간형 부사이다. [참고] 나랏말싼미 中國에 달아 文字와로 서르 스뭇디 아니홀씨 〈훈민정음 언해본(1447) 정음:1a〉. 15세기 문헌에서 '스뭇-'에 부사 파생 접미사 '-이'가 결합한 '스뭇치' 형태도 발견된다. [참고] 새지브로 셔 公宮에 스뭇치 ᄒᆞ놋다 〈두시언해_초간(1481) 11:24a〉.

➥ [문법] 10_부사 파생 접미사_중세국어의 어간형 부사

❸ 다숨어미   ☞ 의붓어머니. 새어머니. 계모(繼母). '다숨'은 "다시하다"의 의미를 갖는 동사 '*닷다'로부터 파생된 '다숨'에 '어미'가 결합된 단어로 볼 수 있다. 이때 '다숨어미'의 성조를 [LHHH]로 파악했는데, 합성어에는 거성이 연달아 세 개가 올 수 없다는 이른바 '거성불연삼'의 성조 규칙이 적용되지 않는다는 점을 언급해 볼 수 있다. 다음에 나오는 '다숨어미룰'의 성조가 [LHHLH]로 나타난 것은 거성불연삼의 성조 규칙이 적용된 결과이다.

➥ [어휘] 09_'다숨어미'

❹ 뒷더니   두었더니. 두-[生] + -우(연결어미) # 잇-[有] + -더-(선어말어미) + -니(연결어미). 중세국어에서 일반적으로 볼 수 있는 '-어 잇-' 구문과 동궤에서 해석했을 때, 이때의 '잇-'은 ≪결과 상태 지속≫을 나타내는 보조동사로 파악할 수 있다. 용언 '두-'에 후행하는 연결어미가 '-우'로 나타나는 것이 특이하다. [참고] 對똥호디 뒷다가 나도 아비 다모리라 ᄒᆞ야놀 〈효자:13a〉.

➥ [문법] 30_'-어 잇-, -엣-, -엇-'의 상적 의미

❺ 廬操룰 ᄒᆞ야   노조를 시켜. 廬操 + 룰(목적격조사) # ᄒᆞ이-[使] + -아(연결어미). 중세국어에서 사역의 의미를 갖는 'ᄒᆞ다/히다[使]'는 목적격조사를 취했다. 현대국어의 부사 '하여금'은 이 'ᄒᆞ다/히다'의 활용형 'ᄒᆞ야/히야에 강조의 보조사 '곰'이 결합된 형태가 굳어진 것이다. 근대국어에 이르러 부사격조사 '로'를 취해 '-로 하여(금)'와 같은 사용이 나타난다.

❻ 슬히   싫게. 슳-[倦] + -이(연결어미). 중세국어의 '슳다'는 현대국어의 '싫다'와 '슬프다'의 의미를 가졌다. 중세국어 초기부터 '슳다' 어간에 형용사 파생 접미사 '-브-'가 붙은 '슬프다'가 보여 형태가 분화되기 시작하였다. 1음절 모음이 고모음화된 '싫다'는 18세기 문헌에서부터 나타난다.

➥ [문법] 10_부사 파생 접미사

❼ 라귀   ☞ 나귀. 중세국어에서 '라귀'와 '나귀'가 모두 나타나는데 '라귀'가 조금 더 앞선 시기의 문헌에서 나타난다. '나귀'의 어원은 한자어 '驢駒(라구)'로 보는 것이

일반적이지만 '騾'가 "노새"를 뜻한다는 점에서 부자연스러운 면이 있다. 또 다른 가능성은 "나귀 새끼"를 뜻하는 중국어 '驢駒子[*류구즈]'의 '驢駒' 부분이 차용되었다고 보는 것이다(조항범 2014:277).

❽ 미조차가라   뒤쫓아가라. 뒤따라가라. 미조차가-[隨] + -라(명령형 종결어미). '미조차가-'는 '미좇다'의 활용형에 '가다'가 결합된 합성어이며, 중세국어의 동사 '미좇다'는 "(~의 뒤를) 따르다, 쫓다, 좇다"를 의미한다. '미좇다'의 '미'에 대해서는 동사의 의미로 미루어 "꼬리"를 뜻하는 '尾(미)'로 보거나 용언 '및다[及]'의 어간 '미-'로 볼 가능성이 있지만 각각의 설명에 난점이 있다. 또는 중세국어의 '미러 보다(미루어 보다)'에서 "추적하다, 따르다(알려진 것을 따라가다)"의 의미를 갖는 '밀다'를 '미좇다'의 '미'와 연결시킬 가능성도 있다. 이 경우 '미좇다'를 형태적으로는 '밀다'와 '좇다'의 비통사적 합성어로 분석하고, '밀다' 어간의 /ㄹ/은 '좇다' 앞에서 탈락한 것으로 설명할 수 있다는 장점이 있다(이동석 2005ㄴ).
    ➡ [어휘] 17_'미좇다'

❾ 가아   가. 가-[去] + -아(연결어미). 'X아'형 용언 어간은 연결어미 '-아'와 결합할 때 모음 'ㅏ'가 생략되는 것이 보통이지만, 『삼강행실도』 ≪효자도≫에서는 용언 어간의 모음과 연결어미가 모두 유지되는 특수한 표기 양상을 보인다.
    ➡ [표기] 07_'X아'형 용언 어간의 표기

❿ 酒情ᄒᆞ야ᄂᆞᆯ   주정하거늘. 酒情ᄒᆞ- + -야ᄂᆞᆯ(←-거늘, 연결어미). 오늘날 "술에 취하여 정신 없이 말하거나 행동하다"를 뜻하는 '주정하다'는 한자를 '酒酊'으로 쓰는데, 여기서의 '酒情ᄒᆞ다'는 오늘날과 의미가 같되 한자가 다르다. 한편 '-야ᄂᆞᆯ'의 '야'는 'ᄒᆞ-' 뒤에서 나타나는 확인법 선어말어미 {-거-}의 이형태이다. 이러한 이형태 교체는 {-거-}를 포함하는 연결어미 '-야ᄃᆞᆫ'에서도 나타난다.
    ➡ [문법] 22_연결어미 {-거든}, {-거늘}

⓫ 구짓거늘   꾸짖거늘. 구짓-(←구짖-)[詰] + -거늘(연결어미). 현대국어의 '꾸짖다'는 중세국어 문헌에서 '구짖다/구짇다'의 쌍형 어간으로 나타난다. [참고] 모딘 이브로 구지저〈석보상절(1447) 19:30a〉/모딘 이브로 구지드며〈월인석보(1459) 17:78b〉. 여기서는 '구짖-'이 8종성법에 의하여 받침이 'ㅅ'로 표기되었다. 명사 '구지람/구지럼'은 어간 '구짇-'에 명사 파생 접미사 '-암/엄'이 붙어 파생된 것으로 볼 수 있으나 '구짇다'가 'ㄷ' 규칙 활용을 하는 동사이므로 /ㄷ/이 /ㄹ/로 변하는 이유를 설명하기가 어렵다. '구지람/구지럼'은 오늘날 '꾸지람'의 형태로 변화하였다.
    ➡ [문법] 22_연결어미 {-거든}, {-거늘}

⓬ 두믈   둠을. 두-[有] + -Vㅁ(←-움, 명사형어미) + 을(목적격조사). '두-'는 1음절 어간으로 평성 혹은 거성의 성조를 갖는데, 명사형어미 '-움' 앞에서는 평성으로 실현된다. 여기에서 '두믈'의 첫 음절은 상성인 것은 명사형어미 '-움[H]'이 이형태 [-Vㅁ[H]]로 나타났기 때문이다(김유범 2007ㄱ:105). 즉 '-움'의 실제 분절음 'ㅜ'는 존재하지 않지만 그 자리는 유지되어 거성의 성조가 남아 있는

것이다. 따라서 '두-[L]'와 '-ㅸ[H]'가 결합되어 '둡[R]'으로 실현되었다.
➟ [문법] 20_선어말어미 {-오-}_'오/우'를 선접하는 어말어미

❸ 너교라 여기었다. 생각하였다. 너기-[謂] + -오-(선어말어미) + -라(←-다, 종결어미). '너기-'는 한문 원문의 '謂'에 대응하며 문맥상 "여기다, 생각하다"의 의미로 풀이된다. 주어가 1인칭으로 실현되어 있어 인칭법 선어말어미 '-오-'가 쓰였으며, 시제 표시 없이 과거 시제를 나타낸다.
➟ [문법] 20_선어말어미 {-오-}_종결형 및 연결형에 쓰인 선어말어미 {-오-}

❹ 뿐 명 뿐. 만. 중세국어에서 '뿐'은 단일 명사 뒤에 오기도 하고, 나열의 접속 명사구 뒤에 오기도 한다. 의미상 ≪한정≫을 나타내는 현대국어의 보조사 {만}과 유사한데, 중세국어의 '뿐'은 분포가 관형사형어미 뒤에 오거나 관형격조사 'ㅅ' 뒤에 오는 등 분포가 넓어 보조사로만 처리하기에는 어려움이 있다.
➟ [문법] 02_의존명사

❺ 느러니 부 느런히. 죽 늘여져. 중세국어의 부사 '느러니'는 어근 '느런[羅]'에 부사 파생 접미사 '-이'가 결합되어 파생된 말로 볼 수 있다. 오늘날과 같은 '느런히'의 형태는 20세기 이후 나타난다. '느런'은 더 분석하기 쉽지 않지만, '늘어놓다'와 같은 동사에 나타나는 '*늘-'과 관련지어 볼 가능성이 있다.
➟ [문법] 10_부사 파생 접미사

❻ 이바드며 이받으며. 봉양하며. 이받-[祀] + -ᄋ며(←-으며, 연결어미). 중세국어의 '이받-'은 "(부모를) 봉양하다", "(부모에게) 음식을 대접하다[供養]"의 의미로 쓰였다. 참고로 현대국어에서 "도움이 되게 함"이나 "결혼을 전후하여 신부 쪽에서 예를 갖추어 신랑 쪽으로 정성 들여 만들어 보내는 음식"을 뜻하는 명사 '이바지'는 '이받다'의 파생명사 '이바디'로부터 비롯한 것이다.
➟ [어휘] 34_'이받다, 이바디ᄒ다'

❼ 볼 명 번. 차례. 중세국어의 의존명사 '볼'은 매우 다양한 의미를 갖고 있다. 횟수를 의미하는 '번, 차례'의 의미 외에도 "겹", "배", "벌"의 의미로 쓰인다. [참고] "번": 區區히 ᄃᆞ니겨셔 여러 볼 발 부루투믈 둘히 너기다니 〈두시언해_초간(1481) 20:30a〉 / "겹": 반 만 ᄂᆞ화 놀근 뵈로 두ᅀᅥ 볼 ᄢᅡ 알ᄑᆞᆫ ᄃᆡ 울ᄒᆞ디 〈구급간이방언해(1489) 1:80a〉 / "배": 내 가져간 ᄻᆞ간 불은 거시 녜루ᅌᅧ 세 ᄇᆞ리나(三倍) 더ᄂᆞ니라 ᄒᆞ고 〈이륜행실도_초간(1518) 4a〉 / "벌": 칙 ᄒᆞᆫ 볼 사디 〈번역노걸대(1517) 하:70a〉.
➟ [문법] 02_의존명사

❽ 메여 메여. 메-[咽] + -여(←-어, 연결어미). 현대국어의 '메다'는 중세국어에 '메다/몌다/며이다'로 나타난다. 세 형태 가운데 '메다'가 문헌상으로 가장 먼저 나온다. 한편, "(~을 어깨에) 짊어지다"를 의미하는 동사는 '메다'로만 나타난다. 본래 형태적으로 구분되었던 두 단어가 형태 변화를 겪어 오늘날에는 동음이의어가 된 것이다.
➟ [음운] 09_활음 첨가

盧操。河東人。九歲通孝經論語。事繼母張氏至孝。張生三子溺愛之。命操常執勤主炊。
操服勤不倦。張遣其子讀書。命操策驢隨之。操卽執鞭引繩如僮僕。三弟嗜酒縱佚。抵忤
於人。致人踵門詬及其母。操卽涕泣拜而鮮之。惡少年曰。不謂三賊有此令兄。相與拜操
而去。繼母亡。操訓養三弟。恩愛過於平日。服母喪。哀毁骨立。每夕有狐狸羅列左右。
將旦乃去。後調臨渙縣尉。佐政寬仁。官舍設几筵以祀父母。出告反面。過其庭。鞠躬如
也。每旦讀孝經一遍。然後視事。讀至喪親章。號咽不勝

노조(盧操)는 하동(河東) 사람이다. 아홉 살에 ≪효경(孝經)≫과 ≪논어(論語)≫를 배워 알았
고, 계모 장씨(張氏)를 지극한 효성으로 섬겼다. 장씨가 세 아들을 낳아 그들을 몹시 사랑하고,
노조에게는 늘 밥 짓는 일을 맡겨 힘을 기울이게 하였으나, 노조는 복종하고 게을리 하지
아니하였다. 장씨가 제 아들을 글 읽으러 보낼 때에 노조를 시켜 나귀의 채찍을 잡고 따라가게
하였는데, 노조가 곧 종처럼 채찍을 잡고 고삐를 끌었다. 세 아우가 술을 즐기고 방종하다가
남에게 거슬리어 남들이 집에 따라와 어머니에게 욕하면, 노조가 울면서 절하며 화해시키니,
나쁜 소년도 말하기를, "세 도둑에게 이런 착한 형이 있는 줄 몰랐다." 하면서, 서로 노조에게
절하고 갔다. 계모가 죽자, 노조가 세 아우를 가르치고 기르기를 평소보다 더 사랑하였다.
어머니 상(喪)을 입고 슬퍼하여 여위어서 뼈만 남았는데, 저녁마다 여우와 살쾡이가 좌우에
벌여 있다가 날이 밝으려 하면 떠났다. 뒤에 임하현위(臨河縣尉)가 되었는데 정사를 돕기를
너그럽고 어질게 하였고, 관사(官舍)에 궤연(几筵)을 베풀어 부모를 제사하고, 나가면 고하고
돌아오면 절하며 그 뜰을 지날 적에는 몸을 굽혔다. 아침마다 ≪효경≫을 한 번 읽은 뒤에
일을 보았는데, 상친장(喪親章)에 이르러서는 울며 목이 메어 견디지 못하였다.

詩 殷勤行孝順親心。委曲應知敬愛深。
執爨驅驢能友弟。里中惡少亦加欽
憶昔居廬淚滿巾。一爲縣尉尚寬仁。
几筵設祭敦時祀。朝夕哀悲更愴神

정성으로 효도하여 부모 마음 받드니, 공경하고 아끼는 마음 지극한 줄 알겠네.
밥짓고 나귀 몰며 아우를 사랑하니, 마을의 부랑배도 공경하였네.
여묘살이 할 때는 수건에 눈물 가득, 현위가 되어서는 너그러움 숭상했네.
궤연 모셔 제사하고 시제를 힘써, 조석으로 애통하며 다시 슬퍼하였네.

[텍스트 정보]

— 『삼강행실도』에서 노조의 나라가 밝혀져 있지 않으나, 『오륜행실도』(1797)의 언해문을 보면 노조가 수나라 하동 사람이라고 되어 있다. 본서에서는 이에 따라 노조의 나라를 수나라로 표시했다.

— 『효순사실』의 본문과 시가 실려 있다.

— 『삼강행실도』의 한문 원문은 『효순사실』의 본문으로부터 다음과 같이 달라졌다.

盧操 子安節。 河東人。 幼勤學。 九歲通孝經論語。 隨義解釋。 父老謂之聰明兒。 事繼母 張氏至孝。 張生三子溺愛之。 命操常執勤主炊。 爲三弟設席。 操服勤不倦。 張遣其子讀 書。 命操策驢隨之。 操卽執鞭引繩如僮僕。 三弟嗜酒縱佚。 抵忤於人。 致人踵門詬及其 母。 操卽涕泣拜而解之。 惡少年曰。 不謂三賊有此令兄。 某抵忤長者不義也。 相與拜操 而去。 繼母亡。 操訓養三弟。 恩愛過於平日。 服母喪。 哀毀骨立。 每夕有狐狸羅列左 右。 將旦乃去。 時人以爲孝感。 後以明經擢弟。 調臨渙縣尉。 佐政寬仁。 官舍設几筵以 祀父母。 出告反面。 過其庭鞠躬如也。 每旦其冠帶讀孝經経一遍。 然後視事。 讀至喪親 章。 號咽不勝。 子昭有文名。 次子雲恭謹有父風。 高尙。 好學。

— 『삼강행실도』의 시는 『효순사실』에서 '又'로 연결되어 있는 두 수의 7언시를 격간(隔間)의 형식을 사용해 옮겨 놓았다.

殷勤行孝順親心。 委曲應知敬愛深。 執轡驅驢能友弟。 里中惡少亦加欽 又 憶昔居廬淚 滿巾。 一爲縣尉尙寬仁。 几筵設祭敦時祀。 旦夕哀悲更愴神

徐積篤行서적독행 宋송

독실한 행실을 한 서적 _송나라

서적(徐積)이 세 살일 때 아버지가 돌아가셨다. 서적은 아침마다 매우 슬퍼하며 아버지를 찾았다.

자라서는 아침저녁으로 의복을 갖추어 입고 어머니께 문안 인사를 드렸다.

서적은 과거를 보러 갈 때 차마 어머니를 두고 갈 수 없어 어머니를 수레에 태워 모시고 갔다. 그리고 과거에 급제하였다.

서적과 함께 급제한 동기들이 어머니께 인사를 올리고 선물을 드리려 하였으나 서적은 받지 않았다.

아버지의 이름이 서석(徐石)이었기 때문에, 죽을 때까지 돌그릇을 쓰지 않고 돌을 밟지도 않았다.

어머니가 돌아가시자 서적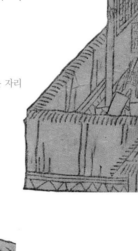
은 피를 토하며 슬퍼했다. 시묘
를 살 때, 눈이 내리는 밤이면 묘
곁에 엎드려 끊임없이 울었다. 한림학사^{翰林}
^{學士}가 지나가다가 이를 듣고 눈물을 흘렸다. 감로^甘
^露 하늘이 내린 단 이슬가 해마다 묘에 내리고, 살구나무의
두 가지가 한데 어울려 나 있었다.

상을 마치고도 자리와 궤^几 죽은 사람의 혼백이 깃드는 자리
를 걷지 않고 살아계실 때와 같이 모셨다.

고을에서 이 일을 나라에 아뢰니 조와 비단을 내리셨다. 서적이 후에 화주^和
^州 방어추관^{防禦推官} 방어하는 일과 죄인의 심문을 맡은 관원을 지내다 죽으니, 나라에서 서적
의 절개와 효성을 칭찬하여 절효처사^{節孝處士}라는 시호를 내리셨다.

徐ㅆ積·젹·이 :세 ❶:셜 머·거·셔 아비 죽거·늘 아ᄎᆞᆷ:마·다 甚·씸·히 슬·피 ❷:어·드·며 ❸아ᄎᆞᆷ나죄 冠관帶·대·ᄒᆞ·야 ❹·어·믜그에 :뵈더·라 及·끕第·뎨ᄒᆞ·라 갏 저·긔 ·어·미·롤 ᄇᆞ·리·디 :몯·ᄒᆞ·야 ·제 ❺술·위 ❻긋·어·가·아 及·끕第·뎨·ᄒᆞ·야·놀 同똥年년·돌·히 ❼모·다 ·어·믜그에 ·절ᄒᆞ·고 ❽이바·디·ᄒᆞ·려 커·늘 받·디 아·니ᄒᆞ·니·라 아·비 일·후·미 :돌·히러·니 죽·두·록 :돌그·르·슬 ❾·쓰·디 아·니ᄒᆞ·며 :돌·홀 :ᄇᆞᆲ·디 아니터·라 ·어·미 죽거·늘 슬·허 ·피 吐:토ᄒᆞ·며 侍·씨墓·모 :삷 저·긔 :눈 온 바·ᄆᆡ 墓·모ㅅ 겨66·틔 ❿업데·여 이·셔 소·리 그

(효자도 28a)

[대역문]

徐^서積^적이 세 살 먹어서 아비가 죽거늘 아침마다 甚^심히 슬피 찾으며 아침저녁 冠^관帶^대하여 어미에게 뵈더라. 及第^{급 제}하러 갈 적에 어미를 버리지 못하여 스스로 수레 끌어가 及第^{급 제}하거늘 同年^{동 년}들이 모여서 어미에게 절하고 이바지하려 하거늘 (서적이) 받지 아니하니라. 아비의 이름이 돌이더니 죽도록 돌그릇을 쓰지 아니하며 돌을 밟지 아니하더라. 어미가 죽거늘 슬퍼하여 피 토하며 侍墓^{시 묘} 살 적에 눈 온 밤에 墓^묘의 곁에 엎드려 있어 소리 그

·치·디 아니·ᄒᆞ·야 :울어·늘 翰·한林림學·ᄒᆞ學士:ᄊᆡ | :디·나가·다·가 듣·고 :우
더·라 甘감露·로 | ·히:마·다 墓·모·애 디·며 슬·곳 ·가·지 어·우·러 ·냇더·니
居거喪상⓫ ᄆᆞᆾ·고 ⓬돗·과 :궤·와 걷·디⁶⁷ 아니ᄒᆞ·고 이바·도·ᄆᆞᆯ 平뼝生싱 ·ᄀᆞ
·티 ·ᄒᆞ더·니 ⓭ᄀᆞ·올·히 ·ᄒᆞ·셔 :엳·ᄌᆞᄫᅡ·놀 조·콰 :깁·과 주·라 ·ᄒᆞ·시니·라 後·ᅘᅮᇦ·에
和ᅘᅪᆼ州즁 防뺭禦:어推췌官·관·ᄋᆞᆯ ·ᄒᆞ·앳다·가 죽거·늘 諡·씨號ᅘᅩᇦ·ᄅᆞᆯ【諡·씨·ᄂᆞᆫ
:ᄒᆡᇰ·뎍·으·로 일·훔 고·텨 지호·ᇙ ·씨·라】節·졇孝·ᅘᅭᇢ處·쳐士:ᄊᆡ | ·라 ·ᄒᆞ·시니·라【節·졇
·은 節·졇介·개 | ·라⁶⁸】(효자도 28b)

[대역문]

치지 아니하여 울거늘 翰林學士(한림학사)가 지나가다가 듣고 울더라. 甘露(감로)가 해마다 墓(묘)에 지며 살구의 가지 어울려
나 있더니 居喪(거상) 마치고 돗자리와 궤 걷지 아니하고 이바지함을 平生(평생)같이 하더니 고을에서 여쭙거늘 조와
깁 주라 하시니라. 後(후)에 和州(화주) 防禦推官(방어추관)을 하였다가 죽거늘 諡號(시호)를【諡(시)는 행적으로 이름 고쳐 짓는 것이다】
節孝處士(절효처사)라 하시니라.【節(절)은 節个(절개)이다】

<hr />

67 志部昭平(1990:101)의 교주 17)에서는 성암본에 본래 '·걷·디'로 되어 있던 것을 T1a, T3를 따라 '걷·디'로
    수정했다. 15세기 '걷다'[徹]의 어간 성조는 평성이었다.

68 志部昭平(1990:102)에서는 성암본의 '節·졇 개'를 '節·졇 가 | '로 수정하였다. 본서에서는 이에 대한
    문제점을 제기한 김유범 외(2020:144-146)에 따라 '節·졇介·개 | ·라'로 수정한다.

[주석]

❶ 설 — 명 살[年]. 중세국어 '설'은 "설날"과 "나이"의 의미를 모두 가지고 있었는데, 오늘날 후자의 의미는 의존명사 '살'이 맡게 되었다. '설'의 어원은 입성자였던 '歲'의 한자음이 변한 것으로 추정하기도 한다.
⟶ [어휘] 25_'설[歲/元旦]'

❷ 어드며 — 찾으며. 얻-[求] + -으며(연결어미). 현대국어의 '얻다'는 어떤 대상을 구해서 가지게 된 결과 상태[得]에 초점이 맞춰져 있으나, 중세국어의 '얻다'는 구하는 과정에 초점이 맞춰져 있어 "찾다", "구하다[求]"의 의미를 포괄하였다.
⟶ [어휘] 29_'얻다[求]'

❸ 아ᄎᆞᆷ나죄 — 명 아침저녁[朝夕]. '아ᄎᆞᆷ나죄'는 '아ᄎᆞᆷ'과 '나죄'가 결합한 합성어이다. '나죄'는 "저녁"을 뜻하는 명사 '나조ㅎ'[暮, 夕]에 부사격조사 'ᄋᆡ'가 결합한 '나조ᄒᆡ'가 축약되어 명사로 굳어진 것으로 볼 수 있다. 심재기(2000:72)에서는 '나조ㅎ'가 '나죄'라는 형태를 가지게 되면서 '낮[晝]'의 처격형인 '나ᄌᆡ'와 혼동이 생기게 되었고, 그로 인해 '나죄'가 소멸하면서 같은 자리를 '저녁'이 대체하게 되었다고 추정한 바 있다. '저녁'은 17세기 문헌에서 '져녁, 뎌녁, 저녁' 등의 형태로 나타나는데, 19세기 이후 '나조, 나죄'는 거의 발견되지 않고 대부분 '저녁'만 나타난다. '저녁'의 어원은 정확히 알 수 없으나 '져믈다, 졈글다' 등의 어간 형태와의 관련성을 추측해 볼 수 있다.

❹ 어믜그에 — 어미에게. 엄(←어미)[母] + 의그에(부사격조사). 중세국어의 '의그에'는 속격조사 '의'에 명사적 요소 '*그억/*긍'과 부사격조사 '에'가 결합하여 문법화된 형태로 추정된다. 고대국어의 차자표기에 나타나는 '-良中', '-衣希', '-ㅋ +'와 관련되며 '-의그에 〉 -의게 〉 -에게'의 변화를 거쳐 형성되었다.
⟶ [문법] 01_체언의 특수한 형태 교체
⟶ [문법] 13_부사격조사_여격조사 {의그에}

❺ 술위 — 명 수레[車]. 함북 방언인 '부술귀(기차)'와 '술귀뒤(수레바퀴의 한가운데에 뚫린 구멍에 끼우는 긴 나무 막대)', '술귀어리(수레바퀴의 한가운데 굴대를 끼우는 부분)'를 참고하여 '*술귀'를 재구할 수 있다. 이처럼 재구형의 /ㄱ/이 탈락하여 15세기 문헌에 특수 분철되어 나타나는 어휘에는 '몰애', '벌에' 등이 있다.
⟶ [표기] 04_특수 분철 표기

❻ 그ᇫ어가아 — 끌어가. 끌고 가. 그ᇫ어가-[引去] + -어(연결어미). '그ᇫ어가-'는 '그ᅀᅳ-[引]'의 활용형에 '가-'가 결합된 합성어로 이해된다. '그ᅀᅳ-[引]'에 어미 '-어'가 결합된 형태가 '그ᅀᅥ'가 아니라 특수 분철된 '그ᇫ어'로 나타난다. 어간 제2음절에 'ᄉᆞ/ᅀᅳ'를 가진 용언의 경우 활용 시 어간의 형태가 '(C)Vㅿ'로 변화하고 어미와는 분철 표기되는 경우가 일반적이다. 이는 용언의 어간이 '그ᇫ-[劃]'이 아니라 '그ᅀᅳ-[引]'임을 밝히기 위한 의도에서 비롯된 표기 형식으로 해석할 수 있다. 'X아'형 용언 어간은 연결어미 '-아'와 결합할 때 모음 'ㅏ'가 생략되는 것이 보통이지만,

『삼강행실도』≪효자도≫에서는 용언 어간의 모음과 연결어미가 모두 유지되는 특수한 표기 양상을 보인다.

⟶ [표기] 04_특수 분철 표기
⟶ [표기] 06_'ㅿ' 표기
⟶ [표기] 07_'X아'형 용언 어간의 표기
⟶ [문법] 03_용언의 특수한 형태 교체

❼ 모다 　모여. 모여서. 몯-[集] + -아(연결어미). '몯다'는 "모이다[集]"를 뜻하는 자동사로 어간 '몯-'에 연결어미 '-아'가 결합한 '모다'는 활용형으로뿐만 아니라 "모두"의 의미를 지닌 부사로 어휘화된 모습도 보여 준다. [참고] 모다 아로문 그 德이 나톤 견치라 〈법화경언해(1463) 1:32b〉. 한문 원문의 '率同年入拜'를 언해한 '同年돌히 모다 어믜그에 절ᄒᆞ고'에서 동사로 쓰인 '率'(거느리다)을 고려할 때 이곳의 '모다'는 "모두"라는 의미의 부사보다는 자동사 '몯다'의 활용형으로 보는 것이 적절하다고 생각된다.

⟶ [어휘] 15_'몯다'와 '모도다, 뫼호다, 모토다'

❽ 이바디ᄒᆞ려 　이바지하려. 음식 대접하려. 이바디ᄒᆞ-[奉] + -오려(연결어미). 중세국어의 '이받-'은 "(부모를) 봉양하다", "(부모에게) 음식을 대접하다[供養]"의 의미로 쓰였다. 여기서 '이바디'는 '이받-'에 명사 파생 접미사 '-이'가 결합한 것인데, 맥락상 '봉양' 또는 '도움'의 의미로 해석된다 '이바디'는 현대국어에 "도움이 되게 함, 물건을 갖추어 바라지함" 혹은 "결혼을 전후하여 신부 쪽에서 예를 갖추어 신랑 쪽으로 정성 들여 만들어 보내는 음식"을 뜻하는 '이바지'로 남아 있다.

⟶ [어휘] 34_'이받다, 이바디ᄒᆞ다'

❾ 쓰디 　쓰지. 사용하지. 쓰-[用] + -디(연결어미). 오늘날 '쓰다'는 각각 "사용하다[用]", "글자를 적다[書]", "머리에 얹다" 등의 의미를 가진 동음이의어이지만, 중세국어에서는 "사용하다"를 의미하는 동사는 '쓰다'로, "글자를 적다", "머리에 얹다"를 의미하는 동사는 '스다/쓰다'로 그 형태가 구분되었다. [참고] 발아래 千 字ᄅᆞᆯ 스고 〈구급방언해(1466) 하:84b〉, 붇 자ᄇᆞ샤 글 쓰시며 〈석보상절(1447) 3:8b〉. 머리예 겨근 거믄 頭巾을 스고 〈두시언해_초간(1481) 15:6b〉, 冠ᄋᆞᆫ 쓰는 거시니 〈석보상절(1447) 3:5b〉. 한편 맛을 나타내는 형용사 '쓰다[HH]'는 "사용하다"를 의미하는 동사 '쓰다[用]'와 형태 및 성조가 같다.

❿ 업데여 　엎드려. 업데-[伏] + -여(← -어, 연결어미). 중세국어의 '업데다'는 '업더이다'의 축약형으로, 뜻은 현대국어의 '엎드리다'와 같다. 같은 15세기 문헌에 '업더이다', '업더디다', '업더리다' '업듣다' 등의 형태가 나타난다. 의미상으로는 '엎다[伏][LH]'와 '듣다[落][RH]'의 비통사적 합성어일 것으로 추정되나 형태 변화를 설명하기 쉽지 않다.

⟶ [음운] 09_활음 첨가

⓫ 못고 　마치고. 못-[終](←ᄆᆞᆾ-) + -고(연결어미). 중세국어의 'ᄆᆞᆾ다'는 "마치다"를 뜻하

며 15세기 문헌에서 '몿다', '못다'의 형태로 나타난다. 매개모음과 결합 시 1음절의 받침을 중철하면서 '못ᄎ다', '못츠다', '못치다'와 같은 형태가 나타나기 시작했고, 오늘날과 같은 '마치다'의 형태는 19세기 문헌에서부터 확인된다.
➡ [표기] 01_8종성 표기

⑫ 돗과 궤와　　돗자리와 궤. 돗(← 돍)[筵] + 과(접속조사) # 궤[几] + 와(접속조사). '돍'은 '돗자리'를 의미하며, 자음 앞에서나 단독으로 쓰일 때는 'ㄱ'이 탈락한 '돗'의 형태로 쓰였다. 19세기에 '돍'과 '자리/ᄌ리'가 결합함에 따라 현대국어의 '돗자리' 형태로 굳어지자 '돍'은 더 이상 단독 어형으로 쓰이지 않게 되었다. 한편 중세국어에서는 접속조사 '와/과'가 접속된 마지막 체언까지 붙게 되는 특성이 있다. 즉, 'A와 B와 C와'처럼 세 개의 체언이 접속될 때 접속조사가 세 개까지 쓰이는 모습을 보인다. 물론 현대국어에서처럼 접속조사가 두 개 쓰인 'A와 B와 C'의 양상으로 나타나기도 한다. 이 이야기 내에서 '조콰 깁과'에도 같은 현상이 반영되어 있다.
➡ [문법] 17_접속조사

⑬ ᄀᆞ올히셔　　고을에서. ᄀᆞ올ㅎ[州] + 이셔(부사격조사). 'ᄀᆞ올ㅎ'은 '조ᄏ볼[栗村]'〈용비어천가(1447) 2:22〉을 참조하여 본래 형태를 'ᄀᆞᄫᆞᆯㅎ'로 추정할 수 있다. 'ᄀᆞᄫᆞᆯㅎ'에서 'ㅸ'이 약화되고 제2음절 모음이 원순모음화되어 'ᄀᆞ올ㅎ'로 변화하였다. 16세기 문헌에서부터 '고을'의 형태도 나타나는데, 어말의 'ㅎ'은 17세기 문헌까지도 나타난다.
➡ [어휘] 41_'ㅎ' 보유 체언

[한문 원문 및 시찬]

徐積。楚州人。三歲父死。旦旦求之甚哀。事母朝夕冠帶定省。從胡瑗學。瑗饋以食弗受。應擧入都。不忍捨其親。徒載而西。登第。擧首許安國率同年入拜。且致百金爲壽。謝而却之。以父名石。終身不用石器。行遇石。則避而不踐。母亡。悲慟嘔血。廬墓三年。雪夜伏墓側。哭不絶音。翰林學士呂溱過其墓。聞之。泣下。甘露歲降兆域。杏兩枝合榦。旣終喪。不徹筵几。起居饋獻如平生。州以行聞。詔賜粟帛。皇祐初。爲楚州敎授。又轉和州防禦推官。徽宗賜諡節孝處士

서적은 초주(楚州) 사람이다. 세 살 때에 아버지가 죽었는데, 자고 일어나면 아침마다 찾으며 몹시 슬퍼하였으며, 어머니를 섬김에 있어서도 조석으로 의관(衣冠)을 정제하고 문안하였다. 호원(胡瑗)을 따라 배울 적에 호원이 음식을 보냈으나, 받지 않았다. 과거(科擧)보러 서울로 들어갈 때에, 그 어머니를 차마 두고 갈 수 없어서 수레에 싣고 걸어가서 급제하였는데, 거수(擧首 장원) 허안국(許安國)이 같은 연배(年輩)를 거느리고 들어가 절하고, 또 금 1백 냥을 보내어 축수(祝壽)하였으나 사양하여 물리쳤다. 아버지의 이름이 석(石)이기 때문에, 평생 돌[石]로 만든 그릇을 쓰지 않았으며, 길을 가다가 돌을 만나면 피하고 밟지 않았다. 어머니가 죽으니 애통하여 피를 토하였고, 3년 동안 여묘(廬墓) 살면서 눈오는 밤에는 무덤 곁에 엎드려

곡성이 그치지 않았는데, 한림 학사(翰林學士) 여진(呂溱)이 그 무덤을 지나다가 듣고 눈물을 흘렸다. 감로(甘露)가 해마다 묘역에 내렸고, 살구나무 두 가지가 한가지로 합하였으며, 상기(喪期)를 마친 뒤에도 궤연(几筵)을 거두지 않고, 문안하고 음식 올리는 일을 생시처럼 하였다. 그 고을에서 이 행실을 나라에 아뢰니, 명하여 양곡과 비단을 내렸다. 황우(皇祐 인종(仁宗)의 연호. 1049~1053) 초년에 초주 교수(楚州教授)가 되고, 다시 화주 방어추관(和州防禦推官)으로 전보되었다. 휘종(徽宗)이 절효 처사(節孝處士)라는 시호(諡號)를 내렸다.

詩 嬰孩亡父日哀求。感切中情涕泗流。
事母更能躬孝養。當時名士復誰儔
致養居喪總盡情。神明默贊顯祥禎。
重膺朝命榮褒寵。古今人傳節孝名

어린아이 날마다 죽은 아비 찾으며, 애절한 정 우러나 눈물 흘리네.
어머니를 섬기며 몸소 효양 다했으니, 당시의 명사인들 누가 이에 짝하랴.
봉양과 상사에 천륜의 정 다하여, 신명의 도움으로 상서가 나타났네.
임금의 명 거듭 받아 포상도 영화롭고, 절효라는 그 이름이 고금에 전하였네

[텍스트 정보]

__ 『효순사실』의 본문과 시가 실려 있다.

__ 『삼강행실도』의 한문 원문은 『효순사실』의 본문으로부터 다음과 같이 달라졌다.

徐積篤行

徐積 字仲車。 楚州 山陽人。 孝行出於天禀 三歲父死。 且旦求之甚哀。 使讀孝経。 輒淚落不能止 事母至孝。 朝夕冠帶定省。 從胡瑗學。 所居一室寒一衲裘啜粟飲水。 瑗饋以食弗受。 應擧入都。 不忍捨其親。 徒載而西。 登進士第。 擧首許安國率同年入拜 且致百金爲壽。 謝而却之。 以父名石終身不用石器 行遇石。 則避而不踐。 或問之積曰吾遇之則怵然傷吾心。 思吾親。 故不忍加足其上 爾母亡。 水漿不入口者七日。 悲慟嘔血。 廬墓三年。 臥苦枕塊。 衰経不去體。 雪夜伏墓側 哭不絶音。 翰林學士呂溱過其墓。 適聞之爲泣下。 曰. 使鬼神有知亦垂涕也。 甘露歲降兆域杏兩枝合榦 既終喪不徹筵几。 起居饋獻如平生 州以行聞。 詔賜粟帛 宋仁宗皇祐初. 近臣合言積之賢。 宜在所表乃以揚州司戶參軍爲楚州教授。 居數歲使者又交薦轉和州防禦推官。 改宣德郎. 監中嶽廟卒時年七十六 徽宗政和六年賜諡節孝處士. 官其一子。

__ 『삼강행실도』의 시는 『효순사실』에서 '又'로 연결되어 있는 두 수의 7언시를 격간(隔間)의 형식을 사용해 옮겨 놓았다.

嬰孩亡父日哀求。感切中情涕泗流。事母更能躬孝養。當時名士復誰儔 又 致養居喪總盡情。神明默贊顯祥禎。重膺朝命榮褒寵。今古人傳節孝名

吳二免禍오이면화 宋송

화를 면한 오이 _송나라

오이^{哭二}가 어머니에게 지극정성으로 효도하였는데, 어느 날 한 신령이 꿈에
나타나 말하였다.

"너는 내일 낮에 벼락을 맞아 죽을 것이다."

오이가 놀라서 신령에게 빌었다.

"늙은 어머니를 모시고 있으니 살려 주십시오."

신령이 말하였다.

"하늘이 하시는 일이라
화를 면하기 어려울 것이다."

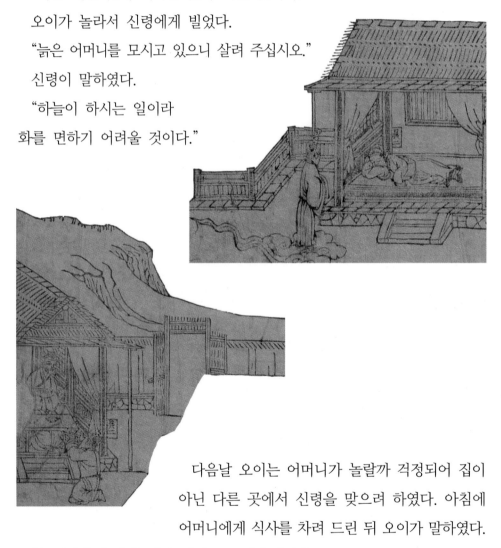

다음날 오이는 어머니가 놀랄까 걱정되어 집이
아닌 다른 곳에서 신령을 맞으려 하였다. 아침에
어머니에게 식사를 차려 드린 뒤 오이가 말하였다.

"누이동생의 집에 잠깐 다녀오고 싶습니다."

어머니는 오이에게 가지 말라고 하였다.

잠시 후 검은 구름이 일어나고 천둥이 쳤다. 오이는 어머니가 놀랄까 더욱 두려워 들에 나가서 기다렸다. 그러나 곧이어 구름이 걷히고 아무 일도 일어나지 않았다. 오이는 집에 돌아와서 신령의 말을 허망하게 여겼다.

그날 밤 꿈에 신령이 다시 나타나서 말했다.

"너의 효성이 지극하여 하늘이 전생의 죄를 용서하신 것이니 어머니를 더욱 공경하며 섬기거라."

吳오二식 ·어미·롤 至·지極·극 孝·흫道·똘·ᄒᆞ더·니 ᄒᆞᆫ 神씬靈령·이 ·ᄭᅮ·메 ❶닐·오·ᄃᆡ :네 來릭日·싫 나·지 ❷霹·퍽靂·력 마·자 주·그·리·라 ·ᄒᆞ야·놀 비·로 ·ᄃᆡ 늘·근 ·어·미 잇ᄂᆞ·니 ❸救·굽ᄒᆞ쇼·셔 神씬靈령·이 닐·오·ᄃᆡ 하ᄂᆞᆯ ·ᄒᆞ시·ᄂᆞᆫ :이·리·라 :몯 免·면ᄒᆞ·리·라 ·ᄒᆞ야·놀 吳오二식 ·어·미 ❹:놀랋·가 너·겨 ❺아 ·ᄎᆞ·미 ·밥·ᄒᆞ·야 ❻이받·고 ❼누·의 지·븨 :잢간 ❽녀·러·오·나·지·라 ·ᄒᆞ야·놀 ❾:말·라 ᄒᆞᆫ·대 ❿이슥·고 거·믄 ·구루·미 ⓫니르봐·다 天텬動:똥·ᄒᆞ·거·늘 吳오 二식 더·욱 ⓬두·리·여 ⓭ᄃᆞᆯ·ᄅᆞ·헤 ·가 (효자도 29a)

[대역문]

吳오二이가 어머니를 至지極극 孝효道도하더니 한 神신靈령이 꿈에 이르되 "네가 來래日일 낮에 벼락[霹벽靂력]을 맞아 죽으리라." 하거늘 빌되 "늙은 어미 있으니 救구하소서." 神신靈령이 이르되 "하늘 하시는 일이라 못 免면하리라." 하거늘 吳오二이가 어미 놀랄까 여겨 아침에 밥하여 공양하고 "누이의 집에 잠깐 다녀오고 싶다." 하거늘 (어미가) 말라 하는데 이윽고 검은 구름이 일으켜져 천둥[天천動동]치거늘 吳오二이가 더욱 두려워하여 들에 가 여기 뜨리더니 아ᅀᆞᆨ고 구루미 ⑭걷거늘 도라와 神씬靈령의 ᄆᆞ료 ⑮섭서비 ⑯너겟더니 그 낤 밠 ᄭᅮ메 神씬靈령이 ᄯᅩ 와 닐오ᄃᆡ 네 孝ᅟᅭ道 ᄠᅳᆮ 至지極 호홀ᄊᆡ 하ᄂᆞᆯ히 녯罪 ⑰ 죄를 赦샤 ᄒᆞ시니 더욱 恭공敬경 ᄒᆞ야 셤기라 ᄒᆞᄂᆞ라

·아 기·ᄃᆞ·리더·니 이슥고 ·구루·미 ⑭걷거·늘 도·라·와 神씬靈령·의 :마·ᄅᆞᆯ ⑮섭서비 ⑯너·겟더·니 그 ·낤 ·밠 ·ᄭᅮ·메 神씬靈령·이 ·ᄯᅩ ·와 닐·오·ᄃᆡ :네 孝ᅟ·ᅭ道:ᄠᅳᆮ ㅣ 至·지極·ᄀᆞᆨ홀·ᄊᆡ 하·ᄂᆞᆯ·히 ⑰:녯罪:죄·ᄅᆞᆯ 赦·샤·ᄒᆞ시·니 더·욱 恭공敬·경·ᄒᆞ·야 셤·기·라 ᄒᆞ·니·라 (효자도 29b)

[대역문]

기다리더니 이윽고 구름이 걷히거늘 돌아와 神靈의 말을 섭섭히 여겼더니 그날 밤 꿈에 神靈이 또 와 이르되 "너의 孝道가 至極하므로 하늘이 옛罪를 赦하시니 더욱 恭敬하여 섬기라." 하니라.

[주석]

❶ 닐오ᄃᆡ 이르되. 닐-(←니ᄅᆞ/니르-)[曰] + -오ᄃᆡ(연결어미). '니ᄅᆞ다/니르다'는 모음 어미와 결합할 때 '닐어, 닐오ᄃᆡ'와 같이 분철된 형태로 표기되는 특수한 모습을 보인다. 용언 어간이 2음절에 'ᄅᆞ/르'를 가진 경우 모음 어미와의 결합 환경에서 어간의 형태가 '(C)Vㄹ'으로 변화하는 현상이 공통적으로 나타난다.
➠ [표기] 04_특수 분철 표기

❷ 霹靂 몡 벼락. '벼락'은 본래 한자어 '霹靂(벽력)'에서 변한 말이다. 15세기에 언해문에서 한자 '霹靂(벽력)'으로 표기된 경우가 많으며, '벼락'으로 표기된 용례도 1회 발견된다. [참고] 벼락과 귓것과애 어려운 ᄇᆞᄅᆞ미 兼ᄒᆞ얏ᄂᆞ니라(霹靂魍魎兼狂風)〈두시언해_초간(1481) 19:46a〉. '벼락'에 'ᄒᆞ다'가 결합한 용언 '벼락ᄒᆞ

다'가 나타나기도 한다. [참고] 울에 쇽결업시 霹靂ᄒᆞᄂᆞ니 구롬과 비ᄂᆞᆫ ᄆᆞᄎᆞ매 업도다 (雷霆空霹靂 雲雨竟虛無) 〈두시언해_초간(1481) 10:22b〉. 다만 '霹靂' 의 당시 한자음은 '벽력'으로 생각되는데, 이것의 한글 표기가 '벼락'으로 나타난 것이 특이하다. [참고] 霹 벼락 벽 靂 벼락 력 〈훈몽자회_초간(1527) 상:1b〉.

❸ 救ᄒᆞ쇼셔　　구하십시오. 救ᄒᆞ- + -쇼셔(←-으쇼셔, 종결어미). {-으쇼셔}는 ᄒᆞ쇼셔체의 명령형 종결어미이다. {-으쇼셔}의 '으'는 매개모음이 아니라 형태소에 본래부 터 포함된 고유의 요소로 볼 수 있다. 다른 형태소는 선행 요소의 마지막 분절음 이 /ㄹ/일 때 매개모음이 나타나지 않는데 비해, {-으쇼셔}는 '말-' 등 /ㄹ/를 마지막 분절음으로 갖는 선행 요소 뒤에서도 '마ᄅᆞ쇼셔' 등에서와 같이 'ᄋᆞ/으'가 포함된 형태로 나타난다. 이러한 점 때문에 {-으쇼셔}의 '으'는 매개모음이 아니 라 처음부터 {-으쇼셔}에 포함되어 있는 고유의 요소로 상정할 수 있다. {-으쇼 셔}의 이러한 특성은 선어말어미 {-으시-}와 공통되는 것으로 {-으쇼셔}가 역사 적으로 {-으시-}와 관련성을 지녔음을 말해 준다.
➡ [문법] 27_명령형 종결어미

❹ 놀랇가　　놀랄까. 놀라-[恐驚] + -ㅭ가(종결어미). '-ㄹ가'는 주어의 인칭에 관계없이 사용되는 간접의문문의 종결어미이다.
➡ [문법] 26_의문형 종결어미

❺ 아ᄎᆞ미　　아침에. 아ᄎᆞᆷ[凌晨] + 이(부사격조사). '아ᄎᆞᆷ'에 대응되는 한문 원문의 '능신(凌 晨)'은 "이른 새벽, 동틀 무렵"을 의미한다. 다른 문헌에서는 '아ᄎᆞᆷ'이 날이 샌 이후의 시간을 가리키는 '旦', '朝'에 대응하므로 약간의 차이가 있다. [참고] 아ᄎᆞ미 中宮이 上ᄭᅴ ᄭᅮ믈 술오샤ᄃᆡ (朝애 中宮이 語夢於上曰ᄒᆞ샤ᄃᆡ) 〈금강경언 해(1464) 하:3b〉. 『삼강행실도』에서는 한문 원문의 '晨'을 '새벽'의 옛말인 '새 박', '새배'가 아니라 '아ᄎᆞᆷ'으로 일관되게 언해하였다.

❻ 이받고　　공양하고. 대접하고. 이받-[饋] + -고(연결어미). 중세국어의 '이받다'는 "음식 을 대접하다"의 포괄적인 의미를 가졌으며, 주로 부모에 대하여 "봉양하다"의 의미로 쓰인 경우가 많았다. 참고로 현대국어에서 '도움이 되게 함'이나 '결혼을 전후하여 신부 쪽에서 예를 갖추어 신랑 쪽으로 정성 들여 만들어 보내는 음식' 을 뜻하는 명사 '이바지'는 '이받다'의 파생명사 '이바디'로부터 비롯한 것이다.
➡ [표기] 34_'이받다, 이바디ᄒᆞ다'

❼ 누의　　廿 누이[妹]. 현대국어에서와 마찬가지로, 중세국어에서 '누이'는 손위나 손아래 의 여자 형제를 모두 의미할 수 있었다. 여기서는 한문 원문의 '請暫詣妹家'를 고려할 때 누이동생[妹]을 의미함을 짐작할 수 있다. 『삼강행실도』에서 '누이'는 '누위'의 형태로도 나타난다. [참고] 趙朔이 晉 成公ㅅ 누위ᄂᆞᆯ 어렷더니 〈충 신:25a〉.

❽ 녀러오나지라　　다녀오고 싶다. 갔다 오고 싶다. 녀러오-[還] + -나지라(←-거지라, 종결어미). '녀러오-'는 '녈-[行]'의 활용형에 '오-[來]'가 결합된 합성어로 분석된다. "가

다"를 의미하는 중세국어의 동사 '녈-'은 /ㄹ/이 탈락한 '녀-'로 나타나기도 한다. [참고] 그듸 날ᄃᆞ려 아니 니ᄅᆞ고 ᄀᆞ마니 나 어듸 녀려시니 〈월인석보 (1459) 21:57a〉 / 사ᄅᆞᆷ마다 발 이셔 녀고져 ᄒᆞ면 곧 녀며 〈금강경삼가해(1482) 5:25b〉. 이에 대하여 '녈다~녀다'의 관계를 '니를오~니르고[至]'와 관련지어, '*녈-'에서 어떠한 이유로 말음이 탈락되었으나 모음 어미 뒤에서는 고형이 유지되었다고 설명하는 견해가 있다(황선엽:1996). 한편 '-거지라'는 '-고 싶 다' 정도의 의미를 지니는 소망법 종결어미로, '오-[來]' 뒤에서는 이형태 '-나지 라'로 실현된다.

➡ [문법] 29_소망 표현 종결어미

❾ 말라   마라. 말-[不許] + -라(종결어미). 중세국어에서 '말-'이 명령형어미 '-라'와 결합하는 경우에 '말라'와 '마라'로 모두 나타나는데, '말라' 쪽이 더 우세하다. [참고] 이 ᄆᆞᅀᆞᆷ 먹디 말라 나라해 니ᅀᅳ리 업스니라 〈석보상절(1447) 3:21a〉 / ᄯᅩ 怨嫌엣 ᄆᆞᅀᆞᆷ 내디 마라 이 ᄀᆞᆮᄒᆞᆫ 安樂心을 이대 닷ᄀᆞᆯ씨 〈법화경언해(1463) 5:35b〉.

➡ [문법] 27_명령형 종결어미

❿ 이슥고   ⊞ 이윽고. 이 말은 어간 '이슥ᄒᆞ-[頃]'에 연결어미 '-고'가 결합한 어형이 부사 로 굳어진 것이다. 파생 접미사 '-ᄒᆞ-'가 결합된 용언에서 '-ᄒᆞ-'는 선행 음운이 장애음(/ㄱ, ㄷ, ㅂ, ㅅ/ 등)이면 통째로 탈락할 수 있다. '이슥ᄒᆞ고'의 'ᄒᆞ'는 /ㄱ/ 뒤에서 탈락되어 '이슥고'로 실현되었다. 한편 중세국어 '이슥ᄒᆞ다'는 "시간 이 조금 지나다"의 의미를 나타내었으며, 중세국어에서는 '이슥고'와 '이슥ᄒᆞ야' 의 활용형으로만 나타난다. '이슥ᄒᆞ다'에서 비롯된 현대국어 '이슥하다'는 그 뜻이 변화하여 "밤이 꽤 깊다"의 의미까지 나타내게 되었다. 현대국어 부사 '이 윽고'에는 중세국어 '이슥ᄒᆞ다'의 의미가 어느 정도 유지되고 있다.

➡ [표기] 06_'ㅿ' 표기
➡ [음운] 08_'ᄒᆞ-' 탈락
➡ [어휘] 35_'이슥ᄒᆞ다'

⓫ 니르ᄫᅡ다   일으켜져. 일어나. 니르받-[起] + -아(연결어미). '니르받-'은 어간 '니르-'에 강세 접미사 '-받-'이 결합된 동사이다. 주로 "일으키다" 정도의 의미를 갖는 타동사로 사용되지만 여기서는 "일어나다"의 의미를 갖는 자동사로 쓰였다.

➡ [표기] 05_'ㅸ' 표기
➡ [문법] 04_자·타동 양용동사
➡ [문법] 08_강세 접미사

⓬ 두리여   두려워하여. 두리-[懼] + -여(←-어, 연결어미). 중세국어의 '두리다'는 '두려 워하다'의 뜻을 가진 동사이다. 현대국어 '두렵다'에 대응하는 중세국어의 어형 은 '두립다'로 나타나는데, '두립다'는 동사 '두리-'에 형용사 파생 접미사 '-ㅂ-' 이 결합한 것으로 분석된다. 현대국어에서 '두리다'는 쓰이지 않고, '두리-'에 '-업-'이 결합해 파생된 형용사 '두렵다'에 다시 '-어하다'가 결합되어 형성된

동사 '두려워하다'가 그 자리를 대신하여 쓰이고 있다.

➡ [문법] 06_심리 동사와 심리 형용사

❸ 드르헤 들에. 드르ㅎ[野田] + 에(부사격조사). 중세국어의 '드르ㅎ'는 'ㅎ' 보유 체언으로서, 단독으로 쓰일 때나 관형격조사 'ㅅ' 앞에서는 'ㅎ'이 나타나지 않지만 모음 조사나 자음 조사 앞에서는 보유하고 있던 'ㅎ'을 드러낸다. [참고] 너븐 드릇 中에 홀골 뫼화 〈원각경언해(1465) 하:99b〉 / 世間애 너븐 드르콰 〈능엄경언해(1461) 9:22b〉.

➡ [어휘] 41_'ㅎ' 보유 체언

❹ 걷거늘 걷히거늘. 걷- + -거늘(연결어미). 중세국어 '걷다'은 현대국어와 달리 자동사와 타동사로 모두 쓰였다. 여기서는 목적어를 취하지 않으므로 자동사로 쓰여 "걷히다"를 의미한다.

➡ [문법] 04_자·타동 양용동사

❺ 섭서비 閔 허무히. '섭서비'는 어근 '섭섭'에 부사 파생 접미사 '-이'가 결합되어 파생된 부사이며, "허무히, 부실히"를 의미한다. 현대국어와 달리 중세국어에서 '섭섭ᄒ다'는 "서운하고 아쉽다"가 아니라 "부실하다"의 의미로 사용된다.

➡ [문법] 10_부사 파생 접미사

❻ 너겟더니 여겼더니. 너기- + -어(연결어미) # 잇-[有] + -더-(선어말어미) + -니(연결어미). 여기서 '-어 잇-'은 과거의 상황을 지시하는 의미로 파악된다. 중세국어의 '-어 잇-'은 《결과 상태 지속》을 나타내거나 현대국어 '-고 있-'과 같이 《진행》의 의미를 나타내기도 하는 등 맥락에 따라 해석될 수 있는 가능성이 다양하다.

➡ [문법] 30_'-어 잇-, -엣-, -엇-'의 상적 의미

❼ 녯罪 圀 숙악(宿惡). 전생의 죄. 숙악(宿惡)의 번역 차용어로 보인다. '숙악'은 불교 용어로 "지난 세상에서 범한 악행"을 가리킨다.

[한문 원문 및 시찬]

吳二。臨川小民。事母至孝。一夕有神見夢曰。汝明日午刻。當爲雷擊死。吳以老母在堂乞救護。神曰。受命於天。不可免也。吳恐驚其母。凌晨具饌以進。白云。將他適。請暫詣妹家。母不許。俄黑雲起日中。天地冥暗。雷聲闐闐然。吳益慮驚母。趣使閉戶。自出野田以待。頃之。雲氣廓開。吳幸免禍。亟歸拊其母。猶疑神言不實。未敢以告。是夜復夢神曰。汝至孝感天。已宥宿惡。宜加敬事

오이(吳二)는 임천(臨川)의 소민(小民)이다. 어머니를 지극한 효성으로 섬겼는데, 어느 날 저녁에 신령이 꿈에 나타나 이르기를, "너는 내일 정오에 벼락이 쳐 죽을 것이다." 하므로, 오이가 늙은 모친이 있으니 구해 달라고 빌었으나, 신령이 이르기를, "하늘에서 받은 명이니 면할 수 없다." 하였다. 오이는 그 어머니가 놀랄까 두려워서, 이른 새벽에 반찬을 갖추어

올리고 아뢰기를, "어디 좀 가려 하니 잠시 누이 집에 가서 계십시오." 하였으나, 모친이 허락하지 않았다. 갑자기 검은 구름이 한낮에 일더니 천지가 어두워지며 천둥 소리가 진동하므로, 오이는 더욱 어머니가 놀랄 것을 염려하여, 재촉해 문을 닫게 하고 스스로 들 가운데로 나가 그 때를 기다렸는데 한참 있다가 구름이 말끔히 개이고 오이는 다행하게도 화(禍)를 면하였다. 급히 돌아와 모친을 어루만지며, 오히려 신령의 말이 미덥지 않은 것을 의심하면서도 감히 고하지 못하였다. 이날 밤 꿈에 다시 신령이 나타나 말하기를, "네 지극한 효성이 하늘을 감동시켜 이미 묵은 허물을 용서하였으니, 공경하는 일을 더 힘써야 한다." 하였다.

詩 宿譴應知分殞生。夢中神報甚分明。
凌晨具饌還供母。欲適他家恐母驚
雷霆震怒忽轟闐。待罰從容出野田。
雲散悠然天日霽。只緣事母孝心虔

옛 허물로 죽게 됨을 알고 있었는데, 꿈속의 신령 말이 너무도 분명했네.
새벽에 음식 갖춰 어머니께 바치고, 어머니 놀랄세라 딴 데 보내려 했네.
천둥소리 우릉우릉 천지를 진동하니, 조용히 벌 받고자 들 가운데 나왔네.
구름은 흩어지고 홀연히 날 갠 것은, 어머니를 받들어 온 효심 때문이로다.

[텍스트 정보]

__ 『효순사실』의 본문과 시가 실렸다.
__ 『삼강행실도』의 한문 원문은 『효순사실』의 본문으로부터 다음과 같이 달라졌다.
　　吳二。臨川[水東小民也]。事母至孝。一夕有神[來]兒夢曰。汝明日午刻當爲雷擊死。吳以
　　老母在堂乞救護。神曰。[此]受命於天。不可免也。吳恐驚其母。凌晨具饌以進。白云。
　　將他適。請暫詣妹家。母不許。俄黑雲起日中。天地冥暗。雷聲闐闐然。吳益慮驚母。
　　趣使閉戶。自出野田以待[其罰]。頃之。雲氣廓開。吳幸免禍。亟歸拊其母。猶疑神言不
　　實。未敢以告。是夜復夢神曰。汝至孝感天。已宥宿惡。宜加敬事[也。自是孝。養其母]
　　[終身。]
__ 『삼강행실도』의 시는 『효순사실』에서 '又'로 연결되어 있는 두 수의 7언시를 격간(隔間)의 형식을 사용해 옮겨 놓았다.
__ 『효행록』에 이 이야기가 실리지 않아 『삼강행실도』에도 이제현의 찬이 없다.
__ 언해문의 '누의 지븨 잢간 녀러오나지라'(누이의 집에 잠깐 다녀오고 싶다)는 한문본과 의미상 차이를 보인다. 대응하는 한문은 '將他適。請暫詣妹家。'인데, 여기서 '請'은 청자인 어머니에게 행동을 요구하는 청유의 기능을 지닌다. 곧 "(저는) 다른 데 가려고 하니, 청컨대 (어머님은) 잠시 누이동생의 집에 가 계십시오." 정도로 풀이된다. 반면에 언해문에서는 '녀러오나지라(다녀오고 싶습니다)'와 같이 어머니에게 요청하는 행동이 아닌 본인이 할 행동으로 번역하였다. 이 구절에 대해 『오륜행실도』에서는 '쟝ᄎᆞᆺ 다른 ᄃᆡ 나가니 청컨대 잠간 누의 집의 가쇼셔(장차 다른 데 가니 청컨대 잠깐 누이의 집에 가십시오)'로 번역하였다.

王薦益壽왕천익수 元원

아버지의 수명을 늘린 왕천 _ 원나라

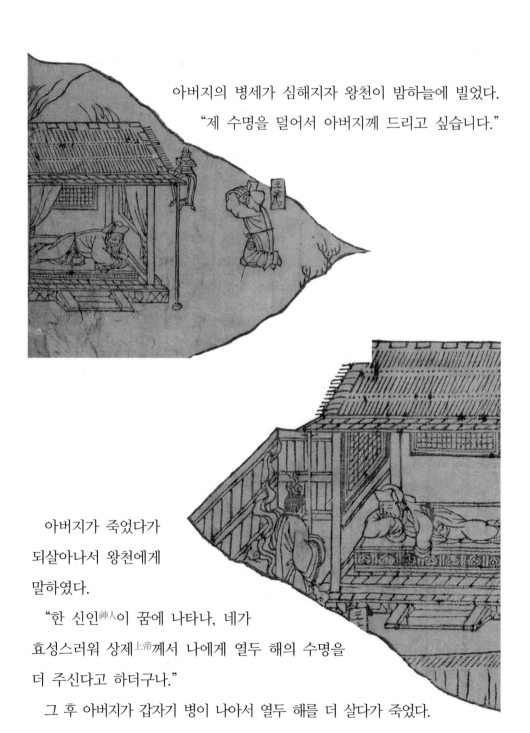

아버지의 병세가 심해지자 왕천이 밤하늘에 빌었다.
"제 수명을 덜어서 아버지께 드리고 싶습니다."

아버지가 죽었다가
되살아나서 왕천에게
말하였다.
"한 신인神人이 꿈에 나타나, 네가
효성스러워 상제上帝께서 나에게 열두 해의 수명을
더 주신다고 하더구나."
그 후 아버지가 갑자기 병이 나아서 열두 해를 더 살다가 죽었다.

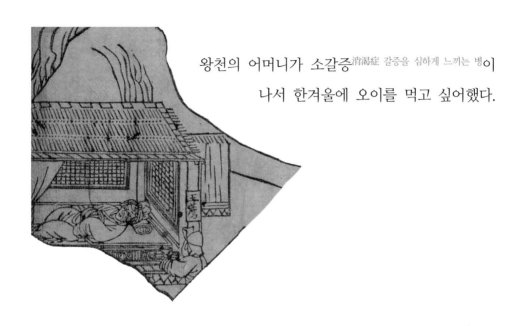

왕천의 어머니가 소갈증消渴症 갈증을 심하게 느끼는 병이 나서 한겨울에 오이를 먹고 싶어했다.

왕천이 오이를 구하러 두루 다녔지만 구하지 못하였다. 깊은 산골을 다니다가 눈을 피해 한 나무 밑에 가 있는데, 어머니의 병이 생각 나 하늘을 보며 울었다. 그러다가 문득 바위틈의 푸른 넝쿨에 오이 두 개가 열려 있는 것을 보았다.

오이를 가져가 어머니에게 드리니 어머니가 드시고 병이 즉시 나았다.

王왕薦·젼·의 아비 病·뼝·이 ❶:되어·늘 王왕薦·젼·이 █바·민 ❷하눐·긔 :비
·수보·디 내 ·나홀 더·러 아비·롤 ❹·주어·지이·다 ·ᄒ더·니 아비 ❺주·겟다·가
·ᄭᅢ·야 닐·오·디 ᄒᆞᆫ 神씬人신·이 ❻:날두·려 닐·오·디 네 아·ᄃᆞ·리 孝·효道:ᄯᅩᆸ
홀·ᄊᆡ 하눐 皇황帝·뎨 너·를 ·열:두 ·나홀 ·주시·ᄂᆞ·다69 ·ᄒ더·라 病·뼝·이
믄·득 ❼:됴·하 ·열:두 ·ᄒᆡ·를 ❽:살오 주·그니·라 ·어·미 목ᄆᆞ·ᄅᆞᆫ 病·뼝·ᄒᆞ야·셔
겨·ᄉᆞ·레 :외·롤 ❾머·거지·라 ·ᄒ거·늘 두·루 :얻·다·가 :몯 ·ᄒᆞ·야 기·픈 ❿묏:고
·래 ⓫·가·다가 :눈 避·삐·ᄒᆞ·야 ᄒᆞᆫ 나모 미·틔 (효자도 30a)

[대역문]

王왕薦천의 아비가 病병이 되거늘 王왕薦천이 밤에 하늘께 빌되 "내 나이를 덜어 아비를 주고 싶습니다." 하더니 아비가 죽어 있다가 깨어 이르되 "한 神신人인이 나더러 이르되, '너의 아들이 孝효道도하므로 하늘의 皇황帝제께서 너를 열두 나이를 주신다.' 하더라." (아버지가) 病병이 문득 좋아져서 열두 해를 살고 죽으니라. 어미가 목마른 病병 들어서 겨울에 오이를 먹고 싶다 하거늘 두루 얻다가 못하여 깊은 산골에 가다가 눈 避피하여 한 나무 밑에

---

69 언해문의 '·주·시·ᄂᆞ·다'와 관련해 성암본, 런던본, 김영중본에서는 모두 세 번째 글자가 보이지 않는다. 志部昭平(1990)에서는 T3(16C中?간행)로 소개한 고려대본 3종과 일본국회도서관 소장 내사본을 따라 탈자를 'ᄂᆞ'로 보았으나 확인 결과 고려대본 3종은 모두 '주시ᄅᆞ다'로 되어 있다. 본서에서는 志部昭平(1990:106)의 교정과 같이 '·주·시·ᄂᆞ·다'로 파악하되 志部昭平(1990:416)에서 T4(1580년 간행본)로 소개된 동경대본에 그 근거를 두기로 한다.

[언해문]

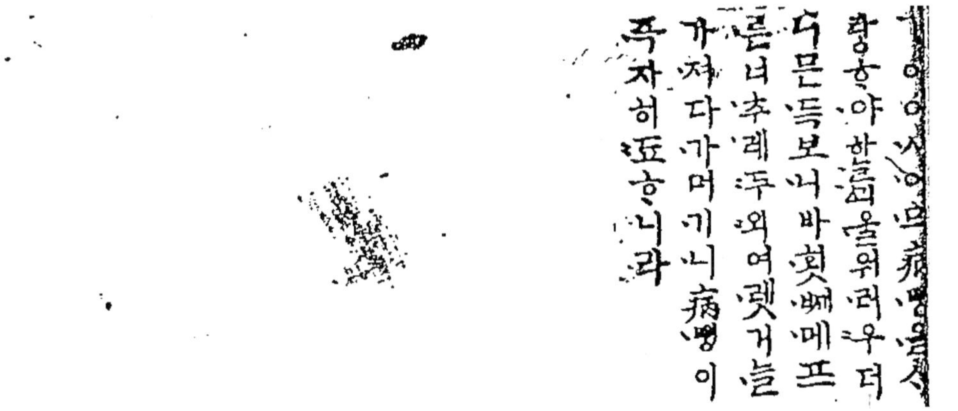

·가아 이·셔 ·어·믜 病·뼝·을 ⓬ᄉᆞ랑·ᄒᆞ·야 하·ᄂᆞᆯ·ᄭᅴ :울워·러 :우더·니 ᄆᆞᆫ·득 보·니 바·횟·삐·메 프·른 ⓭너·추·레 :두 :외 여·렛거·늘 ⓮가·져다·가 ⓯머·기·니 病·뼝·이 ⓰·즉자·히 :됴ᄒᆞ·니·라[70] (효자도 30b)

[대역문]

가 있어 어미의 病(병)을 생각하여 하늘께 우러러 울더니 문득 보니 바위틈에 푸른 넌출에 두 오이가 열어 있거늘 가져다가 먹이니 病(병)이 즉시 좋아지니라.

[주석]

⓫ 되어ᄂᆞᆯ　되거늘. 심하거늘. 되-[甚] + -어ᄂᆞᆯ(← -거ᄂᆞᆯ, 연결어미). 오늘날에는 “정도가 심하다”를 의미하는 ‘되다[甚]’와 “어떤 신분이나 위치·상태에 놓이다”를 의미하는 ‘되다[化]’의 형태가 같지만, 중세국어에서는 전자의 어간이 ‘되-[R]’로, 후자의 어간이 ‘ᄃᆞ외-’로 나타나 형태적으로 변별되었다. 16세기부터 ‘ᄃᆞ외다’의 축약형 ‘되다’가 나타나는데, 어간이 성조가 [L]로 나타나 [R]로 나타나는

---

70 『석보상절』(1447)과 『월인석보』(1459)에서는 ‘됴ᄒᆞ니라’의 성조가 [RHLH]로, 『구급방언해』(1466)에서는 [RLHH]로 출현하는 것으로 보아, 성조 패턴이 [RHLH]에서 [RLHH]로 변화했음을 알 수 있다. 언해본 『삼강행실도』 초간본의 ≪효자도≫에는 ‘됴ᄒᆞ니라’가 모두 5회 출현한다. 4회는 [RLHH](18b, 22b, 30b, 34a)로, 1회는 [RHLH](31a)로 출현하여 세종 당시의 성조 유형과 이후 변화된 성조 유형이 함께 나타나고 있다. 이곳의 ‘됴ᄒᆞ니라’는 변화 이후의 성조 유형인 [RLHH]를 보인다.

'되다[甚]'와 여전히 변별되었다.

➡ [문법] 22_연결어미 {-거든}, {-거늘}

❷ 하늜긔
하늘께. 하눌[天] + 의(부사격조사). '긔'는 기원적으로 높임의 유정 명사 뒤에 결합되는 관형격조사 'ㅅ'과 '그어긔'가 줄어든 '긔'의 결합으로 이루어졌다. 이 때의 'ㅅ'은 앞 요소의 종성에 나타나는 경우도 있었고, 뒤 음절의 초성에 나타나는 경우도 있었다. 여기의 '하늜긔'는 전자의 예이며, 〈30b〉의 '하늘 씌'는 후자의 예이다. 한편, 평칭의 유정 명사 뒤에는 관형격조사 '의/익'가 결합되므로 여격조사는 '의그에, 의게' 등으로 나타난다. '씌'와 '의그에, 의게'는 각각 현대 국어의 '께'와 '에게'로 이어진다.

➡ [음운] 01_경음화
➡ [문법] 13_부사격조사_여격조사 {의그에}

❸ 비슥보디
빌되. 비-(← 빌-)[願] + -숩-(선어말어미) + -오디(연결어미). 동사 '빌-'과 같이 어간의 말음이 /ㄹ/인 경우 /ㄷ, ㄴ, ㅅ, ㅿ, ㅈ/ 등의 치경 자음 앞에서는 /ㄹ/이 탈락하는 현상이 있었다. 다만 현대국어와 달리 {-으시-}와 {-으쇼셔}는 '-으-'가 포함된 형태가 기본형이었으므로 /ㄹ/이 탈락하지 않았다. [참고] 山川 씌 손소 비르시니 〈월인석보(1459) 20:62a〉, 摩尼如意寶珠 ᄒ나히 잇ᄂ니 그에 가 비르쇼셔 〈월인석보(1459) 21:41a-b〉

➡ [표기] 05_/ㄹ/ 탈락

❹ 주어지이다
주고 싶습니다. 주-[益] + -어지… -이-(선어말어미) …다(← -거지라, 종결어미). {-거지라}는 "~하고 싶다"라는 ≪소망≫의 의미를 가지는 종결어미이다. 자동사와 결합할 때에는 '-거지라', '-가지라', 타동사와 결합할 때에는 '-어지라', '-아지라' 등으로 나타난다. 한편 {-거지라}는 특정 선어말어미가 결합될 때 내부가 분리되는 불연속 형태소인데, 상대 높임 선어말어미 {-이-}가 개재되면 '-거지이다', '-가지이다', '-어지이다', '-아지이다' 등으로 나타난다. 이 이야기에서는 {-거지라}가 '주다'라는 타동사 뒤에 왔으며, 선어말어미 {-이-}가 개재되어 최종적으로 '-어지이다'로 나타났다.

➡ [문법] 29_소망 표현 종결어미

❺ 주겟다가
죽어 있다가. 죽-[絶] + -어(연결어미) # 잇-[有] + -다가(연결어미). '겟'에서 보이는 '-엣-'은 '-어 잇-'이 하나의 음절로 축약된 것이다. '-어 잇-'은 대체로 ≪(상태 또는 결과 상태의) 지속≫ 또는 ≪진행≫의 의미로 사용되었는데, 여기에서는 죽어 있는 상태가 지속된 것으로 해석할 수 있다.

➡ [문법] 30_'-어 잇-, -엣-, -엇-'의 상적 의미

❻ 날ᄃ려
나더러. 나에게. 나[我] + ㄹᄃ려(부사격조사). 부사격조사 'ᄃ려'는 "데리다"를 의미하는 어간 'ᄃ리-[率, 與]'와 어미 '-어'가 문법화한 것이다. 이들은 현대국어의 {에게}나 {더러} 정도로 풀이된다. 다만 여기에서는 '나ᄃ려'가 아니라 '날ᄃ려'로 나타나므로 조사의 형태가 'ㄹᄃ려'임을 알 수 있는데, 이는 문법화의 중간 단계의 모습이다. 즉 표면적으로는 "~를 데리고"의 구(句) 구성을 취하고

있는 것이다. 그러나 문맥상 여기에서는 부사격조사로 기능하고 있다는 점, 'ㄹ 두려'와 '두려'의 기능적 차이가 없다는 점을 통해 부사격조사로 처리한다.

➡➡ [문법] 13_부사격조사_여격조사 {두려}, {더브러}

❼ 됴하 좋아져. 둏-[愈] + -아(연결어미). 형용사 '둏다'가 동사 "좋아지다"의 의미로 사용되었다. 이는 중세국어에서 하나의 용언이 형용사와 동사의 쓰임을 모두 지니고 있었던 일부 용언의 특징을 잘 보여 준다. 마지막 구절의 '됴ᄒᆞ니라'에서 도 '둏다'가 "좋아지다"의 의미로 사용되었다.

➡ [문법] 05_형용사의 동사적 용법

❽ 살오 살고. 살-[生] + -오(←-고, 연결어미). 연결어미 '-오'는 형태소 경계를 사이로 /ㄹ/ 뒤에서 '-고'의 /ㄱ/이 탈락한 형태이다. 15세기 공시적 현상인 /ㄱ/ 탈락은 형태소 경계를 전제로 선행 요소가 /ㄹ/이나 활음 /j/라고 하는 음운론적 조건 또는 계사 뒤라고 하는 형태론적 조건을 지닌 형태음운 현상으로 파악될 수 있다.

➡ [음운] 04_/ㄱ/ 탈락

❾ 머거지라 먹고 싶다. 먹-[食] + -어지라(종결어미). {-거지라}는 "~하고 싶다"라는 ≪소 망≫의 의미를 가지는 종결어미이다. 자동사와 결합할 때에는 '-거지라', '-가지 라', 타동사와 결합할 때에는 '-어지라', '-아지라' 등으로 나타난다. 여기에서는 '먹다'라는 타동사 뒤에서 '-어지라'가 결합되었다.

➡ [문법] 29_소망 표현 종결어미

❿ 묏고래 산골에. 묏골[嶺] + 애(부사격조사). '묏골'은 '뫼+ㅅ(관형격조사)+골'의 구성으 로 이루어진 합성어로 볼 수 있다. 이때 '묏골'을 구(句) 구성으로 보아 '묏 골'로 처리할 수도 있지만, '뫼'가 '산'으로 대체된 '산골'이 현대국어에서 합성어로 기능하고 있으므로 본서에서는 구 구성보다는 합성어로 파악한다.

➡ [문법] 04_{ㅅ}을 내포한 합성어와 명사구의 구분

⓫ 가다가 가다가. 가-[去] + -다가(연결어미). '-다가'는 ≪전환≫의 의미를 지니고 있는 연결어미이다. 위의 '죽엣다가(죽어있다가)'와 같이 선행 동작이 완료된 후의 전환을 드러내는 경우도 있고, 동시적인 동작 간의 전환을 드러내는 경우도 있 다. [참고] 가다가 ᄯᅩ 病삥ᄒᆞ야놀 〈효자:31a〉. 참고로 아래 '가져다가'의 어미 '-어다가'와 형태는 유사하나 직접적인 관련성은 없다.

⓬ ᄉᆞ랑ᄒᆞ야 생각하여. ᄉᆞ랑ᄒᆞ-[思] + -야(←-아, 연결어미). 중세국어의 'ᄉᆞ랑ᄒᆞ다'는 본 래 "생각하다[思]"의 기본 의미를 가졌으며, "사랑하다[愛]", "그리워하다", "좋아하다" 등의 의미로도 쓰였다. [참고] 술 즐겨 머거 ᄇᆞ룸부는 대롤 ᄉᆞ랑ᄒᆞ 야(嗜酒愛風竹) 〈두시언해_초간(1481) 6:35b〉. "사랑하다"의 의미를 가진 단 어로 '괴다'와 '둧다'도 있었는데, '괴다'는 이성에 대한 사랑을, '둧다'는 이성 이외의 대상에 대한 사랑을 나타내었다. 근대국어 이후 'ᄉᆞ랑ᄒᆞ다'에서 "사랑 하다[愛]"의 의미가 강화됨에 따라 '괴다'와 '둧다'가 점차 소멸하였다(김태곤

⓭ 너추레

넌출에. 너출[蔓] + 에(부사격조사). 중세국어의 '너출'은 "넌출, 넝쿨, 덩굴"을 의미하였다. 한편 중세국어에서는 '너출'과 '너출다'가 모두 확인되는데, 이는 명사 어근이 그대로 동사 어근에 사용된 경우이다.

⓮ 가져다가

가져다가. 가지-[摘] + -어다가(연결어미). '-어다가'는 기원적으로 '-어(연결어미) # 다ㄱ/다그- + -아(연결어미)'로 분석할 수 있는데, 타동사 '다ㄱ/다그-'는 중세국어 시기에 한자 '將, 把'에 대응하여 "가지다" 정도의 의미를 지녔다. 그러나 '다ㄱ/다그-'의 어휘적인 의미가 점차 약해지면서 '-어다가' 전체가 어미로 문법화되었다. '-어다가'는 선행절과 후행절의 구체적인 행위나 동작이 순차적으로 일어나고 선행절의 동작이 후행절의 동작에 대하여 ≪수단≫ 또는 ≪방법≫을 나타내는 연결어미의 기능을 갖는다.

⓯ 머기니

먹이니. 머기-[食] + -니(연결어미). 어간 '머기-'는 어근 '먹-'과 사동 접미사 '-이-'가 결합되어 형성되었다.
⟹ [문법] 32_사동 표현

⓰ 즉자히

🈡 즉시[頓]. '즉자히'는 15세기 다른 문헌에서는 '즉재'로도 출현하지만 『삼강행실도』에서는 '즉자히'로만 출현한다. '즉자히'가 '즉재'로 나타나는 것은 유성음 사이의 /ㅎ/ 탈락과 관련되며, 이 현상은 '막다히~막대'[杖]에서도 발견된다.
⟹ [음운] 06_/ㅎ/ 탈락

[한문 원문 및 시찬]

王薦。福寧人。父嘗病甚。薦夜禱於天。願減己年益父壽。父絶而復甦。告其友曰。適有神人黃衣紅帕首。恍惚語我曰。汝子孝。上帝命錫汝十二齡。疾遽愈。後果十二年而卒。母沈氏病渴。語薦曰。得瓜以啖我渴可止。時冬月求於鄕不得。行至深奧嶺值雪。薦避雪樹下。思母病。仰天而哭。忽見巖石間靑蔓離披。有二瓜焉。因摘歸奉母。母食之渴頓止

왕천(王薦)은 복령(福寧) 사람이다. 아버지가 일찍이 병이 심하자 왕천이 밤에 하늘에 빌어 자기의 수명을 줄이고 아버지의 수명을 늘려 주기를 빌었다. 아버지가 기절하였다가 다시 살아나서 그 벗에게 이르기를, "마침 신인(神人)이 황색 옷에 홍색 수건으로 머리를 싸매고 황홀한 가운데에 내게 말하기를, '네 아들이 효성이 있으므로 상제(上帝)께서 네게 12년을 더 주라고 명하셨다'고 하더라." 하였는데, 병이 곧 나았고, 그후 과연 12년 만에 죽었다. 어머니 심씨(沈氏)가 갈증(渴症)을 앓았는데, 왕천에게 말하기를, "오이를 얻어먹으면 내 갈증이 그치겠다." 하였다. 그때는 겨울철이므로 시골에서 구해 보았으나 얻지 못하고, 어느 깊숙한 산속을 가다가 눈이 오기에 나무 아래서 눈을 피하며 어머니의 병을 생각하고 하늘을 우러러 우는데, 문득 바위 사이에 푸른 넝쿨이 무성하게 덮이고 그 넝쿨에 두 개의 오이가 있는 것을 보았다. 그래서 따 가지고 돌아와 어머니에게 바쳤더니, 어머니가 먹고 갈증이 즉시 그쳤다.

420 | 정본 언해본 삼강행실도 효자

詩　父病精虔禱上天。願將己算益親年。
孝心感格天心順。恍惚神將帝命傳
母渴思瓜正歲寒。那堪山路雪漫漫。
雙瓜忽産空巖裏。歸奉慈親痼疾安

아비 병에 정성드려 하늘에 기도하되, 내 나이 줄여다가 어버이께 더해 주오.
지극한 그 효성에 천심도 감동하여, 황홀한 속에 신인 와서 상제의 명 전했네.
어머니가 갈증으로 한겨울에 오이 찾는데, 찾아나선 산골길에 눈마저 내리네.
한쌍의 그 오이가 바위 틈에 열었기에, 돌아가서 바치니 모친 고질 나았네.

[텍스트 정보]

__ 『효순사실』의 본문과 시가 실리고, 『효행록』에는 이 이야기가 실리지 않아 『삼강행실도』
에도 이제현의 찬이 없다.

__ 『삼강행실도』의 한문 원문은 『효순사실』의 원문과 다음과 같이 차이를 보인다.

王薦。福寧人。性孝而好義父嘗病甚。薦夜禱於天。願減己年益父壽。父絶而復甦。告
其友曰。適有神人黃衣紅帕首。恍惚語我曰。汝子孝。上帝命錫汝十二齡。疾遽愈。後
果十二年而卒。母沈氏病渴。語薦曰。得瓜以啖我渴可止。時冬月求於鄕不得。行至深
奧嶺値雪。薦避雪樹下。思母病。仰天而哭。忽見巖石間靑蔓離披。有二瓜焉。因摘歸
奉母。母食之渴頓止◌。

__ 『삼강행실도』의 시는 『효순사실』에서 '又'로 연결되어 있는 두 수의 7언시를 격간(隔間)의
형식을 사용해 옮겨 놓았다.

劉氏孝姑유씨효고 國朝국조

시어머니에게 효도한 유씨 _ 명나라

유씨劉氏의 시어머니가 화주和州로 이
사를 가는 길에 병이 들었다. 이때 유씨
가 팔에서 스스로 피를 내어 약에 섞어
먹이니 병이 좋아졌다. 시어머니가 가다
가 또 병이 들었는데 유씨가 또 그렇게
하여 병을 낫게 하였다.

유씨의 남편이 죽은 후에는 나물을 심어서 시어
머니 봉양을 더욱 정성스럽게 했는데, 두 해 만에
시어머니가 또 병이 들었다. 유씨는 밤낮으로 곁에
있으면서 모기를 쫓았고 시어머니의 살이 썩어 구더기
가 나면 입으로 빨아서 버리니 구더기가 다시 생기지 않았다.

시어머니가 병이 위독하여 유씨의 손가락을 깨물고
작별을 고하였다. 유씨가 천지신명을 부르며
울면서 자신의 다리에서 살을 베어 죽
에 섞어 먹이니 시어머니가 도로 살아나
한 달을 더 살고 죽었다. 집 곁에 빈장殯葬
어떤 사정으로 시신을 묻지 못해 임시로 가려두는 일을 해 두고
고향에 있는 시아버지의 무덤에 가서 합장하려고 하
였으나 다섯 해를 슬피 울기만 하고 가지 못하였다.

이 일이 조정에 알려져 태조太祖 고황제高皇帝
께 아뢰니 황제께서 중사中使 왕의 명령을 전하던 내시를 시
켜 옷 한 벌과 초鈔 당시 중국의 지폐 스무 정錠을 보내셨다.

또한 관아에서 고향에 사람을 보내 시어머니를 다시 묻게 하였다.

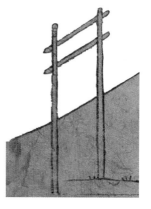

홍문을 세운 후 집을 완호完護 나라에서 특정인의 생활의
안전을 유지하게 해 주던 일하게 하였다.

劉륭氏:씨·의 ·싀·어·미 길·헤 ·나아 病·뼝·ᄒ야·놀 ❶블·힛 ·피 :내·야 藥·약 ·애 섯·거 머·기·니 病·뼝·이 :됴·ᄒ니·라⁷¹ ·가다·가 ·쪼 病·뼝·ᄒ야·놀 ·쪼 그 ·리·ᄒ·야 ❷:됴·히·오니·라 ❸남진·이 죽거·늘 ·눈물 ❹심·거 ·싀·어·미 ❺이바·도 ·몰 더·욱 :조심·ᄒ더·니 ❻:두·힛 마·내 ·싀·어·미 病·뼝·ᄒ·얫거·늘 ·밤·낫 겨 ·틔 이·셔 ·모·기 놀·이·며 ·싀·어·미 ·술·히 서·거 구·더·기 나거·늘 ·쏜·라 ᄇ ·리·니 다시 아니 ·나더·니 ·싀·어·미 病·뼝·이 되·야 ❼劉륭氏:씨ㅅ 숟가·락 ❽너⁷²·흐·러 ❾乃:내終즁:말 ·ᄒ거·늘 劉륭氏:씨 (효자도 31a)

[대역문]

劉^유氏^씨의 시어미가 길에 나 病^병들거늘 팔의 피 내어 藥^약에 섞어 먹이니 病^병이 좋아지니라. 가다가 또 病^병들거늘 또 그리하여 좋아지게 하니라. 남편이 죽거늘 나물 심어 시어미 봉양함을 더욱 조심하더니 두 해 만에

---

71 『석보상절』(1447)과 『월인석보』(1459)에서는 '됴ᄒ니라'의 성조가 [RHLH]로, 『구급방언해』(1466)에서
는 [RLHH]로 출현하는 것으로 보아, 성조 패턴이 [RHLH]에서 [RLHH]로 변화했음을 알 수 있다.
언해본 『삼강행실도』 초간본의 《효자도》에는 '됴ᄒ니라'가 모두 5회 출현한다. 4회는 [RLHH](18b,
22b, 30b, 34a)로, 1회는 [RHLH](31a)로 출현하여 세종 당시의 성조 유형과 이후 변화된 성조 유형이
함께 나타나고 있다. 이곳의 '됴ᄒ니라'는 변화 이전의 본래 성조 유형인 [RHLH]를 보인다는 점에서
주목된다.

72 志部昭平(1990:109)에 따르면 성암본에만 '녀흐러'로 출현하고 다른 판본들에서는 모두 '너흐러'로 출현
한다.

시어미가 病^병들었거늘 밤낮 곁에 있어 모기 날리며 시어미 살이 썩어 구더기 나거늘 빨아 버리니 다시 아니

나더니 시어미 病^병이 심하여 劉氏^{유 씨}의 손가락 깨물어 乃終^{내 종}말 하거늘 劉氏^{유 씨}가

[언해문]

神씬靈령·을 ❿블·러 :울·며 다릿⁷³고·기·롤 ·보·려 粥·쥭·에 섯·거 머·기·니 도

로 사·라 ᄒᆞᆫ ·ᄃᆞᆯ ⓫나마ᄉᆞ 죽거·늘 집 겨·틔 殯·빈所:소·ᄒᆞ·야 두·고 ⓬·싀아·비

무·더·메 ·가·아 무·두·려 ·ᄒᆞ·야 다·숫 ·ᄒᆡ·롤 슬·피 우·루·디 :몯 ·갯더·니 :엳

·ᄌᆞᄫᅡ·놀 太·태祖:조 高곯皇勢帝:뎨 中듕使ᄉᆞ ·ᄇᆞ리·샤 ·옷 ᄒᆞᆫ ·볼·와 鈔ᅟᅭᆸ

·ᄉᆞ·믈 錠·뎡·과【닷 張댱·이 ᄒᆞᆫ 錠·뎡·이·라】·주시·고 ⓭그위·예·셔 묻·고 紅蒦門

몬 ⓮:세·오 집 ⓯完뾘護쀻·ᄒᆞ·라 ·ᄒᆞ·시니·라 (효자도 31b)

[대역문]

神^신靈^령을 불러 울며 다리의 고기를 발라 粥^죽에 섞어 먹이니 도로 살아 한 달 넘어서야 죽거늘 집 곁에 殯所^{빈 소}를

지어 두고 시아비 무덤에 가 묻으려 하여 다섯 해를 슬피 울되 못 가 있더니 (조정에) 여쫍거늘 太祖^{태 조} 高皇帝^{고 황 제}

가 中使^{중 사}를 부리시어 옷 한 벌과 鈔^초 스무 錠^정【다섯 張^장이 한 錠^정이다】주시고 관아에서 묻고 紅門^{홍 문} 세우고

집 完護^{완 호}하라 하시니라.

73　志部昭平(1990:109) 교주 19)에서는 성암본의 성조 [LL]을 [LH]로 교정하였다. 그러나 『월인천강지곡』이

나 『석보상절』에서 '다릿'이 [LL]으로 출현하는 점을 참고하여 여기에서는 런던본의 성조 [LL]을 그대로

두기로 한다.

[주석]

❶ 불힛 피   팔의 피. 팔에 있는 피. 불ㅎ[臂] + 이(부사격조사) + ㅅ(관형격조사) # 피[血].
'NP1 + 엣/잇 + NP2'의 구성은 현대국어에서는 '귀엣말', '눈엣가시'와 같이
하나로 굳어진 단어에서만 발견되지만, 중세국어에서는 구(句) 구성으로 가능하
였다. 이때 '엣/잇'은 소위 복합조사로 불리며, 내적으로는 두 격조사의 결합으로
분석된다. "~에 있는", "~의 가운데" 정도의 의미를 보이기도 하고, 혹은 '에'나
'ㅅ'과 기능상 차이가 크지 않은 경우도 있다.
  ➡ [문법] 15_부사격조사와 관형격조사의 복합

❷ 됴히오니라   좋아지게 하였다. 낫게 하였다. 됴히오-[病愈] + -니-(선어말어미) + -라(←
-다, 종결어미). '됴히오-'는 '됴ᄒ-'에 이중 사동 접미사 '-ㅣ오/우-'가 결합된
것으로 볼 수 있는데, 국어사 문헌에서 단 2회만 출현한다. [참고] 녀나ᄆᆞᆫ 약으로
됴히오디 몯ᄒᆞᄂᆞᆫ 부럼 마ᄌᆞᆫ 병 〈구급간이방언해(1489) 1:28a〉. '됴히오-'와 같
이 사동 접미사로 '-ㅣ오/우-'가 결합한 단어로는 '치오-[滿]', '쁴우-[用]', '티
오-[燒]', '조히오-[淨]' 등이 있다.
  ➡ [문법] 32_사동 표현
  ➡ [문법] 25_평서형 종결어미

❸ 남진이   남편이. 남진[男人] + 이(주격조사). 중세국어에서 '남진'은 일반적인 "남성"을
의미하거나 결혼한 "남편"을 가리키는데, 이 이야기에서는 "남편"을 의미한다.
'남진'은 한자어 '男人'에서 비롯된 것으로 추정된다. '人'의 중세국어 한자음
'신'은 후대에 대부분 '인'으로 변하지만 '남진'의 경우 '신 〉 진'의 변화를 겪은
것이 특이하다. 한편 여기에서 '남진이'는 연철된 '남지니'가 아닌, 분철 표기를
하여 어간의 형태를 밝혀 적은 것이 특별하다.
  ➡ [표기] 03_일반 분철 표기
  ➡ [어휘] 06_'남진'

❹ 심거   심어. 시ᇚ-(←시므-)[種] + -어(연결어미). 중세국어의 동사 '시ᇚ다/시므다'는 후
행하는 어미에 따라 형태가 교체된다. 후행하는 어미가 모음으로 시작하는 어미
라면 '시ᇚ-'으로 출현하고(심거, 심군, 심교ᄆᆞᆯ), 자음이나 매개모음으로 시작하는
어미라면 '시므-'로 출현하였다(시므고, 시므며, 시므니). 오늘날에는 '시ᇚ-/시므
-'가 '심-'으로 단일화되어 '심다'는 규칙활용을 하는 동사가 되었고, '시ᇚ-' 형은
방언에서 '심구다' 형으로 변화하여 그 흔적을 남기고 있다.
  ➡ [문법] 03_용언의 특수한 형태 교체

❺ 이바도ᄆᆞᆯ   봉양함을. 이받-[養] + -옴(명사형어미) + ᄋᆞᆯ(목적격조사). 중세국어의 '이받다'
는 "음식을 대접하다"의 포괄적인 의미를 가졌으며, 주로 부모에 대하여 "아랫사
람이 윗사람에게 음식을 드리다", "봉양하다"의 의미로 쓰인 경우가 많았다.
여기에서도 유씨가 시어머니를 봉양한다는 의미로 사용되었다. 현대국어에서
"도움이 되게 함"이나 "결혼을 전후하여 신부 쪽에서 예를 갖추어 신랑 쪽으로

정성 들여 만들어 보내는 음식"을 뜻하는 명사 '이바지'는 '이받다'의 파생명사 '이바디'로부터 비롯한 것이다.

➡ [어휘] 이받다

❻ 두 힛 마내 　두 해 만에. 두 # 히 + ㅅ(관형격조사) # 만 + 애(부사격조사). 여기에서 '만'은 시간과 관련된 단위성 의존명사 '히'와 관형격조사 'ㅅ' 뒤에서 출현하는 것을 보아 의존명사임을 알 수 있다. 이는 현대국어에서의 '10년 만에 돌아오다'에서 '만'의 쓰임과 동일하다. 대체로 중세국어에서의 '만'의 쓰임은 현대국어의 '만' 과 유사하지만 차이도 있다. 예를 들어 중세국어의 '만'에는 "-하기만 (하다)"의 의미로 파악되는 용례들이 발견된다. [참고] 다ᄆᆞᆫ 쓸 만 ᄒᆞ야도 이 사ᄅᆞ미 命終ᄒᆞ 야 〈석보상절(1447) 21:57b〉.

➡ [문법] 02_의존명사
➡ [문법] 14_관형격조사

❼ 劉氏ㅅ 　유씨의. 劉氏 + ㅅ (관형격조사). 관형격조사 'ㅅ'은 일반적으로 존칭의 유정 체언 뒤에 오는데, 여기서는 예외적으로 평칭의 유정 체언 뒤에서 사용되었다.

➡ [문법] 14_관형격조사

❽ 너흐러 　깨물어. 너흘-[齧] + -어(연결어미). 중세국어의 동사 '너흘다'는 19세기 말까지 용례가 확인된다. [참고] ᄯᅩᄒᆞᆫ 일희 ᄀᆞᆺᄒᆞ면 서로 너흘고 서로 다토며 ᄯᅩᄒᆞᆫ 서로 패ᄒᆞ고 멸홀지라 〈성경직해(1892) 4:7b〉. '너흘다'는 '물다'와의 유의경쟁에서 밀려서 현대국어에는 사어화되었으나, 제주방언에는 아직도 '너흘다/너을다'의 형태로 이 단어가 남아 있다.

❾ 乃終말 　[명] 유언. 마지막 말. '乃終'과 '말'이 합쳐져 "유언"의 의미를 나타낸다. '乃終'은 주로 부사격조사 '애'나 부사 파생 접미사 '-내'와 결합하여 "마침내"를 뜻하는 부사로 사용되지만 명사로서 단독으로 쓰이기도 한다. 현대국어에서 '내종'은 형태가 변화한 후 주로 부사격조사가 결합한 '나중에'로 쓰이며, 그 의미 또한 "이다음에" 정도로 다소 변화하였다.

❿ 블러 울며 　크게 울며. 큰소리로 울며. 브르-[號] + -어(연결어미) # 울-[泣] + -며(연결어 미). 여기서 '블러 울다'는 원문의 '호읍(號泣)'에 대응하며, "(누군가를) 부르며 울다"로 파악되기보다 "큰소리로 울다"의 뜻으로 파악된다. 중세국어의 동사 '브르다'가 일반적으로 목적어를 취하는 것과 달리, '블러 울다'는 목적어를 취하 지 않는 경우도 많이 보인다. 15세기 자료에서 '블러 울다'는 한문 원문의 '號泣, 號哭, 呼號, 號呼, 啼號' 등에 대응하며, 공통되는 '號'가 '블러'의 대역어라고 생각된다.

➡ [어휘] 23_'블러 울다'

⓫ 나마ᅀᅡ 　넘어서야. 남-[越] + -아(연결어미) + ㅿᅡ(보조사). 오늘날 동사 '남다'는 "나머지 가 있게 되다"를, '넘다'는 "정한 범위·수량·정도를 초월하다"를 의미하지만, 중세국어에서는 '남-'과 '넘-'이 "越"의 공통적인 의미로서 구별 없이 사용되었

다. 다만 15세기에 이미 '남-'에는 "餘"의 의미, '넘-'에는 "過"의 의미가 생겨 분화의 싹이 보였다(이기문 1998:192). 한편 보조사 '삭'는 "(오직) ~만", "(의외로, 오히려, 마침내) ~하여", "~해서야" 등으로 해석되는데, 여기에서는 "~해서야"의 뜻으로 파악된다.

➠ [표기] 06_'ㅿ' 표기
➠ [문법] 16_보조사_중세국어의 보조사 {삭}

⓬ 싀아비   시아비의. 싀압(← 싀아비)[舅] + 이(관형격조사). 중세국어에서는 'ㅣ'로 끝나는 유정 체언 가운데 일부가 관형격조사나 호격조사와 결합할 때 말음 'ㅣ'가 탈락하는 일이 있었다. 이러한 현상은 '아비, 아기, 가히' 등 주로 유정 체언에서 일어났다. 한편 대다수의 논의에서는 오늘날 사용되고 있는 한자 '媤'에 이끌려서 접두사 '싀-'를 고유어가 아닌 한자어로 파악하고 있다. 그러나 중세국어를 비롯하여 18세기 근대국어에까지 한글문헌에는 한자 '媤'가 출현하지 않는다는 점에서 다시 생각해 볼 여지가 있다. 따라서 김무림(2020:604)에서 언급하였듯이 어원과는 관련이 없는 단순한 취음표기로 보는 것이 옳을 듯하다.

➠ [문법] 01_체언의 특수한 형태 교체

⓭ 그위예셔   관아에서. 그위[官] + 예셔(← 에서, 부사격조사). 중세국어 '그위'는 '구위, 구의'의 형태로도 나타나며, 주로 "관청"의 의미로 사용되나 드물게 "관직"을 나타내기도 하고([참고] 즉자히 그위룰 더디고 도라온대(卽日棄官歸家)〈효자:21a〉), "관원"을 의미하기도 한다([참고] '百官은 온 그위니 한 臣下롤 니루니라〈석보상절(1447) 3:7a〉). 여기에서는 "관아, 관청"의 의미로 사용되었다.

➠ [음운] 09_활음 첨가
➠ [어휘] 04_'그위, 그위실'

⓮ 셰오   세우고. 셰-[立] + -오(←-고, 연결어미). '셰-'는 '셔-[立]'에 사동 접미사 '-이-'가 결합하여 형성된 것이다. 『삼강행실도』를 비롯한 15세기 한글문헌에서는 '셔다'의 사동형으로 '셰다'만 출현한다. '셰-'에 다시 사동 접미사 '-오/우-'가 결합한 '셰오-/셰우-'는 16세기 후반부터 출현하여 현대국어의 '세우다'로 남았다. [참고] 몸을 셰워 道를 行호야〈소학언해(1588) 2:29a〉.

➠ [음운] 04_/ㄱ/ 탈락
➠ [문법] 32_사동 표현

⓯ 完護ᄒ라   완호하라. 完護ᄒ- + -라(종결어미). '완호(完護)'란 예전에 나라에서 법률로 특수한 집단의 생명이나 생활의 안전을 보장해 주던 일이나 그러한 제도를 가리키는 말이다.

[한문 원문 및 시찬]

劉氏。眞定人。韓太初妻。太初洪武七年遷和州。挈家行。劉事姑甯氏甚謹。姑在道遇疾。劉刺臂血和湯以進。姑疾愈。至瓜洲復病。亦如之。比至和州。太初卒。劉種蔬以給食。養姑尤謹。又二年姑患風不能起。時盛暑。劉晝夜侍側。驅蚊蠅。姑體腐蛆生。又爲齧蛆。蛆不復生。及姑病篤。齧劉指與之訣。劉號呼神明。刲股肉和粥以進。姑復甦。越月而卒。劉殯舍側。欲還葬舅墓。哀號凡五年不能歸。事聞。太祖皇帝遣中使賜劉衣一襲。鈔二十錠。官爲送喪歸葬。旌門復家

유씨(劉氏)는 진정(眞定) 사람이며, 한태초(韓太初)의 아내이다. 한태초가 홍무(洪武) 7년(1374)에 화주(和州)로 옮길 때에 가속을 데리고 떠났다. 유씨는 시어머니 영씨(甯氏)를 매우 성실하게 섬기었는데, 시어머니가 도중에 병이 나자 유씨가 자기 팔을 찔러 피를 내어 약에 타서 드렸더니, 시어머니의 병이 나았다. 과주(瓜洲)에 이르러 다시 병이 나자, 또한 그와 같이 하였다. 겨우 화주(和州)에 이르자 한태초가 죽었으므로, 유씨가 소채를 심어서 먹을 것을 대어 가며 시어머니의 봉양을 더욱 성실하게 하였다. 다시 2년 뒤에 시어머니가 풍증(風症)을 앓아 자리에서 일어나지 못하는데, 마침 한더위 때이므로 유씨가 밤낮으로 곁에서 모시면서 모기와 파리를 쫓았으며, 시어머니의 몸이 썩어 구더기가 생기자, 또 구더기를 씹으니, 구더기가 다시는 생기지 않았다. 병이 위독해지자 시어머니가 유씨의 손가락을 깨물어 결별을 표하니, 유씨가 신명을 애절하게 부르며 자기 다리의 살을 베어 죽에 타서 먹였는데, 다시 소생하여 달을 넘기고 죽었다. 유씨가 집 곁에 빈장(殯葬)하고, 고향으로 돌아가 시아버지의 무덤에 합장하려고 5년 동안 슬피 울며 지냈으나 돌아가지 못하였다. 이 일이 조정에 알려지자, 태조 황제(太祖皇帝)가 중사(史使)를 보내어 유씨에게 옷 1습(襲)과 초(鈔 돈) 20정(錠)을 하사하고, 관가에서 주선하여 고향으로 돌아가 장사하게 하고, 정문(旌門)하고 부세(賦稅)를 면제하게 하였다.

詩
刺血和湯姑疾甦。夫亡無食種園蔬。
蛆生姑體偏能齧。盛夏蚊蠅更爲驅
朝廷特爲返姑喪。始得還鄕葬舅傍。
旌表門閭兼寵賚。古來孝婦實無雙

피 내어 약에 섞어 시모 병환 낫게 하고, 남편 잃고 살 길 없어 소채를 심었다오.
시모 몸의 구더기를 두루 씹었고, 한여름 파리 모기 밤낮으로 쫓았네.
조정이 특별하게 시모 위해 보내 주어, 그제야 고향 가서 시아비 곁에 안장했네.
마을 문에 정표하고 은총의 물건 주니, 예전부터 효부로서 짝할 사람 없었네.

[텍스트 정보]

__ 『효순사실』의 본문과 시가 실리고, 『효행록』에 이 이야기가 실리지 않아 『삼강행실도』에도 이제현의 찬이 없다.

劉氏。眞定新𥶡人。韓太初妻。太初故元時爲知印洪武七年例遷和州。挈家口行。劉氏

事姑竇氏甚謹。姑在道遇疾。劉氏刺臂血和湯以進。姑疾愈。至瓜洲復病。亦如之。比至和州。太初卒。劉氏種蔬以給食。養姑尤謹。又二年姑患風疾不能起。時盛暑。劉氏晝夜侍姑側。姑體腐□蛆生席間。又爲齧蛆。蛆不復生。及姑病篤。醫劉氏指與之訣。劉氏號呼神明。刲股肉和粥以進。姑復甦。越月而卒。劉氏殯舍側園中。欲還合葬于舅墓。哀號凡五年不能歸。事聞。太祖皇帝遣中使賜劉氏衣一襲。鈔二十錠。官爲送其姑喪歸葬。十五年。復旌表其門□復其家徭役。

— 『삼강행실도』의 시는 『효순사실』에서 '又'로 연결되어 있는 두 수의 7언시를 격간(隔間)의 형식을 사용해 옮겨 놓았다.

— 언해문에서 '完護ᄒ라'고 제시된 부분은 『효순사실』의 '復其家徭役'에 대응한다. 여기서 '徭役'은 "부역"을 뜻하고 '復'는 "면제하다"를 뜻하여 전체 문장이 "그 집의 부역을 면제하다" 정도로 풀이된다. 다만 "부역"의 의미를 지닌 '徭役'은 주로 남자에 대하여 쓰는 말이기 때문인지 『삼강행실도』 한문본에는 해당 한자를 생략하였고, 여자 주인공인 유씨를 고려하여 언해문 역시 다소 의역한 것으로 보인다.

시어머니는 길에 왜 나왔을까? 시어머니가 유씨의 손가락은 깨문 까닭은?

– 〈유씨효고劉氏孝姑〉, 『고금열녀전』의 〈한태초처韓太初妻〉 –

〈유씨효고〉는 『고금열녀전古今列女傳』에 〈한태초처韓太初妻〉라는 제목으로 수록되어 있다. 『고금열녀전』은 명나라 영락永樂 원년元年(1402) 성조成祖 시기에 인효왕후仁孝王后의 청에 의해 해진海縉 등에 명하여 새로 편찬한 것으로 상·중·하 3권으로 분책되어 있다. 그 내용은 유향劉向의 『고열녀전古列女傳』을 따르는 한편 원元, 명대明代에 이르기까지에 있었던 각 사서史書에 나타난 여성열전女性列傳을 함께 모은 것이 특징이다.

특히 『고금열녀전』은 한문본 『삼강행실도三綱行實圖』의 《열녀도烈女圖》의 간행과도 밀접한 관련이 있다. 즉 《열녀도》에 수록된 인물 110명 중 『고금열녀전』에 수록된 인물이 49명(45%)으로 상당히 많은 비중을 점하고 있는 것이다. 이 가운데서 우리나라의 역대인물 15명(백제 1명, 고려 9명, 조선 5명)을 제외한 중국인 95명만으로 보면 49명은 55%에 해당된다(우쾌재 1988 참조). 이러한 이유로 국내에서는 일찍부터 『고금열녀전』 내지 『고열녀전』과 『삼강행실도』 《열녀도》와의 관계를 깊이 있게 다루어 왔다.

반면, 《효자도》에 수록된 〈유씨효고〉 이야기는 《열녀도》에 수록되지 않은 까닭에 다소 소외되어 왔던 것이 사실이다. 왜 『고금열녀전』에 수록된 이야기가 《열녀도》가 아니라 《효자도》에 수록되어 있는지 의아해 할 수 있다. 하지만 "뛰어난 여성들을 열거했다"는 열녀列女에서 그 의미가 축소되어 "정절貞節을 지키는 여성"이라는 뜻의 열녀烈女로 변화되었음을 알고 나면 『고금열녀전』의 효녀孝女 이야기가 『삼강행실도』의 《효자도》에 실렸다는 사실은 크게 문제되지 않는다. 오히려 〈유씨효고〉를 통해서 『고금열녀전』을 『삼강행실도』 전반과의 관계 속에서 바라보아야 함을 알게 해 준다.

한편, 《효자도》에 수록된 〈유씨효고〉 이야기는 크게 두 가지 궁금증을 유발한다. 첫째는 이야기의 도입부에서 홍무 7년에 왜 시어머니가 길을 나섰느냐 하는 것이고, 둘째는 시어머니가 죽기 전에 왜 유씨의 손가락을 깨물었는가 하는 점이다. 『고금열녀전』의 〈한태초처〉에는 이 궁금증을 어느 정도 해소할 수 있는 내용이 담겨있다. 먼저 첫 번째 궁금증을 풀어보자.

韓太初妻 劉氏 真定 新樂縣人 太初仕元爲顯官 洪武七年 家徙和州
(한태초의 아내 유씨는 진정 신락현 사람으로 태초는 높은 벼슬이 되어 원나라에 봉사하였다.
홍무 7년 집안은 화주로 이사를 하였다.)

　위의 내용은 〈한태초처〉의 도입부이다. 〈유씨효고〉에서는 누락되어 있는 내용이 있으
니, 바로 '한태초는 원나라에서 벼슬을 지냈던 사람'이라는 것이다. 당시 명나라에는 이전
나라에서 벼슬을 하였던 이들의 관직을 강등시키고 외진 곳으로 이사를 시키는 법이 있었으
므로(蔡石山 2011 참조), 이러한 배경을 알고 나면 이사 도중에 벌어진 시어머니의 병환과
한태초의 죽음을 이해할 수 있다. 아울러 〈유씨효고〉는 유씨의 출신을 판본마다 '真定人(성
암본)' 내지 '新樂人(오륜행실도)'으로 달리 소개하여 마치 유씨의 출신을 고친 듯한 오해를
불러일으키는데, 〈한태초처〉를 참고하면 단지 '真定 新樂縣人'을 생략한 곳이 판본마다
달라서 벌어진 일임을 알게 해 준다.
　다음으로 시어머니가 유씨의 손가락을 깨물게 된 배경을 살펴보자.

　除夕 姑忽病危 嚙劉氏小指意與之永訣 劉氏不悟 明旦斬指滴血和粥以進 姑病逾
　(섣달 그믐날 밤에 시어머니가 갑자기 병이 위독하셔서 유씨의 새끼손가락을 깨물어서 죽음
　의 뜻을 표시하였으나 유씨는 잠에서 깨지 못하였고, 다음날 아침 손가락을 베어 피를 내어
　죽에 타서 진상하니 시어머니의 병이 나았다.)

　위의 내용을 살펴보면 〈유씨효고〉에는 없는 '제석除夕'이라는 시간적 배경과 '잠에서 깨
지 못하였다[不悟]'는 상황적 배경을 알게 된다. 이를 통해서 시어머니는 잠을 자다가 한밤
중에 죽음을 맞이하게 되었고, 곁에서 지극정성으로 간호를 하다가 피곤으로 인하여 깜빡
졸게 된 유씨를 깨우기 위해 극단적으로 손가락을 깨문 것이었음을 추측해 볼 수 있다.
　한 가지 재미난 점은 유씨가 '깨어나지 않은 것[不悟]'도 효성스럽지 않다고 생각하였는
지, 〈유씨효고〉에서는 이 부분을 생략하고 '손가락을 베는 행위[斬指]'는 '다리의 살을 베는
행위[刲股肉]'로 과장시켰다는 것이다. 수정된 내용은 『여범女範』 등과 같은 국내문헌뿐만
아니라 『명사明史』, 『명실록明實錄』과 같은 중국 문헌에서도 반영되어 있다.

婁伯捕虎누백포호 高麗고려

범을 잡은 누백 _ 고려

한림학사翰林學士 최루백崔婁伯은 수원水原 호장戶長 고려시대 향리직의 우두머리의 아들이었다.

최루백이 열다섯 살 때 아버지가 사냥을 나갔다가 범에게 물렸다. 가서 범을 잡으려고 하였는데 어머니가 말리자 최루백이 말하였다.

"아버지의 원수를 어찌 갚지 않을 수 있겠습니까?"

최루백이 즉시 도끼를 메고 발자국을 쫓아가니 그곳에는 범이 벌써 아버지를 배불리 먹고 누워 있었다. 최루백이 곧장 범을 향해 가서 꾸짖었다.

"네가 내 아버지를 먹었으니 나도 반드시 너를 먹겠다!"

그러자 범이 꼬리를 흔들며 항복하였다.

최루백이 그 범의 배를 갈라서 아버지의 살과 뼈를 꺼내어 그릇에 담았다. 또한 범의 고기는 독에 담아 냇물 속에 묻었다.

그 후 아버지를 묻고 시묘를 살았다.

하루는 최루백이 잠깐 잠들었는데, 꿈에 아버지가 와서 시를 읊었다.

개암나무 헤치고 효자의 여막에 오니
마음에 감동함이 많아 눈물이 끝이 없구나.
흙 지어 날마다 무덤 위에 올리니
알아주실 이는 밝은 달과 맑은 바람이시다.
살았을 땐 봉양하고 죽어서는 지켜주니
효도가 끝이 없다 말한 이 누구이던가.

아버지가 시를 다 읊고는 보이지 않았다.
최루백은 아버지의 상을 마치고 범의 고기를 꺼내 다 먹었다.

翰·한林림學·ᄒᆞᆨ士:ᄊᆞ 崔최婆:룽伯·ᄇᆡᆨ·ᄋᆞᆫ 水:쉬原원 戶:萍長·댱 ·이 ❶아ᄃᆞ
·리러니 ·나·히 ·열다ᄉᆞᆺ·신 저·긔 아비 ❷山산行ᄒᆡᆼ ❸·갯다·가 :범 ❹·믈·여늘
·가·아 자보·려 ᄒᆞ·니 ·어·미 말·이더·니 婆:룽伯·ᄇᆡᆨ·이 닐·오·ᄃᆡ ▮아비 怨훤讐
쓩·를 아니 ❺가·포·리잇·가 ᄒᆞ·고 ·즉자·히 :돗·귀 :메·오 ❻자·괴바·다 가·니
:버·미 ❼ᄒᆞ·마 ❽·빅브·르 먹·고 ❾누·벳거·늘 ❿바·ᄅᆞ ·드·러·가·아 구·지주·ᄃᆡ
:네 내 아·비·를 머·그·니 내 모·로·매 너·를 머·구·리·라 ·ᄒᆞ야·놀 쏘·리 :젓·고
업:데어·늘 ⓫·베·텨 ·ᄇᆡ ⓬·ᄣᅡ·아 아·비 ⓭·ᄉᆞᆯ·콰 ·ᄲᅧ·와 :내·야 그·르·세 :담·고
:버·믜 ⓮고·기·란 도·기 다·마 :내·해 묻·고 아·비 묻·고 侍·씨墓·모 ⓯:사더·니
⓰ᄒᆞᄅᆞ·ᄂᆞᆫ ⓱ᄒᆞᄌᆞ못 (효자도 32a)

[대역문]

翰林學士 崔婁伯은 水原 戶長의 아들이더니 나이가 열다섯인 적에 아비가 사냥 가 있다가 범 물리거늘 (누백이) 가 잡으려 하니 어미가 말리더니 婆伯이 이르되, "아비의 怨讐를 아니 갚겠습니까?" 하고 즉시 도끼 메고 자취를 쫓아 가니 범이 이미 배불리 먹고 누워 있거늘 바로 들어가 꾸짖으되, "네가 내 아비를 먹으니 내가 모름지기 너를 먹으리라." 하거늘 꼬리 젓고 엎드리거늘 (범을) 베어 배 타 아비의 살과 뼈를 내어 그릇에 담고 범의 고기는 독에 담아 내에 묻고 아비 묻고 侍墓 살더니 하루는 수잠

438

·ᄒᆞ·얫거·늘 아·비 ·와 ·그·를 ⑱이·푸·디 披피榛즌·ᄒᆞ·야 到·돌孝·횬子·ᄌᆞ廬려·ᄒᆞ·니【⑲개욤나모 헤·오 孝·횬子·ᄌᆞ廬려·에 :오·니】情쪙多다感:감·ᄒᆞ·야 淚·뤼無무窮꿍·이로·다【ᄠ·데 感:감動:똥·ᄒᆞ·미 :만·ᄒᆞ·야 ·눖·므·리 ⑳다·옳 :업도·다】負·뿡土:토·ᄒᆞ·야 日·ᅀᅵᆶ加가塚·둉上·쌍·ᄒᆞᄂᆞ·니【훍 ·지·여 ㉑·나·날 무·덤 우·희 올·이ᄂᆞ·니】知·디音흠·은 明명月·ᅌᅯᇙ淸쳥風봉74·이시·니·라【㉒:아르·시ᄂᆞ·닌 ·ᄇᆞᆯ·곤 ·ᄃᆞ·래 ·ᄆᆞᆯ·곤 ᄇᆞ로·미시·니·라】生ᄉᆡᆼ則·즉養:양·ᄒᆞ·고 死:ᄉᆞ則·즉守:슈·ᄒᆞᄂᆞ·니【사·랏거·든 이받·고 죽거·든 디·키ᄂᆞ·니】誰쒸謂·위孝·횬無무始·시終즁·고【·뉘 닐·오·디 孝·횬道:뚱ㅣ ㉓乃:내終즁 :업·다 ·ᄒᆞ더·뇨】:다 닙·고 믄·득 :몯 보·니·라 虁·뤵伯·ᄇᆡᆨ·이 居거喪상 못·고 :버·믜 고·기·를 :다 머·그니·라 (효자도 32b)

[대역문]

들어 있거늘 (꿈에) 아비가 와 글을 읊되, 披진榛도효자려·하여 到孝子廬하니【개암나무 헤치고 孝子廬(효자려)에 오니】情多感(정다감)하여 涙無窮(누무궁)이로다.【뜻에 感動(감동)함이 많아 눈물이 다함 없도다.】負土(부토)하여 日加塚上(일가총상)하니【흙 지어 나날이

74　志部昭平(1990:111)에 따르면 성암본에는 '風'의 한자음이 '봉'으로 되어 있고 특별히 이에 대한 교정 내용은 제시되지 않았다. 그러나 〈동국정운 1:17a〉에는 '風'의 한자음이 '·봉[H]'과 '봉[L]'으로 되어 있어 한자음 교정이 필요함을 알 수 있다. 성암본, 런던본, 김영중본 모두에서 그 성조가 평성이므로 여기에서는 '風'의 한자음을 '봉[L]'으로 교정했다.

무덤 위에 올리니】 知音은 明月淸風이시니라.【아시는 이는 밝은 달과 맑은 바람이시니라】 生則養하고 死則守하니【살았거든 봉양하고 죽거든 지키니】 誰謂孝無始終인가?【누가 이르되 孝道가 乃終 없다 하더냐?】 다 읊고 문득 못 보니라. 婁伯이 居喪 마치고 범의 고기를 다 먹으니라.

[주석]

❶ 아두리러니　아들이더니. 아둘[子] + 이-(계사) + -러-(←-더-, 선어말어미) + -니(연결어미). 선어말어미 '-더-'는 계사, 그리고 기원적으로 계사를 포함한 {-리-}의 뒤에서 [-러-]로 교체된다. 이 밖에도 계사 뒤에서 이형태 교체를 보이는 어미로 종결어미 {-다}, 선어말어미 {-돗-} 등이 있다. 이들은 계사와 {-리-} 뒤에서 [-라], [-로-], [-롯-] 등으로 교체된다.
　　⟹ [문법] 12_계사_계사 뒤 어미의 이형태 교체 양상

❷ 山行　⟨명⟩ 사냥[獵]. '山行'은 한글로만 적으면서 '산힝'에서 '산영'이 되었다가 '사냥'으로 형태가 변하였다(김무림 2020:517 참조). '山行'은 중세국어에서 "사냥[獵]" 자체를 뜻하기도 하였고, 또는 한자대로의 뜻인 "산속을 걸어 다님" 이외에 "행행(行幸, 임금이나 세자의 행차)" 또는 "산에서 행하는 군사훈련"을 뜻하기도 하였다. 이렇게 '山行'은 다의어로 쓰이다가 이후에 각각 독립된 어휘소인 '산행'과 '사냥'으로 분화되었다.

❸ 갯다가　가 있다가. 가-[去] + -아(연결어미) # 잇-[有] + -다가(연결어미). 여기에서 '앳'은 연결어미 '-아'와 동사 '잇-[有]'이 결합한 '-아 잇-'이 축약된 형태이다. '-아 잇-'이나 '-앳-'은 대체로 ≪(상태 또는 결과 상황의) 지속≫ 또는 ≪진행≫의 의미로 사용되었다. 여기에서도 '누백'의 아버지가 사냥을 가 있던 상황이 지속되다가 범에게 물린 것이므로 ≪지속≫의 의미로 해석할 수 있다.
　　⟹ [문법] 30_'-어 잇-, -엣-, -엇-'의 상적 의미

❹ 믈여늘　물리거늘. 믈이-[咬] + -어늘(연결어미). '믈이-'는 어간 '믈-'에 피동 접미사 '-이-'가 결합된 것이다. '므리-'가 아니라 '믈이-'로 표기한 것은 음운 변화의 흔적에 대한 고려였다고 생각해 볼 수 있다. 피동 접미사 '-이-'의 기원적 형태는 '-기-'였을 것이라고 추정되는데, 15세기 이전에 /ㄹ/ 뒤에서 탈락한 /ㄱ/에 대한 고려로 분철하여 표기하였다고 볼 수 있다. 한편 여기서는 자동사 '믈이-'에 '-어늘'이 결합하였는데, 이형태 교체 조건에 의하면 '믈이-'는 자동사이기 때문에 '믈이거늘'로 나타나는 것이 일반적이다. 여기서의 '믈여늘'은 {-거늘}의 일반적인 이형태 교체 양상과 맞지 않는 경우이다.
　　⟹ [표기] 04_특수 분철 표기
　　⟹ [문법] 22_연결어미 {-거든}, {-거늘}

❺ 가푸리잇가　갚겠습니까. 갚-[報] + -ᅌᅳ리-(선어말어미) + -잇가(종결어미). '-리잇가'에 대해서 '-(ᅌᅳ)리…가'를 하나의 불연속 형태소로 설정하고 상대 높임법의 '-잇-'

이 개재된 것으로 설명하는 입장이 있다. 그러나 반드시 '-리…가'나 '-리…고'의 구성으로만 나타나는 것은 아니라는 점에서 이를 불연속 형태소로 설정하기는 어렵다. [참고] 엇던 지비잇고〈월인석보(1459) 2:67b〉 / 싸히잇가〈월인석보(1459) 21: 24b〉. 또한 '-잇가'에서 '-가'가 어미로서 독자적인 쓰임을 보이는 경우가 없기 때문에 '-잇가' 전체를 하나의 어미로 파악하는 것이 합리적이다.

➠ [문법] 26_의문형 종결어미

❻ 자괴바다   자취를 쫓아. 자괴받-[跡] + -아(연결어미). '자괴받다'는 '자취'의 옛말인 '자괴'에 동사 '받다'가 결합한 합성어로 이해된다. 중세국어의 '받다'는 '자괴, 자최, 법' 따위와 호응할 때 "쫓다, 따르다, 추적하다"의 의미를 나타낸다. 중세국어에서 "찾아가다, 추구하다"를 의미하는 '발받다/발왇다' 역시 명사 '발[足]'에 "쫓다, 따르다"를 의미하는 '-받/왇-'이 결합하여 형성된 단어로 볼 수 있는데, 이때의 '-받/왇-'은 '받다'로부터 음운 변화 및 문법화가 이루어진 요소로 이해될 수 있다(김유범 2005ㄷ:39-40). [참고] 그쁴 主人이 뜬다히 발봐다 利師跋城의 보내니라 〈월인석보(1459) 22:53b〉. 현대국어에는 "남의 노래, 말 따위에 응하여 뒤를 잇다"에 "따르다"의 의미가 일부 남아 있다. [참고] 선창을 받다

❼ ᄒᆞ마   🅟이미[旣]. 여기에서는 범이 이미 아비를 잡아먹은 상황이므로 'ᄒᆞ마'는 "이미"로 해석된다. 중세국어에서 'ᄒᆞ마'는 "이미"의 의미 외에 "장차"의 의미([참고] 衆生이 다 늘거 ᄒᆞ마 주그리니 〈석보상절(1447) 19:3b〉) 혹은 "거의"의 의미([참고] 어미 죽거늘 우러 ᄒᆞ마 눈이 멀러라 〈번역소학(1518) 9:36a〉)로도 나타난다. 이를 고려하여 이들을 동음이의 파생 관계로 처리하는 견해(민현식 1991)가 제기된 바 있다. 한편 'ᄒᆞ마'에 공통의 ≪완료≫ 의미를 설정하고 "과거/현재/미래(발화시 이외의 시점이 기준시로 상정될 때 포함) 기준 완료"라는 세 가지 의미를 상정하는 견해(이병기 2006)도 있다.

➠ [어휘] 38_'ᄒᆞ마'

❽ 비브르   🅟배불리[飽]. 15세기 중세국어에는 '비브르그, 비브르게'와 같이 연결어미 '-그, -게'가 결합하여 부사어를 형성하는 경우도 있지만, '비브르'와 같이 용언의 어간이 단독으로 부사의 기능을 하는 소위 '어간형 부사'로 쓰이는 경우도 있다.

➠ [문법] 10_부사 파생 접미사_중세국어의 어간형 부사

❾ 누벳거늘   누워 있거늘. 눕-[臥] + -어(연결어미) # 잇-[有] + -거늘(연결어미). 현대국어에서처럼 '눕-'을 기본형으로 설정하는 입장도 있지만, '눕-'을 기본형으로 설정하면 모음·매개모음 어미가 결합하는 경우에는 'ᄫ'이 그대로 나타나고, 자음 어미가 결합하는 경우에는 'ᄫ'이 'ㅂ'으로 나타나는 규칙 활용으로 처리할 수 있다. 이러한 점에서 '눕-'을 기본형으로 설정하는 것이 합리적이다. 한편 여기서의 '-어 잇-' 역시 ≪상태 지속≫의 의미로 해석된다.

➠ [표기] 05_'ᄫ' 표기

➠ [문법] 개관_[02] 특수한 활용을 보이는 용언

➠ [문법] 22_연결어미 {-거든}, {-거늘}

➡ [문법] 30_'-어 잇-, -엣-, -엇-'의 상적 의미

⑩ 바ᄅ

㊜ 바로, 곧장, 곧바로[直]. '바ᄅ'는 '바ᄅ다'의 어간으로, 부사로 쓰일 수 있는 소위 어간형 부사이다. 오늘날에는 '바르다'가 [正]과 [直]의 의미로 두루 쓰이지만, 15세기 문헌자료에서 '바ᄅ'는 주로 [直]에 대응하여 언해되었다. [正]을 뜻하는 단어로는 '뭇'과 '바ᄅ'가 있었으나, 두 단어가 유의어 경쟁을 하다가 '뭇'이 소멸하고 '바ᄅ'가 널리 쓰였던 것으로 보인다. 고려시대 석독구결 자료에서 '*뭇'으로 읽혔을 것으로 추정되는 '正ㄷ'이 출현하는 점이나, 『훈민정음』 언해본의 '뭇'([참고] 왼녁긔 ᄒᆞᆫ 點을 더으면 뭇 노ᄑᆞᆫ 소리오 〈훈민정음 언해본(1447) 정음:4a)이 『훈몽자회』나 『소학언해』에서는 '바ᄅ'로 되어 있는 점([참고] ᄒᆞᆫ 點은 바ᄅ 노피 홀 거시니라 〈소학언해(1588) 2b〉) 등은 이러한 추정의 근거가 된다. 자세한 내용은 정재영(1995:303-305) 참조.
➡ [문법] 10_부사 파생 접미사_중세국어의 어간형 부사

⑪ 베텨

베어. 베어 버려. 베티-[斫] + -어(연결어미). '베티-'의 강세 접미사 '-티-'는 매우 생산적인 접미사이다. 강세 접미사 '-티-'는 '티-[打]'에서 왔을 것으로 짐작되나, '열티다[開]'와 같이 파생 접미사화하면서 '打'의 의미를 가지지 않는 경우가 많이 발견되므로 15세기 국어에서 생산성을 가지는 접미사로 설정할 수 있다. 이 접미사가 결합된 단어로는 '들티다', '뻘티다', '데티다', '니르티다', '뻬티다' 등이 있다.
➡ [문법] 08_강세 접미사

⑫ ᄣᅡ아

타. 갈라. ᄣᆞ-[剉] + -아-(←-거-, 선어말어미) + -아(연결어미). 'ᄣᅡ아'에서 연결어미가 두 번 쓰인 것으로 이해될 수도 있다. 그러나 동사의 어간은 'ᄣᆞ-'이므로 'ᄣᅡ아'에서 첫 번째 '아'는 선어말어미로, 두 번째 '아'는 어말어미로 파악하는 것이 합리적이다. 'ᄣᆞ-'가 타동사임을 고려하면, 첫 번째 '아'는 이른바 확인법 선어말어미로 볼 수 있다. 여기서는 선어말어미와 어말어미의 차이를 드러내기 위해 두 음절이 축약된 'ᄣᅡ'로 표기하지 않고, 어간과 선어말어미가 결합한 'ᄣᅡ'와 연결어미 '-아'를 각각 별도의 음절로 표기한 것으로 이해된다. 유사한 예로 '텨아[打], 써아[寫], 뻐아[用]' 등이 있는데, 이 예들은 모두 1음절의 타동사로서 초간본 『삼강행실도』에서만 관찰된다.
➡ [문법] 24_연결형 '-아아/어아'의 분석

⑬ 술콰

살과. 술ㅎ[肉] + 과(접속조사). '술ㅎ'은 'ㅎ' 보유 체언으로서, 단독으로 쓰일 때나 관형격조사 'ㅅ' 앞에서는 'ㅎ'이 나타나지 않지만 모음 조사나 자음 조사 앞에서는 여기서처럼 보유하고 있던 'ㅎ'을 드러낸다. [참고] 毒氣 술 ᄉᆞᆯ해 이셔(毒在肉中) 〈구급방언해(1466) 하:80a)/肉은 술히라 〈월인석보(1459) 8:34a).
➡ [문법] 17_접속조사
➡ [어휘] 41_'ㅎ' 보유 체언

⑭ 고기란

고기는. 고기[肉] + 란(보조사). 보조사 {ᄋᆞ란}은 보조사 {은}과 마찬가지로 ≪대

조≫의 의미를 나타내지만, {ᄋᆞ란}은 {은}과 달리 주어 자리에 쓰이지 못하고 주로 목적어나 부사어 자리에 쓰인다. 여기에서도 '고기란'은 '다마'의 목적어로 사용되었다.

➡ [문법] 16_보조사_중세국어의 보조사 {ᄋᆞ란}

❺ 사더니　　　살더니. 사-(← 살-) + -더-(선어말어미) + -니(연결어미). 15세기 국어에서는 /ㄹ/가 동일한 조음 위치를 가진 /ㄴ, ㄷ, ㅅ, ㅿ, ㅈ, ㅌ/ 앞에서 탈락하였다. 이 현상은 체언 어근이 결합하여 합성어를 이룰 때에도 나타나고, 용언의 활용에서도 나타난다. 여기에서는 '살-'의 /ㄹ/이 /ㄷ/으로 시작하는 어미 '-더-' 앞에서 탈락하였다.

➡ [음운] 05_/ㄹ/ 탈락

❻ 홀른　　　하루는. 홀ㄹ(← ᄒᆞ로)[一日] + 은(보조사). 중세국어에서 'ᄒᆞ로'는 자음으로 시작하는 조사 앞에서 'ᄒᆞᄅᆞ'로, 모음이나 매개모음으로 시작되는 조사 앞에서 '홀ㄹ'로 나타난다. 17세기 이후 'ᄒᆞ로'의 예가, 18세기 이후 'ᄒᆞ루'의 예가 나타나며 오늘날에는 '하루'의 어형으로 남게 되었다.

➡ [문법] 01_체언의 특수한 형태 교체

❼ 흐즈못ᄒᆞ얫거늘　　　수잠 들어 있거늘. 겉잠 들었거늘. 흐즈못ᄒᆞ-[假寐] + -야(← -아, 연결어미) # 잇-[有] + -거늘(연결어미). '흐즈못ᄒᆞ다'는 여기서의 용례가 유일하다. 〈이륜행실도(1518)_옥산서원본 15a〉에 '수흐좀'의 예가 나타나지만 자료의 부족으로 인해 '흐즈못'과 '수흐좀'의 형태적 관련성을 명확히 밝히기는 어렵다. 한편 '수흐좀'은 '수흐좀 〉 수후잠 〉 수잠'의 변화를 겪었는데, 음상의 유사성에 이끌린 와전(訛傳)으로 인해 '새우잠' 혹은 '시위잠'으로 바뀌기도 하였다(김양진 2011:201).

➡ [문법] 30_'-어 잇-, -엣-, -엇-'의 상적 의미

❽ 이푸ᄃᆡ　　　읊되. 잎-[詠] + -우ᄃᆡ(연결어미). '잎다'는 '잎다 〉 읖다 〉 읊다'의 변화를 겪었으며, 오늘날과 동일한 '읊다'의 형태는 17세기에 처음 보인다. [참고] 詩句를 읊프며 〈박통사언해(1677) 중:44a〉. 어간 말음이 /ㅍ/이었던 용언은 '갚다[酬], 깊다[深], 높다[高], 엎다[覆]' 등이 있는데, '잎다'만 유일하게 종성이 'ㄿ'으로 변화하였다. 변화의 원인은 유의어 '넑다'에 의한 감염(contamination) 현상, 즉 의미적으로 긴밀하게 관련된 다른 언어 요소와 음운론적으로 유사해지는 변화로 볼 가능성이 있다. 혹은 '알ᄑᆞ다[病] 〉 아푸다'에서처럼 /ㅍ/ 앞에서 /ㄹ/가 탈락하는 현상을 반대로 적용하여 '으퍼 〉 을퍼'와 같이 모음·매개모음 어미 결합형을 중심으로 변화되었을 가능성도 있다. 자세한 내용은 정경재(2015:68, 92, 146-8) 참조.

❾ 개욤나모　　　團 개암나무. 개암나무의 열매인 '개암'은 단독형으로는 『구급간이방언해』(1489)에 '개옴'으로 처음 보이지만, 『삼강행실도』의 '개욤나모'를 고려하면 '개욤'이 '개옴'보다 먼저 출현하였다고 볼 수 있다. '개욤'은 '개음, 개염, 개옴, 개암, 기얌, 개암' 등으로 나타나다 19세기 이후 '개암'의 형태로 굳어졌다.

⟶ [어휘] 03_'개암'

⑳ 다ᄋᆞᆶ — 다함. 다ᄋᆞ-[窮] + -ㄹㅅ(⟵ -ㄹ, 관형사형어미). 15세기 한글 문헌에서 '-ㅭ', '-ㄹㅅ' 등은 관형사형어미 '-ㄹ'의 이표기이다. [참고] 듣ᄌᆞᄫᆞᆶ 사ᄅᆞᄆᆡ 業障이 스러디여 〈석보상절(1447) 9:2a〉 / 드르싫 부니오〈월인석보(1459) 2:62a〉. 한편 중세국어 이전의 차자표기 문헌에서 '-ㄹ'은 명사형어미로도 기능하였다. '다ᄋᆞᆶ 업도다'에서 '다ᄋᆞᆶ'의 꾸밈을 받는 체언이 존재하지 않는 점, 이 구절이 "다함(이) 없구나"의 의미로 해석되는 점을 고려할 때 '다ᄋᆞᆶ'의 '-ㄹㅅ'은 이 요소가 기원적으로 명사형어미였던 흔적을 남기고 있는 것으로 파악된다. 명사형어미의 흔적이 남아 있는 15세기의 또 다른 예로는 '아닔 아니-, 슬픐 없-, 아니홇 없-' 등이 있다.

㉑ 나날 — 부 나날이. '나날'은 명사 '날[日]'이 중첩되어 형성된 부사이다. 현대국어에서 '나날'은 '바쁜 나날'과 같이 명사로만 쓰이지만, 중세국어에는 '나날' 자체가 부사로 쓰일 수 있었다. 15세기 국어에서는 /ㄹ/가 동일한 조음 위치를 가진 /ㄴ, ㄷ, ㅅ, ㅿ, ㅈ, ㅌ/ 앞에서 탈락하였으므로, '날'과 '날'이 결합할 때 앞 음절 종성의 /ㄹ/이 뒤 음절 초성의 /ㄴ/ 앞에서 탈락되어 '나날'로 나타난다.
⟶ [음운] 05_/ㄹ/ 탈락

㉒ 아ᄅᆞ시ᄂᆞ닌 — 아시는 이는. 알아봐주시는 벗은. 알-[知] + -ᄋᆞ시-(선어말어미) + -ᄂᆞ-(선어말어미) + -ㄴ(관형사형어미) # 이(의존명사) + ㄴ(보조사). '아ᄅᆞ시ᄂᆞ니'는 단순히 "아시는 이"의 뜻만 지니지 않으며, 한자어 '知音(지음)'을 축자적으로 번역한 결과로서 한자어 '知音'이 지닌 원뜻, 즉 "마음이 서로 통하는 친한 벗"의 의미까지 함의하고 있다. 『삼강행실도』의 언해문에는 이와 같이 한자어를 축자적으로 번역한 경우를 자주 찾아볼 수 있다. 여기서 주체 높임 선어말어미를 사용한 것은 '명월청풍(明月淸風)'을 누백의 모습을 숨김없이 볼 수 있는 절대적 존재로 인식했기 때문이다.
⟶ [문법] 18_선어말어미 {-으시-}
⟶ [문법] 34_시간 표현

㉓ 乃終 — 명 끝. 마지막. '乃終'은 주로 부사격조사 '애'나 부사 파생 접미사 '-내'와 결합하여 "마침내"를 뜻하는 부사로 사용되지만 명사로서 단독으로 쓰이기도 한다. 현대국어에서 '내죵'은 형태가 변화한 후 주로 부사격조사가 결합한 '나중에'로 쓰이며, 그 의미 또한 "이다음에" 정도로 다소 변화하였다. '乃終'은 순서상이나 시간상의 맨 끝을 나타내어 "나중", "끝" 정도의 의미를 갖는다.

翰林學士崔婁伯。水原戶長尙翥之子。年十五時。父因獵爲虎所害。婁伯欲補虎。母止
之。婁伯曰。父讎可不報乎。卽荷斧跡虎。虎旣食飽臥。婁伯直前叱虎曰。汝食吾父。吾
當食汝。虎乃掉尾俛伏。遽斫而剖其腹。取父骸肉。安於器。納虎肉於甕。埋川中。葬父
弘法[75]山西廬墓。一日假寐。其父來詠詩云。披榛到孝子廬。情多感淚無窮。負土日加塚
上。知音明月淸風。生則養死則守。誰謂孝無始終。詠訖遂不見。服闋。取虎肉盡食之

한림학사(翰林學士) 최누백(崔婁伯)은 수원 호장(水原戶長) 최상저(崔尙翥)의 아들이다. 15
세 때에 아버지가 사냥하다가 호랑이에게 살해되자, 최누백이 그 호랑이를 잡으려 하니, 어머
니가 말렸으나, 최누백이 말하기를, "아버지의 원수를 어찌 갚지 않겠습니까?" 하고, 곧 도끼
를 메고 호랑이의 자취를 따라갔다. 호랑이가 이미 다 먹고 배가 불러 누워 있으므로, 최누백이
곧장 앞으로 나가 호랑이를 꾸짖어 말하기를, "네가 우리 아버지를 먹었으니, 내가 너를 먹어
야 하겠다." 하니, 호랑이가 꼬리를 흔들며 엎드려 있었다. 드디어 찍어 죽이고 배를 갈라
아버지의 뼈와 살을 내어 그릇에 받들어 담고, 호랑이 고기를 독에 넣어 냇물 속에 묻었다.
아버지를 홍법산(弘法山) 서쪽에 장사하고, 여묘살이 하였는데, 어느 날 졸고 있을 때에 그
아버지가 와서 시(詩)를 읊었다.

수풀을 헤쳐 가며 효자 여막 찾아오니, [披榛到孝子廬]

천륜의 정 깊거니와 눈물 또한 무궁토다. [情多感淚無窮]

흙 져다가 날마다 무덤을 쌓아올리니, [負土日加塚上]

그의 벗 누구런가 청풍과 명월이라. [知音明月淸風]

살아서는 봉양하고 죽은 뒤엔 묘 지키니, [生則養死則守]

효도에 시종이 없다고 그 누가 일렀던고. [誰謂孝無始終]

읊기를 다하고는 보이지 않았다. 복(服)을 마치고 나서 호랑이의 고기를 꺼내다가 다 먹었다.

詩 崔父山中獵兎狐。却將肌肉餒於菟。
當時不有兒郞孝。誰得揮斤斫虎顱
捕虎償寃崔可憐。山西廬墓又三年。
小詞來誦眞非夢。端爲哀誠徹九泉

최씨 아비 산중에서 토끼 여우 사냥타가, 도리어 자기 육신 범의 먹이 되었네.

그 당시 저와 같은 효자가 없었던들, 그 누가 도끼 휘둘러 범의 해골 찍었으랴.

범 잡아 원한 갚음 너무도 대견한데, 산 서쪽 여묘살이 삼 년간 다시 했네.

짧은 글 와서 외니 꿈만은 아니리라. 그 슬픔 그 효성이 구천에 통함일세.

---

75 해당 한자는 灋처럼 보인다(灋). 따라서 해당 한자를 포함한 지명은 홍현산(弘灋山)으로 볼 가능성이
없지 않다. 그러나 灋과 法은 이체자나 통용자의 관계가 아니고, 『삼강행실도』의 모든 法자와 비교해
보아도 (法효22b, 法효22b, 法효23b, 法효23b, 法효23b, 法효23b, 法효23b, 法열10b) 자형의
차이가 있다. 더욱이 『삼강행실도』 이후에 간행된 문헌인 『고려사』, 『고려사절요』, 『신증동국여지승람』
등에서는 모두 홍법산(弘法山)으로 출현하고 이 명칭이 오늘날까지 이어져 오고 있기 때문에 이를 따라
法의 행서체(왕의지 행서: 法 참조)로 보았다.

[텍스트 정보]

— 최루백(崔婁伯)에 관한 기록은 『고려사』(1451, 권121, 열전34, 최루백 조), 『고려사절요』(1452, 권11, 의종장효대왕 을해9년), 『신증동국여지승람』(초간:1481/신증:1530, 권9:8a, 수원도호부 효자 최루백 조) 등에 남아 있다. 다만 한문본 『삼강행실도』(1434)의 간행 시기보다 앞선 문헌이 현재 전하지 않기 때문에 '누백포호'의 저본이 어떠한 책이었는지 알 수 없다.

— 『삼강행실도』 이전에 편찬된 이제현의 『사략』(열전), 『고려국사』(1392~1395), 『고려실록』 등에 '누백포호(婁伯捕虎)'의 저본이 실렸을 가능성이 있다. 하지만 이 책들은 현재 전하지 않기 때문에 정확한 저본 관계를 확인할 수 없다.

— 『고려사』, 『고려사절요』, 『신증동국여지승람』에 실린 최루백의 기록은 『삼강행실도』에 실린 '누백포호(婁伯捕虎)'와 대동소이하다. 대체로 최루백의 아버지인 '최상저(崔尙翥)'의 이름을 밝혀 적고, 한문의 위치를 조금씩 바꾸고 한자를 수정하거나 생략하는 정도에 불과하다. 각 문헌에 기록된 내용과 『삼강행실도』 한문과의 차이를 드러내면 다음과 같다.

— 『삼강행실도』의 한문 원문은 『고려사』의 기록과 다음과 같이 차이를 보인다.

崔婁伯 水原吏尙翥之子 尙翥獵爲虎所害婁伯時年十五欲捕虎 母止之 婁伯曰 父讎可不報乎 即荷斧跡虎 虎旣食飽臥 婁伯直前叱曰 汝食吾父 吾當食汝 虎乃掉尾俛伏 遽斫而刳其腹 盛虎肉於瓮 埋川中 取父骸肉 安於器 遂葬弘法山西盧墓 一日假寐 尙翥來詠詩云 披榛到孝子盧 情多感淚無窮 負土日加塚上 知音明月淸風 生則養死則守 誰謂孝無始終 詠訖遂不見 服闋 取虎肉盡食之 登第毅宗朝累遷起居舍人國子司業翰林學士

— 『삼강행실도』의 한문 원문은 『고려사절요』의 기록과 다음과 같이 차이를 보인다.

婁伯 水原人戶長尙翥之子 年十五 父因獵爲虎所害 婁伯欲捕虎 母止之 婁伯曰 父讎可不報乎 即荷斧跡虎 虎旣食飽臥 婁伯直前叱虎曰 汝食吾父 吾當食汝 虎乃掉尾俛伏 遽斫而刳其腹 取父骸肉 盛虎肉於瓮 埋川中 葬父盧墓 一日假寐 其父來詠詩云 披榛到孝子盧 情多感淚無窮 負土日加家上 知音明月淸風 生則養死則守 誰謂孝無始終 詠訖遂不見 服闋 取虎肉盡食之

— 『삼강행실도』의 한문 원문은 『신증동국여지승람』의 기록과 다음과 같이 차이를 보인다.

崔婁伯 本府吏也其父尙翥獵爲虎所害婁伯時年十五欲捕虎 母止之 婁伯曰 父讎可不報乎 即荷斧跡虎 虎旣食飽臥 婁伯直前叱曰 汝食吾父 吾當食汝 虎乃掉尾俛伏 遽斫而刳其腹 以父骸肉 安於器 葬于弘法山西遂盧墓 一日假寐 其父來詠詩云 披榛到孝子盧 情多感淚無窮 負土日加塚上 知音明月淸風 生則養死則守 誰謂孝無始終 後婁伯登第累遷起居舍人翰林學士

효자도 33

自强伏塚자강복총 本國본국

4
3
2
1

무덤에 엎드린 자강 _조선

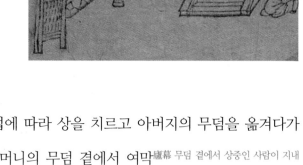

김자강金自强은 어릴 때 아버지를 여의었다.
자강은 자라며 어머니께 효도하고 말씀을
거스르는 일이 없었다.

어머니가 돌아가시자 예법에 따라 상을 치르고 아버지의 무덤을 옮겨다가
어머니와 합장合葬하였다. 어머니의 무덤 곁에서 여막廬幕 무덤 곁에서 상중인 사람이 지내
는 초막을 짓고 살면서 삼 년간 신을 신지 않았다.

런던본 『삼강행실도』

어머니의 상을 마치고 또
아버지를 위하여 삼 년 더 무
덤 곁에서 살고자 하였다. 아
내의 친척들이 무덤 곁을 떠
나지 않으려는 자강을 억지로
끌고 나왔다.

그러고는 자강이 살던 여막에 불을 붙였다.

자강이 여막의 연기를 뒤돌아보면서 하늘을 향해 부르짖고 땅을 구르며 슬퍼했다. 끝내 친척들을 뿌리치고 다시 돌아와 무덤 곁에 사흘을 엎드려 있었다.

친척들은 자강의 효도에 감동하여 여막을 도로 지어 주었다. 그 후 자강은 삼 년을 한결같이 시묘를 살았다.

금금自ㅈ強깡이 ❶져·며·셔 아비 죽거·늘 ·어미·를 孝·흉道:똘·호·디 뜨·데

❷거·슬·쁜 :일 :업더·니 ·어·미 죽거·늘[76] ❸法·법 다·히 居거喪샹호·며 아·비

·를 옮·겨다·가 合·합葬·장호·고【合·합葬·장은 혼·디 무·들 ·씨·라】侍·씨墓·모 :삶

·제 三삼 年년·을 ·신 아·니 ❹:신더·니 居거喪샹 못·고 ·또 아·비 爲·위호·야

三삼 年년 사로·려 ·호거·늘 ❺:겨지·비 ❻·녁 ❼아·ᅀᆞ·미 盧려·를 ·블브·티·고

❽구·틔·여 ❾긋·어 ·오거·늘 自ㅈ強깡이 ❿·니 도·라보·고 ⓫하·놀·홀 브르·며

⓬·따 :굴·러 ⓭·굿 :떨·텨 도·라가·아 ⓮사·ᄋᆞ·롤 ⓯업데·옛 (효자도 33a)

[대역문]

金自强이 젊어서 아비가 죽거늘 어미를 孝道하되 뜻에 거스른 일 없더니 어미 죽거늘 法대로 居喪하며 아비를 옮겨다가 合葬하고【合葬은 한데 묻는 것이다.】侍墓 살 제 三年을 신 아니 신더니 居喪 마치고 또 아비 爲하여 三年 살려 하거늘 아내의 쪽 친척이 廬를 불붙이고 구태여 끌고 오거늘 自强이 연기 돌아보고 하늘을 부르며 땅 굴러 굳이 떨쳐 돌아가 사흘을 엎드려 있

---

76 志部昭平(1990:114)에 따르면 성암본에는 '죽거·닐'로 나타난다.

[언해문]

거·늘 아·ᅀᆞᆷ·ᄃᆞᆯ·히 孝·효道:똥ᄅᆞᆯ 感:감動:똥·ᄒᆞ·야 廬려 도로 ⑯지·어 ·주어 ·늘 三삼 年년·을 ·처ᅀᅥᆷ ⑰·ᄀᆞ·티 :사니·라 (효자도 33b)

[대역문]

거늘 친척들이 (자강이의) 孝道를 感動하여 廬 도로 지어 주거늘 三 年을 처음같이 사니라.

[주석]

❶ 져머셔   졈어서. 어려서. 졈-[幼] + -어셔(연결어미). 현대국어의 '젊다'에 대응되는 중
세국어 어형은 '졈다'였다. '졈다'의 의미는 현대국어의 '젊다'보다 넓어, "나이가
한창때에 있다"의 의미뿐만 아니라 "나이가 적다"까지 포괄하였다. 어미 '-어셔'
는 '졈-'과 결합하여 《계기》, 《전제》, 《동시》 등의 의미를 나타내는데,
이때 '-셔'를 생략하더라도 의미 차이는 크지 않다. 중세국어 문헌에서 '-셔'가
결합한 '-어셔, -소셔, -며셔' 등은 "원인, 수단, 계기, 동시" 등의 다양한 의미를
나타내기 때문에, '-셔'에 이들을 아우르는 단일한 기능을 부여하여 보조사로
설정하기에 어려움이 있다.
→ [어휘] 28_'어리다, 졈다'

❷ 거슬쁜   거스른. 거슬쁘-[闕] + -ㄴ(관형사형어미). 현대국어의 '거스르다'에 해당하는
중세국어 어형은 '거슬다' 혹은 '거스리다'로 나타났다. '거스리-'는 '거슬-'에
접미사 '-이-'가 붙은 것으로 분석되나 의미와 용법은 '거슬-'과 큰 차이가 없다.
'거슬쁘-'는 '거슬-'에 강세 접미사 '-쁘-'가 붙은 것으로 분석된다. '-쁘-'가

결합해 파생된 중세국어의 단어로는 '견조쁘다', '굴히쁘다', '마초쁘다', '버리쁘다' 등이 있다.

➠ [문법] 08_강세 접미사

❸ 法 다히

법대로. 법과 같이. 法 # 다히(의존명사). 중세국어의 '다히'는 "같다[如]"를 의미하는 '다ᄒ-'에 부사 파생 접미사 '-이'가 결합하여 형성된 것으로, "~대로, ~와 같이"의 의미를 나타낸다. 15세기에 '다히'는 체언 뒤에서 나타나는 경우가 많으나 간혹 관형사형어미 뒤에 출현하기도 한다. [참고] 四無礙를 得ᄒ야 淸淨히 說法호ᄆ 如혼 다히 닐어 名相애 거디 아니ᄒ니라 〈월인석보(1459) 15:7b〉. 이를 고려하면 15세기의 '다히'는 부사성 의존명사로 기능하되 보조사로 문법화가 진행되는 단계였다고 볼 수 있다. 이처럼 용언에서 기원하여 보조사로 문법화되는 요소로 'ㄱ티', '다비' 등도 있다.

❹ 신더니

신더니. 신-[納] + -더-(선어말어미) + -니(연결어미). '신 아니 신더니'에서 명사 '신'은 거성으로 나타나지만, 동사 '신다'의 '신'은 상성으로 나타난다. 따라서 '신'과 '신다'는 명사와 동사라는 문법적 특성으로도 구별되지만, 성조로도 변별된다. 유사하게 [효자도 35] '은보감오'의 "居喪띄 ᄢ여"에서도 명사 '띄'는 거성, 동사 어간의 'ᄢ-'는 평성으로 나타나 서로 구별된다.

❺ 겨지븨

아내의. 겨집[妻] + 의(관형격조사). '겨집'은 여자를 지칭하는 단어로 두루 쓰였으며, 맥락에 따라 "아내[妻]"를 의미하기도 한다. 여기서는 "아내"의 의미로 이해된다.

➠ [문법] 14_관형격조사
➠ [어휘] 01_'갓, 각시, 겨집'

❻ 녁

의 녁. 쪽. 현대국어의 '녘'에 대응하는 중세국어 어형은 '녁'으로 나타난다. 중세국어에서 '녁'은 '西ㅅ녁', '운녁[上部]', '안녁' 등과 같이 방향을 가리키는 포괄적인 의미로 쓰였다. 이곳 '겨지븨 녁'에서는 구체적인 방위를 의미하기보다 "아내 쪽"이라는 의미를 나타내고 있다. 16세기 말부터 '녘' 형태도 나타나 20세기까지도 '녁'과 '녘'이 모두 쓰이다가 '녘'만이 규범적 표기로 인정되었다.

➠ [어휘] 07_'녁, 녘'

❼ 아ᅀᆞ미

친척이. 아ᅀᆞᆷ[黨] + 이(주격조사). 남성우(2001:10)에는 ≪종족(宗族)≫의 의미를 지닌 동의관계의 어휘들을 통시적으로 살피면서 다음과 같이 도표로 간단히 정리하고 있다. 이를 참고하면 15세기의 다른 문헌에는 '아ᅀᆞᆷ, 宗族, 族屬' 등이 나타나는데, 『삼강행실도』에서는 '아ᅀᆞᆷ'(효33, 충6, 충25, 열3, 열17)만이 확인된다.

➠ [표기] 06_'ㅿ' 표기

	15세기	1510년대	1580년대	17세기
[宗族]	아ᅀᆞᆷ 宗族 族屬	아ᅀᆞᆷ 宗族 권당(眷黨) 親戚 親眷 죡속(族屬) 족친(族親)	겨레/결에 족뉴(族類) 宗族 권당(眷黨)	아ᅀᆞᆷ 겨레/결에/결레 가쇽(家族) 族속(族屬) 족친(族親) 宗族 親戚

❽ 구틔여　　　　恩 구태여. 부사 '구틔여'는 어간 '굳-'에 사동 접미사 '-희-'가 결합된 어형 '구틔-'의 활용형이 부사로 어휘화된 것으로, '구틔다'는 "굳이 하게 하다, 강요 하다"를, '구틔여'는 "애써 일부러"를 의미한다. [참고] 보단 우희 주거 안조믈 구틔디 마롫디니〈사법어언해(1467) 5b〉. 접미사 '-희-'는 기원적으로 '히-[使]'와 관련될 가능성이 있으며, '-희-'가 결합한 중세국어 단어로는 '지픠다, 디킈다, 글희다' 등이 있다.

❾ 긋ᅀᅥ　　　　　끌어. 끌고. 긋-(←그ᅀᅳ-)[引] + -어(연결어미). '그ᅀᅳ-[引]'에 어미 '-어'가 결합된 형태가 '그ᅀᅥ'가 아니라 특수 분철된 '긋ᅀᅥ'의 형태로 나타난다. 어간 제2음절에 'ᅀᅮ/ᅀᅳ'를 가진 용언의 경우 활용 시 어간의 형태가 '(C)Vᅀ'로 변화 하고 어미와는 분철 표기되는 경우가 일반적이다. 이는 용언의 어간이 '긋-[劃]' 이 아니라 '그ᅀᅳ-[引]'임을 밝히기 위한 의도에서 비롯된 표기 형식으로 해석할 수 있다.
　　　　　　　　⟹ [표기] 04_특수 분철 표기
　　　　　　　　⟹ [표기] 06_'ᅀ' 표기
　　　　　　　　⟹ [문법] 03_용언의 특수한 형태 교체

❿ 니　　　　　　名 내. 연기[煙]. 여기서 '니'는 "냄새"가 아니라 불에서 나오는 "연기"를 일컫는 다. [참고] 머리셔 니룰 보고 블 잇ᄂᆞᆫ 둘 가줄벼 아둣 ᄒᆞ니 (如遠見煙比知有火) 〈월인석보(1459) 12:14b〉.

⓫ 하ᄂᆞᆯᄒᆞᆯ　　하늘을. 하ᄂᆞᆯㅎ[天] + ᄋᆞᆯ(목적격조사). '하ᄂᆞᆯㅎ'은 'ㅎ' 보유 체언으로서, 단독으 로 쓰일 때나 관형격조사 'ㅅ' 앞에서는 'ㅎ'이 나타나지 않지만 여기서처럼 모음 조사나 자음 조사 앞에서는 보유하고 있던 'ㅎ'을 드러낸다. [참고] 하ᄂᆞᆯ 셤기ᅌᅥᆸ 둣 ᄒᆞ야〈석보상절(1447) 6:4a〉.
　　　　　　　　⟹ [어휘] 41_'ㅎ' 보유 체언

⓬ 따　　　　　　名 땅. '따ㅎ[地]'은 'ㅎ' 보유 체언으로서, 여기서처럼 단독으로 쓰일 때나 관형 격조사 'ㅅ' 앞에서는 'ㅎ'이 나타나지 않지만 모음 조사나 자음 조사 앞에서는 '따ᄒᆞᆯ, 따헤, 따콰, 따토'와 같이 보유하고 있던 'ㅎ'을 드러낸다. [참고] 따콰 虛空애 ᄀᆞ독ᄒᆞ야〈석보상절(1447) 23:25b〉.
　　　　　　　　⟹ [어휘] 41_'ㅎ' 보유 체언

⓭ 굿　　　　　　恩 굳이. 구태여. 억지로. 떨쳐서. 부사 '굿'은 "획"을 의미하는 명사 '긋[劃]'과

어형이 동일하지만 성조가 다르다. 즉, 명사 '긋[劃]'은 평성으로 나타나지만, 부사 '긋'은 거성으로 나타나 서로 구별된다.

➡ [음운] 11_성조에 의한 의미 변별

❹ 사ᄋᆞ룰   사흘을. 사ᄋᆞᆯ[三日] + 올(목적격조사). 15세기에 일수를 세는 어휘 '사ᄋᆞᆯ', '나ᄋᆞᆯ'
은 각각 '서[三]'에서 변한 '사', '너[四]'에서 변한 '나'에 접미사 '-올/을'이 결합
되어 파생된 단어로 이해된다. 같은 접미사가 '이틀', '열흘' 등에도 결합되어
있는 것으로 보이는데, 이들 단어는 15세기부터 '이틀', '열흘'로 나타난다. 16세
기부터 '사흘', '나흘'의 용례가 보이며, 오늘날에는 '사흘', '나흘'로 남았다. 한편
'사ᄋᆞᆯ', '나ᄋᆞᆯ'에 결합한 접미사를 '-흘/흘'로 보는 견해에 대해서는 이동석
(2016)을 참고할 수 있다.

❺ 업데옛거늘   엎드려 있거늘. 업데-[伏] + -여(←-어, 연결어미) # 잇-[有] + -거늘(연결어
미). 여기서 '-옛-'은 '-여 잇-'이 축약된 형태로, ≪결과 상태 지속≫의 의미를
드러내고 있다.

➡ [문법] 22_연결어미 {-거든}, {-거늘}
➡ [문법] 30_'-어 잇-, -옛-, -엇-'의 상적 의미

❻ 지ᅀᅥ   지어. 짓-[結] + -어(연결어미). '짓-'은 자음 어미 앞에서는 '짓고', '짓디'와
같이 표기되지만, 모음 어미 앞에서는 말음의 'ᅀ'가 연철되어 '지ᅀᅥ', '지ᅀᅳ니'
등과 같이 표기된다. 중세국어에서 어간 말음에 /ᅀ/을 가졌던 용언은 오늘날
대체로 'ㅅ' 불규칙 용언으로 변화하였다.

➡ [표기] 06_'ᅀ' 표기
➡ [문법] 개관_[02] 특수한 활용을 보이는 용언

❼ ᄀᆞ티   같이. 처럼. ᄀᆞᇀ- + -이(연결어미). 여기서 'ᄀᆞ티'는 체언 '처섬' 뒤에서 비교의
기능으로 쓰이며, 현대국어의 부사격조사 {처럼}으로 대치하여 해석해도 큰 무
리가 없다. 'ᄀᆞ티'가 조사를 동반하여 '-와 ᄀᆞ티', '-올 ᄀᆞ티' 등으로 쓰이기도
하였으나, 여기서와 같이 'ᄀᆞ티'가 조사 없이 명사 뒤에서 나타나는 경우가 많아
지면서 점차 보조사로 문법화되었다. 'ᄀᆞ티'의 문법화 과정에 대해서는 김유범
(2005ㄴ)을 참조할 수 있다.

[한문 원문 및 시찬]

金自强。星州人。年幼喪父。奉母承順無闕。母喪不用浮屠。一依家禮。比葬遷父合葬。
廬墓三年。暫不納履。服闋。又欲爲父更居三年。妻黨牽引登途。仍焚其廬。自强顧瞻煙
光。呼天擗地。力排還歸。伏塚下三日不起。姻戚感孝誠。爲復結廬以與之。自强又居三
年如初

김자강(金自强)은 성주(星州) 사람이다. 어려서 아버지를 잃고, 어머니를 받들면서 승순함에
부족함이 없었다. 어머니가 죽으니, 불가(佛家)의 의식을 쓰지 않고, 한결같이 가례(家禮)에

의하여 하였으며, 장사를 치르게 되어서는, 아버지를 옮겨 합장(合葬)하고, 3년간 여묘 살면서 잠시도 집에 돌아간 일이 없었다. 상기(喪期)를 마치고는, 또 아버지를 위하여 다시 3년을 살려 하니, 처족들이 억지로 끌어내어 길에 오르게 하고 여막(廬幕)을 불살랐다. 김자강이 타오르는 연기와 불빛을 돌아보고는, 하늘을 부르고 땅을 구르며 힘껏 뿌리치고 돌아가서 무덤 아래에 3일간을 엎드려서 일어나지 않으므로, 인척(姻戚)들이 그 효성에 감동하여 다시 여막을 지어 주니, 김자강이 또 3년간을 처음같이 살았다.

詩 髫年父逝奉慈闈。順色承顔罔或違。
喪盡禮儀仍合葬。守墳二載淚渾衣
終喪復爲久居廬。苦被姻親强引裾。
顧視煙光號擗地。至誠能感得如初

어릴 때 아버지 잃고 어머니를 받들며, 낯빛 살펴 뜻 맞추고 어기지 않았다오.
초상에 예절 다해 합장하여 드리고, 삼년 동안 분묘 지켜 온 옷이 눈물이라.
삼년 시묘 마치고서 부친 위해 다시 살제, 인친들의 끄는 소매 고충도 이만저만.
타는 불꽃 바라보며 땅을 굴러 외치니, 지성에 감동되어 뜻 이루게 하였네.

[텍스트 정보]

— 김자강(金自强)에 관한 기록은 『태종실록』(1413, 태종 13년 2월 병진(丙辰) 조), 『신증동 국여지승람』(권28:30a, 성주목 효자 김자강 조) 등에 남아 있다. 다만 『신증동국여지승람』 (초간_1481, 신증_1530)은 『삼강행실도』(1434)의 간행 시기보다 늦기 때문에 저본으로 보기 어렵고, 『태종실록』은 시기적으로 『삼강행실도』의 간행 시기보다 앞선 자료이나 『삼 강행실도』의 한문 본문과 많은 차이를 보이고 있다.

— 『삼강행실도』의 한문 원문은 『태종실록』의 기사와 다음과 같이 차이를 보인다.
星州花園縣人 金自强 年纔三歲喪其父 既長 奉母承順 及其母死 不遵佛氏七七之說 一依 文公家禮 遷父合葬 守墳三年 常不納履 喪畢 又欲爲父仍居三年 妻黨哀其生理 牽引就道 焚廬 自强顧瞻烟火 力排之 號天擗地 歸 伏塚前三日不起 族黨感其孝 復爲結廬以居之 自强又守墳三年

— 『태종실록』에는 『삼강행실도』에 없는 정보가 있을 뿐만 아니라, 『삼강행실도』와는 다른 한자를 사용하거나 한문의 위치가 바뀌어서 나타나기도 한다. 이는 내용의 변개나 첨가 없이 오직 생략만을 사용하여 인용한 『효순사실』, 『효행록』 저본의 이야기들과는 다른 점이다.

— 『삼강행실도』의 한문 원문은 『신증동국여지승람』의 기록과 다음과 같이 차이를 보인다.
金自强 星州人 年幼喪父 奉母承順無闕 母喪不用浮屠 一依家禮 比葬遷父合葬 廬墓三年 暫不納履 服闋 又欲爲父更居三年 妻黨牽引登途 仍焚其廬 自强顧瞻煙光 呼天擗地 力排 還歸 伏塚下三日不起 姻戚感孝誠 爲復結廬以與之 自强又居三年如初

효자도 34

石砯斷指석진단지 本國본국

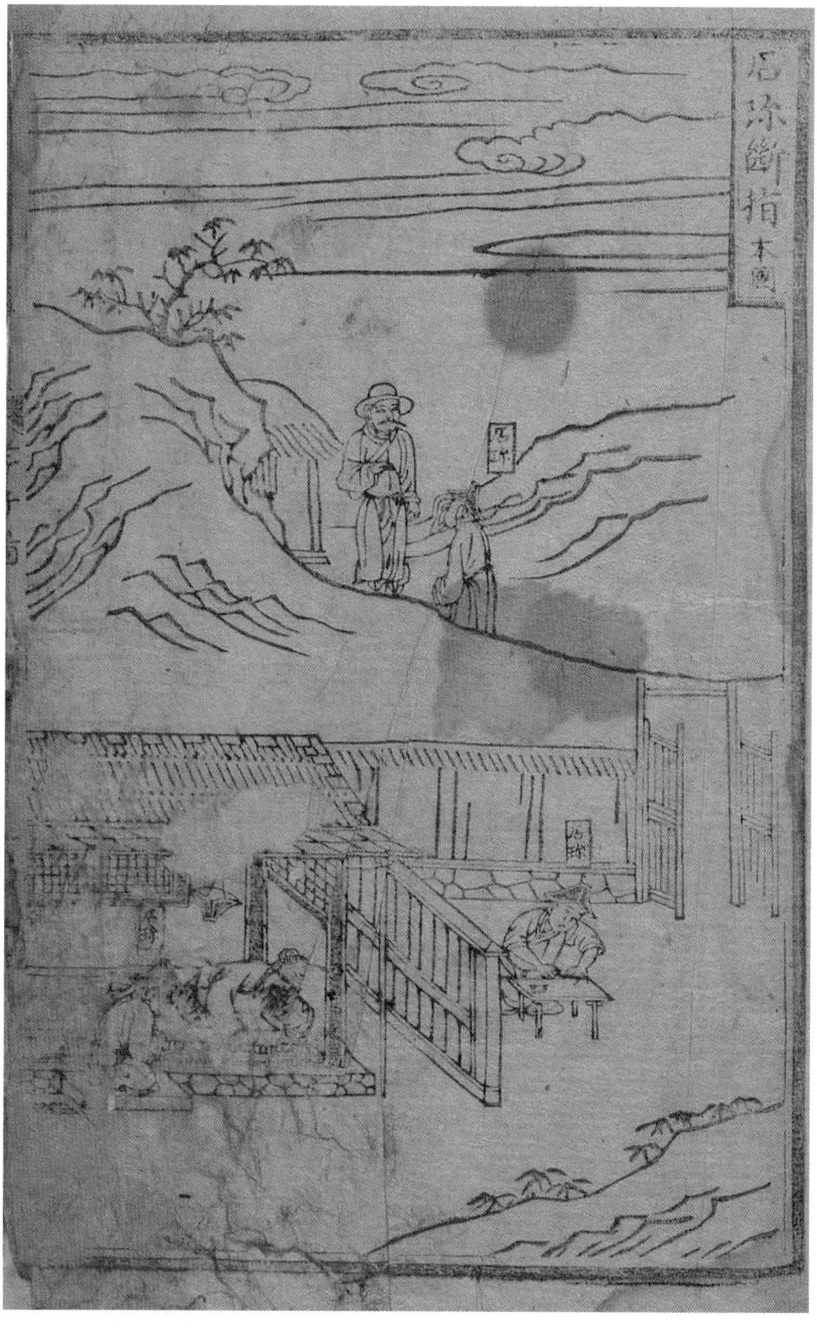

2
1 3

손가락을 자른 석진_조선

런던본 『삼강행실도』

유석진兪石珍은 고산高山 향리鄕吏였다. 아버지가 풍질風疾 신경계의 문제로 생기는 온갖 병의 총칭이 들어 날마다 병이 오면 기절하였다. 사람들이 이 모습이 안타까워 차마 보지 못하였다. 석진은 밤낮으로 아버지 곁을 지키며 하늘을 향해 크게 울었다.

아버지의 약을 구하러 두루 다니던 어느 날, 한 스님이 찾아와 말하였다. "산 사람의 뼈를 갈아 피에 섞어 먹이면 병이 나을 것이네."

　즉시 석진이 손가락을 베어서 아버지에게 먹였더니 아버지의 병이 금방 나
았다.

俞유石·쎡珎딘·온 高골山산 ❶鄕향吏·리러·니 아·비 :모·딘 病·뼝·ᄒ·야 ·날:마
·다 ❷病·뼝·곳 오·면 ❸죽거·든 :사·루·미 ·ᄎ·마 :몯 ·보거·늘 石·쎡珎딘·이·ᄂᆞᆫ
·밤·낮 ❹겨·틔 이·셔 하ᄂᆞᆯ ❺블·러 :울·며 두·루 藥·약 :얻더·니 ·ᄂᆞ·미 닐·오·ᄃᆡ
:산 :사·ᄅᆞ·미 ·쎠·를 ·피·예 섯·거 머·기·면 ❻:됴·ᄒ·리·라 ❼·ᄒ·야·ᄂᆞᆯ ❽·즉자·히
❾·손가·락 ❿버·혀 머·기·니 病·뼝·이 ·즉자·히 :됴·ᄒ·니·라77 (효자도 34a)

俞石珍은 高山 鄕吏이더니 아비가 모진 病이 들어 날마다 病만 오면 죽거든 사람이 차마 못 보거늘 石珍이
는 밤낮 곁에 있어 하늘에 불러 울며 두루 藥을 얻더니 남이 이르되, "산 사람의 뼈를 피에 섞어 먹으면
좋아지리라." 하거늘 즉시 손가락을 베어 먹이니 病이 즉시 좋아지니라.

---

77 『석보상절』(1447)과 『월인석보』(1459)에서는 '됴ᄒ니라'의 성조가 [RHLH]로, 『구급방언해』(1466)에서
는 [RLHH]로 출현하는 것으로 보아, 성조 패턴이 [RHLH]에서 [RLHH]로 변화했음을 알 수 있다.
언해본 『삼강행실도』 초간본의 ≪효자도≫에는 '됴ᄒ니라'가 모두 5회 출현한다. 4회는 [RLHH](18b,
22b, 30b, 34a)로, 1회는 [RHLH](31a)로 출현하여 세종 당시의 성조 유형과 이후 변화된 성조 유형이
함께 나타나고 있다. 이곳의 '됴ᄒ니라'는 변화 이후의 성조 유형인 [RLHH]를 보인다. 참고로 志部昭平
(1990:117)의 교주 6)에서는 성암본에서 [HLHH]로 되어 있는 성조를 [RLHH]로 교정했다.

[주석]

❶ 鄕吏러니

향리이더니. 鄕吏 + ∅(←-이-, 계사) + -러-(←-더-, 선어말어미) + -니(연결어미). 선어말어미 {-더-}는 계사, 그리고 기원적으로 계사를 포함한 {-리-}의 뒤에서 〖-러-〗로 교체된다. 이 밖에도 계사 뒤에서 이형태 교체를 보이는 어미로 종결어미 {-다}, 선어말어미 {-돗-} 등이 있다. 이들은 계사와 {-리-} 뒤에서 〖-라〗, 〖-로-〗, 〖-롯-〗 등으로 교체된다.

⟶ [문법] 12_계사_계사 뒤 어미의 이형태 교체 양상

❷ 病곳

병. 病 + 곳(보조사). 보조사 {곳}은 용언과 관련된 사건을 한정하는 의미를 나타낸다. 여기서는 {곳}이 붙어 전체 구절이 "병이 오기만 하면"의 의미를 나타낸다.

⟶ [문법] 16_보조사_기타 보조사 논의 {곰}, {곳}, {고}, {마다}

❸ 죽거든

죽거든. 기절하거든. 죽-[氣絶] + -거든(연결어미). 여기서 '죽다'는 한문본의 '氣絶(기절)'을 언해한 것이다. '날마다 病곳 오면'에서 이어지는 문맥을 고려하면, '죽다'가 "혼절하다"의 의미로 해석된다. '氣絶'을 '죽다'로 언해한 용례는 다른 문헌에서는 확인되지 않고 『삼강행실도』에만 두 예가 출현한다. [참고] 남진니 죽거늘 金氏 남지놀 지여 지븨 도라오니 〈열녀:34b〉.

⟶ [어휘] 37_'죽다'

❹ 겨틔

곁에. 곁[側] + 의(부사격조사). '처소'의 부사격조사 {에}가 쓰일 자리에 관형격조사와 형태가 같은 {의}가 쓰일 경우 이때의 {의}를 이른바 특이처격조사라고 부른다. 특이처격조사와 결합 가능한 명사들을 특이처격어로 설정하기도 한다. '곁'은 『삼강행실도』 ≪효자도≫의 많은 이야기에서 특이처격조사 {의}를 취하며, 다른 문헌에서도 양상이 유사하다. 다만 '곁'에 부사격조사 {에}가 결합한 예도 중세국어 문헌에서 1회 발견된다. [참고] 더으샨 法을 브터 흔 머리 흔 겨테 브티라 〈월인석보(1459) 25:56a-b〉.

⟶ [문법] 13_부사격조사_일반처격조사와 특이처격조사

❺ 블러 울며

크게 울며. 큰소리로 울며. 브르-[號] + -어(연결어미) # 울-[泣] + -며(연결어미). 여기서 '블러 울다'는 원문의 '호읍(號泣)'에 대응하며, "(누군가를) 부르며 울다"로 파악되기보다 "큰소리로 울다"의 뜻으로 파악된다. 중세국어의 동사 '브르다'가 일반적으로 목적어를 취하는 것과 달리, '블러 울다'는 목적어를 취하지 않는 경우도 많이 보인다. 15세기 자료에서 '블러 울다'는 한문 원문의 '號泣, 號哭, 呼號, 號呼, 啼號' 등에 대응하며, 공통되는 '號'가 '블러'의 대역어라고 할 수 있다.

⟶ [어휘] 23_'블러 울다'

❻ 됴ᄒ리라

좋아지리라. 둏-[愈] + -ᄋ리-(선어말어미) + -라(←-다, 종결어미). '둏다'는 보통 형용사로 쓰이지만, 여기에서는 "좋아지다"를 뜻하는 동사로 쓰였다. 중세국어에서는 형용사가 동사적 용법을 가지는 경우가 있다. '없다'가 "없다"와 "없

어지다"의 의미로 모두 쓰이는 경우, '모딜다'가 "모질다"와 "모질게 하다"의 의미로 모두 쓰이는 경우 등이 그 예이다.

➡ [문법] 05_형용사의 동사적 용법

❼ ᄒᆞ야ᄂᆞᆯ 하거늘. ᄒᆞ-[言] + -야ᄂᆞᆯ(← -거ᄂᆞᆯ, 연결어미). 여기서의 'ᄒᆞ다'는 일반 동사 '爲'가 아닌, 한문 원문 '言'에 대응하는 대동사로 쓰였다. 따라서 문맥상으로 보아 "~라고 말하거늘"의 의미로 해석할 수 있다. 한편 '-야ᄂᆞᆯ'의 '야'는 'ᄒᆞ-' 뒤에서 나타나는 확인법 선어말어미 {-거-}의 이형태와 관련된 것인데, {-거-}를 포함하는 연결어미 '-야ᄃᆞᆫ'에서도 이러한 이형태 교체가 나타난다.

➡ [문법] 개관_[19] 대(代)용언 'ᄒᆞ다'의 사용
➡ [문법] 22_연결어미 {-거든}, {-거늘}

❽ 즉자히 뮌 즉시. 15세기 한글 문헌에는 '즉자히'의 'ㅎ'이 탈락한 '즉재'도 출현하며, '즉자히'는 『석보상절(1447)』, 『월인석보(1459)』, 『구급방언해(1466)』, 『삼강행실도(1490)』에만 출현하는 어형이다. 이 네 문헌 중에서 『월인석보』와 『구급방언해』에는 '즉재'가 더 많이 출현하는 반면, 『석보상절』과 『삼강행실도』는 '즉재'가 전혀 출현하지 않는다. 이러한 어휘 사용의 양상을 근거로, 『삼강행실도』의 간행 시기는 성종 때이지만 편찬 작업은 세종 때부터 이루어졌다는 사실을 추론할 수 있다.

❾ 솑가락 몡 손가락[左手無名指]. '손가락'은 현대국어에서 합성어로 처리하지만, 중세국어의 경우 '솑가락'의 관형격조사 'ㅅ'을 고려하여 '손의 가락'과 같은 구로 해석할 수도 있다. 'ㅅ'을 내포한 구성을 합성어로 볼지 명사구로 볼지에 대해서는 선·후행 체언의 의미적 긴밀성, 성조 변화 여부 등이 고려된다.

➡ [문법] 14_관형격조사_{ㅅ}을 내포한 합성어와 명사구의 구분

❿ 버혀 베어. 버히-[斷] + -어(연결어미). '버히-'는 "베이다"의 뜻을 지닌 동사 '벟다'에 사동 접미사 '-이-'가 결합하여 형성된 것으로 볼 수 있다. '버히-'는 '베티다, 베어디다'와 같은 복합어 내부에서는 '베-'로 나타나기도 한다.

➡ [어휘] 20_'버히다, 베티다, 베어디다, 뷔다'

[한문 원문 및 시찬]

兪石珎。高山縣吏也。父天乙得惡疾。每日一發。發則氣絕。人不忍見。石珎日夜侍側無懈。號泣于天。廣求醫藥。人言生人之骨。和血而飲。則可愈。石珎卽斷左手無名指。依言以進。其病卽瘳

유석진(兪石珍)은 고산현(高山縣)의 아전[吏]이다. 아버지 유천을(兪天乙)이 악한 병을 얻어 매일 한 번씩 발작하고, 발작하면 기절(氣絕)하여 사람들이 차마 볼 수 없었다. 유석진이 게을리 하지 않고 밤낮으로 곁에서 모시면서 하늘을 부르며 울었다. 널리 의약(醫藥)을 구하는데, 사람들이 말하기를,

"산 사람의 뼈를 피에 타서 마시면 나을 수 있다."

하므로, 유석진이 곧 왼손의 무명지(無名指)를 잘라서 그 말대로 하여 바쳤더니, 그 병이 곧 나았다.

詩

父患沉痾久未痊。 兒心悶絶叫蒼天。
誰知一粒靈丹劑。 却在無名指細研
父子天倫萬古同。 奈隨王化有汙隆。
觀圖每向高風揖。 藉甚名聲永不窮

아버지 묵은 병이, 오랫동안 낫지 않아, 아들 마음 민망하여 하늘 불러 호소했네.
뉘 알았으랴 신령한 그 약이, 곱게 가루 만든 무명지일 줄.
부자간의 천륜은 만고에 같거늘, 어찌타 왕화따라 오름내림 있단 말가.
그림을 볼 적마다 높은 풍격에 읍하노니, 자자한 그 명성 길이길이 무궁하리.

[텍스트 정보]

__ 유석진(兪石珎)에 관한 기록은 『세종실록』(1420, 세종 2년 10월 계축 조),『신증동국여지
승람』(권34:37b) 등에 남아 있다. 다만 『신증동국여지승람』(초간:1481/신증:1530)은 『삼
강행실도』(1434)의 간행 시기보다 늦기 때문에 저본으로 보기 어렵고,『세종실록』은 시기
적으로『삼강행실도』의 간행 시기보다 앞선 자료이나 『삼강행실도』의 한문 본문과 많은
차이를 보이고 있다.

__ 『삼강행실도』의 한문 원문은『세종실록』의 기사와 다음과 같이 차이를 보인다.

縣吏石珎 其父得風疾 每日一發 發則氣絶 久而乃蘇 石珎日夜 呼泣哀禱
廣求藥餌 一日有僧踵門曰 聞 爾父有狂疾 信乎 石珎驚喜 具告病證 僧曰碎生人骨 和血以
飲 則可愈 石珎卽折其無名指 和血以進 病小間 乃再進遂愈 小尹徐省適在縣見其事
作傳以記之

__ 『세종실록』에는『삼강행실도』에 없는 정보가 있을 뿐만 아니라,『삼강행실도』와는 많은
차이를 보이고 있다. 이는 내용의 변개나 첨가 없이 오직 생략만을 사용하여 인용한 『효순
사실』,『효행록』 저본의 이야기들과는 다른 점이다.

__ 『삼강행실도』의 한문 원문은『신증동국여지승람』의 기록과 다음과 같이 차이를 보인다.

兪石珎 縣吏也 父天乙得惡疾 發則氣絶 石珎日夜侍側 號泣 人言生人之骨
和血而飲 則可愈 石珎卽斷左手無名指 依其言以進 父病卽愈

殷保感烏은보감오 本國본국

까마귀를 감동시킨 은보 _조선

윤은보尹殷保와 서즐徐騭은 같은 스승에게 글을 배웠다. 어느 날 둘이 서로 말하였다.

"옛말에 임금과 어버이와 스승은 한가지로 섬기라 하였네. 더구나 우리 스승께서는 아들이 없으시지 않은가?"

그래서 은보는 좋은 음식을 얻으면 스승께 대접하였고 명절에도 반드시 아버지를 섬기듯 스승을 봉양하였다. 스승이 죽어서 은보와 서즐이 어버이에게 스승의 시묘를 살고 싶다고 서로 청하니 부모들은 딱하게 여겨 그리하라고 하였다. 둘은 검은 고깔을 쓰고 상복 띠를 띠고 손수 불을 지펴 제사 음식을 만들었다.

그 와중에 은보의 아버지가 병이 들었다. 은보는 집으로 돌아와 아버지께 약을 드리면서도 상복을 벗지 않았다. 아버지는 병이 좋아지자 은보에게 도로 스승님께 가라고 하였다.

다시 스승의 시묘를 살던 은보
는 한 달이 지났을 때 이상한 꿈을
꾸었다. 은보는 그 즉시 집으로 돌
아왔다.

은보가 꿈을 꾼 밤에 아버지가
병을 얻었고 열흘을 넘기지 못하
여 죽었다. 뒤늦게 소식을 알게 된
은보는 아침저녁으로 빈소 곁에서
큰 소리로 울면서 시묘를 살았다.

하루는 바람이 세게 불어 상 위의 향합香盒 제사 때 피우는 향을 담는 합이 날아갔다.
서너 달 뒤에 까마귀가 그 향합을
물어다가 무덤 앞에 다시 가져다
놓았다. 은보는 음력 초하루와
보름이 되면 여전히
스승의 무덤에서도
제사를 지냈다.

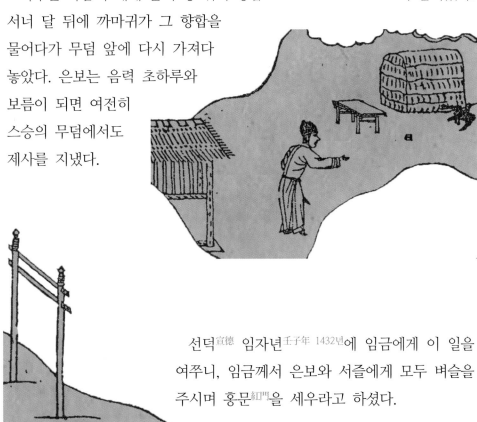

선덕宣德 임자년壬子年 1432년에 임금에게 이 일을
여쭈니, 임금께서 은보와 서즐에게 모두 벼슬을
주시며 홍문紅門을 세우라고 하셨다.

[언해문]

尹:윤殷흔保:보ㅣ ❶徐쎠驚짏·이와 흔 ❷스스·의그에 ·글 ■비·호더니 서르
닐·오디 :님·금과 어버·싀·와 스승과·논 흔가·지·로 ❸셤·굟·다·라 ᄒ·고 :됴
흔 ·차·반 :어드·면 이바·두·며 名명日싏·이면 모·로·매 이바·디·ᄒ더·니 스
승·이 죽거·늘 :둘·히 ❹제여·곰 어버·싀그에 侍·씨墓·모 ❺:살·아지·라 請:청
·ᄒ야·놀 :어엿·비 너·겨 그·리ᄒ·라 ·ᄒ야·놀 거·믄 곳갈 ·쓰고 ❻居거喪상·씌
❼·씌·여 ❽·손소 ·블 ❾·디·더 ❿祭·졔 밍·ᄀ더·라 殷흔保:보·이 아·비 病·뼝·ᄒ야
·놀 도·라와 藥·약ᄒ·며 ·옷 밧·디 아·니·ᄒ더·니 아·비 (효자도 35a)

[대역문]

尹殷保가 徐驚이와 한 스승에게 글 배우더니 서로 이르되 "임금과 어버이와 스승은 한가지로 섬길지라."
하고 좋은 차반 얻으면 봉양하며 名日이면 모름지기 봉양하더니 스승이 죽거늘 둘이 제각각 어버이에게
侍墓 살고 싶다 請하거늘 (어버이가) 불쌍히 여겨 그리하라 하거늘 검은 고깔 쓰고 居喪띠 띠어 손수 불
때어 祭 만들더라. 殷保의 아비가 病들거늘 (은보가) 돌아와 藥하며 옷 벗지 아니하더니 아비가

❶:됴·하 도로 가·라 ·ᄒᆞ야ᄂᆞᆯ 혼 ·ᄃᆞᆯ ❶·ᄒᆞ·야 황당한 ·ᄭᅮᆷ ·ᄭᅮ·고 ᄲᆞᆯ·리 도·라
오·니 ·ᄭᅮᆷ ·ᄭᅮᆫ 바·밌 아·비 病·뼝 :어·더 ·열·흘 :몯 ·ᄒᆞ·야 죽거·늘 아ᄎᆞᆷ나죄
殯·빈所:소ㅅ 겨·틔·셔 ❶블·러 :울·며 侍·씨墓·모 :사더·니 ᄒᆞᆯ·론 ᄇᆞ론·미 세
·여 床ᄶᅡᆼ ❶우·흿 香향合·ᇧ·올 일·허·놀 ❶:서·너 ·ᄃᆞᆯ 자·히 가마괴 그 香향合
·ᇧ·올 므·러다·가 무·덤 알·ᄑᆡ 노ᄒᆞ·니·라 殷흔保:보ㅣ ❶朔·솨望·망·이어·든
❶손·지 스승의 무·데█메·도 祭·졩·ᄒᆞ더·라 宣쉔德·득 壬█심子:ᄌᆞ·애 :엳ᄌᆞᇦ
·놀 :둘·흘 :다 벼·슬 ❶:히시·고 紅ᅘᅩᆼ門몬 ❶:셰·라 ·ᄒᆞ·시니·라 (효자도 35b)

[대역문]

좋아져 도로 가라 하거늘 한 달은 하여 황당한 꿈 꾸고 빨리 돌아오니 꿈 꾼 밤에 아비가 病 얻어 열흘
못 하여 죽거늘 아침저녁에 殯所의 곁에서 불러 울며 侍墓 살더니 하루는 바람이 세어 床 위의 香合을
잃거늘 서너 달째 까마귀가 그 香合을 물어다가 무덤 앞에 놓으니라. 殷保가 朔望이거든 여전히 스승의
무덤에도 祭하더라. 宣德 壬子에 여쭙거늘 둘을 다 벼슬 시키시고 紅門 세우라 하시니라.

[주석]

❶ 徐騭이   서즐이. '騭'은 『동국정운』에 수록되지 않은 한자이지만 『삼강행실도』에는 한자음이 '즳'로 제시되었다. 이는 당시 한어음을 바탕으로 한자음을 복원한 것으로 생각된다. '騭'은 /-iĕt/를 지닌 진운(眞韻)의 질운자(質韻字)이므로 입성 운미 복원 방식에 따라 '즳'로 표기한 것이다.

➡ [표기] 08_한자음 표기

❷ 스스의그에   스승에게. 스승[師] + 의그에(부사격조사). 한문본에서는 '縣知宜州事 張志道(현지의주사 장지도)'라 하여 스승의 직위와 실명을 구체적으로 언급하였으나 언해본에서는 간략히 '스승'이라 하였다. '의그에'는 평칭의 부사격조사이며, 존칭의 부사격조사로는 '씌'가 쓰인다. 일반적인 상식에 따르면 '스승'은 높임의 대상이므로 부사격조사로 '씌'가 나올 것을 예상할 수 있으며, 실제로도 15세기 문헌에서는 여기서의 예를 제외하고 모두 '스승씌' 혹은 '스승님씌'가 나타난다. 『삼강행실도』에서 스승에 대하여 높임 표현을 사용하지 않은 것은 서술자의 입장이 개입되었기 때문으로 해석할 수 있다. 이 이야기에서는 '스승'뿐 아니라 '어버시'도 높임의 대상으로 되어 있지 않다.

➡ [문법] 13_부사격조사_여격조사 {의그에}
➡ [문법] 33_높임 표현

❸ 셤굟 디라   섬기는 것이다. 섬길지라. 섬겨야 한다. 셤기-[事之] + -오-(선어말어미) + -ㅭ(관형사형어미) # ㄷ(← 두, 의존명사) + 이-(계사) + -라(← 다, 종결어미). '-옳디라'는 기원적으로 의존명사 '두'를 포함하고 있으며, "~하는 것이 마땅하다" 정도의 당위적인 의미를 지닌다. 오늘날 어미 '-ㄹ지라'로 남아 있다.

➡ [문법] 02_의존명사

❹ 제여곰   🈯 제각각[自]. 각각(各各)의 의미를 지니는 '제여곰'은 15세기 한글 문헌에 '저여곰'으로도 출현한다. [참고] 出호며 處호매 저여곰 힘뿔 디니라 (出處各努力) 〈두시언해_초간(1481) 9:17b〉 이때의 '곰'은 부사나 용언의 활용형 뒤에 통합하여 《강조》의 의미를 나타내는 보조사로 볼 수 있지만, '제여' 혹은 '저여'가 단독으로 출현하는 용례가 전혀 보이지 않으므로 이미 '제여곰'이 하나의 어휘로 굳어졌다고 볼 수 있다. 고려시대의 자토석독구결 자료에 '제여곰'의 이전 형태로 추정되는 '各ㅑ各ㅅㅎ(의곰), 各ㅎ(곰), 各ㅣㅎ(아곰), 各ㅑ各ㅣㅎ(의아곰)'이 확인되며, 이들 자료에서도 'ㅎ(곰)'이 항상 함께 나타나는 것을 볼 때, 보조사가 통합된 형태의 어휘화는 아주 이른 시기에 이루어졌다고 할 수 있다.

❺ 살아지라   살고 싶다. 살-[廬墓] + -아지라(종결어미). 여기서 '-아지라'는 타동사와 결합한 것으로 자동사와 결합하는 '-거지라'와 형태상 차이를 보인다. 부모에게 하는 말인데도 상대 높임법 선어말어미 '-이-'가 사용되지 않은 것은 서술자의 입장이 개입된 것으로 해석될 수 있다.

➡ [문법] 29_소망 표현 종결어미

⇒ [문법] 33_높임 표현

❻ 居喪씌
圀 요질(腰絰). 상복(喪服)을 입을 때에 짚에 삼을 섞어서 굵은 동아줄처럼 만들어 허리에 띠는 띠. '거상씌'는 18세기 말까지 출현하나 현대국어에 와서는 쓰이지 않게 되었다. [참고] 거상씌 孝帶子 〈몽어유해_중간(1790) 하:7b〉.

❼ 씌여
띠어. 씌-[腰絰] + -여(←-어, 연결어미). 이 어절이 포함된 '居喪씌 씌여'에서 명사 '씌'는 거성으로 나타나지만, 동사 어간의 '씌-'는 평성으로 나타난다. 따라서 '씌'와 '씌다'는 명사와 동사라는 문법적 특성으로도 구별되지만, 성조로도 변별된다. 유사하게 [효자도 33] '자강복총'의 "신 아니 신더니"에서도 명사 '신'은 거성, 동사 '신-'은 상성으로 나타나 서로 구별된다.
⇒ [음운] 09_활음 첨가

❽ 손소
團 손수. '손소'는 명사 '손[手]'에 부사 파생 접미사 '-소'가 결합하여 파생된 부사이다. 부사 파생 접미사 '-소'는 '몸소'에서도 나타나며, '손소'와 '몸소'는 각각 현대국어에 '손수'와 '몸소'의 형태로 남아 있다.
⇒ [표기] 06_'ㅿ' 표기
⇒ [문법] 10_부사 파생 접미사

❾ 디더
때어. 딛-[爨] + -어(연결어미). 중세국어 동사 '딛-'은 "(불을) 때다"를 의미한다. [참고] 브를 오래 딛다가 둡게를 여러 보니 〈석보상절(1447) 24:16a〉.

❿ 祭 밍ᄀᆞ더라
제물(祭物) 만들더라. 제물(祭物) 만들었다. 祭 # 밍ᄀᆞ-(←밍글-) + -더-(선어말어미) + -라(←-다, 종결어미). '祭'는 일반적으로 "제사"를 뜻하며, 파생 접미사 '-ᄒᆞ-'가 결합한 '祭ᄒᆞ다'가 "제사하다"를 의미한다. '祭'가 '밍글-'과 어울려 쓰이는 경우는 여기가 유일한데, 이곳의 '祭'를 일반적인 "제사"의 의미로 이해하면 어색하다. 앞 구절에서 '손소 블 디더'를 참고하면 "제사 음식을 마련하다" 정도의 의미로 이해해 볼 수 있으며, '祭'는 "제사에 쓰는 음식"을 가리키는 '제물(祭物)'로 파악된다.
⇒ [음운] 05_/ㄹ/ 탈락
⇒ [어휘] 18_'밍글다/ᄆᆞᆫ들다'

⓫ 됴하
좋아져. 둏-[愈] + -아(연결어미). 형용사 '둏다'가 동사 "좋아지다"의 의미로 사용되었다. 이는 하나의 용언이 형용사와 동사의 쓰임을 모두 가지고 있었던 중세국어 용언의 특징을 잘 보여 준다.
⇒ [문법] 05_형용사의 동사적 용법

⓬ ᄒᆞ야
넘어. 하여. ᄒᆞ-[餘] + -야(←-아, 연결어미). 여기서의 'ᄒᆞ다'는 일반 동사 '爲'가 아니라 한문 원문 '月餘'에 대응하는 대동사로 쓰였다. 따라서 문맥상으로 보아 "한 달은 넘어", "한 달쯤 지나" 정도의 의미로 이해된다.
⇒ [문법] 개관_[19] 대(代)용언 'ᄒᆞ다'의 사용

⓭ 블러 울며
크게 울며. 큰소리로 울며. 브르-[號] + -어(연결어미) # 울-[泣] + -며(연결어미). 여기서 '블러 울다'는 원문의 '호읍(號泣)'에 대응하며, "(누군가를) 부르며 울다"로

파악되기보다 "큰소리로 울다"의 뜻으로 파악된다. 중세국어의 동사 '브르다'가 일반적으로 목적어를 취하는 것과 달리, '블러 울다'는 목적어를 취하지 않는 경우도 많이 보인다. 15세기 자료에서 '블러 울다'는 한문 원문의 '號泣, 號哭, 呼號, 號呼, 啼號' 등에 대응하며, 공통되는 '號'가 '블러'의 대역어라고 생각된다.

➡ [어휘] 23_'블러 울다'

⓮ 우흿
위에의. 위의. 우ㅎ[上] + 의(부사격조사) + ㅅ(관형격조사). 중세국어의 명사 '우ㅎ[上]'은 'ㅎ' 보유 체언으로서, 단독으로 쓰일 때나 관형격조사 'ㅅ' 앞에서는 'ㅎ'이 나타나지 않지만 모음 조사나 자음 조사 앞에서는 보유하고 있던 'ㅎ'을 드러낸다. [참고] 上輩는 웃 무리라 〈월인석보(1459) 8:55a〉 / 하눌 우콰 하눌 아래 나쁜 尊호라(天上天下唯我爲尊) 〈월인석보(1459) 2:38b〉. 한편 '우ㅎ'과 결합한 '읫'은 소위 복합조사로서, 내적으로는 두 격조사의 결합으로 분석된다. "~에 있는", "~의 가운데" 정도의 의미를 보이기도 하고, 혹은 '에'나 'ㅅ'과 기능상 차이가 크지 않은 경우도 있다. 여기서 '우흿 좁ᄋᆞᆷ'은 "위에 있는 향합" 정도로 해석될 수 있다.

➡ [문법] 15_부사격조사와 관형격조사의 복합
➡ [어휘] 41_'ㅎ' 보유 체언

⓯ 서너 ᄃᆞᆯ 자히
서너 달째에. 서너 달 만에. 서너 # ᄃᆞᆯ + ㅎ(⋯ ㅅ, 관형격조사) # 자히. 중세국어에서 의존명사로 쓰이는 '자히/짜히/차히'는 현대국어에서 '첫째, 둘째, 셋째 ⋯'에서와 같이 "차례"의 의미 혹은 '사흘째, 며칠째' 등에서와 같이 "동안"의 의미를 나타내는 명사 파생 접미사 '째'로 발달하였다. 15세기에는 "동안"의 의미를 나타내는 '자히/짜히'는 발견되지 않고, 현대국어의 {만}이 갖는 기능과 유사하게 "시간 경과"의 의미로 쓰인다. 여기서 'ㅎ'은 'ㄱ, ㄷ, ㅂ, ㅸ' 등과 함께 관형격조사 'ㅅ'의 이표기로 보인다. 더불어 관형사형어미 '-ㅭ'에 대해 '-ㅀ'의 표기도 나타나는 것을 고려하면 'ㅎ'과 'ㅅ'이 서로 넘나들 수 있는 표기였음을 알 수 있다.

⓰ 朔望이어든
삭망(朔望)이면. 朔望 + 이-(계사) + -어든(← -거든, 연결어미). ≪가정≫의 연결어미인 '-거든'은 자동사 어간의 뒤에 출현하며 계사나 어간의 말음이 /ㄹ/일 경우 /ㄱ/이 탈락된 '-어든'으로 나타난다. 이때 '-어든'은 타동사 뒤에 출현하는 '-어든'과 형태상 같아 보이지만 타동사 뒤의 '-어든'은 어간과 연철 표기되므로 둘의 차이를 분명히 구별할 수 있다. [참고] 比丘를 주겨든 〈석보상절(1447) 23:35b〉.

➡ [음운] 04_/ㄱ/ 탈락
➡ [문법] 22_연결어미 {-거든}, {-거늘}

⓱ 순지
🈯 여전히[猶]. 그대로. 중세국어의 '순지'는 기본적으로 "아직, 오히려"를 의미하지만 "여전히, 그대로, 계속"의 의미로 쓰이기도 한다. 여기서는 원문의 대응 한자 '猶'와 맥락적 의미를 고려할 때 후자의 의미로 해석하는 것이 자연스럽다.

➡ [어휘] 26_'순지'

⓲ ᄒᆡ시고　　하게 하시고. ᄒᆡ-[使] + -시-(←-ᄋᆞ시-, 선어말어미) + -고(연결어미). 'ᄒᆡ다'
　　　　　　　는 'ᄒᆞ다'의 어간에 사동 접미사 '-이-'가 결합된 'ᄒᆞ이다'에서 축약된 것이다.
　　　　　　　'ᄒᆞ야/ᄒᆡ야'에 강조의 보조사 '곰'이 결합된 'ᄒᆞ야곰'은 오늘날 "하게 하여, 시키
　　　　　　　어"를 의미하는 부사 '하여금'으로 남았다.
　　　　　　　⇒ [문법] 32_사동 표현

⓳ 셰라　　　세우라. 셰-[立] + -라(종결어미). '셰-'는 '셔-[立]'에 사동 접미사 '-이-'가
　　　　　　　결합하여 형성된 것이다. 『삼강행실도』를 비롯한 15세기 한글문헌에서는 '셔다'
　　　　　　　의 사동형으로 '셰다'만 출현한다. '셰-'에 다시 사동 접미사 '-오/우-'가 결합한
　　　　　　　'셰오-/셰우-'는 16세기 후반부터 출현하여 현대국어의 '세우다'로 남았다. [참
　　　　　　　고] 몸을 셰워 道를 行ᄒᆞ야 〈소학언해(1588) 2:29a〉. 한편 인용문에서 주어가
　　　　　　　1인칭일 경우 평서형과 명령형 종결어미의 형태가 '-라'로 같아서 형태만으로는
　　　　　　　판별이 어렵다. '-라'의 선행 요소를 통해 이 둘을 판별할 수 있는데, 평서형
　　　　　　　종결어미 {-다}는 '너교라〈효자:27a〉'에서처럼 인칭법 선어말어미 {-오-} 뒤에
　　　　　　　서 '-라'로 교체되므로 '-오-'가 출현하지 않는 명령형 종결어미 {-라}와 구별된
　　　　　　　다.
　　　　　　　⇒ [문법] 27_명령형 종결어미
　　　　　　　⇒ [문법] 32_사동 표현

[한문 원문 및 시찬]

知禮縣人尹殷保。徐騭。俱學於同縣知宜州事張志道。一日相謂曰。人生於三。事之如
一。況吾師無子可養乎。得異味輒饋。每遇良辰。必具酒饌。如事父然。張沒。二人請廬
墓於其親。親憐而聽之。乃玄冠腰経居墓傍。躬爨供奠。尹父嘗病。卽歸奉藥。衣不解
帶。父愈。令復歸廬。月餘尹感異夢。亟歸則父果以夢夕疾作。未旬而死。尹晨夕號哭。
不離喪側。旣葬。廬父墳。一日飄風暴起。失案上香合。數月有烏嗡物飛來置壠前。人就
視之。卽所失香合也。至朔望猶奠張墳。徐終三年。宣德壬子。事聞。殷保。騭。並命旌
門拜官

지례현(知禮縣) 사람 윤은보(尹殷保)와 서즐(徐)은 함께 같은 고을의 지의 주사(知宜州事)
장지도(張志道)에게 배웠다. 어느 날 둘이 서로 말하기를,
"사람이 임금·스승·아버지 이 세 분을 똑같이 섬겨야 하는데, 더구나 우리 스승에게는 봉양할
아들이 없지 않은가?"
하고는, 별미를 얻으면 언제나 보내고, 명절을 당하면 반드시 술과 반찬을 갖추어 아버지를
섬기듯이 하였다. 장지도가 죽자, 두 사람이 그 어버이에게 여묘살기를 청하니, 어버이가
어여삐 여겨 들어주었는데, 현관(玄冠)을 쓰고 요질(腰)을 띠고서 무덤 곁에 살면서 몸소
제물을 만들어 전(奠)을 드렸다. 그러다가 윤은보의 아버지가 병을 앓게 되자 곧 돌아가
약시중을 들며 옷의 띠를 풀지 않았으며, 아버지가 나으니 다시 여막(廬幕)으로 돌아갔다.
한달 남짓하여 윤은보가 이상한 꿈을 꾸고 급히 돌아가 보니, 그 아버지가 과연 꿈꾸던

그날 저녁부터 병이 났는데 열흘이 못되어 죽었다. 윤은보가 밤낮으로 애통해 울며 주검 곁을 떠나지 않았고, 장례를 치르고는 아버지 무덤에서 여묘살았다. 어느 날 회오리 바람이 사납게 일어 상 위의 향합(香盒)을 잃었었다. 몇 달 뒤에 까마귀가 물건을 물고 날아와 무덤 앞에 놓았는데, 사람들이 나가보니 바로 전날에 잃었던 향합이었다. 삭망(朔望)이 되면 장지도의 무덤에도 전을 드렸으며, 서즐도 3년을 마쳤다. 선덕(宣德) 임자년(壬子年 1432, 세종 14)에 이 일이 임금에게 아뢰어지니, 명하여 윤은보와 서즐을 모두 정문(旌門)하고, 관직을 제배(除拜)하였다.

詩 孔門廬墓載遺編。師道千年廢不傳。
誰料窮鄉初學輩。種楷腰經企前賢
一體而分性本眞。夢驚親瘵氣通神。
慈烏反哺能相感。香合啣來慰棘人
공자 문인 여묘한 일 책 속에 있으나, 스승의 도 천년 간을 폐지코 전치 않았네.
뉘 능히 뜻하였으랴 궁향의 초학들이, 해나무 심고 요질 띠어 옛사람 따르리라고.
한 몸에서 나뉘었으니 성정 본시 같으리라. 꿈속에 놀란 친병 기(氣)와 신(神)이 통하였나,
까마귀 반포조라 능히 서로 감통했나, 향합을 물고 와서 상중 효자 위로하네.

[텍스트 정보]

__ 윤은보(尹殷保)에 관한 기록은 『세종실록』(1432, 세종 14년 9월 무진 조), 『신증동국여지승람』(권29:25a, 지례현 효자 윤은보 조) 등에 남아 있다. 다만 『신증동국여지승람』(초간_1481, 신증_1530)은 『삼강행실도』(1434)의 간행 시기보다 늦기 때문에 저본으로 보기 어렵고, 『세종실록』은 『삼강행실도』의 한문 본문과 많은 차이를 보이고 있다.

__ 『삼강행실도』의 한문 원문은 『세종실록』의 기사와 다음과 같이 차이를 보인다.

知禮縣人尹殷保　徐騭　皆受業於張志道　嘗約云　人生於三　事之如一　況吾師無後
俱學於同縣知宜州事張志道。　一日相謂曰。　　　　　　　　　　　　　　　　　　子可養乎
百歲之後　當廬墓以終三年　　　　　　　　　　　　　　　　及死　告其父母
　　　　　　　　　　　　　　　得異味輒饋　每遇良辰　必具酒饌　如事父然。　張沒。　二人請廬墓於其親。
　玄冠腰経廬於塚側　躬執炊爨備奠物　二日　殷保父遘疾　歸家侍藥　暫不解衣
親儷而膽之　乃　居墓傍。　朝爨供奠。　　　　尹父警病。　　　即歸奉藥。　　　衣不解帶。
病愈乃還　廬墓　月餘殷保夢不祥　郎還家父果得疾　越五日死　擗踊哭泣　不離殯側
父愈。　乃復歸廬。　　　殷感異夢。　　亟歸則父果以夢夕疾作。　未旬而死。　尹晨夕號泣，　　　喪。
　一日遇狂風　失香合　數月烏合香合來自北山置墳前　其受業人洗澄裹現等取
　　　　　飄風暴起。　　案上　　　　有烏啣物飛來置羣前。　人就
視之　果前香合也　殷保雖廬父墓猶爲其師　遇朔望必祭　驚獨廬師墓　以終三年
。　即所失。　　　　至朔望猶猶奠張墳。　　　　　　　　　　騭終終三年。

事聞。殷保。騭。並命旌門拜官。

__ 『세종실록』에는 『삼강행실도』에 없는 정보가 있을 뿐만 아니라, 『삼강행실도』와는 많은 차이를 보이고 있다. 이는 내용의 변개나 첨가 없이 오직 생략만을 통해 인용한, 『효순사실』, 『효행록』에 실린 이야기들과 다른 점이다.

__ 『삼강행실도』의 한문 원문은 『신증동국여지승람』의 기록과 다음과 같이 차이를 보인다.

尹殷保　與同縣　徐騭　共學於張志道　相謂曰　民生於三　事之如一　況吾師無子可養乎
知禮縣人尹殷保。　　　　供　同縣知宜州事　一日　　　人

每遇良辰 必具酒饌 得異味輒饋 如事父然 及沒 二人請廬墓於其親 親憐而許之
乃玄冠腰絰廬於墓傍 躬爨供奠 殷保父嘗病 歸奉藥 不解衣帶 父病愈 卽還廬 月餘殷保
感異夢 急歸父果病作 未旬而死 晨夕號哭 不離喪側 旣葬 廬父墳 一日飄風暴疾起
失案上香合 數月不得有烏合物來置墓前 人就視之 卽所失香合也 至朔望猶奠張墳 驚終
三年 世宗朝 並旌門拜官。

得異味輒饋
必具酒饌。
張
聽

居
躬爨供奠
令俊歸
衣
紼

亟 卽
以夢夕疾作
尹

有烏啣物飛來置塋前。

宣德壬子。
事聞。殷保。驚。
命

참고문헌

『삼강행실도』 ≪효자도≫ 해제

고니시 도시오(1995), 「삼강행실효자도의 한문과 언해문 대조」, 『국어학논집』 2, 태학사, 9-22.

고영근(1991/1995), 「〈삼강행실도〉의 번역 연대」, 『김영배교수화갑기념논문집』, 경운출판사, 77-84. / 『단어·문장·텍스트』, 한국문화사, 365-372.

김명남(2012), 「삼강행실도 언해본 연구」, 동국대학교 석사학위논문.

김문경(2009), 「고려본 효행록과 중국의 이십사효」, 『한국문화』 45, 서울대학교 규장각 한국학연구원, 3-14.

김원용·김익현·임창제 역(1982), 『삼강행실도: 효자편』, 세종대왕기념사업회.

김유범(2006), 「중세국어 문법 교육과 언해본 『삼강행실도』」, 『새얼어문논집』 18, 새얼어문학회, 185-211.

김유범·이규범·오민석(2020), 「언해본 『삼강행실도』 초간본의 정본(定本) 수립을 위한 연구: ≪효자도≫를 중심으로」, 『한국어학』 89, 한국어학회, 123-168.

김정수 역(2017), 『역주 삼강행실도』, 세종대왕기념사업회.

남광우(1966), 『東國正韻式 漢字音 研究』, 한국연구원.

박종국(2003), 『한글문헌 해제』, 세종대왕기념사업회.

박철상(2008), 「계명대학교 동산도서관 소장 中國本 古書의 가치」, 『한국학논집』 37, 계명대학교 한국학연구원, 221-234.

백두현(2015), 『한글문헌학』, 태학사.

석주연(2001), 「大英圖書館 소장 국어사 자료에 대하여」, 『국어국문학』 129, 국어국문학회, 117-137.

송일기·이태호(2001), 「朝鮮時代 '行實圖' 板本 및 板畵에 관한 研究」, 『서지학연구』 21, 서지학회, 79-121.

안병희(1979), 「中世語의 한글資料에 대한 綜合的 考察」, 『규장각』 3, 서울대학교도서관, 109-147.

안병희(1992), 『국어사 자료 연구』, 문학과 지성사.

여찬영(2005ㄱ), 「『삼강행실도』와 『오륜행실도』의 한문 원문 연구」, 『어문학』 88, 한국어문학회, 53-75.

여찬영(2005ㄴ), 「행실도류 '제상출렬(堤上忠烈)' 이본류의 번역언어학적 연구」, 『한국말글학』 22, 한국말글학회, 69-95.

오민석·김유범·이규범(2020), 「언해본 삼강행실도 ≪효자도≫의 원전과 텍스트 성립 과정에 대하여」, 『국어사연구』 30, 국어사학회, 187-238.

옥영정(2008), 「≪삼강행실도≫ 판본의 간행과 유통」, 『조선시대 책의 문화사』, 휴머니스트, 31-62.

윤호진 옮김/권보·권준 엮음(2017), 『효행록(孝行錄)』, 지식을만드는지식.

이규범(2018), 「국어교육을 위한 행실도류의 분석 및 활용 방안 연구」, 고려대학교 박사학위논문.

이규범·오민석·김유범(2021), 「언해본『삼강행실도』최고본(最古本)에 대한 비교 연구: ≪효자도≫를 중심으로」, 『국어사연구』 32, 국어사학회, 275-311.

이상훈(2014), 「英祖代『三綱行實圖』의 異本에 대한 硏究」, 『어문연구』 42(4), 한국어문교육연구회, 87-109.

이상훈(2018), 「삼강행실도 언해본의 서지학적·국어학적 연구」, 서울대학교 박사학위논문.

이현희(1996), 「중세 국어 자료(한글 문헌)」, 『국어의 시대별 변천·실태 연구1 -중세 국어-』, 국립국어연구원, 210-247.

임동석 역주/곽수정·고월차 집록(2012), 『이십사효』, 동서문화사.

장춘석(2004), 『중한 효행집의 연구』, 신성출판사.

정병모(1998), 「≪삼강행실도≫ 판화에 대한 고찰」, 『진단학보』 85, 진단학회, 185-227.

정우영(1999), 「〈三綱行實圖〉諺解本에 나타난 漢字音 表記의 樣相 -잘못 注音된 漢字音의 分析과 飜譯年代-」, 『동악어문논집』 34, 동악어문학회, 65-90.

천혜봉(2006), 『(개정증보판)한국 서지학』, 민음사.

최경훈(2017), 「계명대학교 동산도서관 소장 고문헌의 현황과 주요 자료」, 『국어사 연구』 25, 국어사학회, 133-165.

홍윤표(1998), 「『삼강행실도』의 서지 및 국어사적 의의」, 『진단학보』 85, 진단학회, 141-162.

홍현보(2017), 「『삼강행실열녀도』의 출처」, 『한글』 316, 한글학회, 251-300.

澁谷秋(2017), 「三綱行實圖大英本の特徵と系譜の再考」, 朝鮮学会第68回 大会発表資料.

澁谷秋(2019), 「『三綱行實圖』大英本の特徵と系譜の再考」, 『朝鮮學報』 249·250, 朝鮮學會, 139-171.

志部昭平(1990), 『諺解三綱行實圖研究』東京: 汲古書院.

志部昭平(1992), 「宣祖時改譯の三綱行實について-主に壬辰之亂前古本について-」, 『朝鮮學報』 145, 朝鮮學會, 85-130.

肖瑤楚(2015), 「『孝順事實』研究」, 華東師範大學 碩士學位論文.

언해본 『삼강행실도』 ≪효자도≫ 역주

가와사키 케이고(2015), 「중세한국어 감동법 연구」, 서울대학교 국어국문학과 박사학위논문.

고광모(2013), 「중세 국어의 선어말어미 '-습-'의 발달에 대하여」, 『언어학』 65, 한국언어학회, 39-59.

고영근(1980), 「중세어의 어미활용에 나타나는 '거/어'의 교체에 대하여」, 『국어학』 9, 국어학회, 55-99.

고영근(2020), 『(제4판)표준 중세국어문법론』, 집문당.

구본관(2007), 「접미사 {둡}의 이형태에 대한 통시적 고찰」, 『우리말연구 21』 우리말학회, 135-175.

권인한(2009), 『중세한국한자음훈집성』, 제이앤씨.

김무림(2020), 『한국어어원사전』, 지식과교양.

김성규(2007), 「중세국어의 형태 분석과 성조」, 『한국어학』 37, 한국어학회, 19-45.

김양진(2011), 『우리말수첩』, 정보와사람.

김완진(1972), 「다시 $\beta > w$를 찾아서」, 『어학연구 8-1』, 서울대학교 언어교육원, 51-62.

김유범(2003), 「중세국어 '-ㄴ다마다'에 대하여」, 『새얼語文論集』 15, 새얼어문학회, 263-290.

김유범(2005ㄱ), 「중세국어 '-거지이다', '-거지라'에 대하여」, 『새얼어문논집』, 새얼어문학회, 285-298.

김유범(2005ㄴ), 「15세기 국어 'ㄱ티'의 음운론과 형태론」, 『청람어문교육』 31, 청람어문교육학회, 123-136.

김유범(2005ㄷ), 「중세국어 '-받-/-왇(월)-'의 형태론과 음운론」, 『한국어학』 26, 25-65.

김유범(2007ㄱ), 『중세국어 문법형태소의 형태론과 음운론』, 월인.

김유범(2007ㄴ), 「15세기 문헌자료의 특수 분철 표기에 대한 형태음운론적 연구」, 『한말연구』 20, 한말연구학회, 73-99.

김유범(2007ㄷ), 「언해본 『삼강행실도』의 텍스트에 나타난 문법적 특징의 활용 가치 분석(1): ≪효자도≫를 대상으로」, 『민족문화논총』 37, 영남대학교 민족문화연구소, 465-489.

김유범(2008), 「이형태교체의 조건과 중세국어 이형태교체의 몇 문제」, 『국어국문학』 149, 국어국문학회, 201-222.

김유범·이규범·오민석(2020), 「언해본 『삼강행실도』 초간본의 정본(定本) 수립을 위한 연구: ≪효자도≫를 중심으로」, 『한국어학』 89, 한국어학회, 123-168.

김태곤(2005), 「국어 어휘의 변천 연구(10), 『언어학연구』 10(2), 한국언어연구학회, 207-231.

남성우(2001), 「국어 어휘의 변화」, 『언어과학연구』 20, 언어과학회, 81-126.

남광우(1997), 『고어사전』, 교학사.

민현식(1991), 『국어의 시상과 시간부사』, 개문사.

박부자(2010), 「'어미'형과 '아비'형 친족어휘의 사적 고찰」, 『국어사연구』 11, 국어사학회, 69-119.

박진호(1994), 「중세국어의 피동적 '-어 잇' 구문」, 『주시경학보』 13, 주시경연구소, 162-167.

박진호(2015), 「≪漢韓大辭典≫의 뜻풀이에 대하여」, 『동양학』 59, 단국대학교 동양학 연구원, 189-210.

백문식(2015), 『우리말 어원 사전』, 도서출판 박이정.

손진태(1947), 『한국민족설화의 연구 – 민족설화의 문화사적 연구』, 을유문화사, 173-178.

석주연(2001), 「大英圖書館 소장 국어사 자료에 대하여」, 『국어국문학』 129, 국어국문학회, 117-137.

세종대왕기념사업회(1982), 『삼강행실도 – 효자편』, 세종대왕기념사업회.

심재기(2000), 『國語語彙論』, 집문당.

안예리(2013), 「'-엇눈'의 통시적 연구」, 『형태론』 15(2), 170-185.

우쾌재(1988), 『한국 가정소설 연구』, 고려대 민족문화연구원.

유창돈(1975), 『어휘사연구』, 삼우사.

윤호진(2004), 『효행록』, 경인문화사.

이광호(2008), 「'므스'와 '므슥/므슴/므슷'의 의미 특성 및 형태 변화」, 『국어국문학』 151, 국어국문학회, 35-58.

이기문(1983), 「'아자비'와 '아ᄌ미'」, 『國語學』 12, 國語學會, 3-12.

이기문(1991), 『국어 어휘사 연구』, 동아출판사.

이기문(1998), 『(신정판) 국어사개설』, 태학사.

이동석(2005ㄱ), 「중세국어 용언 "계오다/계우다"의 통시적 변화」, 『민족문화연구』 42, 고려대학교 민족문화연구원, 1-39.

이동석(2005ㄴ), 「중세국어 '미좇다'의 '미'를 찾아서」, 『한국어학』 29, 한국어학회, 211-236.

이동석(2014), 「중세국어 '거긔' 구성의 의미 기능과 문법화」, 『국어사연구』 19, 국어사학회, 171-201.

이동석(2016), 「날짜 어휘의 형태론적 분석: '홀/흘' 결합형을 중심으로」, 『국어사연구』 22, 국어사학회, 171-198.

이병기(2006), 「'ᄒᆞ마'와 시간 인식」, 『(이병근선생퇴임기념)국어학논총』, 태학사, 665-689.

이현희(1994), 『중세국어 구문연구』, 신구문화사.

이현희(1995), 「'-사'와 '沙'」, 『한일어학논총-남학 이종철선생 회갑기념논총 간행위원회편』, 국학자료원, 521-585.

이현희(2002), 「중세·근대국어 형태론의 몇 문제」, 『문법과 텍스트』, 서울대학교 출판부, 139-155.

이훈종(1993), 『민족생활어사전』, 한길사.

장요한(2010), 「중세국어 조사 '다려', '-더브러', '-애/ㅅ손되'의 문법」, 『한민족어문학』 56, 한민족어문학회, 5-43.

장요한(2013), 「중세국어 의문사 '므스'류의 교체 양상과 단일화」, 『언어와 정보 사회』 20, 서강대학교 언어정보연구소, 235-259.

정경재(2015), 「한국어 용언 활용 체계의 통시적 변화」, 고려대학교 박사학위논문.

정경재(2019), 『한국어 용언 활용 체계의 형태음운적 변화』, 국어학회.

정재영(1995), 「'八'형 부사와 '七'형 부사」, 『國語史와 借字表記』, 태학사, 285-316.

조항범(2014), 『(개정판)국어 어원론』, 도서출판 다해.

중한번역문헌연구소(2002), 『中朝大事典』, 선문대학교출판부.

홍윤표(2009), 『살아있는 우리말의 역사』, 태학사.

홍종선(2017), 『국어문법사』, 아카넷.

황선엽(1996), 「고려가요 난해구 몇 구절에 대하여」, 『관악어문연구』 21, 서울대학교 국어국문학과, 419-439.

志部昭平(1990), 『諺解三綱行實圖硏究』, 東京: 汲古書院.

蔡石山(2011), 『明代的女人: 她们的故事与命运是什么样子』, 中華書局.

정본 수립의 방법과 과정

김유범·이규범·오민석(2020), 「언해본 『삼강행실도』 초간본의 정본(定本) 수립을 위한 연구 -≪효자도≫를 중심으로-」, 『한국어학』 89, 한국어학회, 123-168.

석주연(2001), 「대영도서관 소장 국어사 자료에 대하여」, 『국어국문학』 129, 국어국문학회, 117-137.

홍윤표(1998), 「『삼강행실도』의 서지 및 국어사적 의의」, 『진단학보』 85, 진단학회, 141-162.

志部昭平(1990), 『諺解三綱行實圖硏究』, 東京: 汲古書院.

찾아보기_어휘

어 휘	출 처
가다	가아(효자:02a), 가아(효자:03a), 가시니(효자:04a), 가고(효자:04a), 갌(효자:04b), 가리논(효자:04b), 갌(효자:05a), 갌(효자:05a), 가아(효자:06b), 가아(효자:10a), 가논(효자:11a), 가니(효자:11a), 가아(효자:15b), 가(효자:15b), 가아(효자:15b), 가(효자:15b), 가(효자:16a), 가리로소니(효자:20a), 가(효자:20a), 가더니(효자:20a), 갯더니(효자:21a), 가거늘(효자:21a), 가(효자:21b), 가아(효자:21b), 가(효자:22a), 가(효자:25a), 가아(효자:27a), 가더라(효자:27b), 갌(효자:28a), 가아(효자:29a), 가다가(효자:30a), 가아(효자:30b), 가다가(효자:31a), 가아(효자:31b), 갯더니(효자:31b), 갯다가(효자:32a), 가아(효자:32a), 가니(효자:32a), 가라(효자:35b)
가ᅀᆞ멸다	가ᅀᆞ멸의(효자:14a)
가개	가개(효자:07a), 가개(효자:07a)
가마	가매(효자:12a)
가마괴	가마괴(효자:35b)
가온ᄃᆡ	가온딕(효자:22a)
가져오다	가져오거늘(효자:13a)
가지다	가지고(효자:04a), 가지며(효자:07a), 가지며(효자:07b), 가지며(효자:07b), 가지더라(효자:07b), 가져다가(효자:16a), 가져(효자:17a), 가져다가(효자:19a), 가져다가(효자:30b)
가지	가지(효자:28b)
가ᄐᆡ다	가ᄐᆡᆺ거늘(효자:23a)
艱難ᄒᆞ다	艱간難난ᄒᆞ아(효자:02a), 艱간難난혼(효자:12a), 艱간難난코도(효자:14a)
갈ㅎ	갈(효자:23b)
感動ᄒᆞ다	感감動동ᄒᆞ야(효자:06a), 感감動동ᄒᆞ미(효자:32b), 感감動동ᄒᆞ야(효자:33b)
甘露	甘감露로ㅣ(효자:28b)
값	갑새(효자:21a), 갑새(효자:23a), 갑새(효자:23a)
갚다	갑게(효자:11a), 가푸리잇가(효자:32a)
갓	가시(효자:10a), 갓(효자:11a)
江巨孝	江강巨껴孝흉ㅣ라(효자:06b)
江革	江강革격이(효자:06a)
개욤나모	개욤나모(효자:32b)
羹	羹깅(효자:16a)
거싀	거싀(효자:19a)
居喪	居거喪상애(효자:24a), 居거喪상(효자:24b), 居거喪상이(효자:24b), 居거喪상(효자:25a), 居거喪상(효자:25a), 居거喪상ㅅ(효자:27b), 居거喪상(효자:28b), 居거喪상(효자:32b), 居거喪상(효자:33a)
居喪쁴	居거喪상쁴(효자:35a)
居喪ᄒᆞ다	居거喪상ᄒᆞ고(효자:18a), 居거喪상ᄒᆞ며(효자:33a)
居喪옷	居거喪상옷(효자:26a)
거긔	거긔(효자:12a)
巨孝	巨꺼孝흉는(효자:06b)
거슬ᄠᅳ다	거슬쁜(효자:14a), 거슬쁜(효자:18b), 거슬쁜(효자:33a)
걷다	걷디(효자:28b), 걷거늘(효자:29b)
검다	거믄(효자:29a), 거믄(효자:35a)
것	거시라(효자:07b), 거시라(효자:07b), 거시(효자:11a), 것(효자:20b), 것(효자:23b)
것듣다	것듣더니(효자:25a)
겨슬	겨ᅀᆞ리면(효자:09a), 겨ᅀᆞ리(효자:16a), 겨스레(효자:19a), 겨스리면(효자:19b), 겨스레(효자:19b), 겨스레(효

어 휘	출 처
	자:25a), 겨스레(효자:26a), 겨스레(효자:30a)
겨집	겨집비라(효자:05b), 겨집 드려(효자:10a), 겨지비(효자:10a), 겨집 드려(효자:10a), 겨지비(효자:11a), 겨지비라(효자:11a), 겨집 드려(효자:12a), 겨지븨(효자:33a)
擊鼓ᄒ다	擊격鼓고ᄒ야(효자:23a)
牽馬ᄒ다	牽켠馬마ᄒ고(효자:27a)
겯	겨틔(효자:18b), 겨틔(효자:18b), 겨틔(효자:25a), 겨틔(효자:25a), 겨틔(효자:27b), 겨틔(효자:28a), 겨틔(효자:31a), 겨틔(효자:31b), 겨틔(효자:34a), 겨틔셔(효자:35b)
계우다	계우고(효자:15a)
告ᄒ다	告곰ᄒ고(효자:27b)
高山	高곰山산(효자:34a)
皐魚	皐곰魚어ㅣ라(효자:04a)
高皇帝	高곰皇馨帝뎨(효자:31b)
고기	고기롤(효자:17a), 고기(효자:19a), 고기(효자:19a), 고기란(효자:32a), 고기롤(효자:32b)
고티다	고티면(효자:05b), 고텨(효자:08a), 고티며(효자:26a), 고텨(효자:28b)
斛	斛쑉을(효자:06b), 斛쑉은(효자:06b)
穀食	穀곡食씩을(효자:02a), 穀곡食씩이며(효자:03a)
곧	곧(효자:06a), 곧(효자:07b), 고돌(효자:23b), 곧(효자:24a), 곧(효자:25a)
곳갈	곳갈(효자:35a)
恭敬ᄒ다	恭공敬경ᄒ야(효자:29b)
公事ᄒ다	公공事ᄊᆞᄒ더니(효자:27b)
孔子	孔콩子ᄌᆞㅣ(효자:02a), 孔콩子ᄌᆞㅣ(효자:04a), 孔콩子ᄌᆞᄉ(효자:04b)
과ᄒ다	과ᄒ야(효자:23a)
果實	果과實쎯(효자:14a)
果然	果과然션(효자:05a)
郭巨	郭곽巨꺼의(효자:12a), 郭곽巨꺼ㅣ(효자:12a), 郭곽巨꺼롤(효자:12a)
冠帶ᄒ다	冠관帶대ᄒ야(효자:28a)
官舍	官관舍샤애(효자:27b), 官관舍샤눈(효자:27b)
救ᄒ다	救굴ᄒᆞ니(효자:20b), 救굴ᄒᆞ쇼셔(효자:29a)
구더기	구더기(효자:31a)
구룸	구루미(효자:29a), 구루미(효자:29b)
구무	구무(효자:14a)
구짖다	구짓거늘(효자:27a), 구지주딕(효자:32a)
구틔여	구틔여(효자:33a)
구피다	구피더라(효자:27b)
軍군마기	軍군마기라(효자:05a)
구르다	굴러(효자:33a)
궤	궤와(효자:27b), 궤와(효자:28b)
그	그(효자:03a), 그(효자:05a), 그(효자:10a), 그(효자:13a), 그(효자:14a), 그(효자:14a), 그(효자:15b), 그(효자:15b), 그(효자:18a), 그(효자:18b), 그(효자:18b), 그(효자:19a), 그(효자:20a), 그(효자:20a), 그(효자:20b), 그(효자:35b)
그스다	그스더니(효자:06a)
그날	그낤(효자:29b)
그듸	그딋(효자:11a)
그러ᄒ다	그러ᄒ니라(효자:16a)
그르다	그르디(효자:17a)
그릇	그르시라(효자:06b), 그르슬(효자:13a), 그르세(효자:32a)
그리다〔戀〕	그리ᄂᆞ다(효자:02b)
그리다〔畵〕	그리라(효자:10b), 그려(효자:26a)
그리ᄒ다	그리호리이다(효자:05a), 그리호려(효자:05a), 그리ᄒ야(효자:31a), 그리ᄒ라(효자:35a)

어 휘	출 처
그뭄	그무메(효자:21b), 그무메(효자:21b)
그위	그위예셔(효자:08a), 그위예셔(효자:10a), 그위예셔(효자:20b), 그위롤(효자:21a), 그위예셔(효자:31b)
그위실	그위실(효자:15a)
그위실ᄒ다	그위실ᄒ더니(효자:15a), 그위실ᄒ야(효자:17b)
그윗집	그윗지비라(효자:27b)
그적	그저긔ᄉ(효자:19a)
그치다	그치디(효자:08a), 그치디(효자:28a)
글	글(효자:04a), 그를(효자:12a), 글(효자:15a), 글(효자:18a), 글(효자:27a), 그를(효자:32b), 글(효자:35a)
金	金금(효자:12a), 금금(효자:14a)
金自强	金금自ᄍ强깡이(효자:33a)
及第ᄒ다	及끕第똉ᄒ라(효자:28a), 及끕第똉ᄒ야ᄂ(효자:28a)
굿	굿(효자:33a)
긋어가다	긋어가아(효자:28a)
긋어오다	긋어오거늘(효자:33a)
긏다	긋디(효자:04a)
기드리다	기드리디(효자:04a), 기드리더니(효자:29b)
기리	기릿(효자:19a)
器具	器킈具꾸란(효자:07b)
氣韻	氣킈韻운이(효자:24a)
吉兇	吉긿兇흉의(효자:23a), 吉긿兇흉이(효자:23a), 吉긿兇흉이(효자:23b)
기르다	길어(효자:14a)
길ㅎ	길흘(효자:06a), 길헤(효자:11a), 길(효자:24a), 길(효자:24b), 길헤(효자:31a)
깄ᄀ	깄ᄀ애(효자:04a), 깄ᄀ새(효자:23a)
깁	깁(효자:11a), 깁과(효자:28b)
깊다	기픈(효자:30a)
ᄀᄅ치다	ᄀᄅ치리도(효자:06a), ᄀᄅ치고(효자:15a), ᄀᄅ치고(효자:22a), ᄀᄅ친가(효자:23a), ᄀᄅ쳐(효자:27b)
ᄀᄆ니	ᄀᄆ니(효자:04a)
ᄀᆽ장[巨]	ᄀ쟝(효자:14a)
ᄀᆽ쟝[邊]	ᄀ쟝(효자:02b)
ᄀᆽ쟝ᄒ다	ᄀ쟝ᄒ더라(효자:19b)
ᄀᄋᆯㅎ	ᄀᄋᆯ히(효자:06a), ᄀ올히셔(효자:10b), ᄀ옰(효자:18b), ᄀ올히셔(효자:28b)
ᄀ로다	ᄀ로디(효자:18a)
ᄀᇀ다	ᄀ티(효자:18b), ᄀ티(효자:19a), ᄀ티(효자:28b), ᄀ티(효자:33b)
골품	골품(효자:01a)
ᄀᆺ	ᄀᆺ(효자:25a)
나	내[H](효자:04a), 내[H](효자:04b), 내[L](효자:05a), 나와(효자:07a), 내게(효자:07b), 나롤(효자:11a), 내[L](효자:12a), 나도(효자:13a), 내[H](효자:14a), 내[H](효자:15b), 나롤(효자:15b), 내[H](효자:20a), 내[L](효자:20a), 날(효자:20a), 내ᄉ(효자:20a), 내[L](효자:30a), 날ᄃ려(효자:30a), 내[L](효자:32a), 내[H](효자:32a)
나다	나(효자:10a), 나니(효자:12a), 나거늘(효자:16a), 나긔(효자:19a), 나며(효자:25a), 냇더니(효자:28b), 나아(효자:31a), 나거늘(효자:31a), 나더니(효자:31a)
나ᄃ니다	나ᄃ니시다가(효자:04a)
나가다	나가라(효자:07a), 나가거늘(효자:07a), 나갎(효자:27b)
나날	나날(효자:05a), 나날(효자:32b)
나라ㅎ	나라히(효자:09a), 나랏(효자:15a)
나모	남ᄀ로(효자:10a), 남기(효자:15b), 남ᄀᆯ(효자:17b), 나모(효자:18b), 남기(효자:18b), 나모(효자:22a), 나모왜(효자:25a), 나모(효자:30a)
나죄	나죄마다(효자:21a), 나죄마다(효자:27b)
나ㅎ	나히며(효자:04a), 나히(효자:05a), 나히(효자:08a), 나홀(효자:30a), 나홀(효자:30a), 나히(효자:32a)
낛ᄉ	낛술(효자:20b)

어 휘	출 처
낟보다	낟비(효자:06a), 낟본(효자:24a)
날	날(효자:19a), 날마다(효자:34a)
남다	나마사(효자:31b)
남죽ᄒ다	남죽고(효자:07a)
남진	남진(효자:05a), 남지니(효자:05a), 남진(효자:05a), 남진(효자:05a), 남진(효자:05a), 남진이(효자:31a)
낮	나지(효자:29a)
낳다	나ᄒ시니라(효자:15b)
내다	내요라(효자:14a), 내야(효자:15a), 내야(효자:31a), 내야(효자:32a)
來日	來리日싌(효자:29a)
내내	내내(효자:19a)
乃終내	乃내終즁내(효자:05a), 乃내終즁내(효자:05a), 乃내終즁(효자:32b)
乃終말	乃내終즁말(효자:31a)
內	內뇌예(효자:11a)
내좇다	내조춘대(효자:07a)
내티다	내툐려(효자:01a), 내틴대(효자:01a)
내ㅎ	내해(효자:32a)
너	네[R](효자:05a), 네나(효자:20a), 네[L](효자:21b), 네[R](효자:21b), 네[R](효자:29a), 네[R](효자:29b), 네[L](효자:30a), 너를(효자:30a), 네[R](효자:32a), 너를(효자:32a)
너기다	너겨(효자:01a), 너기더라(효자:01a), 너기노라(효자:07b), 너겨(효자:10a), 너겟거늘(효자:10a), 너겨(효자:21a), 너겨(효자:22a), 너기리(효자:26a), 너기며(효자:27a), 너교라(효자:27a), 너교물(효자:27b), 너기며(효자:27b), 너겨(효자:29a), 너겟더니(효자:29b), 너겨(효자:35a)
너무	너무(효자:21b), 너무(효자:24a), 너무(효자:25a)
너출	너추레(효자:30b)
너흘다	너흐러(효자:31a)
너희	너희(효자:07b)
네ㅎ	네(효자:18a), 네(효자:20a), 네(효자:22a), 네(효자:24b)
녀다	넗(효자:24a)
녀러오다	녀러와(효자:10a), 녀러오나지라(효자:29a)
녀름	녀르미면(효자:09a), 녀르미면(효자:19b)
녁	녁(효자:33a)
年	年년(효자:06b), 三삼年년을(효자:14a), 年년(효자:18a), 年년을(효자:19a), 年년을(효자:26a), 年년을(효자:33a), 年년(효자:33a), 年년을(효자:33b)
녯罪	녯罪죄를(효자:29b)
怒ᄒ다	怒노ᄒ야(효자:07a), 怒노ᄒ야(효자:10a), 怒노ᄒ야(효자:15a), 怒노혼(효자:26a)
奴婢	奴노婢삐란(효자:07a)
노피	노피(효자:02a), 노피(효자:09a)
노히다	노혀(효자:11a)
論語	論론語어룰(효자:27a)
놀라다	놀라아(효자:21a), 놀랋가(효자:29a)
놀라빙	놀라빙(효자:21a)
놓다	노하(효자:01a), 노호리라(효자:11a), 노코(효자:27b), 노ᄒ니라(효자:35b)
누	뉘[R](효자:15a), 뉘[H](효자:32b)
누다	눈다마다(효자:21a)
누의	누의(효자:29a)
눈	눈(효자:24a), 눈(효자:28a), 눈(효자:30a)
눗믈	눉므를(효자:10a), 눉므리(효자:15b), 눉믈(효자:23a), 눉믈(효자:24a), 눉므리(효자:32b)
눕다	누볫거늘(효자:32a)
뉘읏다	뉘으처(효자:01a), 뉘으처(효자:23a)
느러니	느러니(효자:27b)

어 휘	출 처
늘그니	늘그니롤(효자:07a)
늙다	늘근(효자:05a), 늘근(효자:05a), 늘근(효자:05a), 늘근(효자:06a), 늙고(효자:13a), 늙고(효자:16a), 늘거(효자:20a), 늘그니(효자:20a), 늘근(효자:24a), 늘거(효자:26a), 늘근(효자:29a)
닐다	니더니(효자:17b), 니더니(효자:18a), 니더니(효자:25a)
니다	니거든(효자:04b)
니르다	니르샤티(효자:02a), 닐오티(효자:02a), 닐오티(효자:05a), 닐오티(효자:05a), 닐오티(효자:06a), 닐오티(효자:07a), 닐오티(효자:07b), 닐오티(효자:07b), 닐어늘(효자:10a), 닐오티(효자:11a), 닐오티(효자:11a), 닐오티(효자:12a), 닐오티(효자:13a), 닐오티(효자:14a), 니르더라(효자:19a), 닐오티(효자:20a), 닐오티(효자:20a), 닐오티(효자:20b), 닐오티(효자:21a), 닐오티(효자:21b), 닐오티(효자:22a), 니론대(효자:22a), 닐오티(효자:23b), 닐오티(효자:27a), 닐온(효자:27b), 닐오티(효자:29a), 닐오티(효자:29a), 닐오티(효자:29b), 닐오티(효자:30a), 닐오티(효자:30a), 닐오티(효자:32a), 닐오티(효자:32b), 닐오티(효자:34a), 닐오티(효자:35a)
니르받다	니르바다(효자:29a)
니를다	니르리(효자:09a), 니르리(효자:14a), 니르리(효자:17b)
니블	니브를(효자:09a), 니브를(효자:19b)
니피다	니퓨믈(효자:06a)
닐굽	닐굽(효자:15a)
닐기다	닐기라(효자:27a)
닐웨	닐웨(효자:24a)
넑다	넑다가(효자:15b), 넑더라(효자:15b), 넑고사(효자:27b)
님금	님그미(효자:15a), 님금과(효자:35a)
님자ㅎ	님자히(효자:11a)
닙다	닙고(효자:04a), 닙고(효자:24a), 닙고(효자:26a)
누물ㅎ	ᄂᆞ물(효자:06a), ᄂᆞ물(효자:31a)
느라드다	ᄂᆞ라드니라(효자:17a)
논호다	논호아(효자:07a)
놀이다	놀이며(효자:31a)
놈	ᄂᆞ미(효자:05a), ᄂᆞ미그에(효자:05b), ᄂᆞ미그에(효자:11a), 놈(효자:15a), ᄂᆞ미(효자:18a), ᄂᆞ미(효자:23a), ᄂᆞ미그에(효자:27a), ᄂᆞ미(효자:27a), ᄂᆞ미(효자:34a)
놋곳	놋고줄(효자:26a)
놏	ᄂᆞ촐(효자:19b)
늬	늬(효자:33a)
다ᄋ다	다아(효자:21b), 다옳(효자:32b)
다	다(효자:05b), 다(효자:09a), 다(효자:11a), 다(효자:15a), 다(효자:15b), 다(효자:16a), 다(효자:19a), 다(효자:20b), 다(효자:21a), 다(효자:22a), 다(효자:23a), 다(효자:24a), 다(효자:25a), 다(효자:26b), 다(효자:32b), 다(효자:32b), 다(효자:35b)
다ᄃ다	다ᄃᆞᆳ면(효자:15b), 다ᄃᆞ라(효자:16a), 다ᄃᆞ거늘(효자:20a), 다ᄃᆞ라(효자:27b)
다ᄅᆞᆫ	다룬(효자:05a), 다룬(효자:05a)
다ᄆᆞ사리ᄒᆞ다	다ᄆᆞ사리 ᄒᆞ야(효자:06a)
다솝어미	다솝어미(효자:01a), 다솝어미를(효자:01a), 다솝어미(효자:17a), 다솝어미(효자:19a), 다솝어미(효자:27a), 다솝어미(효자:27b)
다솟	다솟(효자:24a), 다솟(효자:31b)
다릿고기	다릿고기롤(효자:31b)
다시	다시곰(효자:15b), 다시(효자:31a)
다히	다히(22a), 다히(33a)
닫	닫(효자:07a)
달애다	달애아(효자:23a)
담다	다모리라(효자:13a), 담고(효자:32a), 다마(효자:32a)
담산	담사니(효자:13a), 담사놀(효자:13a)
닷〔五〕	닷(효자:31b)

어 휘	출 처
닷〔任〕	닷고(효자:15a), 다시이다(효자:15a)
대	대(효자:19a)
對答ᄒ다	對되쑴답ᄒ더(효자:04a), 對되쑴답ᄒ더(효자:13a), 對되쑴답ᄒ더(효자:15a), 對되쑴답ᄒ더(효자:22a), 對되쑴답ᄒ더(효자:23a)
대숲	대수페(효자:16a)
더	더(효자:18b)
더ᄒ다	더ᄒ며(효자:27b)
더디다	더디라(효자:13a), 더디고(효자:13a), 더뎌늘(효자:18b), 더디고(효자:21a)
더블다	더브러(효자:11a), 더브러(효자:13a), 더블오(효자:20a)
더욱	더욱(효자:17a), 더욱(효자:21a), 더욱(효자:29a), 더욱(효자:29b), 더욱(효자:31a)
덜다	더러(효자:12a), 더니라(효자:20b), 더러(효자:30a)
뎌	뎌(효자:04b)
到孝子盧ᄒ다	到동孝흉子ᄌ盧려ᄒ니(효자:32b)
도ᄅᆞᄢ다	도ᄅᆞᄢ혀(효자:01a)
도죽	도죽(효자:06a), 도ᄌᆞ기(효자:06a), 도죽(효자:20a), 도ᄌᆞ긔그에(효자:20a), 도ᄌᆞ기(효자:20a), 도ᄌᆞ기(효자:20a), 도ᄌᆞ기(효자:20a), 도ᄌᆞ기(효자:20b), 도ᄌᆞ기(효자:27a)
도ᄐᆡᄋᆞ랏	도ᄐᆡᄋᆞ랏과(효자:02a), 도ᄐᆡᄋᆞ랏과(효자:02a)
도라가다	도라가아(효자:04b), 도라가니라(효자:27a), 도라가아(효자:33a)
도라보다	도라보고(효자:33a)
도라오다	도라오디(효자:04a), 도라오나눌(효자:05a), 도라와(효자:06a), 도라오라(효자:07a), 도라오니라(효자:17a), 도라온대(효자:21a), 도라와(효자:27b), 도라와(효자:29b), 도라와(효자:35a), 도라오니(효자:35b)
도로	도로(효자:13a), 도로(효자:23a), 도로(효자:31b), 도로(효자:33b), 도로(효자:35b)
독	도기(효자:32a)
돈	도눌(효자:11a), 돈(효자:11a)
돌그릇	돌그슬(효자:28a)
돌ㅎ	돌히러니(효자:28a), 돌홀(효자:28a)
돐	돐씨어든(효자:19a)
돗	돗과롤(효자:09a), 돗ᄀᆞᆯ(효자:19b), 돗과(효자:27b), 돗과(효자:28b)
돗귀	돗귀(효자:32a)
董永	董동永ᅌᅱᆼ이(효자:11a)
同年돌ㅎ	同똥年년돌히(효자:28a)
돕다	도ᄫᆞᆯ(효자:18a)
되다	되어늘(효자:30a), 되야(효자:31a)
됴히오다	됴히오니라(효자:31a)
됴히	됴히(효자:07b)
둏다	됴커늘(효자:16a), 됴ᄒ니라(효자:18b), 됴ᄒ리라(효자:22a), 됴ᄒ니라(효자:22b), 됴ᄒ야(효자:30a), 됴ᄒ니라(효자:30b), 됴ᄒ니라(효자:31a), 됴ᄒ리라(효자:34a), 됴ᄒ니라(효자:34a), 됴ᄒ(효자:35a), 됴ᄒ야(효자:35b)
두	두(효자:17a), 두(효자:18a), 두(효자:23b), 두(효자:30b), 두(효자:31a)
두다	두어(효자:01a), 두어(효자:01a), 뒷다가(효자:13a), 두어(효자:19a), 두고(효자:26a), 뒷더니(효자:27a), 두믈(효자:27a), 두고(효자:31b)
두ᅀᅥㅎ	두ᅀᅥ히라(효자:14a), 두ᅀᅥ(효자:16a), 두ᅀᅥ(효자:26a)
두드리다	두드리며(효자:19a)
두루	두루(효자:04a), 두루(효자:22a), 두루(효자:30a), 두루(효자:34a)
두리다	두리여(효자:05b), 두리여(효자:29a)
둘ㅎ	둘히(효자:35a), 둘흘(효자:35b)
드러가다	드러가아(효자:32a)
드르ㅎ	드르헤(효자:29a)
듣다	드르시고(효자:02a), 드르시고(효자:04a), 듣고(효자:28b)
들다	드는(효자:06b), 드러(효자:07a), 질드렛더니(효자:25a)

어 휘	출 처
들이다	들이더니(효자:09a)
디	디(효자:07b)
디다	디더니(효자:23a), 디며(효자:28b)
디나다	디낧(효자:27b)
디나가다	디나가다가(효자:28b)
디킈다	디킈라(효자:17a), 디킐(효자:18a), 디킈ᄂ니(효자:32b)
딛다	디더(효자:35a)
딮다	딥고쇠(효자:17b), 딥고쇠(효자:18a), 딥고쇠(효자:25a)
ᄃ	디라(효자:35a)
ᄃ라들다	ᄃ라드러(효자:03a)
ᄃ시〔溫〕	ᄃ시(효자:09a), ᄃ시(효자:19b)
ᄃ시〔似〕	ᄃ시(효자:09a)
ᄃ외다	ᄃ외야(효자:02a), ᄃ외어늘(효자:09a), ᄃ외니라(효자:09a), ᄃ외요리라(효자:11a), ᄃ외아지라(효자:11a), ᄃ외야(효자:14a), ᄃ외니라(효자:14a), ᄃ외야(효자:15b), ᄃ외얫더니(효자:19a), ᄃ외야(효자:21a), ᄃ외야(효자:27b)
돈니다	돈니다니(효자:04a), 돈니리오(효자:05b), 돈녀(효자:06a), 돈니거든(효자:26a), 돈니더라(효자:26b), 돈니더라(효자:27a)
돌	돐(효자:11a), ᄃ롤(효자:19a), 돌(효자:31b), 돌와(효자:32b), ᄃ론(효자:35b), 돐(효자:35b)
돌다	돌며(효자:21a), 돌 오(효자:21a)
딍	딧(효자:14a), 딍(효자:15b)
라귀	라귀(효자:27a)
兩	兩량올(효자:14a)
廬	廬려(효자:25a), 廬려에(효자:25a), 孝횽子ᄌ廬려에(효자:32b), 廬려롤(효자:33a), 廬려(효자:33b)
廬操	廬로操춍ㅣ(효자:27a), 廬로操춍롤(효자:27a), 廬操춍롤(효자:27a), 廬로操춍ㅣ(효자:27a)
婁伯	婁룸伯빅이(효자:32a), 婁룸伯빅이(효자:32b)
淚無窮	淚뤼無무窮꿍이로다(효자:32b)
劉氏	劉룜氏씨의(효자:31a), 劉룜氏씨ㅅ(효자:31a), 劉룜氏씨(효자:31a)
里	里리(효자:02a), 里리ᄂ(효자:02a), 里리니(효자:02a), 里리라(효자:02a), 里리롤(효자:18a), 里리ᄂ(효자:18b)
鯉魚	鯉리魚어ㅣ(효자:17a)
마순나믄	마순나믄(효자:26b)
마디몯ᄒ다	마디몯ᄒ야(효자:13a)
마조	마죠(효자:20a)
마조보다	마조본(효자:11a)
마초아	마초아(효자:06a)
막다	마갯거든(효자:24b)
막대	막대(효자:17b), 막대(효자:18a), 막대(효자:25a)
만	마내(효자:31a)
만ᄒ다	만ᄒ야(효자:32b)
萬	萬먼(효자:02a)
말〔斗〕	말(효자:06b)
말〔言〕	마리니(효자:11a), 마롤(효자:29b)
말다	말라(효자:29a)
말받다	말바ᄃ라(효자:23a)
말이다	말이돌(효자:07a), 말인대(효자:27a), 말이더니(효자:32a)
맛	마시라(효자:19b)
맛나다	맛나아(효자:06a)
맛디다	맛뎌늘(효자:05a)
맛보다	맛보더라(효자:17a), 맛보라(효자:21a)
望	望망온(효자:26a)

어 휘	출 처
맞다	마자(효자:29a)
매	매로(효자:10a)
每常	每민常쌍(효자:17a)
孟宗	孟밍宗종이(효자:16a), 孟밍宗종이(효자:16a)
孟熙	孟밍熙희(효자:14a)
머기다	머기더니(효자:12a), 머기니(효자:22b), 머기니(효자:30b), 머기니(효자:31a), 머기니(효자:31b), 머기면(효자:34a), 머기니(효자:34a)
머리	머리롤(효자:10a), 머리(효자:20a), 머리롤(효자:20a), 머리(효자:21a), 머리(효자:22a), 머리(효자:25a), 머리(효자:26b)
먹다	먹더니(효자:02a), 먹더니(효자:02a), 먹고(효자:02a), 머근(효자:12a), 머굼도(효자:14a), 먹고(효자:14a), 먹다(효자:14a), 먹고져(효자:16a), 먹고져(효자:17a), 먹고져(효자:17a), 머거(효자:19a), 머거(효자:21a), 머그면(효자:22a), 머굼도(효자:24a), 머거(효자:24a), 먹더라(효자:24b), 먹고(효자:26a), 머거셔(효자:28a), 머거지라(효자:30a), 먹고(효자:32a), 머그니(효자:32a), 머구리라(효자:32a), 머그니라(효자:32b)
멀다	먼(효자:14a)
멎	머지(효자:17a)
멎다	머즌(효자:13a)
메다	메오(효자:32a)
免ᄒ다	免면ᄒ리라(효자:29a)
明月淸風	明명月웛淸쳥風붕이시니라(효자:32b)
名日	名명日싫이어든(효자:24b), 名명日싫이면(효자:35a)
몌다	몌여(효자:27b)
모기	모기(효자:31a)
모딜다	모딘(효자:27a), 모딘(효자:34a)
모로매	모로매(효자:17a), 모로매(효자:32a), 모로매(효자:35a)
모르다	모ᄅ거늘(효자:22a), 모롫(효자:23b), 몰롤(효자:25a)
毛詩	毛몹詩시(효자:15b)
모지마라	모지마라(효자:07a)
목	모긜(효자:03a), 모긜(효자:27b)
목므르다	목ᄆ론(효자:30a)
木像	木목像쌍올(효자:10a), 木목像쌍이(효자:10a), 木목像쌍이(효자:10a), 木목像쌍(효자:10b)
목숨	목수미(효자:21b)
몸	몸(효자:04b), 몸(효자:05a), 몸(효자:05b), 몸(효자:05b), 몸(효자:07b), 몸(효자:19a), 몸(효자:19a), 몸(효자:20a), 몸(효자:23b), 몸(효자:26a), 몸(효자:29a), 몸(효자:30a), 몸(효자:31b), 몸(효자:32b), 몸(효자:34a)
몯다	모듧(효자:06a), 모다(효자:18a), 모다(효자:25a), 모다(효자:28a)
몯내	몯내(효자:02b), 몯내(효자:05a)
몯ᄒ다	몯ᄒ야(효자:07a), 몯ᄒ리라(효자:20b), 몯ᄒ야(효자:28a), 몯ᄒ야(효자:35b)
몰다	모라(효자:27a)
몸	모ᄆ로(효자:09a), 모ᄆ로(효자:19b), 모매(효자:21a), 모미(효자:24a), 모몰(효자:27b)
뫼ᅀᆞᆸ다	뫼ᅀᆞᄫᅵ(효자:15b)
뫼ᇰ	뫼해다가(효자:13a)
묏골	묏고래(효자:30a)
廟	廟묳애(효자:26a)
墓	墓모애(효자:15b), 墓모애(효자:15b), 墓모애(효자:15b), 墓모롤(효자:18a), 墓모ᄉ(효자:18b), 墓모ᄉ(효자:25a), 墓모롤(효자:26b), 墓모ᄉ(효자:28a), 墓모애(효자:28b)
무덤	무더메(효자:06a), 무덦(효자:18b), 무더메(효자:31b), 무덤(효자:32b), 무덤(효자:35b), 무더메도(효자:35b)
무뤼	무뤼와(효자:25a)
門	門몬에(효자:03a), 門몬의(효자:25b), 門몬익(효자:27a)
門밧	門몬밧긔(효자:07a)
묻다〔埋〕	무드니(효자:05b), 묻고(효자:08a), 무듦(효자:11a), 묻고(효자:11a), 무더(효자:12a), 무드니(효자:18b), 무두

어 휘	출 처
묻다[問]	려(효자:31b), 묻고(효자:31b), 묻고(효자:32a), 묻고(효자:32a), 무들(효자:33a) 무르신대(효자:04a), 묻고(효자:06b), 무러(효자:10a), 무르니(효자:22a), 무른대(효자:22a), 무루디(효자:23a), 무러(효자:26a)
므싀다	므싀더니(효자:15b)
므던ᄒ다	므던커니와(효자:20a)
므슥	므스게(효자:13a), 므스게(효자:22a)
믄득	믄득(효자:19a), 믄득(효자:21a), 믄득(효자:22a), 믄득(효자:30a), 믄득(효자:30b), 믄득(효자:32b)
믈	므레(효자:08a), 므레(효자:08a), 믓(효자:14a), 믓(효자:24a), 믈와(효자:26a)
믈다	므러늘(효자:03a), 므러다가(효자:18b), 므러다가(효자:35b)
믈이다	믈여늘(효자:32a)
믌ᄀᆞᆺ	믌ᄀᆞ술(효자:08a)
믜다	믜여(효자:01a), 믜여(효자:07a)
믯믯ᄒ다	믯믯ᄒ야(효자:21a)
미조차가다	미조차가라(효자:27a)
閔損	閔민損손이(효자:01a)
閔損이	閔민損손이란(효자:01a), 閔민損손이(효자:01a)
및다	미처(효자:04b)
밑	미틔(효자:18b), 미틔(효자:30a)
ᄆᆞ롬	ᄆᆞᄅᆞᆷ란(효자:07b)
ᄆᆞᄉᆞᆶ	ᄆᆞ술히셔(효자:06a), ᄆᆞ술히(효자:07a), ᄆᆞᆺ(효자:09a), ᄆᆞ술히라(효자:18b), ᄆᆞᆺ(효자:20b)
ᄆᆞᅀᆞᆷ	ᄆᆞᅀᆞ미(효자:16a), ᄆᆞᅀᆞ미(효자:21a)
몰션	몰셔슬(효자:01a)
묽다	물건(효자:32b)
뭂다	뭂본(효자:15b)
못다	믓고(효자:28b), 믓고(효자:32b), 믓고(효자:33a)
미야ᄒ다	미야커늘(효자:18a)
밍ᄀᆞᆯ다	밍ᄀᆞ라(효자:10a), 밍ᄀᆞ랏ᄂᆞᆫ(효자:10b), 밍ᄀᆞ라(효자:16a), 밍ᄀᆞᆯ오(효자:26b), 밍ᄀᆞ더라(효자:35a)
바ᄅ	바ᄅ(효자:32a)
바횟ᄲ	바횟ᄲᅦ메(효자:30b)
潘綜	潘판綜종이(효자:20a), 潘판綜종이(효자:20a), 潘판綜종이(효자:20a), 潘판綜종이(효자:20a)
받다	받디(효자:18a), 받디(효자:28a)
발	발(효자:18a), 발(효자:26b)
발괄ᄒ다	발괄ᄒ거든(효자:23a)
밤	바미(효자:22a), 바미(효자:24b), 바미(효자:28a), 밦(효자:29b), 바미(효자:30a), 바미(효자:35b)
밤낫	밤낫(효자:07a), 밤낫(효자:08a), 밤낫(효자:25a), 밤낫(효자:31a), 밤낫(효자:34a)
밥	밥(효자:02a), 바볼(효자:12a), 바볼(효자:12a), 밥(효자:24b), 밥(효자:27a)
밥ᄒ다	밥ᄒ야(효자:29a)
밧다	밧고(효자:06a), 밧거늘(효자:06b), 바ᄉ라(효자:06b), 밧고(효자:17a), 밧고(효자:25a), 밧고(효자:25a), 바사(효자:26b), 밧디(효자:35a)
밧	밧긔(효자:02a)
防禦	防빵禦어(효자:05a), 防빵禦어는(효자:05a)
防禦推官	防빵禦어推취官관올(효자:28b)
밭	받과(효자:05b), 바톤(효자:25a)
배다	배야돈(효자:07b)
百	百빅(효자:02a), 百빅(효자:02a)
百姓	百빅姓셩(효자:27b)
버리다	버려(효자:02a)
버히다	버히거늘(효자:20a), 버히거늘(효자:22a), 버혀(효자:34a)
번	번(효자:15a), 번(효자:15a), 버늘(효자:20a)

어　휘	출　　처
벌다	버렛다가(효자:27b)
범	버미(효자:03a), 버믜(효자:03a), 버미(효자:18b), 범(효자:32a), 버미(효자:32a), 버믜(효자:32a), 버믜(효자:32b)
法	法법을(효자:22a), 法법(효자:22a), 法법(효자:33a)
法度	法법度도ㅣ(효자:23a), 法법度도ㅣ(효자:23b), 法법度도ㅣ(효자:23b)
벗기다	벗기라(효자:23b), 벗기시ᄂᆞ니잇고(효자:23b)
베여디다	베여디여(효자:17a)
베티다	베티니라(효자:15a), 베텨(효자:32a)
벼개	벼개와(효자:09a), 벼개(효자:19b)
벼슬	벼슬(효자:07b), 벼스를(효자:09a), 벼슬(효자:17b)
벼슬ᄒᆞ다	벼슬히시고(효자:35b)
霹靂	霹벽靂력(효자:29a)
별	볋(효자:11a), 벼리라(효자:21a)
病	病뼝(효자:13a), 病뼝(효자:16a), 病뼝이(효자:16a), 病뼝(효자:17a), 病뼝(효자:21a), 病뼝을(효자:21a), 病뼝(효자:22a), 病뼝이(효자:22b), 病뼝(효자:26a), 病뼝이(효자:30a), 病뼝이(효자:30a), 病뼝(효자:30a), 病뼝을(효자:30b), 病뼝이(효자:30b), 病뼝(효자:31a), 病뼝이(효자:31a), 病뼝(효자:31a), 病뼝이(효자:31a), 病뼝(효자:34a), 病뼝곳(효자:34a), 病뼝이(효자:34a), 病뼝(효자:35a), 病뼝(효자:35b)
病뼝ᄒᆞ다	病뼝ᄒᆞ야ᄂᆞᆯ(효자:31a)
보다	보고(효자:04b), 보아지라(효자:10a), 보니(효자:21a), 본(효자:23a), 보더니(효자:26a), 보니(효자:30b), 보니라(효자:32b), 보거늘(효자:34a)
보내다	보내라(효자:06b), 보내오(효자:27a)
보롬	보로미라(효자:26a)
步	步뽀ㅣ(효자:02a)
本鄕	本본鄕향애(효자:06a)
뵈다	뵈더니(효자:10a), 뵈며(효자:26a), 뵈더라(효자:28a)
뵈	뵈(효자:11a)
뵈옷	뵈옷(효자:24a)
不侫	不붏侫녕이(효자:24a)
負土ᄒᆞ다	負뿡土토ᄒᆞ야(효자:32b)
父母	父뿌母뭏ㅣ(효자:05a), 父뿌母뭏ㅣ(효자:07a), 父뿌母뭏ㅣ(효자:07a), 父뿌母뭏ㅣ(효자:15b), 父뿌母뭏ㅣ(효자:17a), 父뿌母뭏ㅣ(효자:19b), 父뿌母뭏룰(효자:27b)
부체	부체(효자:09a)
北辰	北븍辰씬의(효자:21a)
붓그리다	붓그려(효자:07a), 붓그려(효자:13a)
븢다	븟고(효자:09a), 븟고(효자:19b)
뷔다	뷔다가(효자:03a)
브르다	브르시며(효자:15a), 블러도(효자:15a), 블러(효자:24b), 블러(효자:31b), 브르며(효자:33a), 블러(효자:34a), 블러(효자:35b)
브리다	브리샤(효자:04a), 브려(효자:06b), 브리리라(효자:07b), 브려(효자:11a), 브리샤(효자:31b)
블	블(효자:35a)
블브티다	블브티고(효자:33a)
비단	비단(효자:03a)
비두리	비두리(효자:25a)
비록	비록(효자:14a)
碑	碑비(효자:08a)
殯所	殯빈所소ㅅ(효자:25a), 殯빈所소ㅅ(효자:35b)
殯所ᄒᆞ다	殯빈所소ᄒᆞ야(효자:31b)
빈	빈(효자:11a)
빌다	비더니(효자:21a), 비더니(효자:22a), 비로디(효자:29a), 비ᅀᆞᆸᄃᆡ(효자:30a)

어 휘	출 처
빗다	비저(효자:22a), 빗논(효자:22a), 비저(효자:22b)
브롬	ᄇᆞᄅᆞ미(효자:04a), ᄇᆞ롬과(효자:25a), ᄇᆞᄅᆞ미시니라(효자:32b), ᄇᆞᄅᆞ미(효자:35b)
브롬비	ᄇᆞ롬비(효자:17b)
브리다	ᄇᆞ린대(효자:01a), ᄇᆞ리져라(효자:12a), ᄇᆞ리디(효자:28a), ᄇᆞ리니(효자:31a), ᄇᆞ려(효자:31b)
본둥기다	븐둥기야셔(효자:15b)
블	블(효자:27b), 블와(효자:31b)
블ㅎ	블힛(효자:31a)
븕다	블근(효자:32b)
넓다	넓디(효자:28a)
비	비(효자:32a)
비브르	비브르(효자:32a)
비호다	비호몰(효자:04a), 비호던(효자:18a), 비호더니(효자:35a)
뻐러디다	뻐러디고(효자:25a)
뻘티다	뻘텨(효자:33a)
쁘다	쁘니라(효자:08a)
쁟	쁟디(효자:05a), 쁟데(효자:14a), 쁟들(효자:22a), 쁟데(효자:32b), 쁟데(효자:33a)
쁠ㅎ	쁤(효자:22a), 쁠헤(효자:27b)
쓰다〔用〕	쓰던(효자:07b), 쁢다(효자:13a), 쁢다(효자:22a), 쓰시니라(효자:23b), 쓰디(효자:28a)
쓰다〔苦〕	쑤믈(효자:21a)
쁠에질ᄒᆞ다	쁠에질ᄒᆞ거늘(효자:07a)
쁠	쁠(효자:02a), 쁳(효자:02a), 쁠(효자:06b)
뿌다	뿌어(효자:11a)
씌	뻑(효자:04a)
뿌리다	뿌려(효자:17a)
뽀치다	뽀쳐(효자:20a)
ᄣᆞ다	ᄣᅡᄉᆞ(효자:11a), ᄣᅡ고(효자:11a), ᄣᆞᄂᆞᆫ(효자:11a)
뛰여들다	뛰여드러(효자:08a)
ᄩᆞ다	ᄩᅡ아(효자:32a)
사르다	사르쇼셔(효자:20a), 사르고라(효자:20a)
사롬	사ᄅᆞ미(효자:04b), 사롬(효자:06b), 사리미(효자:09a), 사롬(효자:14a), 사ᄅᆞ미(효자:16a), 사ᄅᆞ미(효자:18b), 사ᄅᆞ미(효자:23a), 사ᄅᆞ미(효자:24a), 사ᄅᆞ미(효자:34a), 사ᄅᆞ미(효자:34a)
司馬昭	司ᄉᆞ馬마昭ᄒᆞᆼ익그에(효자:15a), 司ᄉᆞ馬마昭ᄒᆞᆼㅣ(효자:15a), 司ᄉᆞ馬昭ᄒᆞᆼ익(효자:15b)
死則守ᄒᆞ다	死ᄉᆞ則즉守슈ᄒᆞᄂᆞ니(효자:32b)
사ᄉᆞᆷ	사ᄉᆞ미(효자:18a), 사ᄉᆞᄆᆞᆫ(효자:18a), 사ᄉᆞ몰(효자:18b)
사올	사ᄋᆞ롤(효자:24b), 사ᄋᆞ롤(효자:33a)
사라나다	사라나니라(효자:03a), 사라나니라(효자:20b)
赦ᄒᆞ다	赦샤ᄒᆞ시니라(효자:23b), 赦샤ᄒᆞ시니(효자:29b)
사오납다	사오나본(효자:04a), 사오나ᄫᅳ니롤(효자:07b)
朔	朔솩온(효자:26a)
朔望	朔솩望망애(효자:26a), 朔솩望망이어든(효자:35b)
山行	山산行ᄒᆡᆼ(효자:32a)
살다	사랫거든(효자:02b), 살오(효자:06b), 사로려(효자:07a), 사니(효자:10a), 살며(효자:15b), 산(효자:17a), 산(효자:18b), 사논(효자:18b), 산(효자:19a), 사니라(효자:19b), 살아라(효자:20a), 사니라(효자:21b), 사더라(효자:25a), 사더니(효자:25b), 사라(효자:26b), 삻다(효자:28a), 살오(효자:30a), 사라(효자:31b), 사더니(효자:32a), 사랏거든(효자:32b), 사로려(효자:33a), 삻다(효자:33a), 사니라(효자:33b), 산(효자:34a), 살아지라(효자:35a), 사더니(효자:35b)
삼	사ᄆᆞ로(효자:19a)
三	三삼(효자:06b), 三삼年년을(효자:14a), 三삼(효자:18a), 三삼(효자:19a), 三삼(효자:33a), 三삼(효자:33a), 三삼(효자:33b)

어 휘	출 처
三公	三삼公공人ᅀᅵ(효자:17b)
三百	三삼百ᄇᆡᆨ(효자:02a), 三삼百ᄇᆡᆨ(효자:11a)
三世	三삼世셰롤(효자:20b), 三삼世셰논(효자:20b)
삿기	삿기(효자:25a)
喪親章	喪상親친章쟝애(효자:27b), 喪상親친章쟝은(효자:27b)
床	床쌍(효자:35b)
尙書令	尙쌍書셔令령(효자:09a)
샹녜	샹녜(효자:06a), 샹녜(효자:12a), 샹녜(효자:14a), 샹녜(효자:17a), 샹녜(효자:19a), 샹녜(효자:24b), 샹녜예셔(효자:27b)
새	새오(효자:18a), 새(효자:25a), 새(효자:25a)
새삼	새삼ᄃᆞ비(효자:05a)
生計	生ᄉᆡᆼ計계(효자:07a), 生ᄉᆡᆼ計계(효자:07b)
生則養ᄒᆞ다	生ᄉᆡᆼ則즉養양ᄒᆞ고(효자:32b)
서너	서너(효자:35b)
서르	서르(효자:35a)
서리	서리예(효자:24a)
西人녁	西셰ㅅ녁(효자:15a), 西셰ㅅ녀긔(효자:15b), 西셰ㅅ녁(효자:15b)
徐積	徐쎠積젹이(효자:28a)
徐驚이	徐쎠驚긇이와(효자:35a)
徐孝肅	徐쎠孝흉肅슈이(효자:26a)
석	석(효자:12a)
석다	서근(효자:19a), 서거(효자:31a)
石珎이	石쎡珎딘이ᄂᆞᆫ(효자:34a)
宣德	宣쉰德득(효자:35b)
설	서리어든(효자:06a), 설(효자:12a), 서레(효자:27a), 설(효자:28a)
薛包	薛셣包봏익(효자:07a)
섭서비	섭서비(효자:29b)
섯다	섯근(효자:20b), 섯거(효자:31a), 섯거(효자:31b), 섯거(효자:34a)
셰ᄒ	셰(효자:01a), 셰(효자:12a), 셰(효자:15a), 셰(효자:27a), 셰(효자:27a), 셰(효자:27a), 셰(효자:27b), 셰(효자:28a)
셰다	셰여(효자:35b)
世間	世셰間간애(효자:05b), 世셰間간애(효자:09a)
셔다	셔어셔(효자:04a), 셔어셔(효자:04b)
셟다	셜본(효자:23a)
셤기다	셤기더니(효자:18b), 셤교ᄃᆡ(효자:19b), 셤기며(효자:24a), 셤교ᄃᆡ(효자:26a), 셤기라(효자:29b), 셤굚(효자:35a)
셠거적	셠거적(효자:14a)
셰다	셰니라(효자:03a), 셰니라(효자:08a), 셰라(효자:25b), 셰오(효자:31b), 셰라(효자:35b)
少年돌ᄒ	少슝年년돌히(효자:27a)
소ᄒᆞ다	소ᄒᆞ고(효자:24a)
소곰	소고물(효자:14a)
소리	소리롤(효자:08a), 소리(효자:28a)
소사나다	소사나거늘(효자:17a), 소사나거늘(효자:19a)
소옴	소옴(효자:01a)
손	소니(효자:04a)
손ᅀᅩ	손쇼(효자:18a), 손쇼(효자:24b), 손쇼(효자:26a), 손쇼(효자:35a)
損	損손이롤(효자:01a)
孫子	孫손子ᄌᆞ롤(효자:12a), 孫손子ᄌᆞ왜라(효자:20b)
숪가락	숪가락(효자:31a), 숪가락(효자:34a)

어 휘	출 처
숤다	술보다(효자:01a)
쇼리	쏘리(효자:32a)
수다	수고(효자:35b), 수운(효자:35b)
쉴다	수러(효자:01a), 수러(효자:10a)
꿈	수메(효자:29a), 수메(효자:29a), 꿈(효자:35b), 꿈(효자:35b)
싥다	씰오(효자:02a), 씰오(효자:14a)
쎼다	씌아(효자:30a)
싸ᅘ	짜해(효자:11a), 짜홀(효자:12a), 짜홀(효자:18b), 짜해(효자:20a), 짜(효자:33a)
쏘	쏘(효자:07a), 쏘(효자:17a), 쏘(효자:20a), 쏘(효자:23a), 쏘(효자:24a), 쏘(효자:25a), 쏘(효자:29b), 쏘(효자:31a), 쏘(효자:31a), 쏘(효자:33a)
쏭	쏭이(효자:21a), 쏭(효자:21a)
씌	씌(효자:17a)
씌다	씌여(효자:35a)
쑬	쑨리(효자:03a), 쑨리(효자:08a)
쑴	쑨미(효자:21a)
쎠	쎠(효자:24a), 쎠(효자:26a), 쎠(효자:27b), 쎠와(효자:32a), 쎠롤(효자:34a)
쑨	쑨(효자:02a), 쑨(효자:24a), 쑨(효자:26a), 쑨(효자:26a), 쑨(효자:26a), 쑨(효자:27b)
쑬다	쑨라(효자:31a)
쑬리	쑬리(효자:20a), 쑬리(효자:35b)
싸호다	싸홈(효자:15a)
쌓다	싸ᅘ며(효자:02a)
쓰다	써(효자:12a), 쓰고(효자:35a)
쇼ᅘ	쇼홀(효자:02a)
아돌	아돌란(효자:01a), 아드리(효자:01a), 아드리(효자:01a), 아드리(효자:12a), 아드리(효자:15b), 아돌(효자:19a), 아드리(효자:20a), 아드롤(효자:20a), 아드리(효자:20b), 아드리(효자:20b), 아돌와(효자:20b), 아드롤(효자:27a), 아드롤(효자:27a), 아드리(효자:30a), 아드리러니(효자:32a)
아ᅀ	앗이(효자:07a), 앗이(효자:07b), 아ᅀ(효자:24a), 아ᅀ(효자:24a), 앗이(효자:27a), 앗올(효자:27b)
아ᅀ음	아ᅀ미(효자:33a)
아ᅀ음돌ᅘ	아ᅀ음돌히(효자:33b)
아춤	아츠미어든(효자:07a), 아츠미어든(효자:27b), 아춤마다(효자:27b), 아춤마다(효자:28a), 아츠미(효자:29a)
아춤나조ᅘ	아춤나조히(효자:07a), 아춤나조히(효자:15b)
아춤나죄	아춤나죄(효자:10a), 아춤나죄(효자:26a), 아춤나죄(효자:28a), 아춤나죄(효자:35b)
아니	아니(효자:01a), 아니(효자:06b), 아니(효자:07a), 아니(효자:10a), 아니(효자:14a), 아니(효자:15a), 아니(효자:15b), 아니(효자:19a), 아니(효자:23a), 아니(효자:24a), 아니(효자:24b), 아니(효자:25a), 아니(효자:26a), 아니(효자:27a), 아니(효자:27a), 아니(효자:31a), 아니(효자:32a), 아니(효자:33a)
아니다	아니어니와(효자:23b)
아니ᅘ다	아니ᅘ며(효자:04a), 아니ᅘ느니(효자:04a), 아니ᅘ리ᄂ(효자:04a), 아니ᅘ더라(효자:06a), 아니ᅘ야(효자:08a), 아니ᅘ대(효자:14a), 아니ᅘ니라(효자:15a), 아니ᅘ고(효자:15a), 아니ᅘ니라(효자:15b), 아니흟(효자:15b), 아니ᅘ며(효자:17a), 아니ᅘ고(효자:18a), 아니ᅘ니라(효자:28a), 아니ᅘ며(효자:28a), 아니ᅘ야(효자:28b), 아니ᅘ고(효자:28b), 아니터라(효자:28a), 아니ᅘ더니(효자:35a)
아래	아래브터(효자:07b)
아비	아비(효자:01a), 아비(효자:01a), 아비(효자:03a), 아비롤(효자:03a), 아비(효자:03a), 아비(효자:06a), 아비(효자:07a), 아비(효자:07a), 아비(효자:08a), 아비롤(효자:08a), 아비롤(효자:09a), 아비(효자:11a), 아비(효자:13a), 아비(효자:13a), 아비(효자:13a), 아비롤(효자:13a), 아비(효자:14a), 아비(효자:14a), 아비(효자:15a), 아비그에(효자:17a), 아비(효자:20a), 아비(효자:20a), 아비(효자:20a), 아비(효자:20a), 아비롤(효자:20a), 아비롤(효자:20a), 아비롤(효자:20b), 아비(효자:20b), 아비(효자:21a), 아비(효자:21a), 아비(효자:21b), 아비(효자:23a), 아비(효자:23a), 아비(효자:23b), 아비롤(효자:23b), 아비(효자:24a), 아비(효자:25a), 아비(효자:26a), 아비(효자:26a), 아비(효자:28a), 아비(효자:28a), 아비(효자:30a), 아비롤(효자:30a), 아비(효자:30a), 아비(효자:32a), 아비(효자:32a), 아비(효자:32a), 아비롤(효자:32a), 아비(효자:32a), 아비(효자:32b), 아비(효자:33a), 아비롤(효자:33a), 아비(효자:33a), 아비(효자:33a), 아비(효자:34a), 아비(효자:35a), 아비(효자:35a), 아비(효자:35b)

어 휘	출 처
여러	여러(효자:19a)
여위다	여위여(효자:18a), 여위여(효자:24a)
엳줍다	엳ᄌᆞᄫᅵ니(효자:09a), 엳ᄌᆞᄫᅡᄂᆞᆯ(효자:10b), 엳ᄌᆞᄫᅡ(효자:20b), 엳ᄌᆞᄫᆞᆫ대(효자:23b), 엳ᄌᆞᄫᅡᄂᆞᆯ(효자:25b), 엳ᄌᆞᄫᅡᄂᆞᆯ(효자:28b), 엳ᄌᆞᄫᅡᄂᆞᆯ(효자:31b), 엳ᄌᆞᄫᅡᄂᆞᆯ(효자:35b)
열ㅎ	열(효자:06b)
열다	여렛거늘(효자:17a), 여렛거늘(효자:30b)
열네ㅎ	열네힌(효자:03a)
열닐웨	열닐웨롤(효자:08a)
열다ᄉᆞᆺ	열다ᄉᆞᆺ시러니(효자:23a), 열다ᄉᆞᆫ신(효자:32a)
열두	열두(효자:30a), 열두(효자:30a)
열세ㅎ	열세히러라(효자:04b)
열여슷	열여스세(효자:05a)
열흘	열흘(효자:35b)
예	예(효자:15b)
오다	오더라(효자:02a), 오더니(효자:07a), 와(효자:11a), 옮(효자:13a), 오니라(효자:13a), 오고(효자:15a), 오거늘(효자:16a), 와(효자:18a), 오더라(효자:18a), 와(효자:20b), 오나ᄂᆞᆯ(효자:24b), 와(효자:25a), 오거든(효자:25a), 와(효자:27a), 왯ᄂᆞ이다(효자:27b), 온(효자:28a), 와(효자:29b), 와(효자:32b), 오니(효자:32b), 오면(효자:34a)
오올다	오온(효자:19b), 오온(효자:21a)
五六	五오六륙(효자:18a)
吳二	吳오二ᅀᅵ(효자:29a), 吳오二ᅀᅵ(효자:29a), 吳오二ᅀᅵ(효자:29a)
오녀	오녀(효자:05b)
오라다	오라니(효자:07b)
온	온(효자:02a)
올아가다	올아가니라(효자:11a)
올이다	올이ᄂᆞ니(효자:32b)
옳다	올히(효자:01a)
옮기다	옮겨다가(효자:33a)
옷	옷(효자:04a), 옷(효자:06a), 옷(효자:06b), 옷(효자:17a), 오새(효자:19a), 오시(효자:19b), 옷과(효자:24a), 옷(효자:31b), 옷(효자:35a)
完護ㅎ다	完완護호ᄒᆞ라(효자:31b)
王裒	王왕裒뿡의(효자:15a), 王왕裒뿡ㅣ(효자:15a)
王祥	王왕祥썅이(효자:17a), 王왕祥썅이(효자:17a)
王崇	王왕崇쓩의(효자:25a), 王왕崇쓩의(효자:25a)
王延	王왕延연이(효자:19a), 王왕延연이(효자:19a), 王왕延연이(효자:19a), 王왕延연이(효자:19b)
王儀	王왕儀의(효자:15a), 王왕儀의(효자:15a)
王薦	王왕薦젼의(효자:30a), 王왕薦젼이(효자:30a)
외	외롤(효자:30a), 외(효자:30b)
우니다	우녀(효자:24a)
우룸쏘리	우룸쏘리롤(효자:04a)
우ㅎ	우희(효자:19a), 우희(효자:24a), 우희(효자:32b), 우흿(효자:35b)
울다	울어늘(효자:04a), 우러(효자:04b), 우러(효자:06a), 울오(효자:07a), 우다가(효자:08a), 우러(효자:14a), 우니(효자:15b), 우다(효자:15b), 운대(효자:16a), 우더라(효자:17a), 운다마다(효자:18a), 우더라(효자:19a), 우니(효자:19a), 우러(효자:19a), 울며(효자:22a), 울며(효자:23a), 옳(효자:24a), 울며(효자:24b), 우더라(효자:25a), 우러(효자:27a), 울어늘(효자:28b), 우더라(효자:28b), 우더니(효자:30b), 울며(효자:31b), 우루디(효자:31b), 울며(효자:34a), 울며(효자:35b)
울에	울에를(효자:15b), 울에(효자:15b)
울월다	울워러(효자:30b)
員	員원이(효자:03a), 員원이(효자:06b), 員원이(효자:06b), 員원이(효자:09a), 員원이(효자:27b)
元覺	元원覺각이(효자:13a), 元원覺각이(효자:13a), 元원覺각일(효자:13a), 元원覺각이(효자:13a), 元원覺각이(효

정본 언해본 삼강행실도 **효자**

어 휘	출 처
	늘(효자:32a), 호ᄌᆞ못ᄒᆞ얫거늘(효자:32a), 사랏거든(효자:32b), 업데옛거눌(효자:33a), 이셔(효자:34a)
잇브다	잇븛가(효자:06a)
잇비	잇비(효자:15b)
잊다	이푸디(효자:32b)
子路	子ᄌᆞ路로ㅣ(효자:02a), 子ᄌᆞ路로ㅣ△(효자:02a)
滋味	滋ᄌᆞ味미룰(효자:19b), 滋ᄌᆞ味미는(효자:19b)
子孫	子ᄌᆞ孫손이(효자:09a)
子息	子ᄌᆞ息식이(효자:04a)
自强	自ᄍᆞ强깡이(효자:33a)
자괴받다	자괴바다(효자:32a)
자리	자리와(효자:24a), 자리(효자:26a)
자바가다	자바가려(효자:06a), 자바갏(효자:10a)
자바오다	자바오라(효자:19a)
자ᄒᆞ	자홀(효자:12a), 잣(효자:19a)
자히	짜히△(효자:24a), 자히(효자:35b)
屏陵令	屏삥陵룽令령이(효자:21a)
잢간	잢간(효자:29a)
잡다	자바(효자:15a), 자보려(효자:17a), 자본 대(효자:19a), 자바(효자:27a), 자보려(효자:32a)
잣	잣과롤(효자:18a)
잣나모	잣남골(효자:15b)
張	張댱이(효자:31b)
張叔이	張댱叔슉이더브러(효자:10a), 張댱叔슉이롤(효자:10a)
章	喪상親친章쟝애(효자:27b), 喪상親친章쟝ᄋᆞ(효자:27b), 章쟝이라(효자:27b)
將帥	將쟝帥쉬라(효자:15a)
張叔	張댱叔슉의(효자:10a)
宰相	宰ᄌᆡ相샹이(효자:15a)
저	제[L](효자:01a), 제[L](효자:05a), 제[R](효자:06a), 제[L](효자:09a), 제[L](효자:12a), 제[L](효자:13a), 제[R](효자:17a), 제[L](효자:19a), 저와(효자:20b), 제[L](효자:21a), 제[L](효자:27a), 제[R](효자:28a)
저리다	저리며(효자:23a), 저려(효자:23a)
저프다	저픈(효자:23b)
적	저긔(효자:03a), 저긔(효자:05a), 저긔(효자:05a), 저긔(효자:06a), 제브터(효자:07b), 저긔(효자:09a), 저긔(효자:10a), 저긔(효자:13a), 저기면(효자:15b), 저기(효자:15b), 저기면(효자:17b), 저긔(효자:19a), 저기면(효자:24a), 저긔(효자:24b), 저긔(효자:27b), 저긔(효자:28a), 저긔(효자:28a), 저긔(효자:32a), 제(효자:33a)
節	節젏은(효자:28b)
節介	節젏介개ㅣ라(효자:28b)
節孝處士	節젏孝흉處쳐士ᄊᆞㅣ라(효자:28b)
절ᄒᆞ다	절ᄒᆞ고(효자:22a), 절ᄒᆞ고(효자:27a), 절ᄒᆞ고(효자:27a), 절ᄒᆞ고(효자:28a)
절로	절로(효자:17a)
漸漸	漸쪔漸쪔(효자:21a)
젓다	젓고(효자:32a)
丁公藤	丁뎡公공藤뚱ᄋᆞ로(효자:22a), 丁뎡公공藤뚱이라(효자:22a)
丁蘭	丁뎡蘭란이(효자:10a), 丁뎡蘭란이(효자:10a), 丁뎡蘭란이(효자:10a)
錠	錠뎡과(효자:31b), 錠뎡이라(효자:31b)
廷尉	廷뗭尉윙(효자:23a)
正히	正졍히(효자:23a)
情多感ᄒᆞ다	情쪙多다感감ᄒᆞ야(효자:32b)
情誠	情쪙誠쎵일씨(효자:21b)
丁蘭이	丁뎡蘭란이(효자:10a)

어 휘	출 처
젖다	저저(효자:15b)
弟子	弟떼子주ㅣ(효자:04b)
弟子돌ㅎ	弟떼子주돌히(효자:15b)
제여곰	제여곰(효자:35a)
祭	祭제(효자:35a)
祭ᄒ다	祭제ᄒ더라(효자:26a), 祭제ᄒ더라(효자:35b)
젹	져글(효자:17a)
졈다	져믄(효자:04a), 져머셔(효자:06a), 져믄(효자:07b), 져머셔(효자:10a), 져머셔(효자:17a), 져믈씩(효자:23a), 져믄(효자:24a), 져머셔(효자:26a), 져머셔(효자:33a)
鳥	鳥됴ᄂᆞᆫ(효자:18a)
鳥獸	鳥됴獸슈ㅣ(효자:18a)
曹娥	曹쭁娥아ㅣ라(효자:08a)
조각	조가글(효자:22a)
조심ᄒ다	조심ᄒ야(효자:17a), 조심ᄒ더니(효자:31a)
조ㅎ	조(효자:03a), 조쾌(효자:28b)
좋다	조쎠(효자:20a), 조쎠(효자:21a), 조쎠(효자:22a)
鍾	鍾죵을(효자:02a)
좇다	조쳔(효자:02a), 조차(효자:03a), 조차(효자:08a)
罪	罪쬐로(효자:23a)
罪囚	罪쬐囚쓩를(효자:23b)
죵	죵(효자:11a), 죵이(효자:27a)
주다	주고(효자:01a), 주어늘(효자:01a), 주고(효자:03a), 주시고(효자:06b), 주더니(효자:07b), 주어늘(효자:10a), 주시ᄂᆞ다(효자:12a), 주거든(효자:19a), 주고(효자:22a), 주시니라(효자:24a), 주라(효자:28b), 주어지이다(효자:30a), 주시ᄂᆞ다(효자:30a), 주시고(효자:31b), 주어늘(효자:33b)
주검	주검(효자:24a), 주거믈(효자:24a)
주기다	주규미(효자:20b), 주기라(효자:23a)
朱氏	朱쥬氏씨(효자:17a)
酒情ᄒ다	酒쥴情쪙ᄒ야놀(효자:27a)
죽다	주거든(효자:02b), 주그니(효자:04a), 주근대(효자:04b), 주구려(효자:05b), 죽거늘(효자:05b), 죽거늘(효자:06b), 죽거늘(효자:08a), 주거(효자:08a), 주긇(효자:09a), 죽거늘(효자:11a), 죽거늘(효자:14a), 죽게(효자:14a), 죽드록(효자:15a), 죽거늘(효자:17b), 죽거늘(효자:18a), 죽거늘(효자:18a), 죽거늘(효자:19a), 죽게(효자:19a), 주거도(효자:20a), 주겟거늘(효자:20b), 주구므로(효자:20b), 죽가지이다(효자:21a), 주그리라(효자:21b), 죽거늘(효자:21b), 죽가지이다(효자:23a), 주긇다(효자:23a), 주그리라(효자:23a), 주구미(효자:23b), 주구믈(효자:23b), 주긇(효자:23b), 주긇(효자:24b), 죽거늘(효자:25a), 죽거늘(효자:25a), 주그며(효자:25a), 죽거늘(효자:26a), 죽거늘(효자:26a), 죽드록(효자:26b), 죽거늘(효자:27b), 죽거늘(효자:28a), 죽드록(효자:28a), 죽거늘(효자:28a), 죽거늘(효자:28b), 주그리라(효자:29a), 주겟다가(효자:30a), 주그니라(효자:30a), 죽거늘(효자:31a), 죽거늘(효자:31b), 죽거든(효자:32b), 죽거늘(효자:33a), 죽거늘(효자:33a), 죽거든(효자:34a), 죽거늘(효자:35a), 죽거늘(효자:35b)
竹筒	竹듁筒쭁을(효자:16a), 竹듁筒쭁(효자:16a)
죽사리	죽사리롤(효자:05a)
粥	粥쥭에(효자:31b)
줄기	줄기(효자:16a)
中使	中듕使ᄉᆞ(효자:31b)
쥐	쥐(효자:14a)
즁ᄉᆡᆼ	즁ᄉᆡᆼ이라(효자:18a), 즁ᄉᆡᆼ이(효자:25a)
즈르들다	즈르든대(효자:03a)
즈치다	즈치더니(효자:21a)
즉자히	즉자히(효자:04b), 즉자히(효자:21a), 즉자히(효자:22b), 즉자히(효자:30b), 즉자히(효자:32a), 즉자히(효자:34a), 즉자히(효자:34a)
즐기다	즐겨(효자:04a)

어 휘	출 처
즐거나모	즐게남기(효자:04a)
曾參	曾중參솜을(효자:14a)
지다	지여(효자:02a), 쥬려(효자:02a), 지여(효자:13a), 지여(효자:18a), 지며(효자:24b), 지여(효자:26b), 지여(효자:32b)
知音	知디音흠은(효자:32b)
至極	至지極극(효자:16a), 至지極극(효자:24a), 至지極극(효자:29a)
至極ᄒ다	至지極극홀씨(효자:11a), 至지極극ᄒ야(효자:16a), 至지極극홀씨(효자:29b)
織女	織직女녀ㅣ라니(효자:11a), 織직女녀ᄂ(효자:11a)
陳氏	陳띤氏씨(효자:05a)
질들다	질드렛더니(효자:25a)
집	집(효자:03a), 집과(효자:05b), 지븨(효자:17a), 집(효자:18b), 지븨셔(효자:21a), 지븨(효자:29a), 집(효자:31b), 집(효자:31b)
집사름	집사ᄅ미(효자:21a), 집사ᄅ미(효자:26a)
짓다	짓고(효자:07a), 짓고(효자:07a), 짓고(효자:18b), 짓고(효자:25a), 지스라(효자:27a), 지서(효자:33b)
짗다	지홀(효자:28b)
ᄌ라다	ᄌ라아(효자:26a)
ᄌ조	ᄌ조(효자:06a), ᄌ조(효자:07b)
차반	차반(효자:35a)
채	채(효자:27a)
菜蔬	菜ᄎ蔬소와(효자:26a)
蔡法度	蔡채法법度또(효자:23a)
처엄	처엄(효자:11a), 처엄(효자:33b)
千	千쳔(효자:06b)
天動ᄒ다	天텬動똥ᄒ거늘(효자:29a)
天下	天텬下햐애(효자:04a), 天텬下햐ㅣ(효자:06a)
請ᄒ다	請쳥호ᄃ(효자:20a), 請쳥ᄒ야ᄂᆞᆯ(효자:35a)
鈔	鈔츌(효자:31b)
初ᄒᆞᆯ	初초ᄒᆞ리오(효자:26a)
崔妻伯	崔최妻룡伯빅온(효자:32a)
츠기	츠기(효자:10a), 츠기(효자:10a)
츠이다	츠이거늘(효자:17a)
치다	치다가(효자:05a), 쳐(효자:25a)
칩다	치벼(효자:01a), 치ᄫ러니와(효자:01a), 치ᄫ리이다(효자:01a), 치본(효자:19b)
ᄎ마	ᄎ마(효자:34a)
ᄎᆷ다	ᄎ마(효자:23b)
ᄎᆷ새	ᄎᆷ새(효자:17a), ᄎᆷ새(효자:17a)
크다	큰(효자:06b)
키다	키아(효자:06a)
太祖	太태祖조(효자:31b)
토ᄒ다	吐토ᄒ며(효자:28a)
티다	틴대(효자:07a), 텨늘(효자:10a), 티니(효자:10a), 텶(효자:17b), 텨늘(효자:19a), 티니(효자:20a), 티니(효자:25a)
ᄐ다	ᄐᆫ(효자:18a)
八月	八밣月욇마다(효자:06b)
퍼디다	퍼디고(효자:26b)
便安ᄒ다	便뼌安한ᄒ얘라(효자:07b)
篇	篇편을(효자:15b)
平生	平뼝生싱(효자:28b)
포	포(효자:02a)

어 휘	출 처
包	包봉롤(효자:07a)
프르다	프른(효자:30b)
플	플와(효자:25a), 프리(효자:25a)
피	피(효자:19a), 피(효자:19a), 피(효자:28a), 피(효자:31a), 피예(효자:34a)
避삐ᄒ다	避삐ᄒ야(효자:30a)
披피榛즌ᄒ다	披피榛즌ᄒ야(효자:32b)
匹	匹픓올(효자:11a)
ᄑ다	ᄑ니(효자:12a), ᄑ다가(효자:14a)
풀다	ᄑ라(효자:05b), ᄑ라(효자:14a)
픗닙	픗닙과(효자:02a)
하	하(효자:14a), 하(효자:21b), 하(효자:25a)
하ᄂᆞᆯㅎ	하ᄂᆞᆶ(효자:11a),하늘히(효자:11a), 하늘히(효자:12a), 하늘(효자:29a), 하늘히(효자:29b), 하ᄂᆞᇙ긔(효자:30a), 하ᄂᆞᆯ(효자:30a), 하늘믜(효자:30b), 하ᄂᆞᆯ홀(효자:33a), 하늘(효자:34a)
하딕ᄒ다	하딕ᄒ노이다(효자:04b), 하딕ᄒ거늘(효자:10a)
翰林學士	翰현林림學ᄒ士ᄊㅣ(효자:28a), 翰현林림學ᄒ士ᄊ(효자:32a)
한숨딯다	한숨디허(효자:02a)
한아비	한아비(효자:13a), 한아비(효자:22a), 한아비와(효자:26a)
할다	하라(효자:17a)
合葬	合합葬장올(효자:33a)
合葬ᄒ다	合합葬장ᄒ고(효자:33a)
降服ᄒ다	降ᅘᆼ服뽁ᄒ야(효자:14a)
解叔謙	解ᄒ애叔슉謙겸의(효자:22a)
向ᄒ다	向향ᄒ야(효자:15a), 向향티(효자:15b)
鄕吏	鄕향吏리러니(효자:34a)
香合	香향合합올(효자:35b), 香향合합올(효자:35b)
虛空	虛허空콩ᄋᆞ로(효자:11a), 虛허空콩애셔(효자:21a), 虛허空콩애셔(효자:22a)
許孜	許허孜ᄌㅣ(효자:18a), 許허孜ᄌㅣ(효자:18a), 許허孜ᄌㅣ(효자:18a), 許허孜ᄌㅣ(효자:18b)
혜다	혜오(효자:32b)
현마	현마(효자:23b)
兄	兄형(효자:27a)
兄弟	兄형弟뗴(효자:05a)
戶長	戶뽕長댱이(효자:32a)
紅門	紅뽕門몬(효자:03a), 紅뽕門몬(효자:25b), 紅뽕門몬(효자:31b), 紅뽕門몬(효자:35b)
和州	和ᅘᅱ州즁(효자:28b)
還刀	還ᅘᅪᆫ刀듛(효자:04a)
皇帝	皇ᅘᅪᆼ帝뎨(효자:06b), 皇ᅘᅪᆼ帝뎨(효자:10b), 皇ᅘᅪᆼ帝뎨(효자:15b), 皇ᅘᅪᆼ帝뎨(효자:23a), 皇ᅘᅪᆼ帝뎨(효자:24a), 皇ᅘᅪᆼ帝뎨(효자:30a)
黃香	黃ᅘᅪᆼ香향이(효자:09a)
황당ᄒ다	황당혼(효자:25a), 황당혼(효자:35b)
孝經	孝흉經경(효자:27a), 孝흉經경(효자:27b)
孝道	孝흉道뚷ㅣ라(효자:06b), 孝흉道뚷롤(효자:09a), 孝흉道뚷ㅣ(효자:11a), 孝흉道뚷ㅣ(효자:16a), 孝흉道뚷ㅣ라(효자:20b), 孝흉道뚷ㅅ(효자:23b), 孝흉道뚷ㅣ(효자:29a), 孝흉道뚷ㅣ(효자:32b), 孝흉道뚷롤(효자:33b)
孝道롭다	孝흉道뚷롭더니(효자:16a)
孝道ᄒ다	孝흉道뚷ᄒ고(효자:02b), 孝흉道뚷ᄒ려(효자:04a), 孝흉道뚷홇다(효자:05a), 孝흉道뚷ᄒ야(효자:05a), 孝흉道뚷ᄒ다가(효자:05b), 孝흉道뚷ᄒᄂᆞᆫ(효자:05b), 孝흉道뚷ᄒ야(효자:09a), 孝흉道뚷ᄒ더니(효자:24b), 孝흉道뚷ᄒ더니(효자:29a), 孝흉道뚷홇쎠(효자:30a), 孝흉道뚷호티(효자:33a)
孝婦	孝흉婦뿡ㅣ라(효자:05b), 孝흉婦뿡ᄂᆞᆫ(효자:05b)
孝順里	孝흉順쓘里리라(효자:18b)
孝子	孝흉子ᄌ(효자:12a), 孝흉子ᄌ(효자:20b)

어 휘	출 처
孝子廬	孝흉子ᄌ廬려에(효자:32b)
孝行	孝흉行ᄒᆡᆼᄋ로(효자:23b), 孝흉行ᄒᆡᆼ은(효자:23b)
後	後ᄒᆡᆼ에(효자:06a), 後ᄒᆡᆼ에(효자:08a), 後ᄒᆡᆼ에(효자:09a), 後ᄒᆡᆼ에(효자:17b), 後ᄒᆡᆼ에(효자:18b), 後ᄒᆡᆼ에(효자:23b), 後ᄒᆡᆼ에(효자:27b), 後ᄒᆡᆼ에(효자:28b)
後ㅅ겨집	後ᄒᆡᆼㅅ겨집(효자:07a)
흐즈못ᄒ다	흐즈못ᄒᆞᆫ얫거늘(효자:32a)
흐르다	흐르긔(효자:19a), 흐르거늘(효자:21a)
흘리다	흘리더라(효자:10b), 흘리더니(효자:24a)
힘	힔ᄀᆞ장(효자:02b)
ᄒ다	커늘(효자:01a), ᄒ야도(효자:02a), ᄒ야(효자:02a), ᄒ리로다(효자:02b), ᄒ롤(효자:03a), ᄒ야도(효자:04a), ᄒ야도(효자:04a), ᄒᆞᆶ(효자:04a), ᄒ고(효자:04b), ᄒᆞᆶ(효자:05a), 커늘(효자:05a), ᄒ니(효자:05a), 커늘(효자:05b), ᄒ며(효자:05b), ᄒ고(효자:05b), ᄒ고(효자:05b), ᄒ니라(효자:05b), ᄒ야ᄃᆞᆫ(효자:06a), ᄒᆞ야(효자:06a), 커든(효자:06a), ᄒ더라(효자:06b), ᄒ니라(효자:06b), ᄒ시니라(효자:06b), ᄒ야ᄂᆞᆯ(효자:07a), ᄒ니라(효자:07a), ᄒᆞ야(효자:07a), 커늘(효자:07a), ᄒ던(효자:07b), ᄒ고(효자:07b), ᄒᆞᆶ(효자:08a), ᄒ더니(효자:09a), ᄒᆞ야(효자:09a), ᄒ야도(효자:10a), ᄒᆞᆶᄊᆡ(효자:10a), ᄒ니(효자:10a), ᄒ시니라(효자:10b), ᄒ시니라(효자:11a), 커늘(효자:11a), ᄒᆞ야(효자:11a), ᄒ고(효자:11a), ᄒᆞᆫ(효자:11a), ᄒ고(효자:12a), ᄒᆞ야(효자:12a), ᄒ더니(효자:13a), ᄒᆞ야(효자:13a), ᄒ야ᄂᆞᆯ(효자:13a), ᄒᆞ대(효자:13a), ᄒ야ᄂᆞᆯ(효자:13a), ᄒ더라(효자:14a), ᄒ더라(효자:14a), ᄒᆞᆶ(효자:15a), ᄒᆞ대(효자:15a), ᄒ대(효자:15a), ᄒ더라(효자:15b), ᄒᆞᆫ(효자:15b), ᄒᆞ야(효자:16a), ᄒ더라(효자:16a), 커늘(효자:16a), ᄒ며(효자:17a), ᄒᆞ야(효자:17a), ᄒᆞ대(효자:17a), 커늘(효자:17a), 커늘(효자:17a), 터니(효자:17a), ᄒ니라(효자:17b), ᄒ더라(효자:18b), ᄒ고(효자:19a), ᄒ더니(효자:19a), ᄒ더니(효자:19b), ᄒ더니(효자:19b), ᄒ고(효자:20a), ᄒ대(효자:20b), ᄒ고(효자:20b), 커든(효자:21a), ᄒ더니(효자:21a), ᄒ니(효자:21b), ᄒᆞᆫ얫거늘(효자:22a), ᄒ야ᄂᆞᆯ(효자:22a), ᄒ야ᄂᆞᆯ(효자:22a), ᄒᆞ야(효자:23a), ᄒ야ᄂᆞᆯ(효자:23a), ᄒᆞᆺ(효자:23a), ᄒ야시ᄂᆞᆯ(효자:23a), ᄒ시니(효자:23a), ᄒᆞᆺᄃᆡ(효자:23a), ᄒ면(효자:23a), ᄒ시니라(효자:23b), ᄒ노이다(효자:23b), ᄒ야ᄂᆞᆯ(효자:23b), ᄒ더니(효자:24b), ᄒ시니라(효자:25b), ᄒᆞᆫ얫거늘(효자:26a), ᄒᆞ야(효자:27a), ᄒ야ᄃᆞᆫ(효자:27a), ᄒ야ᄃᆞᆫ(효자:27a), ᄒ고(효자:27a), ᄒ며(효자:27b), ᄒ더라(효자:27b), 커늘(효자:28a), ᄒ더니(효자:28b), ᄒ시니라(효자:28b), ᄒᆞᆫ얫다가(효자:28b), ᄒ시니라(효자:28b), ᄒ야ᄂᆞᆯ(효자:29a), ᄒ시ᄂᆞᆫ(효자:29a), ᄒ야ᄂᆞᆯ(효자:29a), ᄒ야ᄂᆞᆯ(효자:29a), ᄒᆞ대(효자:29a), ᄒ니라(효자:29b), ᄒ더니(효자:30a), ᄒ더라(효자:30a), ᄒ야셔(효자:30a), ᄒ거늘(효자:30a), ᄒᆞ야(효자:30a), ᄒ거늘(효자:31a), ᄒ야ᄂᆞᆯ(효자:31a), ᄒᆞᆫ얫거늘(효자:31a), ᄒ시니라(효자:31b), ᄒᆞ야(효자:31b), ᄒ니(효자:32a), ᄒ고(효자:32a), ᄒ야ᄂᆞᆯ(효자:32a), ᄒ더뇨(효자:32b), ᄒ거늘(효자:33a), ᄒᆞ야(효자:34a), ᄒ야ᄂᆞᆯ(효자:34a), ᄒ고(효자:35a), ᄒ야ᄂᆞᆯ(효자:35a), ᄒ야ᄂᆞᆯ(효자:35a), ᄒ야ᄂᆞᆯ(효자:35b), ᄒᆞ야(효자:35b), 몯ᄒᆞ야(효자:35b), ᄒ시니라(효자:35b)
ᄒ마	ᄒ마(효자:14a), ᄒ마(효자:20b), ᄒ마(효자:32a)
ᄒ야ᄇ리다	ᄒ야ᄇ려늘(효자:18a), ᄒ야ᄇ리니라(효자:25a)
ᄒ야디다	ᄒ야디니롤(효자:07b)
ᄒ오ᄉᆞ	ᄒ오ᄉᆞ(효자:09a), ᄒ오ᄉᆞ(효자:18a)
ᄒᆞᆫ	ᄒᆞᆫ(효자:01a), ᄒᆞᆫ(효자:02a), ᄒᆞᆫ(효자:07a), ᄒᆞᆫ(효자:11a), ᄒᆞᆫ(효자:11a), ᄒᆞᆫ(효자:12a), ᄒᆞᆫ(효자:14a), ᄒᆞᆫ(효자:18a), ᄒᆞᆫ(효자:20b), ᄒᆞᆫ(효자:22a), ᄒᆞᆫ(효자:25a), ᄒᆞᆫ(효자:27b), ᄒᆞᆫ(효자:29a), ᄒᆞᆫ(효자:30a), ᄒᆞᆫ(효자:30a), ᄒᆞᆫ(효자:31b), ᄒᆞᆫ(효자:31b), ᄒᆞᆫ(효자:31b), ᄒᆞᆫ(효자:35a), ᄒᆞᆫ(효자:35b)
ᄒᆞᆫᄃᆡ	ᄒᆞᆫᄃᆡ(효자:07a), ᄒᆞᆫᄃᆡ(효자:33a)
ᄒᆞᆫ가지	ᄒᆞᆫ가지로(효자:10a), ᄒᆞᆫ가지로(효자:35a)
ᄒᆞᆯ	ᄒᆞᆯ론(효자:32a), ᄒᆞᆯ론(효자:35b)
ᄒᆞᆰ	ᄒᆞᆰ(효자:18a), ᄒᆞᆰ(효자:24b), ᄒᆞᆰ(효자:26b), ᄒᆞᆰ(효자:32b)
히다	히시니라(효자:07b)
히	히롤(효자:05b), 히(효자:07a), 히롤(효자:24b), 히롤(효자:26b), 히롤(효자:26b), 히마다(효자:28b), 히롤(효자:30a), 힛(효자:31a), 히롤(효자:31b)
힘뎍	힘뎌기라(효자:23b), 힘뎍ᄋᆞ로(효자:28b)

형 태	출　　　처
ø(주격조사)	다숨어미(효자:01a), 아비(효자:01a), 閔민損손이(효자:01a), 어미(효자:01a), 아비(효자:01a), 어버싀(효자:02a), 술위(효자:02a), 쥐(효자:14a)
ø-(계사)	里리니(효자:02a), 里리라(효자:02a), 흐리로다(효자:02b), 어버싀니(효자:04b), 軍군마기라(효자:05a), 魏위라(효자:15a), 將쟝帥쉬라(효자:15a), 새오(효자:18a), 孝흉順쓘里리라(효자:18b), 鄕향吏리러니(효자:34a)
-가지…다	죽가지이다(효자:21a), 죽가지이다(효자:23a)
-개	벼개와(효자:09a), 벼개(효자:19b)
-거	미야커뇨(효자:18a)
-거늘	커늘(효자:01a), 업거늘싀(효자:02a), 커늘(효자:05a), 커늘(효자:05b), 죽거늘(효자:05b), 어즈럽거늘(효자:06a), 죽거늘(효자:06b), 밧거늘(효자:06b), 나가거늘(효자:07a), 뽤에질ᄒᆞ거늘(효자:07a), 업거늘(효자:07a), 커늘(효자:07a), 죽거늘(효자:08a), 심기거늘(효자:10a), 너켓거늘(효자:10a), 하딕ᄒᆞ거늘(효자:10a), 죽거늘(효자:11a), 커늘(효자:11a), 가져오거늘(효자:13a), 죽거늘(효자:14a), 업거늘(효자:15b), 오거늘(효자:16a), 커늘(효자:16a), 나거늘(효자:16a), 됴커늘(효자:16a), 츠이거늘(효자:17a), 잇거늘(효자:17a), 커늘(효자:17a), 소사나거늘(효자:17a), 커늘(효자:17a), 여렛거늘(효자:17a), 죽거늘(효자:17b), 죽거늘(효자:18a), 죽거늘(효자:18a), 죽거늘(효자:19a), 소사나거늘(효자:19a), 업거늘(효자:19b), 앉거늘(효자:20a), 다돋거늘(효자:20a), 버히거늘(효자:20a), 주겟거늘(효자:20b), 흐르거늘(효자:21a), 가거늘(효자:21a), 죽거늘(효자:21b), ᄒᆞ얫거늘(효자:22a), 모ᄅᆞ거늘(효자:22a), 버히거늘(효자:22a), 업거늘(효자:22a), 가톗거늘(효자:23a), 죽거늘(효자:25a), 죽거늘(효자:25a), 죽거늘(효자:26a), ᄒᆞ얫거늘(효자:26a), 죽거늘(효자:26a), 구짓거늘(효자:27a), 죽거늘(효자:27b), 죽거늘(효자:28a), 커늘(효자:28a), 죽거늘(효자:28a), 죽거늘(효자:28b), 天텬動똥ᄒᆞ거늘(효자:29a), 걷거늘(효자:29b), ᄒᆞ거늘(효자:30a), 여렛거늘(효자:30b), 죽거늘(효자:31a), ᄒᆞ얫거늘(효자:31a), 나거늘(효자:31a), ᄒᆞ거늘(효자:31a), 죽거늘(효자:31b), 누뻬거늘(효자:32a), 흐즈못ᄒᆞ얫거늘(효자:32a), 업데옛거늘(효자:33a), 죽거늘(효자:33a), 죽거늘(효자:33a), ᄒᆞ거늘(효자:33a), 긏어오거늘(효자:33a), 보거늘(효자:34a), 죽거늘(효자:35a), 죽거늘(효자:35b)
-거니와	므던커니와(효자:20a)
-거든	사랫거든(효자:02b), 죽거든(효자:02b), 니거든(효자:04b), 커든(효자:06a), 주거든(효자:19a), 커든(효자:21a), 발괄ᄒᆞ거든(효자:23a), 업거든(효자:24a), 마갯거든(효자:24b), 오거든(효자:25a), 돈니거든(효자:26a), 사랏거든(효자:32b), 죽거든(효자:32b), 죽거든(효자:34a)
-게	갑게(효자:11a), 죽게(효자:14a), 죽게(효자:19a)
-고	주고(효자:01a), 먹고(효자:02a), 드르시고(효자:02a), 孝흉道똥ᄒᆞ고(효자:02b), 주고(효자:03a), 드르시고(효자:04a), 닙고(효자:04a), 가지고(효자:04a), 가고(효자:04a), ᄒᆞ고(효자:04b), 보고(효자:04b), 업고(효자:05a), ᄒᆞ고(효자:05b), ᄒᆞ고(효자:05b), 일코(효자:06a), 업고(효자:06a), 밧고(효자:06a), 문고(효자:06b), 주시고(효자:06b), 짓고(효자:07a), 짓고(효자:07a), 남죽고(효자:07a), ᄒᆞ고(효자:07b), 안고(효자:08a), 묻고(효자:08a), 일코(효자:09a), 붓고(효자:09a), 일코(효자:10a), 묻고(효자:11a), 뜨고(효자:11a), ᄒᆞ고(효자:11a), ᄒᆞ고(효자:12a), 늙고(효자:13a), 더디고(효자:13a), 艱간難난코도(효자:14a), 먹고(효자:14a), 계우고(효자:15a), 아니ᄒᆞ고(효자:15a), ᄀᆞᄅᆞ치고(효자:15a), 오고(효자:15a), 늙고(효자:16a), 일코(효자:17a), 밧고(효자:17a), 안고(효자:17b), 딥고싀(효자:17b), 居거喪상ᄒᆞ고(효자:18a), 딥고싀(효자:18a), 아니ᄒᆞ고(효자:18a), 짓고(효자:18b), 붓고(효자:19b), ᄒᆞ고(효자:20a), 안고(효자:20a), ᄒᆞ고(효자:20b), 더디고(효자:21a), 절ᄒᆞ고(효자:22a), 주고(효자:22a), ᄀᆞᄅᆞ치고(효자:22a), 일코(효자:24a), 소ᄒᆞ고(효자:24a), 닙고(효자:24a), 시므고(효자:24b), 뻐러디고(효자:25a), 딥고싀(효자:25a), 짓고(효자:25a), 밧고(효자:25a), 밧고(효자:25a), 두고(효자:26a), 먹고(효자:26a), 닙고(효자:26a), 퍼디고(효자:26b), 牽견馬마ᄒᆞ고(효자:27a), 절ᄒᆞ고(효자:27a), ᄒᆞ고(효자:27a), 절ᄒᆞ고(효자:27a), 노코(효자:27b), 告곯ᄒᆞ고(효자:27b), 닑고싀(효자:27b), 절ᄒᆞ고(효자:28a), 듣고(효자:28b), 묏고(효자:28b), 아니ᄒᆞ고(효자:28b), 이받고(효자:29a), 두고(효자:31b), 주시고(효자:31b),

형 태	출 처
	묻고(효자:31b), ᄒ고(효자:32a), 먹고(효자:32a), 젓고(효자:32a), 담고(효자:32a), 묻고(효자:32a), 묻고(효자:32a), 生셩則즉養양ᄒ고(효자:32b), 이받고(효자:32b), 입고(효자:32b), 뭇고(효자:32b), 合합葬장ᄒ고(효자:33a), 뭇고(효자:33a), 블브티고(효자:33a), 도라보고(효자:33a), ᄒ고(효자:35a), 쓰고(효자:35a), ᄭ고(효자:35b), 벼슬히시고(효자:35b)
고	닷고(효자:15a), 誰쉬謂위孝횰䯻無무始시終즁고(효자:32b)
-고라	사ᄅ고라(효자:20a)
-고져	먹고져(효자:16a), 먹고져(효자:17a), 먹고져(효자:17a)
곰	다시곰(효자:15b)
곳	病뼝곳(효자:34a)
과	도티ᄋ랏과(효자:02a), 픗닙과(효자:02a), 도티ᄋ랏과(효자:02a), 픗닙과(효자:02a), 받과(효자:05b), 집과(효자:05b), 羊양과(효자:06b), 돗과를(효자:09a), 잣과를(효자:18a), 옷과(효자:24a), 브롬과(효자:25a), 돗과(효자:27b), 돗과(효자:28b), 조쾌(효자:28b), 집과(효자:28b), 錠뎡과(효자:31b), 술쾌(효자:32a), 님금과(효자:35a), 스승과ᄂ(효자:35a)
-긔	나긔(효자:19a), 흐ᄅ긔(효자:19a)
-가	심기거늘(효자:10a), 벗기라(효자:23b), 벗기시ᄂ니잇고(효자:23b)
-ㄴ-(←-ᄂ-)	하딕ᄒ노이다(효자:04b), 너기노라(효자:07b), 밍ᄀ랏논(효자:10b), 잇노이다(효자:15b), 얻니논(효자:22a), 빗논(효자:22a), ᄒ노이다(효자:23b), 왯노이다(효자:27b)
-ㄴ	열네힌(효자:03a), 슬픈(효자:04a), 다룬(효자:05a), 다룬(효자:05a), 孝횰道똡ᄠᆞᆯᄒᄂᆫ(효자:05b), 큰(효자:06b), 드ᄂᆫ(효자:06b), 일ᄒ얀(효자:07a), ᄒ던(효자:07b), ᄒ야더니롤(효자:07b), 쓰던(효자:07b), 아호빈(효자:09a), 밍ᄀ랏논(효자:10b), 가ᄂᆫ(효자:11a), 마조본(효자:11a), 쁘ᄂᆫ(효자:11a), 혼(효자:11a), 艱간難난ᄒ혼(효자:12a), 거슬ᄠᆫ(효자:14a), 먼(효자:14a), 爲위頭뚱ᄒ혼(효자:15a), 혼(효자:15b), 산(효자:17a), 비호던(효자:18a), 튼(효자:18a), 산(효자:18b), 사ᄂᆫ(효자:18b), 거슬ᄠᆫ(효자:18b), 아호빈(효자:19a), 산(효자:19a), 오온(효자:19b), 오온(효자:21a), 얻니논(효자:22a), 빗논(효자:22a), 본(효자:23a), 저픈(효자:23b), 낟본(효자:24a), 황당혼(효자:25a), 怒노ᄒ혼(효자:26a), 모딘(효자:27a), 어딘(효자:27a), 닐온(효자:27b), 온(효자:28a), ᄒ시ᄂᆫ(효자:29a), 목모룬(효자:30a), 프룬(효자:30b), 열다ᄉ신(효자:32a), 아ᄅ시ᄂ닌(효자:32b), 거슬ᄠᆫ(효자:33a), 모딘(효자:34a), 산(효자:34a), 묘혼(효자:35a), 황당혼(효자:35b), ᄭ운(효자:35b)
ㄴ	아ᄅ시ᄂ닌(효자:32b)
-ㄴ돌	어린돌(효자:23b)
-ㄴ가	ᄀᄅ친가(효자:23a)
-ㄴ다마다	운다마다(효자:18a), 눈다마다(효자:21a)
-ㄴ대	ᄇ린대(효자:01a), 내틴대(효자:01a), 즈르든대(효자:03a), 무르신대(효자:04a), 틴대(효자:07a), ᄒ대(효자:13a), 아니ᄒ온대(효자:14a), ᄒ대(효자:15a), ᄒ대(효자:15a), 운대(효자:16a), ᄒ대(효자:17a), ᄒ대(효자:20b), 도라온대(효자:21a), 니론대(효자:22a), 말인대(효자:27a), ᄒ대(효자:29a)
-나눌	도라오나눌(효자:05a), 오나눌(효자:24b)
-나지라	녀러오나지라(효자:29a)
-내	몯내(효자:02b), 몯내(효자:05a), 乃내終즁내(효자:05a), 乃내終즁내(효자:05a), 乃내終즁내(효자:05a)
-뇨	미야커뇨(효자:18a), ᄒ더뇨(효자:32b)
는	防뼝禦어는(효자:05a), 孝횰婦뿡는(효자:05b)
-니	먹더니(효자:02a), 里리니니(효자:02a), 먹더니(효자:02a), 가시니(효자:04a), 돋니다니(효자:04a), 아니ᄒᄂ니(효자:04a), 어버시니(효자:04b), 알리니(효자:05a), 업더니(효자:05a), 호니(효자:05a), 얼이니(효자:05b), 이받더니(효자:06a), 그스더니(효자:06a), 오더니(효자:07a), 오라니(효자:07b), 주더니(효자:07b), 스믈네히러니(효자:08a), 일콛더니(효자:09a), ᄒ더니(효자:09a), 들이더니(효자:09a), 사니(효자:10a), 뵈더니(효자:10a), 호니(효자:10a), 티니(효자:10a), 가니(효자:11a), 織직女녀ㅣ라니(효자:11a), 마리니(효자:11a), 머기더니(효자:12a), 앗ᄂ니(효자:12a), 푸니(효자:12a), 나니(효자:12a), ᄒ더니(효자:13a), 업더니(효자:14a), 그위실ᄒ더니(효자:15a), 우니(효자:15b), 므싀더니(효자:15b), 업더니(효자:15b), 孝횰道똡ᄠᆞᆯ롭더니(효자:16a), 터니(효자:17a), 니더니(효자:17b), 니더니(효자:18a), 심겟더니(효자:18a), 셤기더니(효자:18b), 드외얫더니(효자:19a), ᄒ니(효자:19a), 우니(효자:19a), ᄒ더니(효자:19b), 가더니(효자:20a), 가리로소니(효자:20a), 잇ᄂ니(효자:20a), 티니(효자:20a), 救궁ᄒᄂ니(효자:20b), 갯더니(효자:21a), ᄒ더니(효자:21a), 즈쳑더니(효자:21a), 보니(효자:21a), 비더니(효자:21a), 잇더니(효자:21b), ᄒ니(효자:21b), 비더니(효자:22a), 얻니더니(효자:22a), 머기니(효자:22b),

형 태	출 처
	열다ᄉ시러니(효자:23a), 디더니(효자:23a), ᄒ시니(효자:23a), 슬허ᄒ더니(효자:24a), 업더니(효자:24a), 흘리더니(효자:24a), 孝흉道똉ᄒ더니(효자:24b), ᄒ더니(효자:24b), 니더니(효자:25a), 티니(효자:25a), 것든더니(효자:25a), 사더니(효자:25a), 질드뤳더니(효자:25a), 보더니(효자:26a), 업더니(효자:26a), 잇더니(효자:26a), 아더니(효자:27a), 뒷더니(효자:27a), 잇더니(효자:27b), 公공事ᄊᄒ더니(효자:27b), 돌히러니(효자:28a), 냇더니(효자:28b), ᄒ더니(효자:28b), 孝흉道똉ᄒ더니(효자:29a), 잇ᄂ니(효자:29a), 기드리더니(효자:29b), 너겟더니(효자:29b), 敕샤ᄒ시니(효자:29b), ᄒ더니(효자:30a), 우더니(효자:30b), 보니(효자:30b), 머기니(효자:30b), 머기니(효자:31a), 조심ᄒ더니(효자:31a), ᄇ리니(효자:31a), 나더니(효자:31a), 머기니(효자:31b), 갯더니(효자:31b), 아드리러니(효자:32a), ᄒ니(효자:32a), 말이더니(효자:32a), 가니(효자:32a), 사더니(효자:32a), 到동孝흉子ᄌ廬려ᄒ니(효자:32b), 오니(효자:32b), 日싫加가塚동上쌍ᄒᄂ니(효자:32b), 올이ᄂ니(효자:32b), 死ᄉ則즉守슣ᄒᄂ니(효자:32b), 디킈ᄂ니(효자:32b), 업더니(효자:33a), 신더니(효자:33a), 鄕향吏리러니(효자:34a), 얻더니(효자:34a), 머기니(효자:34a), 비호더니(효자:35a), 이바디ᄒ더니(효자:35a), 아니ᄒ더니(효자:35a), 도라오니(효자:35b), 사더니(효자:35b)
-나	사라나니라(효자:03a), 셰니라(효자:03a), ᄒ니라(효자:05b), ᄒ니라(효자:06b), ᄒ시니라(효자:06b), ᄒ니라(효자:07a), 히시니라(효자:07b), 쁘니라(효자:08a), 셰니라(효자:08a), 두뵈니라(효자:09a), ᄒ시니라(효자:10b), ᄒ시니라(효자:11a), 올아가니라(효자:11a), 오니라(효자:13a), 두뵈니라(효자:14a), 베티니라(효자:15a), 아니ᄒ니라(효자:15a), 아니ᄒ니라(효자:15b), 이우니라(효자:15b), 나ᄒ시니라(효자:15b), 그러ᄒ니라(효자:16a), 도라오니라(효자:17a), ᄂ라드니라(효자:17a), ᄒ니라(효자:17b), 사니라(효자:19b), 사라나니라(효자:20b), 더니라(효자:20b), 사니라(효자:21b), 敕샤ᄒ시니라(효자:23b), 쁘니라(효자:23b), 벗기시ᄂᄂ니잇고(효자:23b), 주시니라(효자:24a), ᄒ야ᄇ리니라(효자:25a), ᄒ시니라(효자:25b), 도라가니라(효자:27a), 아니ᄒ니라(효자:28a), ᄒ시니라(효자:28b), ᄒ시니라(효자:28b), ᄒ니라(효자:29b), 됴히오니라(효자:31a), ᄒ시니라(효자:31b), 明명月웛淸쳥風붕이시니라(효자:32b), ᄇ르미시니라(효자:32b), 보니라(효자:32b), 사니라(효자:33b), ᄒ시니라(효자:35b)
-ᄂ-	그리ᄂ다(효자:02b), 아니ᄒᄂ니(효자:04a), 孝흉道똉ᄒᄂ(효자:05b), 드ᄂ(효자:06b), 가ᄂ(효자:11a), 쁘ᄂ(효자:11a), 앗ᄂ니(효자:12a), 주시ᄂ다(효자:12a), 사ᄂ(효자:18b), 잇ᄂ니(효자:20a), 救굫ᄒᄂ니(효자:20b), 벗기시ᄂᄂ니잇고(효자:23b), 잇ᄂ니(효자:29a), ᄒ시ᄂ(효자:29a), 주시ᄂ다(효자:30a), 日싫加가塚동上쌍ᄒᄂ니(효자:32b), 올이ᄂ니(효자:32b), 아ᄅ시ᄂᄂ(효자:32b), 死ᄉ則즉守슣ᄒᄂ니(효자:32b), 디킈ᄂ니(효자:32b)
ᄂ	里리ᄂ(효자:02a), 아니ᄒ리ᄂ(효자:04a), 가리ᄂ(효자:04b), 巨꺼孝흉ᄂ(효자:06b), 織직女녀ᄂ(효자:11a), 數수ᄂ(효자:14a), 元원帥쉬ᄂ(효자:15a), 侍씨墓모ᄂ(효자:15b), 鳥됴ᄂ(효자:18a), 獸슣ᄂ(효자:18a), 守슣墓모ᄂ(효자:18a), 里리ᄂ(효자:18b), 어버ᅀᅵᄂ(효자:19b), 滋ᄌ味미ᄂ(효자:19b), 純쓘孝흉ᄂ(효자:20b), 三삼世셰ᄂ(효자:20b), 官관舍샤ᄂ(효자:27b), 謚씨ᄂ(효자:28b), 石쎡珠뒨이ᄂ(효자:34a), 스승과ᄂ(효자:35a)
-다	듣니다니(효자:04a)
-다	치보리이다(효자:01a), 몯ᄒ리로다(효자:02a), 그리ᄂ다(효자:02b), ᄒ리로다(효자:02b), 하딕ᄒ노이다(효자:04b), 그리호리이다(효자:05a), 주시ᄂ다(효자:12a), 다시이다(효자:15a), 잇노이다(효자:15b), ᄒ노이다(효자:23b), 왯노이다(효자:27b), 주시ᄂ다(효자:30a), 淚뤼無무窮꿍이로다(효자:32b), 업도다(효자:32b), 업다(효자:32b)
다가	뫼해다가(효자:13a)
-다가	뷔다가(효자:03a), 나ᄃ니시다가(효자:04a), 치다가(효자:05a), 孝흉道똉ᄒ다가(효자:05b), 우다가(효자:08a), 뒷다가(효자:13a), ᄇ다가(효자:14a), 낡다가(효자:15b), 버롓다가(효자:27b), 디나가다가(효자:28b), ᄒ얫다가(효자:28b), 주겟다가(효자:30a), 얻다가(효자:30a), 가다가(효자:30a), 가다가(효자:31a), 갯다가(효자:32a)
-더-	너기더라(효자:01a), 먹더니(효자:02a), 오더라(효자:02a), 먹더니(효자:02a), 업더니(효자:05a), 이받더니(효자:06a), 잇더라(효자:06a), 아니ᄒ더라(효자:06a), 그스더니(효자:06a), ᄒ더라(효자:06b), 오더니(효자:07a), ᄒ던(효자:07b), 쁘던(효자:07b), 가지더라(효자:07b), 주더니(효자:07b), 일쿨더니(효자:09a), ᄒ더니(효자:09a), 들이더니(효자:09a), 뷔더니(효자:10a), 흘리더라(효자:10b), 머기더니(효자:12a), 잇더라(효자:12a), ᄒ더니(효자:13a), 업더니(효자:14a), ᄒ더라(효자:14a), ᄒ더라(효자:14a), 그위실ᄒ더니(효자:15a), 므싀더니(효자:15b), ᄒ더라(효자:15b), 업더니(효자:15b), 낡더라(효자:15b), 孝흉道똉룹더니(효자:16a), ᄒ더라(효자:16a), 맛보더라(효자:17a), 터니(효자:17a), 우더라(효자:17b), 니더니(효자:17b), 비호던(효자:18a), 니더니(효자:18a), 오더라(효자:18a), 심겟더니(효

형 태	출 처
	자:18a), 셤기더니(효자:18b), ᄒ더라(효자:18b), ᄃ외얫더니(효자:19a), 우더라(효자:19a), 니ᄅ더라(효자:19a), ᄒ더라(효자:19a), ᄒ더니(효자:19b), ᄀ장ᄒ더라(효자:19b), 가더니(효자:20a), 갯더니(효자:21a), ᄒ더니(효자:21a), 즈쳑더니(효자:21a), 비더니(효자:21a), 잇더니(효자:21b), 비더니(효자:22a), 얻니더니(효자:22a), 디더니(효자:23a), 슬허ᄒ더라(효자:24a), 업더니(효자:24a), 홀리더니(효자:24a), 잇더라(효자:24a), 孝ᄒ道똥ᄒ더니(효자:24b), ᄒ더니(효자:24b), 먹더니(효자:24b), 니더니(효자:25a), 우더라(효자:25a), 사더라(효자:25a), 슬허ᄒ더라(효자:25a), 것들더니(효자:25a), 사더니(효자:25a), 질드렛더니(효자:25a), 祭졔ᄒ더라(효자:26a), 보더니(효자:26a), 업더니(효자:26a), 잇더니(효자:26a), 돈니더라(효자:26b), 아더니(효자:27a), 뒷더니(효자:27a), 돈니더라(효자:27a), 잇더니(효자:27b), 가더라(효자:27b), 구피더라(효자:27b), 公공事ᄊᄒ더니(효자:27b), ᄒ더라(효자:27b), 뵈더라(효자:28a), 아니터라(효자:28a), 우더라(효자:28b), 냇더니(효자:28b), ᄒ더니(효자:28b), 孝ᄒ道똥ᄒ더니(효자:29a), 기드리더니(효자:29b), 너겟더니(효자:29b), ᄒ더니(효자:30a), ᄒ더라(효자:30a), 우더니(효자:30b), 조심ᄒ더니(효자:31a), 나더니(효자:31a), 갯더니(효자:31b), 말이더니(효자:32a), 사더니(효자:32a), ᄒ더뇨(효자:32b), 업더니(효자:33a), 신더니(효자:33a), 얻더니(효자:34a), 비ᄒ더니(효자:35a), 이바디ᄒ더니(효자:35a), 밍ᄀ더라(효자:35a), 아니ᄒ더니(효자:35a), 사더니(효자:35b), 祭졔ᄒ더라(효자:35b)
더브러	張댱叔숙이더브러(효자:10a)
-뎨	엇뎨(효자:18a), 엇뎨(효자:23b)
-도-	업도다(효자:32b)
도	어미도(효자:01a), ᄒ야도(효자:02a), ᄒ야도(효자:04a), ᄒ야도(효자:04a), ᄀᄅ치리도(효자:06a), 나도(효자:13a), 艱간難난코도(효자:14a), 머굼도(효자:14a), 블러도(효자:15a), 주거도(효자:20a), 머굼도(효자:24a), 무더메도(효자:35b)
-디	긋디(효자:04a), 기드리디(효자:04a), 도라오디(효자:04a), 그치디(효자:08a), 먹디(효자:14a), 앉디(효자:15a), 向향티(효자:15b), 우디(효자:15b), 그르디(효자:17a), 받디(효자:18a), ᄇ리디(효자:28a), 받디(효자:28a), 쓰디(효자:28a), 넓디(효자:28a), 그치디(효자:28a), 걷디(효자:28b), 밧디(효자:35a)
ᄃ려	겨집ᄃ려(효자:10a), 겨집ᄃ려(효자:10a), 겨집ᄃ려(효자:12a), 醫희院원ᄃ려(효자:22a), 어미ᄃ려(효자:26a)
-ᄃ록	죽ᄃ록(효자:15a), 죽ᄃ록(효자:26b), 죽ᄃ록(효자:28a)
-돌	말이돌(효자:07a)
-돌ᄒ	弟뗴子ᄌ돌히(효자:15b), 少ᄻ年년돌히(효자:27a), 同똥年년돌히(효자:28a), 아ᄋ돌히(효자:33b)
-ᄃᄫ	새삼ᄃᄫ(효자:05a)
-ㄹ	ᄒ리로다(효자:02b), 홀(효자:03a), 아니ᄒ리는(효자:04a), 가리논(효자:04b), ᄀᄅ치리도(효자:06a), 홀(효자:08a), 홀(효자:15a), 이실(효자:15b), 디킐(효자:18a), 몰롤(효자:25a), 너기리(효자:26a)
ㄹ	元원覺각일(효자:13a), 날(효자:20a)
ㄹᄃ려	날ᄃ려(효자:30a)
-ㄹ쎠	홀쎠(효자:10a), 至지極끅홀쎠(효자:11a), 이실쎠(효자:15b), 情쪙誠셩일쎠(효자:21b), 至지極끅홀쎠(효자:29b), 孝ᄒ道똥홀쎠(효자:30a)
-ㄹᅙ	훓(효자:04a), 갎(효자:04b), 갎(효자:05a), 훓(효자:05a), 갎(효자:05a), 자바갎(효자:10a), 무뤓(효자:11a), 욿(효자:13a), 울에훓(효자:15b), 아니훓(효자:15b), 틿(효자:17b), 모롟(효자:23b), 옳(효자:24a), 넗(효자:24a), 나갎(효자:27b), 디넗(효자:27b), 갎(효자:28a), 삸(효자:28a), 삸(효자:33a), 셤굟(효자:35a)
-ᅙ가	잇늟가(효자:06a), 놀랋가(효자:29a)
-ᅙ다	孝ᄒ道똥홇다(효자:05a), 븕다(효자:13a), 븕다(효자:22a)
-라(평서형 종결어미)	너기더라(효자:01a), 오더라(효자:02a), 里리라(효자:02a), 楊양香향이라(효자:03a), 사라나니라(효자:03a), 셰니라(효자:03a), 皐ᄒ魚어ㅣ라(효자:04a), 열세히러라(효자:04b), 軍군마기라(효자:05a), 孝ᄒ婦뿡ㅣ라(효자:05b), 겨지비라(효자:05b), ᄒ니라(효자:05b), 잇더라(효자:06a), 아니ᄒ더라(효자:06a), 江강巨꺼孝ᄒㅣ라(효자:06b), ᄒ더라(효자:06b), 孝ᄒ道똥ㅣ라(효자:06b), 그르시라(효자:06b), ᄒ니라(효자:06b), ᄒ시니라(효자:06b), ᄒ니라(효자:07a), ᄇ리리라(효자:07b), 너기노라(효자:07b), 가지더라(효자:07b), 히시니라(효자:07b), 曹쭁娥아ㅣ라(효자:08a), ᄯ니라(효자:08a), 셰니라(효자:08a), ᄃ외니라(효자:09a), 홀리더라(효자:10b), ᄒ시니라(효자:10b), ᄃ외요리라(효자:11a), 노호리라(효자:11a), 겨지비라(효자:11a), 일후미라(효자:11a), ᄒ시니라(효자:11a), 올아가니라(효자:11a), 잇더라(효자:12a), 오니라(효자:13a), 다모리라(효자:13a), 내요라(효자:14a), ᄒ더라(효자

형 태	출 처
	ᄌᆞ라(효자:14a), ᄒᆞ더라(효자:14a), ᄃᆞ외니라(효자:14a), 두어히라(효자:14a), 魏위라(효자:15a), 將쟝帥쉬라(효자:15a), 베티니라(효자:15b), 아니ᄒᆞ니라(효자:15a), 씨라(효자:15b), ᄒᆞ더라(효자:15b), 낡더라(효자:15b), 아니ᄒᆞ니라(효자:15b), 이우니라(효자:15b), 나ᄒᆞ시니라(효자:15b), 그러ᄒᆞ니라(효자:16a), ᄒᆞ더라(효자:16a), 맛보더라(효자:17a), 도라오니라(효자:17a), ᄂᆞ라드니라(효자:17a), 우더라(효자:17b), ᄒᆞ니라(효자:17b), 오더라(효자:18a), 즁ᄉᆡᆼ이라(효자:18a), 씨라(효자:18a), 孝횬順슌兌里리라(효자:18b), ᄒᆞ더라(효자:18b), 므슬히라(효자:18b), 됴ᄒᆞ니라(효자:18b), 우더라(효자:19a), 니ᄅᆞ더라(효자:19a), ᄒᆞ더라(효자:19a), ᄀᆞ장ᄒᆞ더라(효자:19b), 마시라(효자:19b), 사나라(효자:19b), 살아라(효자:20a), 몯ᄒᆞ리라(효자:20b), 純슌孝횬ㅣ라(효자:20b), 孝횬道똥똥ㅣ라(효자:20b), 孫손子ᄌ쾌라(효자:20b), 사라나니라(효자:20b), 더니라(효자:20b), 버리라(효자:21a), 주그리라(효자:21b), 사니라(효자:21b), 됴ᄒᆞ리라(효자:22a), 丁뎡公공藤뚱이라(효자:22a), 됴ᄒᆞ니라(효자:22b), 주그리라(효자:23a), 힝더기라(효자:23b), 救샤ᄒᆞ시니라(효자:23b), 쁘시니라(효자:23b), 잇더라(효자:24a), 주시니라(효자:24a), 어드니라(효자:24a), 먹더라(효자:24b), 우더라(효자:25a), 사더라(효자:25a), 슬허ᄒᆞ더라(효자:25a), ᄒᆞ야ᄇᆞ리니라(효자:25a), ᄒᆞ시니라(효자:25b), 祭졔ᄒᆞ더라(효자:26a), 보로미라(효자:26a), 듣니더라(효자:26b), 든니더라(효자:27a), 너교라(효자:27a), 도라가니라(효자:27a), 가더라(효자:27b), 그윗지비라(효자:27b), 구피더라(효자:27b), 章쟝이라(효자:27b), ᄒᆞ더라(효자:27b), 뵈더라(효자:28a), 아니터라(효자:28a), 아니ᄒᆞ니라(효자:28a), ᄒᆞ시니라(효자:28b), ᄒᆞ시니라(효자:28b), 우더라(효자:28b), 씨라(효자:28b), 節졏孝횬處쳐士쏭ㅣ라(효자:28b), 節졏个가ㅣ라(효자:28b), 주그리라(효자:29a), 이리라(효자:29a), 免면ᄒᆞ리라(효자:29a), ᄒᆞ니라(효자:29b), 주그니라(효자:30a), ᄒᆞ더라(효자:30a), 됴ᄒᆞ니라(효자:30b), 됴ᄒᆞ니라(효자:31a), 됴히오니라(효자:31a), ᄒᆞ시니라(효자:31b), 錠뎡떡이라(효자:31b), 머구리라(효자:32a), 明명月ᅌᅯᆯ霽졩淸쳥風붕이시니라(효자:32b), ᄇᆞ로미시니라(효자:32b), 보니라(효자:32b), 머그니라(효자:32b), 씨라(효자:33a), 사니라(효자:33b), 됴ᄒᆞ니라(효자:34a), 됴ᄒᆞ리라(효자:34a), 디라(효자:35a), 밍ᄀᆞ더라(효자:35a), 祭졔ᄒᆞ더라(효자:35b), ᄒᆞ시니라(효자:35b)
-라(명령형 종결어미)	보내라(효자:06b), 나가라(효자:07a), 도라오라(효자:07a), 그리라(효자:10b), 더디라(효자:13a), 디킈라(효자:17a), 자바오라(효자:19a), 맛보라(효자:21a), 주기라(효자:23a), 벗기라(효자:23b), 셔라(효자:25b), 미조차가라(효자:27a), 주라(효자:28b), 말라(효자:29a), 셤기라(효자:29b), 完완護彎호라(효자:31b), 그리ᄒᆞ라(효자:35a), 가라(효자:35b), 셔라(효자:35b)
-라(연결어미)	닐기라(효자:27a), 及굡第뗴ᄒᆞ라(효자:28a)
-라(←연결어미 '-어')	거시라(효자:07b), 거시라(효자:07b)
-라	織직女녀ㅣ라니(효자:11a)
란	아들란(효자:01a), 閔민損손이란(효자:01a), 奴노婢삐란(효자:07a), 器킈具꾸란(효자:07b), 고기란(효자:32a)
-라-	열세히러라(효자:04b), 스믈네히러니(효자:08a), 열다ᄉᆞ시러니(효자:23a), 돌히러니(효자:28a), 아ᄃᆞ리러니(효자:32a), 鄕향史吏리러니(효자:34a)
-려	자바가려(효자:06a)
-로-	몯ᄒᆞ리로다(효자:02a), ᄒᆞ리로다(효자:02b), 淚뤼無무窮꿍이로다(효자:32b)
로	어미로(효자:05a), ᄒᆞᆫ가지로(효자:10a), 매로(효자:10a), 罪쬐로(효자:23a), 樣양子ᄌ로(효자:24b), 樣양子ᄌ로(효자:27a)
-롯-	가리로소니(효자:20a)
를	다솜어미를(효자:01a), 울에를(효자:15b), 너를(효자:30a), 怨훤讐쓩를(효자:32a), 너를(효자:32a)
-리-	몯ᄒᆞ리로다(효자:02a), 알리니(효자:05a), 그리ᄒᆞ리이다(효자:05a), 브리리라(효자:07b), ᄃᆞ외요리라(효자:11a), 노ᄒᆞ리라(효자:11b), 다모리라(효자:13a), 가리로소니(효자:20a), 몯ᄒᆞ리라(효자:20b), 됴ᄒᆞ리라(효자:22a), 免면ᄒᆞ리라(효자:29a), 머구리라(효자:32a), 됴ᄒᆞ리라(효자:34a)
-리오	듣니리오(효자:05b)
롤	損손이롤(효자:01a), 아비롤(효자:03a), 우룸쏘리롤(효자:04a), 죽사리롤(효자:05a), 어미롤(효자:05a), 싀어미롤(효자:05a), 어미롤(효자:05a), 싀어미롤(효자:05b), 히롤(효자:05b), 어미롤(효자:06a), 술위롤(효자:06a), 包봄롤(효자:07a), 늘그니롤(효자:07a), 사오나ᄫᆞ니롤(효자:07b), ᄒᆞ야디니롤(효자:07b), 얼닐웨롤(효자:08a), 소리롤(효자:08a), 아비롤(효자:08a), 孝횬道똥롤(효자:09a), 아비롤(효자:09a), 돗과롤(효자:09a), 어버싀롤(효자:10a), 樣양子ᄌ롤(효자:10a), 머리롤(효자:10a), 張댱叔슉이롤(효자:10a), 나롤(효자:11a), 孫손子ᄌ롤(효자:12a), 郭곽巨꺼롤(효자:12a), 아비롤(효자:13a), 나롤(효자:15b), 고기롤(효자:17a), 墓모롤(효자:18a), 잣과롤(효자:18a), 里리롤(효자:18a), 어버싀롤(효자:19b), 滋ᄌᆞ味味미롤(효자:19b), 아비롤(효자:20a), 아비롤(효자:20a), 머리롤(효자:20a), 아비롤(효자

형 태	출 처
	자:20b), 三삼世셰롤(효자:20b), 그위롤(효자:21a), 罪죄囚쓩롤(효자:23b), 아비롤(효자:23b), 어미롤(효자:24a), 히롤(효자:24b), 樣양子ᄌ롤(효자:26a), 히롤(효자:26a), 墓모롤(효자:26b), 히롤(효자:26b), 論론語어롤(효자:27a), 아ᄃ롤(효자:27a), 廬로操좀롤(효자:27a), 아ᄃ롤(효자:27a), 廬로操좀롤(효자:27a), 어미롤(효자:27a), 父뿌母뭏롤(효자:27b), 어미롤(효자:28a), 謚씨號뽛롤(효자:28b), 어미롤(효자:29a), 넷罪쬐롤(효자:29b), 아비롤(효자:30a), 히롤(효자:30a), 외롤(효자:30a), 다릿고기롤(효자:31b), 히롤(효자:31b), 아비롤(효자:32a), 고기롤(효자:32b), 어미롤(효자:33a), 아비롤(효자:33a), 慮려롤(효자:33a), 孝흉道똥롤롤(효자:33b), 쎠롤(효자:34a)
-롭-	孝흉道똥롭더니(효자:16a)
-V口(명사형어미)	두믈(효자:27a)
-口(명사파생접미사)	비호믈(효자:04a), 싸홈(효자:15a)
마다	八밣月윓윓마다(효자:06b), 나죄마다(효자:21a), 나죄마다(효자:27b), 아춤마다(효자:27b), 아춤마다(효자:28a), 히마다(효자:28b), 날마다(효자:34a)
-며	一힗百빅이며(효자:02a), 穀곡食씩이며(효자:03a), 아니ᄒ며(효자:04a), 나히며(효자:04a), ᄒ며(효자:05b), 가지며(효자:07a), 가지며(효자:07b), 가지며(효자:07b), 브르시며(효자:15a), 살며(효자:15b), ᄒ며(효자:17a), 아니ᄒ며(효자:17a), 두드리며(효자:19a), ᄒ며(효자:19b), 돌며(효자:21a), 슬흐며(효자:21b), 울며(효자:22a), 울며(효자:23a), 저리며(효자:23a), 섬기며(효자:24a), 울며(효자:24b), 지며(효자:24b), 나며(효자:25a), 뵈며(효자:26a), 고티며(효자:26a), 너기며(효자:27a), 더ᄒ며(효자:27b), 너기며(효자:27b), ᄒ며(효자:27b), 아니ᄒ며(효자:28a), 쌰토ᄒ며(효자:28a), 디며(효자:28b), 눌이며(효자:31b), 울며(효자:31b), 居거喪상ᄒ며(효자:33a), 브르며(효자:33a), 울며(효자:34a), 藥약ᄒ며(효자:35a), 울며(효자:35b)
-면	이시면(효자:01a), 고티면(효자:05b), 녀르미면(효자:09a), 겨스리면(효자:09a), 저기면(효자:15b), 저기면(효자:17b), 녀르미면(효자:19b), 겨스리면(효자:19b), ᄒ면(효자:23a), 저기면(효자:24a), 오면(효자:34a), 머기면(효자:34a), 名명日싥이면(효자:35a)
-브-	슬픈(효자:04a), 슬피(효자:06a), 슬피(효자:18a), 저픈(효자:23b), 슬피(효자:26a), 슬피(효자:28a), 슬피(효자:31b)
브터	제브터(효자:07b), 아래브터(효자:07b)
-쁘-	거슬쁜(효자:14a), 거슬쁜(효자:18b), 거슬쁜(효자:33a)
-밭-	니르받다(효자:29a)
-브-	놀라비(효자:21a)
ㅅ	긻(효자:02b), 孔콩子ᄌㅅ(효자:04b), 侍씨中듕ㅅ(효자:07b), 무읈(효자:09a), 둧(효자:11a), 하읈(효자:11a), 앳(효자:11a), 그딧(효자:11a), 뭇(효자:14a), 뒷(효자:14a), 나랏(효자:15a), 元원帥쉬ㅅ(효자:15a), 三삼公공ㅅ(효자:17b), 무덦(효자:18b), 墓모ㅅ(효자:18b), ᄀ읈(효자:18b), 쟛(효자:19a), 기릿(효자:19a), 무읈(효자:20b), 볋(효자:22a), 孝흉道똥ㅅ(효자:23b), 뭇(효자:24a), 殯빈所소ㅅ(효자:25a), 墓모ㅅ(효자:25a), 居거喪상ㅅ(효자:27b), 墓모ㅅ(효자:28a), 술곳(효자:28b), 그낤(효자:29b), 앖(효자:29b), 불횟(효자:31a), 힛(효자:31a), 劉륳氏씨ㅅ(효자:31a), 殯빈所소ㅅ(효자:35b), 우횟(효자:35b)
셔	이어긔셔(효자:04b)
-쇼셔	사르쇼셔(효자:20a), 救굴ᄒ쇼셔(효자:29a)
싀	싀어미롤(효자:05a), 싀어미롤(효자:05b), 싀어미(효자:31a), 싀어미(효자:31a), 싀어미(효자:31a), 싀어미(효자:31a), 싀어미(효자:31a), 싀아비(효자:31b)
-시-	나돋니시다가(효자:04a), 가시니(효자:04a), 주시고(효자:06b), ᄒ시니라(효자:06b), 히시니라(효자:07b), ᄒ시니라(효자:10b), ᄒ시니라(효자:11a), 주시ᄂ다(효자:12a), 브르시며(효자:15a), ᄒ아시놀(효자:23a), ᄒ시니(효자:23a), 벗기시ᄂ니잇고(효자:23b), 赦샤ᄒ시니라(효자:23b), 쓰시니라(효자:23b), 주시니라(효자:24a), ᄒ시니라(효자:25b), ᄒ시니라(효자:28b), ᄒ시니라(효자:28b), ᄒ시는(효자:29a), 赦샤ᄒ시니(효자:29b), 주시ᄂ다(효자:30a), 주시고(효자:31b), ᄒ시니라(효자:31b), 明명月윓淸청風봉이시니라(효자:32b), 브르미시니라(효자:32b), 벼슬히시고(효자:35b), ᄒ시니라(효자:35b)
-sj-	니르샤디(효자:02a), 브르샤(효자:04a), ᄒ샤디(효자:23a), 브리샤(효자:31b), ᄒ샤(효자:23a)
씌	北북辰씬씌(효자:21a), 어비몬씌(효자:23a), 하ᄂ긔(효자:30a), 하늘씌(효자:30b)
-아	내ᅀ나(효자:20a), 子ᄌ路로ㅣ사(효자:02a)
아	업거늘아(효자:02a), 짜아(효자:11a), 딥고아(효자:17b), 딥고아(효자:18a), 그저긔아(효자:19a), 짜히

형 태	출 처
	ᄼ샤(효자:24a), 딥고ᄼ쇠(효자:25a), 늙고ᄼ쇠(효자:27b), 나마ᄼ쇠(효자:31b)
-쇼	손쇼(효자:18a), 손쇼(효자:24b), 손쇼(효자:26a), 손쇼(효자:35a)
-ᅀᆞᆸ-	비ᅀᆞᆸᄫᅩ디(효자:30a)
-아	노하(효자:01a), 가아(효자:02a), 사랫거든(효자:02b), 조차(효자:03a), 가아(효자:03a), 브리샤(효자:04a), 도라가아(효자:04b), ᄑᆞ라(효자:05b), 맛나아(효자:06a), 도라와(효자:06a), 가아(효자:06b), 어라(효자:07a), 눈호아(효자:07a), 조차(효자:08a), 밍ᄀᆞ라(효자:10a), 가아(효자:10a), 녀러와(효자:10a), 밍ᄀᆞ랏ᄂᆞᆫ(효자:10b), ᄲᅡᅀᅡ(효자:11a), 와(효자:11a), ᄑᆞ라(효자:14a), 자바(효자:15a), 가아(효자:15b), 가(효자:15b), 뫼ᅀᆞᄫᅡ(효자:15b), 가아(효자:15b), 가(효자:15b), 다ᄃᆞ라(효자:16a), 가(효자:16a), 밍ᄀᆞ라(효자:16a), 하라(효자:17a), 모다(효자:18a), 와(효자:18a), 가(효자:20a), 조ᅀᅡ(효자:20a), 와(효자:20b), 열ᄌᆞᄫᅡ(효자:20b), 갯더니(효자:21a), 놀라아(효자:21a), 조ᅀᅵ(효자:21a), 다아(효자:21b), 가(효자:21b), 가아(효자:21b), 조ᅀᅵ(효자:22a), 한ᄉᆡ(효자:23a), ᄎᆞ마(효자:23b), 마갯거든(효자:24b), 모다(효자:25a), 와(효자:25a), 가(효자:25a), ᄌᆞ라아(효자:26a), 사라(효자:26b), 바ᅀᅵ(효자:26b), 모라(효자:27a), 자바(효자:27a), 가아(효자:27a), 와(효자:27a), 도라와(효자:27b), 왯노이다(효자:27b), 다ᄃᆞ라(효자:27b), 모다(효자:28a), 긋어가아(효자:28a), 냇더니(효자:28b), 마자(효자:29a), 니르바다(효자:29a), 가아(효자:29a), 도라와(효자:29b), 와(효자:29b), 묘하(효자:30a), 가아(효자:30b), 나아(효자:31a), ᄲᆡ라(효자:31a), 사라(효자:31b), 나마ᄼ쇠(효자:31b), 가아(효자:31b), 갯더니(효자:31b), 브리샤(효자:31b), 갯다가(효자:32a), 가아(효자:32a), 자괴바다(효자:32a), 드러가아(효자:32a), ᄲᅡ아(효자:32a), 다마(효자:32a), 와(효자:32b), 사랏거든(효자:32b), 도라가아(효자:33a), 도라와(효자:35a), 묘하(효자:35b)
-아	살아라(효자:20a), ᄲᅡ아(효자:32a)
-아ᄂᆞᆯ	열ᄌᆞᄫᅡᄂᆞᆯ(효자:10b), 열ᄌᆞᄫᅡᄂᆞᆯ(효자:25b), 열ᄌᆞᄫᅡᄂᆞᆯ(효자:28b), 열ᄌᆞᄫᅡᄂᆞᆯ(효자:31b), 열ᄌᆞᄫᅡᄂᆞᆯ(효자:35b)
-아지라	보아지라(효자:10a), 두외아지라(효자:11a), 살아지라(효자:35a)
애	깊ᄀᆞ쇄(효자:04a), 天텬下햐애(효자:04a), 世세間간애(효자:05b), 本본鄕향애(효자:06a), 이틄나래(효자:08a), 世세間간애(효자:09a), ᄲᅡ해(효자:11a), 뫼해다가(효자:13a), 墓모애(효자:15b), 墓모애(효자:15b), 墓모애(효자:15b), 이틄나래(효자:18a), 오새(효자:19a), ᄲᅡ해(효자:20a), 모매(효자:21a), 갑새(효자:21a), 깊ᄀᆞ쇄(효자:23a), 갑새(효자:23a), 갑새(효자:23a), 居거喪상애(효자:24a), 廟묘애(효자:26a), 朔솩望망애(효자:26a), 官관舍샤애(효자:27b), 喪상親친章쟝애(효자:27b), 墓모애(효자:28b), 묏고래(효자:30a), 藥약애(효자:31a), 마내(효자:31a), 내해(효자:32a), 壬실子ᄌᆞ애(효자:35b)
-애	이대(효자:19b)
애셔	虛허空콩애셔(효자:21a), 虛허空콩애셔(효자:22a)
-야-	일ᄒᆞ얀(효자:07a)
-야	艱간難난ᄒᆞ야(효자:02a), ᄒᆞ야(효자:02a), 爲위ᄒᆞ야(효자:02a), 두외ᄒᆞ야(효자:02a), 爲위ᄒᆞ야(효자:02a), ᄒᆞ야도(효자:02a), ᄒᆞ야도(효자:04a), ᄒᆞ야도(효자:04a), 孝효道똥ᄒᆞ야(효자:05a), 킷ᄒᆞ야(효자:06a), 感감動똥ᄒᆞ야(효자:06a), 다ᄆᆞ사리ᄒᆞ야(효자:06a), ᄒᆞ야(효자:06a), 怒노ᄒᆞ야(효자:07a), 몯ᄒᆞ야(효자:07a), ᄒᆞ야(효자:07a), 아니ᄒᆞ야(효자:08a), 孝효道똥ᄒᆞ야(효자:09a), ᄒᆞ야(효자:09a), 怒노ᄒᆞ야(효자:10a), ᄒᆞ야(효자:11a), ᄒᆞ야(효자:12a), ᄒᆞ야(효자:13a), 마디몯ᄒᆞ야(효자:13a), 두외ᄒᆞ야(효자:14a), 降ᄒᆡᆼ服뽁ᄒᆞ야(효자:14a), 怒노ᄒᆞ야(효자:15a), 내야(효자:15a), 向향ᄒᆞ야(효자:15a), 두외ᄒᆞ야(효자:15b), ᄒᆞ야(효자:16a), 至지極끅ᄒᆞ야(효자:16a), 조심ᄒᆞ야(효자:17a), ᄒᆞ야(효자:17a), 그위실ᄒᆞ야(효자:17b), 두외얫더니(효자:19a), ᄒᆞ야(효자:19a), 爲위ᄒᆞ야(효자:20a), 두외야(효자:21a), 믯믯ᄒᆞ야(효자:21a), 시름ᄒᆞ야(효자:21a), ᄒᆞ얫거늘(효자:22a), ᄒᆞ야(효자:23a), 擊격鼓고ᄒᆞ야(효자:23a), 과ᄒᆞ야(효자:23a), 달애야(효자:23a), ᄒᆞ얫거늘(효자:26a), 시름ᄒᆞ야(효자:26a), ᄒᆞ야(효자:27a), 두외ᄒᆞ야(효자:27b), 冠관帶대ᄒᆞ야(효자:28a), 몯ᄒᆞ야(효자:28a), 아니ᄒᆞ야(효자:28b), ᄒᆞ얫다가(효자:28b), 밥ᄒᆞ야(효자:29a), 恭공敬경ᄒᆞ야(효자:29b), ᄭᅵ야(효자:30a), ᄒᆞ야(효자:30a), 避삐ᄒᆞ야(효자:30a), ᄉᆞ랑ᄒᆞ야(효자:30b), 내야(효자:31a), 그리ᄒᆞ야(효자:31a), ᄒᆞ얫거늘(효자:31a), 되야(효자:31a), 殯빈所소ᄒᆞ야(효자:31b), ᄒᆞ야(효자:31b), 내야(효자:32a), 흐ᄌᆞᆨ믓ᄒᆞ얫거늘(효자:32a), 披피榛즌ᄒᆞ야(효자:32b), 情쩡多다感감ᄒᆞ야(효자:32b), 만ᄒᆞ야(효자:32b), 負뿡土토ᄒᆞ야(효자:32b), 爲위ᄒᆞ야(효자:33a), 感감動똥ᄒᆞ야(효자:33b), ᄒᆞ야(효자:34a), ᄒᆞ야(효자:35b), 몯ᄒᆞ야(효자:35b)
-야ᄂᆞᆯ	ᄒᆞ야ᄂᆞᆯ(효자:07a), ᄒᆞ야ᄂᆞᆯ(효자:10a), ᄒᆞ야ᄂᆞᆯ(효자:13a), ᄒᆞ야ᄂᆞᆯ(효자:13a), ᄒᆞ야ᄂᆞᆯ(효자:22a), ᄒᆞ야ᄂᆞᆯ(효자:22a), ᄒᆞ야ᄂᆞᆯ(효자:23a), ᄒᆞ야ᄂᆞᆯ(효자:23b), 酒즁情쩡ᄒᆞ야ᄂᆞᆯ(효자:27a), 及끕第뗴ᄒᆞ야ᄂᆞᆯ(효자:28a), ᄒᆞ야ᄂᆞᆯ(효자:29a), ᄒᆞ야ᄂᆞᆯ(효자:29a), ᄒᆞ야ᄂᆞᆯ(효자:29a), ᄒᆞ야ᄂᆞᆯ(효자:31a), 病뼝ᄒᆞ야ᄂᆞᆯ(효자:31a), ᄒᆞ야ᄂᆞᆯ(효자:32a), ᄒᆞ야ᄂᆞᆯ(효자:34a), 請쳥ᄒᆞ야ᄂᆞᆯ(효자:35a), ᄒᆞ야ᄂᆞᆯ(효자:35a), ᄒᆞ야ᄂᆞᆯ(효자

형 태	출 처
	자:35a), ᄒᆞ야눌(효자:35b)
-야ᄃᆞᆫ	ᄒᆞ야ᄃᆞᆫ(효자:06a), 배야ᄃᆞᆫ(효자:07b), ᄒᆞ야ᄃᆞᆫ(효자:27a), ᄒᆞ야ᄃᆞᆫ(효자:27a)
-야셔	본 둥기야셔(효자:15b), 守슈墓모호ᄒᆞ야셔(효자:18a), ᄒᆞ야셔(효자:30a)
-야…ᄂᆞᆯ	ᄒᆞ야시ᄂᆞᆯ(효자:23a)
-얘라	便뼌安ᅙᅡᆫᄒᆞ얘라(효자:07b)
-어	두어(효자:01a), 두어(효자:01a), 치버(효자:01a), ᄭᅮ러(효자:01a), 너겨(효자:01a), 도ᄅᆞ혀(효자:01a), 뉘으쳐(효자:01a), 버려(효자:02a), 한숨디허(효자:02a), ᄃᆞ라드러(효자:03a), 즐겨(효자:04a), 미쳐(효자:04b), 우러(효자:04b), 어러(효자:05a), 수머(효자:06a), 돈녀(효자:06a), 우러(효자:06a), 브려(효자:06b), 이셔(효자:07a), 이셔(효자:07a), 드러(효자:07a), 이셔(효자:07a), 붓그려(효자:07a), ᄲᅱ여드러(효자:08a), 주거(효자:08a), 고텨(효자:08a), 슬허(효자:09a), ᄭᅮ러(효자:10a), 너겨(효자:10a), 너겟거늘(효자:10a), 무러(효자:10a), 업서(효자:11a), ᄲᅮ어(효자:11a), 더브러(효자:11a), 노혀(효자:11a), 브려(효자:11a), 더러(효자:12a), 무더(효자:12a), 써(효자:12a), 붓그려(효자:13a), 더브러(효자:13a), 길어(효자:14a), 우러(효자:14a), 이셔(효자:14a), 어더(효자:14a), 슬허(효자:15a), 이셔(효자:15a), 블러도(효자:15a), 저저(효자:15b), 이셔(효자:16a), ᄲᅵ려(효자:17a), 가져(효자:17a), 여렛거늘(효자:17a), 슬허(효자:17b), 슬허(효자:18a), 심겟더니(효자:18a), 슬허(효자:18a), 우러(효자:19a), 두어(효자:19a), 머거(효자:19a), 늘거(효자:20a), ᄭᅩ쳐(효자:20a), 주거도(효자:20a), 주겟거늘(효자:20b), 너겨(효자:21a), 머거(효자:21a), 비저(효자:22a), 너겨(효자:22a), 비저(효자:22b), 가톗거늘(효자:23a), 저러(효자:23a), 뉘으쳐(효자:23a), 어즈러ᄫᅥ(효자:24a), 우녀(효자:24a), 언녀(효자:24a), 어러(효자:24a), 머거(효자:24a), 블러(효자:24b), 슬허(효자:25a), 쳐(효자:25a), 질드롓더니(효자:25a), 무러(효자:26a), 그려(효자:26a), 늘거(효자:26a), 우러(효자:27a), ᄀᆞᆯ쳐(효자:27b), 슬허(효자:27b), 버렛다가(효자:27b), 슬허(효자:28a), 이셔(효자:28a), 어우러(효자:28b), 고텨(효자:28b), 너겨(효자:29a), 너겟더니(효자:29b), 더러(효자:30a), 주겟다가(효자:30a), 이셔(효자:30b), 울워러(효자:30b), 여렛거늘(효자:30b), 섯거(효자:31a), 심거(효자:31a), 이셔(효자:31a), 서거(효자:31a), 너흐러(효자:31a), 브려(효자:31b), 섯거(효자:31b), 블러(효자:31b), 누벳거늘(효자:32a), 베텨(효자:32a), 굴러(효자:33a), ᄲᅥᆯ터(효자:33a), 지ᅀᅥ(효자:33b), 이셔(효자:34a), 섯거(효자:34a), 버혀(효자:34a), 블러(효자:34a), 너겨(효자:35a), 디더(효자:35a), 어더(효자:35b), 블러(효자:35b)
-어ᄂᆞᆯ	일허ᄂᆞᆯ(효자:35b)
-어늘(←거늘)	울어늘(효자:04a), 두외어늘(효자:09a), 업데어늘(효자:20a), 울어늘(효자:28b), 되어늘(효자:30a), 업데어늘(효자:32a)
-어늘	주어늘(효자:01a), 므르늘(효자:03a), 맛뎌늘(효자:05a), 주어늘(효자:10a), 닐어늘(효자:10a), 터늘(효자:10a), ᄒᆞ야ᄇᆞ려늘(효자:18a), 더뎌늘(효자:18b), 터늘(효자:19a), 어더늘(효자:21a), 믈여늘(효자:32a), 주어늘(효자:33b)
-어니와	치보려니와(효자:01a), 아니어니와(효자:23b)
-어다가	가져다가(효자:16a), 므러다가(효자:18b), 가져다가(효자:19a), 가져다가(효자:30b), 옮겨다가(효자:33a), 므러다가(효자:35b)
-어ᄃᆞᆫ	서리어든(효자:06a), 아ᄎᆞ미어든(효자:07a), 돌씨어든(효자:19a), 名명日ᅀᅵᆯ 싫이어든(효자:24b), 아ᄎᆞ미어든(효자:27b), 朔솩望망이어든(효자:35b)
-어셔	셔어셔(효자:04a), 셔어셔(효자:04b), 져머셔(효자:06a), 져머셔(효자:10a), 져머셔(효자:17a), 져머셔(효자:26a), 머거셔(효자:28a), 져머셔(효자:33a)
-어지…다	주어지이다(효자:30a)
-어지라	머거지라(효자:30a)
-엄(명사파생접미사)	무더메(효자:06b), 무덦(효자:18b), 주검(효자:24a), 주거믈(효자:24a), 무덤(효자:32b), 무덤(효자:35b), 무더메도(효자:35b)
-엄(부사파생접미사)	처엄(효자:11a), 처엄(효자:33b)
-업-	어즈러ᄫᅥ(효자:24a)
에	門몬에(효자:03a), 열여스세(효자:05a), 後ᅘᅮᇢ에(효자:06a), 무더메(효자:06b), 므레(효자:08a), 므레(효자:08a), 後ᅘᅮᇢ에(효자:08a), 後ᅘᅮᇢ에(효자:09a), 길헤(효자:11a), 므스게(효자:13a), ᄠᅳ데(효자:14a), 後ᅘᅮᇢ에(효자:17b), 後ᅘᅮᇢ에(효자:18b), 겨르레(효자:19a), 겨르레(효자:19b), 그무메(효자:21b), 그무메(효자:21b), 므스게(효자:22a), 後ᅘᅮᇢ에(효자:23b), 廬려에(효자:25a), 겨르레(효자:25a), 겨르레(효자:26a), 서레(효자:27a), 後ᅘᅮᇢ에(효자:27b), ᄠᅳᆯ헤(효자:27b), 後ᅘᅮᇢ에(효자:28b), ᄭᅮ메(효자:29a), 드르헤(효자:29a), ᄭᅮ메(효자:29b), 겨르레(효자:30a), 바횟ᄲᅵ메(효자:30b), 너추레(효자:30b), 길헤(효자:31a),

형 태	출 처
	자:29a)
-으며	주그며(효자:25a), 어드며(효자:28a)
-으면	업스면(효자:01a), 머그면(효자:22a), 어드면(효자:35a)
-으샤	드르시고(효자:02a), 드르시고(효자:04a), 무르신대(효자:04a)
-은	겨믄(효자:04a), 늘근(효자:05a), 늘근(효자:05a), 늘근(효자:06a), 겨믄(효자:07b), 머근(효자:12a), 머즌(효자:13a), 서근(효자:19a), 치본(효자:19b), 섯근(효자:20b), 업슨(효자:20b), 셜본(효자:23a), 늘근(효자:24a), 겨믄(효자:24a), 늘근(효자:29a), 거믄(효자:29a), 기픈(효자:30a), 거믄(효자:35a)
은	知디픕홈은(효자:32b)
-은대	주근대(효자:04b), 무른대(효자:22a)
-을	업슬(효자:18b), 무들(효자:33a)
을	몰셕슬(효자:01a), 穀곡食씩을(효자:02a), 일후믈(효자:05b), 길흘(효자:06a), 니브를(효자:09a), 벼스를(효자:09a), 눉므를(효자:10a), 그를(효자:12a), 그르슬(효자:13a), 曾증參숨을(효자:14a), 三삼年년을(효자:14a), 篇편을(효자:15b), 竹둑筍순을(효자:16a), 져글(효자:17a), 年년을(효자:19a), 니브를(효자:19b), 버늘(효자:20a), 일후믈(효자:20b), 病뼝을(효자:21a), 뿌믈(효자:21a), 쁘들(효자:22a), 法법을(효자:22a), 주구믈(효자:23a), 주거믈(효자:24a), 年년을(효자:26a), 돌그르슬(효자:28a), 病뼝을(효자:30b), 神씬靈령령을(효자:31b), 그를(효자:32b), 年년을(효자:33a), 年년을(효자:33b)
-을씨	져믈씨(효자:23a)
-읊	수믊(효자:06a), 주긇(효자:09a), 주긇(효자:23b), 주긇(효자:24b)
-읊다	주긇다(효자:23a)
-음	어름(효자:17a), 어르미(효자:17a), 어름(효자:19a), 어름(효자:19a)
-의	가슴몔의(효자:14a)
의(관형격조사)	버믜(효자:03a), 어버싀(효자:10a), 張댱叔슉의(효자:10a), 郭곽巨꺼의(효자:12a), 어믜(효자:12a), 王왕袞뽕의(효자:15a), 어믜(효자:16a), 解햀叔슉謙겸의(효자:22a), 어믜(효자:22b), 吉긿盼푼의(효자:23a), 어믜(효자:24a), 어믜(효자:24b), 王왕崇쓩의(효자:25a), 王왕崇쓩의(효자:25a), 어버싀(효자:26b), 神씬靈령의(효자:29b), 王왕鷹쯩견의(효자:30a), 어믜(효자:30b), 劉륳氏씨의(효자:31a), 버믜(효자:32a), 버믜(효자:32b), 겨지븨(효자:33a), 스숭의(효자:35b)
의(부사격조사)	밧긔(효자:02a), 저긔(효자:03a), 저긔(효자:05a), 저긔(효자:05a), 저긔(효자:06a), 門몬밧긔(효자:07a), 저긔(효자:09a), 저긔(효자:10a), 저긔(효자:13a), 西셰ㅅ녀긔(효자:15b), 지븨(효자:17a), 미틔(효자:18b), 겨틔(효자:18b), 겨틔(효자:18b), 저긔(효자:19a), 우희(효자:19a), 그저긔ㅅ(효자:19a), 우희(효자:24a), 저긔(효자:24b), 겨틔(효자:25a), 겨틔(효자:25a), 門몬의(효자:25b), 겨틔(효자:27b), 저긔(효자:27b), 저긔(효자:27b), 저긔(효자:28a), 저긔(효자:28a), 겨틔(효자:28a), 지븨(효자:29a), 미틔(효자:30a), 겨틔(효자:31a), 겨틔(효자:31b), 저긔(효자:32a), 우희(효자:32b), 겨틔(효자:34a), 우흿(효자:35b)
의그에	어믜그에(효자:04b), 어믜그에(효자:24a), 어믜그에(효자:28a), 어믜그에(효자:28a), 스스의그에(효자:35a), 어버싀그에(효자:35a)
의셔	지븨셔(효자:21a), 겨틔셔(효자:35b)
이(주격조사)	아드리(효자:01a), 아드리(효자:01a), ᄯᆞ리(효자:03a), 버믜(효자:03a), 員원이(효자:03a), 소니(효자:04a), 즘게남기(효자:04a), ᄇᆞ르미(효자:04a), 子ᄌᆞ息식이(효자:04a), 사ᄅᆞ미(효자:04b), 나히(효자:05a), 남지니(효자:05a), 쁘디(효자:05a), 江강革격이(효자:06a), 도즈기(효자:06a), 員원이(효자:06b), 員원이(효자:06b), 앞이(효자:07a), 앞이(효자:07b), ᄯᆞ리(효자:08a), 나히(효자:08a), 黃鬞香향이(효자:09a), 사ᄅᆞ미(효자:09a), 員원이(효자:09a), 일후미(효자:09a), 子ᄌᆞ孫손이(효자:09a), 丁뎡蘭란이(효자:10a), 가시(효자:10a), 겨지비(효자:10a), 張댱叔슉이더브러(효자:10a), 丁뎡蘭란이(효자:10a), 木목像像썅이(효자:10a), 丁뎡蘭란이(효자:10a), 木목像像썅이(효자:10a), 董동永쒱이(효자:11a), 거시(효자:11a), 겨지비(효자:11a), 남자히(효자:11a), 하늘히(효자:11a), 아드리(효자:12a), 하늘히(효자:12a), 元원覺각이(효자:13a), 元원覺각이(효자:13a), 이리(효자:14a), 님그미(효자:15a), 宰쥥相샹이(효자:15a), 아드리(효자:15b), 눉므리(효자:15b), 남기(효자:15b), 저기(효자:15b), ᄆᆞᅀᆞ미(효자:16a), 겨스리(효자:16a), 孟밍宗종이(효자:16a), 病뼝이(효자:16a), 사ᄅᆞ미(효자:16a), 王왕祥썅이(효자:17a), 王왕祥썅이(효자:17a), 어르미(효자:17a), 數수十씹이(효자:17a), 머지(효자:17a), 스스이(효자:18a), 사스미(효자:18a), 버미(효자:18b), 남기(효자:18b), 사ᄅᆞ미(효자:18b), 王왕延延연이(효자:19a), 王왕延연이(효자:19a), 王왕延연이(효자:19a), 王왕延연이(효자:19b), 오시(효자:19b), 潘판綜종이(효자:20a), 潘판綜종이(효자:20a), 도즈기(효자:20a), 아드리(효자:20a), 도즈기(효자:20a), 潘판綜종이(효자:20a),

형 태	출 처
	潘판綜종이(효자:20a), 도즈기(효자:20b), 아드리(효자:20b), 주규미(효자:20b), 아드리(효자:20b), 屛쳔陵릉슉령이(효자:21a), ᄆᆞ슈미(효자:21a), 씬미(효자:21a), 집사르미(효자:21a), 醫희員원이(효자:21a), 목수미(효자:21b), 病뼝이(효자:22b), 吉긿掰푼이(효자:23a), 사르미(효자:23a), 吉긿掰푼이(효자:23a), ᄂᆞ미(효자:23a), 吉긿掰푼이(효자:23b), 時씨節졇이(효자:24a), 모미(효자:24a), 氣킈韻운이(효자:24a), 사르미(효자:24a), 不붏佞녕이(효자:24a), 居겨喪상이(효자:24b), 즁싱이(효자:25a), 프리(효자:25a), 徐쎠孝흉肅슉이(효자:26a), 집사르미(효자:27a), 앙이(효자:27a), ᄂᆞ미(효자:27a), 도즈기(효자:27a), 술기(효자:27b), 員원이(효자:27b), 徐쎠積젹이(효자:28a), 同똥年년돌히(효자:28a), 일후미(효자:28a), 神씬靈령이(효자:29a), 神씬靈령이(효자:29a), 구루미(효자:29a), 구루미(효자:29b), 神씬靈령이(효자:29b), 하ᄂᆞ히(효자:29b), 病뼝이(효자:30a), 王왕薦쳔이(효자:30a), 神씬人신이(효자:30a), 아드리(효자:30a), 病뼝이(효자:30a), 病뼝이(효자:30b), 病뼝이(효자:31a), 남진이(효자:31a), 술히(효자:31a), 病뼝이(효자:31a), 張댱이(효자:31b), 나히(효자:32a), 婁릏伯빅이(효자:32a), 버미(효자:32a), 感감動똥호미(효자:32b), 늧므라(효자:32b), 婁릏伯빅이(효자:32b), 金금自ᄍᆞ强깡이(효자:33a), 아ᅀᆞ미(효자:33a), 自ᄍᆞ强깡이(효자:33a), 아ᅀᆞᆷ돌히(효자:33b), 사르미(효자:34a), ᄂᆞ미(효자:34a), 病뼝이(효자:34a), 스숭이(효자:35a), 둘히(효자:35a), ᄇᆞᄅᆞ미(효자:35b)
아-(계사)	一힗百빅이며(효자:02a), 楊양香향이라(효자:03a), 열네히(효자:03a), 穀곡食씩이며(효자:03a), 나히며(효자:04a), 열세히러라(효자:04b), 겨지비라(효자:05b), 서리어든(효자:06a), 그르시라(효자:06b), 아츠미어든(효자:07a), 거시라(효자:07b), 거시라(효자:07b), 스믈네히러니(효자:08a), 아호빈(효자:09a), 녀르미면(효자:09a), 겨스리면(효자:09a), 겨지비라(효자:11a), 마리니(효자:11a), 일후미라(효자:11a), 두쇠히라(효자:14a), 다시이다(효자:15a), 씨라(효자:15b), 저기면(효자:15b), 저기면(효자:17b), 즁싱이라(효자:18a), 씨라(효자:18a), 씨오(효자:18b), ᄆᆞ술히라(효자:18b), 아호빈(효자:19a), 돌씨어든(효자:19a), 녀르미면(효자:19b), 겨스리면(효자:19b), 마시라(효자:19b), 벼리라(효자:21a), 情쪙誠셩일씨(효자:21b), 丁뎡公공藤뚱이라(효자:22a), 열다ᄉᆞ시러니(효자:23a), 힝뎌기라(효자:23b), 저기면(효자:24a), 名명日싏이어든(효자:24b), 初초홀리오(효자:26a), 보로미라(효자:26a), 아츠미어든(효자:27a), 그윗지비라(효자:27b), 章쟝이라(효자:27b), 돌히러니(효자:28a), 씨라(효자:28b), 이리라(효자:29a), 錠뎡이라(효자:31b), 아드리러니(효자:32a), 열다ᄉᆞ신(효자:32a), 淚뤼無무窮꿍이로다(효자:32b), 明명月웛淸쳥風붕이시니라(효자:32b), ᄇᆞᄅᆞ미시니라(효자:32b), 씨라(효자:33a), 디라(효자:35a), 名명日싏이면(효자:35a), 朔솩望망이어든(효자:35b)
-이(연결어미)	낟비(효자:06a), 니르리(효자:09a), 니르리(효자:14a), 니르리(효자:17a), ᄀᆞ티(효자:18b), ᄀᆞ티(효자:19a), 슬히(효자:27a), ᄀᆞ티(효자:28b), ᄀᆞ티(효자:33b)
-이(명사파생접미사)	軍군마기라(효자:05a), 죽사리롤(효자:05a), 다ᄆᆞ사리ᄒᆞ야(효자:06a), 기릿(효자:19a), 이바디ᄒᆞ더니(효자:35a), 이바디ᄒᆞ려(효자:28a)
-이(부사파생접미사)	어엿비(효자:01a), 올히(효자:01a), 노피(효자:02a), ᄀᆞ만니(효자:04a), 새삼드비(효자:05a), 낟비(효자:06a), 슬피(효자:06a), 됴히(효자:07b), 두시(효자:09a), 노피(효자:09a), 두시(효자:09a), 츠기(효자:10a), 츠기(효자:10a), 잇비(효자:15b), 슬피(효자:18a), 두시(효자:19b), 샐리(효자:20a), 놀라비(효자:21a), 어엿비(효자:22a), 正졍히(효자:23a), 슬피(효자:26a), 느러니(효자:27b), 어엿비(효자:27b), 어엿비(효자:27b), 슬피(효자:28a), 甚씸히(효자:28a), 섭서비(효자:29b), 슬피(효자:31b), 어엿비(효자:35a), 샐리(효자:35b)
-이-(사동접미사)	내툐려(효자:01a), 내틴대(효자:01a), 버려(효자:02a), 맛뎌늘(효자:05a), 얼유려(효자:05a), 얼이니(효자:05b), 내조친대(효자:07a), 말이돌(효자:07a), 그치디(효자:08a), 셰니라(효자:08a), 뵈더니(효자:10a), 흘리더라(효자:10b), 노혀(효자:11a), 머기더니(효자:12a), 내야(효자:15a), 츠이거늘(효자:17a), 주규미(효자:20b), 머기니(효자:22b), 주기라(효자:23a), 흘리더라(효자:24a), 뵈며(효자:26a), 닐기라(효자:27b), 말인대(효자:27a), 그치디(효자:28a), 뵈더라(효자:28a), 머기니(효자:30b), 내야(효자:31a), 머기니(효자:31a), 눌이며(효자:31a), 머기니(효자:31b), 셰오(효자:31b), 내야(효자:32a), 말이더니(효자:32a), 올이ᄂᆞ니(효자:32b), 블브티고(효자:33a), 머기면(효자:34a), 머기니(효자:34a), 셰라(효자:35b)
-이-(피동접미사)	들이더니(효자:09a), 쏘쳐가더니(효자:20a), 믈여늘(효자:32a)
-이(인칭접미사)	閔민損손이란(효자:01a), 閔민損손이(효자:01a), 損손이롤(효자:01a), 張댱叔슉이롤(효자:10a), 元원覺각일(효자:13a), 石쎡珎딘이는(효자:34a), 徐쎠騭긿이와(효자:35a)
-ᄋᆞ-	사르쇼셔(효자:20a), 사르고라(효자:20a)
-ᄋᆞ니	열즈볿니(효자:09a), 이바드니(효자:16a), 이바드니(효자:19a)
-ᄋᆞ나	됴ᄒᆞ니라(효자:18b), 됴ᄒᆞ니라(효자:22b), 됴ᄒᆞ니라(효자:30b), 됴ᄒᆞ니라(효자:31a), 됴ᄒᆞ니라(효자:34a), 노ᄒᆞ니라(효자:35b)

형 태	출 처
-오라	바스라(효자:06b), 말바드라(효자:23a)
오란	무릇므란(효자:07b)
으로	모므로(효자:09a), 남그로(효자:10a), 虛허空콩으로(효자:11a), 사므로(효자:19a), 모므로(효자:19b), 丁뎡公공藤뜽으로(효자:22a), 孝薑行횡으로(효자:23b), 힁덕으로(효자:28b)
-으라	가프리잇가(효자:32a)
-으며	싸흐며(효자:02a), 안즈며(효자:02a), 이바드며(효자:06a), 이바드며(효자:14a), 이바드며(효자:27b), 이바드며(효자:35a)
-으면	다드르면(효자:15b)
-으사	나흐시니라(효자:15b), 아르시느닌(효자:32b)
-은	조친(효자:02a), 사오나본(효자:04a), 사오나붕니롤(효자:07b), 믈본(효자:15b), 이돈(효자:19b), 불근(효자:32b), 믈근(효자:32b)
은	斜쪽은(효자:06b), 사스믄(효자:18a), 順슌은(효자:18b), 辰씬은(효자:21a), 孝薑行횡은(효자:23b), 바튼(효자:25a), 朔솩은(효자:26a), 望망은(효자:26a), 喪상親친章쟝은(효자:27b), 節졇은(효자:28b), 崔최婁룡伯빅은(효자:32a), 홀론(효자:32a), 合합葬장은(효자:33a), 俞유石쎡玳딘은(효자:34a), 드론(효자:35b), 홀론(효자:35b)
-은대	내조친대(효자:07a), 자본대(효자:19a), 엳즈본대(효자:23b)
-을	지홀(효자:28b)
을	鍾종올(효자:02a), 쇼홀(효자:02a), 소톨(효자:02a), 모굴(효자:03a), 비호물(효자:04a), 니퓨믈(효자:06a), 斜쪽올(효자:06b), 믌그술(효자:08a), 木목像像쌍올(효자:10a), 樣양올(효자:10b), 도놀(효자:11a), 匹픓올(효자:11a), 바볼(효자:12a), 바볼(효자:12a), 싸홀(효자:12a), 자홀(효자:12a), 담사눌(효자:13a), 소고물(효자:14a), 兩량올(효자:14a), 잣남굴(효자:15b), 藥약올(효자:17a), 남굴(효자:17b), 도봇물(효자:18a), 소롤(효자:18a), 사스물(효자:18b), 싸홀(효자:18b), 드롤(효자:19a), 느촐(효자:19b), 돗골(효자:19b), 아드롤(효자:20a), 낤술(효자:20b), 조가굴(효자:22a), 고둘(효자:23b), 이바도물(효자:24a), 사오롤(효자:24b), 늣고줄(효자:26a), 두물(효자:27a), 앗올(효자:27b), 너교물(효자:27b), 모물(효자:27b), 모굴(효자:27b), 돌홀(효자:28a), 이바도물(효자:28b), 防빵禦어推취官관올(효자:28b), 마롤(효자:29b), 나홀(효자:30a), 나홀(효자:30a), 이바도물(효자:31a), 하눌홀(효자:33a), 사오롤(효자:33a), 香향合합올(효자:35b), 香향合합올(효자:35b), 둘홀(효자:35b)
-읊	모듦(효자:06a)
-음	다솜어미(효자:01a), 다솜어미를(효자:01a), 다솜어미(효자:17a), 다솜어미(효자:19a), 다솜어미(효자:27a), 다솜어미(효자:27b)
이(부사격조사)	그올히(효자:06a), 무술히(효자:07a), 아춤나조히(효자:07a), 나라히(효자:09a), 담사니(효자:13a), 아춤나조히(효자:15b), 바미(효자:22a), 바미(효자:24b), 알픠(효자:25a), 門몬의(효자:27a), 바미(효자:28a), 나지(효자:29a), 아츠미(효자:29a), 바미(효자:30a), 볼히(효자:31a), 도긔(효자:32a), 바미(효자:35b), 알픠(효자:35b)
이(관형격조사)	閔민損손이(효자:01a), 느미(효자:05a), 薛셣包봉이(효자:07a), 丁뎡蘭란이(효자:10a), 元원覺각이(효자:13a), 元원覺각이(효자:13b), 司스馬마昭쌉쏭이(효자:15b), 孟밍宗종이(효자:16a), 느미(효자:18a), 쏭이(효자:21a), 아비(효자:23a), 주구미(효자:23b), 아비(효자:24a), 아비(효자:26a), 쏭이(효자:27a), 아비(효자:28a), 싀아비(효자:31b), 戶葒長댱이(효자:32a), 아비(효자:32a), 아비(효자:32a), 사르미(효자:34a), 殷흔保보이(효자:35a)
이그에	느미그에(효자:05b), 느미그에(효자:11b), 司스馬마昭쌉쏭이그에(효자:15a), 아비그에(효자:17a), 도즈긔그에(효자:20a), 느미그에(효자:27a)
이셔	무술히셔(효자:06a), 그올히셔(효자:10b), 그올히셔(효자:28b)
-이-	치보리이다(효자:01a), 하딕ᄒ노이다(효자:04b), 그리호리이다(효자:05a), 다시이다(효자:15a), 잇노이다(효자:15b), 죽가지이다(효자:21a), 죽가지이다(효자:23a), ᄒ노이다(효자:23b), 왯노이다(효자:27b), 주어지이다(효자:30a)
-잇가	가프리잇가(효자:32a)
-잇고	벗기시느니잇고(효자:23b)
-져라	브리져라(효자:12a)
-질	뿔에질ᄒ거늘(효자:07a)
-타-	베티니라(효자:15b), 베터(효자:32a), 뻘텨(효자:33a)
-호-	마초아(효자:06a)

형 태	출 처
-희	너희(효자:07b)
-하-	니뷰몰(효자:06a), 구피더라(효자:27b)
-ᄒᆞ-	다ᄆᆞ사리ᄒᆞ야(효자:06a), ᄡᆞᆯ에질ᄒᆞ거늘(효자:07a), 그위실ᄒᆞ더니(효자:15a), 울에ᇙ(효자:15b), 그위실ᄒᆞ야(효자:17b), ᄀᆞ장ᄒᆞ더라(효자:19b), 더ᄒᆞ며(효자:27b), 이바디ᄒᆞ려(효자:28a), 乃내終즁말ᄒᆞ거늘(효자:31a), 이바디ᄒᆞ더니(효자:35a)
-ᅘ-	도ᄅᆞᅘᅧ(효자:01a)
ᅙ	듧(효자:35b)
ㅣ(주격조사)	子ᄌᆞ路로ㅣ(효자:02a), 三삼百ᄇᆡᆨ步뽀ㅣ(효자:02a), 孔콩子ᄌᆞㅣ(효자:02a), 孔콩子ᄌᆞㅣ(효자:04a), 내(효자:04a), 내(효자:04b), 弟뗴子ᄌᆞㅣ(효자:04b), 네(효자:05a), 父뿡母ᄆᆞᆷㅣ(효자:05a), 天텬下하ㅣ(효자:06a), 제(효자:06a), 父뿡母ᄆᆞᆷㅣ(효자:07a), 父뿡母ᄆᆞᆷㅣ(효자:07a), 孝효ᆢ道ᄠᅩᆼㅣ(효자:11a), 郭곽巨꺼ㅣ(효자:12a), 가매(효자:12a), 내(효자:14a), 司ᄉᆞ馬마昭짱ㅣ(효자:15a), 王왕裒뽛ㅣ(효자:15a), 내(효자:15b), 父뿡母ᄆᆞᆷㅣ(효자:15b), 孝효ᆢ道ᄠᅩᆼㅣ(효자:16a), 父뿡母ᄆᆞᆷㅣ(효자:17a), 제(효자:17a), 鯉리魚어ㅣ(효자:17a), 許허孜ᄌᆞㅣ(효자:18a), 鳥됴獸숭ㅣ(효자:18a), 許허孜ᄌᆞㅣ(효자:18a), 許허孜ᄌᆞㅣ(효자:18a), 許허孜ᄌᆞㅣ(효자:18b), 父뿡母ᄆᆞᆷㅣ(효자:19b), 내(효자:20a), 庚유黔껌婁룽ㅣ(효자:21a), 네(효자:21b), 法법度또ㅣ(효자:23a), 法법度또ㅣ(효자:23b), 法법度또ㅣ(효자:23b), 나모왜(효자:25a), 廬로操쫍ㅣ(효자:27a), 廬로操쫍ㅣ(효자:27a), 제(효자:28a), 翰한林림學학士ᄊᆞ(효자:28b), 甘감露로ㅣ(효자:28b), 네(효자:29a), 네(효자:29b), 孝효ᆢ道ᄠᅩᆼㅣ(효자:29b), 네(효자:32a), 내(효자:32a), 뉘(효자:32b), 孝효ᆢ道ᄠᅩᆼㅣ(효자:32b), 尹윤殷흔保보ㅣ(효자:35a), 殷흔保보ㅣ(효자:35b)
ㅣ(관형격조사)	제(효자:01a), 내(효자:05a), 제(효자:05a), 제(효자:09a), 제(효자:12a), 내(효자:12a), 제(효자:13a), 뉘(효자:15a), 제(효자:19a), 내(효자:20a), 제(효자:21a), 네(효자:21b), 제(효자:27a), 내(효자:30a), 네(효자:30a), 내(효자:32a)
ㅣ-(계사)	子ᄌᆞ路로ㅣ어(효자:02a), 皐공魚어ㅣ라(효자:04a), 孝효ᆢ婦뿡ㅣ라(효자:05b), 江강巨꺼孝효ᆢㅣ라(효자:06b), 孝효ᆢ道ᄠᅩᆼㅣ라(효자:06b), 曹쫑娥아ㅣ라(효자:08a), 織직女녀ㅣ라니(효자:11a), 내ㅣ어(효자:20a), 純쓘孝효ᆢㅣ라(효자:20b), 孝효ᆢ道ᄠᅩᆼㅣ라(효자:20b), 孫손子ᄌᆞ왜라(효자:20b), 節졇孝효ᆢ處처士ᄊᆞㅣ라(효자:28a), 節졇介가ㅣ라(효자:28b)
-ㅣ-(사동접미사)	셰니라(효자:03a), 히시니라(효자:07b), 셰라(효자:25b), 됴히오니라(효자:31a), 벼슬히시고(효자:35b)
ㅣ게	내게(효자:07b)

찾아보기_문법 용어

Ⅲ. 정본 언해본 『삼강행실도』 ≪효자도≫

정본 수립의 방법과 과정

정본 수립의 방법과 과정*

* 이는 김유범·이규범·오민석(2020)을 바탕으로 그 내용을 재구성한 것이다.

『삼강행실도』는 훈민정음이 창제된 직후 당시의 우리말을 기록한 귀중한 문헌 자료이다. 특히 그 언해본이 성종 때에 가서야 간행되기는 하였으나 언해 작업이 세종 때부터 시작되었다는 점은 중세국어 자료들 속에서 이 책이 지니는 높은 위상과 특별함을 말해 준다.

그러나 언해본 『삼강행실도』 초간본의 초쇄본은 아직 발견되지 않았고 현존하는 초간본 계통의 이본들은 모두 본래의 완전한 모습을 보여 주지 못하고 있다. 따라서 초간본의 본래 모습을 찾아 정본定本을 수립하는 일은 언해본 『삼강행실도』와 관련하여 중요한 연구 주제라고 할 수 있다.

여기에서는 초간본의 후쇄본으로 알려진 '誠庵古書博物館所藏內賜本'(이후 〈성암본〉), '영국 대영도서관 소장본'(이후 〈런던본〉), '김영중씨 소장 영남 모향교 구장본'(이후 〈김영중본〉)을 토대로 언해본 『삼강행실도』 초간본 정본 수립의 방법과 과정에 대해 살펴보기로 한다.

초간본 정본 수립의 방법

〈성암본〉은 선행 연구에서 언해본 『삼강행실도』의 초간본에 가장 근접한 것으로 판단되어 많은 연구의 중심 자료가 되었다. 현재 그 모습을 직접 열람할 수는 없으나, 志部昭平(1990)을 통해 성조를 포함한 언해문(전산 입력본) 전체를 확인할 수 있다. 특히 志部昭平(1990)은 〈성암본〉을 대상으로 언해문을 옮기고 이에 대한 '교주'를 제시하고 있어, 여기에서 제시된 교정 내용은 초간본의 본 모습을 찾아가는 데 유용한 참고 정보가 된다. 그 교정 내용은 주로 다음과 같다.

첫째, 방점에 대한 교정을 시도했다. 이는 志部昭平(1990)의 교주 내용 중 가장 많은 부분을 차지하고 있기도 한데, 몇 가지 예를 들어보면 다음과 같다.

(1) 〈성암본〉   志部昭平(1990)의 교정 내용

　가. 아돌란[평평평]   ⇨   아돌란[평거거]〈효자:01a〉

　나. 돈니더라[평거평평]   ⇨   돈니더라[평거평거]〈효자:26b〉

　다. 弟뗴子ㅈㅣ[거상]   ⇨   弟뗴子쫑ㅣ[상상]〈효자:04b〉

(1가)는 〈성암본〉에 '아돌란'의 성조가 [평평평]으로 되어 있는 것을 〈김영중본〉에 따라 [평거거]로 교정한 것이다. 이 부분은 〈런던본〉에서도 [평거거]로 되어 있다.[1] (1나) 역시 〈김영중본〉을 따라 '돈니더라'의 성조를 성암본의 [평거평평]에서 [평거평거]로 수정한 것이다. 이 외에도 志部昭平(1990)에서는 종결어미 '-다/라'의 성조를 평성에서 거성으로 교정한 경우가 여러 번 발견된다. (1다)는 한자음 '弟'의 성조를 교정한 것이다. 이는 『석보상절』의 '弟:뗑子:중·이〈석보상절 6:10a〉'를 근거로 '弟'의 성조를 거성에서 상성으로 고친 것이다.

둘째, 언해문에 대한 교정을 시도했다. ≪효자도≫를 대상으로 언해문을 교정한 몇 가지 사례를 살펴보면 다음과 같다.

(2) 〈성암본〉   志部昭平(1990)의 교정 내용

　가. 아툐(6행), 내비려(7행)   ⇨   아비, 내툐려〈효자:01a〉

　나. 이러(7행)   ⇨   쑤러〈효자:10a〉

　다. 무외아지라(5행)   ⇨   두외아지라〈효자:11a〉

(2가)는 6행과 7행의 첫 글자를 서로 바꾼 것인데, 〈성암본〉에서 본래 '아비'의 '비'와 '내툐려'의 '툐'가 서로 뒤바뀌어 있는 것을 바로잡은 것이다. (2나)는 〈성암

---

[1]　그러나 〈런던본〉과 〈김영중본〉에서도 마찬가지로 오탈자가 발견되므로, 정본을 수립하기 위해서는 특정 판본에 기대기보다는 유사한 시기에 간행된 여러 판본을 비교하여 『삼강행실도』 언해 시기에 적절한 형태를 확정해야 한다.

본〉의 '이러'를 '쑤러'로 바꾼 것인데, 〈런던본〉과 〈김영중본〉에서도 모두 '쑤러'로 되어 있다. (2다)는 '무외아지라'를 '두외아지라'로 교정한 것이다. 이 외에 志部昭平(1990)에서는 한자음에 대한 교정도 시도하였다. 예컨대 〈성암본〉의 '酒:쥽情졍·ᄒᆞ야·놀〈효자:27a〉'의 '情'에 대한 한자음을 '쪙'으로 수정하였는데, 이는 동국정운식 한자음을 고려한 결과이다.

이처럼 志部昭平(1990)은 〈성암본〉을 대상으로 정밀한 교정 작업을 진행함으로써 언해본『삼강행실도』초간본의 온전한 모습을 보이고자 하였다. 그러나 志部昭平(1990)의 경우 〈런던본〉을 참조하지 못했고, 코퍼스 자료를 기반으로 중세국어 자료들을 전체적으로 검토하지 못했다는 한계를 지니고 있다. 따라서 志部昭平(1990)의 교주 내용이 모두 옳다고 할 수 없으며 추가적인 수정 가능성이 남아 있다. 즉 우리는 〈김영중본〉과 더불어 〈런던본〉에 대한 검토, 그리고 그동안 구축된 중세국어 문헌 코퍼스 검토를 통해 언해본『삼강행실도』초간본 정본에 한발 더 나아갈 수 있을 것으로 기대한다. 우선 志部昭平(1990)의 교정 내용과 성조를 달리 파악할 수 있는 것들 중 몇 가지 예를 보이면 다음과 같다.

(3) 가. 픗 닙과쑨[거 거평상](志部昭平 1990:23)
　　　⇨ 픗닙과 쑨[거거거 상]
　　나. 楊양香향이라[평평거평](志部昭平 1990:27)
　　　⇨ 楊양香향이라[평평거거]
　　다. 내 죽사리룰[거 평평거거](志部昭平 1990:33)
　　　⇨ 내 죽사리룰[평 평평거거]
　　라. 몯내[상상](志部昭平 1990:34)
　　　⇨ 몯내[상거]

(3가)는 접속 조사 '과'의 성조 수정과 관련된 것이다. 〈런던본〉과 〈성암본〉 모두 '픗닙과' 부분이 [거거평]으로 접속 조사 '과'의 성조가 평성으로 되어 있다. 그리고 志部昭平(1990:23)에서도 역시 이 부분은 [거거평]이 맞는 것으로 파악하

였다. 그러나 이는 [거거거]로 수정하는 것이 올바른 것으로 보이며 '풋닙'이 합성어이므로 이른바 거성불연삼의 성조 규칙이 적용되지 않는다. (3나)는 종결어미 '-라'의 성조를 志部昭平(1990:27)과 달리 거성으로 파악한 것이다. 종결어미 '-라'가 거성을 갖는다는 점을 고려하면 '이라'는 [거거]의 성조를 갖는 것이 일반적이라고 할 수 있다. 그리고 (3다)는 '내'를 주격과 관형격 중 어떤 것으로 처리할 것인지의 문제이다. 志部昭平(1990:33)에서는 〈성암본〉의 평성을 거성으로 수정하여 이때 '내'를 주격으로 파악했다. 그러나 〈런던본〉과 〈김영중본〉에서 '내'는 모두 평성으로 나타나며, 문맥상으로도 '내 죽사리롤'은 "나의 죽살이를"로 파악하는 것이 보다 자연스럽다. 따라서 여기에서 '내'는 초간 이본들에 나와 있는 대로 평성으로 둘 수 있다. (3라)는 '몯내'의 성조를 志部昭平(1990:34)과 달리 [상거]로 파악한 것이다. '몯내'는 〈성암본〉에서도 본래 [상거]였고, 〈런던본〉과 〈김영중본〉에서도 [상거]임이 확인된다. 또한 15세기 중세국어 문헌 자료들에서 '몯내'의 성조는 [상상]과 [상거]가 모두 나타나므로 초간 이본들에서 [상거]로 보이는 것을 굳이 [상상]으로 교정할 필요는 없다고 생각된다.

다음으로 志部昭平(1990)의 교정 내용 중 언해문 수정이 필요한 경우를 정리해 보면 다음과 같다.

    (4) 가. 만나아(志部昭平 1990:37)

        ⇨ 맛나아

    나. 너무(志部昭平 1990:82)

        ⇨ 너므

    다. 보내여(志部昭平 1990:97)

        ⇨ 보내오

(4가)는 〈성암본〉, 〈런던본〉, 〈김영중본〉에서 나타난 대로 다시 '맛나아'로 돌려놓은 것이다. 이 단어의 역사적 변화 '맞나다/맛나다 > 맏나다 > 만나다'를 고려할 때 중세국어에서는 '맛나아'로 나타나는 것이 타당하다. (4나)는 志部昭平

(1990)과 달리 '너므'로 파악하였다. 이는 〈런던본〉과 〈김영중본〉에 따른 것이다. 〈런던본〉의 경우 『삼강행실도』 전체에세 '너무'가 3회, '너므'가 2회 출현하는데, '너므'가 주로 16세기 자료에서 나타난다는 사실을 감안하면 『삼강행실도』 초간본에서는 이 두 형태가 공존했던 것으로 보인다. 이는 언해본 『삼강행실도』가 만들어진 성종 당대의 언어 상태가 반영된 결과라고 추정해 볼 수 있다. (4다) 역시 〈성암본〉, 〈런던본〉, 〈김영중본〉에 모두 '보내오'로 나타나므로 志部昭平(1990)의 교정을 따르지 않고 초간 계통 이본들의 모습을 그대로 두기로 한다.

끝으로 한자음 교정과 관련한 경우를 보이면 다음과 같다.

(5) 節졇个가ㅣ라(志部昭平 1990:102)
　　⇨ 節졇介개ㅣ라〈효자:28b〉

志部昭平(1990)은 〈성암본〉에서 '節졇个개라'로 나타난 것을, 후대 판본의 '个가ㅣ'의 높은 출현 빈도를 근거로 '節졇个가ㅣ라'로 수정한 것이다. 그러나 이는 志部昭平(1990)이 언해자의 잘못을 고려하지 않고 높은 출현 빈도만을 판단의 기준으로 삼았다는 문제가 있다. 우선 이를 수정하기 위해서는 『삼강행실도』 언해자가 '介'를 '个'로 잘못 표기한 것부터 이해할 필요가 있다. '个'는 '介'와 통용자 관계에 있기는 하지만 '一介~一个'와 같이 '介'가 양사量詞로 쓰일 때에만 통용된다. 따라서 '節介'라고만 써야 할 자리에 언해자가 '節个'라고 잘못 적은 것임을 알 수 있다.

그런데 이때 생길 수 있는 다른 문제는 한자음을 한글로 표기하는 데에서 발생한다. '个'의 동국정운식 한자음은 '간', '가'로만 나타나기 때문이다. 따라서 '个개'와 같이 적는 것은 곤란하므로, '个가ㅣ〈열녀:06a, 11b, 20b, 30a(런던본)〉'와 같은 방식으로 해결하고자 했던 것으로 보인다. 즉 애초에 '介개'로 적으면 되는 것을 '个가ㅣ'로 적게 된 것이다. 그리고 여기에 이끌려 '介가ㅣ〈열녀:3b, 16a(런던본)〉'나 '个개ㅣ〈효자:28b(런던본)〉'와 같이 혼효된 표기도 등장한 것으로 보인다.

따라서 (5)는 활음 /j/ 뒤에 계사가 결합된 것이므로 '節졇介개라'로 수정할 수도 있을 것이다. 그러나 '大·땡桀·갱ㅣ〈월인석보 25:55a〉', '四·숭大·땡ㅣ〈원각경언해2-2:136b〉', '如셩來링ㅣ〈금강경언해 하:134a〉', '節介ㅣ〈두시언해 22:56b〉', '픔오少:쇼時시所:소理:리ㅣ라〈번역소학 9:22b〉' 등과 같이 활음 /j/ 나 모음 '이' 뒤에서 주격 조사 내지 계사 'ㅣ'를 표기한 용례도 확인되므로 〈런던본〉에 나타난 '節졇介개ㅣ라〈효자:28b〉'의 'ㅣ'를 계사로 볼 가능성도 있다. 이와 같은 가능성까지도 고려하여 〈런던본〉의 '節졇介개ㅣ라〈효자:28b〉'에서 한자만 고쳐 '節졇介개ㅣ라'로 수정한다.

이처럼 志部昭平(1990)의 교정 내용에 대해 검토하고 이를 수정하는 작업은 언해본『삼강행실도』초간본의 언해문 확정을 위해 꼭 필요한 과정임을 알 수 있다. 또한 이러한 과정을 통해 생각해 보아야 할 점은『삼강행실도』초간본의 언해문이 지닌 성격에 대한 것이다. 세종대부터 편찬이 시작되어 성종대 와서야 처음 간행된 언해본『삼강행실도』초간본의 언해문은 복합적인 성격을 지니고 있었던 것으로 보인다. 즉, 세종 당대의 언어 및 표기 특성과 그 이후의 언어 및 표기 특성이 혼재되어 있었을 가능성이 높다는 것이다.

앞서 (4나)에서 '너므'는 성종 당대의 언어가 반영된 결과로 추정한 바가 있는데, 또 다른 예로 ≪효자도≫에서 보이는 '됴ᄒᆞ니라'의 두 성조 유형을 들 수 있다. '됴ᄒᆞ니라'는 ≪효자도≫에서 '[상평거거]〈효자:18b, 22b, 30b, 34a〉'와 '[상거평거]〈효자:31a〉'로 출현한다.『석보상절』(1447)과『월인석보』(1459)에서는 '됴ᄒᆞ니라'의 성조가 [상거평거]로,『구급방언해』(1466)에서는 [상평거거]로 출현하는데, 이를 고려하면 언해본『삼강행실도』초간본에는 세종 당시의 성조 유형과 이후 변화된 성조 유형이 함께 나타난다고 볼 수 있다.

한편, '힝뎍으로〈효자:28b〉', '남진이〈효자:31a〉'와 같은 분철 표기 역시 세종 이후의 표기 특성이 반영된 결과라고 생각해 볼 수 있겠다. 세종 당대의 표기 양상을 따랐다면 각각 '힝뎌ㄱ로', '남지니'와 같이 표기되었어야 했을 것이다.

따라서 이러한 분철 표기 양상은 세종 이후의 표기 특성을 보여 주는 것으로 언해본 『삼강행실도』 초간본의 언해문에는 세종 당대는 물론 그 이후의 언어 및 표기 특성이 혼재되어 있었을 가능성이 높다는 점을 시사하고 있다.

초간본 정본 수립의 과정

언해본 『삼강행실도』 초간본에 대한 정본 수립 절차의 기본적인 전제는 한문본 『삼강행실도』를 바탕으로 하여 난상에 언해문을 더하는 것이다. 이것은 언해본 『삼강행실도』를 만들었던 당시의 상황을 최대한 따르려 한 것인데, 이와 관련해서는 다음과 같은 견해가 일반적이다.

> (6) 한글 문헌 중에서 난상에 언해문을 실은 문헌은 한정되어 있다. ≪三綱行實圖≫, ≪二倫行實圖≫, ≪續三綱行實圖≫ 등이 그러한 문헌이다. 이들은 모두 圖版을 가지고 있다는 공통점을 지닌다. … 난상에까지 판각하여 놓은 문헌들은 일정한 특징을 지닌다. 즉 난상의 글들은 본문과 연관되어 있지만, 대개는 본문에 비해 부수적인 내용이다. 특히 참조자료로서 활용할 내용들이어서 이들은 대부분이 稿本이 이루어진 후에 첨가된 것들이다. ≪삼강행실도≫ 언해본의 '난상언해문'도 역시 稿本인 한문본 ≪삼강행실도≫의 간행 이후에 이루어진 것이다. 이것은 기록에 의해서도 명확한 일이지만, 기록이 없어도 쉽게 판단할 수 있는 것이다. 이러한 점과 연관시켜서 ≪삼강행실도≫에서 '언해문'을 난상에 붙인 과정도 추정하여 볼 수 있을 것이다. 이것은 한문본 ≪삼강행실도≫를 전제로 하여 추정할 수 있다 (홍윤표 1998:146).

즉, 언해본 『삼강행실도』는 한문본 『삼강행실도』의 난상에 언해문을 붙여 만들어졌음을 알 수 있다. 이에 따라 언해본 『삼강행실도』 초간본 정본 수립은 다음과 같은 단계에 따라 진행되었다.

첫째는 앞서 살펴본 바와 같이 언해본 『삼강행실도』 초간본의 언해문을 확정하는 단계이다. 이 첫째 단계가 초간본의 정본 수립 과정에서 가장 어렵고도 중요한 단계라고 할 수 있다. 이를 위해서는 중세국어의 언어 및 표기 특성을 세종대부터 성종대까지의 변화라는 함수 관계로 풀어내야 하는 어려움이 있다.

둘째는 확정된 언해문을 일정한 방식에 따라 난상에 배열하는 단계이다. 난상에 배열되는 언해문은 반엽을 기준으로 16행 10자가 들어가는 것이 기본이다. 그러나 실제로는 예외적인 부분들이 많아 각 이야기마다 이에 대한 세밀한 배열 작업이 필요하다. 이에 대한 보다 실제적인 과정과 방법에 대해서는 뒤에서 자세히 살펴보기로 한다.

셋째는 한문본을 바탕으로 하여 정렬된 언해문을 수록하는 단계이다. 이 단계는 현존하는 한문본 중 상대적으로 선본이라고 판단되는 하나를 정하여 이를 언해본으로 만드는 것이다. 여기에는 확정된 언해문을 난상에 수록하는 것이 주요 작업 내용인데, 실제의 언해본에 근접할 수 있도록 언해문의 크기 및 글꼴 등을 조정하는 작업이 필요하다.

이와 같은 절차에 따라서 진행될 언해본『삼강행실도』초간본의 ≪효자도≫ 정본 수립 과정에서 염두에 두어야 할 구체적인 사항은 다음과 같다.

(7) 가. 서지 정보
- 고려대 소장의 한문본(만송 296B)
- 반곽: 26.7×16.5cm
- 광곽: 사주쌍변
- 판심: 소흑구 상하내향흑어미
- 판심제: 孝子圖

나. 그림
- 고려대 소장의 한문본(만송 296B)의 그림을 사용함.
- 한문본의 훼손이 심하거나 그림이 없는 경우에는 〈런던본〉으로 교체함.

다. 언해문
- 확정된 언해문을 각 이야기의 행 구조에 맞춰 입력함.

라. 한문 원문 및 시찬

• 고려대 소장의 한문본(만송 296B)의 내용을 그대로 따름.

먼저 (7가)와 관련해 언해본의 정본 수립에 필요한 선본으로는 고려대 소장의 한문본(만송 296B)을 사용하기로 한다. 고려대 소장 한문본의 서지적 특징은 대략 〈런던본〉과 대동소이한 것으로 보인다. 석주연(2001:120)에서 소개한 〈런던본〉의 서지 사항 중 반곽의 크기(27.3×17.5cm)가 (7가)와 차이를 보이는데, 이것은 측정 상황에 따라 얼마든지 그 수치가 달라질 수 있는 정도의 차이라는 점을 고려하면 큰 문제가 되지 않는다. 따라서 현재로서는 고려대 소장의 한문본(만송 296B)을 정본 수립의 기본 틀로 삼는 것이 현실적으로 가장 좋은 방안이라고 할 수 있다.

(7나)는 언해본 『삼강행실도』 초간본의 ≪효자도≫ 정본 수립에서 사용되는 그림 중 고려대 소장의 한문본(만송 296B) 그림의 사용에 제약이 있는 경우에 대해 언급하고 있다. 기본적으로는 고려대 소장의 한문본(만송 296B)를 사용하지만, 이 자료에서 ≪효자도≫의 마지막 이야기(㉟은보감오)는 그림이 없다. 따라서 이 경우에는 차선책으로 〈런던본〉의 그림으로 대체할 수밖에 없는 상황이다. 다만 〈런던본〉은 흑백의 복사본만 공개되었기 때문에 이 부분은 바탕색을 고려대 소장의 한문본(만송 296B)과 비슷하게 편집하였다.

(7다)와 (7라)는 각각 언해문과 한문 원문 및 시찬에 대한 것이다. 언해문의 배열과 관련된 실제적인 내용에 대해서는 다음에서 논의될 것이다. 한문 원문 및 시찬은 한문본과 언해본이 서로 차이가 없기 때문에 고려대 소장의 한문본(만송 296B)의 것을 그대로 사용하기로 한다.

초간본 정본 수립의 실제

앞선 방법에 따라 언해문을 확정하고, 정본 수립에 필요한 한문본을 선정하였다면 실제로 언해문을 어떻게 배열해야 할 것인지 구체적인 과정을 살펴볼 필요가 있다. ≪효자도≫는 이야기별로 행자수가 불규칙한 것으로 알려져 있다. 그러므로 각 글자를 원본과 동일한 위치에 배열하기 위해 이야기별 행자수를 정확히 파악해야 한다.

[표 1] ≪효자도≫의 글자 배열 정보(a: 앞면, b: 뒷면)

제목	행자수	행별 부정자수 위치	협주 위치	분량
①민손단의	14행 09자	a13행 10자, a1/a2행 11자	없음	반엽
②자로부미	16행 10자	a10행 9자	a5행 8자~6행 7자	1엽
③양향액호	11행 07자	없음	없음	반엽
④고어도곡	16행 10자	없음	없음	1엽
⑤진씨양고	16행 10자	없음	a3행 9자~4행 3자, b9행 3자~10자	1엽
⑥강혁거효	16행 10자	a16행 11자	b2행 7자~3행 2자, b8행 1자~6자	1엽
⑦설포쇄소	16행 10자	a4/b9행 11자, a2/a3/b8행 12자	없음	1엽
⑧효아포시	12행 07자	없음	없음	반엽
⑨황향선침	15행 09자	a5/a7행 10자	없음	반엽
⑩정란각목	18행 10자	없음	없음	1엽
⑪동영대전	16행 10자	없음	a11행 7자~12행 7자	반엽
⑫곽거매자	15행 07자	a7행 8자	없음	반엽
⑬원각경부	14행 09자	없음	없음	반엽
⑭맹희득금	15행 10자	없음	a14행 7~10자	반엽
⑮왕부폐시	16행 10자	없음	a8행 9자~9행 6자, b1행 4자~3행 3자, b3행 10자~4행 7자	1엽
⑯맹종읍죽	14행 09자	없음	없음	반엽
⑰왕상부빙	17행 10자	a13행 11자	없음	1엽
⑱허자매수	16행 10자	없음	a9행 1자~8자, a11행 4자~9자, b8행 9자~9행 7자	1엽
⑲왕연약어	16행 10자	없음	b8행 1자~5자	1엽
⑳반종구부	16행 10자	없음	b8행 6자~ 9행 3자, b10행 4자~11행 1자	1엽

제목	행자수	행별 부정자수 위치	협주 위치	분량
㉑검루상분	16행 10자	a6행 12자, a7행 11자	a16행 5자~7자	1엽
㉒숙겸방약	16행 10자	없음	없음	1엽
㉓길분대부	16행 10자	b9행 11자	b11행 5자~12행 1자	1엽
㉔불해봉시	16행 10자	a4행 12자, a6행 11자	없음	1엽
㉕왕숭지박	16행 10자	없음	없음	1엽
㉖효숙도상	16행 10자	없음	a6행 5자~a7행 2자	1엽
㉗노조순모	18행 10자	a15행 11자	b9행 5자~9자, b17행 4자~18행 3자	1엽
㉘서적독행	17행 10자	a6행 11자, b15행 11자	b13행 7자~14행 4자, b15행 9자~16행 2자	1엽
㉙오이면화	16행 10자	없음	없음	1엽
㉚왕천익수	16행 10자	b2행 11자	없음	1엽
㉛유씨효고	16행 10자	b8행 7자(改行)	b11행 9자~12행 3자	1엽
㉜누백포호	18행 11자	a15행 12자	b3행 7자~4행 3자, b5행 10자~6행 8자, b8행 4자~10자, b10행 6자~11행 3자, b12행 10자~13행 5자, b14행 8자~15행 5자	1엽
㉝자강복총	16행 10자	a12행 11자	a7행 2자~7자	1엽
㉞석진단지	16행 07자	a9행 8자, a10행 8자, a11행 9자	없음	반엽
㉟은보감오	17행 10자	없음	없음	1엽

[표 1]은 ≪효자도≫의 각 이야기별 행자수, 행별 부정자수의 위치, 협주 위치 등을 정리한 것이다. 35개의 이야기 중 20개의 이야기에서 공통으로 16행 10자수의 배열이 확인된다. 행별 부정자수는 간혹 자수가 한두 자 오차를 보이는 행을 말하며, 난상의 공간이 협소하고 글자별 크기가 차이 나기 때문에 발생한 것으로 보인다.

이러한 글자 배열을 토대로 앞서 확정된 언해문을 배치하여 정본 ≪효자도≫의 언해문을 표 형식으로 만들 수 있는데,[2] 다음은 ≪효자도≫의 여섯 번째 이야기인 '강혁거효江革巨孝'를 대상으로 〈런던본〉과 정본의 언해문을 비교해 보인 것이다.

[그림 1]에서 〈런던본〉의 각 사진 밑에 위치한 표에는 언해문을 확정하면서 수정한 사항들이 진하게 표시되고 옛 문헌에 맞게 글자가 배열되어 있다.

江革巨孝(漢)_06a															
16	15	14	13	12	11	10	09	08	07	06	05	04	03	02	01
·제	**·돐**	·라	·라	·며	사	리	**:똥**	**·라**	·러	자	받	·머	**·어**	일	江
술	저	·와	後	니	·리	·도	·ㅎ	·ㅎ	닐	바	·더	들	**·코**	·즈	강
·위	·긔	·서	**薑**	·퓨	·ㅎ	잇	·야	·야	·오	:가	·니	·녀	럽	마	革
·롤	·어	·리	·에	·몰	·야	·더	·수	·돈	·더	·려	ㅈ	샹	거	초	격
그	·미	어	本	낟	·어	·라	믈	도	늘	·조	·조	·예	·아	아	이
스	잇	·든	**本**	비	미	옷	길	ㅈ	·든	도	도	ㄴ	·어	天	져
·더	븥	올	鄕	·롤	·고	밧	·흘	·기	·어	죽	죽	몰	·미	텬	머
·니	가	·희	향	아	다	·고	ㄹ	感	·미	·곧	**·맛**	·어	고	下	·셔
ㅁ	·ㅎ	올	애	·니	·ᄃ	다	·치	감	이	슬	**·나**	·미	수	:햐	아
술	·야	모	도	·ㅎ	·ᄆ	·만	·치	動	우	·피		·야	ㅣ		비
·히				더				動	**·셰**	우					

2   이러한 과정에서는 XML 및 XSLT 등이 활용될 수 있으며, 자세한 내용은 김유범·이규범·오민석(2020)에 소개되어 있다.

| 江革巨孝(漢)_06b | | | | | | | | | | | | | | | |
16	15	14	13	12	11	10	09	08	07	06	05	04	03	02	01
					·ㅎ	·고	:마	·는	斛	·려	·니	가	道	·흉	·셔
					·시	羊	·다	그	·뽈	바	밧	·라	:뚱	丨	일
					니	·양	員	·르	千	·ㅅ	·기	三	·어	·라	·크
					·라	·과	·원	·온	·쳔	·라	·늘	삼	·미	·ㅎ	·로
						수	·이	시	斛	·ㅎ	員	年	죽	·더	·뎌
						울	安	·말	·뽁	·니	원	년	거	·라	江
						·와	한	·드	·올	·라	이	·살	·늘	·는	강
						보	좀	八	주	皇	:사	·오	무	:큰	巨
						·내	·불	·밝	시	·황	·룸	·옷	·더	孝	·끠
						·라	:문	月	·고	帝	·브	아	·메	·흉	孝

[그림 1] 영인본과 정본의 언해문 비교(⑥ 강혁거효)

초간본 정본 수립의 마지막 단계로는 앞선 단계에서 수정한 언해문과 고려대 소장의 한문본(만송 296B)를 결합하여 최종적으로 하나의 모습으로 복원하는 것이다. 한문본에는 위에 언해문을 배치할 만큼의 공간이 없기 때문에, 그림 편집 프로그램을 통해 난상의 공간을 확보하였다. 이때 책의 길이는 〈런던본〉을 참고하였다. 〈런던본〉의 책 크기는 세로 38.1cm, 가로 20.8cm로(석주연 2001), 이 비율을 고려하여 세로의 길이를 정하였다. 또한 〈런던본〉을 참고하여 판심에 '孝子圖'의 판심제와 장차를 추가하였다. 마지막으로 글씨체에 관해서는 한글의 경우 '한컴

훈민정음'과 '목우자수심결'을 섞어 사용하였으며, 한자의 경우 '한양해서'를 사용
하였다.

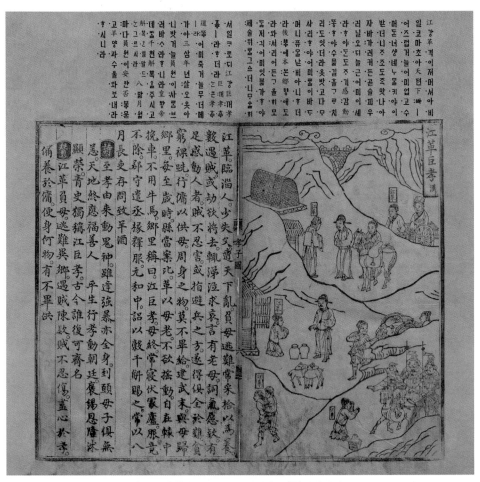

[그림 2] 『정본 언해본 삼강행실도』(⑥ 강혁거효)

언해본 『삼강행실도』의 초간 이본들, 이른바 〈성암본〉과 〈런던본〉, 〈김영중
본〉을 중심으로 이 자료들이 지닌 특징들을 분석해 보고, 더불어 15세기 중세국어
문헌자료들이 지닌 특징을 고려함으로써 언해본 『삼강행실도』 초간본의 정본定本
수립이 가능하다. 정본 수립을 위해서는 志部昭平(1990)에 대한 검토로부터 작업
을 시작해야 하며 언해본 『삼강행실도』의 초간본은 세종대부터 성종대까지의 언어

및 표기 특성을 함께 지닌 특별한 측면이 있음도 감안해야 한다.

언해본 『삼강행실도』가 중세국어의 연구 자료로서, 또한 중세국어를 가르칠 수 있는 교육 자료로서 지닌 가치와 위상을 생각할 때, 초간본의 정본화 작업은 반드시 이루어져야 하는 필수 과제이다. 구체적인 실물을 볼 수 없는 상황에서 현실적으로 직접 접할 수 있는 정본을 만드는 일은 해당 자료를 보다 잘 연구하고 활용하는 데 긍정적인 역할을 수행할 수 있다. 이와 같은 정본화 작업의 성공 여부는 당연히 해당 자료에 대한 연구의 깊이를 확보하는 것으로부터 비롯된다는 사실은 물론이다.

됴하도로가라ᄒᆞ야ᄂᆞᆯᄒᆞᆫ
두ᄅᆞᆫᄒᆞ야황당ᄒᆞᆫ쑴쑤고
쓸리도라오니쑴쑤운바
미아죽거늘아ᄎᆞᆷ내쑽殯
味마다묻ᄌᆞᆸ고됴ᄒᆞᆫ
빈所ㅅ墓모사ᄃᆞ니ᄒᆞ른
부러미세여牀우흿香
향合ᄋᆞᆸ을일허ᄂᆞᆯ서너ᄃᆞᆯ
자히가마가무덤앏ᄑᆡ노
ᄋᆞᆯ라가殷흔保ㅣ朔
ᄒᆞ니라殷흔保ㅣ승의
望망이어든손지스승의
무더메도祭ᄒᆞ더라宣
슌德득壬심子ㅣ주애연즈
바ᄂᆞᆯ둘ᄒᆞᆯ다벼슬ᄒᆞ이고
紅葓門몬셰라ᄒᆞ시니라

知禮縣人尹殼保徐隲俱學於同縣知宜州事張志道一
日相謂曰人生於三。事之如一。况吾師無子可養乎得異
味。輒報饋。每遇良辰必具酒饌。如事父然。張没二人請盧墓
於其親。親憐而聽之。乃玄冠腰経居墓傍。躬爨供奠。尹父
嘗病。即歸奉藥衣不解帶。父愈令復歸盧月餘。尹感異夢
函歸則父果以夢夕疾作。未旬而死。尹晨夕踊哭不離喪
側。既葬廬父墳。一日飄風暴起尖案上香合。尹數月有烏銜
物飛来置廬堂前人。就視之。即所失香合也。至朔望猶奠張
。徐終三年。宣德壬子事聞殼保隲並。命旌門拜官
孔門廬墓載遺編師道千年廢不傳。誰料窮鄉窮學
單種楷腰経企前賢。一體而分性本真。夢驚親癠氣
道神慈烏反哺能相感香合啣来慰棘人

三綱行實孝子圖

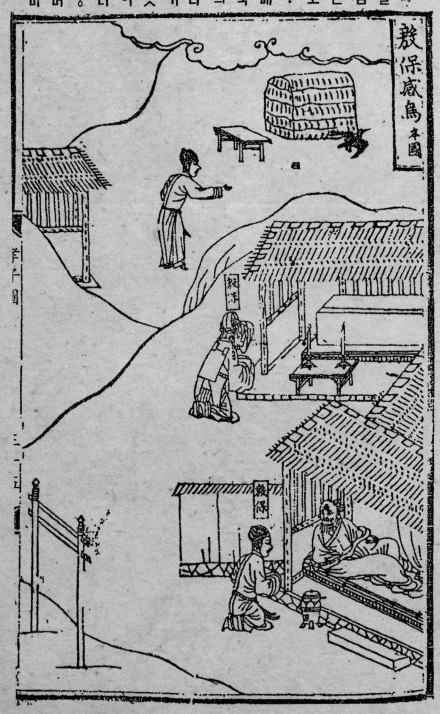

殷保感烏 本國

尹윤殷은保보ㅣ徐셔ㅣ騰

짐이와 혼스스의 그에 글비호더니 셔르 닐오디 님금과 디로 셤굠과 ᄀᆞ티 ᄒᆞ라 ᄒᆞ야 놀 혼호차반 반ᄃᆞ시 실이면 모로두 묘호 명日 홀여며 이바디ᄒᆞ더니 스승이 곰어 지 버라 거늘 둘씨예 墓묘 살아비 지 바의 그에 侍居居거 喪상 씌여 請쳥호라 ᄒᆞ야 놀 어놀 비너겨 갈쓰고 그리 居거 祭졔 뫼 ᄀᆞ더 손소 블디더 祭졔 밍 病병 ᄲᅡᆼ 라 殷은保보ㅣ 아아 약ᄒᆞ며 옷 밧디 아니ᄒᆞ더니 아비

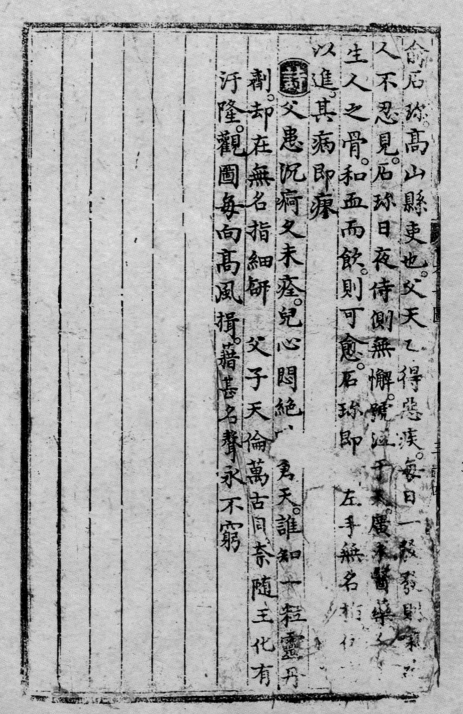

俞石琼。高山縣吏也。父天乙。得惡疾。每日一發。教臥氣痛
又不忍見。石琼日夜侍側無懈。號泣于天。慶求醫藥久
生人之骨。和盂而飲。則可愈。石琼即　　　　左手無名指行
以進。其病即療。

父患沉疴久未瘥。兒心悶絶叫號天。誰知一粒靈丹
劀却。卻在無名指細研　父子天倫萬古同奈隨主化有
汙隆。觀圖每向高風揖藉甚名聲永不窮

俞유石·석珎딘·은 高고山산鄕향吏·리·러니 아·비 모·딘 病·뼝·ᄒᆞ·야 ·날모·다 病·뼝곳·오·면 ·죽·거든 사·ᄅᆞ미 ·ᄎᆞ마 ·몯 ·보거·늘 石·석珎딘·이 ·눈 ·밤낫 ·거·틱·이·셔 하·ᄂᆞᆯ블·러 ·울·며 ·루藥·약·원·더·니 ·누·미 닐·오·디 산·사·ᄅᆞ·미 ·즉자·히 ·됴·ᄒᆞ니 病·뼝·이 ·혀·머기·니 病·뼝락·이·버 ·즉자·히 ·리라·ᄒᆞ·야·ᄂᆞᆯ ·됴·ᄒᆞ·리·손·가 ·머·기·ᄂᆞᆯ ·피·예·섯·거·머·기면

34a

거·ᄂᆞᆯ아·ᅀᆞᆷ·ᄃᆞᆯ·히孝·ᅘᅩᇢ道:ᄯᅩᇢ·ᄅᆞᆯ感:감動:ᄯᅩᇰ·ᄒᆞ·야廬려도로지·셔·주어·늘三삼年년·을·처엄·ᄀᆞ·티:사니·라

金自強。星州人
一依家禮。比葬遷父合葬。廬
爲父更居三年。妻黨牽引登途。仍焚廬
呼天擗地。力排還歸。伏塚下三日不[illegible]姻戚感[illegible]許爲復
結廬以與之。自強又居三年如初

髫年父逝奉慈闈。順色承顏罔或違。喪盡禮儀仍合
葬。守墳三載淚潸衣　終喪復爲父居廬。苦被姻親強
引去。顧視煙光號擗地。至誠能感得如初

金금自ᄌᆞ強깡이져머셔
아비죽거늘어미를孝효
道똘똥ᄒᆞ듸ᄯᅳ데거슬은일
업더니어미죽거늘法법
다ᄒᆡ居거喪상ᄒᆞ며아비
롤옴겨다가合ᄒᆞᆸ葬장ᄒᆞ
고삶제ᄃᆡ무들ᄡᆞᆸ葬장은혼
모삷제三삼年년을侍신아
니신더니居거喪상못고
년사로ᄒᆞ려ᄒᆞ거늘겨지비
ᄯᅩ아비爲위ᄒᆞ야三삼年
녁아수미廬려로블브티고
구틱여긃어오거늘自ᄌᆞ
強깡이니도라보고ᄒᆞᄂᆞᆯ
홀브르며ᄯᅡ굴러ᄠᅥ뎌
도라가아사ᄋᆞ로업데옛

自強伏塚 本國

孝子圖

33a
三十三

호얫거늘아비와그를이프
디披피榛즌ㅎ야到도ㅎ나디孝효
子ㅣ주廬려호니오개孝효子즈혜야
淚루ㅣ無무窮궁이로다感감ㅎ야
호려廬려호ㅣ며情쪙誠多다感감
淚누ㅣ흐니라
土토ㅎ야日일마다塚동上샹애土토
動모리동ㅎ야負부土토ㅎ야日일에
音음은明명月월淸쳥風풍부불
디音음ㅎ누니라
호시니라生ㅣ싱則즉養양호고
봉니라시ㅣ니라生ㅣ싱則즉
死ㅅ死디則즉守슈ㅎ누니
든이反반ㅣ며누ㅣ죽거ㅣ사
든이死ㅅ디反반ㅣ며누ㅣ죽거ㅣ랃
無무始시終죵ㅎ뇨뉘닐오ㅣ孝
업ㅣ始시終죵다ㅣ입고孝효道뚈몯
보니라乃냬始시終죵다ㅣ입고孝효
상뭇고ㅎ더뇨ㅣ입거居ㅣ居기를다
니관고버릅며伯ㅣ기를다머그
라고버ㅣ미ㅣ고기를다머그니라

翰林學士崔婁伯水原戶長尚翥之子。年十五時父因
為虎所害。婁伯欲捕虎。母心之。婁伯曰。父讐可不報乎。即
荷斧跡虎。虎既食飽卧。婁伯直前叱虎曰。汝食吾父當
食波虎乃掉尾俛伏。遽斫而剖其腹。取父骸肉。安於器納
虎肉於瓮。埋川中。葬父弘法山西廬墓。一日假寐。父來
詠詩云。披榛到孝子廬。情多感淚無窮。負土日加塚上知
音明月清風生。則養死則守。誰謂孝無始終詠訖遂不見。
服闋取虎肉盡食之

詩

崔父山中獵兎狐。却將肌肉餧於莵。當時不有兒郎
孝。誰得揮斤斫虎顱。 捕虎償寃最可憐。山西廬墓又
三年。小詞來誦真非叟。端為哀誠徹九泉

翰한林림學ᄒᆞᆨ士ᄾᆞ 崔최妻
婁伯빅이 水쉬原원戶호長댱
이아 ᄃᆞ리러니 나 ᄒᆡ열다
ᄉᆞᆫ신져긔아비 山산行ᄒᆡᆼ갯
다가 범을여늘 가아자보
ᄒᆞ니 어미 이더니 妻쳐 婁룩伯
이날오디 아비 怨원讐쓩
를 아니가푸리잇가 ᄒᆞ고즉
자히 돗귀 패오자괴바다가
니 범ᄒᆞ ᄆᆞᄆᆞ비브르고누
뱃거늘 바로드러가구지
주디 네내아비롤머그라
모로매 너를머구리라 ᄒᆞ야
놀 소리업데어늘 ᄲᆡ터
비ᄲᅡ아 아비ᄉᆞᆯ과썌와내야
르세 담고 뼈의고긔란도
다마 내해묻고 아비묻고
씨 墓모 사더니 흘론 ᄒᆞ즈믓

神씬靈령을블러울며다
릿고기를브려粥쥭에섯
거머기룰도로사라ᄒᆞ돌
나마사죽거늘집거틱殯
빈所소ᄒᆞ야두고싀아비
무더뻬가아무두려ᄒᆞ야
다솟히룰슬피우루디몯
갯더니연주바ᄂᆞᆯ
太태祖조高곺皇황帝뎨
中듕使ᄉᆞ를브리사옷ᄒᆞᆫ볼
와鈔초스믈錠뎡과당이
錠뎡주시고그위예셔
뭇고紅蓉門몬셰오집完
완護호ᄒᆞ라ᄒᆞ시니라

劉氏。真定人韓太初妻。太初洪武七年遷和州。家行

事。姑審氏甚謹。姑在道遇疾。劉制膏血和湯以 姑疾愈

至瓜洲復病亦如之比至和州。太〔 〕 種蔬以給食養

姑尤謹。又二年姑患風不能起時盛暑。劉晝夜侍側驅蚊

蠅。姑體腐蛆生。又為醫蛆不復生。又姑病篤。醫劉指與

之訣。劉號呼神明。割股肉和粥以進。姑復甦。越月而卒。劉

殯舍側欲還葬舅墓。裒衰幾五年不能歸。事聞。

太祖皇帝遣中使賜劉衣一襲鈔二十錠。官為送喪歸葬。

旌門復家

【詩】

刺血和湯姑疾瘳。夫亡無食種園蔬。蛆生姑體偏能

醫。盛夏蚊蠅更為驅。 朝廷特為返姑喪。始得還鄉葬

舅傍。旌表門閭無寵賚。古来孝婦實無雙

劉뉴氏씨의 싀어미 길혜

劉뉴氏씨 나 아 病뼝ᄒ야늘 블 빗 피 내 아 病뼝 약 애 섯 거 머 기 니 病뼝 약 애 셧 거 가 다 가 坐 病뼝 ᄒ 야 늘 坐 그 리 라 야 됴 히 오 니 라 남 진 이 죽 ᄒ 거 늘 누 물 심 거 싀 어 미 이 바 도 물 더 욱 조 심 ᄒ 더 니 두 힛 마 내 싀 어 미 病뼝 ᄒ 옛 거 늘 밤 낫 이 셔 모 기 놀 이 며 싀 어 미 솔 히 기 구 더 나 거 늘 쑤 라 리 니 다 시 아 니 거 더 니 어 미 病뼝 이 되 야 劉뉴氏씨 ᄡ 슌 가 락 너 흐 러 乃내 終즁 말 ᄒ 거 늘 劉뉴氏씨

劉氏孝姑 國朝

孝子圖

31a 三十

가아·이·셔어·믜 病뼝을 ㅅ
랑·ᄒᆞ·야 하·ᄂᆞᆯ·씌 울·위러·우더
니ᄆᆞᆫ득보·니 바횟·ᄭᅥ메 프
른너·추·레:두·외여·렛거·늘 病뼝·이
가·져다·가머·기·니 病뼝·이
즉자·히:됴·ᄒᆞ·니라

王薦福寧人父嘗病甚薦夜禱於天願減已年益父壽父
絕而復甦告其友曰適有神人黃衣紅帕首悅憁語我曰
汝子孝上帝命錫汝十二齡疾遽愈後果十二年而卒母
沈氏病渴語薦曰得瓜以啖我渴可止時冬月求於鄉不
得行至深奧嶺值雪薦避雪巖下思母病仰天而哭忽見
巖間青蔓離披有二瓜焉因摘歸奉母母食之渴頓止

[詩]

父病精虔禱上天　願將已筆益親年孝心感格天心
順恍憁神將帝命傳　母渴思瓜正歲寒那堪山路雪
漫漫雙瓜忽產空巖裏歸奉慈親痼疾安

王왕薦쳔의아비病뼝이
되어늘王왕薦쳔이바미
하놋긔비수보디내나흘
더러아비로주어지이다
하더니아비주겟다가
야날오디똠흘씨네아두리
야날오디호디神신人신이
孝효道도를열두나흘주샤
帝뎨너를열두나흘주시
누다하히더라病뼝이믄득
됴하열두히로살오주그
니라어미목무른病뼝호
야셔겨스레외로머거지
라호거늘야미거지몰
야호기거늘라히기룬다가몰
눈避삐호야혼나모미틱가

아기드리더니이윽고구
루미건거늘도라와神신
靈령의마를섭서비너겟
더니그낡밤쑤떼神신靈령
령이쏘와닐오디네孝효
道도ㅣ至지極극흠써하
놀히녯罪죄를赦샤시
니더욱恭공敬경ᄒᆞ야셤
기라ᄒᆞ니라

吳二。臨川小民事母至孝。一夕有神
當為雷擊死吳以老母在堂乞救護神曰受命於天不可
免也吳恐驚其母凌晨具饌以進白去將他適請暫詣妹
家母不許俄黑雲起日中天地晦暗雷聲闐闐然吳益懼
驚母。趣使閉戶自出野田以待頃之雲氣廓開吳幸免稽
巫歸拊其母猶疑神言不實未敢以告是夜復夢神曰汝
至孝感天已宥宿愆宜加敬事

宿譴應知分殞生夢中神報甚分明凌晨具饌還供
母。欲適他家恐母驚 雷霆震怒忍轟闐待罰從容出
野田雲散候然天日霽只緣事母孝心虔

吳오二이ㅿ어미를至지極
끅孝효喜道또ㅎ더니 혼神신
씬靈령이쓰메닐오디네
來릭日실나지霹벽靂력
마자주그리라ㅎ야놀비
로디늘근어미잇ㅅ
궁ㅎ쇼셔神신靈령이닐
오디하놀ㅎ시는이리라
몯免면ㅎ리라ㅎ야놀가너겨吳오
오二이ㅿ어미놀랆가너겨
아초미밥ㅎ야이받고누
의지비잡간녀러오나
라ㅎ야놀말라 혼대이속
고거믄구루미니르
天텬動똥ㅎ거늘吳오二
시더욱두리여드르혜가

吳二免禍宋

치디아니ᄒᆞ야울어늘翰
한림림學학士ᄉᆞㅣ디나
가다가듣고우더라甘감
露로ㅣ히마다墓묘애디
며슬곳가지어우러냇
니居거상喪못고이과
와걷디아니ᄒᆞ고과이도궤
물平평生ᄉᆡᆼㄱ티ᄒᆞ더니
고을셔연주ᄒᆞ조와
김과주라ᄒᆞ시니라後훌
에和화州쥬防빵禦어推
최官관을ᄒᆞ얏다가죽거
늘謚시號호를謚시州쥬로ᄒᆡ
흘고뎌지節졀孝효處쳐
士ᄉᆞㅣ라ᄒᆞ시니라
라개ㅣ節졀介갸ᄂᆞᆫ

徐積楚州人。三歲父死旦旦求之痛哀事母朝夕冠帶定
省。後胡瑗學。瑗餽以食弗受應舉入都不忍捨其親後以
而西登第。舉首許安國率同年入拜且致百金爲壽母三。
却之。以父名石。終身不用居器行遇石則避而不踐毋三。
悲慟嘔血。盧墓三年。雪夜伏墓側。哭不絶音翰林學士呂
漆過其墓聞之泣下。甘露歲降兆域杏兩枝合幹既終露
不徹筵几。起居餽獻如平生州以行聞詔賜栗帛皇裕初。
嬰孩匕父日哀求感切中情濟泗流。事母更紙躬孝
養當時名士復誰傳致養居喪總盡情神明默贊顯
祥禎重膺朝命榮褒寵今古人傳節孝名

徐씨積적이세설머거셔
아비죽거늘아춤마다
씀히슬피어드며아춤
죄冠관帶대ᄒ야어믜그
에뵈더라及第뎨ᄒ라
갏져긔어믜믈ᄇᆞ리디몯ᄒ
야第뎨ᄒ야놀同똥年년돌
야졔술위어가아及ᄭᆞᆷ
허므다어믜그에절ᄒ고
이바디ᄒ호려귀향아
니ᄒ니라어후믜ᄉᆞ돌
허러니터니아미죽ᄒ며
아디아니ᄒ야돌ᄎᆞᆯ블듸
쁘디아니ᄒ며ᄎᆞᆯ돌
니터라어미죽거늘
허피ᄯᅡ토ᄒ며侍州墓모ᄉᆞ
삶져긔눈온바ᄆᆡ墓모ᄉᆞ
거틱업데여이셔소리그

·니·라 다ᄉᆞᆷ·어·미 죽거·늘 :세 아ᇫ·ᄋᆞᆯ ᄀᆞ·ᄅᆞ·쳐 :어엿·비 너·교·믈 샹·녜 예·셔 더 ᄒᆞ·며 슬·허 ·ᄒᆞ·ᄡᅧ :ᄡᅳᆫ 잇·더·니 나죄 :마·다 여 ᄉᆞᄉᆞᆯ·기 겨·틔 느·러니 :버·렛 다·가 아·ᄎᆞ·미 어·든·가 더·라 後:ᄒᆡᇰ·에 員원·이 ᄃᆞ외·야 百·ᄇᆡᆨ姓·셩 :어엿·비 너·기·며 官관舍·샤·애 官관舍·샤·ᄂᆞᆫ 그 윗 지·비·라 :궤·와 돗·과 노·코 父:ᄲᅮ母:뭏·를 이바·ᄃᆞ·며 나갊 저·긔 告·곡ᄒᆞ·고 도·라·와·왯·노이·다 ᄒᆞ·며 ᄠᅳᆯ·헤 :디 낤 저·긔 ·모·믈 구·피 더·라 아·ᄎᆞᆷ :마·다 孝·ᄒᆞᇰ經경 ᄒᆞᆫ ·볼 닑·고·ᅀᅡ 公공事·ᄊᆞ ·ᄒᆞ 더·니 喪상親친章쟝·애 다ᄃᆞ·라 喪상親친章쟝·ᄋᆞᆫ 居거喪상ㅅ :일 닐·온 章쟝·이·라 모·ᄀᆞᆯ 뼤·여 ·ᄒᆞ 더·라

盧操。河東人。九歲通孝經論語。事繼母張氏至孝。張生三子溺愛之。命操常執勤主炊。操服勤不倦。張遣其子讀書。命操策驢隨之。操即執鞭引繩如僮僕。三弟嗜酒縱佚。祗忤於人。致人踵門詬及其母。操即涕泣拜而解之。惡少年曰。不謂三賊有此令兄。相與拜操而去。繼母亡。操訓養三弟。恩愛過於平日。服母喪。哀毀骨立。每夕有狐狸羅列左右。將旦乃去。後調臨渙縣尉。佐政寬仁。官舍設几筵以祀父母。出告反面。過其庭。鞠躬如也。每旦讀孝經一遍。然後視事。讀至喪親章。號咽不勝

詩 毅勤行孝順親心。委曲應知敬愛深。執爨驅驢能友弟。里中惡少亦加欽

憶昔居廬淚滿巾。一為縣尉尚寬仁。几筵設祭敦時祀。朝夕哀悲更愴神

盧로操操ㅣ아홉서레孝
흔經경論론語어룰ᄉᆞ뭇
아더니다ᄉᆞᆷ어미셰아두
룰뒷더니니盧로操操룰ᄒᆞ
야밥지내며제盧로操操룰
아니니기라ᄒᆞ야두든슬룰글히ᄒᆞ
닐기라귀모라미조차바로라
룰라야든죵이양子ᄌᆞ조로
ᄒᆞ야견馬마ᄒᆞ고채자ᄌᆞ돈
牽견馬마세앗이누미그에
미門몬이와어미룰구짓ᄂᆞ
가아酒즁情쪙ᄒᆞ야ᄂᆞᆫ
거늘盧로操操ㅣ졀ᄒᆞ고
우러말인대모단少숕年년
돌히닐오ᄃᆡ세도긔이너
런어딘兄형두몰아니
교라ᄒᆞ고도라가

·비·와어버·싀墓·모·ᄅᆞᆯ:다ᄒᆞᆰ
·지·여ᄆᆡᆼ·ᄀᆞᆯ·오마·ᄉᆞᆫ나·ᄆᆞᆫ·히
·ᄅᆞᆯ侍·씨墓·모사·라죽·ᄃᆞ·록
머·리·퍼디·고·발바·사·ᄃᆞᆮ·니
더·라

徐孝肅。汲郡人。早孤不識父。及長。問父形貌於其母。因求畫工圖之。置之廟而定省焉。朔望則享之。事母數十年。家人未見其有忿恚之色。及母老疾。孝肅親易燥濕。憂悴數年。見者無不悲悼。母終。茹蔬飮水。盛冬單衰。毁瘠骨立。祖父母父母墓。皆負土成之。廬墓者四十餘年。被髮徒跣。至於終身

詩 早孤不識父容儀。圖像依依問母慈。構廟晨昏能定省。殷勤祭享似存時　母存愛敬歿悲辛。廬墓曾經四十春。兩世墳塋躬負土。跣行被髮竟終身

26b

徐씨孝효肅슉이 져머셔 아비 죽거늘 조라 아비 樣양子ᄌᆞ룰 어머 두려 무 나 죄 □ 廟묘려 몰애 두고 아츰 제 ᄒᆞ더라 朔삭望망애 祭졔 미 교디 몯노ᄒᆞ얏거늘 손소 집 사ᄅᆞ미 □ 보더니 어미 늘거 뎌리며 병ᄒᆞ얏거늘 자리 고티며 두ᅦ히로 름ᄒᆞ야 돈니거든 아니 피 너기리 업더니 어미 죽거늘 菜치蔬소와 믈와 ᄡᅮ죽 먹고 겨스리 □ 居喪상 :닙고 ᄡᅮᆯ 잇더니 한아

孝子圖 二十五

王崇雍丘人。母亡。居喪哀毀顇瘠。杖而後起。鬢髮墮落廬
於墓所。晝夜哭泣。鳩鴿羣至。有一小鳥。素質黑眸。形大於
雀。栖於崇廬。朝夕不去。母服初闋。復丁父憂。悲毀過禮。後
年夏。風雹所経。震禽獸暴死。草木摧折。至崇田畔。風雹便
止。禾麥十頃。竟無損落。及過崇地。風雹如初。崇雖除服。仍
居墓側。室前生草一根。莖葉甚茂。人莫能識。至冬復有鳥
巢崇屋。乳養三子。馴而不驚。事聞。詔旌表門閭。

孝道由来動鬼神。王崇至行出天真。珍禽繞屋牲馴
擾異草當堦別有春。風雹摧残物盡僵。崇家禾麥豈
曾傷。自縁孝行通天地。賴有靈祗為顯彰。

25b

王왕崇쓩의어미죽거늘
슬허머리다떠러디고막
대딥고사니더니殯빈所소
소ㅅ겨틱짓고밤낫
우더라밧두리모다오거
든혼황당혼새상곳밧고
사더라居거喪상밧고
쏘아비죽거늘너무슬허
혼더라ᄇᆞ롬과무뤼와하
티니즁싱이주그며플와
나모왜것듣더니王왕崇쓩
쓩의바ᄐᆞᆫ곧아니ᄒᆞ야부
리니과居거喪상밧고墓모
모ᄉᆞ겨틱손지사더니알
피몰롤프리나며겨ㅅ레
가새삿기쳐질드렛더니

王崇止雹 後魏

25a

지극호 孝·효道·도를 뜻호·더·니
·어·미 주·금저·긔 세·히·를 길
마·갯·거·든 바·미 블·러 울·며
샹·녜居·거喪·상 樣·양子·조
·로 호·더·니 ·어·미 居·거喪·상
·이·오·나 눌·손소 흙·지·며 솔
시·므·고 名·명日·일심·이·어·든
사·오·로 밥·아·니 먹·더·라

穀不害陳郡人。居父憂過禮有弟五人皆幼。不害事老母。
養小弟勤劇無所不至簡文帝賜其母蔡氏錦裙襦氈席。
被褥毼平江陵失母時甚寒雪凍死者填滿溝壑不害行
哭求屍見死人。即投身捧視舉體凍僵水漿不入口者七
日。始得母屍哭輒氣絶行路流涕蔬食布衣枯槁骨立弟
不佞亦至孝方母死時道路隔絶者四載中夜號泣居喪每
飲食常為居喪之禮及母喪柩歸身自負土手植松栢。
歲時伏臘必三日不食

詩
百行由來孝景先。人心盡孝理當然。慈親不辜塡溝壑
蟄七日哀求重可憐。父母劬勞竟莫酬昊天罔極思
悠悠穀家兄弟能行孝。萬古揚名永不休

殷흔不블害해아비居거
喪상애너무슬허ᄒᆞ더니
늘근어미셤기며져믄다
숫아ᄉᆞ이바도믈낡ᇰᄋᆞᆯ업더
니皇황帝뎨어믜그에옷
과자리와주시니라時셰리
졈이어ᄌᆞ벗어미를일
코눈우희녀주검서리
예어미원녀모미다어러
믓굼도아니ᄒᆞ머거러
짜히싸ᄂᆞᆷ의주거를어드
니라울기면곧氣킈韻
운이업거든길넙사ᄅᆞ미
눈믈흘리더니소ᄒᆞ고뵈
옷닙고여위ᄲᅳᆯ잇더
라아ᄉᆞ不블佞녕이ᄯᅩ至

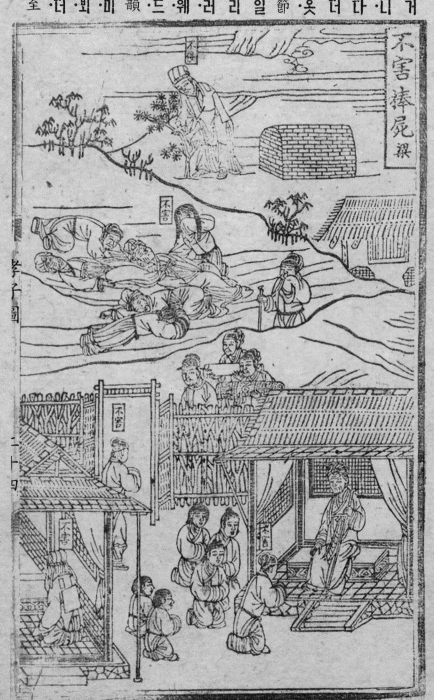

24a

되答답호디현마어린들
주구미저픈고돌모를것
아니어니와아비주물
몯ᄎ마ᄒ노이다法법度
ᄯᅩ一두갈벗기라ᄒ야놀
吉길盼푼이닐오디주글
罪죄囚슈를엇뎨벗기시
누니잇고法법度또一연
주믄대아비를救구ᄒ시니
라後후에孝行ᄒ오로
라기쯰시니라孝道ᄯᅩ

吉盼。馮翊人。父爲原鄉令。爲吏所誣遠詣廷尉。盼年十五。
號泣衢路。祈請公卿。見者隕涕。其父理雖清自而恥爲吏
訊遽自引答當大辟。盼撾登聞鼓乞代命。武帝嘉之以其
幼疑受教於人。勅廷尉蔡法度脅誘取欸法度盛陳徽纆。
厲色問曰。爾來代父死。勅已相許然刀鋸至劇能死不。
若有悔異求相聽許對曰。幼雖蒙弱豈不知死可畏不忍
見父極刑。所以殉身不測。盼初見囚。獄掾依法桎梏法度
命脫二械。盼弗聽曰。死囚豈可減乎。法度以聞帝乃宥其
父。揚州中正張仄薦盼孝行。勅太常旌舉

父爲遭誣陷極刑誓將身代愍中情。誰知天鑒非玄
遠。父子俱全表孝誠。堪羨兒童有至情。衰絰代父感
朝廷當年孝行蒙旌舉。遂使千秋有令名

吉翂代父록

23a

울비·저머·기니·어·의 病뼝
이·즉자·히:됴ᄒᆞ니라·

解叔謙鴈門人。母有疾。叔謙夜於庭中稽顙祈福聞空中語云。此病得丁公藤為酒。便差。即訪醫及本草。皆無識者。乃求訪至宜都郡。遇見山中一老公伐木。問其所用若曰。此丁公藤。療風尤驗。叔謙便拜伏流涕。具言來意。此公愴然。以四段與之。并示以漬酒法。叔謙受之。顧視此人已忽不見。依法為酒。母病即差

【詩】母疾求醫日夜憂仰天稽顙苦祈求。神明特感誠誠心切。說與良方治病由。叔謙孝感宣德然應有精誠達上天。忽得丁公藤漬酒。即令母病頓妄瘥

解叔叔謙겸의어미病뼝ᄒᆞ얏거늘바미가온
ᄃᆡ머리조ᄉᆞ비더니虛허公공
空콩애셔닐오ᄃᆡ丁뎡公공藤뜽으로수을비저머
그머면됴ᄒᆞ리라ᄒᆞ야놀ᄭᆡ員원ᄃᆞ려무르니다
르거늘두가왼니더니
혼아비나모버히거늘
므스게ᄡᅳᆯ다무른대對됭
答답호ᄃᆡ丁뎡公공藤뜽
이라ᄒᆞ야놀졀ᄒᆞ고울며
언니ᄂᆞᆫ뜨들니ᄅᆞᆫ대어엿
비ᄂᆡ겨네조가골주고수
울빗ᄂᆞᆫ法법을ᄀᆞᄅᆞ치고
믄득업거늘法법다ᄒᆞ수

콩애셔닐·오·디네아·비·목
수·미·다아잇·더·니:세·하情졍
:쩡誠셩·일·씨그·무·뻬가·주
그·리·라ᄒᆞ·니그·무·뻬가·아
:죽거·늘너·므·슬·흐·며侍:씨
墓:모·ᄆᆞ·사ᄂᆞ·라

愛黔婁新野人為屨陵令。到縣未旬。父易在家遘疾。黔婁
忽心驚舉身流汗即日棄官歸家家人悉驚其忽至時易
疾始二日醫云。欲知差劇。但嘗糞甜苦易泄痢黔婁輒取
嘗之。味轉甜滑心愈憂苦至夕每稽顙北辰求以身代。俄
聞空中聲曰。聘君壽命盡。不復可延。汝誠禱既至。故得至
月末。晦而易止。黔婁居喪過禮。廬於墓側。

屨陵作令忽心驚棄職還家父疾嬰消息何曾來遠
道感通應是在純誠。願將身殉代嚴親稽顙中天禱
北辰。便覺有聲傳報應。從來孝念感神人。
在家父病虔令驚汗棄官忽歸人。拈且嘆嘗糞而甜。
不暇自愛。稽顙北辰。乞身以代

庾유黔껌妻룰ㅣ屛짠陵
릉令령이두외야갯더니
아비지비셔病뼝어늘
은득무수미놀라아오
모매쏘미흐르거늘즉자
히그위룰더디고도라온대집
사르미다놀라비너겨ᄒ더
니醫희員원이닐오디病
뼝을아로려커든똥이돌
며뿔믈맛보라제아비
똥이쓰니눈다마다머거
보니漸쪔漸쪔돌오밋밋
ᄒ야가거늘욱시름
야나조마다새죽가지이
머리조ᅀᅡ갑지이
다비더니辰씬리라虛허空

黔婁嘗糞齊

호마주·겟거·늘호도주·기
와·닐·오·디·이·아·두·리주·구
무·로·아·비·를救·굴·ㅎ·누·니
孝·흉子·주·ㅣ주·규·미·몯·ㅎ·리
·라호·대·아·비·아·두·리·다·사
·라·나·니·라그·위·예·셔·엳주·
·바그·무·슦일·후·를純·쓘孝
·흉·ㅣ·라·고·섯·근·것·업·슨孝
·흉·ㅣ·라·ㅎ·고純·쓘孝·흉·눈
·라道·냘·소·솔三삼世·셰·를
·니·라三삼世·셰·눈·저
·아·돌·와孫손子·주·조
·왜·더·뚱孝·흉
·라·왜孫손子·주·조

潘綜吳興人孫恩之亂秩黨攻破村邑綜與父驃共
賊驃年老行遲賊轉逼驃驃語綜曰我不能去汝可脫
韋勿俱死驃困之坐地綜迎賊叩頭曰父年老乞賜生命
賊至驃亦請曰兒年少能走為我不去我不惜死乞活此
兒賊因斫驃綜抱父於腹下賊斫綜頭面凡四創綜已悶
絕有一賊來語衆曰此兒以死救父殺孝子不祥賊乃止
父子並得免元嘉四年有司奏改其里為純孝蠲租布三
世

避難何堪喪亂餘干戈擾擾遍村墟不逢旁寇能開
釋父子當時死豈區亂離重遇太平年三世公租已
蓋蠲聞道吳興存舊業里名純孝至今傳

潘판綜종이아비더블오
도죽ᄯᅩ쳐가더니아비늘
ᄯᅳ디내거쓸리몰가리
오소니네늘나살아라ᄒ고
따해안ᄌ거늘潘판綜종이
도죽기그에마조가머리
조사닐오디아비늘그
사ᄅᆞ쇼셔ᄯᅩ쏘請쳥호야
늘근아비ᄂᆞ위ᄒ야잇ᄂ
아ᄃᆞ리ᄂᆞ날뎌커잇니
니내ᄲᅡ사주거도므던라
와이아ᄃᆞ룰사ᄅᆞ고
조기아비ᄅᆞᆯ버히안고
潘판綜종이아비를머리로
업데어늘도죽기머리로
네버늘ᄐᆞ니潘판綜종이

潘綜救父 晉

孝子圖

20a

라王왕延연이어버△시를
셤교디누츌이대히며녀
르미며벼개둣고거
스리면모로니브를두
시ㅎ더니치본거스레오
은오시업소디어버시는
오조즈味미를父더라
이드마△라
滋조味미ㄴ는뿔母뭄ㅣ
업거늘侍△墓모△사니라

孝子圖

十九

王延。西河人。九歲喪母。泣血三年。幾至滅性。每至忌月。
悲啼三旬。繼母卜氏遇之無道。恒以蒲穰及敗麻頭與延
貯衣。延知而不言。卜氏嘗盛冬思生魚。使延求而不獲杖
之流血。延尋汾水叩凌而哭。忽有一魚長五尺。踊出冰上
取以進。母食之積日不盡。於是心悟。撫延如己生。延事親
色養。夏則扇枕席。冬則以身溫被。隆冬盛寒。身無全衣。而
親趨滋味。父母終廬於墓側

孝道能敦在稚年。良心一點出天然。三年泣血應堪
憫。忌月悲啼更可憐。繼母相看性不慈。心存孝敬未
曾衰。汾濱哀哭魚隨躍。此意皇天后土知

王왕延연이아호빈저긔·피어미죽거늘三삼년을어믜죽거우려·돌씨·의죽게·두외·셰내·내우더돌·씨어·든·슴든두미샹·롤주셔서근사무로오어그·두어더라거든아·로디아오·니새미오·라·호·니·몯자·본·대피흐·바王왕延연루·긔·너이·흐야·산고·기루·긔더·기머王왕延연잣·기릿·드리러·머·우·니·득이·대사·나거·늘가·져다·가우이바·두·니여러·날·몯·져·다·머거그·저·긔·사제아·돌·그·티·흐더

王延躍魚晉

버미 그 사ㅅ물 므러다가
그 나모 미틕 더 녀늘 무덦
거틱 무드니 그 後후에 남
기더 됴ᄒᆞ니라 許허孜ㅈ
ㅣ 墓모ㅅ 겨틕 집 짓고 산
어버시ㅣ 업ᄉᆞ미 사ᄅᆞ미
옰사ᄅᆞ미 틱셤기더라 그
ᄆᆞ을 孝 順쑨里리라 ᄒᆞ
더라 ○ 順쑨里리ᄂᆞ 무
슬리라 ᄒᆞ야 ᄂᆞᆫ順쑨
里리ᄂᆞᆫ 슬믄 일업 슬리
거쏜 ᄆᆞ을 ᄒᆞ리오

許孜東陽人。年二十。師事豫章太守孔冲受學。還鄉里
亡。孜制服三年。俄而二親繼歿。骨立。扶而能起建墓於
縣之東山。躬自負土。不受鄉人之助。每一悲號。鳥獸翔集
孜獨守墓所。列植松柏亘五六里。有鹿犯所種松。孜悲歎
曰。鹿獨不念我乎。明日鹿為猛獸所殺。致於所犯松下。孜
埋隧側。自後樹木滋茂。孜乃立宅墓次。事亡如存。邑人號
其居為孝順里

詩 孝事雙親義事師。此心應只有天知。辛勤營墓頻哀
慟。鳥獸徊翔亦愴悲。　墓前松柏已蒼蒼。廉本無知遂
觸傷。一旦戕生依樹下。鬼神應使孝心彰

贊 許孜孝恭。好學有立。及喪其親。柴毀而泣。負土東山。
鳥獸翔集。人之見之。能不烏邑

許허孜지글비호던스이죽거늘三삼年년居居스喪상ᄒᆞ고이슥고두어거ᄉᆡ죽거늘슬허ᄒᆞ여위여버ᄉᆡ죽거늘슬허ᄒᆞ여손소막대딥고사니더니물받디아니ᄒᆞ고슬피우다ᄂᆞ오힋지여누ᄂᆞᆯ시보물마다아니ᄒᆞ고슬피우다더니鳥됴獸슝ᅵ모다鳥됴됴獸슝守슈墓모쎄ᄂᆞᆫ墓모솔네발튼즁싱이獸슝守슈ᄅᆞᆯ디墓킬모六륙里리孜지글조ᄒᆞ사ᄉᆞ미와ᄒᆞ야셔ᄅᆞᆯ오디五오디六륙許허孜와잣과ᄅᆞᆯ니ᄒᆞᆫ사ᄉᆞ미와ᄅᆞᆯ심더니ᄒᆞᆫ늘許허孜소ᅵᄅᆞᆯ ᄒᆞ야부려디로디ᄌᆞᅵ슬허야그로디사ᄉᆞᄆᆞᆫ엇뎨미야귀뇨이듰나래

許孜埋獸晉

孝子圖

十八

18a

ᄇᆞᄅᆞᆷ·비·틂저·기·면남·ᄀᆞᆯ:안
·고:우더·라·어·미죽거·늘슬
·허막:대딥·고·사:니더·니後
:薨·에그위·실·ᄒᆞ·야三삼公
공ᄉ벼·슬니·르·리ᄒᆞ·니·라

王祥琅琊人。蚤喪母繼母朱氏不慈。數譖之由是失愛於父。每使掃除牛下。祥愈恭謹。父母有疾。衣不解帶。湯藥必親嘗。母嘗欲生魚。時天寒氷凍。祥解衣。將剖氷求之。氷忽自解。雙鯉躍出。母又思黃雀炙。復有黃雀數十飛入其幕有丹柰結實。母命守之。每風雨。輒抱樹而泣。母歿居喪毁瘠。杖而後起。後仕於朝。官至三公

詩 王祥誠孝真堪羨。承順親顔志不回。不獨剖氷雙鯉出。還看黃雀自飛來 鄕里驚嗟孝感深。皇天報應表純心。白頭重作三公貴。行誼尤為世所欽

贊 晉有王祥。生魚母嗜。天寒川凍。網釣難致。解衣卧冰。自躍雙鯉。戀戀孝誠。奚止此耳。抱柰夜號。羅雀朝饋。後拜三公。名標青史

王왕祥샹이져머셔어미
일코다숨어미朱쥬氏시
아비그에하라미每ᄆᆡ常샹쌍
쇠쏭츠이거늘王왕祥샹父부
이더욱조심ᄒ야ᄒ며
늘母모ᅵ病병ᄒᆞᇰᄒ야잇거늘藥약
뿌믈ᅵ그르디아니ᄒ며
약을졔로ᄆᆡ맛보더라
어미샹녜산고기를먹고
져거늘옷밧고어름ᄐᆞ려
자보려ᄒ니어ᄅᆞᄆᆡ졀로
베여디여두鯉리魚어ᅵ
소사나거늘가져도라오니
라어미쏨새數수十씹이
져거늘춤새글먹고
지비ᄂᆞ라촘새드러
렛거늘지븨ᄂᆞ라어미디ᄏᆞ라흔대

孟宗。性至孝。母年老病篤。冬節將至。思筍食。時地凍無筍。

宗入竹林哀泣。有頃。地上出筍數莖。持歸作羹供母食畢。

病愈。人皆以為至孝所感。

讚　孝行當年說孟宗。慈親思筍遍寒冬。竹林瀝涙哀號慶。數笋頃史出地中。母因食笋病全蘇。天理昭昭信不誣。惟以此心存孝念。幽冥自有鬼神扶。

續　昔有賢士。孟姓宗名。冬寒母病。思啜笋羹。號天籲竹。泣涕縱橫。龍雛包籜。雪裏羅生。採歸供膳。疾乃瘳平。精誠既切。感應孔明

孟밍宗종이　무슴　미　至
지極끅孝효道똘를　더
니　어미　늙고　病뼝ᄒ야
이셔　겨ᄉ리다　두라오
거늘　竹듁筍슌을　먹고
져거늘　孟밍宗종이　대
수페　가운대이　속고　竹
듁筍슌두ᄻ줄기　나거
늘　가져다가　羹ᄀᆞᆼ밍ᄒ고
라　이바드니　어믜　病뼝
이됴커늘　사ᄅ미　다일
ᄏ로ᄃ　孝효道똘ᅵ　至
지極끅ᄒ야　그려ᄒ니
라ᄒ더라

孟熙。販果實養親。承顏順志。不憚苦辛。其父常云。我雖食貧。

養得一曾參。及父亡。絕漿哀號。幾至滅性。布苦于地。寢處

其上。三年不食盬酪。遠近嘆服。因見鼠掘地得黃金數千

兩。因巨富焉

贊

家貧販養嚴親。承順何嘗憚苦辛。歿後居喪能盡

禮。行同曾子異常人。掘鼠何由遽得金。孝親於此感

天心。一時不但家能富。贏得香名說到全

孟밍熙희果과實씰플라
어버이이바드며쁘데거며
슬쁜이리업더니그아비
샹녜날오디내비록艱간
難난코도혼曾증參솜을
길어내요라ᄒᆞ더라그아
비죽거늘뭇머굼도아니
먹고하우려ᄒᆞ마죽게두
외야녀섯거적ᄉᆞᆯ오이셔三
삼年년을소고물먹디아
니ᄒᆞ대먼딋사름니르리
降ᄒᆡᆼ服뽁ᄒᆞ야ᄒᆞ더라
구무포다가金금數수千
쳔雨량을어더ᄡᅥ數수ᄒᆞ라는두
ᄀᆞ쟝가ᅀᆞ멸의두외니라

孟熙得金蜀

元覺之父悟性行不肖。覺祖年老且病。悟猒之。乃命覺舁

簀而棄於山中。覺不能止。從至山中。收簀而歸。悟曰凶器

何用。對曰。留以舁父。悟慚遂迎祖歸、

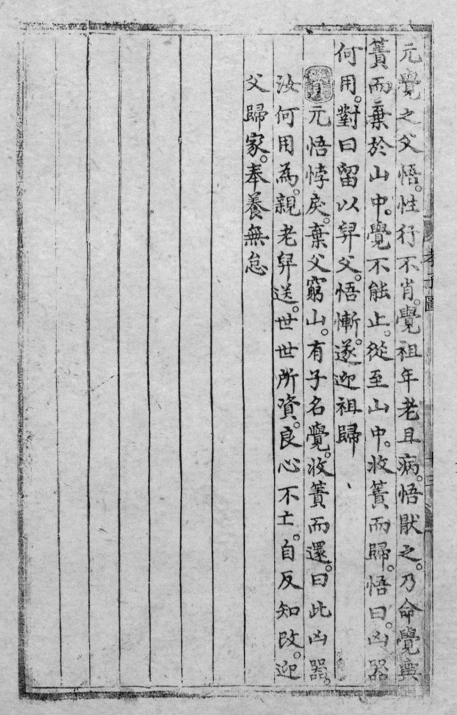

元悟悖戾棄父窮山。有子名覺。收簀而還。曰此凶器

汝何用為。親老舁送。世世所資。良心不土。自反知改。迎

父歸家。奉養無怠

元원覺각이 한아비늘
고病뼝ᄒ더니 元원覺각일
각이 아비 ᄃ담사니 지여뫼해
다가 더이 마디 몯ᄒ야 놀 元원
원覺각이 더옥 저긔 元원覺각
각이 그 담사 놀가져즌
거늘 아비 닐오ᄃ 머즌
그르슬 므스게 뿔다 ᄒ
대對되ᄃᆞᆸ호ᄃᆞ 뒷다라
가나 도 아비ᄃ려 제 아비
ᄒ야 놀 붓그려 제 아비
룰 도로 더브러 오니라

13a

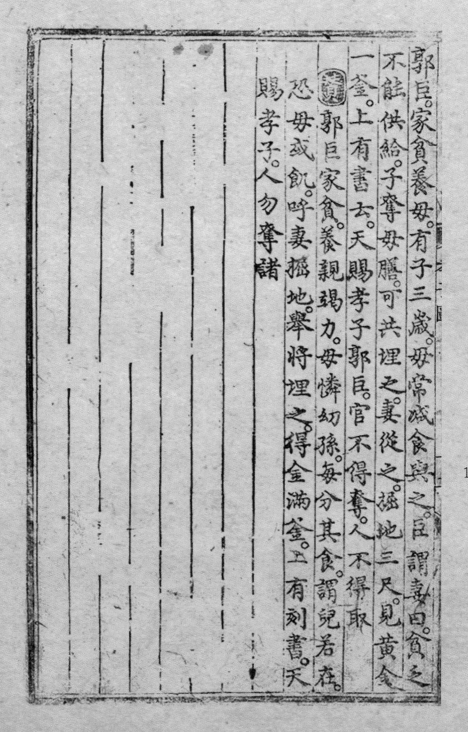

郭巨家貧養母。有子三歲。母常減食與之。巨謂妻曰。貧之
不能供給。子奪母膳。可共埋之。妻從之。掘地三尺。見黃金
一釜。上有書云。天賜孝子郭巨。官不得奪人不得取

郭巨家貧養親竭力。母憐幼孫。每分其食謂兒若在。
恐母或飢。呼妻掘地舉將埋之得金滿釜。上有刻書。天
賜孝子。人勿奪諸

郭巨埋子 漢

郭곽巨·꺼·의 어·미 샹녜 바·볼 :더·러 머·근 :설·머·근 孫손子·즈 ·주·어·늘 郭곽巨·꺼 :제 겨·집 ·드·려 닐·오·디 艱간難난·호·야 어·미·를 :몯 이·바·드·며 子·즈息·식·이 어·미·의 머·글 바·볼 ·노·놀·쏘·디 아·도·를 무·더 金금·을 어더 孝·효道·도·홀·석 ·이 金금·을 ·써 孝·효子·즈 ·쇼·디

·누·다·호·야 잇·더·라

董永。牛乘人。父亡無以葬。乃從人假錢一萬曰。後若無錢

還。當以身作奴。葬畢。將往為奴。於路忽逢一婦人求為妻。

永曰。今貧賤身復為奴。何敢屈夫人為妻婦人曰。願為

君婦。不恥貧賤。永遂將婦人至。錢主問永曰。何能妻曰

能織。主曰。織絹三百匹。即放於是一月之內。三百匹

主驚遂放二人而去。行至舊相逢處謂永曰。我天之織女。

感君至孝。天使我為君償債訖。騰空而去

得錢一萬葬其親身擬為備報主人。豈料孝心終感

格。天教織女助身貧。孝念終能感上天。萬教織女助

還錢一月足繰三百匹。飄然分手上雲煙

蘗藥孝子。千乘董氏。備力以養。債身以葬。路逢羨婦。

為妻償貟。曰織纏帛。一月三百。償畢告語。我乃織女。天

遣償汝。乘雲而去

董동永영이아비죽거늘
무둘거시업서누미그에
도놀ᄲᅮ려무고됴ᄒᆞ요
리라ᄒᆞ야가는길헤
지비라ᄒᆞ야가지라
더브러가니돈님자히거늘
ᄯᅡ사ᄂᆞ고노혀쳐셤ᄆᆞ조
오디갑삼百빅四필內뇌
예ᄯᅡ해와닐오디하노라
본딩女녀ᅵ라織그딋녀織
직지ᄇᆡ일후미라女녀
니게넷道道ᄯᅩᆷ至극ᄀᆞ홀씨ᄶᅵ女녀織
하놀히나ᄅᆞᆯ브려갑씨孝
ᄋᆞ로올아가니라허빈空콩게

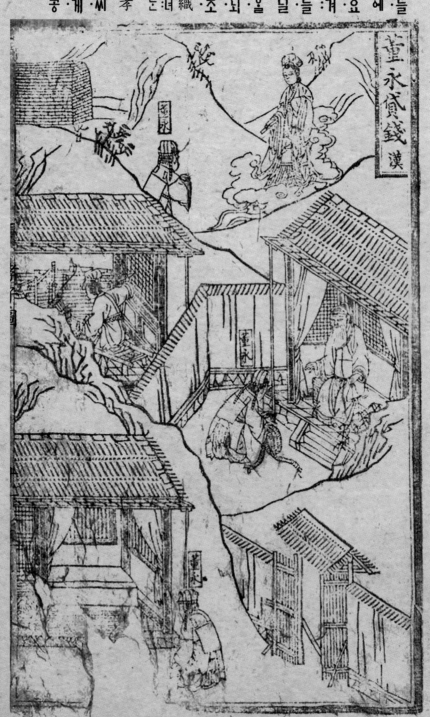

ᄆᆞ를흘리더라ᄀᆞ올히셔
연ᄌᆞ바놀皇황帝뎨木목
像ᄡᅵᆼᄀᆞᆺᄂᆞᆫ樣양ᄋᆞᆯ그
리라ᄒ시니라

丁蘭河內人。少喪考妣。不及供養乃刻木爲親形像事
之如生。朝夕定省。後鄰人張叔妻從蘭妻假借看。蘭妻跪授
像木。像不悦。不以借之。張叔醉罵木像。以杖敲其頭。蘭
見木像色不懌。問其妻。具以告之。即奮擊張叔。吏捕蘭。蘭
辭木像去。木像見蘭爲之垂淚。郡縣嘉其至孝通於神明。
奏之。詔圖其形像鄢刻木爲母孫形去。

(讚)刻木爲親出至情。晨昏定省似平生。恍然容色能相
接。感應由來在一誠。孝思精徹杳冥間。木像能爲感
戚顏。當代圖形旌至行。誰人不道漢丁蘭

(讚)哀哀丁蘭早喪慈顏。眾人皆有。我獨無母。刻木肯形。
事之猶生。晨昏定省。以盡誠敬。噫彼世人。不有其親生
不能養。能不泚顙

丁뎡蘭란이 져머셔 어버

樣양 쇠 일 코 남 밍 로 어 버 의

호 가 우 조 로 아 촘 나 죄 뢰 가 더 니

니 이 양 지 로 조 아

시 아 丁뎡蘭란이 겨집 張댱의 叔슉

보 像像을 라 심 기 야 주 어 늘 츠 려 木목

너목像샹 지 라

거 겨 지 가 쎠 아 니 겨 놀

더 지 브 러 리 날 어 아 늘 張댱怒노 ㅎ야

매 러 로 머 리 리 러 로 어 아 터 ㅎ니 丁뎡木목蘭란

란 이 로 나 므 츠 녀 기 러 와 터 ㅎ 겨 니 늘

집 두 쌍 이 무 러 기 알 너 와 ㅎ 오 겟 거 늘 丁뎡木목叔슉

숙 이 려 티 러 그 알 위 예 張댱댱 늘

바 갎 이 저 긔 니 알 위 예 셔 하 자 叔슉 겨 丁뎡

딕 호 거 늘 木목뎡像샹쌍이 눈 ㅎ 하 자

丁蘭刻木漢

孝子

丁蘭

10a
十

黄香年九歲失母。思慕憔悴殆不免喪。鄉人稱其孝樹。

其父躬執勤苦。夏則扇枕席。冬則以身溫被。太守劉護

而異之。自是名聞於世。後官累遷至尚書令。至于隄及孫

皆貴顯。

黄香行孝自齔年。扇枕溫衾世共傳。寒暑不令親體

受。誠心一念出天然。江夏黄童志異常。當時已道世

無雙。累官直至尚書令。孝感能令後嗣昌

黃황香향이아호빈저
긔어미일코슬허주글
드시드외어늘무슨사
ᄅᆞ미孝흉道도뚈롤일큰
더니ᄒᆞ오ᄉᆞ아비롤孝흉
道도뚈ᄒᆞ야녀르미벼
개와돗과롤부체붓고
스리면제모모로니브
롤두시ᄒᆞ더니員원이
나라희연주ᄒᆞ니일후
미世셰間간애이더
니後후華에벼스를尙샹
書셔令령니르ᄒᆞ야
子조孫손이다노피
외니라

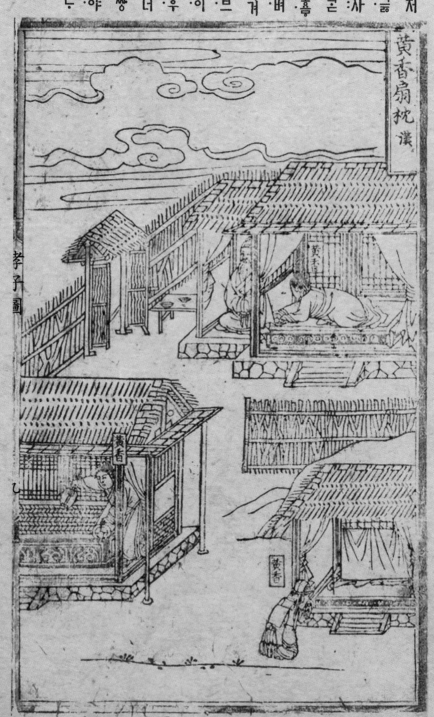

孝女曹娥者。會稽人。父盱為巫祝。漢安二年五月五日。於

縣江。游濤迎婆娑神。值江水大發而遂溺死。不得其屍。娥

年二十四。乃沿江號哭晝夜不絕聲。旬有七日。遂投江而

死。抱父屍而出。後更民改葬。葬樹碑焉

〔贊〕孝娥姓曹。父溺驚濤。娥年廿四。晝夜哀號。聲不暫停。

旬又七日。投江抱屍。經宿以出。誠貫穹壤。淚溢滄浪。黃

絹妙筆。萬世流芳

曹쪽娥아ㅣ·라·홀ㅿ·리·나·히·스·믈·네·히·러·니·아·비·므·래죽·거·늘믌·ㄱ·술조·롤·차·밤·낫·열·닐·웨·롤소·리·로그·치·디·아·니·ᄒ·야:우·다·가·므·례·뛰·여·드·러주·거이·틄·나·래·아·비·롤:안·고·쁘·니·라後:몸·텨그·위·예·셔·고·묻·고碑·비:셰·니·라

디오라니너희몰브리리
라ㅁ로무란사오나ᄇ니
라가지며닐오디져믄제
브터ᄒ던거시라됴히너
기노라器긔具꾸란ᄒ너
다니롤가지며닐오디아
래브터쓰던거시라내게
라앙이즈조生ᄉᆡᆼ計계ᄇᆡ야
便뼌누安한ᄒᆞ야애라ᄒ고가지더
돈곧주더니安한帝뎨侍씨
中듕ᄉ벼슬ᄒᆞ시니라

薛邑。汝南人。父娶後妻憎包。分出之。包日夜號泣不去。至
被毆扑。不得已。盧于外。旦入灑掃父怒又逐之。乃盧于里
門晨昏未廢歲餘。父母慚而還之。父
母終。弟子求分財異居。包
不能止。奴婢引老者曰與我共事久。若不能使也。田盧
取荒頓者曰少時所治意所戀也。器物取朽敗者曰素所
服食身口所安也。弟數破其產。輒復賑給。安帝徵拜侍中

不得親心涕泗濡。晨昏灑掃守門間。積誠感得親顏
悅。父子和諧遂廉初。中分財產讓田盧孝義能全世

罕如。自是佳名聞闕下。侍中有命召公車

父兮憎兒多。因繼室。兒若至誠將悔其失包也。被毆
來忍遠出。慚而還之。終始如一

薛·셣包봏·ᄋᆡ 아·비後:흫ㅅ
:겨집어·라包봏ᄅᆞᆯ 믜·여 ·나가·라
·ᄒᆞ야·ᄂᆞᆯ ·밤·낫:울·오 아·니·나·가거
·늘 ·티·대 :모·지마·라門몬밧·긔
:가·개:짓·고 이·셔 아·ᄎᆞ·미어
·든·드·러·ᄡᅳᆯ에 ·질·ᄒᆞ거·늘 아
·비怒:노·ᄒᆞ·야 ·ᄯᅩ :내조·ᄎᆞᆫ·대
ᄆᆞᅀᆞᆷ·히 :가·개:짓·고 이·셔 아
ᄎᆞᆷ나조·히·오더·니ᄒᆞᆫ·히 남
ᄌᆞ·고父:ᄲᅮ母:뭉ㅣ 븟·그·려
도·라오·라ᄒᆞ·니·라父:ᄲᅮ母
:뭉ㅣ :업거·늘 앙·이生싱計
·계ᄂᆞᆫ·호·아·닫사·로·려커·늘
말·이·ᄃᆞᆯ :몯·ᄒᆞ·야 奴노婢:삥
·란 ·늘·그·니ᄅᆞᆯ 가·지·며 닐·오
·ᄃᆡ 나·와·ᄒᆞ·야ᄒᆞᆫ·ᄃᆡ :일·ᄒᆞ얀

孝子圖 二

7a

셔일ㅋ·로디江강巨거攼孝

흠ㅣ·라ᄒᆞ더·라는큰孝흠

·이·쯔·어미죽거·늘무더·배

가·아三삼年년·살·오·옷아

니밧거·늘員원·이사ᄅᆞᆷ·브

바거·늘니·라皇황帝뎨

려벌ㅅ·라ᄒᆞ·니·라주시고

뎨벌쳔斛곡을주시고

·논斛곡·은열말·라드

려그·르·세·라八밣月월

·마다員원·이安한否ᄫᅳᆼ문

고羊양과수울·와보내·내라

·ᄒᆞ시니·라

江革臨淄人○少失父遺天下亂負母逃難常采拾以為養○

遇賊或劫欲將去輒涕泣求哀言有老母詞氣愿欵有

動人者賊不忍害或指避兵之方遂得俱全於難貧

窮裸跣行傭以供母周身之物莫不畢給建武末與母歸

鄉里○每至歲時縣當案比江巨孝母老不欲搖動自在轅中

挽車不用牛馬鄉里稱曰江巨孝母終常寢伏冢廬服竟

不除○郡守遣丞掾擇服元和中詔以穀千斛賜之常以八

月長吏存問致羊酒

詩

至孝由來動鬼神○雖逢強暴亦全身○到頭母子俱無

恙○天地終應福善人○平生行孝動朝廷○褒錫恩隆冰

顯榮青史獨稱江巨孝○古今誰復可齊名○

贊

江革負母○逃難異鄉○遇賊陳欵○賊不忍傷○盡心於孝○

備養於備○便身何物○有不畢供

江강革혁이져머셔아비
일코마초아天텬下짜ㅣ
어즈럽거늘어미업고수
머돈니녀샹녜누물키야아
자바가려커든곧슬피우
러닐오디늘근어미이셰
라ᄒ야돈도ᄒ기感감動동
똥ᄒ야수믈길흘ᄀ로치
리도잇더라옷밧고다ㅁ
사리ᄒ야어미를이바두
며니ᄑ믈난비아니ᄒ더
라後ᄒ에本본鄕향애도
라와서리어든ᄀ울히모
둘저긔어미잇블가ᄒ야
제술위를그ㅅ더니ᄆ술히

몯ᄒᆞ며 누미 그에 오려ᄒᆞ
고 고티면 어드리 세간
애 둔니리오 ᄒᆞ고 주구
려 커늘 두리여 몯 얼이
ᅀᅵ어미를 스므여듧ᄒᆡ를
孝道ᄯᅩᇰᄒᆞ다가 죽거늘
반과 집과 다 ᄑᆞ라 무드니
일후ᄆᆞᆯ 孝婦ᄬᅳᆯ라 ᄒᆞ
니라 孝婦ᄬᅳᆫ 孝道ᄒᆞᄂᆞᆫ 겨지비라

陳孝婦。年十六而嫁。其夫當戍且行。屬曰。我生死未可知。
幸有老母。無他兄弟備養。吾不還。汝肯養吾母乎。婦曰諾。
夫果死不還。婦養姑不衰。終無嫁意。其父母將取而嫁之。
婦曰。夫去時。屬妾以養老母。妾既許諾養人老母而不能
卒。許人以諾而不能信。將何以立於世。欲自殺。父母懼而
不敢嫁。養姑二十八年。姑終。盡賣田宅葬之。號曰孝婦

旌表 良人遠征。屬我老母。身歿不歸。言在敢負之死靡他。
養專葬厚。萬世稱之。曰陳孝婦

陳띤氏씨 나히 열여스세
남진어러 그 남지니 :防빵
:禦:어 갏저긔 닐오디 :防빵:禦:어
는 軍군 마기라 내 죽사리를 몯내
알리니 兄형弟뎨 업고 늘
근어미를 孝흫道똠
션몯도라오나늘 어미
라 그리호리이다 果:과然연
근어미를 셤어
룰날새 삼 뉘비 孝흫道똠
똥ᄒᆞ야 乃:내終즁내 다
남진 홇 뿌디 업더니 제 父부
뿌母ᄆᆞᆯ 다른 남진 얼유
려커늘 닐오디 남진 얼면 져
려커늘 호니 어미로 맛뎌늘 그
리호려 호니 어미 늘근
미를 치다가 乃:내終즁내

陳氏養姑 漢

4b

며니거든몯미처가리는
어버시니내이어긱하
딕ᄒᆞ노이다ᄒᆞ고셔어셔
우러주근대孔콩子ᄌᆞᆺ
弟뎨子ᄌᆞᅵ뎌보고즉자
히도라가아어버의그에
갊사ᄅᆞᆷ미열세히러라

孔子出行聞哭聲甚悲至
則皐魚也被褐擁鎌哭於
左孔子下車而問其故對
曰吾少好學周流天下而
死夫樹欲靜而風不止子
欲養而親不待往而不可
年也逝而不可追者親也吾於
是辭矢立哭而死於是孔
子之門人歸養親者一十三人

皐魚嘔恤自訟自傷親不待養如何披蒼泣盡眼枯

五死路傍噫噫卓行見重素王

孔
콩子ᄌᆞᆫ 나ᄃᆞ니시다 가슬픈우룸쏘리ᄅᆞᆯ드르시고 가시니 皐곡魚어ᅵ 흙소니 사오나ᄫᆞᆫ옷닙고 還환刀 도ᄅᆞᆯ가지고 길ᄫᆞ애셔어셔ᄋᆞᆯ어늘 술위브려 무르신대 對됴답호ᄃᆡ 내져믄쁴 글비호믈즐겨 天텬下하애두루니다니 어버ᅵ 주그니즘게남기구모니 이쇼려ᄒᆞ야도 ᄇᆞᄅᆞ미긋디아니ᄒᆞ며 子ᄌᆞ息식이 孝횸道똘호려ᄒᆞ야도 어버ᅵ씨드리디아니ᄒᆞ누니가 고도라오ᄃᆡ아니ᄒᆞ리ᄂᆞᆫ나히

皐魚道哭楚

皐魚

4a

楊香。南鄉縣楊豐女也。隨父田間穫粟。豐為虎所噬。香年
甫十四。手無寸刃。乃搤虎頸。豐因獲免。太守孟肇之賜穀
旌其門閭焉。

父遭虎噬愴心顏。命在當時頃刻間。虎頸搤持寧顧
死。致令嚴父得生還。幼齡體弱氣軒昂。父命能令虎
不傷。青史尚留名姓在。至今誰不道楊香一

楊양香향이 나히 열네히어신 제 아비 조차 가 조 뷔다가 버미 아비를 므러늘 香향이 ᄆᆡ손 업시 가 버믜 모ᄀᆞᆯ 즈르든대 아비 사라나니라 員원이 그 집 門몬에 紅門몬 셰니라

楊香搤虎贊

孝子圖

ㅣ·ᅀᅡ 사·랫거·든 ·힚ᄀᆞ·장 孝
·흥道 :뜯ᄒᆞ·고 죽거·든 :몯 :내
·그리ᄂᆞ·다ᄒᆞ·리로·다

子路。姓仲。名由。孔子弟子。事親至孝。家貧。食藜藿之食。爲親負米於百里之外。親歿之後。南遊於楚。從車百乘。積粟萬鍾。累裀而坐。列鼎而食。乃歎曰。雖欲食藜藿之食。爲親負米。不可得也。孔子聞之曰。由也可謂生事盡力。死事盡思者也

(詩) 家貧藜藿僅能充。負米供親困苦中。當日孔門稱盡孝。仲由千古播高風

一朝列鼎累重裀。富貴終能念賤貧。生事死思惟盡孝。聖門嘉譽屬賢人

2b

子ㅈ路로ㅣ艱간難난ㅎㆍ
야도뒤ㅇㆍ랏과픗ㄴㅣㅂ과쁜
ㅎㆍ야밥먹더니어버ㅅㅣ為
위ㅎㆍ야百빅里리밧긔가
아ㆍ니지여오더라百빅
ㅣ흔里리논百빅里리三삼百
里리논온里리라외야조
업거늘ㅅㆍ노피두어조
츤슐위ㅣ힘百빅이며穀
곡食씨을萬만鍾죵을ㅆㆍ
ㅎㆍ며쇼ㅣ포ㅅㆍㅣ오안조
며소ㅣ틀버려먹더니ㅎㅣ한숨
디허닐오딕도뒤ㅇㆍ랏과
픗님과먹고어버ㅅㅣ為위
ㅎㆍ야쁠쥬려ㅎㆍ야도ㅅㅣ몰
리로다孔콩子ㅈ디르샤디子ㅈ路로

閔損。孔子弟子。早喪母。父娶後妻生二子。母嫉損。所生子
衣綿絮。衣損以蘆花絮。父冬月令損御車。體寒失靷。父察
知之。欲遣後妻。損啓父曰。母在一子寒。母去三子單。父善
其言而止。母亦感悔。遂成慈母

詩 身衣蘆花不禦寒。隆冬寧使一身單。因將好語回嚴
父。子得團圞母得安。

孝哉閔損世稱賢。德行由來萬
古傳。繼母一朝能感悟。從茲慈愛意無偏

讚 後母不慈獨厚已兒。弟凍蘆絮非綿。父將逐母
跪白于前。母今在此。一子獨寒。若令母去。三子俱單。父
感而止。孝子閔子

閔민損손이다ᄉᆞᆷ어미損손
이룰의여제아ᄃᆞᆯ란소옴두
어주고閔민損손이란
ᄀᆞᆯ품두어주어늘치벼
물셕슬노하ᄇᆞ린대아
비알오다ᄉᆞᆷ어미를내
툐려커늘閔민損손이
ᄡᅮ러슬보디어ᄆᆡ이시
면ᄒᆞᆫ아두리치보려
와업스면세아비올
보리이다아비미
겨아니내틴대어미도
도루혀ᆌ으처어엿비너
기더라

三綱行實目錄

孝子

一

三綱行實

ㅎ니라 황뎨 두 사마 ᄉᆞ리 ᄆᆞ
니 라 皇帝 ᄉᆞ마昭 ᄉᆞ
아 司 ᄉᆞ 帝 뎨昭쏠이
ᄅᆞ 와 두 ᄆᆞ 向 소 녀야
실 가 아 侍 西 昭욀
가 아 잣 셰 ᄉᆞ며 侍侍 쯸ᄌ
아 니 남 벽 향 타야 쌔
ᄂᆞᆫ 나 곬 나 야 ᄊᆡ

墓 니 아 이 괵 ㅎ
ᄉᆞᆫ 모 모 라 니 라
墓 라 니 ᄒ씨 아 ᄉᆞ
애 ᄂᆞᆫ 墓애 西 皇
실모 ᄊᆡᄋᆡ 셰 뎨
ᄊᆡ애 애모 벽 向
가 ᄊᆡ 殺 向 昭
모 라라 ᄊᆞᆯ 향 외
잣 가 며 侍
첨 모 남 타야 侍

조 본 저 미 업 모 더 나 면 그
등 저 저 울 스 애 거 보 다 기 篇
기 그 기 에 리 가 늘 라 시 업 편
야 남 야 ᄅᆞᆯ ᄲᅮᆯ 내 울 父 니 더 을
셔 가 셔 므 毛 예 에 母 곰 니 다
우 이 우 스 믈 잇 셔 ᄉ우 弟 아
니 우 디 더 디 노 잇 詩ㅣ 디 子 니
눈 니 아 기 아 다 ᄂᆞ 나 아 ᄌᆞ 눌
므 라 니 어 니 가 저 ᄅᆞᆯ 니 들 더
리 라 ᄒᆞ미 라 믈 ᄒ 잇 ᄒ히 라

王裒字偉元城陽人父儀爲魏安東將軍司馬昭東

關之敗昭問曰誰任其咎儀對曰責在元帥昭怒曰欲委

罪於孤邪引出斬之裒痛父非命隱居敎授三徵七辟皆

不就終身未嘗西向而坐以示不臣於晉廬於墓側日夕

常至墓所拜跪攀栢悲號淚著樹樹爲之枯母性畏雷

叟殁每雷輒到墓曰裒在此讀詩至哀哀父母生我劬勞

未嘗不三復流涕門人受業者並廢蓼莪篇

王裒爲孝自來無渡瀍泉基栢蓋枯父死獨傷非正

命終身不仕只間居怕聽雷聲母性然每因雷動續

墳前蓼莪未誦先流涕遂使門人廢此篇

偉元喪父不應徵辟旦夕悲號渡瀍墓栢每讀蓼莪

三復瀍瀍門人不忍遂廢此詩

王왕裒뷰의아비王왕儀
의魏위라홀나랏安안東동
將쟝軍군司ᄉᆞ馬마昭
ᄉᆞ馬마昭ᅵ쓰이그에그위실ᄒᆞ더니
司ᄉᆞ馬마昭ᅵ싸홈계
우고뉘닷고훈대王왕儀
의對ᄃᆡ答답호ᄃᆡ元원帥슈
쉬ᄃᆞ시이다ᄒᆞ대元원帥슈
ᅵ爲위頭뚤ᄒᆞ怒노ᄒᆞ야
자바내야ᄢᅥ티니라王왕
哀ᄋᆡ뽕ᅵ놈글ᄀᆞ르치며宰ᄌᆡ
相샹이닐굽번블러西셰
님그미세번브르시며
지相샹이닐오ᄃᆡ죽ᄃᆞ록西셰
다아니ᄒᆞ향ᄒᆞ야앗디아니
ᄉᆞ녁向ᄒᆞ야앗ᄃᆞ니

草子園

十五

15a